Uni-Taschenbücher 1953

Eine Arbeitsgemeinschaft der Verlage

Wilhelm Fink Verlag München
Gustav Fischer Verlag Jena und Stuttgart
A. Francke Verlag Tübingen und Basel
Paul Haupt Verlag Bern · Stuttgart · Wien
Hüthig Fachverlage Heidelberg
Leske Verlag + Budrich GmbH Opladen
Lucius & Lucius Verlagsgesellschaft Stuttgart
J. C. B. Mohr (Paul Siebeck) Tübingen
Quelle & Meyer Verlag · Wiesbaden
Ernst Reinhardt Verlag München und Basel
Schäffer-Poeschel Verlag · Stuttgart
Ferdinand Schöningh Verlag Paderborn · München · Wien · Zürich
Eugen Ulmer Verlag Stuttgart
Vandenhoeck & Ruprecht in Göttingen und Zürich

Renate von Heydebrand
Simone Winko

Einführung in die Wertung von Literatur

Systematik – Geschichte – Legitimation

Ferdinand Schöningh
Paderborn · München · Wien · Zürich

Die Deutsche Bibliothek – CIP-Einheitsaufnahme

Heydebrand, Renate von:
Einführung in die Wertung von Literatur: Systematik – Geschichte – Legitimation / Renate von Heydebrand; Simone Winko. – Paderborn; München; Wien; Zürich: Schöningh, 1996
  (UTB für Wissenschaft; Uni-Taschenbücher: 1953)
  ISBN 3-8252-1953-4 (UTB)
  ISBN 3-506-99456-5 (Schöningh)
NE: Winko, Simone:; UTB für Wissenschaft / Uni-Taschenbücher

Gedruckt auf umweltfreundlichem, chlorfrei gebleichtem Papier
(mit 50 % Altpapieranteil)

© 1996 Verlag Ferdinand Schöningh, Paderborn
(Verlag Ferdinand Schöningh GmbH, Jühenplatz 1, D-33098 Paderborn)
ISBN 3-506-99456-5

Das Werk, einschließlich aller seiner Teile, ist urheberrechtlich geschützt. Jede Verwertung außerhalb der Grenzen des Urheberrechtsgesetzes ist ohne Zustimmung des Verlages unzulässig und strafbar. Das gilt insbesondere für Vervielfältigungen, Mikroverfilmungen und die Einspeicherung und Verarbeitung in elektronischen Systemen.

Printed in Germany
Herstellung: Ferdinand Schöningh, Paderborn
Einbandgestaltung: Alfred Krugmann, Freiberg am Neckar

UTB-Bestellnummer: ISBN 3-8252-1953-4

Inhalt

Vorwort 11

Einleitung 13

I. SYSTEMATIK

1.	**Grundbegriffe**..	19
1.1	Probleme der Begriffsklärung.....................................	19
1.2	Explikation der Begriffe ‚Literatur' und ‚literarisch'..	21
1.2.1	‚Literatur'..	21
1.2.2	‚Sozialsystem Literatur'..	25
1.2.3	‚Literarisch'...	28
1.3	Explikation der Begriffe ‚Wert', ‚Wertung' und verwandter Begriffe	33
1.3.1	Beispiele für Wertungen und Werte im Sozialsystem Literatur	33
1.3.2	‚Wert', ‚Wertung' und verwandte Begriffe.................	37
1.4	Die motivationale Perspektive des Wertens...............	48
1.4.1	Sozialpsychologisches Modell: Motivationale axiologische Werte als Werthaltungen	48
1.4.2	Abgrenzung von verwandten Begriffen......................	57
1.5	Die sprachliche Perspektive des Wertens...................	59
1.5.1	Sprachliche Wertungen als besonderer Typ von Sprechhandlungen..	60
1.5.2	Charakteristische Bestandteile sprachlicher Wertungshandlungen..	62
1.5.2.1	Zuschreibung eines Wertausdrucks............................	63
1.5.2.2	Impliziter Maßstab der Wertung: Beziehung zwischen sprachlicher Wertung und axiologischem Wert..	65
1.5.3	Formen sprachlichen Wertens....................................	67
1.5.3.1	Explizite Wertungen..	67
1.5.3.2	Implizite Wertungen..	69
1.6	Organisationsformen von Werten: ‚Wertsystem', ‚Werthierarchie', ‚Wertsprache'	73

2.	**Werten als soziales Handeln**	78
2.1	Die drei Typen des Wertens von Literatur	78
2.1.1	Selegieren 1: Entscheidungen, Akte bewußter Wahl	79
2.1.2	Selegieren 2: vorbewußte Selektionen am Beispiel des Lesens	80
2.1.2.1	Modell des Textverstehens	80
2.1.2.2	Der Einfluß axiologischer Werte auf Textwahrnehmung und -verstehen	83
2.1.3	Urteilen	85
2.2	Kollektive Dimensionen des Wertens: Normen und Rollen im Sozialsystem Literatur	89
2.2.1	Werte in Normen und Rollen	89
2.2.2	Normen und Rollen im Sozialsystem Literatur	94
2.2.2.1	Normen des Gesamtsystems	94
2.2.2.2	Vermittler (Verleger, Lektoren, Kulturredakteure, Bibliothekare, Zensoren)	97
2.2.2.3	Verarbeiter (Kritiker, Literaturdidaktiker, Literaturwissenschaftler)	99
2.2.2.4	‚Normalleser'	102
2.2.2.5	Autoren	103
2.3	Warum ist Konsens im Werten von Literatur so schwierig zu erzielen?	105
3.	**Typologie axiologischer Werte zur Beurteilung literarischer Texte**	111
3.1	Formale axiologische Werte	113
3.2	Inhaltliche axiologische Werte	119
3.3	Relationale axiologische Werte	121
3.4	Wirkungsbezogene axiologische Werte	124
3.4.1	Individuelle axiologische Werte	125
3.4.1.1	Kognitive wirkungsbezogene Wertmaßstäbe	125
3.4.1.2	Praktische wirkungsbezogene Wertmaßstäbe	126
3.4.1.3	Affektive wirkungsbezogene Wertmaßstäbe	127
3.4.1.4	Hedonistische wirkungsbezogene Wertmaßstäbe	128
3.4.2	Gesellschaftliche axiologische Werte	130
3.4.2.1	Ökonomischer Wert	130
3.4.2.2	Prestigewert	131

Inhalt 7

II. GESCHICHTE

Exemplarische historische Rekonstruktionen von Wertung: Tradieren, Vergessen, Ausschließen

1.	**Wertung im Zeichen poetologischer Konzepte zwischen ‚Heteronomie' und ‚Autonomie' – am Beispiel der Epoche des ‚Barock' und seiner Stilrichtungen**	134
1.1	Zeitgenössische Wertungen..........	136
1.2	Abwertungen durch die Folgegeneration..........	144
1.3	Abwertung durch den Bruch mit der Rhetorik im 18. Jahrhundert (mit einem Exkurs zu Tendenz- und Unterhaltungsliteratur)..........	151
1.4	Aufwertung aufgrund von Affinität: Nietzsche und der Expressionismus..........	158
1.5	Aufwertung durch Neubewertung der Rhetorik in der Literaturwissenschaft..........	160
2.	**Wertung zwischen Mündlichkeit und Schriftlichkeit – am Beispiel des historischen ‚Volkslieds'**	163
2.1	Hypothesen zur Wertung bei mündlicher Tradierung..........	166
2.2	Wertung beim Übergang aus der Mündlichkeit zur Schriftlichkeit..........	173
2.3	Wertung des ‚Volkslieds' bei Herder und in seiner Nachfolge..........	178
3.	**Professionelle Wertung, Laienwertung, Autorenwertung – am Beispiel von Goethes Roman „Wilhelm Meisters Lehrjahre"**	186
3.1	‚Professionelle' Wertung..........	188
3.1.1	‚Professionelle' Wertung mit vorklassischen Maßstäben..........	188
3.1.2	Professionelle Wertung nach klassischer Poetologie	192
3.1.2.1	Klassische Poetologie im Produktionsprozeß: Schiller und Goethe..........	193
3.1.2.2	Klassische Poetologie in der Literaturkritik: Körner, Charlotte von Schiller und Humboldt..........	196

3.1.3	Professionelle Wertung im Rahmen frühromantischer Ästhetik	200
3.1.3.1	Friedrich Schlegels Rezension im „Athenäum"	202
3.1.3.2	Die kritischen Äußerungen des Novalis	207
3.1.4	Vergleich der Wertsprachen vorklassischer, klassischer und romantischer Poetologie	210
3.2	Laienwertung: Goethes Mutter, Schulthess, Schimmelmann, Levin, Veit	210
3.3	Autorenwertung: Theodor Fontane, Thomas Mann, Martin Walser	215
4.	**Wertung und Kanonbildung durch Medien und Institutionen – am Beispiel der Autorin Annette von Droste-Hülshoff**	**222**
4.1	Publikation, Edition und biographische Darstellung	224
4.2	Selektion für Anthologien	227
4.3	Urteile der Literaturkritik	234
4.4	Darstellung in Literaturgeschichten	243
4.5	Vermittlung im Deutschunterricht	249
5.	**Wertung im Rahmen literaturwissenschaftlicher Theorien nach 1945 und ihre historischen Motivationen**	**251**
5.1	Wertung unter hermeneutischen Prämissen	254
5.1.1	Wertung nach traditioneller Hermeneutik: Phänomenologisch-immanente Werkwertung (Kayser) und geistesgeschichtliche Ergänzungen (Sengle bis Müller-Seidel)	255
5.1.2	Ideologiekritische Wertung	262
5.1.2.1	Das Beispiel Theodor W. Adorno	263
5.1.2.2	‚Synkretistische' Ideologiekritik	268
5.2	Wertung unter semiotischen Prämissen	274
5.2.1	Wertung im Strukturalismus (Mukařovský u.a.)	276
5.2.2	Wertung in der Rezeptionsästhetik (Jauß)	284
5.3	Infragestellung von Wertung: Poststrukturalismus / Dekonstruktion	290
5.3.1	Das Beispiel Roland Barthes	292
5.3.2	Das Beispiel Paul de Man: eine Ergänzung	296
5.4	Wertung in der feministischen Literaturwissenschaft	299
5.4.1	Wertung im ideologiekritischen Feminismus	300
5.4.2	Wertung im dekonstruktiven Feminismus	303

Inhalt 9

6. Zusammenfassung und Weiterführung:
Historische Wertungen und Kanonkonzepte.......... 307

III. LEGITIMATION
Zur Begründung der Wertung von Literatur heute 323

1. **Zur Begründung und Beurteilung von Wertsprachen und Wertprinzipien bei der Wertung von Literatur (Legitimation I)** 325
1.1 Zum Umfang des Vorhabens.................... 326
1.2 Zum Verfahren der Legitimation und seiner Problematik.. 327
1.3 Legitimation von Wertsprachen für Literatur in ausgewählten Äußerungskontexten – ein Versuch.. 336

2. **Eigene, begründende Wertungen von Textbeispielen (Legitimation II)** 341
2.1 Wie werte ich moderne ‚autonome' literarische Texte? (v. Heydebrand).................................. 343
2.1.1 Die Struktur des Wertungsvorgangs am Beispiel der Wertung eines Aphorismus......................... 344
2.1.2 Wertung eines ‚dunklen' Textes mit Lektürevarianten 351
2.1.3 Wertung eines ‚konkreten' Sprachspiel-Textes........... 355
2.1.4 ‚Metawertung'..................................... 359
2.2 Wie werte ich ‚heteronome' literarische Texte? (Winko) 360
2.2.1 Besonderheiten der Wertung von Unterhaltungs- und Sachliteratur... 361
2.2.2 Exemplarische Wertung einer Kriminalerzählung 365
2.2.2.1 Genre, Subgenres und genrespezifische Werte........... 366
2.2.2.2 Intention und Realisierung 1: Die Protagonistin........ 370
2.2.2.3 Intention und Realisierung 2: Die implizite Autorinstanz.. 373
2.3 Abschließendes Plädoyer............................. 375

IV. ANHANG
Textmaterial 377
Literaturverzeichnis 389
Personenregister 401

Vorwort

Zur Geschichte dieses Buches: Das erste Konzept einer Analyse der Wertung von Literatur – nicht nur als ‚Kunst' – entwarf Renate von Heydebrand um 1980 im Rahmen der „Münchener Forschergruppe für Sozialgeschichte der Literatur 1770-1900"; für den Artikel über Wertung im Reallexikon der deutschen Literatur (1984) ergänzte sie es um die Dimensionen der Geschichte und der Legitimation. Ein solcher Artikel konnte freilich nicht mehr als eine knappe Vermessung des Problemfelds bieten. Simone Winko übernahm es in ihrer Dissertation über „Wertungen und Werte in Texten" (1991), den systematischen Teil des Konzepts weiter und umfassender auszuarbeiten. Eine gemeinsame Vorlesung im Winter 1992/93 legte den Grund für die nun abgeschlossene Einführung. Den letzten Anstoß dazu gab Winko: Immer wieder wies sie auf das Bedürfnis der Studierenden hin, eine lesbare Anleitung für die Analyse der Wertungshandlungen auf allen Feldern des Umgangs mit Literatur in die Hand zu bekommen. Die theoretischen Kapitel der Vorlesung hat sie noch einmal durchgreifend überarbeitet, und auch die Ausführungen zum Forschungsdefizit in bezug auf Wertung von Sachliteratur sowie die Beispielwertung zur Unterhaltungsliteratur wurden von ihr geschrieben; die Untersuchungen der historischen und der literaturwissenschaftlichen Wertungsprozesse wie die Überlegungen zur Legitimation (samt Wertung moderner lyrischer Beispieltexte) hat von Heydebrand beigesteuert. Aber die Zusammenarbeit in allen Phasen der Entstehung des Buches war so eng, daß die Anteile des geistigen Eigentums nicht mehr geschieden werden können und sollen.

Unterschiede gibt es aber in der Dankesschuld, die abzutragen ist: Renate von Heydebrand dankt der Deutschen Forschungsgemeinschaft für ein Forschungsfreisemester im Zusammenhang mit der Arbeit der Münchener Forschergruppe (1980) und für ein Forschungsfreijahr, das die Fritz-Thyssen-Stiftung 1985/86 für ein damals noch etwas anders konzipiertes Wertungsbuch gewährt hat. Die Freunde und Nachbarn Hueck und Bosl unterstützten das werdende Werk zeitweilig durch abgeschirmte Arbeitsplätze. Simone Winko erhielt ab 1992 ein zweijähriges Postdoktorandenstipendium der Deutschen Forschungsgemeinschaft für das Thema ‚Literaturwissenschaftliche Semantik'; einige Ergebnisse konnten in das Buch eingebracht werden. Wir beide danken unsern intensiven ‚Testlesern', die uns als Studierende, Lehrer, angehende und bereits tätige Hochschullehrer, Bibliothekare und Verlagsleute von ihren Erwartungen und Kompetenzen her noch in der letzten Runde hilfreiche Anregungen gegeben haben: Stephanie Ernst, der als korrekturlesender Hilfskraft besonderer Dank gebührt, Sandra Pott, Hildegund v. Winterfeld, Günter Butzer, Manuela Günter, Fotis Jannidis, Christa Stegemann und Herbert G. Göpfert. Danken möchten wir noch eigens dem Verlagslektor Michael Kienecker, der das Projekt über Jahre hinweg mit motivierendem Interesse, drängend und doch geduldig, begleitet hat. Der letzte und intensivste Dank gilt denen, die um dieses Buches willen immer wieder auf uns verzichten mußten.

München und Hamburg, im Mai 1996

Renate von Heydebrand   Simone Winko

Einleitung

Eine ‚Einführung' setzt im Prinzip voraus, daß über das Gebiet, in das eingeführt wird, gesichertes Wissen vorhanden ist. Unter den Fachvertretern sollte Übereinstimmung darüber bestehen, was zu dem Gebiet gehört, wie man seine Gegenstände zu behandeln hat und welche Ergebnisse der Forschung als gültig anzusehen sind; nur im Ausblick wären offene Fragen zu benennen. Solch ein gesicherter Konsens besteht jedoch für das, was meist ‚literarische Wertung' genannt wird, in keiner der drei Hinsichten. Und dennoch – oder gerade darum – scheint eine ‚Einführung' dringend geboten: als Einführung in einen sensiblen Problembereich, in dem sich gerade seit den 70er Jahren heftige Kontroversen abspielen. Wertung von Literatur sieht sich in einer schon lange vorbereiteten Krise.

In der Tat werden Fragen des Wertens und der Wertbegründung in der Regel erst in Krisenzeiten gestellt; in der Normalität gibt es dafür keinen Bedarf. Und wirklich signalisierte die erste programmatische Thematisierung des Wertens von Literatur durch die Literaturwissenschaft vor rund 70 Jahren für ihren Gegenstand den Anfang eines Geltungsschwunds, der sich seither in mehreren Schüben verschärft hat. Es war Oskar Walzel, der 1923 in seinem bedeutenden Buch „Gehalt und Gestalt im Kunstwerk des Dichters" der „Literarischen Wertung" ein eigenes Kapitel widmete.[1] Ihm ging es dabei ausschließlich um den kulturellen Wert von Dichtung, um den Wert von ‚Literatur als Kunst', und auf ihn blieb das Interesse der Forschung auch für Jahrzehnte gerichtet. Daß dies – den Forschern nicht notwendigerweise bewußt – eine Antwort auf jene erste Krise der literarischen Kultur bildete, ist bereits gesehen worden.[2] Die Geltung ‚bürgerlicher' Kulturwerte schien bedroht, nicht nur durch Friedrich Nietzsches theoretische Infragestellung aller Werte, sondern mehr noch durch die politisch-praktische Erfahrung, daß in einer tendenziell egalitären Gesellschaft die Werte einer Oberschicht nicht mehr allgemein anerkannt werden. Es ging darum, die vom Bildungsbürgertum gepflegten Kunstwerke in ihrem Gehalt wie in

---

[1] Die wohl überhaupt erste literaturwissenschaftliche Behandlung des Themas durch Wilhelm Scherer ist noch positivistisch-deskriptiv; vgl. Schrader: Theorie und Praxis, S. 31 ff.
[2] Mecklenburg: Wertung, S. VII, IX.

ihrer Gestalt als Objekte mit eigenem Wert für die *gesamte* Kulturgemeinschaft zu erweisen. Ihnen wurde die Qualität zugesprochen, als Kunst und nur als Kunst ihre Zeit gültig auszudrücken und orientierend in sie hineinzuwirken. Implizit oder explizit wurde mit dieser Hochwertung literarischer Kunst die Unterhaltungs- wie die Trivialliteratur, die Literatur für die Massen, abgewertet. Das ist der Ausgangspunkt. Wir werden in einem eigenen Kapitel des historischen Teils dieses Buches genauer analysieren, in welcher Weise die Literaturwissenschaft mit ihren Wertungstheorien nach 1945 diese Vorstellungen durch die Kontinuität der Krise weiterträgt, infragestellt und modifiziert; in einer vorläufig letzten Phase wird vom Poststrukturalismus her sogar das Werten selbst prinzipiell angegriffen.[3]

Die damit gegebene unübersichtliche Situation, die sich in der anglo-amerikanischen Diskussion des literarischen ‚Kanons' zu leidenschaftlichen Parteienkämpfen zugespitzt hat, legt es nahe, gerade in einer Einführung nicht eine einzelne Richtung lehrend zu verteidigen, sondern die Vorgänge des Wertens zunächst einmal von Grund auf zu analysieren. Ansätze dazu gibt es in der analytischen Richtung der Wertungsforschung seit den 70er Jahren; ihr wollen wir uns anschließen.[4] Es gilt, ein Konzept der Wertung von Literatur zu entwickeln, das Wertungsvorgänge und -theorien in Vergangenheit und Gegenwart bis hin zu extrem skeptischen Positionen verständlich macht. Wir werden damit diejenigen enttäuschen, die eine Anleitung zum eindeutig ‚richtigen' Werten erwarten. Durch die Analyse dessen, was beim individuellen und öffentlichen Werten von Literatur alles im Spiel ist, können wir aber für unsere Leser die Voraussetzung schaffen, einen eigenen Standort zu gewinnen. Im Sinne des Wissenschaftsbegriffs von Max Weber[5] wird die Einführung also nicht Werte vermitteln, was sie als Wissenschaft mit intersubjektivem Anspruch weder kann noch soll; aber sie möchte durch wissenschaftliche Analyse der Wertungshandlungen die Möglichkeit schaffen, Optionen des Wertens zu beurteilen und selbst Stellung zu nehmen. Auf dieser Basis werden auch wir am Ende einen persönlichen Standpunkt vertreten und zur Diskussion stellen.

---

[3] Vgl. II.5.3.
[4] Zum Forschungsstand vgl. Winko: Wertungen, S. 26 f.
[5] Zu Webers „Wertfreiheitspostulat" vgl. Hennis: Wertfreiheit, bes. S. 100 f., 103 f., 113.

Einleitung

Die Ziele des Buches sind damit abgesteckt. Sie begründen einen dreiteiligen Aufbau: Der erste Teil ist systematisch angelegt; in ihm wird ein Handwerkszeug erarbeitet, das die Beschreibung und Analyse verschiedenster Arten von Wertung im Umgang mit Literatur erlaubt. Grundbegriffe wie ‚Literatur' und ‚Wert' und einige andere in ihrem Umkreis werden geklärt, und ein Modell der Wertungshandlung als sprachliche, aber auch als nichtsprachliche, wird entworfen. Sodann werden Mechanismen des Wertens in verschiedenen sozialen Handlungsarten und Handlungsrollen vorgestellt. Eine Typologie von grundlegenden Werten, die von historischen und gegenwärtigen Theorien und Programmen wie auch in der Praxis der Literaturkritik verwendet werden, schließt den systematischen Teil ab und leitet zum zweiten, historischen Teil über. Für den systematischen Eingangsteil haben wir eine didaktisch hinführende, daher auch relativ ausführliche Darstellung gewählt; viele fiktive Beispiele, die sich aber meist an heutige Wertungspraxis anlehnen, erläutern das Gesagte.

Im historischen Teil wollen wir an ausgewählten authentischen Beispielen die Geschichtlichkeit des Wertens veranschaulichen. Im Vergleich von Wertungen derselben Gegenstände durch Zeitgenossen und über die Zeiten hinweg soll die Gleichzeitigkeit des Ungleichzeitigen ebenso sichtbar werden wie der Wandel und seine Entwicklungsrichtungen. Daneben steht in diesem Teil implizit oder explizit auch unsere systematische Konzeption auf dem Prüfstand: Es muß sich zeigen, welchen Beschreibungs- und Erklärungswert sie haben kann. Allerdings erlaubt es der begrenzte Raum des Buches nicht, in diesem Teil in gleicher Weise wie im ersten ausführlich und didaktisch vorzugehen. Die historischen Vorgänge werden nur knapp referiert und kommentiert, die Geschichte der Wertung kann nur mit großen Lücken angedeutet werden, der Rückbezug auf den systematischen Teil wird bloß punktuell durch die Begriffsverwendung und durch rückverweisende Anmerkungen hergestellt. Die beiden letzten Kapitel dieses zweiten Teils bringen einen Überblick über literaturtheoretische Wertungskonzeptionen nach 1945 und erörtern die Frage, welche und wessen Werte im historischen Prozeß eigentlich das Tradieren oder Vergessen bestimmen; sie bieten bereits Stoff für den dritten Teil.

In diesem dritten Teil geben wir, wie erwähnt, die analytische Perspektive auf und führen selbst Wertungshandlungen aus. So geht es unter dem Stichwort „Legitimation" nicht noch einmal um die Frage, wie Werte im Umgang mit Literatur überhaupt gerechtfertigt werden können; auf diese Frage wurde schon im ersten Teil geantwortet. Wir versuchen vielmehr eine Aussage darüber, wie solche Rechtfertigung aus unserer Sicht heute konkret aussehen könnte. Als Konsequenz unserer Antwort führen wir exemplarisch eine Wertung von zwei Texttypen vor und geben dabei von jedem Schritt Rechenschaft. Diese Wertungsbeispiele lassen sich dann schließlich doch noch als eine Anleitung zu reflektiertem Werten lesen. Auch dieser Teil erfordert einen eigenen Stil: Es muß weniger demonstriert als argumentiert werden, und die Einzeltextwertungen sind persönlich zu vertreten; darum werden wir für diese die Ich-Form wählen.

Genau besehen, hätte jeder Teil dieser Einführung ein eigenes, dann detaillierter auszuführendes Werk bilden können; es kam uns jedoch darauf an, den sachlichen Zusammenhang zwischen Theorie, Geschichte und Legitimation vor Augen zu führen, und wir wünschen uns geduldige Leser, die diesen Zusammenhang durch eine kontinuierliche und vollständige Lektüre nachvollziehen. Trotzdem ist das Buch so angelegt, daß unter verschiedenen Interessen und auf unterschiedlichem Niveau der Vorbildung die Teile und sogar Kapitel auch einzeln gelesen werden können. Man kann den systematischen Teil (mindestens zunächst) überschlagen und am Ende, mit unseren eigenen Wertungsbeispielen, oder auch mit dem historischen Teil beginnen: die Rezeptionsgeschichten von Barock, ‚Volkslied', „Wilhelm Meister" und Droste sowie der Überblick über die Wertungsansätze nach 1945 bilden in sich geschlossene informierende Einheiten. Auch das letzte Kapitel des zweiten und das erste Kapitel des dritten Teils können für sich stehen und führen in die gegenwärtigen Kontroversen über Wertung und Kanon ein.

Anmerkungen sind verhältnismäßig sparsam gesetzt; auf Stellungnahmen zu Forschungspositionen wurde in der Regel verzichtet. Für Art und Umfang der Anmerkungen stand der Charakter einer Einführung im Vordergrund: Sie weisen also, abgesehen vom Zitatbeleg, nur in solchen Fällen die Herkunft des Wissens und der Argumente nach, wo sie erweiternde und vertiefende Lektüre anregen wollen; im übrigen verknüpfen sie durch interne Verweisung die Teile des Buches. Die Bibliographie führt längst nicht alles Verarbeitete, sondern allein die Titel an, die in den Anmerkungen auftauchen; Forschungsarbeiten, die besonders reiche Bibliographien zu unserm Gegenstand enthalten, sind durch einen Asterisk bezeichnet.

Wertung von Literatur: Unsere Einführung kann und will sich auf weite Strecken noch im tradierten Verständnis des Faches und seines Gegenstands – begrenzt auf Literatur als ‚Kunst' – halten. Aber sie will auch vorausdenken auf die eingangs angedeutete Möglichkeit, daß es mit ‚Literatur', verstanden als privilegierter kultureller Gegenstand, zuende gehen könnte. Dann würde es nötig sein, ein Instrument in der Hand zu haben, mit dem das Werten von Texten aller Art, auch in verschiedener medialer Vermittlung, verstanden und angeleitet werden könnte. Mehr als Andeutungen können dazu freilich noch nicht gegeben werden.

I. SYSTEMATIK

1. Grundbegriffe

1.1 Probleme der Begriffsklärung

Die Literaturwissenschaft krankt daran, daß sie ihre Arbeitsbegriffe oft umgangssprachlich verwendet und nicht für den wissenschaftlichen Gebrauch klärt. Dieser unbefriedigende Zustand hat mehrere Gründe. Einer der respektabelsten ist, daß die Literaturwissenschaft mit ihren Studien nicht nur die Wissenschaftler, sondern eine breitere literarische Öffentlichkeit erreichen will. Jedoch ist auch dieser nicht damit gedient, auf unklare Weise informiert zu werden; und die Verständigung über die Sache ist unter solchen Umständen nicht nur unter den Forschern gefährdet. Für Begriffe wie ‚Literatur', ‚Wert' und ‚Wertung', um die es im folgenden geht, gilt das in besonderer Weise. Ein weiterer, mit ihrem Gegenstand gegebener Grund für die terminologische Abstinenz vieler Literaturwissenschaftler liegt darin, daß geisteswissenschaftliche Begriffe den Anforderungen an wissenschaftliche Definitionen in den sogenannten exakten Wissenschaften nicht genügen können und man sich daher gar nicht erst um Präzision bemüht. Wir ziehen diese Konsequenz nicht, bestreiten aber auch schon eine der Prämissen: Es geht nicht um eine Anpassung geisteswissenschaftlicher Standards an die der Naturwissenschaften, sondern darum, dem Gegenstand und der Disziplin angemessene Verfahren und Kriterien für terminologische Genauigkeit und Zuverlässigkeit zu wählen. Wir als Vermittler von Literatur und von Wissen über Literatur, die schließlich alle angeht, sollten uns zwar gewiß nicht ohne Not zu weit von der Umgangssprache entfernen. Aber wir sollten unsere Sprache so einrichten, daß sie die nötigen Unterscheidungen, die die Erkenntnis einer Sache fordert, zum Ausdruck bringen kann. Und solche Unterscheidungen liefert die Alltagssprache von selbst nicht. Das ist der Grund, warum wir mit den terminologischen Ausführungen beginnen.

Drei Typen von Begriffs*definition* stünden zur Wahl[1]: Die ‚feststellende Definition' hätte im Idealfall alle faktischen Verwen-

---
[1] Vgl. zum folgenden Pawłowski: Begriffsbildung, Kap. I und V.

dungsweisen des Begriffs – d.h. hier: seiner Wortgestalt – in einer Sprache zu umfassen. In beiden Fällen, bei ‚Wert' wie bei ‚Literatur', ergäbe dieses Verfahren Begriffe von solcher Vagheit, daß nichts mehr mit ihnen anzufangen wäre. Die ‚festsetzende Definition' weist einem unscharfen Begriff eine neue, nun exakte Bedeutung zu. Bei einem solchen Verfahren müßten in unserem Falle weite Bereiche des historischen Bedeutungsfeldes ausgeklammert werden; es wäre reduktiv. Eine Kombination beider Definitionsarten stellt die ‚regulierende Definition' dar. Sie lehnt sich zum Teil an festgestellte Bedeutungen an, setzt dann aber zu forschungspraktischen Zwecken einen Begriffsumfang fest, der die Gesamtmenge möglicher Bedeutungen begrenzt. In der Praxis ergeben sich bei diesem Begriffstyp jedoch immer wieder gewichtige Probleme. Man kann oft nicht vermeiden, daß in der Definition bereits zirkulär die Kenntnis des zu Definierenden verwendet wird, und es kann nicht immer sicher angegeben werden, ob das zu Definierende (Definiendum) und das zur Definition Herangezogene (Definiens) sich in ihrem Umfang wirklich decken.

Ein Beispiel in Anlehnung an Ralph B. Perry[2]: Ein Objekt habe Wert oder sei wertvoll, wenn es Gegenstand eines Interesses sei. ‚Interesse' wäre in dieser Begriffsbestimmung wiederum definitionsbedürftig, und zu einem Teil würde man es damit umschreiben, daß es die Hinwendung zu etwas sei, was wertvoll erscheint – der Zirkel ist deutlich. Leicht kann man aber auch sehen, daß Interesse sich ebenso auf Gegenstände richten kann, denen damit nicht zugleich Wert zugeschrieben wird. ‚Interesse' hat also noch weitere Dimensionen, so daß der Begriffsumfang des Definiens und der des Definiendum nicht deckungsgleich sind. Dies aber, die gleiche Extension von Definiens und Definiendum, ist striktes Erfordernis einer wissenschaftlichen Definition. Es ist fraglich, ob ein definierter Begriff von ‚Wert' dieses Erfordernis erfüllen kann.

Eine Alternative zur Definition eines Begriffs ist seine ‚Explikation'. Eine Explikation geht vor wie eine regulierende Definition, d.h. sie stellt die gegebenen Verwendungsweisen eines Begriffs fest und führt dann festsetzend eine neue und präzisere Verwendungsweise ein. Dieser Ausdruck heißt ‚Explikat'. Für das Explikat gelten aber weniger strenge Bedingungen als für die Definition. So wird zum Beispiel nicht beansprucht, daß es mit dem Explikandum, also mit dem ungeklärten Begriff, in vollem Umfang übereinstimmen

---

[2] Perry: Realms of Value, S. 2f.

müsse. Forschungspraktische Kriterien werden ausschlaggebend für die Rechtfertigung eines angemessenen Explikats. Dazu gehören Nützlichkeit für bestimmte Forschungszwecke, Präzision, Ähnlichkeit mit dem Explikandum und Einfachheit. Abgeschlossen ist eine Explikation, wenn das Explikat in ein Begriffssystem oder doch in eine methodologische Konzeption eingeführt worden ist.

Von dieser Möglichkeit der Explikation wird in der Literaturwissenschaft zunehmend Gebrauch gemacht[3], und auch wir wollen sie im folgenden heranziehen. Aus den bisherigen Ausführungen wird darüber hinaus etwas grundsätzlich Wichtiges zum Status von Begriffen erkennbar: Die Begriffe, mit denen wir umgehen, ‚ergeben' sich nicht aus den Gegenständen, die wir mit ihnen bezeichnen wollen; vielmehr sind sie an Forschungsziele und Fragezusammenhänge gebunden. Sie werden aus einer bestimmten Perspektive auf die zu untersuchenden Sachverhalte heraus gebildet.[4] Man spricht in diesem Sinne auch von ‚Konstrukten', um deutlich zu machen, daß Begriffe künstlich hergestellt sind. Zunächst ist also jeweils zu bestimmen, welche Zwecke wir mit den Explikationen der Begriffe ‚Literatur', ‚literarisch' und ‚Wert', ‚Wertung' verfolgen, um unser terminologisches Vorgehen einsichtig zu machen und im Rahmen unserer Untersuchung zu rechtfertigen.

1.2 Explikation der Begriffe ‚Literatur' und ‚literarisch'

1.2.1 ‚Literatur'

Der Forschungszweck, in dessen Interesse wir den Begriff ‚Literatur' explizieren, ist unsere Untersuchung der Wertung von Literatur, d.h. mit dieser Explikation bestimmen wir Art und Menge der Ge-

---

[3] Die neue, noch im Entstehen befindliche 3. Auflage des „Reallexikons der deutschen Literaturgeschichte" stellt eine solche Begriffsexplikation ihrem jeweiligen Artikel voran. Abschnitte zur Wortgeschichte, zur Begriffsgeschichte und zur Sachgeschichte – diese drei müssen sich ja keineswegs decken – und schließlich die Forschungsgeschichte liefern dann die Begründung dafür nach, daß das Explikat zu Recht gebildet wurde. Da es für unsere Zwecke auf die Explikate und weniger auf die wort- und begriffsgeschichtlichen Herleitungen ankommt, reicht hier ein Verweis auf die entsprechenden Ausführungen bei Weimar: Literatur.

[4] Vgl. dazu auch Strube: Analytische Philosophie, S. 29f., dort in bezug auf die Definition von Gattungsbegriffen.

genstände, auf die sich die ‚Wertung' im Titel dieser Einführung beziehen soll. Mit anderen Worten: Was soll zum Korpus dieser Untersuchung gehören? Ein Rahmen ist durch folgende allgemeine Überlegung gesetzt. Wertung von ‚Literatur' kann sich nur auf einen Begriff von Literatur beziehen, der den Gegenstand unseres Faches, der Wissenschaft von der Literatur, bestimmt oder bestimmt hat. Unsere Begriffsklärungen werden daher von einem Text ausgehen, für den eben dieser allgemeine Rahmen gilt und der sich ebenfalls des Verfahrens der Explikation bedient: Klaus Weimars Artikel „Literatur", der als Musterartikel für die Neuauflage des „Reallexikons der deutschen Literaturwissenschaft" verfaßt wurde.

Weimars Artikel stellt uns mehrere Explikate zur Verfügung, von denen wir einige, aber nicht alle, brauchen können. Nur diejenigen, die für die Bestimmung und Eingrenzung unseres Gegenstandsbereichs wichtig sind, wollen wir im folgenden auch explizieren.

Explikat 1: Der Begriff ‚Literatur' bezeichnet die Gesamtheit des Geschriebenen bzw. Gedruckten überhaupt.

Dieser Begriff, der sich im 18. Jahrhundert durchsetzt und auch heute noch gebraucht wird, umfaßt alle allgemeinen und einzelwissenschaftlichen Verwendungen von ‚Literatur'. Unter ihn fallen so unterschiedliche Textsorten und -formen wie medizinische Traktate und Autobiographien, juristische Abhandlungen und Gedichte, Lehrbücher der Physik und Einführungen in die Literaturwissenschaft, elektronische Werkeditionen und Inkunabeln. Aus literaturwissenschaftlicher Sicht unterteilt sich dieser weite Begriff in ‚Primär-' und ‚Sekundärliteratur', also Literatur, die den Untersuchungs*gegenstand* bildet, und die *Forschungs*literatur über sie. Sekundärliteratur ist als Objekt unserer Einführung nicht gemeint, d.h. wir werden sie nicht als zu bewertende, wohl aber als selbst wertende berücksichtigen.[5] Primärliteratur aber zu allem, was in irgendeiner Frageperspektive Gegenstand unseres Faches ist, muß zunächst einmal auch Gegenstand unseres Nachdenkens über Wertung sein.

Da die Literaturwissenschaft heute keine reine Sprach- und Dichtungswissenschaft mehr ist, sondern sich zu einer allgemeinen Kulturwissenschaft entwickelt, ist der Bereich der Primärliteratur, den Literaturwissenschaftler bearbeiten, mittlerweile kaum mehr überschaubar. Zwar überschreitet es ihre Kompetenz, etwa medizinische oder juristische Fachliteratur in spezieller Weise zu analysieren

---

[5] Vgl. dazu vor allem II.5.

1. Grundbegriffe

und zu beurteilen, sie untersuchen jedoch auch solche Texte nach ihrem sozial- oder mentalitätsgeschichtlichen Gehalt und werten sie als Beispiele für Denkweisen und sprachliche Vermittlungsformen einer bestimmten Zeit aus. Das Spektrum der Sachtexte[6], die als literaturwissenschaftliche Forschungsgegenstände in Frage kommen, ist also sehr breit: Es reicht von Essays, feuilletonistischen Texten, Briefen, Tagebüchern, Autobiographien und Reiseberichten über religiöse, moralische, wissenschaftliche oder politische Werke bis hin zu Reportagen, Interviews und Werbetexten, und zwar vom Mittelalter bis zur Gegenwart.

Mit diesem weiten Begriff von ‚Literatur' haben wir aber den Kernbereich des literaturwissenschaftlichen Korpus noch nicht profiliert; denn die zahlreichen eben angeführten Textsorten werden ja meistens analysiert, um einen Teilbereich des Explikats 1 zu erhellen: ‚literarische Texte'. Damit sind wir bei

Explikat 2: Der Begriff ‚Literatur' bezeichnet die Gesamtheit der Texte, die im allgemeinen Sprachgebrauch und von der Literaturwissenschaft ‚literarisch' genannt werden und zentral, wenn auch nicht ausschließlich, den Gegenstand der Literaturwissenschaft bilden. Sie werden aus der Gesamtheit alles Geschriebenen und Gedruckten (1) ausgegrenzt durch die Merkmale der ‚Literarizität', ‚Poetizität' und/oder ‚Ästhetizität'.

Wir haben hier ein Beispiel zirkulärer Begriffsbestimmung vorliegen, da sich das Adjektiv ‚literarisch' von eben dem Begriff von ‚Literatur' ableitet, den es begrenzen soll. Was ‚literarisch', ‚poetisch' und ‚ästhetisch' im Sinne solcher Abgrenzung heißen kann, wird in den folgenden Abschnitten zu diskutieren sein. Hier sei nur darauf verwiesen, daß sich der Begriff in dieser Verwendungsweise erst um 1750 herausgebildet und um 1830 durchgesetzt hat.

Zwei Begriffe, die sich noch im terminologischen Umfeld des Explikats 2 befinden, können wir hier unberücksichtigt lassen, da sie in der Literaturwissenschaft selbst kaum noch eine Rolle spielen und von den Explikaten 1 und 2 zusammengenommen abgedeckt werden. Es handelt sich zunächst um ‚Belletristik', um die sogenannte

---

[6] Sachtexte werden auch ‚Gebrauchstexte' und ‚expositorische Texte' genannt. Diese Bezeichnungen sind nicht ganz deckungsgleich. ‚Gebrauchstexte' betont den Aspekt, daß bestimmte Texte stark an Verwendungszusammenhänge gebunden sind (etwa Gesetzestexte, Predigten usw.), ‚expositorische Texte' stellt den rhetorischen Aufbau in den Mittelpunkt; vgl. dazu Belke: Gebrauchstexte.

‚schöngeistige Literatur', die die Gesamtheit fiktionaler Texte umfaßt, dazu aber eine unbestimmte Menge anderer, vor allem feuilletonistischer und essayistischer Texte von fast beliebiger Thematik nicht-wissenschaftlicher Art. Außerhalb der Literaturwissenschaft wird der Begriff noch gelegentlich verwendet, so etwa im Buchhandel zur Kennzeichnung einer wenig konturierten Sparte und in Bibliotheken zur Gruppierung und Aufstellung von Büchern. Ebenso unkonturiert ist inzwischen der Begriff ‚Schöne Literatur'. Er bezeichnete die Gesamtheit von Texten, die durch die besondere Qualität ‚Schönheit' ausgezeichnet sein sollten. Dieses ‚Schöne' mochte sich vage im Zusammenhang der normativen Ästhetik des 18. und 19. Jahrhunderts bestimmen lassen, taugt aber längst nicht mehr, seit diese Kategorie in der Ästhetik selbst infrage gestellt worden ist. Der Begriff ‚Schöne Literatur' ist nur noch außerhalb der Literaturwissenschaft als neutraler Rubrikentitel in Allgemeinbibliographien und Bibliothekssystematiken üblich und bezeichnet dort vor allem fiktionale Literatur.

Ebenfalls untauglich für unsere Zwecke ist eine relativ verbreitete Verwendungsweise des Begriffs, mit der selbst schon gewertet wird. ‚Literatur' bezeichnet demnach einen Teil der Gesamtheit literarischer Texte, der unter Qualitätsgesichtspunkten aus ihr ausgegliedert wurde. Dies kann in einer eher historischen Begriffsvariante (a) der ‚minderwertige' Teil sein: ‚Literatur' wird als ‚bloße Literatur' von der eigentlichen ‚Dichtung' abgehoben. In der Begriffsvariante (b) ist die Wertung umgekehrt: ‚Literatur' gilt nun als der wertvollste Teil der Gesamtheit literarischer Texte in Opposition zu ‚Trivialliteratur', ‚Unterhaltungs-', ‚Schemaliteratur' oder ‚Kitsch'. Diese Auffassung von Literatur ist zu eng; selbstverständlich wird uns die Wertung von Literatur aller dieser Niveaus interessieren. Wir werden daher ‚Literatur' nie in der einen oder andern Variante verwenden, sondern werden, wenn Unterscheidungen im Sinne von (a) oder (b) zu treffen sind, jeweils präzisierende Begriffe einsetzen: ‚Literatur als Kunst' oder ‚Hochliteratur' für jenen Bereich, der gegen Trivial- und Unterhaltungsliteratur, aber auch gegen politische und andere didaktische Literatur abgehoben wird, und die genannten Begriffe für die jeweils anderen Bereiche.

Zusammenfassung: Es wurden zwei Explikate gebildet, die für eine Bestimmung des Begriffs ‚Literatur' im Titel dieses Buches infrage kommen: ‚Literatur' kann bezeichnen

(1) eine Teilmenge aus dem Explikat 1, nämlich Primärliteratur, die zum Gegenstand der Literaturwissenschaft gemacht werden kann, ohne notwendig ‚literarisch', ‚poetisch' bzw. ‚ästhetisch' sein zu müssen.

(2) ‚literarische' Texte (Explikat 2). Was ‚literarisch' hier heißen kann, muß noch geklärt werden.

Was in der bisherigen Forschung ‚literarische Wertung' genannt wurde, hat sich überwiegend auf den Teil von Literatur bezogen, der in Explikat 2 genannt wird. Für unsere Einführung wird er, wie noch einmal hervorzuheben ist, nur einen, wenn auch zentralen Gegenstandsbereich ausmachen. Als ‚Literatur' sollen im folgenden also alle die Texte in unsere Untersuchung einbezogen werden, die Gegenstand der Literaturwissenschaft waren oder sind, also nicht allein Texte mit Kunstcharakter oder als ‚literarisch' bezeichnete, sondern auch Sach- und Gebrauchstexte.

1.2.2 ‚Sozialsystem Literatur'

Bevor wir den Begriff ‚literarisch' explizieren, wollen wir eine weitere Begriffsvariante von ‚Literatur' erläutern, die erst im letzten Jahrzehnt wissenschaftlich eingeführt worden ist. Wir brauchen sie zwar nicht mehr für unsere Gegenstandsbestimmung, sie ist aber unter zwei Aspekten für uns von Interesse: Sie bildet einen Rahmen, in dem wir sowohl unser Projekt des Wertens von Literatur situieren als auch den Begriff ‚literarisch' bestimmen können.

‚Literatur' bezeichnet in dieser Variante keine Menge von Texten, sondern ein gesellschaftliches Handlungssystem. Siegfried J. Schmidt hat diesen Begriff zuerst in seinem „Grundriß der Empirischen Literaturwissenschaft" (1980) verwendet. Er spricht von „literarisch kommunikativem Handeln"[7] oder von einem „System gesellschaftlicher Handlungen in bezug auf literarische Texte".[8] Da das Werten, wie noch zu zeigen sein wird, eine der Formen des Handelns mit Literatur darstellt, ist diese Perspektive für uns besonders relevant. Wir werden aber, um Verwechslungen mit dem Gegenstand ‚Literatur' zu vermeiden, den Begriff ‚Sozialsystem Literatur' verwenden. Da dieser Begriff in unserem Konzept des Wertens von Literatur eine wichtige Rolle spielt, ist er hier kurz zu explizieren.[9]

---

7 Schmidt: Grundriß, S. 2.
8 Hauptmeier/Schmidt: Einführung, S. 14.
9 Zum Modell des Sozialsystems Literatur vgl. Pfau/Schönert: Probleme und Perspektiven; zur historischen Genese des Sozialsystems Literatur

Explikat 3: Der Begriff ‚Sozialsystem Literatur' bezeichnet ein gesellschaftliches Handlungssystem, das sich um 1800 ausdifferenziert und im Rückgriff auf den Begriff ‚Literatur' (2) bzw. auf die zugehörige Bezeichnung ‚literarisch' bestimmt wird.

Auch dieser Begriff stellt ein theoretisches Konstrukt dar. Er soll literarische und gesellschaftliche Phänomene der Zeit in ihren Zusammenhängen und Abhängigkeiten voneinander historisch rekonstruieren und erklären. Der Begriff bezeichnet das Phänomen, daß um 1800 ein ‚autonomer', kultureller Bereich in der Gesellschaft entsteht, der sich gegen andere kulturelle Teilsysteme wie Religion, Philosophie und Moral, Recht und Politik, Wissenschaft und Pädagogik abgrenzen läßt und sich verselbständigt. Es ist der Bereich der ‚Literatur als Kunst'. Er entsteht gemeinsam mit einer neuen Ästhetikkonzeption, und zwar der ‚Ästhetik der Autonomie' oder der ‚Genieästhetik', um nur zwei heutige Schlagwörter für dieses Phänomen zu nennen.[10] Literatur, die der autonomen Ästhetik entspricht, will nicht mehr den verschiedenen ‚heteronomen' Zwecken folgen, für die sie in der rhetorischen Tradition, etwa noch von den Aufklärern, funktionalisiert wurde[11]: Sie will nicht auf unterhaltsame Weise belehren, versteht sich nicht mehr als erlernbare Technik der Vermittlung von Wahrheiten, die sich auch auf andere Art ausdrücken ließen, und nicht mehr als wirkungsvolle, schöne Einkleidung allgemeiner Einsichten. Vielmehr entspringt sie, dem Selbstverständnis ihrer Produzenten entsprechend, der individuellen Eingebung des dichterischen Genies und beansprucht eine eigene, nur über die Reflexion ihrer Form zugängliche Wahrheit. Autor und Leser gelangen beide auf je spezifischem Weg zu einer besonderen Erkenntnis durch das literarische Kunstwerk: der Autor im Prozeß des Schaffens; der Leser, indem er im Rezeptionsprozeß zu einer eigenständigen Erkenntnis angeregt wird. Trotz dieser Abgrenzungs-

---

um 1800 vgl. Schmidt: Selbstorganisation, bes. Kap. 10 und 12. – Hier und im folgenden nehmen wir die systemtheoretische Terminologie aus heuristischen Gründen auf, behandeln unseren Gegenstandsbereich aber nicht konsequent systemtheoretisch; vielmehr denken wir weiterhin in Kategorien wie ‚historische Entwicklung' und ‚Einfluß' und nehmen handelnde Individuen an.

[10] Ausführlicher zu dieser Ästhetikkonzeption vgl. Schmidt: Selbstorganisation, bes. S. 422-432.

[11] Vgl. dazu Explikat 5 und 6 und die Erläuterungen; zur Abgrenzung der Autonomieästhetik von der rhetorischen Tradition siehe z.B. II.1.3 und II.3.1.

1. Grundbegriffe

bemühungen gegen zweckorientierte Literatur ist der Begriff ‚autonome Literatur' nicht im Sinne von ‚l'art pour l'art' zu verstehen: Es gibt einen ‚idealen Zweck', dem Literatur dienen soll, die Herstellung der Menschennatur, des idealen Menschen. Die Realisierung dieses Ziels wird utopisch aufgeschoben und das Mittel zu seiner Realisierung, die Kunst bzw. Literatur, tritt in den Mittelpunkt des Interesses. Daß die Herstellung der Menschennatur kein von ‚außen' herangetragener, heteronomer Zweck ist, ergibt sich aus einer anthropologischen Voraussetzung dieses Programms: Der ‚ideale Mensch' manifestiert sich kollektiv im Naturvolk, individuell im schöpferischen Genie, dem Künstler.[12]

Unter diesen autonomieästhetischen Prämissen wird nun nicht nur die neu entstehende Literatur rezipiert; der Diskurs im Sozialsystem Literatur dehnt sich vielmehr auch auf die früher verfaßte Literatur aus, indem er sie gewissermaßen ‚autonomisiert'. Leser und Interpreten lösen sie aus den alten Gebrauchszusammenhängen und rezipieren sie unter den neuen Kategorien. Diese sind freilich geschichtlichen Wandlungen unterworfen und werden uns im historischen Teil beschäftigen. Neben diesen neuen Kategorien, unter denen Literatur produziert und rezipiert wird, wirkt aber die vorautonome Tradition weiter: Es gibt auch weiterhin Leser, die Literatur auf Realität und praktische Zwecke beziehen, und Autoren, die didaktische Texte verfassen. Um eine grobe Unterscheidung einzuführen: Im Sozialsystem Literatur vertreten die Programmatiker und Funktionsträger, z.B. Literarhistoriker, die Autonomieästhetik, während andere Handelnde, z.B. Didaktiker und vor allem ‚Normalleser', sich auch nach heteronomen Literaturauffassungen richten können.[13] Da alle im Sozialsystem Literatur Handelnden dazu beitragen, den Begriff ‚literarisch' inhaltlich zu bestimmen, spielen also neben den autonomen auch heteronome Konzeptionen eine Rolle.

Zum Sozialsystem Literatur zählen wir also einerseits die Texte, die in diesem System als literarisch angesehen werden, und andererseits alle gesellschaftlichen kommunikativen Handlungen, die mit diesen Texten vollzogen werden: Das sind ihre Produktion, also ihre Hervorbringung in schriftlicher, gegebenenfalls aber auch mündlicher Form, ebenso wie ihre Distribution, also ihre private oder öf-

---

[12] Vgl. dazu die Erläuterungen zu Herder, II.2.3.
[13] Vgl. dazu II.3 und II.4; vgl. auch Hügel: Unterhaltungsliteratur, S. 286ff.

fentliche, kommerzielle oder nicht-kommerzielle Verbreitung, und außerdem ihre Rezeption und Weiterverarbeitung, d.h. ihre Aufnahme, ihre Deutung, ihre Bearbeitung usw. Zum Sozialsystem Literatur rechnen wir schließlich auch die Institutionen, in denen diese Handlungen vollzogen werden.

Zusammenfassung: Unter dem Begriff ‚Sozialsystem Literatur' verstehen wir das gesellschaftliche Teilsystem mit seinen Handlungen, Institutionen, Diskursen und Texten, das sich mit der Entstehung von ‚autonomer' Literatur herausbildet. Der Begriff stellt einen wichtigen konzeptuellen Rahmen für unsere weiteren Explikationen dar.

1.2.3 ‚Literarisch'

‚Literarisch' ist, wie die Erläuterungen der vorigen Abschnitte schon gezeigt haben, nicht einfach als Adjektiv zu jedem beliebigen Begriff von Literatur anzusehen. Im Sozialsystem Literatur hat ‚literarisch' eine abgrenzende Funktion: ‚Literarische' Literatur wird von ‚nicht-literarischer' unterschieden. Dieses Gegensatzpaar hat systemkonstitutive Funktion und wird daher meist wertbesetzt verwendet: ‚Literarische' Literatur, die zum System gehört, ist positiv konnotiert, und zwar ohne Ansehen der Eigenschaften des Einzelwerks, während ‚nicht-literarische' Literatur als systemexterne weniger ‚wert' ist. Diese Einstufung, die auf der Ebene der Systembildung festzustellen ist, muß nicht notwendigerweise vorgenommen werden; für sich genommen sind die beiden Begriffe ‚wertneutral'. Faktisch finden sich diese Konnotationen aber in den verschiedenen Verwendungsweisen der Begriffe, wie noch häufiger zu zeigen sein wird.[14]

Das Adjektiv ‚literarisch' kennzeichnet, anders ausgedrückt, nur den Teil von Literatur, dem das Merkmal ‚Literarizität' zugeschrieben wird. Was aber bezeichnet dieser Begriff? Eine kurze Antwort auf diese Frage ist nicht zu geben, da der Begriff historisch und kontextuell variiert. In ‚vorautonomer' Zeit wurde er anders gebraucht als nach 1800, und selbst nach der Etablierung des Sozialsystems Literatur finden sich sehr unterschiedliche Verwendungsweisen und Bezeichnungen des Begriffs (neben ‚literarisch' auch ‚poetisch' und ‚ästhetisch'). Wir wollen hier Explikate einführen, die eine Art ge-

---

[14] Daß die Bildung von Differenzen generell meist mit der Aufwertung des einen und Abwertung des anderen Teils der Opposition verbunden ist, zeigt z.B. Luhmann: Frauen.

1. Grundbegriffe

meinsamen Nenners der divergierenden Begriffsbestimmungen darstellen. Dabei gehen wir von der Beobachtung aus, daß ‚literarisch' meist auf zwei Gegenstandsbereiche bezogen wird, die oftmals nicht klar voneinander getrennt werden: auf den Modus, in dem Texte verarbeitet werden, und auf formale Eigenschaften. Die Verwechslungen und Überschneidungen, die dadurch zustande kommen, beeinträchtigen die Verständigung in diesem ohnehin komplizierten terminologischen Grundlagenbereich der Literaturwissenschaft.

Explikat 4: ‚Literarisch' heißen Texte, die autonom-ästhetisch rezipiert werden oder die formal-ästhetische Eigenschaften aufweisen.

Die beiden Bestandteile des Explikats sind ihrerseits erklärungsbedürftig:

Explikat 5: Der Begriff ‚autonom-ästhetisch' bezeichnet einen Rezeptions- bzw. Verarbeitungsmodus, der Texte in dem Sinne ‚autonom' setzt, daß er sie nicht unmittelbar auf Wirklichkeit, Zwecke und Handlungszusammenhänge bezieht.

Explikat 6: Der Begriff ‚formal-ästhetisch' bezeichnet die formale Eigenschaft von Texten, durch eine besondere Sprache, Stil, rhetorische Mittel, Aufbau etc. überstrukturiert zu sein.

Zu 5: Dieses Explikat nennt eine der zentralen Konventionen des Sozialsystems Literatur, die „Ästhetikkonvention"[15], die zugleich eine ‚Autonomiekonvention' darstellt. In ihrer idealtypischen Variante besagt sie, daß literarische Texte anders als nicht-literarische Texte rezipiert werden: Ihren einzelnen Aussagen wird kein Wahrheitsanspruch zuerkannt, sie werden nicht unvermittelt auf die Realität bezogen, sie werden für keine nicht-literarischen Zwecke funktionalisiert. Der Rezipient dieser Texte ist von allen Handlungszwängen des Alltags entlastet. Diese Bestimmung macht deutlich, daß der Begriff ‚autonom-ästhetisch' einen Modus der Rezeption von Texten bezeichnet, nicht aber eine Qualität der Texte selbst. Eine Schwierigkeit in der Verwendung dieses Begriffs liegt darin, daß er schon bei seiner Entstehung von der Verarbeitungsweise auf die Texte übertragen wird. Tatsächlich sind aber nicht die Texte ‚autonom', sondern sie werden ‚autonomieästhetisch' rezipiert bzw. als autonom postuliert. Da sich diese Begriffsverwendung eingebürgert hat und da sie zu weniger umständlichen Formulierungen führt, nennen auch wir die Werte, die aus der autonomieästhetischen Verarbeitung fol-

---

[15] Vgl. dazu Schmidt: Grundriß, Bd. 1, S. 134-159.

gen, verkürzend ‚autonom-ästhetische' Werte und werden gelegentlich von ‚autonomen' Werken sprechen.

Der Gegenbegriff zu ‚autonom' ist der bereits verwendete Begriff ‚heteronom'. Er bezeichnet die Modi, in denen literarische Texte vor Entstehen des Sozialsystems Literatur rezipiert worden sind und die auch noch nach 1800 eingesetzt werden: Heteronome Literaturrezeption funktionalisiert die Texte in Hinsicht auf bestimmte Zwecke, seien es kognitive, emotionale oder praktische Zwecke. Dieser Begriff wird ebenfalls auf Texte übertragen. Als historischer kann er auf die Literatur vor 1800 bezogen werden, etwa auf mittelalterliche oder barocke Texte; als klassifikatorischer Begriff kann er auf Unterhaltungs- und Trivialliteratur sowie auf Sachtexte angewendet werden.

Dem Explikat 5 sind alle Versuche zuzuordnen, die Begriffe ‚literarisch' bzw. ‚ästhetisch' über die Autonomie ihres Gegenstands zu definieren.[16] Dazu zählen insbesondere Bestimmungen in der Tradition philosophischer Ästhetik, für die der Begriff z.B. eine eigenständige Beziehung des literarischen Textes auf Erkenntnis ausdrücken kann. Darüber hinaus fällt die Gleichsetzung von ‚literarisch' und ‚fiktional' unter dieses Explikat, was kurz zu erläutern ist. Auch der Begriff ‚Fiktionalität' bezeichnet einen Verarbeitungsmodus und keine Texteigenschaft; zumindest kann man die Versuche als gescheitert ansehen, notwendige und hinreichende Bedingungen für Fiktionalität in den Texten selbst nachzuweisen.[17] Wenn wir von ‚fiktionalen Texten' reden, meinen wir in der Regel Texte, die als fiktionale geschrieben[18] und auch so gelesen werden. Dieser ‚Fiktionalitätskontrakt' zwischen Autor und Leser[19] besagt u.a., daß wir den Verfasser nicht auf die Wahrheit seiner Aussagen verpflichten und diese Aussagen nicht unmittelbar auf unsere Wirklichkeit beziehen können. Hier stimmen also fiktionaler und autonomieästhetischer Verarbeitungsmodus überein.

Zu 6: In Verbindung mit Explikat 4 besagt dieses Explikat, daß es besondere formale Qualitäten gibt, die literarische Texte von anderen, normalsprachlichen unterscheiden. Zu diesen Merkmalen zählen traditionell eine besonders elaborierte Sprache, der gehäufte Einsatz rhetorischer bzw. stilistischer Figuren und Mittel, z.B.

---

[16] Unserer Auffassung nach werden in diesen Konzeptionen Forderungen ‚autonomer' Textverarbeitung als Texteigenschaften ‚umgedeutet'.

[17] Vgl. dazu z.B. Landwehr: Fiktion, S. 493-500.

[18] Ausnahmen sind z.B. Mythen, die wir heute als fiktionale Texte lesen, während ihnen in der Antike Wahrheitsstatus zugeschrieben wurde.

[19] Warning: Der inszenierte Diskurs, S. 194.

1. Grundbegriffe

sprachlicher Bilder, Rhythmisierung, Verdichtung etc. Texte, in denen diese Eigenschaften aufgezeigt werden können, gelten also als literarisch.

Damit sind auch die Texte erfaßt, die nach den Postulaten der Autonomieästhetik aus dem Bereich des Literarischen herausfallen, die aber dennoch als ‚literarisch' bezeichnet werden: ‚Sach-' oder ‚Gebrauchstexte', sofern sie sich durch besondere formale Qualitäten auszeichnen, z.B. Tagebuch- oder Briefliteratur, Autobiographien, Reden oder auch Werbetexte, aber auch die Unterhaltungsliteratur. Wir haben also in unseren Gegenstandsbereich die Literatur einbezogen, die – aus der Sicht der Autonomieästhetik – heteronome Zwecke erfüllt, etwa Wissen zu vermitteln, Handlungsorientierung zu geben, zu unterhalten, und die ihre Form als Mittel einsetzt, um diese Funktionen zu realisieren. Daß damit aktuellen Verwendungsweisen des Begriffs ‚literarisch' Rechnung getragen wird, belegt z.B. die Tatsache, daß für die beste Wissenschaftsprosa Literaturpreise vergeben werden und diesen Texten damit literarische Qualität bescheinigt wird.

Das Explikat 6 erfaßt alle Verwendungsweisen, die in ihrer Bestimmung von ‚literarisch', ‚ästhetisch' oder ‚poetisch'[20] von objektiven, am Text festzumachenden Eigenschaften ausgehen. Dazu zählen zum einen rhetorische Definitionsversuche, für die das ‚Literarische' in der Technik liegt, mit der ein Text einen bestimmten Zweck in einer bestimmten Situation am besten und angemessensten erreichen kann. Zum anderen sind hier Begriffsbestimmungen aus der alten Poetik[21] anzusiedeln, die literarische Texte durch stilistische Abweichungen von anderen Texten abgrenzen. Solche Abweichungen sind z.B. die Überdehnung des rhetorischen Ornatus der Tropen und Figuren und die Verwendung von Metren und Rhythmen.

Eine Verbindung zwischen den Explikaten 5 und 6 schaffen neuere Versuche, den Begriff des Literarischen mit Hilfe linguistischer und semiotischer Ansätze zu fassen. Sprechen wird als kommunikatives Sprachhandeln verstanden, und ästhetisches Sprechen gilt als eine besondere, von der ‚normalen' abweichende Sprachverwendung. Neben den anderen Funktionen, die Sprache hat – etwa Dar-

---

[20] Heute besteht eine Tendenz, ‚poetisch' und ‚ästhetisch' gleichzusetzen und in Opposition zu ‚rhetorisch' zu sehen: Das ist das Resultat der ‚Verdammung der Rhetorik' im Zuge der Ausbildung der Autonomieästhetik.
[21] Bis in die Neuzeit hinein wurde die Poetik jedoch nicht scharf von der Rhetorik abgegrenzt. Zur Einführung vgl. Wiegmann: Geschichte der Poetik, und Rötzer: Texte zur Geschichte der Poetik.

stellungs-, Ausdrucks- und Appellfunktion –, wird eine ‚poetische' oder ‚ästhetische' Sprachfunktion angenommen. Diese besondere Sprachfunktion gilt ihrerseits als funktional für Bedürfnisse in der Gesellschaft, für Individuen, für Gruppen, für das Gesamtsystem[22], und sie ist an Stil und Struktur von Werken abzulesen. Was diese Sprachverwendung im einzelnen ausmacht, wird unterschiedlich beschrieben[23], während ihre Wirkungen relativ einheitlich benannt werden: Die Dominanz der poetischen Sprachfunktion bewirkt die Heraushebung des Werks aus alltäglichen Zweck- und Handlungszusammenhängen (Entpragmatisierung, Autonomisierung). Sie lenkt das Interesse auf die sprachliche Machart des Textes selbst und macht die Texte vieldeutig (polyvalent), weil sie nicht mehr auf einen bestimmten Kommunikationszusammenhang bezogen werden müssen. An diesem Punkt ihrer Argumentation gehen die Vertreter dieser Konzeptionen von den sprachlichen Merkmalen literarischer Texte zu ihrer Verarbeitung über.

Die beiden Explikate 5 und 6 unterteilen den Bereich des ‚Literarischen' nicht symmetrisch, sondern können einander überlagern. Wenn z.B. im autonomen Verarbeitungsmodus Texte ‚literarisch' genannt werden, dann können damit sowohl Texte gemeint sein, die formal besonders strukturiert sind, also Gedichte, Novellen etc.; es können aber auch Texte so bezeichnet werden, die sich formal nicht von ‚normalsprachlichen' unterscheiden, etwa Handkes Übernahme der Mannschaftsaufstellung eines Fußballvereins. Wenn dagegen im heteronomen Rezeptionsmodus von ‚literarisch' gesprochen wird, sind damit Texte gemeint, die formal-ästhetische Eigenschaften aufweisen. Auch in diesen Texten läßt sich die ‚ästhetische Funktion' der Sprache feststellen; sie ist aber anderen Funktionen untergeordnet.[24]

Da der Begriff ‚literarisch', wie eingangs erläutert, wertend verwendet werden kann, gilt dies auch für seine beiden Komponenten ‚formal-ästhetisch' und ‚autonom-ästhetisch'. Daraus folgt, daß mit den systemkonstitutiven Grundbegriffen im Sozialsystem Literatur nicht nur Texte, sondern auch Verarbeitungsweisen gewertet werden können: Die Rezeption literarischer Texte nach autonomieästheti-

---

[22] Von hier aus ergibt sich über den Begriff der ‚Funktion für' eine Verbindung zum Werten, wie im folgenden Abschnitt zu zeigen sein wird; zum Begriff der poetischen Sprachfunktion vgl. Jakobson: Linguistik und Poetik, bes. S. 92f. – Vgl. dazu auch II 5.2.2.
[23] Vgl. Jakobson: Linguistik und Poetik, S. 92f., auch Mukařovský, Poetische Benennung, S. 47-51.
[24] Vgl. dazu Mukařovský, Ästhetische Funktion, S. 18-22 und 33f.

schen Vorgaben gilt als die angemessene, also positiv einzustufende; Gegenteiliges gilt für die ‚heteronome' Verarbeitung. Im historischen Teil werden wir auf Beispiele für diese Wertungen eingehen.[25]

Zusammenfassung: Der Begriff ‚literarisch' ist eine konventionsgebundene Zuschreibung. Im Sozialsystem Literatur grenzt er die literarischen von den nicht-literarischen Texten ab. Der Begriff bezieht sich auf zwei unterschiedliche Bereiche: Als ‚literarisch' können zum einen Texte bezeichnet werden, die sich durch besondere formale Qualitäten ausweisen (formal-ästhetischer Aspekt), zum anderen kann mit ‚literarisch' ein bestimmter Verarbeitungsmodus gemeint sein, der Literatur autonom rezipiert (autonom-ästhetischer Aspekt). Beide Verwendungsweisen des Begriffs ‚literarisch' tendieren dazu, ihre Gegenstände positiv zu bewerten.

1.3 Explikation der Begriffe ‚Wert', ‚Wertung' und verwandter Begriffe

Nachdem wir die Begriffe ‚Literatur' und ‚literarisch' für unsere Untersuchung eingeführt haben, ist nun nach der anderen Komponente im Titel dieser Einführung zu fragen, nach der ‚Wertung'. Wiederum ist zunächst abzugrenzen, welche Handlungen und Phänomene für unseren Forschungszweck darunter zu fassen sind. Wir brauchen also zuerst einen Überblick über das Vorkommen von Wertungen und Werten im Umgang mit Literatur. Dabei können wir von dem oben eingeführten Konzept des Sozialsystems Literatur ausgehen, das, wie erläutert, den Rahmen für unseren Literaturbegriff darstellt. Wir haben also zu fragen, an welchen Orten und in welchen Formen im Sozialsystem Literatur gewertet wird.

1.3.1 Beispiele für Wertungen und Werte im Sozialsystem Literatur

Unter ‚Handlungsbereichen' und zugleich Orten des Wertens im Sozialsystem Literatur sind (1) Produktion, (2) Distribution und (3) Rezeption von Literatur zu verstehen.[26]

---
[25] Vgl. dazu besonders II.5.
[26] Die folgenden Beispiele sollen nur dazu dienen, die Vielfalt wertender Phänomene zu illustrieren; systematischer werden die Handlungsbereiche im Sozialsystem Literatur in Kapitel I.2.2 behandelt.

(1) Als ‚Produktion' gilt die Herstellung des materialen Textes durch den Autor. Dessen Wertungen werden in literarischen Texten selbst und im Vorfeld ihrer Entstehung wirksam. In den Texten finden sich zumeist Wertungen der Figuren, der Erzählinstanz und des abstrakten, eventuell sogar des realen Autors.[27] Sie können explizit ausgesprochen werden, können sich aber auch indirekt, etwa in der Machart des Textes manifestieren, wenn z.b. eine wichtige Information durch sprachliche Mittel wie Metaphern oder Wiederholungen herausgehoben oder an einer exponierten Stelle plaziert wird. Im Prozeß der Textentstehung können ebenfalls Wertungen des realen Autors eine Rolle gespielt haben, etwa als Entscheidung, einen Stoff in einem historischen Roman zu behandeln und nicht in einem Gegenwartsroman.

(2) Unter ‚Distribution' oder ‚Vermittlung' sind alle die Handlungen zu verstehen, die literarische Texte in der Öffentlichkeit verbreiten. Zu ihnen zählen zum einen Handlungen von Lektoren und Verlegern, die über das Erscheinen und die Präsentation von Texten entscheiden, und zum anderen Verbreitungsformen, die die Texte nicht verändern, z.B. die Vervielfältigung von Texten, der Vertrieb oder das Vorlesen im Hörfunk oder Fernsehen. Darüber hinaus vermitteln aber auch solche Institutionen Literatur, die die Texte interpretieren, etwa die Literaturkritik, Literaturwissenschaft und pädagogische Institutionen. Alle literaturvermittelnden Tätigkeiten werten permanent durch bloßes Auswählen, etwa welche Texte verlegt werden, mit welcher Schrifttype und in welcher Ausstattung sie erscheinen, welche Texte vorgetragen, verkauft oder gesendet werden. Wenn z.B. Literaturwissenschaftler entscheiden, für das Gesamtwerk eines bestimmten Autors eine historisch-kritische Ausgabe zu erstellen, vollziehen sie eine Wertungshandlung: Sie befinden das Werk für wertvoll genug, um Zeit, Kraft und Geld in eine solche Edition zu investieren. Ein weiteres Beispiel liefert die Literaturdidaktik: Literarische Texte werden danach eingestuft, welche besonders tauglich sind, schulische Erziehungsziele zu erreichen, und welche nicht.

(3) Unter ‚Rezeption' sollen hier ebenfalls zwei Tätigkeiten gefaßt werden: zum einen das Lesen eines Textes sowohl durch ‚normale' als auch durch professionelle Leser, zum zweiten alle die ‚weiterverarbeitenden' Handlungen, die mit einem rezipierten Text vorgenommen werden, und zwar Interpretation, Übersetzung, Be-

---

[27] Zu diesen Begriffen vgl. Link: Rezeptionsforschung, S. 21f., 25ff.

1. Grundbegriffe

arbeitung, Verfilmung, Umdichtung und Kritik.[28] Betrachtet man den ersten Aspekt, das Lesen, genauer, so trifft man gleich auf Selektionen, die sich als Wertungen beschreiben lassen: Schon wenn ein ‚Normalleser' in der Buchhandlung aus einem großen Angebot einen Roman auswählt, vollzieht er in der Regel einen Wertungsakt, der durch verschiedenartige Ziele und Bedürfnisse motiviert sein kann. Sowohl Selektionen als auch sprachlich formulierte Wertungen finden sich unter dem zweiten Aspekt, dem ‚Weiterverarbeiten' literarischer Texte. In Literaturgeschichten z.B. kann die Einschätzung, die der Verfasser mit einem literarischen Text verbindet, entweder direkt ausgesprochen werden, oder man kann sie indirekt an der Ausführlichkeit ablesen, mit der der Text dargestellt wird.

Ein weiteres erdachtes Beispiel aus dem Bereich der verarbeitenden Rezeption soll nun ausführlicher behandelt werden, weil sich an ihm einige Bedingungen des Wertens illustrieren lassen, die nur in einer Detailanalyse eines Wertungszusammenhanges deutlich gemacht werden können.

Eine vielbeschäftigte Literaturkritikerin, freie Mitarbeiterin einer angesehen liberalen Zeitung, bekommt von der Redaktion ein Konvolut lyrischer Neuerscheinungen mit der Bitte um eine Sammelrezension. Weil sie wenig Zeit hat, wählt sie nur wenige Bücher aus, die sie für exemplarisch hält und über die sie ohne großen Lektüreaufwand etwas Substantielles sagen kann. Bis zu diesem Punkt des Beispiels haben wir es mit einer Reihe von Selektionshandlungen zu tun: Die erste bildet die Auswahl durch die Zeitungsredaktion, die vom weltanschaulichen Profil der Zeitung oder auch des Feuilletonredakteurs mitbestimmt sein könnte, sich aber vielleicht auch mit dem literarischen Renommee der ausgewählten Autoren begründen ließe. Die zweite vollzieht die Rezensentin selbst, indem sie sich von ihrer Kenntnis der literarischen Öffentlichkeit, ihrem Zeitmangel und wahrscheinlich individuellen Vorlieben leiten läßt.

---

[28] Diese Begriffe werden in der Literaturwissenschaft nicht einheitlich verwendet. Unsere Verwendungsweise entspricht weitgehend der literaturwissenschaftlich üblichen, unterscheidet sich aber z.B. von der S. J. Schmidts, die er in seinem „Grundriß der Empirischen Literaturwissenschaft" erläutert hat. Schmidt faßt unter „Rezeption" das „Verstehen" eines Textes; alle weiteren Operationen, so auch die interpretierende Vermittlung von Literatur, bezeichnet er als „Verarbeitung"; vgl. Schmidt: Grundriß, Bd. 1, S. 274-292.

In ihrer Besprechung stuft die Rezensentin die gewählten Texte hierarchisch ein. Uneingeschränkt positiv beurteilt sie die experimentellen, sprachkritischen Anagramm-Gedichte Oskar Pastiors. Sie haben ihr noch vor allem Verstehen ein optisch-akustisches Vergnügen bereitet, und sie scheinen ihr auch unter erkenntnistheoretischen und gesellschaftlichen Gesichtspunkten die avanciertesten und am meisten zeitgemäßen zu sein. Durch den Gedichtzyklus Helga Novaks, „Legende Transsib", hat sie sich eher hindurchgequält; die Verknüpfung der Ost-West-Thematik mit einem ‚Liebesroman' scheint ihr etwas reißerisch. Aber ihr Interesse am politischen Thema und die Würdigung einiger recht gelungener formaler Einfälle sichert dem Bändchen doch ein wohlwollendes Urteil. Auch Ulla Hahns „Freudenfeuer" gefällt ihr zunächst durch die gekonnte Machart, die geschickte Spielerei mit Versen und Mustern aus der Literarhistorie; aber zu deutlich verdankt sich das Ganze einer Germanistenkompetenz und erscheint der Rezensentin als routiniert fortgestrickte ‚Masche' der Autorin. Außerdem erinnert sich die Rezensentin mit Mißbehagen an die überdeutliche Protektion, die Hahns lyrisches Erstlingswerk vom Literaturpapst der „Frankfurter Allgemeinen Zeitung", Marcel Reich-Ranicki, erfahren hat, und diesen Kritiker mit seinen konservativ-klassizistischen Wertmaßstäben und seiner Machtposition innerhalb der westdeutschen Literaturszene lehnt sie ab. So kommt Ulla Hahn in der Rezension nicht besonders gut weg.

An diesem Beispiel ist abzulesen:

– ‚Wertungen von Literatur' beziehen sich nur zum Teil auf Texte. In der Rezension richten sie sich auch auf die Autorin Hahn und auf Personen, die ihrerseits Person und/oder Werk der Autorin werten.

– Werden Texte gewertet, so beziehen sich die Urteile auf Form und Inhalt, aber auch auf die Wirkungen von Literatur.

– Maßstäbe zur Beurteilung von Literatur können aus unterschiedlichen Bereichen gewonnen werden. Im Beispiel setzt die Rezensentin neben formal-ästhetischen Maßstäben auch kognitive und ethisch-politische Werte ein.

– Bei der Wertung von Literatur kommen unterschiedliche Vermögen ins Spiel. In der Rezension wird teils emotional gewertet, teils kognitiv, über bewußte Erkenntnisprozesse, und teils über ein sinnliches, im engeren Sinne ästhetisches Empfinden.

– Wertungen gelten relativ zu gegebenen Kontexten. Zwei Typen solcher Kontexte werden im Beispiel thematisiert: die institutionelle Einbindung der Rezensentin und die Genrezuordnung der

1. Grundbegriffe

Texte; an experimentelle Dichtung trägt die Kritikerin andere Maßstäbe heran als an Erlebnisdichtung.
- Wertung hat eine quantitative Komponente. In der Rezension wird den Texten bzw. Autoren ein Mehr oder ein Weniger an Wert zugewiesen. Das geschieht irritierenderweise nicht dadurch, daß alle Texte an ein und demselben Maßstab gemessen werden, was durchaus auch vorkommen kann. Vielmehr bringt die Rezensentin jeweils ein Bündel von Kriterien ins Spiel und gewichtet diese Kriterien offenbar schon beim einzelnen Text.

Zusammenfassung: Wertungen kommen in allen Handlungsbereichen des Sozialsystems Literatur vor, und zwar in unterschiedlichen Erscheinungsformen und an unterschiedliche Voraussetzungen gebunden. Sie können in sprachlicher Form oder als nicht-sprachliche Wahlhandlungen auftreten. Die Wertungen der Autoren, Rezipienten und Distributoren werden von individuellen, institutionellen und gesellschaftlichen Voraussetzungen mitbestimmt. Nur ein Teil der Wertungen richtet sich auf die Texte selbst, andere richten sich z.B. auf ihre Wirkungen, Entstehungs- und Verbreitungsbedingungen oder auf ihre Autoren. Sie beurteilen keineswegs nur die literarische Qualität der Texte, sondern beziehen weltanschauliche, politische, religiöse etc. Maßstäbe ein.

1.3.2 ‚Wert', ‚Wertung' und verwandte Begriffe

Das Beispiel des vorigen Abschnitts hat zwei Bedingungen deutlich gemacht, die für unsere Explikation der Begriffe ‚Wert' und ‚Wertung' wichtig sind. Zum einen ist mit einer Vielzahl verschiedener Perspektiven und Bereiche zu rechnen, die für das Werten im Sozialsystem Literatur eine Rolle spielen. Daraus ergibt sich, daß wir für unsere Auffassung des Gegenstandsbereichs der ‚Wertung von Literatur' eine Theorie des Wertens brauchen, die für die Analyse aller dieser Sachverhalte ein geeignetes Instrumentarium bereitstellt. Diese Theorie kann keine rein literaturwissenschaftliche sein, die in erster Linie die ästhetische Perspektive erfaßt, sondern sie muß Elemente aus mehreren Disziplinen vereinen. Sie muß in der Lage sein, den gesellschaftlichen Aspekt des Wertens ebenso zu erfassen wie den individuellen, sie muß das Werten als Selektionshandlung ebenso wie das Werten als sprachlichen Akt darstellen können. Unsere Explikation der Begriffe ‚Wert' und ‚Wertung' muß also weit genug sein, um auch soziologische, psychologische und linguistische Perspektiven einschließen zu können. In diesen Disziplinen stellen die

Begriffe ‚Wert' und ‚Wertung' eingeführte, wenn auch unterschiedlich definierte Begriffe dar.[29]

Zum zweiten läßt sich aus dem Beispiel und seinen Erläuterungen folgern, daß Wertungen und Werte sich in Handlungen manifestieren und daß sie damit auch an Handlungssituationen, an Kontexte gebunden sind. Damit scheiden einige traditionelle Verwendungsweisen der Begriffe ‚Wert' und ‚Wertung' für unsere Zwecke aus, weil sie sich mit diesem Handlungsbezug nicht vereinbaren lassen – und weil sie ontologische Voraussetzungen machen, die unserem Wissenschaftskonzept widersprechen. So kommen für unsere Untersuchung essentialistische Theorien, in denen Werte als zeitlose Wesenseigenschaften von Objekten bestimmt werden, nicht in Frage. Als solche Entitäten mit überzeitlicher Geltung werden Werte z.B. in phänomenologischen Theorien aufgefaßt und im Anschluß daran in literaturwissenschaftlichen Konzeptionen, die sich an dieser philosophischen Richtung orientieren.[30] Ein literarisches Werk, dem der Wert ‚Schönheit' als Wesenseigenschaft zukommt, wäre demnach unabhängig von der historischen Situation seiner Entstehung und seiner Rezeption schön, und die Wertung eines Kunstwerks wäre mit dem Erkennen seines Werts gleichzusetzen. Dagegen steht unsere im folgenden zu begründende Annahme, daß Werte relativ zu Kontexten gelten und damit auch historisch variabel sind. Wenn also die Rezensentin in unserem Beispiel ein Gedicht als ‚schön' einstuft, so hat sie damit nichts zeitlos Gültiges ‚aufgefunden'; auch wenn sie ihre Wertung mit Eigenschaften des Gedichts legitimiert, hat sie doch nur eine – mehr oder minder fundierte – Zuschreibung vorgenommen. ‚Wertung von Literatur' bezeichnet unserer Auffassung nach also nicht die Abgrenzung überzeitlich wertvoller von überzeitlich wertloser Literatur. Unsere Bezugstheorie muß uns aber die Möglichkeit bieten, alle Verwendungsweisen der Begriffe ‚Wert' und ‚Wertung' zu erfassen, die in der Literaturwissenschaft eine Rolle gespielt haben, ohne uns zugleich auf deren Grundannahmen zu verpflichten.

Im Unterschied zur Explikation der Begriffe ‚Literatur' und ‚literarisch' brauchen wir für die Explikation von ‚Wert' und ‚Wertung' also einen theoretischen Rahmen, der über die spezifisch literaturwissenschaftliche Theoriebildung hinausgeht und der wiederum kei-

---

[29] Vgl. dazu Winko: Wertungen, S. 21-27.
[30] Ein Vertreter dieser Richtung ist Kayser: Literarische Wertung; vgl. dazu auch II.5.1.1.

1. Grundbegriffe

ne essentialistischen Voraussetzungen macht. Ein solches übergeordnetes Modell, in das die verschiedenen Aspekte des Wertens von Literatur, die uns interessieren müssen, integriert werden können, bietet die sprachanalytische Werttheorie. Sie hat Modelle entwickelt, die weit genug sind, um verschiedene einzelwissenschaftliche Perspektiven anschließen zu können. Unsere folgenden Explikationen lehnen sich terminologisch an das sehr klar argumentierende, zu wenig bekannte Buch Zdisław Najders „Values and Evaluations" (Oxford 1975) an, in dem die Ergebnisse der sprachanalytischen Wertphilosophie systematisiert und übersichtlich dargestellt werden.

Den Begiff ‚Wertung' bestimmen wir im Anschluß an diese theoretische Grundlage und an unsere exemplarischen Überlegungen wie folgt:

Explikat 7: Der Begriff ‚Wertung' bezeichnet eine Handlung, in der ein Subjekt in einer konkreten Situation aufgrund von Wertmaßstäben (axiologischen Werten) und bestimmten Zuordnungsvoraussetzungen einem Objekt Werteigenschaften (attributive Werte) zuschreibt. Diese Zuschreibung kann in Form nicht-sprachlicher Handlungen (motivationaler Wertung) oder in verbalisierter Form als sprachliche Wertung vollzogen werden.

Nach diesem Modell ist eine Wertung also als eine komplexe Handlung aufzufassen. Um diesen Aspekt zu betonen, werden wir im folgenden auch von einer ‚Wertungshandlung' sprechen. Das Explikat enthält eine Reihe von Begriffen, die ihrerseits erläutert bzw. expliziert werden müssen.

Unter dem ‚*Subjekt*' ist die ausführende Instanz der Wertungshandlung zu verstehen: ein Individuum, eine Gruppe, eine Institution o.ä. Mit dem Begriff sind nicht notwendigerweise handlungsmächtige Akteure, also keine Subjekte im emphatischen Sinne gemeint. Sie können durchaus funktional, in Abhängigkeit von gesellschaftlichen Faktoren oder von inneren Trieben und Bedürfnissen handeln, die hinter ihrem Rücken wirken.

Für den Begriff ‚*Objekt*' der Wertung können wir für die Zwecke unserer Untersuchung den oben mit den Explikaten 1 und 2 eingeführten Begriff ‚Literatur' einsetzen. Es kommen aber, wie die einleitenden Beispiele gezeigt haben, nicht nur literarische Texte als Objekte der Wertung vor, sondern auch die Wirkung eines Textes oder Textausschnitts, der Autor als Person, außerdem konkrete Objekte, z.B. Werkausgaben, und häufig werden Ereignisse, Institutionen und Konstellationen nicht nur des literarischen Lebens, sondern der Gesellschaft allgemein beurteilt. Hier sei nur an die lebhafte Diskussion in den Medien über das Verhältnis der DDR-Autoren zu ‚ihrem' Regime oder zum ‚Staatssicherheitsdienst' erinnert. In dieser Debatte geht es kaum um die Qualität literarischer Texte, sondern bewertet wird die moralische Integrität von Autoren, beurteilt wird die Institution ‚Literatur' in der DDR, verurteilt wird der SED-Staat usw.[31]

Objekte der Wertung sind also einerseits Gegenstände, Personen, Ereignisse und Sachverhalte und andererseits literarische Texte bzw., da wir nicht über die Buchstaben auf dem Papier urteilen, unsere Konkretisationen dieser Texte. Was unter dem Begriff ‚Textkonkretisation' zu verstehen ist und welche zusätzlichen Schwierigkeiten sich für die Wertung von Literatur aus der Tatsache ergeben, daß das Textverstehen u.a. von subjektiven Komponenten geprägt ist, wird in Kapitel I.2.1.2 ausgeführt werden.

Die anderen Begriffe des Explikats 7 stellen *termini technici* dar und sind als zentrale Begriffe unseres Modells ihrerseits zu explizieren.

Wert als Maßstab, ‚axiologischer Wert': Der Begriff ‚Wert' kann im Modell der Wertungshandlung an zwei Stellen auftreten, beim Subjekt und beim Objekt. Darum unterscheiden wir ‚axiologische'[32] Werte beim Subjekt, und ‚attributive' Werte beim Objekt.

Explikat 8: Der Begriff ‚axiologischer Wert' bezeichnet den Maßstab, der ein Objekt oder ein Merkmal eines Objekts als ‚wertvoll' erscheinen läßt, es als Wert erkennbar macht. Außerdem kann ein axiologischer Wert in einem gegebenen Wertsystem andere, von ihm abgeleitete Werte rechtfertigen.

Die beiden Funktionen axiologischer Werte seien an zwei Beispielen erläutert. Beispiel 1: Ein axiologischer Wert für ein Epigramm ist – gattungsgemäß – seine ‚Pointiertheit'. Das Merkmal an einem zu bewertenden Epigramm sei eine unerwartete Schlußwendung, eine Pointe. Dieses Merkmal wird nun erst mit Hilfe des axiologischen Werts als *positive* Eigenschaft des Textes ausgewiesen; nicht in jedem Text ist eine Pointe wertvoll. Beispiel 2: Ein axiologischer Wert zur Beurteilung eines literarischen Texts kann ‚Emanzipation der Frau' bzw. ‚Darstellung der Emanzipation der Frau' sein. Dieser sehr allgemeine, relativ abstrakte Wert rechtfertigt nun eine ganze

---

[31] Vgl. dazu Anz: Christa Wolf, S. 7-28.
[32] Das Wort ‚axiologisch' kommt von griechisch ‚axios' (wert, würdig); ‚Axiologie' heißt in der Forschung ‚Wertlehre'.

1. Grundbegriffe

Reihe konkreterer Wertmaßstäbe, die Textmerkmale zu Werten machen; sie legen gewissermaßen das abstrakte Wertprinzip ‚Emanzipation' aus. Dazu könnten z.b. folgende Wertmaßstäbe für die Beurteilung der Frauenfiguren gehören: ‚selbständige Denkweise' und ‚Artikulationsfähigkeit', ‚Verweigerung einer Dienst- oder Opferrolle', ‚unabhängige Lebensweise' usw. Das Beispiel zeigt deutlich, daß es eines ganzen ‚Systems' von Werten bedarf, in dem alle diese Sachverhalte positiv besetzt sind. Der axiologische Wert ‚Emanzipation' rechtfertigt in seiner Allgemeinheit, als ein sehr hoher Wert in diesem System, die weniger allgemeinen, auch stärker situationsbezogenen axiologischen Werte.

Der Terminus ‚axiologischer Wert' führt keine Konnotationen mit sich, die ihn in der einen oder andern Richtung festlegen; daher ist er Synonymen vorzuziehen, die alltagssprachlich verwendet werden oder wissenschaftssprachlich eingeführt sind. Synonyme wären, neben ‚Wertmaßstab', ‚Wertkriterium' oder ‚Werterwartung'. Auf andere Weise kann auch ‚Wertprinzip' als Synonym erscheinen. In ‚Wertmaßstab' wie in ‚Wertkriterium' tritt das Moment des bewußten Maßnehmens und Unterscheidens stark in den Vordergrund. Es ist aber bereits deutlich geworden, daß Wertungshandlungen keineswegs immer bewußt vollzogen werden. In ‚Werterwartung' ist recht genau konnotiert, daß dieser ‚Wertmaßstab' als ‚Erwartung' der Identifikation des Merkmals als Wert vorausgeht. Das Wort ‚Werterwartung' deutet außerdem schon an, daß man einen Kontext braucht, in dem sich eine solche Erwartung bildet. Im zweiten Beispiel etwa war der Kontext ein lebensweltlicher, z.B. die feministische Bewegung. Aber auch ‚Erwartung' weist eher auf eine bewußte Antizipation hin, was nicht allen Wertungshandlungen angemessen ist. Im folgenden werden wir diese Synonyme immer dann verwenden, wenn ihre Konnotationen den gemeinten Aspekt hervorheben.

Der Begriff ‚Wertprinzip' ist dagegen mehrdeutig: Zum einen kann er jeden beliebigen Wertmaßstab bezeichnen, zum anderen aber auch auf höhere oder höchste Werte beschränkt werden, sogenannte ‚Letztwerte', die nicht mehr durch andere Werte gerechtfertigt werden können. Mit dieser Variante wird der Begriffsbestandteil ‚-prinzip' herausgestellt: das, was am Anfang ist. De facto ist in der Rekonstruktion von Werthierarchien oder Wertsystemen die Frage aber schwer zu entscheiden, was genau im jeweiligen Fall das ‚Prinzip' ist – verschiedene höhere Werte können dabei konkurrieren. Deshalb möchten wir diese Variante nicht ohne Modifikation übernehmen und ‚Wertprinzip' für unseren Gebrauch explizieren:

Explikat 9: Der Begriff ‚Wertprinzip' bezeichnet die explizite sprachliche Formulierung eines axiologischen Werts, sofern von diesem noch weitere axiologische Werte abgeleitet werden.

Mit diesem Explikat ist die Festlegung auf höchste oder Letztwerte vermieden, aber doch der Tatsache Rechnung getragen, daß der betreffende axiologische Wert an einer relativ ‚hohen' Stelle angesiedelt ist und den Anfang von Ableitungen bilden kann. ‚Emanzipation der Frau' in dem zweiten Beispiel zum Explikat 8 ‚axiologischer Wert' wäre demnach solch ein Wertprinzip.

Die Explikation sagt im übrigen nichts darüber aus, welcher ontologische Status axiologischen Werten gegebenenfalls zugeschrieben wird und wie es zu diesen Wertmaßstäben kommt. Die Explikation ist also indifferent gegenüber den Fragen einer Wertgenese und -begründung. Es bleibt offen, was diese Maßstäbe hervorbringt und rechtfertigt. Das läßt die ganze historische Variationsbreite zu: Man kann sich auf der Grundlage eines metaphysischen Weltbilds vorstellen, daß sie im Kosmos vorgegeben oder göttlich autorisiert sind, oder man kann sie als aus der praktischen Vernunft ableitbare denken; man kann sie aber auch als historisch zufällige, gesellschaftlich verankerte und veränderbare Werte und Normen konzipieren, die von der gesamten Sozietät oder von Gruppen geteilt werden, und schließlich als individuell-subjektive Wertvorstellungen und Handlungsantriebe.

Wert als Objekteigenschaft, ‚attributiver Wert': Nicht nur der Maßstab, nach dem gewertet wird, sondern auch Objekte oder Eigenschaften von Objekten werden als ‚Werte' bezeichnet. Um diese Mehrdeutigkeit in der Bezeichnung und die damit nahegelegte Verwirrung in der Sache zu vermeiden, führen wir für Werte als Objekteigenschaften den Begriff ‚attributiver Wert'[33] ein.

Explikat 10: Der Begriff ‚attributiver Wert' bezeichnet ein Objekt oder ein Merkmal eines Objekts, dem auf der Grundlage eines axiologischen Werts die Qualität zugeschrieben wird, werthaltig zu sein.[34]

Das Wort ‚werthaltig' soll ausdrücken, daß es sich sowohl um positive also auch um negative Zuschreibungen handeln kann. Zur Er-

---

[33] Das Wort ‚attributiv' kommt von lat. ‚attribuere', was ‚zuschreiben' heißt; damit ist ausgedrückt, daß die ‚Werthaltigkeit' der Eigenschaften den Objekten zugeschrieben wird, also nicht in ihnen selbst liegt.
[34] Vgl. dazu Winko: Wertungen, S. 40.

läuterung des Explikats sei an die Beispiele zu Explikat 8 ‚axiologischer Wert' erinnert: Die Eigenschaft des Epigramms, eine unerwartete Schlußwendung zu haben, wird zu einem attributiven Wert des Textes, wenn man den axiologischen Wert ‚Pointiertheit' auf diese Eigenschaft bezieht. Ebenso wird z.B. die Tatsache, daß in einem Roman die Protagonistin ein unabhängiges Leben führt, also ein Merkmal der Romanhandlung, zu einem attributiven Wert, wenn man den axiologischen Wert ‚Emanzipation der Frau' voraussetzt; und dieser attributive Wert ist positiv, wenn ‚Emanzipation der Frau' als hoher gesellschaftlicher Wert postuliert wird, dagegen negativ, wenn Emanzipation abgelehnt wird.

Attributive Werte sind, im Gegensatz zu axiologischen, singulär, weil sie auf eine konkrete Wertungssituation beschränkt sind und an ein bestimmtes Objekt gebunden werden. Diesem Unterschied in der Reichweite entspricht nicht immer ein Unterschied in der Bezeichnung der Werte. So können inhaltlich gleiche, also auch gleich benannte Werte sowohl als axiologische als auch als attributive Werte auftreten. Das heißt: Die Differenzierung von axiologischen und attributiven Werten grenzt nicht zwei inhaltlich verschiedene Klassen von Werten voneinander ab, sondern drückt einen Unterschied in der Perspektive aus. Bezieht sich eine Aussage auf den Wertmaßstab, mit dessen Hilfe attributive Werte zugeschrieben oder weitere axiologische Werte legitimiert werden, so nennen wir den Wert einen axiologischen; bezieht sich die Aussage schon auf den Text oder auf Merkmale im Text, so haben wir es mit einem (gleich bezeichneten) attributiven Wert zu tun. Dieser Sachverhalt sei wieder anhand eines Beispiels verdeutlicht: ‚Schiller hat in der Maria Stuart einen großartigen erhabenen Charakter gezeichnet.' Mit dieser wertenden Aussage wird der Figur Maria Stuart der attributive Wert ‚erhabener Charakter' zugeschrieben, und zwar unter dem positiven axiologischen Wert ‚erhabener Charakter' bzw. ‚Darstellung erhabener Charaktere'. Der gleiche attributive Wert, ‚erhabener Charakter', kann unter einer anderen Perspektive wieder zum axiologischen Wert werden und speziellere abgeleitete axiologische ebenso wie attributive Werte begründen, z.B. ‚einem übermächtigen Geschick standhalten' oder, noch konkreter und textnäher, ‚Selbstbehauptung im Angesicht von eigener Schuld und fremder Übermacht'.

Mit dem Explikat 10 wird noch einmal hervorgehoben, daß in unserem Modell nicht Texte oder Merkmale schon an sich als wertvoll angesehen werden, sondern nur mit Bezug auf axiologische Werte, die Subjekte vertreten. Dennoch sind attributive Werte nicht ‚rein subjektiv', sondern vielmehr „objektiv relativ"[35]: Sie beziehen sich auf vorhandene Objekteigenschaften, die aber erst relativ zu einem Subjekt werthaltig werden, d.h. das Objekt muß dem Wertenden einen ‚Anhaltspunkt' dafür bieten, daß seine Werterwartung durch Texteigenschaften erfüllt werden kann.

Für die Zuschreibung eines attributiven Werts sind damit zwei Handlungen nötig: die Beschreibung eines Merkmals und die Bezugnahme auf einen axiologischen Wert, der es erst zum attributiven Wert macht. Der Vorgang hat, mit anderen Worten, eine deskriptive und eine evaluative Komponente, die auf komplexe Weise miteinander verbunden und in der Praxis kaum zu trennen sind. Wir nehmen hier aber die analytische Mikroperspektive ein und fragen nach der Art dieser Verbindung zwischen abstraktem axiologischen Wert und konkretem Textmerkmal. Diese Verbindung ist keineswegs zwingend oder gar logisch, sondern nur pragmatisch zu erklären, und zwar mit Hilfe von ‚*Zuordnungsvoraussetzungen*' des Wertenden. Damit haben wir ein weiteres, wichtiges Element der Wertungshandlung thematisiert, das in anderen Modellen des Wertens wie auch in anderen Theorien ‚literarischer Wertung' bislang vernachlässigt worden ist. Die Zuordnungsvoraussetzungen bilden den erforderlichen Zwischenschritt, mit dessen Hilfe sich zwei Fragen beantworten lassen: (1) Was bringt einen Wertenden dazu, eine beobachtbare Objekteigenschaft zu einem axiologischen Wert in Beziehung zu setzen? (2) Was bringt ihn dazu, niedrigerstufige, konkretere axiologische Werte auf einen höhergeordneten, abstrakteren axiologischen Wert zu beziehen?

Explikat 11: Der Begriff ‚Zuordnungsvoraussetzungen' bezeichnet die Bedingungen, die erfüllt sein müssen, damit ein Wertender (1) einen axiologischen Wert auf ein Objekt bzw. auf Objekteigenschaften und/oder (2) konkretere axiologische Werte auf einen höhergeordneten axiologischen Wert beziehen kann. Zu diesen Voraussetzungen zählen subjektive Erfahrungen und individuelles wie auch kollektives, konventionalisiertes Wissen der Wertenden.

Ein Beispiel für (1): Zwei Lektoren sollen einen Kriminalroman beurteilen und sind sich darüber einig, welche Eigenschaften der Text aufweist. Die Handlung des Romans ist leicht überschaubar, die Erzählerperspektive eindeutig, und am Schluß werden alle Handlungsstränge zusammengeführt. Außerdem stimmen die Lektoren

---

[35] Vgl. dazu Morris: Signification, z.B. S. 18 und 20.

1. Grundbegriffe

darin überein, daß ‚Stringenz der Handlung' ein hoher axiologischer Wert für die Bewertung von Kriminalromanen ist. Trotz dieser Übereinstimmung beantworten sie aber die Frage, ob die Objekteigenschaften auch tatsächlich etwas mit dem axiologischen Wert zu tun haben, unterschiedlich: Für einen der beiden bedarf eine stringente Handlung in erster Linie einer lückenlosen Motivation. Ihm fehlt also eine wichtige Objekteigenschaft, um den axiologischen Wert dem Text zuordnen zu können. Unter Voraussetzung desselben axiologischen Werts kommt er daher zu einer anderen Wertung als sein Kollege, für den schon die beiden genannten Merkmale die Zuschreibung rechtfertigen. Die Lektoren, so können wir das Beispiel zusammenfassen, verfügen über unterschiedliche Zuordnungsvoraussetzungen.

Ein Beispiel für (2): ‚Schönheit' ist im Sozialsystem Literatur oftmals als hoher axiologischer Wert zur Beurteilung literarischer Texte herangezogen worden. Welche axiologischen Werte von ihm abgeleitet werden oder, anders ausgedrückt, welche niedrigerstufigen Werte er begründen kann, hängt von einer Reihe meist literaturtheoretischer, aber auch weltanschaulicher Voraussetzungen der Wertenden ab.[36] Wird ‚Schönheit' z.B. formal aufgefaßt, so können ihr Werte wie ‚Ganzheit' und ‚Stimmigkeit', aber auch ‚Fragmentcharakter', ‚Komplexität', aber auch ‚Schlichtheit' zugeordnet werden. Welcher speziellere axiologische Wert einem allgemeinen zugeordnet werden kann, hängt also ebenfalls von den Voraussetzungen eines Wertenden ab.

Die Beispiele legen nahe, daß Zuordnungsvoraussetzungen nicht allein auf subjektiven Mustern beruhen. Oftmals sind sie konventionalisiert und spiegeln einen gesellschaftlichen oder gruppenspezifischen Konsens wider. Die Zuordnung von ‚Stimmigkeit' zu ‚Schönheit' etwa dürfte relativ weiten Konsens finden; es gibt jedoch auch Zuordnungsvoraussetzungen, die in erster Linie von individuellen, lebensgeschichtlichen Faktoren, Erlebnissen, Erfahrungen, psychischen Dispositionen oder emotionalen Schemata der Wertenden bestimmt sind und daher nicht als intersubjektiv gelten können.

Die quantitative Dimension des attributiven Werts: Der attributive Wert hat, wie wir aus dem Beispiel der Literaturkritikerin wissen, auch eine quantitative Dimension. Ein Merkmal kann einem Wertmaßstab mehr oder weniger entsprechen, eine Gruppe von Eigen-

---

[36] Vgl. dazu diverse Beispiele in II.1. und II.6.

schaften kann einem Text im Vergleich zu andern Texten einen höheren oder geringeren attributiven Wert geben.

Explikat 12:Der Begriff ‚quantitativer Wert' besagt, daß attributive Werte eines Objekts in einer bestimmten Menge vorhanden sind und es erlauben, das Objekt in einer Rangordnung von Objekten einzustufen.

Dieser Wert kann in einem festen Standard ausgedrückt sein, zum Beispiel in Geld. Er kann aber auch die immaterielle Einstufung eines Objekts anzeigen. Alle Rangordnungen unter Werken oder Autoren arbeiten mit einem quantifizierenden Wertbegriff.

‚Motivationale' versus ‚sprachliche Wertung': Zu erläutern bleibt noch die Unterscheidung von ‚motivationaler' und ‚sprachlicher Wertung' in Explikat 7.[37] Mit diesen Begriffen bezeichnen wir zwei Formen, in denen sich Wertungen ausdrücken können. Wenn Wertungen sich in Form nicht-sprachlicher Handlungen manifestieren, nennen wir sie ‚motivationale Wertungen'. Sie drücken sich meist als Wahlhandlung aus, in der einem Objekt, einer Person oder einem Sachverhalt – bewußt oder unbewußt – Wert zuerkannt wird. Werden Wertungen verbal geäußert, nennen wir sie ‚sprachliche Wertungen'. Die wertende Zuschreibung wird hier in der Sprache vollzogen. Sie muß nicht immer an der Sprachoberfläche erkennbar sein, läßt sich aber rekonstruieren. Bei beiden Formen des Wertens leiten axiologische Werte die Handlung und bedingen sie, wenn auch in unterschiedlichen Funktionen. In nicht-sprachlichen Wertungshandlungen stehen axiologische Werte als ‚Werthaltung' motivierend hinter der Handlung. Wir sprechen in diesen Fällen von ‚motivationalen axiologischen Werten'. In verbalisierten Wertungshandlungen ermöglichen die axiologischen Werte, wie oben ausgeführt, die Zuschreibung attributiver Werte. Diese axiologischen Werte, die als Maßstäbe sprachliche Wertungen leiten, nennen wir analog ‚sprachliche axiologische Werte'.

Sprachliche und motivationale Werte stellen keine eigenen Arten axiologischer Werte dar, sondern resultieren aus zwei unterschiedlichen Perspektiven, die mit der nicht-sprachlichen und der sprachlichen Ausdrucksform verbunden sind. In der einen wird eine Handlung als solche ins Auge gefaßt, sofern sie aus einem motivierenden Wert entspringt, und es wird nach diesem ‚motivational' wirkenden

---

[37] Vgl. Najder: Values, S. 63-66, und Winko: Wertungen, S. 37ff., wo jeweils anstatt von ‚sprachlichen' von ‚theoretischen Wertungen' gesprochen wird.

1. Grundbegriffe

Wert gefragt; in der anderen Perspektive wird nach dem Wert gesucht, der einer sprachlichen Äußerung zugrundeliegt. Die Fragestellungen ähneln sich, aber das Untersuchungsmaterial ist jeweils ein anderes, was in den folgenden beiden Kapiteln deutlicher wird. Hier kommt es zunächst nur auf die Unterscheidung der beiden Ausdrucksformen des Wertens und der jeweiligen Untersuchungsperspektiven an. Nur angedeutet sei, daß dieselbe Handlung unter beiden Perspektiven betrachtet werden kann: Ein Werturteil z.B. kann sowohl als sprachliche Wertung analysiert als auch auf das vorsprachliche Motiv hin untersucht werden, das den Sprecher so und nicht anders werten läßt; und ein motivationaler Wert, der einem nicht-sprachlichen Wahlakt zugrundeliegt, kann – durch Befragung oder Selbstreflexion des Handelnden – versprachlicht werden.

Ein Beispiel soll das Verhältnis von motivationaler und sprachlicher Perspektive verdeutlichen: Ein Vater erhält von seinem Sohn Alice Millers Studie über das „begabte Kind" geschenkt, die u.a. von den Leiden dieser Kinder unter den Ansprüchen ihrer Eltern handelt. Er blättert kurz darin und legt es verärgert aus der Hand. In dieser Handlung mag sich eine Werthaltung ausgedrückt haben, die die psychoanalytische Durchleuchtung der Eltern-Kind-Beziehung ablehnt. Als der Sohn den Vater fragt, ob ihm das Buch von Alice Miller wohl eingeleuchtet habe, gesteht dieser seine Abneigung und begründet sie: Das Buch sei in einem unerträglichen Stil geschrieben. Er wählt also einen axiologischen Wert aus dem engeren literarischen Bereich. Indem der Vater seine Motivation zu begründen sucht, versucht er den axiologischen Wert seiner Handlung sprachlich zu fassen. Er verwandelt damit den motivationalen axiologischen Wert in einen versprachlichten. Das Beispiel zeigt zugleich, welche Gefahren hier lauern: Die nachträgliche Zuordnung der Handlung zu einzelnen Werten, die die Handlung motivieren, ist immer eine Interpretation. Sie kann vom Handelnden selbst oder von Beobachtern vorgenommen werden. Der psychoanalytisch geschulte Sohn wird die stilistischen Gründe, mit denen der Vater seine Ablehnung des Buchs begründet, als eine Verdrängung der eigentlichen Motivation ansehen: Der Vater will sich nicht in seinem Selbstbewußtsein gestört sehen, mit dem Sohn im wesentlichen richtig verfahren zu sein.

Zusammenfassung: Mit der Bestimmung des Begriffs ‚Wertung' und verwandter Begriffe haben wir die Explikation der Grundbegriffe unserer ‚Einführung in die Wertung von Literatur' abgeschlossen. ‚Wertung' haben wir als Handlung bestimmt, in der einem Objekt auf der Grundlage eines axiologischen Werts und bestimmter Zuordnungsvoraussetzungen ein attributiver Wert zugeschrieben wird. Wir haben dabei als theoretischen Rahmen die sprachanalytische Werttheorie gewählt, in dem wir auch die verwandten Begriffe ‚axiologischer Wert', ‚Wertprinzip' ‚attributiver' und ‚quantitativer Wert' sowie den Terminus ‚Zuordnungsvoraussetzung' expliziert haben. Die Unterscheidung zwischen der motivationalen und der sprachlichen Wertungsperspektive wurde zunächst einmal informell erläutert, weil beide Perspektiven in den anschließenden Kapiteln einzeln ausführlicher untersucht werden.

1.4 Die motivationale Perspektive des Wertens

Die Frage, auf welche Weise die axiologischen Werte eines Subjekts auf seine Handlungen einwirken und damit auch seinen Umgang mit Literatur beeinflussen, zielt auf psychische Mechanismen und ist mit literaturwissenschaftlichen Begriffen und Verfahren nicht zu beantworten. Wir werden daher im folgenden interdisziplinär vorgehen und Ergebnisse aus der Soziologie und Psychologie einbeziehen. Diese Perspektive erwartet man kaum, wenn man sich über die Wertung von Literatur informieren will. Aber auch wenn der nichtsprachliche Bereich des Wertens von Literatur üblicherweise gar nicht oder nur sporadisch thematisiert wird, ist er doch außerordentlich wichtig. Viele, wenn nicht sogar die entscheidenden Wertungen im Literatursystem sind in diesem Bereich anzusiedeln. Es ist daher nicht nur gerechtfertigt, sondern besonders wichtig, den Bereich genauer zu untersuchen. Die sozialen Handlungen, in denen sich motivationale Wertungen manifestieren können, werden wir in Kapitel 2 analysieren; in diesem Abschnitt geht es um die individuelle Handlung des Wertens. Dabei ist zu erläutern, was wir unter einem ‚motivationalen Wert' verstehen wollen.

1.4.1 Sozialpsychologisches Modell: Motivationale axiologische Werte als Werthaltungen

Sozialpsychologische Untersuchungen bieten sich deshalb an, weil Werte dort immer mit Bezug auf Handlungen betrachtet werden. Es geht dabei um eine Verbindung von individuellem und sozialem Aspekt, und diese Verbindung entspricht unserem bisherigen Vorgehen, Werten als Handeln im Sozialsystem Literatur aufzufassen.

1. Grundbegriffe

Indem wir uns für einen sozialpsychologischen Ansatz entscheiden, entscheiden wir uns zugleich für eine bestimmte Interpretation der Funktion axiologischer Werte, die von anderen psychologischen Richtungen abweichend konzipiert wird. Auf die wichtigste Gegenposition, die Tiefenpsychologie, und ihr Modell ist vorab kurz einzugehen. Auch tiefenpsychologische Theoretiker haben sich mit Werten befaßt, wenn auch seltener als Sozialpsychologen. In der klassischen Psychoanalyse etwa werden Werte als Bestandteile des Über-Ich aufgefaßt, deren Funktion es ist, die eigentlichen Handlungsantriebe eines Individuums zu rationalisieren oder zu idealisieren. Sind diese eigentlichen Antriebe für das Individuum nicht akzeptabel, etwa weil sie tabuisierte Bereiche betreffen, dann motiviert es sein Handeln mit konsensfähigen Werten, ‚schiebt' sie gewissermaßen ‚vor', um die Handlung als solche akzeptabel zu machen und zu rechtfertigen.[38] Werte haben demnach keine Motivationsfunktion, was wir annehmen, sondern allein eine Rationalisierungsfunktion. Aus tiefenpsychologischer Sicht könnte unserer Konzeption also vorgehalten werden, sie suggeriere eine Stabilität und Rationalität individueller Handlungen, die faktisch nicht gegeben sei. Die stabilen und rationalen Komponenten menschlichen Handelns seien vielmehr nur die vordergründigen, hinter denen die eigentlich motivierenden, sich rationalem Zugriff entziehenden Antriebe stehen. Dieser Einwand ist zu relativieren: Wir wollen analysieren, in welchen Funktionen Werte eingesetzt werden, über ihr ‚Wesen' können wir nichts aussagen; wenn Handelnde ihren Werten nun eine motivierende Funktion zuschreiben, dann haben wir unser Modell so zu wählen, daß diese Funktion erfaßt werden kann. Nehmen wir an, daß andere, ‚eigentliche' Antriebe noch ‚dahinter' stehen, müßten wir unser Modell um eine zusätzliche Dimension erweitern, die auch diesen Bereich erfassen kann. Dieser Bereich, dem sich tiefenpsychologische Modelle in erster Linie widmen, betrifft dann allerdings nicht mehr die Wertungen und Werte selbst, thematisiert also unseren Gegenstand nur noch indirekt. Als Konsequenz aus dem Einwand folgt aber, daß wir versuchen müssen, unsere Konzeption offen zu halten für die Möglichkeit, daß Werte zur Rationalisierung eigentlicher Handlungsantriebe herangezogen werden können.

In der Sozialpsychologie wird das, was wir ‚motivationaler axiologischer Wert' genannt haben, mit verschiedenen Begriffen bezeich-

---

[38] Vgl. ausführlicher Engelmayer: Wertpsychologie, z.B. S. 54.

net: ‚Einstellung', ‚Gesinnung', ‚attitude' oder auch ‚Wertorientierung'. Am meisten verbreitet hat sich der Begriff ‚Werthaltung', den wir im folgenden übernehmen und synonym mit ‚motivationaler axiologischer Wert' gebrauchen werden.[39] Der Begriff wird in der psychologischen Forschung nicht mit einheitlicher Bedeutung verwendet; breiteren Konsens hat aber folgende Bestimmung gefunden:

Explikat 13: Der Begriff ‚Werthaltung' bezeichnet ein erworbenes, zentrales und relativ dauerhaftes ‚Präferenzmodell' einer Person, das Handlungen auslöst und/oder steuert.

Die Bestandteile dieses sehr abstrakten Explikats sollen nun im einzelnen erläutert werden.

(1) *Werthaltungen sind Präferenzmodelle:* Der Begriff ‚Präferenzmodell'[40] enthält zwei aussagekräftige Komponenten. Die Komponente ‚Präferenz' bezieht Werthaltungen auf Entscheidungssituationen: einem Objekt, einer Verhaltensweise oder ähnlichem wird der Vorzug gegeben vor etwas anderem. Werthaltungen kommen also immer dann ins Spiel, wenn ein Handelnder sich zwischen zwei oder mehreren Alternativen entscheiden muß. Auf diese Weise können Werthaltungen Handlungen auslösen oder sie steuern. Daß überhaupt eine Entscheidung vorliegt, braucht dem handelnden Subjekt gar nicht bewußt zu sein, und ebensowenig muß es sich die Werthaltungen bewußt machen, die seine Handlung motiviert haben. Dieser Mechanismus sei an einem Beispiel erläutert, das etwas ausführlicher ausfallen wird, weil an ihm später auch die anderen Merkmale von Werthaltungen illustriert werden können.

Ein Münchner kauft sich Lion Feuchtwangers Roman „Erfolg". Er hat irgendwann von irgendwem gehört, daß in diesem Roman bayerische Mentalität und Kultur auf unterhaltsame Weise dargestellt werden. Da er erstens seine Heimat und zweitens humorvolle Literatur liebt, kauft er das Buch und beginnt die Lektüre erwartungsvoll, bricht sie aber nach einigen Kapiteln ärgerlich ab. Er legt das Buch zur Seite und greift wieder einmal zu Ludwig Thomas „Lausbubengeschichten". Beziehen wir diese Geschichte auf unser Problem. Bevor der Münchner seine Lektüre abgebrochen hat, muß

---

[39] Vgl. dazu z.B. Oerter: Struktur und Wandlung, und Graumann: Dynamik. Die Komponente ‚-haltung' in dem Begriff mag die Vorstellung nahelegen, daß es sich hier um einen Komplex von Werten handle, üblicherweise wird der Begriff ‚Werthaltung' aber auf einzelne Werte bezogen.
[40] Vgl. dazu Scholl-Schaaf: Werthaltung, S. 60.

1. Grundbegriffe

er nicht erst abgewogen haben, ob er nicht lieber doch weiterlesen sollte und welche Entscheidungsmöglichkeiten er sonst noch hätte. Er kann das Buch spontan zur Seite gelegt haben, ohne zu überlegen – das ist auch deshalb wahrscheinlich, weil er sich ja, nach Beispielvoraussetzung, ärgert. Auch braucht er sich selbst gegenüber keine Rechenschaft darüber abgelegt zu haben, *warum* er nicht weiterlesen will und *warum* er die „Lausbubengeschichten" vorzieht. Die axiologischen Werte hinter seinen Entscheidungen brauchen ihm nicht bewußt zu sein. Hier sollen sie aber in hypothetischer Weise hervorgehoben werden, um die impliziten Voraussetzungen seiner Handlung offenzulegen. Die allgemeinen Lektüreerwartungen des Lesers, die auch seinen Kauf motiviert haben, könnten lauten: ‚literarische Darstellung bayerischer Kultur' und ‚humorvolle Literatur'. Sie stellen für den Leser axiologische Werte dar bzw. sind die ‚Präferenzmodelle', die seine Kaufentscheidung geleitet haben. Sie stehen als Maßstab auch hinter seiner Lektüre, scheinen aber deren Abbruch zu widersprechen. Da der Roman ja tatsächlich bayerische Kultur darstellt und auch humorvolle Passagen enthält, müßte er für den Leser eigentlich positiven attributiven Wert besitzen. Da er diesen Wert aber offensichtlich nicht hat, muß der Leser über speziellere Zuordnungsvoraussetzungen[41] verfügen, die der Roman nicht mehr erfüllt. Nehmen wir an, daß der Leser seinen Wert ‚literarische Darstellung bayerischer Kultur' nur in einer affirmativen, gefälligen Behandlung des Themas realisiert sieht und daß er unter ‚humorvoller Literatur' so etwas wie eine Aneinanderreihung freundlich-spaßiger Anekdoten versteht. Diese spezielleren Werthaltungen sind es, die die beiden folgenden Präferenzhandlungen, nämlich Abbruch der Lektüre und Wahl der „Lausbubengeschichten", motivieren.

Kommen wir nun wieder auf den Begriff ‚Präferenzmodell' zurück, von dem bisher nur der erste Bestandteil – die Präferenz, das Vorziehen – erläutert worden ist. Die zweite Komponente, ‚Modell', besagt, daß diese Präferenz nicht in jeder Situation gewissermaßen neu definiert zu werden braucht. Das wäre in der Tat sehr unökonomisch und würde unsere Handlungsfähigkeit herabsetzen. Vielmehr sind die Werthaltungen eines Handelnden als situations*übergreifende* Muster zu verstehen, die auf bestimmte Typen von Handlungssituationen angewendet werden. Weil sie situationsübergreifend sind, kann man mit ihnen Geltung über den Einzelfall hinaus beanspruchen. In unserem Beispiel etwa: In allen Situationen, in denen

---

[41] Zu diesem Begriff vgl. noch einmal Explikat 11 in I.1.3.2.

es um Bayern geht, aktualisiert der Leser seine lokalpatriotische Werthaltung ‚Heimat', und weil er das tut, kann er ‚spontan' entscheiden.

Diese Erklärung mag recht schematisch und nach vorhersagbarem Verhalten klingen. Dem ist aber nicht so, denn jede Situation besteht für den Handelnden aus einer Vielzahl mehr oder weniger komplexer Umstände. Sie setzt sich zusammen aus Ort, Zeit, beteiligten Personen, den Voraussetzungen, aus denen sie entstanden ist, den Konsequenzen, die vermutlich aus ihr entstehen, aus der momentanen Befindlichkeit des Handelnden usw. Daraus ergibt sich, daß in den meisten, jedenfalls aber in allen komplexeren Handlungssituationen mehrere Werthaltungen miteinander kombiniert werden können. Auch in unserem Beispiel aktualisiert der Leser verschiedene Werthaltungen, neben dem Wert ‚literarische Darstellung bayerischer Kultur' den Wert ‚humorvolle Literatur' und vielleicht noch einiges andere mehr. Ein weiterer Punkt ist zu berücksichtigen: Ein Handelnder kann in zwei Situationen, die für einen außenstehenden Beobachter gleich zu sein scheinen, jeweils andere Präferenzmodelle aktualisieren. Unser Beispielleser etwa könnte sich in derselben Situation, die ihn zu den „Lausbubengeschichten" greifen läßt, auch für eine historische Darstellung der Stadt München zu Beginn des 20. Jahrhunderts entscheiden, ohne daß wir von einer Wandlung seiner Werthaltungen ausgehen müßten. Es könnte für seine momentane Einschätzung der Situation der Wert ‚sachliche Information über bayerische Kultur' in den Vordergrund getreten sein. Der Handelnde nimmt eben beide Situationen verschieden wahr: Im einen Fall steht etwa sein Unterhaltungsbedürfnis im Vordergrund, im anderen Fall vielleicht die Hoffnung, durch sachliche Information die ‚tendenzielle' Darstellung in Feuchtwangers Roman widerlegen zu können. Hierin liegt eine mögliche Erklärung für scheinbar widersprüchliches Wertungsverhalten.

Zusammenfassung: Der Begriff ‚Präferenzmodell' besagt, daß Werthaltungen für Situationstypen ausgebildet werden. Sie werden in Entscheidungssituationen aktualisiert, lösen Handlungen aus oder steuern sie. Sie brauchen dem Handelnden nicht bewußt zu sein. Am Zustandekommen einer Handlung können mehrere Werthaltungen beteiligt sein. Es hängt von der Situationswahrnehmung des Handelnden ab, welche Werthaltungen er aktualisiert.

(2) *Werthaltungen werden erworben:* Werthaltungen werden im Laufe des Lebens erworben, wobei verschiedene Faktoren – etwa individuelle Dispositionen und Erlebnisse, das soziale Umfeld u.a. –

1. Grundbegriffe

eine Rolle spielen können. Der wesentliche Faktor für die Ausbildung von Werthaltungen wird in der Sozialisation gesehen. Zu ihr ist zunächst einmal die primäre Sozialisation des Kindes zu rechnen, die auf gesellschaftliche Integration abzielt. Unter den Begriff fällt aber auch das Aneignen gruppenspezifischer Rollenerwartungen und Handlungsmuster. Dazu zählen z.B. die Rollen im Bereich der Literaturvermittlung oder Verhaltensweisen, die in einzelnen literarischen Gruppierungen akzeptiert sind. Erworben werden Werthaltungen also in erster Linie im Prozeß des ‚sozialen Lernens'. Was ist nun genauer unter diesem ‚Erwerben' handlungsleitender Werte zu verstehen?

Auf gesellschaftlicher Ebene manifestieren sich Werte unter anderem in Normen und Rollenerwartungen, was in Kapitel I.2.2.1. ausführlicher behandelt wird. Mit dem Konzept des ‚sozialen Lernens' nehmen wir an, daß sich eine Person im Laufe ihrer Sozialisation diese gesellschaftlich akzeptierten Werte aneignet, indem sie sie internalisiert. Diese Internalisierung läßt jedoch Spielräume zu. Die individuellen Werthaltungen eines Einzelnen stellen also keine bloßen ‚Abbildungen' sozialer Werte dar. Wir können uns Werthaltungen bildlich als ‚Schaltstellen' zwischen individuellen Bedürfnissen und sozialen Forderungen vorstellen. Das einzelne Subjekt kann gesellschaftlich akzeptierte Werte einfach übernehmen, es kann sie aber auch modifizieren. In der Regel wird es diese Werte auf seine eigene Weise mit anderen Werthaltungen und mit besonderen Zuordnungsvoraussetzungen in Verbindung bringen. Die These impliziert nicht, daß Subjekte frei über diese Möglichkeiten verfügen; vielmehr richtet sich die Art und Weise, in der sie sich soziale Werte aneignen, und ebenso das Ausmaß, in dem sie gegebene Spielräume nutzen, nach lebensgeschichtlichen Faktoren. Hierzu zählen kognitive und emotionale Wahrnehmungsmuster ebenso wie Kulturalität, Ausbildungsgrad, Geschlechtszugehörigkeit, Rollenverhalten und vieles mehr.

Als Beispiel dafür, wie gruppenspezifische Werte auf individuelle Weise angeeignet werden können, sei wiederum auf den Münchner Leser verwiesen. Den Wert ‚humorvolle Literatur' teilt er sicherlich mit einer recht großen Gruppe von Lesern. Spezifisch für *seine* Aneignung dieses Wertes ist aber, daß er literarischen Humor in einer Aneinanderreihung freundlich-spaßiger Anekdoten realisiert sieht, zumindest immer dann, wenn es um die Darstellung bayerischer Kultur geht, also um ein Thema, das für ihn stark wertbesetzt ist.

Zusammenfassung: Werthaltungen werden im Prozeß des sozialen Lernens erworben. Sie stellen Internalisierungen sozial akzeptierter – allgemeiner oder gruppenspezifischer – Werte dar. Die Internalisierung wird u.a. von lebensgeschichtlichen Faktoren beeinflußt, so daß die Werthaltungen und insbesondere ihre Verbindung mit Zuordnungsvoraussetzungen von Person zu Person abweichen können.

(3) *Werthaltungen sind zentral:* Werthaltungen nehmen eine zentrale Stellung in der Persönlichkeitsstruktur eines Menschen ein. Ihnen werden drei Funktionen zugeschrieben, die wichtig für die Realitätswahrnehmung und die Selbstwahrnehmung einer Person sind.

– Orientierung in der Umwelt: Werthaltungen stellen situationsübergreifende Maßstäbe zur Verfügung. Dies hatten wir schon in der Diskussion des Begriffs ‚Präferenzmodell' festgehalten. Werthaltungen erleichtern einer Person damit die Orientierung in einer schwer überschaubaren Umwelt. Eine Person kann komplexe Sachverhalte oder Situationen als sinnvoll und eindeutig wahrnehmen, wenn es ihr gelingt, sie einem ‚Modell' zuzuordnen. Unser Beispiel: Der Leser ordnet den Feuchtwanger-Roman seinem Muster ‚literarische Darstellung bayerischer Kultur' zu und schafft sich so eine eindeutige Wahrnehmungs- und Bewertungsgrundlage für den Text. Der Roman ist aber tatsächlich erheblich komplexer, und es könnten auch andere Modelle mit ihm verbunden werden. Dieses Beispiel macht deutlich, daß Werthaltungen mit Wissen verbunden sind. Sie setzen u.a. bestimmte kognitive Strukturen des Subjekts voraus.

– Anpassung an die Umwelt: Die Anpassungsfunktion ergibt sich schon aus der Art und Weise, wie Werthaltungen erworben werden: Sie können zur Integration in die Gesellschaft oder in eine Gruppe dienen. Wenn z.B. ein Nachkriegsautor – sei es verbal oder in seinem Verhalten – seine Sympathie mit Literatur, die das neue demokratische Deutschland propagiert, als Werthaltung ausdrückt, dann signalisiert er damit seine Zugehörigkeit zu einer bestimmten literarischen Strömung nach 1945, für die etwa die frühe „Gruppe 47" steht. Er kann ansonsten ein ausgeprägter Individualist sein und eine eigenwillige Wertsprache ausgebildet haben – die genannte Werthaltung sorgt für seine zumindest partielle Integration in diese literarische Gruppierung.

– Selbstbehauptung: Die Selbstbehauptungsfunktion ist in gewisser Weise gegenläufig zur Anpassungsfunktion. Es ist zweierlei darunter zu verstehen. Werthaltungen dienen zum einen der Durchsetzung von Bedürfnissen. Sie ermöglichen es dem Subjekt, seine Be-

1. Grundbegriffe

dürfnisse gegenüber der Gesellschaft zu behaupten, indem es sie gewissermaßen mit gesellschaftlich akzeptierten Etiketten versieht: z.B. ‚Durchsetzungsvermögen' und ‚Ehrgeiz' statt ‚Macht-' und ‚Geltungsbedürfnis'. Hier befinden wir uns allerdings bereits im Bereich der sprachlichen Artikulation motivationaler axiologischer Werte; die Übergänge sind, wie eingangs erwähnt, nicht immer trennscharf anzugeben. Zum anderen tragen Werthaltungen dazu bei, eine personale Identität auszubilden und zu erhalten. Neben anderen Persönlichkeitsmerkmalen sind es die Werthaltungen einer Person, die sie charakterisieren und von anderen Personen und Personengruppen abgrenzen. In diesem Sinne dienen axiologische Werte der Stabilisierung der Identität eines Individuums gegenüber der Gesellschaft. Als Beispiel kann wieder die Literaturkritikerin dienen, die für das Feuilleton einer liberalen Zeitung schreibt. Einige ihrer Werthaltungen werden mit der politischen und kulturellen Orientierung ihres Blattes übereinstimmen, und diese können etwa ihrer Integration in den Mitarbeiterstab dienen, erfüllen also eine Anpassungsfunktion. Durch andere Werthaltungen dagegen wird sie sich von dem Profil der Zeitung und der Mitarbeitergruppe abgrenzen; sie dienen der Wahrung ihrer Eigenständigkeit.

Zusammenfassung: Werthaltungen erfüllen wichtige Funktionen für die Entwicklung der Persönlichkeitsstruktur. Sie beeinflussen die Wirklichkeits- und die Selbstwahrnehmung einer Person. Sie bestimmen ihre Orientierung in der Umwelt, sorgen für soziale Integration und tragen zur Identitätsbildung bei.

(4) *Werthaltungen sind relativ dauerhaft:* Weil Werthaltungen im Laufe der Sozialisation erworben werden und zur Identitätsbildung einer Person beitragen, sind sie relativ dauerhaft. Sie sind zwar nicht unveränderbar, können aber nicht beliebig gewechselt werden. Je allgemeiner sie sind und je stärker sie mit der personalen Identität des Subjekts verbunden sind, desto stabiler sind sie. Wenn etwa ein Literaturwissenschaftler im Verlauf seiner Sozialisation die in seinem Wertsystem relativ hoch angesiedelten axiologischen Werte ‚Individualismus' und ‚Genuß' ausgebildet hat und sie als Werthaltungen sein Handeln motivieren können, dann ist es relativ wahrscheinlich, daß er diese Werthaltungen über einen längeren Zeitraum aufrecht erhalten wird und daß sie nicht nur seinen Umgang mit anderen Menschen leiten; so wird er z.B. die ideologiekritische Umorientierung des Faches um 1970 abgelehnt haben.[42]

---
[42] Vgl. dazu die Beispiele in II.5.1.2.2.

(5) *Werthaltungen haben kognitive und emotionale Komponenten:* Diese Bestimmung ist im Explikat 13 nicht ausdrücklich genannt, aber impliziert, und sie ergibt sich aus den bisherigen Erläuterungen. Daß Werthaltungen auf kognitiven Voraussetzungen des Subjekts beruhen, wurde schon an zwei Stellen unserer Ausführungen angesprochen: Werthaltungen können als Präferenz*modelle* verstanden werden, und sie sind mit Schemata der Realitätswahrnehmung verbunden; beides setzt bestimmte kognitive Fähigkeiten des Subjekts voraus. An der Entstehung von Wahrnehmungsmustern sind aber auch emotionale Strukturen beteiligt, die wir auf der Grundlage von Erfahrungen ausbilden. Emotionen wirken also ebenfalls auf die Ausbildung axiologischer Werte ein.

Weil Werthaltungen einen zentralen Stellenwert in der Persönlichkeitsstruktur eines Menschen innehaben, sind sie darüber hinaus in hohem Maße mit Emotionen verbunden. Hierin liegt der Grund dafür, daß Wertungen oftmals ‚gefühlsgeladen' vorgebracht werden. Stimmen zwei Personen in ihren handlungsleitenden Werten überein, so dürfte die Kommunikation zwischen ihnen, wenn sonst keine schwerwiegenden Störungen vorliegen, mit positiven Gefühlen einhergehen. Dagegen werden negative Emotionen oftmals von Werten hervorgerufen, die den eigenen Präferenzmodellen widersprechen. Diesen Sachverhalt kann noch einmal unser Leser des Feuchtwanger-Romans illustrieren. Was er liest, steht im Gegensatz zu seinen axiologischen Werten, und er bricht die Lektüre nicht einfach ab, sondern wird ärgerlich. Die Alltagserfahrung wie auch die Kommunikation über Literatur zeigt, daß Personen immer dann besonders aggressiv reagieren, wenn sie in ihrem Wertebereich verletzt werden.

Kognition und Emotionen wirken jedoch nicht nur auf die Bildung und Artikulation axiologischer Werte ein, sondern prägen sie auch inhaltlich. Zum einen manifestieren sie sich in einer eigenen Klasse von Werten; Beispiele für kognitive Werte sind ‚Erkenntnis' und ‚Reflexion', ein paradigmatisch emotionaler Wert ist ‚Lust'.[43] Zum anderen beeinflussen sie unsere spezifische Auffassung und Anwendung einer Werthaltung. Welche Werte eine Person z.B. einem höhergeordneten, allgemeinen zuordnet, hängt nicht nur von Konventionen, sondern auch stark von ihrem Wissen und ihren Überzeugungen ab. Wenn z.B. für die Leserin eines Romans Tole-

---

[43] Vgl. dazu genauer die Typologie axiologischer Werte in I.3, besonders I.3.4.1.

ranz ein hoher Wert ist und sich Toleranz für sie unter anderem im ‚Zulassen jeder Meinung' ausdrückt, dann wird sie die Romanfiguren positiv einschätzen, die in einem fiktionalen kontroversen Gespräch die Meinung eines jeden Kontrahenten anhören und tolerieren. Wenn sie aber ‚Zulassen anderer Meinungen in gewissen Grenzen' dem Wert Toleranz zuordnet, dann wird sie mehr Sympathie für die Figuren empfinden, die ihre Gesprächspartner unterbrechen, wenn sie diese Grenzen überschreiten.

1.4.2 Abgrenzung von verwandten Begriffen

In der Alltags- und der psychologischen Fachsprache wird eine Reihe von Begriffen verwendet, die Ähnliches bezeichnen wie der Begriff ‚Werthaltung' und die manchmal auch synonym gebraucht werden. Auch diese Begriffe bezeichnen Faktoren, die Handeln motivieren oder steuern können. Sie sollen hier kurz von dem Werthaltungsbegriff abgegrenzt werden. Das Problem dieser Abgrenzung liegt darin, daß diese Begriffe recht unterschiedlich verwendet werden. Da wir die Begriffe nicht alle explizieren können, hat die folgende Abgrenzung nur informellen Charakter.

(1) *Funktion:* Der Begriff ‚Funktion' wird alltagssprachlich meist unspezifisch verwendet, etwa als ‚Leistung für etwas oder jemanden'. In diesem Sinne bezeichnet der Begriff eine wichtige Komponente axiologischer Werte, die ja, wie im letzten Abschnitt gezeigt, stets bestimmte Funktionen für die Person haben, die sie vertritt. Die Begriffe überschneiden sich also gewissermaßen, sind aber nicht deckungsgleich.

(2) *Motiv:* Der Begriff des Motivs ist allgemeiner als der der Werthaltung. Nicht jedes Motiv einer Handlung ist auch ein axiologischer Wert. Als Motive werden z.B. auch Objekte bezeichnet, die in einem Subjekt die Bereitschaft zu einer Handlung auslösen. Etwa: ein vorbeifliegender Ball motiviert eine Person, ihn zu fangen. Eine Handlung wie diese wäre, zumindest ohne weitere Bestimmung der Situation, in der sie sich vollzieht, nach unserem Verständnis nicht wertgeleitet.

(3) *Bedürfnis:* Die Begriffe ‚Bedürfnis' und ‚Werthaltung' sind eng verwandt und oft schwer voneinander zu unterscheiden. Werthaltungen, so eines ihrer oben skizzierten Merkmale, dienen u.a. dazu, Bedürfnisse zu rationalisieren, gewissermaßen gesellschaftsfähig zu machen. Außerdem können Werthaltungen die Bedürfnisse einer Person aber auch kanalisieren, oder anders ausgedrückt, bestimmte Bedürfnisse, die mit Werthaltungen in Konflikt stehen, läßt

eine Person gar nicht erst zu. Handlungen, die von einem Bedürfnis geleitet werden, werden in der Forschung in der Regel unter den Aspekten ‚Lustgewinn' und ‚Nützlichkeit' betrachtet. Das Spektrum an Bereichen, für die Werthaltungen ausgebildet werden, ist jedoch erheblich weiter, wenn wir etwa an Werte wie ‚Toleranz' und ‚Emanzipation' sowie an ästhetische Werte denken. Man könnte beide Begriffe grob so unterscheiden, daß bei Bedürfnissen das individuelle Moment und der Situationsbezug stärker ausgeprägt sind, während Werthaltungen eher durch die Vermittlung von individuellem und sozialem Bereich charakterisiert sind und meistens einen höheren Allgemeinheitsgrad haben. Das gleiche gilt für die Unterscheidung von den Begriffen ‚Wunsch' und ‚Begehren'.

(4) *Ziel:* Der Begriff des Ziels wird in den meisten Fällen im Sinne von ‚bewußt gesetztes Ziel' verwendet. Für Werthaltungen aber ist Bewußtheit, wie dargestellt, keine notwendige Bedingung. Allerdings können Werthaltungen für die Formulierung von Zielen eine Rolle spielen, und jedes gesetzte Ziel wird für den, der es sich gesetzt hat, wertvoll sein.

(5) *Zweck:* Auch der Begriff ‚Zweck' wird im heutigen Sprachgebrauch meistens im Sinne von bewußtem oder beabsichtigtem Zweck verwendet. Der Zweck einer Handlung bezieht sich dann immer auf deren praktischen Nutzen, der Wert, der eine Handlung leitet, dagegen kann auch mit anderen, z.B. ideellen Absichten verbunden sein.

(6) *Interesse:* Der Begriff ‚Interesse' wird in einigen Theorien im Sinne unseres Werthaltungsbegriffs verwendet. Was hier ‚wertgeleitete Handlungen' heißt, sind dort ‚interessegeleitete Handlungen'. Auch Interessen haben kognitive, emotionale und affektive Komponenten, sie können unsere Handlungen – bewußt oder unbewußt – auslösen und steuern, auch in Interessen können sich individuelle Bedürfnisse und soziale Forderungen verbinden. Man könnte den Begriff also parallel gebrauchen. Für uns besteht sein Nachteil allenfalls darin, daß er in kein werttheoretisches Begriffssystem eingeführt und umgangssprachlich mit vielen, auch negativen, Assoziationen verbunden ist, die seine Verwendung als Terminus erschweren.

(7) *Norm, Vorschrift:* Normen und Vorschriften für eine Handlung werden von außen an das handelnde Subjekt herangetragen. In ihnen manifestieren sich gesellschaftliche Werte, sie haben aber keinen zentralen Stellenwert für die Persönlichkeit des Handelnden – es sei denn, der Handelnde hat sie internalisiert und damit zu einem

eigenen Wert gemacht.[44] Vorschriften für das Sammeln bestimmter Bücher in einer öffentlichen Bibliothek etwa leiten zwar auch die Handlungen der Subjekte, sie werden aber eher äußerlichen Stellenwert haben; die Kriterien, nach denen ein privater Sammler seine Bibliothek auswählt dagegen, dürften seinen Werthaltungen entsprechen.

(8) *Habitus:* Mit diesem von Bourdieu verwendeten Begriff werden Wahrnehmungs-, Denk- und Handlungsmuster bezeichnet, die eine Person aufgrund ihrer Position in einer Gesellschaft ausbildet. Soziale Faktoren wie Rolle, Status, Bildung, kulturelle Sozialisation, Geschlecht, ethnische Zugehörigkeit und ökonomische Bedingungen wirken auf den Habitus einer Person ein. Der Habitusbegriff ist also umfassender als der der Werthaltung, da er einen Komplex von Werthaltungen und anderen Denk- und Handlungsmustern bezeichnet. Dieser Komplex charakterisiert den Einzelnen, soll aber zugleich das Überindividuelle, Typische dieser Prägungen ausdrücken.[45]

1.5 Die sprachliche Perspektive des Wertens

Nach der motivationalen soll jetzt die zweite Perspektive des Wertens eingehender untersucht werden, das Werten als sprachliches Handeln. Im Mittelpunkt dieses Kapitels werden zwei Fragenkomplexe stehen: Zum einen wird die besondere Funktionsweise sprachlicher Wertungen zu untersuchen sein, zum anderen wird zu fragen sein, welche Arten sprachlichen Wertens von Literatur es gibt und wie wir sie identifizieren können. Um Wertungen als sprachliche Phänomene analysieren zu können, müssen wir wiederum die spezifisch literaturwissenschaftliche Sichtweise erweitern und interdisziplinär vorgehen. In diesem Kapitel werden es Ergebnisse der sprachanalytischen Philosophie und der Linguistik sein, die zu berücksichtigen sind, also Disziplinen, die sich bereits ausführlich mit Wertungen unter sprachlichem Aspekt beschäftigt haben.

Mit der Analyse und terminologischen Klärung sollen zwei Ziele erreicht werden. Erstens soll, wenn auch nur kurz, ein Instrumentarium vorgestellt werden, mit dessen Hilfe wir sprachliche Wertun-

---

[44] Vgl. dazu I.2.2.1.
[45] Vgl. dazu Bourdieu: Unterschiede, bes. S. 277-286, auch Bourdieu: Künstlerische Konzeption, S. 123f.

gen und Werte systematisch beschreiben und analysieren können. Es wird im historischen Teil II angewendet werden.[46] Hier kann es nur um eine Einführung in Grundbegriffe der Wertungsanalyse gehen. Zweitens sollen mit diesem analytischen Instrumentarium zugleich auch Hilfestellungen für die eigene Wertungspraxis gegeben werden.

1.5.1 Sprachliche Wertungen als besonderer Typ von Sprechhandlungen

Sprachlich formulierte Wertungen spielen, wie in Kapitel I.1.3.1 exemplarisch ausgeführt, in allen Bereichen des Sozialsystems Literatur eine Rolle. Die Wertungen, die Leser, Vermittler und Verarbeiter von Literatur vollziehen, lassen sich auf unterschiedliche Weise klassifizieren: Wir haben es erstens mit Wertungen in verschiedenen Formen zu tun; sie reichen von eindeutigen Wertungen des Typs ‚Das Buch ist gut' bis hin zu Aussagen wie „Dies ist saubere, gepflegte, bescheidene Prosa" (Reich-Ranicki), von denen man nicht immer genau weiß, ob sie nun eigentlich als Wertungen gemeint sind und ob sie die Texte positiv oder negativ einstufen. Zweitens gibt es Wertungen mit unterschiedlichem Verbindlichkeitsgrad bzw. Geltungsanspruch; das Spektrum reicht von spontanen Gefallens- oder Mißfallenskundgebungen, die meist in privatem, zunehmend aber auch im öffentlichen Rahmen geäußert werden, bis hin zu fundierten Werturteilen, die in Textsorten mit unterschiedlichen argumentativen Standards publiziert werden können. Von diesen beiden Klassifizierungen sprachlicher Wertungen soll hier zunächst nur die erste, die der unterschiedlichen Äußerungsformen, behandelt werden. Um die zweite analysieren zu können, müssen pragmatische Redezusammenhänge berücksichtigt werden, die erst in Kapitel 2 unter dem Aspekt „Werten als soziales Handeln" zum Tragen kommen.

Wenn wir die verschiedenen Formen, in denen Wertungen von Literatur sprachlich ausgedrückt werden können, allesamt als ‚Wertungen' identifizieren, muß es mindestens eine Gemeinsamkeit geben, die sie verbindet. Zu fragen ist also, was sprachliche Wertungen auszeichnet und was sie von anderen sprachlichen Formen abgrenzt. Die Antwort, die wir im folgenden herleiten möchten, knüpft an das Explikat 7 und die Ausführungen dazu an. Sie lautet: Sprachliche Wertungen sind Sprechhandlungen, die sich durch eine beson-

---

[46] Instrumentarien der Wertungsanalyse werden ausführlicher bei Winko: Wertungen, bes. Kap. 3.2., entwickelt.

1. Grundbegriffe

dere, nämlich bewertende Zuschreibungsfunktion von anderen sprachlichen Handlungen unterscheiden.

Die Bezeichnung ‚Sprechhandlung' stammt aus der sogenannten ‚Sprechakttheorie'. Die Sprechakttheorie ist eine Richtung der sprachanalytischen Philosophie, die in den 50er Jahren von John Austin begründet und von John Searle weitergeführt worden ist.[47] Einer ihrer zentralen Gedanken ist inzwischen weit verbreitet und allgemein akzeptiert. Er lautet: Wenn wir einen Satz äußern, dann drücken wir damit nicht nur einen Sachverhalt aus, sondern vollziehen darüber hinaus noch weitere Handlungen. Mit dem Satz ‚Goethe hat das „Maifest" geschrieben' etwa sagt ein Sprecher also nicht nur aus, daß Goethe der Verfasser des Gedichtes „Maifest" ist. Vielmehr kann er mit diesem Satz – je nach Kontext und Absicht – zugleich eine Warnung aussprechen, sich über dieses Gedicht besser nicht lustig zu machen, oder eine Empfehlung, es sich genau durchzulesen, oder er kann mit seiner Aussage seinem Gesprächspartner Unwissenheit vorwerfen. Das, was wir mit einem Satz aussagen, bezeichnet Austin als den ‚lokutionären Akt'; das, was wir darüber hinaus noch mit dem Satz tun, nämlich warnen, empfehlen, einen Vorwurf aussprechen oder ähnliches, heißt ‚illokutionärer Akt'.

Das Werten müssen wir demnach zu diesen ‚illokutionären Akten' zählen. Wenn ein Sprecher den Satz ‚Das Buch ist spannend' äußert, sagt er damit nicht nur aus, daß ein bestimmtes Buch eine bestimmte Eigenschaft habe, nämlich Spannung erzeuge. Wir können annehmen, daß der Sprecher mit der Zuschreibung ‚spannend' das Buch loben will. Er vollzieht also außer der Eigenschaftszuschreibung noch eine weitere Handlung: die des Wertens. In diesem Sinne, also analog zum Begriff ‚Sprechhandlung', ist die Bezeichnung ‚sprachliche Wertungshandlung' zu verstehen.

Was unterscheidet nun sprachliche Wertungshandlungen von anderen Sprechhandlungen? Wie die meisten Sprechhandlungen werden auch Wertungen in der Regel mit normalen Aussagesätzen vollzogen. Mit anderen Worten: Syntaktisch gesehen unterscheiden sich Bewertungen nicht von Behauptungen. Das macht ihre Identifizierung so schwierig. Nehmen wir wieder einfache Beispielsätze: ‚Das Buch ist blau' und ‚Das Buch ist schön'. In beiden Fällen wird einem Objekt – es könnte auch eine Person, eine Handlung oder ein Ereignis sein – eine Eigenschaft zugeschrieben. Wenn ein Sprecher

---

[47] Vgl. dazu Searle: Speech Acts.

sagt, ‚Das Buch ist blau', dann stützt er seine Zuschreibung auf seine Wahrnehmung oder Beobachtung einer besonderen Farbqualität des Buches. Wenn er sagt, ‚Das Buch ist schön', kommt zwar auch seine Wahrnehmung ins Spiel; darüber hinaus muß es aber noch einen Maßstab geben, an dem er das Beobachtete mißt, damit er es als ‚schön' bezeichnen kann. Auch wenn der Sprecher alle Eigenschaften aufzählen würde, die das Buch besitzt – z.B. blauer Ledereinband, Kopfgoldschnitt, Holzschnitt-Illustrationen –, würde er damit allein noch nicht die Zuschreibung ‚schön' rechtfertigen können. Indem er behauptet, das Buch sei ‚schön', schreibt er ihm also eine zusätzliche, nicht beobachtbare Eigenschaft zu und verwendet zu diesem Zweck einen wertenden Ausdruck. Dabei geht er implizit von dem Wertmaßstab ‚Schönheit' aus. Außerdem setzt er bestimmte Annahmen voraus, die es ihm erlauben, zwischen diesem Wertmaßstab und den Eigenschaften ‚blauer Ledereinband', ‚Kopfgoldschnitt' usw. eine Verbindung herzustellen. In unserer Terminologie sind der vorausgesetzte Wertmaßstab als ‚axiologischer Wert', die werthaltige Eigenschaft ‚schön' als ‚attributiver Wert' und die vorausgesetzten Annahmen als ‚Zuordnungsvoraussetzungen' zu bezeichnen.

Damit läßt sich der Unterschied zwischen Wertungshandlungen und anderen Sprechhandlungen angeben: Sprachliche Wertungen werden mit Hilfe wertender Ausdrücke vollzogen und setzen einen axiologischen Wert als Maßstab voraus, von dem aus eine Objekteigenschaft erst zu einem attributiven Wert wird. Diese Zuschreibungsbeziehung verbindet die verschiedenen Formen, mit denen man Wertungen sprachlich ausdrücken kann.

Zusammenfassung: Sprachliche Wertungen zählen zu den illokutionären Akten. Von anderen Sprechhandlungen unterscheiden sie sich durch eine besondere Art der Zuschreibungsbeziehung: Sie schreiben einem Objekt mittels eines Wertausdrucks einen attributiven Wert zu, und zwar auf der Grundlage eines axiologischen Werts und bestimmter Zuordnungsvoraussetzungen.

1.5.2 Charakteristische Bestandteile sprachlicher Wertungshandlungen

Da wir die Komponenten einer Wertungshandlung im allgemeinen bereits in Kapitel I.1.3.2 expliziert haben, sollen hier nur die Charakteristika der sprachlichen Wertung näher betrachtet werden: der sprachliche Ausdruck, mit dem der attributive Wert zugeschrieben

1. Grundbegriffe

wird, und die besondere Beziehung, die zwischen der sprachlichen Äußerung und dem vorausgesetzten axiologischen Wert besteht.

1.5.2.1 Zuschreibung eines Wertausdrucks

In einer sprachlichen Bewertungshandlung, so lautete unsere Bestimmung, wird einem Objekt ein attributiver Wert zugeschrieben, und zwar mit Hilfe eines geeigneten sprachlichen Ausdrucks. Paradigmatisch dafür sind die sogenannten ‚Wertausdrücke‘:

(a) Den Roman „Erfolg" von Lion Feuchtwanger finde ich gut.
(b) Feuchtwangers Charakterisierungstechnik ist genial.
(c) Die Romanfigur Flaucher ist unsympathisch.
(d) Flaucher ist ein Feigling.

Bewertende Ausdrücke in diesen Beispielsätzen sind ‚gut‘, ‚genial‘, ‚unsympathisch‘ und ‚Feigling‘. Mit den ersten beiden Adjektiven wird dem jeweiligen Bewertungsobjekt die Eigenschaft zugeschrieben, wertvoll zu sein. ‚Gut‘ ist dabei das am wenigsten informative Adjektiv. Wir erfahren über den Bewertungsgegenstand nur, daß der Sprecher ihn positiv beurteilt. Anders in den Sätzen (c) und (d). Auch die Ausdrücke ‚unsympathisch‘ und ‚Feigling‘ ordnen ihren Bewertungsobjekten eine werthaltige Eigenschaft zu, in diesem Fall eine negative. Sie geben aber darüber hinaus weitere Informationen über ihre Objekte. Der Ausdruck ‚unsympathisch‘ wertet einen menschlichen Charakter ab; ‚Feigling‘ ist noch spezieller und bezieht sich auf eine negativ bewertete Handlungsweise. ‚Genial‘ kann heute umgangssprachlich als Synonym für ‚ganz besonders gut‘ verstanden werden. In diesem Fall würde es wie ‚gut‘ nur die Eigenschaft des Objekts angeben, wertvoll zu sein, allerdings in quantitativ gesteigertem Maße. In der Regel schreiben wir mit dem Adjektiv ‚genial‘ aber noch andere Eigenschaften zu, etwa ‚schöpferisch‘ oder ‚innovativ‘.

Wir haben damit das zentrale Merkmal wertender Ausdrücke gewonnen und können Wertausdrücke folgendermaßen explizieren:

Explikat 14: Der Begriff ‚Wertausdruck‘ bezeichnet einen sprachlichen Ausdruck, mit dem einem Objekt (im weiten Sinne) die Eigenschaft zugeschrieben wird, werthaltig zu sein, und zwar entweder als einzige Eigenschaft oder zusätzlich zu anderen Eigenschaften.

Wir können demnach verschiedene Arten solcher Wertausdrücke unterscheiden. Reine Wertausdrücke sind z.B. ‚wertvoll‘ und ‚wertlos‘, auch ‚gut', ‚schlecht' oder ‚mittelmäßig'. Sie drücken in der Regel allein die Eigenschaft eines Objekts aus, positiv oder negativ zu sein oder irgendwo auf einer Skala zwischen positiv und negativ zu stehen. Die weitaus größte Zahl der Wertausdrücke hat neben dieser wertenden aber auch eine beschreibende Funktion, d.h. die Ausdrücke informieren zusätzlich über deskriptive Eigenschaften der Wertungsobjekte. Diese beschreibende Funktion kann unterschiedlich stark ausgeprägt sein. Bei Wörtern wie ‚schön', ‚nützlich', ‚wahr', ‚häßlich', ‚falsch' etc. wird das wertende Moment im Vordergrund stehen. Sie unterscheiden sich nur in einem Punkt von den reinen Wertausdrücken. Sie geben nämlich den Aspekt an, unter dem das Objekt positiv oder negativ eingeschätzt wird. Mit anderen Worten: Wenn wir ein Bewertungsobjekt als ‚schön' bezeichnen, dann erkennen wir ihm in allgemeiner Weise ästhetische Eigenschaften zu, wenn wir es als ‚nützlich' bezeichnen, beziehen wir uns auf einen pragmatischen Aspekt usw. Speziellere Eigenschaften geben erst Wertausdrücke wie ‚tolerant', ‚klug', ‚feige' oder ‚ungerecht' an.[48]

Spätestens hier wird offensichtlich, daß der Unterschied zwischen beschreibenden und bewertenden Ausdrücken fließend ist. Auch scheinbar eindeutig beschreibende Adjektive wie ‚hell' oder ‚schwarz' und quantitative Angaben wie ‚klein', ‚lang' u.a. können in bestimmten Kontexten wertend verwendet werden. Wenn etwa in einer Rezension die scheinbar beschreibende Wendung ‚der lange Roman' zu lesen ist, aus dem Zusammenhang aber erschlossen werden kann, daß die Rezensentin weitschweifige Prosa ablehnt, dann kann das deskriptive Adjektiv ‚lang' als Wertausdruck betrachtet werden. Diese fließenden Übergänge stellen uns vor das Problem, wie wir Wertungen dann überhaupt als Wertungen identifizieren können. Hier sind wir auf eine möglichst umfassende Kenntnis des sprachlichen und sachlichen Zusammenhanges angewiesen, in dem die fragliche Äußerung steht. In vielen Fällen benötigen wir also Kontextinformationen, um Wertausdrücke als Wertausdrücke zu erkennen.

Die Kenntnis des Redezusammenhanges ist oftmals auch für eine andere Zuordnung erforderlich. So ist es nicht immer eindeutig, ob ein Ausdruck das Bewertungsobjekt positiv oder negativ einstufen soll. Dies wird um so schwieriger, je stärker die beschreibende Komponente ausgeprägt ist. Ausdrücke, die immer positiv oder immer negativ werten, gibt es nicht. So sind Situationen vorstellbar, in de-

---

[48] Vgl. dazu auch Stenzel: Knopfloch, S. 244.

nen das scheinbar eindeutig positive Adjektiv ‚genial' negativ verwendet wird. Etwa könnte ein Rezensent den Satz äußern ‚Auch dieses Werk hat einer jener genialen jungen Lyriker verfaßt'. Unter bestimmten Umständen – etwa in ironischer Rede, auf die unter dem Stichwort ‚implizite Wertungen' noch einzugehen sein wird – würde er damit einer Gruppe junger Lyriker die Genialität gerade absprechen und ihre Werke mit dieser Aussage abwerten. Ob wertende Ausdrücke positiv oder negativ konnotiert sind, hängt also stark von dem Kontext ab, in dem sie verwendet werden.

Zusammenfassung: Unter ‚Wertausdrücken' ist eine Klasse sprachlicher Ausdrücke zu verstehen. Wertausdrücke ordnen Objekten die Eigenschaft zu, positiv oder negativ zu sein. Außer den wenigen reinen Wertausdrücken haben die meisten bewertenden Ausdrücke eine bewertende und eine beschreibende Komponente. Verwendung und Identifizierung von Wertausdrücken sind in hohem Maße kontextabhängig.

1.5.2.2 Impliziter Maßstab der Wertung: Beziehung zwischen sprachlicher Wertung und axiologischem Wert

Wir hatten als wesentliches Merkmal einer sprachlichen Wertungshandlung angegeben, daß ein Sprecher sich auf einen axiologischen Wert bezieht. Was ist das aber für eine Art von Bezugnahme, von der wir dabei ausgehen?

Die Beziehung, die zwischen der wertenden Äußerung und dem sprachlichen axiologischen Wert besteht, ist lockerer als eine Kausalbeziehung und weniger verbindlich als eine logische Folgerungsbeziehung; d.h. wir können aus einer Aussage wie ‚Feuchtwangers Roman „Erfolg" ist genial' nicht zwingend schließen, welcher Wert hinter diesem Urteil steht. Die Verbindung ist eher als ‚implizite Voraussetzung' zu bezeichnen. Wir können uns diese Beziehung durch eine Analogiebildung verdeutlichen. Zu diesem Zweck sehen wir uns eine natürlichsprachliche Argumentation genauer an, z.B. ‚Christa Wolf liest heute abend im Radio, ich bleibe daher lieber zu Hause'. Diese Argumentation hat die Form eines Schlusses. Sie setzt sich zusammen aus dem Argument ‚Christa Wolf liest heute abend im Radio' und der Konklusion ‚ich bleibe daher lieber zu Hause'. Dazu kommt aber noch ein dritter Faktor, die sogenannte ‚Präsupposition' des Schlusses. Diese Präsupposition ist eine implizite Annahme, die wir voraussetzen müssen, um von dem Argument zur Konklusion zu gelangen. Diese implizite Annahme könnte etwa lauten ‚Ich möchte Christa Wolf im Radio hören' oder ‚Ich will lieber Christa Wolf im Radio hören als mit dir ins Kino gehen' oder ähnliches – je nach Äußerungskontext. Würden wir diese Voraussetzung nicht machen, dann könnten wir die Argumentation gar nicht verstehen. Wir hätten es dann mit zwei Sätzen zu tun, die ohne nachvollziehbare Verbindung nebeneinander stehen würden. Erst die Präsupposition rechtfertigt den Übergang vom Argument zur Konklusion. Dieselbe Funktion haben axiologische Werte für Bewertungshandlungen, was folgendes Beispiel erläutern soll.

Eine Lektorin lehnt das Manuskript eines Kriminalromans mit den Worten ab ‚Die Handlung ist unübersichtlich'. Welchen axiologischen Wert setzt die Sprecherin mit dieser Wertung voraus? Sie schreibt einem Bestandteil des Romans, nämlich seiner Handlung, eine Eigenschaft zu, nämlich unübersichtlich zu sein. Das ist zunächst einmal eine beschreibende Behauptung, noch nicht notwendigerweise eine Wertung. Wenn wir jetzt die Analogie zur Argumentation herstellen, dann hat diese Behauptung den Status eines Arguments. Über diese Behauptung könnte man sich auf der Grundlage der Romanlektüre streiten und sachliche Gründe dafür oder dagegen finden.[49] Den Status der Konklusion hat in diesem Beispiel die Abwertung, die die Lektorin mit der Aussage vollzieht. Oder anders gesagt, als Konklusion können wir die Tatsache auffassen, daß die Lektorin der Romanhandlung die Eigenschaft ‚unübersichtlich' als einen negativen attributiven Wert zuschreibt. Wir trennen hier also die beschreibende von der wertenden Komponente des Ausdrucks ‚unübersichtlich'. Daß diese Trennung wichtig ist, macht folgende Überlegung deutlich: Ein anderer Leser könnte nämlich akzeptieren, daß die Handlung des Romans schwer zu überblicken ist, ohne zugleich auch der Ablehnung des Textes zustimmen zu müssen. Vielleicht drückt diese Eigenschaft für ihn etwas Positives aus, z.B. zum Rätsellösen anregende Vielfalt. Um von der Behauptung, die Handlung sei unübersichtlich (= Argument), zu einer negativen Bewertung des Romans zu kommen (= Konklusion), muß die Lektorin also bestimmte Voraussetzungen machen. Sie bezieht sich implizit auf einen axiologischen Wert, z.B. ‚klare Strukturiertheit'. Aufgrund dieses impliziten Maßstabs stuft die Sprecherin die Eigenschaft ‚unübersichtlich' negativ ein. Dieselbe Eigenschaft könnte zur positi-

---

[49] Die Analogie zur Argumentationshandlung macht aber auch deutlich: Wenn wir uns über diesen an Argumentstelle stehenden Sachverhalt nicht einigen können, bricht die Argumentation bereits an dieser Stelle ab.

ven Einschätzung des Romans führen, wenn sich ein anderer Sprecher auf einen anderen impliziten Maßstab stützen würde, z.B. ‚Anregung zum Rätsellösen'.

Das Beispiel verdeutlicht noch einmal, daß die Eigenschaften eines Objekts positiv oder negativ immer nur in Relation zu einem axiologischen Wert sind. Darüber hinaus zeigt es, daß die Wertenden über bestimmte Zuordnungsvoraussetzungen[50] verfügen, wenn sie Textmerkmale und axiologische Werte in Verbindung bringen. Zu den Zuordnungsvoraussetzungen im Beispiel zählt z.B., daß die Wertung auf die Handlungsführung in der Gattung Kriminalroman bezogen wird; andere Genres wird die Lektorin nach anderen Maßstäben messen.

Zusammenfassung: Axiologische Werte bilden die meist impliziten Voraussetzungen jeder sprachlichen Wertungshandlung. Sie ermöglichen den Übergang von der Beschreibung eines Gegenstandes zu seiner Bewertung. Wenn wir einen impliziten axiologischen Wert in einer konkreten wertenden Äußerung rekonstruieren wollen, haben wir zu fragen, welche Voraussetzungen der Sprecher machen muß, damit seine Wertung als gerechtfertigt gelten kann.

1.5.3 Formen sprachlichen Wertens

Im vorigen Abschnitt haben wir gewissermaßen zuerst die Tiefenstruktur wertender Aussagen untersucht, indem wir nach Besonderheiten der sprachlichen Wertungshandlung gefragt haben. Jetzt bleibt zu klären, welche Möglichkeiten, Bewertungen sprachlich auszudrücken, sich auf der Sprachoberfläche von Texten finden. In einer groben Einteilung lassen sich explizite Wertungen von impliziten Wertungen unterscheiden.

1.5.3.1 Explizite Wertungen

Betrachten wir den folgenden, halb-fiktiven Gesprächsausschnitt und fragen nach den expliziten Wertungen, die er enthält:

(e) ‚Also, den neuen Roman von Eco, den halte ich für großartig.'
(f) ‚So, findest du; ich habe dieses langweilige „Foucaultsche Pendel" nicht einmal bis zur Hälfte gelesen – der Eco schreibt doch immer wieder dasselbe.'

Im ersten Satz wird einem neuen Roman Umberto Ecos ausdrücklich die Eigenschaft zugeschrieben, großartig zu sein. Bei dem

---
[50] Vgl. dazu noch einmal Explikat 11.

Adjektiv ‚großartig' dürfte es sich, zumindest in dem hier skizzierten Zusammenhang, um ein eindeutig positives Adjektiv handeln. Die Zuschreibung funktioniert nach dem Muster ‚x ist schön'. Im zweiten Beispielsatz haben wir eine explizite Wertung in dem Ausdruck ‚dieses langweilige „Foucaultsche Pendel"'. Hier fehlt zwar die ausdrückliche Zuschreibung, wir können sie aber durch einfaches Umformulieren herstellen. Wir erhalten dann die Aussage: ‚Der Roman „Das Foucaultsche Pendel" ist langweilig'. Die Eigenschaft ‚langweilig' dürfen wir mit ziemlich großer Wahrscheinlichkeit als negative Eigenschaft auffassen. Zwar sind die beiden Sätze syntaktisch unterschiedlich gebaut, wir haben es aber in beiden Fällen mit der Zuschreibung eines positiven oder negativen Adjektivs zu einem Gegenstand zu tun. Damit ist das zentrale Merkmal expliziter Wertungen formuliert: Explizite Wertungen schreiben Gegenständen, Personen oder Sachverhalten positive oder negative Eigenschaften zu, und zwar mittels eindeutig wertender Ausdrücke. Explizite Wertungen sind lexikalisch, also von den verwendeten Wörtern her zu identifizieren.

Allerdings ist diese Behauptung gleich wieder einzuschränken, und zwar mit denselben Argumenten, die schon im Abschnitt über ‚Wertausdrücke' angeführt worden sind. Eindeutig wertende Ausdrücke gibt es, wie dort ausgeführt, nur sehr wenige. Dies sind die reinen Wertausdrücke wie ‚wertvoll' und ‚wertlos'. Mit hoher Wahrscheinlichkeit, aber eben nicht immer bewerten Adjektive wie ‚gut', ‚schlecht', ‚schön', ‚häßlich' usw. Und die Situation wird erst recht mehrdeutig, wenn es um weniger elementare Adjektive wie ‚schwierig', ‚klar' oder ‚genau' geht. Damit bewegen wir uns aber schon bei den expliziten Wertungen auf schwankendem Boden.

Nach den bisherigen Erläuterungen dürfte klar sein, daß unser Standardbeispiel ‚Das Buch ist schön' zu den expliziten Wertungen zählt. Zugleich stellt es einen besonderen pragmatischen Typus expliziten Wertens dar, nämlich ein Werturteil.[51] Die Forschungsliteratur hat sich bislang fast ausschließlich mit expliziten Wertungen und insbesondere mit Werturteilen befaßt. Tatsächlich haben wir es bei der Wertung von Literatur aber überwiegend mit impliziten Wertungen zu tun. Selbst in Rezensionen, in denen das Beurteilen qua Textsorte ja mit im Vordergrund stehen sollte, finden wir Werturteile in der Regel selten, es dominieren implizit wertende Aussagen.

---

[51] Auf diesen Begriff wird in I.2.1.3 ausführlicher einzugehen sein.

1.5.3.2 Implizite Wertungen

Implizit wertende Äußerungen treten in verschiedenen sprachlichen Formen auf. Zur Illustration einer dieser Formen und zugleich des Mechanismus, nach dem sie funktionieren, sei die Nachbemerkung aus Feuchtwangers Roman „Erfolg" zitiert. Feuchtwanger fügt hier einige Informationen zur historischen Situation an, in der der Roman spielt, und schließt mit folgenden Worten:

> „Material über die Sitten und Gebräuche der altbayrischen Menschen jener Epoche findet sich in einer Zeitung, die damals in einem altbayrischen Orte namens Miesbach erschien, dem Miesbacher Anzeiger. Diese Zeitung ist in zwei Exemplaren erhalten; das eine befindet sich im Britischen Museum, das andere im Institut zur Erforschung primitiver Kulturformen in Brüssel."[52]

Vordergründig bieten diese Aussagen in der Tat Informationen. Sie teilen den Lesern mit, daß sie sich über die bayerischen Sitten und Gebräuche der Jahre 1921-24 in der Zeitung „Miesbacher Anzeiger" informieren können, und sie teilen mit, wo diese Zeitung zu finden ist. Dennoch lachen wir, und zwar wohl in den meisten Fällen über die bayerische Kultur, wie Feuchtwanger sie hier darstellt. Sie ist es, die in diesem Beispiel implizit abgewertet wird. Wie wird diese Wertung vollzogen?

Es handelt sich bei diesem Aussagenkomplex um eine implizite Wertung durch Ironie. Feuchtwanger geht es eigentlich gar nicht, oder doch nur sekundär, um Information. Vielmehr zielt er auf eine Wertung seines Gegenstandes ab. Sein Gegenstand ist der „Miesbacher Anzeiger", oder genauer, die Kultur im Bayern des frühen 20. Jahrhunderts, die ja in dieser Zeitung dokumentiert wird. Er macht sich über diese Kultur lustig, indem er sie auf eine Stufe mit den sogenannten ‚primitiven Kulturen' stellt, und er ironisiert ein modernes Printmedium der 20er Jahre, indem er es Dokumenten wie bemalten Tierhäuten oder ähnlichem gleichsetzt. Dieses sachliche In-beziehungsetzen spricht für sich – was Feuchtwanger von den zeitgenössischen bayerischen Kulturformen hält, wird auch ohne zusätzlichen Kommentar deutlich. Für diejenigen, die den Roman gelesen haben, wird diese Einschätzung noch deutlicher sein. Sie verfügen über zusätzliches Wissen, das ihnen hilft, die implizite Wertung zu identifizieren. Betont werden muß, daß die Wertung in diesem Beispiel zwar deutlich, aber nicht explizit ist. Als explizite Wer-

---

[52] Feuchtwanger: Erfolg, S. 808.

tungen würden diesem Beispiel etwa folgende Aussagen entsprechen: ‚Die altbayrische Kultur ist recht simpel strukturiert' oder ‚Die Sitten und Gebräuche im Bayern der 20er Jahre sind primitiv'.

Was unterscheidet nun die impliziten von den expliziten Wertungen? Auch mit impliziten Wertungen werden Gegenständen (Personen oder Sachverhalten) positive oder negative Eigenschaften zugeschrieben. Anders als bei expliziten Wertungen tritt diese wertende Zuschreibung aber nicht offen zutage; vielmehr wird sie mit Hilfe verschiedener sprachlicher Strategien hergestellt. In dem Beispiel wurde die Wertung durch die ironische Sprechweise erzielt, durch die der Gegenstand der Aussage ins Lächerliche gezogen wird. Es gibt eine ganze Reihe sprachlicher Strategien, mit denen implizite Wertungen ausgedrückt werden können. Im folgenden soll ein kurzer Überblick über die verschiedenen Arten gegeben werden, wie man implizit bewerten kann, jeweils mit einem Beispielsatz zur Illustration. Solche Beispiele begegnen uns täglich, und es ist uns in vielen Fällen klar, daß es sich um Wertungen handelt. Hier interessiert aber, auf welche Weise diese Wertungen zustande kommen.

(1) Ausführlicher dargestellt wurde oben eine Spielart der impliziten *Wertung durch Ironie*. Vordergründig wird ein Sachverhalt beschrieben, Aussagegehalt ist aber eigentlich nicht die Beschreibung, sondern eine Bewertung des Sachverhalts. Mit einer weiteren Möglichkeit ironischer Wertung haben wir es in dem Satz ‚Die Autorenlesung gestern war ja mal wieder besonders interessant' zu tun. Hier scheint eine explizite Wertung vorzuliegen, da wir den Satz lexikalisch sofort als positive Wertung einstufen können. Implizit ist die Wertung aber dann, wenn der Satz ironisch verwendet wird. Denn in bestimmten Kontexten, z.B. mit entsprechender Betonung, kann der scheinbar eindeutig positive Wertausdruck ‚interessant' genau das Gegenteil besagen. Das Objekt wird dann zwar explizit positiv bewertet, aber implizit abgewertet.

(2) Eine zweite Gruppe impliziter Wertungen bilden die sogenannten ‚*Wertungen durch Herantragen*'. Darunter ist zu verstehen, daß positive oder negative Eigenschaften aus einem Bedeutungsbereich auf ein Objekt übertragen werden, das einem anderen Bereich zugehörig ist. Dieses Herantragen eines Bedeutungsbereichs an ein Wertungsobjekt geschieht immer in Form eines Bildes, entweder mit Hilfe eines Vergleichs oder einer Metapher. Ein einfaches Beispiel für eine Wertung mit einem Vergleich: Ein Kritiker könnte schreiben ‚Botho Strauß lesen ist wie ein Glas Sekt trinken'. Die Eigenschaften der Tätigkeit ‚Sekt trinken' oder vielmehr die Wirkungen dieser

1. Grundbegriffe

Tätigkeit werden auf die Lektüre von Texten Botho Strauß' übertragen, und mit ihnen die Einstellung, die der Rezensent mit dem Trinken eines Glases Sekt verbindet. Daß eine Wertung vorliegt, ist recht wahrscheinlich, ob sie als positive oder negative zu verstehen ist, wird ohne weitere Informationen über den Zusammenhang der Rezension nicht klar. Wertet der Kritiker negativ, könnte er z.B. fortfahren ‚Hinterher hat man einen schweren Kopf', wertet er positiv, könnte folgen ‚Man fühlt sich beschwingt'. Dieses Beispiel funktioniert nach folgendem Schema: Wir haben einen neutralen Gegenstand A aus dem Bereich Literatur (der Text von Botho Strauß) und ein positiv oder negativ konnotiertes Objekt B aus einem anderen Bereich (hier: die Wirkung der Tätigkeit ‚Sekttrinken', Bereich: Alkoholkonsum). Das neutrale Objekt A wird mit dem bewerteten Objekt B verglichen, und durch diesen Vergleich wird die positive oder negative Einschätzung von B auf A übertragen.

Vergleichbare Mechanismen liegen zwei anderen Arten impliziter Wertung zugrunde, ‚Wertungen durch Parallelisierung' und ‚Wertungen durch Kontrast'. Auch in ihnen werden implizit positive oder negative Eigenschaften auf ein Wertungsobjekt übertragen; die Objekte, die aufeinander bezogen werden, stammen aber aus demselben Bereich. Zunächst

(3) zu den impliziten *Wertungen durch Parallelisierung*. In ihnen wird ein eindeutig positiv oder negativ bewertetes Objekt mit einem neutralen Objekt parallelisiert. Dadurch wird die positive oder negative Einschätzung auf das neutrale Objekt übertragen. Ein Beispiel: ‚Die neue Inszenierung des „Faust" in den Kammerspielen erinnert stark an die großartige Gründgens-Inszenierung.' Wenn der Sprecher nicht gerade der Auffassung ist, kein Regisseur sollte versuchen, an die „Faust"-Inszenierung von Gründgens heranzukommen, dann bewertet er mit seiner Aussage die Aufführung in den Kammerspielen positiv. Durch die Parallelisierung ‚A erinnert mich an B' überträgt er die positive Einschätzung von B auf A.

(4) Ganz ähnlich, nur mit umgekehrten Vorzeichen, funktionieren *Wertungen durch Kontrast*. Ein einfaches Beispiel bietet folgende Aussage: ‚„Der Name der Rose" war ein großer Wurf, dagegen schreibt Eco heute Romane wie „Das Foucaultsche Pendel"'. Hier wird nicht explizit behauptet, „Das Foucaultsche Pendel" sei ein schlechter Roman. Vielmehr wird ein eigentlich neutral dargestellter Gegenstand A (der Roman „Das Foucaultsche Pendel") einem eindeutig bewerteten, in diesem Fall positiven Objekt B (dem Roman „Der Name der Rose") entgegengesetzt. Durch diesen Kontrast

wird die gegenteilige Einschätzung auf den neutralen Gegenstand A übertragen. In unserem Beispiel erscheint er dadurch als wertlos, bestenfalls durchschnittlich.

(5) Eine häufige Form impliziter Wertung stellt die *wertende Verwendung an sich beschreibender Ausdrücke* in bestimmten Kontexten dar. Ein Beispiel: Die Aussage ‚Die Interpretin geht wissenschaftlich vor' kann einen Sachverhalt wertneutral beschreiben. Sie kann z.B. das systematische, methodengeleitete Interpretieren eines literarischen Textes bezeichnen. Je nach Äußerungskontext kann diese Aussage aber auch eine positive oder eine negative Einschätzung ausdrücken. Wird sie z.B. von einer Strukturalistin geäußert, so drückt sie sehr wahrscheinlich eine positive Beurteilung aus. Aus dem Munde eines Dekonstruktivisten dagegen wird das Adjektiv ‚wissenschaftlich' eher negativ konnotiert sein und vielleicht im Sinne von ‚reduktiv' oder ‚Ausschlußmechanismen reproduzierend' verwendet werden.

(6) Schließlich gibt es noch die Möglichkeit, mit Hilfe von Topoi, Redensarten und Sprichwörtern zu werten, deren Wertbesetzung konventionalisiert ist. Ein Beispiel: ‚Die Charaktere in Grass' frühen Romanen sind eher aus grobem Holz geschnitzt.' Die Redensart ‚aus grobem Holz geschnitzt sein' in Verbindung mit der Figurenzeichnung in Romanen wertet die Texte Grass' wohl in den meisten Kontexten ab. Die Aussage ist lexikalisch nicht als Wertung erkennbar, die Abwertung wird nur für diejenigen verständlich, die die Redensart kennen.

Neben diesen spezifischeren Formen gibt es eine Reihe weiterer formaler Mittel, sprachlich zu werten. Wie ein Sprecher ein Thema gewichtet, mit welchem Pathos er es darstellt, welche Aspekte er in seiner Darstellung in den Vordergrund treten läßt, mit welchen er beginnt und welche er an den immer akzentuierten Schluß stellt – alles das drückt implizit eine Wertung aus. Ein Beispiel wäre die pointierte Plazierung der Aussage über den „Miesbacher Anzeiger" am Ende des Romans „Erfolg".

Die Beispiele haben deutlich gemacht, daß es nicht immer leicht ist, implizite Wertungen als solche zu identifizieren. Und wenn wir sie als solche identifiziert haben, dann haben wir damit noch nicht erkannt, ob es sich um positive oder um negative Einstufungen handelt. Beide Fragen lassen sich nur beantworten, wenn der Kontext der fraglichen Äußerung in ausreichendem Maße bekannt ist. Soll eine schriftliche Äußerung auf diese Fragen hin untersucht werden, dann sind verschiedene Arten von Hintergrundinformationen erforderlich: Informationen aus dem Textzusammenhang und Informationen aus dem Kontext, in dem der Text steht. Letztere können z.B. aus Informationen über die Sprachverwendung der Zeit gewonnen werden, in der der Text entstanden ist, ebenso aus Kenntnissen über die biographische Situation des Verfassers oder aus dem Vergleich mit anderen seiner Texte oder mit Texten anderer Autoren. Ziel der Analyse ist es dann, mit Hilfe dieser Hintergrundinformationen die impliziten Wertungen zu explizieren.

Zusammenfassung: Es gibt ein breites Spektrum sprachlicher Möglichkeiten, Wertungen auszudrücken. Explizite und implizite Wertungen schreiben Gegenständen, Personen oder Sachverhalten positive oder negative Eigenschaften zu. Explizite Wertungen sind lexikalisch anhand der verwendeten Wertausdrücke zu identifizieren. Die weitaus häufiger vorkommenden impliziten Wertungen dagegen sind erst aus dem Textzusammenhang oder aus dem Kontext zu rekonstruieren.

1.6 Organisationsformen von Werten: ‚Wertsystem', ‚Werthierarchie', ‚Wertsprache'

Auf den Sachverhalt, daß axiologische Werte in bestimmten Beziehungen zueinander stehen, stößt man in allen Wertungsanalysen. Die Auffassung, daß sich diese Beziehungen als ‚Wertsysteme' beschreiben lassen, liegt nahe, wenn wir Werte unter der sprachlichen Perspektive analysieren; aber wir können ein solches ‚System' auch für die motivationalen Werte unterstellen. Allerdings darf der Begriff ‚System' dann nicht in einem strengen systemtheoretischen Sinne verstanden werden. Wir können nur beanspruchen, mit diesem Begriff auf einen geordneten Zusammenhang hinzuweisen und die Beziehungen innerhalb des angenommenen Systemzusammenhangs formal zu charakterisieren. Das gilt sowohl für die Begriffssysteme, in denen wir Wertungshandlungen zuordnen können, als auch für die Wertsysteme, die wir Personen oder Gesellschaften zuschreiben.[53]

Für unsere Zwecke kann es genügen, das ‚Wertsystem' als sprachlich rekonstruierbares System von Werten zu erläutern, und zwar als

---

[53] Hier liegen Möglichkeiten und Desiderate weiterer Forschung, die im Rahmen unterschiedlicher systemtheoretischer Konzepte unternommen werden könnten.

Zusammenhang von axiologischen, attributiven und quantitativen Werten. Es besteht aus Elementen, aus einer Struktur, in der diese Elemente einander zugeordnet sind, und aus Relationen, d.h. logischen Beziehungen zwischen den Größen.[54] In einem Wertsystem kann man diese Relationen als Begründungs- und Argumentationsregeln auffassen.[55]

Als Elemente sehen wir die Werte an. Die Struktur ist in drei Dimensionen ausgeprägt, (1) in einer hierarchischen Ordnung von Werten aus dem gleichen thematischen Bereich, (2) in einer gewichtenden, also quantifizierenden Ordnung zwischen Werten verschiedener Bereiche und (3) in der Zuordnung von attributiven Werten zu axiologischen Werten.

Zu (1): Schon mehrfach haben wir gesehen, daß axiologische Werte Hierarchien bilden. Sie bestehen aus höchsten Werten, auch ‚Letztwerte' genannt, davon abgeleiteten, aber immer noch höheren Werten und wiederum abgeleiteten, konkreten, situationsnahen Werten. Diese ‚Werthierarchien' stellen Abstufungen nach dem Allgemeinheitsgrad dar. Sie strukturieren ‚Wertbereiche', d.h. Komplexe von Werten desselben thematischen Bereichs und ihnen angelagerte, mit ihnen verbundene Werte. Dazu noch einmal unser Beispiel von der Literaturkritikerin aus Kapitel 1.3.1, die neuerschienene Gedichtbände zu rezensieren hat: Ausgehend von ihrem positiven Urteil über Gedichte von Oskar Pastior lassen sich aufsteigend gleich drei Wertbereiche und ihre argumentativen Zusammenhänge rekonstruieren. Der Kritikerin gefällt das Spielen mit der Umstellung von Buchstaben in den Anagrammgedichten zunächst ‚ästhetisch-hedonistisch' wegen des akustischen Reizes. Hier ist ein höherer und wohl schon letzter Wert: ‚Sinnliche Empfindung des Kunsterlebnisses', das ‚Lust' bewirkt. Daneben ist die gleiche Anagrammtechnik aber auch intellektuell-kognitiv zu bewerten. Ein höherer axiologischer Wert wäre der ‚Aufweis des willkürlichen Charakters von Zeichen und Zeichengebrauch'. Er ließe sich durch den Letztwert ‚Erkenntnis' rechtfertigen. Der ‚Aufweis des willkürlichen Charakters von Zeichen und Zeichengebrauch' kann aber auch im Kontext einer ethisch-politischen Bewertung angesiedelt sein: Ein höherer Wert wäre dann ‚Aufweis der Veränderbarkeit des Sprechens, der Sprachverwendung' und, in Analogie, ‚Aufweis der Veränderbarkeit gesellschaftlicher Verhältnisse'. Begründender Letztwert wäre hier

---

[54] Vgl. dazu z.B. Titzmann: Struktur, S. 260.
[55] Vgl. Najder: Values, S. 65f.

1. Grundbegriffe

etwa ‚rechtes Handeln' oder ‚gerechte Gesellschaft'. Ein weiterer möglicher Letztwert, ‚Stimulierung oder Intensivierung von Gefühlen' wird von Pastiors Gedicht nicht aktualisiert. In umgekehrter Reihenfolge rekonstruiert, rechtfertigen, von den Letztwerten ausgehend, immer die höheren Werte die nächst konkreteren. Die Regeln für diese hierarchischen Beziehungen wären also Begründungsregeln.

Zu betonen ist allerdings, daß Wertsysteme trotz der Ordnung, die man ihnen durch den Nachweis von Ableitungsbeziehungen zuschreiben kann, durchaus interne Unstimmigkeiten aufweisen können. Die Relationen zwischen den axiologischen Werten müssen also keinen widerspruchsfreien Zusammenhang ergeben.

Zu (2): Ein weiteres strukturierendes Moment von Wertsystemen liegt in der Gewichtung zwischen verschiedenen Letztwerten und den von ihnen abgeleiteten Hierarchien. Verschiedene Wertbereiche können, ebenso wie einzelne ihrer axiologischen Werte, vom Allgemeinheitsgrad her gleichgeordnet, im Wertsystem aber trotzdem unterschiedlich ‚gewichtig' sein. Solche Gewichtungen können im Wertsystem einer Person relativ stabil sein. Konflikte in den Wertungen von Literatur entstehen zum Beispiel dadurch, daß einige Kritiker die ästhetischen Werte sehr hoch stellen, andere den Schwerpunkt auf die ethischen Werte legen. Allerdings können die Gewichtungen auch je nach der Wertungssituation und nach dem Wertungsobjekt variieren. Für unsere Beispielrezensentin etwa könnte der Wertbereich, der von dem Letztwert ‚Erkenntnis' begründet wird, das größte Gewicht für die Beurteilung von Literatur haben. Wenn sie Gedichte zu werten hätte, die dem hedonistischen Wert ‚Lust' nicht genügen, aber Erkenntnis vermitteln, würde sie diese Texte höher werten als solche, bei denen sie die Zuschreibung axiologischer Werte mit umgekehrten Vorzeichen vollziehen würde. Die Regeln, die diese Gewichtungen innerhalb eines Wertsystems jeweils festlegen, können als ‚Gewichtungsregeln' bezeichnet werden.

Zu (3): Zur Struktur eines Wertsystems gehören darüber hinaus Regeln für die Zuordnung von Wertmaßstäben zu Textmerkmalen, und zwar qualitativ wie quantitativ, in unserer Terminologie ‚Zuordnungsvoraussetzungen'. Wenn die Literaturkritikerin in unserem Beispiel die Eigenschaft der Anagrammgedichte Pastiors, spielerisch mit Sprache umzugehen, mit ihrem positiv besetzten Wert ‚Sprachkritik' in Verbindung bringt, so liegt diese Zuordnung keineswegs in der ‚Natur der Sache' – für andere Kritiker müßte ein

Text möglicherweise andere Texteigenschaften aufweisen, um ihm den Wert ‚Sprachkritik' zuschreiben zu können, z.B. explizite Sprachreflexion. Die Kritikerin setzt zumindest einmal die Annahme voraus, *daß* Eigenschaften, wie sie Pastiors Texte auszeichnen, den Wert ‚Sprachkritik' realisieren können. Solche Annahmen sind oftmals regelhaft und können von Kollektiven geteilt werden, sind aber zugleich an Voraussetzungen der ‚Träger' des Wertsystems gebunden, im Falle der Literaturkritikerin etwa an ihr Wissen, ihre emotionale Disposition, ihre Lebenserfahrung und soziale Zugehörigkeit etc. Sie bestimmen also qualitativ, welche Texte oder Textmerkmale als attributive Werte auf einen Wertmaßstab bezogen werden können, und sie bestimmen quantitativ, in welcher Menge oder in welchem Grade Texte oder Textmerkmale dem jeweiligen Wertmaßstab entsprechen.

Eine sinnvolle und hilfreiche Bezeichnung, die die Organisationsform von Werten illustriert, stellt der Begriff ‚Wertsprache' dar. Da er mit weniger rigorosen Konnotationen verknüpft ist als der Begriff ‚Wertsystem' werden wir ihm im II. Teil dieser Einführung den Vorzug geben, wenn es um die Rekonstruktion historischer Wertungszusammenhänge geht. Der Begriff besagt, daß Wertsysteme wie Sprachen aufgebaut sind. Das ‚Lexikon' bilden die Elemente, also die axiologischen und attributiven Werte und ihre jeweilige inhaltliche Prägung, die ‚Grammatik' sind die strukturellen Beziehungen, die oben skizziert wurden: Beziehungen der Rechtfertigung, der Gewichtung und verschiedene Formen der Zuordnung. ‚Sprecher' einer solchen Wertsprache können Individuen, aber auch Gruppen sein. Die Bezeichnung ‚Wertsprache' macht darüber hinaus deutlich, daß es – wie in einer natürlichen Sprache – konventionelle und regelhafte Bestandteile gibt, daneben aber auch Besonderheiten der Sprachbenutzer, ihren Stil gewissermaßen. In Wertsprachen sind jedoch, anders als in natürlichen Sprachen, die individuellen Komponenten stärker ausgeprägt. Wenn zwei Personen, deren Wertungen im großen und ganzen übereinstimmen, dieselbe Bezeichnung für einen axiologischen Wert verwenden, aber Unterschiedliches damit meinen, so läßt sich dieses Phänomen damit erklären, daß die Personen im ‚Lexikon' und eventuell auch in der ‚Grammatik' ihrer Wertsprachen voneinander abweichen. Analog zu einer Untersuchung unterschiedlicher Wort- oder Begriffsverwendungen können wir diese Abweichungen in der Verwendung axiologischer und attributiver Werte verschiedener Personen oder Personengruppen analysieren.

1. Grundbegriffe

Zusammenfassung: Werte kommen nicht vereinzelt vor, sondern sind in Zusammenhängen organisiert. Wir nennen solche strukturierten Zusammenhänge ‚Wertsysteme' oder ‚Wertsprachen'. Da Wertsysteme unter anderem hierarchisch strukturiert sind, sprechen wir, wenn wir auf diesen Aspekt abzielen, auch von ‚Werthierarchien'.

2. Werten als soziales Handeln

In den Begriffsklärungen im letzten Kapitel ist mehrfach zur Sprache gekommen, daß wir das Werten als eine Form sozialen Handelns auffassen: Wertungen werden in sozialen Zusammenhängen vollzogen und von diesen bestimmt, und sie stellen, sowohl als motivationale wie auch als sprachliche Wertungen, Handlungen dar. Da wir bislang meistens eine ‚Mikroperspektive' auf das Werten eingenommen haben, um unsere Grundbegriffe zu bestimmen, ist diese ‚soziale' Eigenschaft nur genannt und von den Beispielen illustriert, nicht jedoch systematisch untersucht worden. Sie soll in diesem Kapitel unter drei Aspekten entfaltet werden. Zunächst ist zu fragen, wie sich Wertungen unter sozialem Aspekt klassifizieren lassen, d.h. welche Typen der Wertung im Umgang mit Literatur nachzuweisen sind und wie sie charakterisiert werden können. Anschließend sollen die Beziehungen zwischen Wertungen und den Normen und Rollen im Sozialsystem Literatur aufgezeigt werden. Den Schluß des Kapitels bildet eines der zentralen praktischen und theoretischen Probleme der Wertung, die Frage nach einem möglichen Konsens im Werten von Literatur.

2.1 Die drei Typen des Wertens von Literatur

Betrachtet man die zahlreichen Wertungshandlungen im Sozialsystem Literatur, so lassen sie sich zwei großen Gruppen zuordnen: Selektion und Urteil. Da es hier um den sozialen Aspekt, also um größere Handlungszusammenhänge geht, entspricht diese Unterscheidung nicht der Differenzierung von motivationalen und sprachlichen Wertungen, die sich allein auf die Äußerungsformen des Wertens bezieht.[56] Zur ‚Selektion' können sowohl sprachliche als auch motivationale Wertungen eingesetzt werden, und sprachlich formulierte Urteile enthalten auch motivationale Komponenten. Unter den ‚Selektionen' sind noch einmal zwei Typen zu unterscheiden: die Entscheidungen, verstanden als bewußte Wahlakte, und die vorbewußten Selektionen. Für die Entscheidungen spielen wiederum bei-

---

[56] Vgl. dazu I.1.3.2.

de Perspektiven des Wertens eine Rolle, während die vorbewußten Selektionen ausschließlich als motivationale Wertungen zu beschreiben sind.

2.1.1 Selegieren 1: Entscheidungen, Akte bewußter Wahl

Das bewußte Auswählen literarischer Texte, ihrer Autoren, von Œuvres oder auch Werkgruppen ist bereits an mehreren Stellen unserer Erläuterungen als wichtiger Typus des Wertens im Sozialsystem Literatur ausgewiesen worden. Dieser Typus ist relativ unproblematisch, da seine Beschreibung sich mit unserer Explikation von ‚Wertung' deckt: Bei Entscheidungen handelt es sich immer dann um Wertungen, wenn die Wahl von einem axiologischen Wert als Maßstab geleitet wird. Wir können uns daher kurz fassen und wollen hier nur einen Blick auf die beiden Möglichkeiten werfen, in denen sich diese Entscheidungen manifestieren können: die Handlung und die sprachlich kommentierte Handlung.

Beispiele für den ersten Fall sind Kaufentscheidungen oder das kommentarlose Zurücksenden eines unaufgefordert eingesandten Manuskripts, das die Lektorin eines Verlags z.B. für stark verbesserungsfähig hält.[2] Soziale Handlungen sind es, weil sie an typisierte Situationen gebunden sind, die wiederum von institutionellen Vorgaben bestimmt sind. Kaufen ist eine der Tätigkeiten, die die kommerzielle Grundlage des Literatursystems sichern, das Aussortieren von Manuskripten ist einerseits Bestandteil der Filterfunktion, die Verlage wahrzunehmen haben, andererseits dient es der eigenen Profilierung und damit der ökonomischen Stabilisierung des Verlags selbst. Welche axiologischen Werte innerhalb dieses institutionell vorgegebenen Rahmens die Selektion dann tatsächlich motivieren, ist relativ beliebig. Dazu in Abschnitt I.2.2. mehr. Die Situationen, in denen in diesen Beispielen selegiert wird, sind so stark typisiert, daß Begründungen oder Kommentare nicht erforderlich sind. Werden sie dennoch gegeben, so handelt es sich um komplexere Wertungszusammenhänge, die sich mit Hilfe der beiden Perspektiven des Wertens, der motivationalen und der sprachlichen, differenzieren lassen. Die Grundlage dieser komplexen Wertungen bildet eine Entscheidung, die von einem motivationalen axiologischen Wert geleitet ist und die post festum mit einer sprachlichen Wertung gekop-

---

[2] Wenn dagegen ein Verlag unaufgefordert eingesandte Manuskripte generell zurückschickt, handelt es sich zwar um eine Selektion, nicht aber um eine Wertung, da sie nicht von Wertmaßstäben geleitet wird.

pelt wird. Beispiele für diesen Fall sind begründete Absagen, die Verlage an Autoren schicken, deren Manuskripte sie nicht annehmen, oder auch der Kommentar, mit dem ein Literarhistoriker rechtfertigt, warum er in seiner Literaturgeschichte einige Textgruppen nicht aufnimmt.

2.1.2 Selegieren 2: vorbewußte Selektionen am Beispiel des Lesens

Unter ‚vorbewußten Selektionen' sind Präferenzhandlungen zu verstehen, die zum Zeitpunkt ihres Vollzugs dem Handelnden nicht bewußt sind, prinzipiell aber bewußtseins- bzw. reflexionsfähig sind. Auch nicht alle dieser Selektionen sind zugleich Wertungen. Um als Wertungen aufgefaßt werden zu können, müssen – wir erinnern an die Explikate 7 und 3 – zwei Bedingungen erfüllt sein: Ein axiologischer Wert muß die Handlung leiten, und d.h. dieser Maßstab muß für den Handelnden zentral und situationsübergreifend einsetzbar sein.

Dieser Typ von Selektionen spielt im Sozialsystem Literatur eine wichtige, aber nicht immer klar konturierbare Rolle. Um zeigen zu können, auf welche Weise vorbewußte Selektionen den Umgang mit Literatur beeinflussen und welche Selektionsakte zu ihnen zu rechnen sind, müssen wir etwas ausholen und werden zu diesem Zweck eine der grundlegenden ‚Umgangsformen' im Sozialsystem Literatur genauer untersuchen: das Lesen. An seinem Beispiel läßt sich demonstrieren, daß wertgeleitete Selektionen schon vor jeder begründeten Wertung den Umgang mit Literatur kanalisieren können.

2.1.2.1 Modell des Textverstehens

Der Prozeß des Lesens ist von empirischen Literaturpsychologen, Psycholinguisten und Kognitionspsychologen untersucht worden. Sie fragen nach den Prozessen, die sich beim Lesen im Subjekt vollziehen, und sie haben Modelle erarbeitet, die erklären, wie das, was wir ‚Verstehen' nennen, zustande kommt. Einen weitgehenden Konsens stellt heute das im folgenden skizzierte Modell des Textverstehens dar.[3]

Verstehen wird als Prozeß des Zusammenspiels zweier Faktoren, als Interaktion zwischen Leser und Text aufgefaßt. Die Vorgabe, die der Text in diesen Prozeß einbringt, ist seine sprachliche Struktur,

---

[3] Vgl. dazu Viehoff: Literarisches Verstehen.

2. Werten als soziales Handeln

die Vorgaben des Lesers sind seine aktuell eingenommene Perspektive auf den Text und sein ‚Voraussetzungssystem'. Unter diesem Begriff werden das Wissen eines Subjekts, seine Emotionen, seine Absichten, Erwartungen und Motivationen – und damit auch seine axiologischen Werte gefaßt. Beim Lesen wirken also zwei Arten von Prozessen zusammen. Prozesse, die vom Text ausgehen („bottom up"), und solche, die vom Leser ausgehen („top down"). Das Ergebnis ist die mentale Repräsentation des Textes im Leser, oder auch, wie wir sagen, die ‚Textkonkretisation'.[4]

Zunächst zu den noch wenig erforschten vom Text ausgehenden Prozessen. Vom Text aus beeinflußt das sprachliche Material das Verstehen. In einem elementaren Sinne zählen zu diesem sprachlichen Material graphematische und syntaktische Strukturen. Etwas weiter gefaßt, werden auch thematische Strukturen, formale Besonderheiten des Textes (Stilmittel) sowie Gattungsmerkmale dazu gerechnet. Sie bilden gewissermaßen den ‚Input' des Textes in den Lese- bzw. Verstehensprozeß.

Häufiger untersucht wurden die vom Leser ausgehenden Prozesse. Das Lesen ist, anders als der Begriff ‚Rezeption' suggeriert, eine aktive Tätigkeit. Leser nehmen keine vom Text transportierte Bedeutung auf, sondern sie konstruieren eine für sie sinnvolle Lesart, zumindest versuchen sie es. Empirische Untersuchungen haben gezeigt, daß Wahrnehmung und Verstehen von Texten durch sogenannte ‚Schemata' gesteuert sind. Auf die Ausbildung von Schemata wirkt die Erfahrung einer Person in zweifacher Hinsicht ein. Zum einen werden Schemata in verschiedenen Formen der Sozialisation erlernt, so etwa das komplexe gattungsbezogene Wahrnehmungsmuster ‚short story' oder ‚Ballade' in der ‚literarischen Sozialisation'. In diesem Sinne hängt ihre Bildung und Anwendung also nicht von der Willkür des lesenden Subjekts ab. Vielmehr sind die meisten Schemata „sozial hochkonsensuell",[5] d.h. sie sind von Konventionen verschiedener Art geprägt, etwa von den Konventionen, die wir als Mitglieder einer Sprachgemeinschaft erlernt haben, oder von literarischen Konventionen, in die wir schon in der Schule eingeübt worden sind. Zum anderen modifizieren wir solche konsensuellen Muster aber auch durch eigene Lebenserfahrung oder emotionale Dispositionen und bilden eigene Schemata aus, z.B. in der Fokussierung bestimmter Themen, die uns in Texten immer wieder auf-

---

[4] Zu diesem Begriff vgl. Link: Rezeptionsforschung, S. 142-162.
[5] Viehoff: Literarisches Verstehen, S. 15.

fallen, auch wenn sie dort nur am Rande vorkommen. Über diese Schemata wirken sich Merkmale des Voraussetzungssystems, also auch Werthaltungen, auf den Verstehensprozeß aus.[6] Was leisten nun diese Schemata für das Textverstehen? Reinhold Viehoff definiert Schemata als „Auffassungen von erwartbaren Eigenschaften, Handlungen, Handlungsverläufen und Ereignissen in Situationen".[7] Danach lassen sich Schemata zwei Funktionen zuschreiben: Kohärenzstiftung und Selektion. Kohärenz stellen Schemata insofern her, als wir mit ihrer Hilfe Textlücken füllen und Leerstellen in kreativer Weise ergänzen. Ein einfaches Beispiel: Das elementare Schema ‚chronologischer Handlungsablauf' macht es möglich, daß ein Leser einen Text verstehen kann, der sich in der Schilderung des Geschehens nicht an dessen zeitlichen Ablauf hält. Das Schema ermöglicht ihm die Konstruktion eines kohärenten Textes. Mit der Hilfe von Schemata entwerfen wir darüber hinaus im Laufe der Lektüre eine Vorstellung vom Sinn des Textes. Dieser Vorentwurf wird dann im weiteren Verlauf des Lesens revidiert oder bestätigt. Selektiv wirken Schemata insofern, als sie dafür sorgen, daß ein Lesender aus einem breiten Spektrum möglicher Lesarten oder Bedeutungen von Textpassagen nur eine begrenzte Anzahl realisiert. Die Darstellung eines Restaurantbesuchs in einer zeitgenössischen Erzählung z.B. kann verschiedene Schemata aktualisieren: das allgemeine Schema ‚Verlauf eines Restaurantbesuchs' mit seinen charakteristischen Bestandteilen, aber auch Schemata, die sich mit dem allgemeinen überlagern können und etwa auf die Geschlechterrollen, politisch-ökonomische Strukturen oder die Eßkultur abzielen. Welche dieser Muster an einen Text angeschlossen werden können, wird nur zu einem Teil von diesem selbst vorgegeben bzw. nahegelegt; wichtiger für die ‚Richtung' der Rezeption sind die Schemata und ihre Hierarchisierungen auf seiten der Leser. Verschiedene Leser werden also unterschiedliche Aspekte des dargestellten Restaurantbesuchs aktualisieren. Ihre Schemata stellen gewissermaßen Wahrnehmungsfilter dar, die das Verständnis des Textes bestimmen.

---

[6] Wenn es Unterschiede im Lesen von Frauen und Männern gibt, dann sind sie hier begründet: Die Schemabildung hängt auch von der geschlechtsspezifischen familiären und schulischen Sozialisation von Lesern ab, vgl. dazu Crawford/Chaffin: The Reader's Construction; vgl. dazu auch v.Heydebrand/Winko: Geschlechterdifferenz, bes. S. 121-125.

[7] Viehoff: Literarisches Verstehen, S. 11.

2.1.2.2 Der Einfluß axiologischer Werte auf Textwahrnehmung und -verstehen

Die eben dargestellte Selektionsleistung von Schemata ist die Schnittstelle, an der axiologische Werte auf die Textkonkretisation einwirken können. Da Werthaltungen, wie erläutert, zu den Faktoren zählen, die die Ausbildung von Schemata mitbestimmen, ist diese These formal wenig überraschend. Da sich dieser Einfluß aber im vorbewußten Bereich auswirkt, ist er inhaltlich schwer nachweisbar. Anhand von Beispielen soll hier nur demonstriert werden, wie der Einfluß axiologischer Werte auf Textwahrnehmung und -verstehen konzipiert werden kann.

Textwahrnehmung und -verstehen sind kaum voneinander isolierbar. Bildlich gesprochen, könnte man die Wahrnehmung als dem Textverstehen vorgelagert auffassen. Als selektive Aufnahme von Textmerkmalen und -strukturen durch Leser ist die Wahrnehmung der für unsere Fragestellung interessante Bestandteil des Textverstehens bzw. der Textkonkretisation und soll darum gesondert betrachtet werden. Welche Textmerkmale ein Leser wahrnimmt und welche er herausfiltert, hängt, wie gesagt, von den Schemata ab, die er einbringt, und welche Schemata er in einer konkreten Rezeptionssituation aktualisiert, hängt wiederum von einer Reihe individueller Faktoren ab. Zu ihnen zählen insbesondere seine Lektüreerwartungen und -perspektiven. Der Begriff ‚Lektüreerwartung' bezeichnet bestimmte Vorannahmen, die ein Leser mit einem Text, Autor oder Texttyp verbindet. Wenn etwa ein Literaturwissenschaftler eine späte Erzählung E.T.A. Hoffmanns mit der Erwartung liest, ein Beispiel für eine romantische Erzählweise vorliegen zu haben, könnte es sein, daß ihm realistische Elemente in dem Text gar nicht auffallen. Ebenso wirkt eine spezielle Perspektive, unter der ein Text in einer konkreten Situation gelesen wird, selektiv. Z.B. wird eine Leserin unter einer feministischen Perspektive andere Textmerkmale in dem Roman „Erfolg" wahrnehmen und sie anders gewichten als etwa der patriotische Leser des Feuchtwanger-Romans aus dem Kapitel I.1.4. Sowohl hinter den Lektüreerwartungen als auch hinter der Perspektive und den jeweils durch sie aktualisierten Schemata können axiologische Werte stehen. Im Fall des Literaturwissenschaftlers wäre eine leitende Werthaltung etwa seine Vorliebe für die Romantik, die ihn nur die passenden Texteigenschaften sehen läßt, im Fall der beiden Feuchtwanger-Leser wäre es die Sympathie mit Frauen- bzw. Heimatthemen, die zu einer Fokussierung auf die Darstellung des Geschlechterverhältnisses bzw. der bayerischen Mentalität und Kultur führt. Dabei ist es den Lesern nicht bewußt, daß ihre Lesart des Textes wertgeleitet ist – sie erscheint ihnen ‚evident'.

Ein abschließendes Beispiel soll noch einmal die Selektionsleistung axiologischer Werte vor Augen führen und darüber hinaus illustrieren, daß es oftmals keine Werte aus dem literarischen Bereich sind, die die Textkonkretisation beeinflussen, sondern andere, z.B. ethisch-moralische Werthaltungen sein können. In seinem Arbeitsjournal notiert Brecht unter dem Datum vom 27.10.1941 seine Lesart des Rilke-Gedichts „Der Panther". Er schreibt:

> „ein unterdrückter, seiner freiheit beraubter tritt auf: der aristokrat! die schönheit der bestie, die unschuld im höheren sinn, die natur, die man nicht befragen soll. der spießer bedichtet die angelegenheit, erklärt seine unzuständigkeit, fragt aber doch: was muß der empfinden, in unsere hand gefallen?"[8]

Auch wenn der Kontext, in dem diese Passage steht, hier nicht weiter ausgeführt werden kann, wird aus dem Zitat selbst zumindest so viel deutlich: Brecht hat eine Lesart des Rilke-Textes entwickelt, die zu einem wesentlichen Teil auf seinen politisch-moralischen Werthaltungen basiert. Brecht liest das Gedicht zum einen unter dem Schema ‚Klassengegensatz' und identifiziert den Panther mit einem Aristokraten, Rilke dagegen mit einem Spießer, einem Bourgeois. Zum zweiten steht, spezieller, Brechts Ablehnung bestimmter Vertreter der bürgerlichen Klasse, nämlich des verfeinerten Bourgeois, im Hintergrund seiner Lesart. Unter dieser Voraussetzung kann er den gefangenen Aristokraten mit Attributen der Ursprünglichkeit und Stärke belegen und so den dichtenden Spießer – trotz dessen angedeuteter Fähigkeit zur Selbsterkenntnis – abwerten.

Mit dieser exemplarischen Skizze zur Einflußnahme axiologischer Werte auf Textwahrnehmung und -verstehen haben wir erst die eine Seite des Verstehensprozesses thematisiert, die vom Leser eingebrachten Voraussetzungen. Zwar ist bereits deutlich geworden, daß es immer bestimmte Texteigenschaften gibt, mit denen Leser ihre Werthaltungen verbinden und die gewissermaßen als Stimulans wirken, axiologische Werte zu aktivieren. Wichtig zu betonen ist aber, daß es auf seiten der Texte hier graduelle Abstufungen geben kann: Auf Texte, die selbst explizit werten oder in denen Figuren auftreten, die sprachliche oder nicht-sprachliche Wertungshandlungen vollziehen,

---

[8] Brecht: Arbeitsjournal, S. 310.

werden Leser stärker wertend reagieren als auf eher deskriptive, überwiegend ‚wertneutrale' Texte. Wertende Texte verstärken also den Einfluß von Werthaltungen auf die Bedeutungskonstitution, und zwar in zweifacher Hinsicht: Einerseits können sie suggestiv wirken und die Leser zur Übernahme der in den Texten vollzogenen Wertungen bringen; andererseits können sie die Tendenz beim Leser verstärken, eigene Werthaltungen zu aktivieren und zu reflektieren. Dieses sind aber Hypothesen, die sich nur auf eigene Erfahrungen stützen und die systematisch zu überprüfen wären, z.b. in wertbezogenen Analysen literarischer Texte und geeigneter Rezeptionsdokumente.

Zusammenfassung: Einen Typus des Wertens von Literatur stellt die vorbewußte wertgeleitete Selektion dar. Im Prozeß des Lesens und Verstehens von Literatur manifestiert sie sich als selektive Textwahrnehmung, die über Schemata vollzogen wird und hinter der axiologische Werte aus verschiedenen Bereichen stehen können. Schon vor einer beabsichtigten oder expliziten Wertung können also bereits wertgeleitete Selektionen den Umgang mit Literatur beeinflussen.

2.1.3 Urteilen

Verbalisierte Urteile über Literatur stellen den dritten Typ der Wertung von Literatur dar. Ihre sprachlichen Formen haben wir in Kapitel I.1.5 behandelt. Werturteile wurden dort als explizite Wertungen eingeführt, also als spezielle Formen sprachlicher Wertung, die lexikalisch zu erkennen sind und deren idealtypische Oberflächenform ‚x ist gut, schön etc.' ist. Aber nicht nur diese traditionell unter den Begriff ‚Werturteil' gefaßten sprachlichen Äußerungen ‚urteilen' über Literatur, dies tun die oben untersuchten impliziten Wertungen ebenfalls, wenn auch verdeckt. Wenn die folgenden Erläuterungen sich auf die besser greifbaren expliziten Wertungen beziehen, so ist daran zu denken, daß implizite Wertungen sich bei entsprechender Kontextinformation in explizite umwandeln und damit ebenfalls nach dem zu entwerfenden Raster klassifizieren lassen.

In diesem Kapitel wird es jedoch nicht um die sprachliche Form von Wertungen gehen, sondern um ihre sozialen Komponenten, d.h. um Eigenschaften, die auf die konkrete Verwendungssituation eines Urteils verweisen und nur mit Bezug auf Handlungszusammenhänge zu klären sind. Dabei bilden ‚Verbindlichkeit' bzw. ‚Geltung' und ‚Fundiertheit' Kategorien, mit deren Hilfe die unterschiedlichen Vorkommnisse von Urteilen über Literatur klassifizierbar sind. Zu klären ist zunächst, was wir unter einem ‚Urteil' verstehen wollen.

Ausgehend von unseren Explikationen ist ein Werturteil zunächst als Aussagesatz aufzufassen, mit dem ein Subjekt einem Objekt auf der Grundlage eines axiologischen Werts einen attributiven Wert zuschreibt. Fraglich ist jedoch, welchen Status ein solcher Aussagesatz haben kann.[9] Die Diskussion um dieses Problem ist sehr umfangreich. Es stehen, stark vereinfacht, drei Positionen nebeneinander: Die sogenannte kognitivistische Theorie besagt, daß Werturteile wie andere Behauptungssätze auch dazu verwendet werden, eine Erkenntnis auszudrücken. Vertreter der zweiten, entgegengesetzten Position (Nonkognitivismus) meinen, daß Werturteile lediglich die Emotionen und Neigungen eines Sprechers kundtun und daher keine Erkenntnisfunktion haben. Die dritte, vermittelnde Position akzeptiert beide Beobachtungen. Sie besagt, daß Sprecher auf verschiedene Weise urteilen können und daß es von den pragmatischen Bedingungen ihrer Sprechakte, also Faktoren der Äußerungssituation, abhängt, ob sie nun ein fundiertes Werturteil oder eine bloße Meinungsäußerung kundtun. Da diese dritte Variante die tatsächlichen Verwendungsweisen explizit wertender Aussagen den wenigsten Beschränkungen unterwirft, werden wir sie im folgenden vertreten. Aus ihr folgt unter anderem, daß es zweckmäßig ist, den Begriff des Werturteils zu differenzieren. Anders ausgedrückt, können Urteile über Literatur auf einer Skala unterschiedlicher Verbindlichkeit angesiedelt sein. Diese Geltungsansprüche von Werturteilen sind im folgenden zu untersuchen.[10]

Die beiden Pole der angenommenen Skala, auf der sich Werturteile bewegen, sind pragmatisch zu bestimmen. Kriterien sind zum einen der Anspruch des Wertenden, zum anderen institutionelle Bedingungen des Äußerungskontexts. An einem Endpunkt der Skala stehen Meinungsäußerungen, die unverbindlich und von nur begrenzter, nämlich individueller Gültigkeit sind. Um ein solches Urteil zu begründen, beruft sich der Sprecher auf das eigene Gefühl, auf seine subjektive Einschätzung. Urteilt ein Sprecher „‚Der Untertan" ist ein hervorragender zeitkritischer Roman' und führt er auf Nachfrage Begründungen wie ‚Das ist doch deutlich' oder ‚Ich fin-

---

[9] Vgl. dazu Kienecker: Prinzipien, bes. S. 32-64.
[10] Vgl. dazu auch Stenzel: Knopfloch, S. 239-242, der das Werturteil als den „Äußerungstypus mit der größten kommunikativen Verbindlichkeit" bezeichnet, jedoch keine Abstufungen vornimmt.

de ihn eben hervorragend' an, dann ist seine Aussage den unverbindlichen Meinungsäußerungen zuzuordnen. Am anderen Ende der Skala steht der Begriff des ‚intersubjektiv geltenden' Werturteils, das zugleich ein fundiertes Urteil ist. Um ein solches Urteil zu äußern, könnte der Sprecher denselben Satz verwenden, müßte darüber hinaus aber pragmatische Zusatzbedingungen erfüllen: Fundiert ist ein Werturteil, wenn ein Sprecher mit ihm den Anspruch verbindet, es rechtfertigen zu können, und diesen Anspruch auch einlösen kann. Was aber heißt ‚Rechtfertigung eines Werturteils'?

Werturteile enthalten, wie in Kapitel I.1.5 erläutert, eine Aussage über einen Sachverhalt, sie setzen einen axiologischen Wert voraus, und sie beziehen sich auf Zuordnungsvoraussetzungen, die angeben, welche Objekteigenschaften erforderlich sind, um den axiologischen Wert im Objekt zu realisieren. Diese drei Komponenten müssen gerechtfertigt werden, damit ein Werturteil als ‚fundiert' gelten kann. Um das exemplarische Urteil über Heinrich Manns Roman zu rechtfertigen, müßte ein Sprecher also erstens belegen, daß die Sachverhaltsaussage „„Der Untertan" ist ein zeitkritischer Roman' korrekt ist. Zweitens müßte er seinen impliziten Wertmaßstab explizieren und begründen. Begründen oder besser: rechtfertigen läßt sich ein axiologischer Wert, indem man aufzeigt, daß er in einem Wertsystem bzw. einer überindividuellen Wertsprache gültig ist. Gültig ist ein Wert ja nicht in einem absoluten Sinne, sondern, wie oben ausgeführt, immer nur relativ zu einem Bezugssystem. Der Sprecher müßte also, vermutlich in mehreren Schritten, argumentativ rechtfertigen, was einen hervorragenden zeitkritischen Roman auszeichnet, und er müßte zugleich belegen, daß dies nicht allein seine Einschätzung ist, sondern daß sie in einer Wertsprache Geltung beanspruchen kann. Und drittens hätte er zu belegen, in welcher Hinsicht „Der Untertan" diesem Maßstab entspricht, d.h. welche Eigenschaften des Textes er dem angeführten axiologischen Wert zuordnet. Anders gesagt, hätte er seine Zuordnungsvoraussetzungen zu erläutern und zu zeigen, daß sie im Kontext dieser Wertung angemessen sind.

Wenn sich Werturteile also nur relativ zu einem Kontext, einer Wertsprache, rechtfertigen lassen, so ist damit zugleich gesagt, daß es nicht nur einen Typ von Argumenten gibt, der zu ihrer Begründung herangezogen werden kann. Vielmehr variiert die Auffassung, welche Argumente in der Lage sind, ein Urteil zu begründen, wiederum mit den Kontexten, in denen gewertet wird. Hier hängt es nun stark von den Ansprüchen der Wertenden und vom institutionellen Rahmen ab, welche Argumente als Begründungsbasis akzeptiert werden. Bei einem Urteil über die Qualität eines Gedichts z.B. können verschiedene Begründungskontexte aktiviert werden, von denen wir hier nur zwei anführen wollen[11]: Soll ein Gedicht unter technischem Aspekt danach beurteilt werden, ob es dem Autor gelungen ist, seine Intention sprachlich zu vermitteln, gelten Aussagen, die den Schluß auf die Absicht des Verfassers zulassen, und Thesen über die Verbindung von beabsichtigter Wirkung und formalen Elementen als plausible Argumente. Geht es dagegen um die Einstufung eines Gedichts relativ zu einer literarischen Reihe, so werden Aussagen über die Eigenschaften, die ein Text aufweisen muß, um Element dieser Reihe zu sein, und über die Quantität, mit der das zu bewertende Gedicht diese Eigenschaften erfüllt, als Argumente akzeptiert.

Unsere Bestimmung eines begründeten Werturteils ist sicher idealtypisch, d.h. in der Wertungspraxis wird man nur selten auf solche ausführlichen Rechtfertigungen treffen. Die meisten Urteile über Literatur liegen zwischen den beiden Polen auf der skizzierten Skala. Wir haben es überwiegend mit Urteilen zu tun, die nicht explizit gerechtfertigt sind oder deren Begründung nicht vollständig ist. Als Analysierende stehen wir dann vor der praktischen Schwierigkeit, entscheiden zu müssen, welchen Verbindlichkeitsgrad das Urteil hat. Die Entscheidung ist deshalb wichtig, weil wir mit unverbindlichen Urteilen anders umgehen als mit verbindlichen, bei denen wir den Sprecher auf seine Rechtfertigungspflicht festlegen können. Wir sind dann auf Signale angewiesen, die im Text gegeben werden oder die aus dem Kontext abgeleitet werden können. Im Text selbst kann z.B. ein argumentativer Zusammenhang als Indiz für einen intersubjektiven Geltungsanspruch stehen; kontextuell kann die Wahl bestimmter Textsorten und Veröffentlichungsformen als Indiz herangezogen werden. An Wertungen – seien sie explizit oder implizit –, die in einer Rezension in einer Tageszeitung oder in einem wissenschaftlichen Artikel in einer germanistischen Fachzeitschrift veröffentlicht werden, können Leser den Anspruch stellen, daß sie zumindest begründbar sind. Wenn der Verfasser sich ganz unverbindlich und nur als Privatperson äußern wollte, dann hat er das falsche Medium gewählt bzw. hat gegen Konventionen öffentlichen Diskurses verstoßen. Ob wir eine gegebene Aussage als begründetes oder unbegründetes Urteil auffassen, kann also auch durch den institutionellen Rahmen vorgegeben sein, in dem sie geäußert wird.

---

[11] Vgl. dazu ausführlicher Strube: Analytische Philosophie, S. 131-150.

Zusammenfassung: Das Urteilen stellt den dritten Typ des Wertens dar, der sich unter dem Aspekt ‚soziales Handeln' beschreiben läßt. Urteile sind sprachlich manifeste Wertungen, die sich auf einer Skala zwischen unverbindlichen Meinungsäußerungen und fundierten Werturteilen einstufen lassen. Werturteile lassen sich nur relativ zu einer Wertsprache und zu einem Äußerungskontext rechtfertigen.

2.2 Kollektive Dimensionen des Wertens: Normen und Rollen im Sozialsystem Literatur

In unseren bisherigen Ausführungen stand die individuelle Perspektive des Wertens im Vordergrund. Da wir als Analysierende und Wertende in der Regel zuerst den einzelnen Wertungsakt im Blick haben – sei es den motivationalen, sei es den sprachlichen –, lag dieses Vorgehen nahe: Wir haben zunächst ein begriffliches Instrumentarium zur Beschreibung von Wertungshandlungen erarbeitet und dann gefragt, in welchen Erscheinungsformen Wertungen als soziale Handlungen vorkommen. Zwar wurde an einigen Stellen schon angesprochen, daß axiologische Werte überindividuellen Status haben und daß sie gesellschaftlich bzw. kulturell vermittelt werden, diese Perspektive ist aber nun zu vertiefen. Insbesondere sind es zwei Fragen, die wir in diesem Kapitel beantworten wollen: Wie ist der Zusammenhang zwischen kollektiven Werten und den Maßstäben, die ein Individuum in einer konkreten Wertung aktualisiert, zu konzipieren? Eine Antwort auf diese Frage wird mit Hilfe soziologischer Normen- und Rollenkonzepte entworfen (2.2.1). Welche Normen und Rollen sind im Sozialsystem Literatur nachzuweisen? Diese Frage läßt sich im Rahmen dieser Einführung natürlich nicht vollständig, sondern nur anhand einiger Beispiele beantworten (2.2.2).

2.2.1 Werte in Normen und Rollen

Gesellschaftlich manifestieren sich Werte in unterschiedlichen Erscheinungsformen. Kulturelle Werte zählen zum Bereich der Semantik einer Gesellschaft und werden in deren Symbolen und Begriffen kodiert. Da sie abstrakt und allgemein sind, können sie für das Handeln in einer Gesellschaft erst relevant werden, wenn sie in Form von Direktiven vermittelt werden, die stärker an Situationen gebunden und konkreter sind. Diese Vermittlungsleistungen übernehmen unter anderem soziale Normen und Rollen.[12] Beide Begriffe sind im folgenden zu erläutern.

(1) *Normen:* Der Normbegriff wird in der Soziologie unterschiedlich definiert. Konsens scheint zu sein, daß Normen die gesellschaftlich relevante Funktion haben, die Handlungen von Individuen zu leiten und zu koordinieren. Sie stellen soziale Vorschriften dar, die drei Bedingungen erfüllen: Sie regulieren das Handeln von Personen in bestimmten Situationen, sind gesamtgesellschaftlich oder in einzelnen Gruppen akzeptiert, und ihre Einhaltung bzw. Nichteinhaltung wird positiv bzw. negativ sanktioniert.[13]

Zwei Differenzierungen des Normkonzepts sind für unsere Ausführungen wichtig. Sie zielen auf die Geltung von Normen und die Stärke der mit ihnen verbundenen Sanktionen.

(a) Die Frage, wie man die Normen einer Gesellschaft nachweisen kann, kann von zwei Perspektiven her beantwortet werden. Zum einen können Normen unter dem Aspekt der statistischen Häufigkeit betrachtet werden. Als Normen einer Gesellschaft gelten dann die Vorschriften oder Regeln, denen die meisten Handlungen unterzuordnen sind. Normen in diesem statistischen Sinne lassen sich durch Regelmäßigkeitsanalysen erschließen. Zum anderen kann aber auch nach den Regeln und Vorschriften gefragt werden, mit denen eine Gesellschaft oder Gruppe sich selbst definiert. Sie sind z.B. – je nach Bezugsgröße – in Gesetzestexten, kanonisierten literarischen Texten, programmatischen Texten von Gruppen und anderen Formen der Selbstcharakterisierung greifbar. Beide Arten der Erhebung von Normen können zu unterschiedlichen Ergebnissen kommen. So könnte etwa eine Studie, die Studierende nach ihrem Selbstbild befragt, zu dem Ergebnis kommen, kooperatives Verhalten sei für diese Gruppe regelhaft oder normativ, während eine Untersuchung des tatsächlichen Verhaltens ergeben würde, daß Studierende sich häufiger nicht-kooperativ verhalten, um z.B. effektiver studieren zu können. Wenn dann noch nach den Werten gefragt würde, die Selbstbild und faktisches Verhalten leiten, würden ähnliche Differenzen zum Vorschein kommen. Diese Perspektive der programmatischen und der faktischen Geltung ist bei der Untersuchung von Normen und Rollen im Sozialsystem Literatur zu berücksichtigen.

---

[12] Vgl. dazu auch Hillmann: Wertwandel, S. 67-70.
[13] Vgl. dazu Korthals-Beyerlein: Soziale Normen, S. 132-140, und Popitz: Die normative Konstruktion, S. 21-36; zu Normen im Literatursystem vgl. Anz: Vorschläge, und Schram: Norm und Normbrechung, S. 9-23.

2. Werten als soziales Handeln

(b) Eine weitere Möglichkeit, Normen zu differenzieren, bieten die verschiedenen Sanktionsmechanismen. Normen können als konsensuelle Vorschriften oder Regeln betrachtet werden, an denen sich die Mitglieder einer Gruppe oder Gesellschaft freiwillig orientieren. Normen in diesem Sinne haben den Status von ‚Spielregeln': Sie wirken als verinnerlichte Handlungsmuster. Abweichungen von ihnen werden zwar negativ sanktioniert, diese Sanktionen sind aber eher schwach und werden von der Gruppe oder Gesellschaft bejaht.[14] Den entgegengesetzten Pol bilden Normen, deren Nichteinhaltung schärfere Sanktionen nach sich zieht. Sie setzen einen funktionierenden Sanktionsapparat voraus, also Instanzen, die eine wirksame Durchsetzung der Normen garantieren. Beispiele sind Gesetze zum Schutz der Jugend oder Zensurbestimmungen in totalitären Staaten. Diese Normen werden in der Regel auch dann eingehalten, wenn die Handelnden sie nicht akzeptieren. Im Sozialsystem Literatur kommen diese stark sanktionierten Normen eher selten vor. Weitaus häufiger sind Normen vom flexibleren Typus ‚Spielregel' oder Normierungen, die gewissermaßen zwischen diesen beiden Extrempolen liegen und den Status von ‚Konventionen' haben. Wenn im folgenden von ‚Normen' gesprochen wird, sind überwiegend diese schwächer sanktionierten Formen gemeint.

Wie ist nun der Zusammenhang zwischen Werten und Normen zu konzipieren? Normen sind konkreter als Werte, da sie auf Situationen bezogen sind. Zugleich basieren sie aber auf Werten, d.h. um eine Norm rechtfertigen zu können, wird zumeist auf kulturell akzeptierte Werte Bezug genommen. Ein Beispiel aus dem Bereich der Institutionen: Eine normative Vorschrift für öffentliche Bibliotheken ist, ihre Sammlung einem Publikum zugänglich zu machen. Diese Vorschrift gilt für alle vergleichbaren Situationstypen, nicht jedoch für abweichende Konstellationen; sie gilt z.B. in dieser Allgemeinheit nicht für Spezialbibliotheken. Als Rechtfertigung für diese Norm kann auf Werte wie ‚Demokratie', ‚Zugang zu Kulturgütern für jeden', ‚allgemeines Profitieren an öffentlichen Mitteln' usw. verwiesen werden.

(2) *Rollen:* Um die unterschiedlichen Typen sozialen Handelns im Umgang mit Literatur beschreiben zu können, ist der Begriff der Norm noch zu allgemein; wir wollen hier den soziologischen Begriff

---

[14] Ein solches ‚harmonistisches' Rollenkonzept vertritt z.B. Fricke: Norm und Abweichung; zur Kritik vgl. Anz: Vorschläge, S. 131f.

der ‚Rolle' verwenden, der noch konkreter auf Handlungszusammenhänge bezogen ist.

Rollen gelten in der Soziologie[15] als institutionalisierte kulturelle Schemata. Ihre Funktion ist es, die Handlungsspielräume von Personen in einer Gesellschaft oder Gruppe überschaubar zu machen. In gleichen Rollen verhalten sich verschiedene Personen gleichförmig. Sowohl aus der individuellen Sicht des Handelnden als auch unter sozialer Perspektive reduzieren Rollen Komplexität: Sie grenzen die Handlungsmöglichkeit des Einzelnen ein und sorgen so dafür, daß sein Handeln für andere erwartbar und, in Grenzen, berechenbar wird. Die Erwartungen, die sowohl der Handelnde als auch seine ‚Mitakteure' mit den Rollen verbinden, sind sozial unterschiedlich stark normiert. Damit ist gesagt, daß einige Abweichungen von den Vorgaben der Rolle erlaubt sind und allenfalls irritieren, andere dagegen negativ sanktioniert werden. Rollen können anhand dreier Koordinaten bestimmt werden: der *Position* des Handelnden in einer Gesellschaft oder Gruppe, der *Funktion* der Handlung für diese Gesellschaft oder Gruppe und der Handlungs*situation*. Beziehen wir diese Koordinaten auf zwei Rollen im Sozialsystem Literatur, auf die des Wissenschaftlers und des Kritikers: Ihre Positionen im Literatursystem sind die Institutionen Literaturwissenschaft und Literaturkritik, zu ihren Funktionen zählen die akademische Wissensverwaltung und die Selektion literarischer Neuerscheinungen, entsprechende Situationstypen sind z.B. die Literaturrecherche und das Rezensieren.

Rollen sind also noch enger als Normen an soziale Situationen und Funktionen gebunden. Da Individuen in ausdifferenzierten Gesellschaften verschiedene Funktionen erfüllen, handeln sie auch in verschiedenen Rollen. Mit dem Rollenkonzept kann also das Phänomen erfaßt werden, daß dieselbe Person in verschiedenen Bereichen des Literatursystems handeln und damit auch werten kann. So kann ein Literaturpädagoge auch als ‚Normalleser' lesen, Autoren sind ebenfalls Leser, Literaturverarbeiter vermitteln auch Literatur. Sie agieren in unterschiedlichen Rollen, die miteinander vereinbar sein können, nicht selten aber auch zu Konflikten führen. Ein solcher Rollenkonflikt liegt z.B. vor, wenn ein Verleger aufgrund fi-

---

[15] Das Rollenkonzept ist in der Soziologie umstritten und wird, wie nicht anders zu erwarten, unterschiedlich bestimmt. Wir orientieren uns im folgenden an den Darstellungen Dreitzels: Die gesellschaftlichen Leiden, bes. Kap. II, und Hillmanns: Wertwandel, S. 65-70.

2. Werten als soziales Handeln

nanzieller Erwägungen einen Band experimenteller Lyrik ablehnen muß, den er als Kritiker positiv rezensieren würde.[16] Was hier miteinander in Konflikt gerät, sind Erwartungen und axiologische Werte, die an die verschiedenen Rollen gebunden sind.

Damit kommen wir zur einleitenden Frage nach dem Zusammenhang von Rollen und Werten. Wenn sich kulturelle, kollektive Werte in Rollen manifestieren, die das Individuum übernimmt, müssen dann nicht zwei Personen in derselben Rolle und in derselben Situation auch gleich werten? Die Frage ist selbstverständlich zu verneinen. Zwar geben Rollen, wie auch Normen, den Rahmen vor, in dem gewertet werden kann. Bestimmte Wertungen sind in diesem Rahmen ausgeschlossen, d.h. negativ sanktioniert, andere sind zugelassen. Jedoch läßt bereits die Internalisierung kultureller Werte individuelle Spielräume zu, die hier zum Tragen kommen: Weder die Gestaltung von Rollen im Sozialsystem Literatur noch die Ausbildung von Werthaltungen ist determiniert, vielmehr haben die Handelnden Raum für individuelle Ausprägungen und Kombinationen, die von subjektiven Faktoren bestimmt sein können.[17] Als Beispiel sei die Rolle eines Literaturpädagogen im 19. Jahrhundert angeführt. Seine Aufgabe liegt darin, mit Literatur bestimmte Erziehungsziele einzulösen. Dazu kommen weitere, politische Vorgaben, die recht genau festlegen, *welche* pädagogischen Ziele zu erreichen sind. Mit Texten Schillers z.B. sollten den Schülern eine nationale, vaterländische Gesinnung und andere bürgerliche Werte nahegebracht werden.[18] In diesem Rahmen kann der einzelne Pädagoge dann Wertmaßstäbe an die Texte Schillers anlegen, die ihm besonders wichtig sind, z.B. weitere weltanschauliche oder auch formale Werte. Dies wäre sein individueller Spielraum.

Das Beispiel macht darüber hinaus deutlich, daß die Ausgestaltung von Rollen und die Ausprägung von Werten unter einer doppelten Perspektive gesehen werden können: Individuell betrachtet, sind die Spielräume des Einzelnen von Interesse; aus der Sicht der Institution ‚Literaturdidaktik' spielen sie jedoch keine große Rolle. Unter kollektiver Perspektive sind solche individuellen Wertungen nur dann von Bedeutung, wenn sie zu einer Änderung der Rollenvorgaben führen. Je globaler die Perspektive auf das Literatursystem, desto weniger fallen die individuellen Wertungen ins Gewicht.

---

[16] Vgl. dazu genauer Anz: Vorschläge, S. 136.
[17] Vgl. dazu noch einmal I.1.4.1, Punkt (2) und (3).
[18] So z.B. bei Lüben/Nacke: Einführung, S. 88ff.

Dazu ein weiteres Beispiel: Betrachtet man Kanonisierungprozesse, dann kommt es in stärkerem Maße darauf an, *daß* ein literarischer Text in eine Literaturgeschichte aufgenommen wird und weniger auf die Maßstäbe, nach denen dies geschieht. Es kommt, mit anderen Worten, darauf an, daß ein Literarhistoriker seine Rollenvorgaben realisiert, und zu diesen gehören die Selektion und Tradierung literarischer Texte.

Zusammenfassung: Will man sich die Beziehung zwischen kollektiven Werten, Normen und Rollen einer Gesellschaft oder Gruppe veranschaulichen, so kann man eine Hierarchie von zunehmender Konkretheit annehmen, an deren Basis Werte stehen. Auf das Handeln in einem sozialen System können sie erst dann wirken, wenn sie sich in Normen konkretisieren und beide wiederum in Rollenerwartungen verankert sind. Normen und Rollenerwartungen bilden also, schematisch gesehen, die notwendigen Zwischenstufen, damit kulturelle Werte als Werthaltungen das Handeln des Einzelnen beeinflussen können. Betrachtet man die individuellen Handlungen, so bilden Normen und Rollen den Rahmen, in dem Personen individuell werten. Eine Untersuchung dieses Zusammenhangs kann immer zwei Perspektiven einnehmen. Unter einer ‚Mikroperspektive' sind die Spielräume interessant, die Individuen in der Ausgestaltung der Rollen und Werthaltungen haben. Unter einer ‚Makroperspektive' sind allein die Rollenvorgaben und ihre Realisierungen wichtig.

2.2.2 Normen und Rollen im Sozialsystem Literatur

Im Sozialsystem Literatur lassen sich Normen, die das System als ganzes bestimmen, von den Normen und Rollen der einzelnen Handlungsbereiche unterscheiden, d.h. den Rollen der Literaturvermittler und -verarbeiter, den Rollen der Leser und Autoren. Diese Rollen und Normen können hier nur skizziert, nicht ausführlich untersucht werden.[19]

2.2.2.1 Normen des Gesamtsystems

Normen, die für das Sozialsystem Literatur als ganzes gelten, dienen der Abgrenzung und Legitimation gegenüber dem sozialen System, der Gesellschaft, und anderen kulturellen Systemen, die ähnliche

---

[19] Eine umfassende Rekonstruktion programmatischer und faktisch geltender Normen im Sozialsystem Literatur steht noch aus.

2. Werten als soziales Handeln

Funktionen übernehmen können wie das Sozialsystem Literatur. Die Funktion dieser Normen ist, Literatur als ‚wertvolles Gut' im doppelten Sinne auszuweisen: zum einen als Objekt, dessen Produktion und Rezeption Leistungen erbringt, die mit anderen kulturellen Gegenständen nicht erzielt werden können, z.B. besondere emotionale und kognitive Leistungen oder soziale Anerkennung; zum anderen als teures Gut im kommerziellen Sinne. Wird diese Funktion nicht erfüllt, verliert das Sozialsystem Literatur an gesellschaftlicher Bedeutung[20] bzw. kann ökonomisch nicht überleben.

Literatur kann also immer unter zwei Perspektiven betrachtet werden, die miteinander in Konflikt treten können: Sie kann als ökonomisches Kapital eingesetzt werden und als sogenanntes ‚kulturelles' oder ‚symbolisches Kapital', d.h. sie erbringt einen Zugewinn an Prestige im kulturellen Bereich.[21] Dem entsprechen zwei wichtige Normen, nach denen sich Handelnde im Sozialsystem Literatur richten: die ökonomisch motivierte Orientierung an Leserbedürfnissen, um möglichst viele Rezipienten und Käufer anzusprechen, und die Ästhetikkonvention.[22]

Die Ästhetik- bzw. Autonomiekonvention haben wir in der Explikation des Begriffs ‚literarisch' schon behandelt. Sie grenzt das Sozialsystem Literatur unter anderem dadurch ‚nach außen' ab, daß sie ihm einen Rezeptionsmodus zuschreibt, der besonderes leistet.[23] Sie schreibt die autonomieästhetische Rezeption und Verarbeitung literarischer Texte als die adäquate Rezeptionsweise fest und bestimmt damit zugleich auch die anderen Handlungsbereiche des Systems: So wirkt sie auf Produktion und Distribution von Literatur, indem sie

---

[20] Ein Grund für den Bedeutungsverlust der Literatur in der modernen Mediengesellschaft dürfte darin liegen, daß einige der Funktionen, die traditionellerweise das Lesen literarischer Texte erfüllt hat, heute auch von anderen Medien wie Fernsehen und Film übernommen werden können; vgl. dazu Saxer: Kommunikationsverhalten, S. 14-17, 88-102 u. ö., dort allerdings auf das Lesen allgemein bezogen.

[21] Zu der Unterscheidung zwischen ‚ökonomischem' und ‚kulturellem' bzw. ‚symbolischem' Kapital vgl. Bourdieu: Unterschiede, S. 195-209 u.ö.; auch I.3.4.2.2.

[22] Auch wenn sich der Begriff ‚Konvention' durchgesetzt hat, handelt es sich hierbei um eine Norm im Sinne unserer Begriffsverwendung.

[23] Diese besonderen Leistungen der Rezeption literarischer Texte nach der Ästhetikkonvention faßt Schmidt als kognitiv-reflexive, moralisch-soziale und hedonistisch-individuelle Funktion; vgl. Schmidt: Grundriß, Bd. 1, S. 121ff.

Autoren und Vermittler dazu veranlassen kann, Texte zu verfassen und zu verbreiten, die eine ‚autonome' Rezeption nahelegen.

Die Ästhetikkonvention zählt sowohl zu den programmatischen als auch zu den tatsächlich geltenden Normen im Sozialsystem Literatur, hat aber unter beiden Perspektiven eine andere Reichweite. Programmatisch wird sie in frühen autonomieästhetischen Texten bis hin zu gegenwärtigen Literaturtheorien formuliert[24], und sie soll den adäquaten Umgang mit Literatur überhaupt regeln. Faktisch gilt sie aber nur für einen Teilbereich des Sozialsystems Literatur: für ‚Literatur als Kunst' und den professionellen Umgang mit ihr. In diesem Rahmen wird der Verstoß gegen die Ästhetikkonvention negativ sanktioniert: Texte, die eine autonomieästhetische Verarbeitung nicht unterstützen – z.b. indem sie einen direkten Wirklichkeitsbezug oder eine dominante Unterhaltungsabsicht signalisieren –, werden aus dem Bereich der ‚Literatur als Kunst' ausgeschlossen; Leser, die Texte nicht nach der Ästhetikkonvention rezipieren und z.B. direkt an eigene Erfahrungen anschließen, werden als ‚naive' Leser ausgegrenzt.

Außerhalb des Teilbereichs ‚Literatur als Kunst', etwa für die Unterhaltungsliteratur, sind andere Normen von größerer Bedeutung, so die bereits genannte Orientierung an Leserbedürfnissen. Beide sind konstitutiv für das Literatursystem, indem sie einerseits für seine Abgrenzung und Legitimation und andererseits für seine ökonomische Sicherung sorgen; sie wirken aber entgegengesetzt, was kurz ausgeführt werden soll: Die Ästhetikkonvention führt unter anderem zur Abgrenzung und zum Ausschluß bestimmter Text- und Lesergruppen, da unter ihrer Herrschaft schwierige Texte entstehen, die eine starke Tendenz zur Selbstbezüglichkeit haben. Nur wenige nicht-professionelle Leser können etwas mit solchen Texten anfangen oder interessieren sich überhaupt für sie. Diese Situation würde zum ökonomischen Zusammenbruch des Teilsystems ‚Literatur als Kunst' führen. Als Gegenbewegung setzt dann eine ‚symbolische' Aufwertung der Unterhaltung ein, und damit wird der zweiten Norm Rechnung getragen: Es gibt wieder mehr Leser und damit auch Käufer von ‚Literatur als Kunst'.[25] Dominiert dagegen die ökonomische

---

[24] Vgl. dazu II.5.1.
[25] Die gegenwärtige Aufwertung unterhaltsamer, traditionelle Erzählmuster verwendender Literatur nach einer Phase experimenteller und esoterischer Texte ist ein Beispiel für eine solche Entwicklung der ‚Literatur als Kunst', die hier nur sehr schematisch skizziert werden kann.

Orientierung, kann dies zu einem Verlust des symbolischen Kapitals Literatur führen, denn dieses wird ja, wie skizziert, maßgeblich über die Ästhetikkonvention erzielt.

2.2.2.2 *Vermittler (Verleger, Lektoren, Kulturredakteure, Bibliothekare, Zensoren)*

Die Rollen der Literaturvermittler werden durch ihre Funktion im Sozialsystem Literatur bestimmt: Literaturvermittler sichern die materiale Grundlage, d.h. sie wählen literarische Texte aus und sorgen dafür, daß sie für Leser zugänglich sind. Sie fungieren also zugleich als ‚Filter' und ‚Verteiler'. Der dominante Wertungstyp in diesem Handlungsbereich ist der der Selektion in beiden Varianten[26] Leitende Normen des gesamten Bereichs sind ökonomische und solche des sozialen Prestiges; da die Literaturvermittlung aber besonders eng mit anderen sozialen Systemen verbunden ist, wirken auch deren Normierungen auf die Rollen ein.

Die Selektionen der literaturvermittelnden Instanzen beziehen sich zu einem Teil auf die Präsenz von Literatur, d.h. es wird entschieden, welche Texte überhaupt veröffentlicht (Verlage, Zensur) und welche Texte gesammelt werden (Bibliotheken). Zum anderen Teil richten sie sich auf die Präsentation von Texten, also auf ihre äußere Erscheinungsform und die Medien, in denen sie publiziert werden. Hierzu zählen etwa die Entscheidungen in Verlagen und Kulturredaktionen verschiedener Medien, ob ein Buch mit aufwendiger Ausstattung erscheinen soll, ob der Fortsetzungsroman des zeitgenössischen Autors neben dem Kreuzworträtsel abgedruckt wird, ob eine Lesung zur besten Sendezeit plaziert wird etc. Die Werthaltungen, die den Entscheidungen der Literaturvermittler zugrundeliegen, sind zum Teil von der jeweiligen Institution her vorgegeben und über Normen und Rollenerwartungen vermittelt.

Verleger und *Lektoren* müssen zwischen zwei verschiedenen Formen des Kapitals abwägen: zwischen dem ökonomischen und dem symbolischen Kapital. Ein Motiv dafür, ein Buch ins Verlagsprogramm aufzunehmen, kann nämlich nicht nur die Annahme sein, es werde sich gut verkaufen, mit anderen Worten, es habe einen hohen Marktwert; der Grund kann z.B. auch darin liegen, daß ein Verleger davon ausgeht, das Buch habe einen hohen ästhetischen Wert und verschaffe seinem Verlag einen Gewinn an Ansehen in der Bran-

---

[26] Vgl. dazu I.2.1.1 und I.2.1.2.

che.[27] Dieser Konflikt zwischen ökonomischem und symbolischem Kapital ist in der Rolle des Verlegers literarischer Werke angelegt. Die sogenannte ‚Mischkalkulation' bietet oft einen Ausweg aus diesem Konflikt: Gut verkäufliche Bücher finanzieren dann die ‚ästhetisch wertvollen', die nur wenige Käufer finden.

Kulturredakteure haben vergleichbare Entscheidungen zu treffen. Unter ökonomischem Aspekt haben sie an Käufer- und Einschaltquoten zu denken und sich am vermeintlichen oder demoskopisch erhobenen Publikumsinteresse zu orientieren, aber auch für sie spielt das symbolische Kapital eine Rolle. Greifbar ist es z.B. im öffentlichen Gespräch über Literatur, im Prestigewert bestimmter Autoren oder Bücher zu bestimmten Zeiten. Autoren, die sich schon einen Namen gemacht haben oder über die gerade öffentlich diskutiert wird, haben größere Chancen als unbekannte, mit ihren Neuerscheinungen berücksichtigt zu werden. Namhafte Autoren zu einer Lesung einzuladen oder ihren Text zu veröffentlichen, nützt auch dem Renommee der eigenen Institution.

Die Selektionskriterien für den Ankauf literarischer Texte in Bibliotheken richten sich nach deren Zielvorgaben und dem Budget, d.h. sie unterscheiden sich für öffentliche, halb- und nicht-öffentliche Sammlungen, für allgemeine und wissenschaftliche Bibliotheken, für sich selbst finanzierende und subventionierte Sammlungen, für Bibliotheken mit und ohne erzieherischen Anspruch. Ein Beispiel: In Stadtteilbibliotheken, deren Subventionierung unter anderem von den Besucher- und Ausleihzahlen abhängt, werden unter anderem auch vermutliche Publikumsinteressen berücksichtigt; d.h. es wird sowohl avancierte Lyrik als auch Literatur angekauft, die eher am Rand des ‚Kunstbereichs' oder schon im Unterhaltungssektor angesiedelt ist, aber viele Leser findet. Die Rollen der Bibliothekare sind von solchen allgemeinen Zielvorgaben mitbestimmt, geben aber einen – je nach Institution unterschiedlich weiten – Spielraum für eigene Präferenzen.

Über *Zensur*bestimmungen[28] wirken sich politische, religiöse und ethisch-moralische Normen einer Gesellschaft massiv auf die Ver-

---

[27] Vgl. dazu auch Bourdieu: Künstlerische Konzeption, S. 95f. – Daß Verleger und Lektoren darüber hinaus der Überzeugung sein können, das Buch sei gut, und es deshalb ins Programm aufnehmen, wird mit dieser schematischen Erklärung nicht bestritten.

[28] Der Begriff ‚Zensur' wird hier als Eingriff anderer sozialer Systeme ins Literatursystem aufgefaßt; zu anderen Begriffsbestimmungen, die auch

mittlung von Literatur aus. In totalitären Staaten z.B. sind es Gesetze, die subversives Potential literarischer Texte beschränken bzw. Texte, die staatliche Machtansprüche in Frage stellen, ganz ausschalten sollen. Dieselben Normen bestimmen die Selbstzensur von Autoren, die schwieriger zu rekonstruieren ist als die staatlich ausgeübte Zensur, da in der Regel einschlägige Dokumente fehlen. Bei der Selbstzensur antizipieren Autoren mögliche negative Sanktionen und richten sich vorab nach den positiv sanktionierten gesellschaftlichen Normen. In Gesellschaften wie der BRD, in denen staatliche oder kirchliche Zensur im Grundgesetz ausgeschlossen ist, werden zensierende Maßnahmen in Form ‚freiwilliger Selbstkontrolle' durchgeführt. Durch sie werden ebenfalls gesellschaftliche Normen durchgesetzt, insbesondere solche, die pornographische Themen und die Darstellung von Gewalt tabuisieren.[29]

2.2.2.3 Verarbeiter (Kritiker, Literaturdidaktiker, Literaturwissenschaftler)

Die Funktion der Verarbeiter im Sozialsystem Literatur läßt sich grob zusammenfassen: Sie selegieren Literatur und vermehren das Wissen über sie, indem sie Texte über ausgewählte literarische Texte verfassen. Nach welchen Vorgaben sie sich dabei richten, hängt von den einzelnen Rollen ab. Die dominanten Wertungstypen in diesem Handlungsbereich sind Selektion und Urteil.

Für die *Literaturkritik* sind zwei Arten institutioneller Normierungen zu unterscheiden: Zum einen Normen, die das Publikationsorgan oder -medium setzt, die also z.B. vom Profil und der Orientierung der Zeitung, Zeitschrift oder des Senders bestimmt werden, für die oder den Literatur rezensiert wird. Zum anderen sind interne Spielregeln der Institution Literaturkritik zu berücksichtigen. Eine der wichtigsten faktisch geltenden Regeln bewirkt, daß weniger die Ausrichtung einer Rezension von Interesse für den Literaturbetrieb ist als vielmehr die Tatsache, *daß* ein Buch besprochen wird. Es kommt also weniger darauf an, daß ein Text positiv, als daß er überhaupt rezensiert und damit aus der Menge der veröffentlichten Bücher herausgehoben wird. So steigen z.B. die Verkaufszahlen aller in der Fernsehsendung „Das literarische Quartett" besprochenen Bücher an, also auch die der verrissenen. In diesem Mechanismus

---

literaturinterne Ausschlußmechanismen einbeziehen, vgl. Assmann/Assmann: Kanon und Zensur, S. 11-15.
[29] Vgl. dazu Kienzle/Mende: Zensur.

manifestiert sich die Rollenvorgabe der Literaturkritiker, zu selegieren. Sie wirken gewissermaßen als der zweite Filter, den Neuerscheinungen zu passieren haben; ihr internes Auswahlkriterium ist aber entgegen ihrem Selbstverständnis nicht Qualität, sondern, viel allgemeiner, Auffälligkeit. Nur in irgendeinem Sinne auffällige Texte werden selegiert, und diese Eigenschaft kann sowohl konsensuell gesichert sein – etwa wenn über den Text oder seinen Verfasser schon öffentlich diskutiert wird – als auch auf einer individuellen Wahrnehmung des Rezensenten beruhen. In beiden Fällen wirken Werthaltungen auf die Selektion ein, im ersten Fall institutionalisierte, im zweiten Fall persönliche Maßstäbe.

Gleiches gilt für die Form, in der Rezensionen präsentiert werden, also für ihren Darstellungsmodus, ihre Länge und Aufmachung. Ob die Rezension in ernsthaft argumentierendem Stil verfaßt ist oder ob sie ironisch, leicht dahingeschrieben wirkt, ob sie lang ist, wo sie plaziert wird, ob ein Foto des besprochenen Autors beigefügt ist – dies alles sind Faktoren, die Wertungen des Gegenstandes ausdrücken, ohne ihn explizit zu bewerten.[30] Hinter solchen Wertungen stehen ebenfalls Normen des Publikationsmediums oder individuelle axiologische Werte des Rezensenten, z.B. seine Profilierungswünsche gegenüber ‚Besprechungskartellen‘, sei es, um sich als zugehörig darzustellen, sei es, um sich gegen ‚Meinungsmacher‘ des Literaturbetriebs abzugrenzen.

Die Rolle des *Literaturpädagogen* wird von den historisch variierenden Normen der Institution Schule bzw. des Erziehungswesens geprägt. Zwei Funktionen dieser Rolle sind zu differenzieren: Erstens regeln Pädagogen den Zugang des einzelnen Schülers zum ‚symbolischen Kapital‘ Literatur. Sie vermitteln Normen des Sozialsystems Literatur, insbesondere die ‚Werthaftigkeit‘ literarischer Texte als solcher. Zweitens haben Literaturpädagogen bestimmte Erziehungsziele mit Hilfe literarischer Texte einzulösen. In diesen Zielen überschneiden sich interne Normen des Erziehungssystems mit solchen des politischen Systems, und beide beeinflussen die Präsentationsform und Deutung der Texte. Selegiert wird hier nicht nur durch die Auswahl der geeigneten Lektüre nach didaktischen Kriterien, sondern auch über Eingriffe in die Textgestalt, wenn etwa Passagen eines literarischen Textes für seine Präsentation im Schulbuch gestrichen werden. Ein deutliches Beispiel: Nach dem Scheitern der bürgerlichen Revolution 1848 werden die Lehrplanrichtlinien für

---

[30] Vgl. dazu ausführlicher Anz: Lyrik, S. 241ff.

2. Werten als soziales Handeln 101

Gymnasien und Volksschulen verschärft, und es wird unter anderem vorgeschrieben, den Unterricht religiös und national auszurichten.[31] Als eine Folge dieser Vorschriften werden im Deutschunterricht nur bestimmte literarische Texte behandelt und stets auf dieselbe Weise gedeutet: Die wenigen Texte Schillers etwa, die besprochen werden, werden als Beispiele für christliche Tugenden, nationale Größe und staatsbürgerliche Pflichterfüllung gedeutet.[32]

Zwei Arten von Normen bestimmen die Rolle des *Literaturwissenschaftlers*. Zum einen sind es programmatische Vorgaben der *scientific community* wie die Forderung nach Intersubjektivität und Fortschritt, aber auch deren Kritik. Sie beeinflussen weniger den Objektbereich ‚Literatur' als vielmehr die Darstellungsform literaturwissenschaftlicher Texte und die Wahl der Methode, nach der Literatur analysiert wird. Ein Ziel literaturwissenschaftlicher Analysemethoden ist, die selektive Wahrnehmung der Erstlektüre durch ein methodisches Vorgehen zu ergänzen bzw. auszugleichen. Inwieweit das gelingt, kann hier offen bleiben und mag von Methode zu Methode variieren. Hier kommt es nur darauf an, daß die Entscheidung für oder gegen eine Methode von gruppenspezifischen Normierungen und den Werthaltungen der Einzelnen abhängt. Ist für eine Forscherin z.B. Präzision ein hoher Wert, dann wird sie sich für ein anderes der institutionell akzeptierten Wissenschaftskonzepte und eine andere Methode entscheiden, als wenn ‚Vielfalt der Assoziationen' oder ‚Eröffnen neuer, interessanter Perspektiven' ihren Umgang mit Literatur bestimmen würde.

Zum anderen ist die Ästhetikkonvention für die Literaturwissenschaft bzw. Literaturgeschichtsschreibung von besonderer Bedeutung. Sie stellen die wichtigsten Instanzen dar, die die Ästhetikkonvention wahren und tradieren. Viele Maßstäbe, nach denen Literaturwissenschaftler Texte selegieren bzw. beurteilen, setzen die Geltung autonomieästhetischer Rezeptions- und Produktionsnormen voraus.[33] Texte, die ihnen nicht entsprechen, werden aus dem literaturwissenschaftlichen Gegenstandsbereich ausgeschlossen oder auch nur abgewertet. Dies führt unter anderem zu einer impliziten Hierarchie literarischer Texte in der Institution Literaturwissenschaft, die sich z.B. darin zeigt, daß die Behandlung bestimmter li-

---

[31] Vgl. dazu Weimer: Geschichte der Pädagogik, S. 156ff.
[32] Vgl. z.B. Lüben/Nacke: Einführung; für dieses Beispiel danken wir Kathrin Heibutzki und Karin Langenkamp.
[33] Vgl. dazu die Typologie axiologischer Werte in I.3.

terarischer Texte oder Themen höher eingestuft wird als die Beschäftigung mit anderen. Ein Beispiel: Ein Literaturwissenschaftler plant eine größere Arbeit über Thomas Mann. Hinter seiner Entscheidung steht seine eigene Wertschätzung dieses Autors. Motivierend kann aber auch eine historisch variable, implizite Regel der Institution wirken: Thomas Manns Werk stellt heute einen kanonisierten, relativ prestigehaltigen Untersuchungsgegenstand dar – anders etwa als das seines Bruders Heinrich -, also ein Objekt, mit dem man sich in der Literaturwissenschaft gut präsentieren kann. Abweichungen werden negativ sanktioniert: Wer ‚Außenseiterthemen' behandelt, könnte die eigene Karriere gefährden. Daß es auch bei der Wahl behandlungswürdiger Themen und Autoren, die z.B. einer Edition für wert erachtet werden, keineswegs neutral zugeht, zeigt auch die weitgehende Ausgrenzung der Literatur von Autorinnen aus dem Kanon akademisch anerkannter Texte.[34]

2.2.2.4 ‚Normalleser'

Als ‚Normalleser' bezeichnen wir hier Rezipienten, die literarische Texte ohne Hinblick auf professionelle Verwendungen oder Verarbeitungen lesen, auch wenn sie in anderen Rollen als Verarbeiter oder Vermittler tätig sein können. Als private Tätigkeit ist das Lesen die Handlungsrolle im Sozialsystem Literatur, die den wenigsten Vorgaben unterworfen ist. Ihre Funktion ist relativ unspezifisch als ‚Aufnahme' literarischer Texte zu beschreiben, darüber hinaus fungieren Leser jedoch auch als Käufer. Ihr dominanter Wertungstyp ist die Selektion.

Auch das Lesen ist in einem schwachen Sinne normiert, d.h. es stellt eine standardisierte, mit bestimmten Erwartungen verbundene Form des Umgangs mit Literatur dar, die historisch variieren kann.[35] Idealtypisch sind zwei Leserrollen zu unterscheiden: das identifikatorische und das distanzierte Lesen. Identifikatorische Leser rezipieren literarische Texte heteronom. Sie beziehen sich in erster Linie auf deren Inhalt und beziehen das Gelesene direkt auf eigene Erfahrungen und Probleme. Ihre Wahlakte können durch verschiedenartige Ziele und Bedürfnisse motiviert sein, von denen die meisten im Sozialsystem Literatur, wenn auch nicht im Bereich ‚Literatur als Kunst', legitimiert sind. Sie reichen von dem Wunsch nach Unter-

---

[34] Vgl. dazu v. Heydebrand/Winko: Geschlechterdifferenz.
[35] Vgl. dazu Schön: Verlust, bes. den historischen Überblick über das Lesen, S. 31-61.

haltung oder Wissenserweiterung über die Suche nach Lebenshilfe bis hin zum Bedürfnis nach Integration in eine Gruppe, die sich durch Kommunikation über Literatur konstituiert. Leser in dieser Rolle haben den größten Spielraum, individuelle axiologische Werte einzubeziehen. Die distanzierte Leserrolle dagegen ist an der Ästhetikkonvention orientiert und damit auch stärker normiert. Leser in dieser Rolle bringen primär ästhetische Bedürfnisse ein, richten ihre Aufmerksamkeit auf formale Eigenschaften der Texte und vermeiden es, die Texte bzw. Textpassagen unmittelbar auf ihre Lebenswirklichkeit zu beziehen. Zur Illustration: Eine identifikatorische Leserin liest Christa Wolfs „Kassandra", weil sie in diesem Text Berührungspunkte mit eigenen Problemen wahrnimmt, eine distanzierte Leserin fragt nach der Gestaltung der Figuren in diesem Text.

Aus der Sicht der autonomieästhetischen Leserrolle stellt das identifikatorische Lesen eine Abweichung von der adäquaten Rezeptionsform dar. Es wird daher negativ sanktioniert, d.h. als defizitäres Lesen abgewertet. Daß auch die Leserrolle als solche im Sozialsystem Literatur sanktioniert wird, zeigt folgende Überlegung: Weichen Leser von ihr ab, indem sie nicht mehr lesen, verlieren sie den Zugang zum symbolischen Kapital Literatur; erfüllen sie sie, ist ihre Teilhabe an diesem Kapital ihre Gratifikation. Dieser Mechanismus setzt allerdings voraus, daß die Einschätzung, literarische Texte seien wertvoll, noch akzeptiert wird.

2.2.2.5 Autoren

Die Funktion der Autoren ist, Angebote für die Materialbasis des Sozialsystems Literatur zu produzieren, aus denen die anderen Handelnden dann selegieren. Auch in der Autorenrolle manifestieren sich Normierungen des Sozialsystems Literatur, und zwar einerseits das für das System charakteristische Nebeneinander von ökonomischem und symbolischem Kapital und andererseits Normen des Schreibens, die sich in der literarischen Tradition herausgebildet haben. Dominanter Wertungstyp ist die Selektion.

Schon vor dem eigentlichen Prozeß des Schreibens vollziehen Autoren Wahlhandlungen, z.B. indem sie sich für ein bestimmtes Thema entscheiden. Auf diese Selektionen können Normen und Rollenerwartungen aus anderen Handlungsbereichen des Sozialsystems Literatur einwirken, etwa wenn ein Autor die vermutlichen Wertungen durch Lektoren, Kritiker oder gar einen Zensor vorwegnimmt und sich vorab nach ihnen richtet. Ein Beispiel dafür, daß ökonomische Motive die Themenwahl beeinflussen können: Erotische Themen aus der Perspektive von Frauen haben gerade Konjunktur; verbunden mit dem Wunsch nach finanziellem Erfolg, könnte dies eine Autorin dazu bewegen, sich dieses Sujets anzunehmen. Aber auch individuelle Werte wie ethisch-moralische, religiöse oder politische Einstellungen dürften sich in der Wahl des Sujets, der Motive und Probleme sowie in der Gestaltung der Charaktere niederschlagen. Für einen politisch engagierten Autor wie Rolf Hochhuth etwa wird ein Thema der neuen Innerlichkeit, z.B. die Befindlichkeit eines Ich-Erzählers in wechselnden Figurenkonstellationen, kaum ein interessantes Thema sein. Mit dieser Unterscheidung von eher ‚äußerlichen' und ‚inneren' Motivationen, haben wir eine Norm der Selbstdarstellung von Autoren im Sozialsystem Literatur berührt, die seit der Genieästhetik gilt[36]: Daß sich beim Schreiben das Individuum selbst zum Ausdruck bringt und damit auch seine individuellen Werte auf den Text einwirken, wird positiv gesehen, während der Einfluß ökonomischer oder anderer Normierungen geleugnet oder zumindest nicht thematisiert wird.

Auf die Art und Weise, wie ein Autor sein Thema behandelt, können Normen und Werte wirken, die speziell das literarische Schreiben betreffen. Solche Werte drücken sich z.B. in Präferenzen für Gattungen, Formen, Stilebenen usw. aus und sind mitentscheidend dafür, in welche literarische Tradition der Autor sich stellt. Über die Traditionszuordnung wirken Normen des Schreibens auf seine Produktion ein, etwa Gattungskonventionen.[37] Die Gedichte Oskar Pastiors z.B. stehen in der Tradition sprachspielerischer, formbewußter Lyrik. Hinter seiner Vorliebe gerade für diesen Formtypus steht, wie seine Aussagen vermuten lassen, unter anderem eine auf biographischen Erfahrungen beruhende Kritik an schablonenhafter Sprachverwendung. Mit der Wahl des Formtyps setzt Pastior sich zugleich Erwartungen und Beschränkungen aus, die sich aus der literarischen Reihe experimenteller Lyrik ergeben, z.B. bestimmte, schon im Dadaismus verwendete Formen nur noch als Zitat oder in neuer Kombination nutzen zu können, auf erzählerische Passagen zu verzichten etc.

Zusammenfassung: Normen verschiedener Stärke und Rollenvorgaben prägen die Handlungen im Sozialsystem Literatur. Es gibt Normen, die für das gesamte System gelten, und solche, die über Rolle-

---

[36] Vgl. dazu I.1.2.2.
[37] Vgl. dazu auch Anz: Vorschläge, S. 130ff.

nerwartungen die einzelnen Handlungsbereiche regeln. Sie können auf Wertungen einwirken. Wenn wir Wertungen im Sozialsystem Literatur analysieren wollen, kann es also sinnvoll sein zu fragen, welche Wertungen von den Normen und Rollen des Systems bestimmt oder beeinflußt werden und welche stärker von individuellen Faktoren geprägt sind.

2.3 Warum ist Konsens im Werten von Literatur so schwierig zu erzielen?

Die leitende Frage dieses Kapitels soll die bisherigen Ergebnisse noch einmal themengebunden zusammenfassen. Daß die implizierte Behauptung, Konsens sei schwer zu erzielen, auch tatsächlich zutrifft, ist zunächst zu prüfen. Es läßt sich nämlich nicht selten beobachten, daß auf wertende Aussagen schnell mit Zustimmung reagiert wird. Diese Zustimmung kann aus verschiedenen Gründen vollzogen werden, von denen wir hier einige ausschließen wollen. Uns interessieren hier alle die Fälle nicht, in denen ein Hörer einer wertenden Aussage nicht ernsthaft zustimmt, sondern mit seiner Zustimmung eine andere Absicht als die der Wertung verfolgt. Antwortet er etwa auf die Aussage ‚Mir gefällt der neue Roman von Claudia Erdheim besser als ihr letzter' mit ‚Ja, mir auch', so fällt dieses Beispiel für ‚Konsens' aus unserem Untersuchungsbereich heraus, wenn eine der folgenden Bedingungen gegeben ist: Er kennt den Roman gar nicht, will sich aber keine Blöße geben; er will dem Sprecher Sympathie signalisieren; er ist eigentlich anderer Meinung, hat aber kein Interesse an einer Auseinandersetzung. Uns geht es um einen begründeten Konsens, der zwar nicht immer reflektierend hergestellt werden, aber auf einer Übereinstimmung zweier oder mehrerer Personen in der Sache fußen muß.[38]

Daß ein solcher begründeter Konsens nur schwer zu erzielen ist, hat mindestens vier Gründe, die im folgenden nacheinander abgehandelt werden sollen.

(1) *Das Wertungsobjekt muß, zumindest hypothetisch, gleich aufgefaßt werden.* Wenn wir über literarische Texte urteilen,[39] stellen

---

[38] Zur Begründbarkeit literarischer Werturteile vgl. Kienecker: Prinzipien, S. 80f.
[39] Gegenstände der Wertung von Literatur sind zwar auch Personen, Ereignisse und Sachverhalte, wir wollen diesen Punkt aber am Beispiel von

unsere Konkretisationen dieser Texte das eigentliche Wertungsobjekt dar. Daraus ergeben sich zwei Probleme, die hier etwas ausführlicher behandelt werden sollen, weil sie für das Werten von Literatur besonders charakteristisch sind.

– Wenn schon das Verstehen oder Konkretisieren literarischer Texte von den kognitiven und emotionalen Vorgaben der Wertenden abhängig ist, scheint es unwahrscheinlich zu sein, daß zwei verschiedene Urteile über einen literarischen Text *denselben* Gegenstand bewerten. Um sich verständigen zu können, müssen sich die Urteilenden eine gemeinsame Bewertungsgrundlage sichern, indem sie ihre Lesarten des literarischen Textes erläutern, d.h. einen Metadiskurs aufnehmen. In mündlicher Kommunikation können sie dann erfragen, auf welche Textmerkmale sich ihr Gesprächspartner mit seiner Einschätzung bezieht. Da Merkmale den Texten meist nicht auf der Basis von Beobachtungen, sondern aufgrund von Interpretationen zugeschrieben werden, ist bereits hier die Verständigung schwierig.[40] Haben wir es mit einer schriftlichen Wertung zu tun, z.B. in einer Rezension, kann versucht werden, die Lesart des Verfassers aus dem Zusammenhang seiner Argumentation zu erschließen. Eine solche Rekonstruktion wird allerdings oft nur annäherungsweise und auch das längst nicht immer möglich sein. In der Literaturwissenschaft wird versucht, sich einen gemeinsamen Gegenstand zu sichern, indem Texte nach regelhaften Verfahren, nach Methoden interpretiert werden. Diese expliziten Lesarten bieten am ehesten die Möglichkeit, ein einheitliches Wertungsobjekt zu erhalten.

– Zu den Faktoren, die die Textkonkretisation beeinflussen können, haben wir auch axiologische Werte gezählt. Damit kann also der Gegenstand einer Wertung ein Objekt sein, das bereits vorsprachlich gewertet worden ist, durch selektive Wahrnehmung und wertgeleitetes Textverstehen. Hierin scheint ein Zirkel des Wertens zu liegen, der erneut einen Konsens unwahrscheinlich macht. Das Problem ist allerdings zu differenzieren: ‚Normalleser' können einen solchen Zirkel durchaus ertragen, lediglich im professionellen Umgang mit Literatur sollte versucht werden, seine negativen Konsequenzen zu minimieren. Ein Zirkel liegt nur dann vor, wenn wir dieselben axiologischen Werte einmal als motivationale (in der selektiven Text-

---

Texten behandeln, weil sich hier der Grund für Dissens besonders deutlich zeigen läßt.
[40] Vgl. dazu auch Stenzel: Knopfloch, S. 253.

2. Werten als soziales Handeln

wahrnehmung) und einmal als sprachliche heranziehen. Daß wir in der Regel wohl tatsächlich so vorgehen, soll zunächst ein Beispiel verdeutlichen. Kritiker A und Kritiker B lesen den neuesten Gedichtband Oskar Pastiors. Sie gehen beide mit ähnlichen Erwartungen an den Text heran: Sie erwarten virtuoses Spiel mit der Sprache und Verzicht auf Sinnvermittlung. Für Kritiker A stellen diese Erwartungen positive Werte dar, für Kritiker B sind sie als elitäre Sprachspielerei negativ besetzt. Die Erwartungen der Kritiker bestimmen ihre Textwahrnehmung: Bestimmte Merkmale der Texte, die man unter anderen Voraussetzungen als sinnvermittelnd ansehen könnte, nehmen sie gar nicht wahr. In ihren Rezensionen legen die beiden Kritiker dann noch einmal dieselben Maßstäbe an ihr Verständnis der Gedichte an. Beide Kritiker kommen, ihren axiologischen Werten entsprechend, zu unterschiedlichen Wertungen; sie haben aber, strukturell gesehen, dasselbe getan: Sie haben anhand der Texte die axiologischen Werte bestätigt, die ihre eigene Textwahrnehmung geleitet haben.

Ausschalten läßt sich dieses Phänomen nicht, abschwächen aber dadurch, daß wir die Voraussetzungen unserer Wertungspraxis möglichst weitgehend offenlegen. Zu diesem Zweck sind zunächst einmal die Ebenen der Textkonkretisation und der sprachlichen Wertung auseinanderzuhalten. Verfährt ein Wertender wie beschrieben zirkulär, dann geht er von einer reduzierten Lesart aus. Er kann versuchen, diesen Effekt zu vermindern, indem er sich zum einen seine eigenen axiologischen Werte bewußt macht, die er als Erwartungen an den Text heranträgt, und indem er zum anderen wiederholt liest und dabei versucht, auch solche Textstrukturen in den Blick zu bekommen, die er in der Erstlektüre ‚übersehen' hat. Ausgehend von der sprachlich formulierten Wertung muß sich der Wertende dann bewußt machen, welche Maßstäbe er an den Text anlegt und wie sie sich zu seinen vorgängigen Erwartungen verhalten.

(2) *Es muß von den gleichen axiologischen Werten ausgegangen werden.* Es gibt keine einheitlichen, verbindlichen Maßstäbe zur Beurteilung von Literatur. Wurden schon zur Zeit der Etablierung des Sozialsystems Literatur verschiedene Maßstäbe zur Wertung literarischer Texte herangezogen, die in ihren jeweiligen Begründungskontexten ihre Berechtigung hatten[41], so hat sich die Situation heute potenziert: Von den unterschiedlichen axiologischen Werten, die

---

[41] Vgl. dazu genauer II.2 und II.3.

seit Ende des 18. Jahrhunderts gebildet und angewendet worden sind, können wir die meisten noch immer einsetzen.[42] Der ‚pool' axiologischer Werte, die zur Beurteilung literarischer Texte herangezogen werden können, vergrößert sich gewissermaßen kontinuierlich: So werden im Sozialsystem Literatur nicht nur Texte, sondern auch ihre Deutungen und Wertungen tradiert, und dieses Repertoire wird durch neue Wertmaßstäbe aus ‚literaturexternen' Handlungsbereichen erweitert. Seit den 80er Jahren z.b. gewinnen feministische Wertmaßstäbe zunehmend an Bedeutung in der Literaturkritik und -wissenschaft, ohne daß dadurch andere axiologische Werte zur Beurteilung literarischer Texte ausgeschlossen würden. Der Meinungspluralismus, den wir heute in fast allen gesellschaftlichen Bereichen finden, manifestiert sich im Sozialsystem Literatur unter anderem als Wertungspluralismus, der einen Konsens erschwert.

Soll aber Konsens hergestellt werden, müssen sich die Wertenden darüber verständigen, ob sie dieselben axiologischen Werte voraussetzen. Dies wird dadurch erleichtert, daß die Wertungen literarischer Texte von Normen und Rollenvorgaben der Handelnden geprägt und der Vielfalt axiologischer Werte in konkreten Wertungssituationen damit gewisse Grenzen gesetzt sind. Jedoch stimmen zwei Wertende nicht schon dann überein, wenn sie die angewendeten axiologischen Werte gleich bezeichnen. Wie mehrfach erläutert, haben Individuen bei der Ausbildung ihrer Werthaltungen einen Spielraum. Emotionale und kognitive Dispositionen, persönliche Erlebnisse und Erfahrungen können mit darüber entscheiden, wie eine Person einen axiologischen Wert inhaltlich ausdeutet. Damit ist nicht gesagt, daß jedes Individuum sich seine eigene, nur ihm verständliche Auffassung eines axiologischen Werts bildet; wegen der kulturellen Prägung des Einzelnen dürfte es auch hier zu standardisierten Deutungen kommen.[43] Aber es bleibt als Komplikation festzuhalten, daß verschiedene Personen mit derselben Bezeichnung unterschiedliche Werte meinen können. Deutlich wird dies bei ideologisch aufgeladenen Werten wie ‚Freiheit', mit denen Inhalte literarischer Texte gewertet werden, aber auch z.B. ‚Schönheit' kann unterschiedlich verstanden werden: Bezeichnen zwei Sprecher eine Textpassage als ‚schön', kann damit zum einen ein formaler axiologischer Wert ge-

---

[42] Vgl. dazu die Typologie in I.3.
[43] Diese kulturelle Prägung, die die Subjektivität der Wertenden wieder einschränkt, betont auch Stenzel: Knopfloch, S. 259.

meint sein, zum anderen kann ‚schön' aber auch auf einen ethischen Wert bezogen werden.[44]

(3) *Die Zuordnungsvoraussetzungen dürfen sich nicht wesentlich unterscheiden.* Was für die axiologischen Werte gesagt wurde, gilt in verstärktem Maße für die Zuordnungsvoraussetzungen. Da axiologische Werte abstrakt sind, lassen sich ihnen immer mehrere Textmerkmale zuordnen, und auch hier gibt es keine Verbindlichkeit: In ihrer Auffassung, welche Eigenschaften eines Textes einen axiologischen Wert realisieren, können Wertende erheblich voneinander abweichen.[45] Dem axiologischen Wert ‚Kritik an instrumenteller Sprachverwendung' lassen sich z.B. Gedichte zuordnen, die auf Sinnvermittlung verzichten, oder solche, die neue Bilder und Ausdrucksformen erfinden, aber auch Texte, die sprachliche Klischees aneinanderreihen. Und ebenso lassen sich so verschiedene Maßstäbe wie ‚Kritik an instrumenteller Sprachverwendung' oder ‚Eskapismus', ‚Schönheit' oder ‚Nonsense' heranziehen, um die formalen Eigenschaften der experimentellen Gedichte Pastiors zu beurteilen. Über welche Zuordnungsvoraussetzungen Wertende verfügen, hängt – wie die Ausbildung axiologischer Werte – von persönlichen Dispositionen, Erfahrungen und Gruppenzugehörigkeiten ab. Die Zuordnungsvoraussetzungen von Literaturwissenschaftlern z.B. werden unter anderem von ihren literaturtheoretischen Positionen, ihrem Verhältnis zur Tradition und zu politischen Strömungen ihrer Zeit bestimmt. Welche dieser Voraussetzungen sie jeweils anwenden, kann sich mit den Wertungssituationen ändern.[46]

Wollen Wertende zu einem Konsens kommen, müssen sie also sicherstellen, daß sie möglichst von den gleichen Zuordnungsvoraussetzungen ausgehen. Sie müssen darin übereinstimmen, daß sich die Texteigenschaften, auf die sie ihr Urteil stützen, auch tatsächlich dazu eignen, den von ihnen vorausgesetzten axiologischen Wert zu realisieren. Abweichende Zuordnungsvoraussetzungen sind, dies wird sich im historischen Teil zeigen, der häufigste Grund für unterschiedliche Wertungen.

(4) *Die axiologischen Werte müssen gleich gewichtet werden.* Haben zwei Wertende sich darüber verständigt, daß sie dieselben axio-

---

[44] Vgl. I.3.1 und I.3.2.
[45] Das gleiche gilt für die Auffassung, welche axiologischen Werte sich einem höhergeordneten Wertmaßstab zuordnen lassen; vgl. dazu I.1.3.2.
[46] Vgl. dazu die Beispiele in II.5.

logischen Werte voraussetzen und in ihren Zuordnungsvoraussetzungen übereinstimmen, bleibt noch zu prüfen, ob sie ihre Werte auch gleich gewichten. In der unterschiedlichen Gewichtung bzw. Hierarchisierung axiologischer Werte liegt der vierte Grund für Dissens im Werten von Literatur. Ein Beispiel: Zwei Literaturkritiker verfügen über die Wertmaßstäbe ‚Spannung' und ‚rhetorische Gestaltung der Sprache' und ordnen diesen Werten auch dieselben Textmerkmale zu. Sie sind ebenfalls beide der Auffassung, daß der Text, den sie beurteilen wollen, ein hohes Maß an Spannung im Leser hervorruft, den zweiten, formalen Wert aber nur ansatzweise realisiert. Sie werten den Text jedoch unterschiedlich, weil die beiden Werte für sie verschieden wichtig sind. Soll Konsens hergestellt werden, müssen sie sich über die Rangfolge einig sein, an der sie die Maßstäbe in ihren Werthierarchien bzw. Wertsprachen ansiedeln.

Zusammenfassung: Bei der Wertung von Literatur kann es aus vier Gründen zu einem Dissens kommen: Das Wertungsobjekt kann unterschiedlich aufgefaßt werden, die Wertenden können sich auf verschiedene axiologische Werte und abweichende Zuordnungsvoraussetzungen beziehen, und sie können ihre axiologischen Werte unterschiedlich gewichten. Soll ein begründeter Konsens hergestellt werden, müssen sich die Wertenden in einem Metadiskurs versichern, daß sie in diesen vier Punkten übereinstimmen; stimmen sie nicht überein, können sie auf diese Weise ihren Dissens begründen.

3. Typologie axiologischer Werte zur Beurteilung literarischer Texte

In den Beispielen der ersten beiden Kapitel kamen bereits zahlreiche axiologische Werte zur Sprache, die als Maßstäbe zur Beurteilung literarischer Texte eine Rolle spielen können. In diesem Kapitel soll nun überblicksartig gezeigt werden, welche axiologischen Werte überhaupt zur Beurteilung von Literatur herangezogen worden sind und werden. Der Überblick kann jedoch weder als historischer noch als systematischer vollständig sein: Ein historischer Überblick würde eine komplette Rekonstruktion von literarischen Programmen und Wertungen der Vergangenheit erfordern, was hier nicht geleistet werden kann; im historischen Teil werden solche Rekonstruktionen zumindest exemplarisch vorgeführt. Ein vollständiger systematischer Überblick hätte die zahlreichen Kombinationsmöglichkeiten spezifisch literaturbezogener Werte mit nicht-ästhetischen, etwa moralischen oder politischen Werten zu berücksichtigen. Prinzipiell können ja axiologische Werte aus den verschiedensten Bereichen zur Wertung von Literatur herangezogen werden. Z.B. kann der politisch legitimierte Wert ‚Repräsentation des Nationalcharakters' zur Hoch- oder Abwertung bestimmter Texttypen, -gattungen oder Inhalte führen.[1] Ziel der folgenden Typologie kann also nur sein, einen Eindruck von der Vielfalt axiologischer Werte zur Beurteilung von Literatur zu vermitteln und dabei zugleich einen geordneten Überblick über die Werte zu präsentieren, die im systematischen Teil in den Beispielen und im historischen Teil in den Einzelanalysen zur Sprache gekommen sind bzw. kommen werden.[2]

Es gibt mehrere Möglichkeiten, solche Typologien aufzustellen, die sich nach ihrem Klassifikationsschema und dem einbezogenen Material unterscheiden. Unsere Wahl ist vorab kurz zu begründen.

---

[1] Vgl. dazu z.B. II.1.1.
[2] Einzuschränken ist, daß die Typologie ein relativ weites Spektrum an Werten bietet, von denen sich in den historischen Analysen nur wenige aufzeigen lassen. Werte, die zumeist als motivationale Werte fungieren (z.B. affektiv-kommunikative Werte), sind dort selten zugänglich, was zum einen am Mangel an geeigneten Dokumenten, zum anderen am fehlenden Platz liegt: Rekonstruktionen motivationaler Werte erfordern in der Regel komplexes Material und umfangreiche Argumentationen.

Wie unsere Explikationen des Begriffs ‚literarisch' gezeigt haben, werden faktisch nicht nur Texte, sondern mit den Begriffen ‚autonom'/‚heteronom' auch Verarbeitungsweisen gewertet.[3] Wir wollen uns im folgenden auf die Wertung von Texten beschränken. In den vorigen Kapiteln haben wir bereits einige Aspekte kennengelernt, unter denen literarische Texte potentiell als wertvoll angesehen werden konnten. Diese Aspekte bezogen sich auf die literarischen Texte und waren formaler, inhaltlicher und relationaler Art, oder sie richteten sich auf die Wirkungen von Literatur. Nach diesen vier Kriterien soll die folgende Typologie strukturiert werden. Sie sind neutral und allgemein genug, um eine Ordnung vorgeben zu können, ohne bereits inhaltlich festzulegen. Da wir, wie gesagt, nicht alle tatsächlich oder potentiell an Literatur herangetragenen Werte berücksichtigen können, müssen wir auch hier selegieren. Zum einen ist es sinnvoll, sich an den Letztwerten, zumindest aber an solchen axiologischen Werten zu orientieren, die in der Hierarchie eines Wertsystems bzw. einer Wertsprache einen höheren Rang einnehmen, und zwar aus zwei Gründen: Ihre Anzahl ist überschaubarer als die der niedrigerstufigen, und sie bilden die Instanzen, von denen sich die anderen axiologischen Werte ableiten lassen. Zum anderen werden hier Werte einbezogen, die historisch wichtig waren oder sind. Unser Bezugspunkt sind Theorien, Programme und die gegenwärtige Praxis der Wertung von Literatur.[4]

Um richtig einschätzen zu können, wie aussagekräftig die folgende Typologie von Werten eigentlich sein kann, sind zwei Relativierungen voranzustellen. Derselbe axiologische Wert kann je nach Kontext
– verschieden interpretiert werden. So wurde der ästhetische Wert ‚Schönheit' traditionell nicht nur auf formale Eigenschaften literarischer Texte bezogen, sondern hatte auch moralische Implikationen. Modernere Verwendungen von ‚Schönheit' können von diesen Implikationen absehen[5], tun dies aber nicht immer. Ein anderes Beispiel: ‚Wahrheit' kann sowohl autonom als auch heteronom interpretiert werden und bezeichnet in beiden Fällen etwas anderes; im ersten Fall z.B. eine an die ästhetische Form gebundene Größe, im zweiten Fall eine Einsicht in verschiedene Inhalte.

---

[3] Vgl. dazu I.1.2.3.
[4] Zu den Theorien vgl. z.B. Mecklenburg: Literarische Wertung; zur literaturkritischen Praxis Kienecker: Prinzipien.
[5] Vgl. dazu II.5.1.1.

– auf einer positiv/negativ-Skala unterschiedlich zugeordnet werden, was sich anhand der wertenden Adjektive ‚gesund/krank' zeigen läßt. Mit ‚gesund' wird im Rahmen z.B. der klassischen Ästhetik ein positives Urteil ausgedrückt, mit ‚krank' ein negatives. Im Kontext der Décadence-Ästhetik um 1900 kann diese Zuordnung gerade entgegengesetzt ausfallen: Bezogen auf die Wirkung von Literatur kann ‚krank' eine gewünschte, also positiv gewertete Steigerung der Sensibilität auf seiten des Lesers bezeichnen.

Wichtig zu bedenken ist also, daß die systematisierende Aufstellung axiologischer Werte noch nicht erkennen läßt, wie diese Maßstäbe in einer Wertsprache dann tatsächlich eingesetzt werden, auf welche Objektbereiche – etwa verschiedene literarische Gattungen – sie bevorzugt angewendet werden, wie sie sich zueinander verhalten, mit welchen Zuordnungsvoraussetzungen sie verbunden werden und welchen Platz sie in einem Wertsystem einnehmen. Die folgende schematische Übersicht versucht die Werte nach ihrem Abstraktheitsgrad zu hierarchisieren; werden sie inhaltlich anders interpretiert, können entsprechend auch die hierarchischen Beziehungen variieren. Im Anschluß an die Tabelle werden die wichtigsten Begriffe kurz erläutert.

3.1 Formale axiologische Werte

Wir nennen die formal-ästhetischen Maßstäbe an erster Stelle, weil sie bei aller Gegensätzlichkeit das Eigentümliche literarischer Texte betreffen, oder anders gesagt, das, was literarische Rede von anderen Arten der Rede unterscheidet. Die attributiven Werte, die diesen Maßstäben entsprechen, sind werkimmanente Werte. Formale Maßstäbe richten sich auf Eigenschaften am Text bzw., wie wir korrekterweise sagen müssen, auf ‚konkretisierte' Texteigenschaften. Die höhergeordneten formalen Werte beziehen sich wegen ihrer Allgemeinheit nur selten direkt auf formale Elemente von Texten, wie die Versifikation, Leitmotive und andere kompositorische Kunstgriffe. Meist werten sie Eigenschaften, die durch formale Mittel zustandekommen und den ganzen Text betreffen. Der entsprechende Letztwert wäre hier das Gelungensein des Textes unter formal-ästhetischem Aspekt. Im folgenden führen wir einige Wertmaßstäbe an, die von diesem allgemeinsten Wert abgeleitet sind bzw. ihn interpretieren und ihn – unter bestimmten Zuordnungsvoraussetzungen – auf konkrete Texteigenschaften beziehbar machen. Die hierarchisch

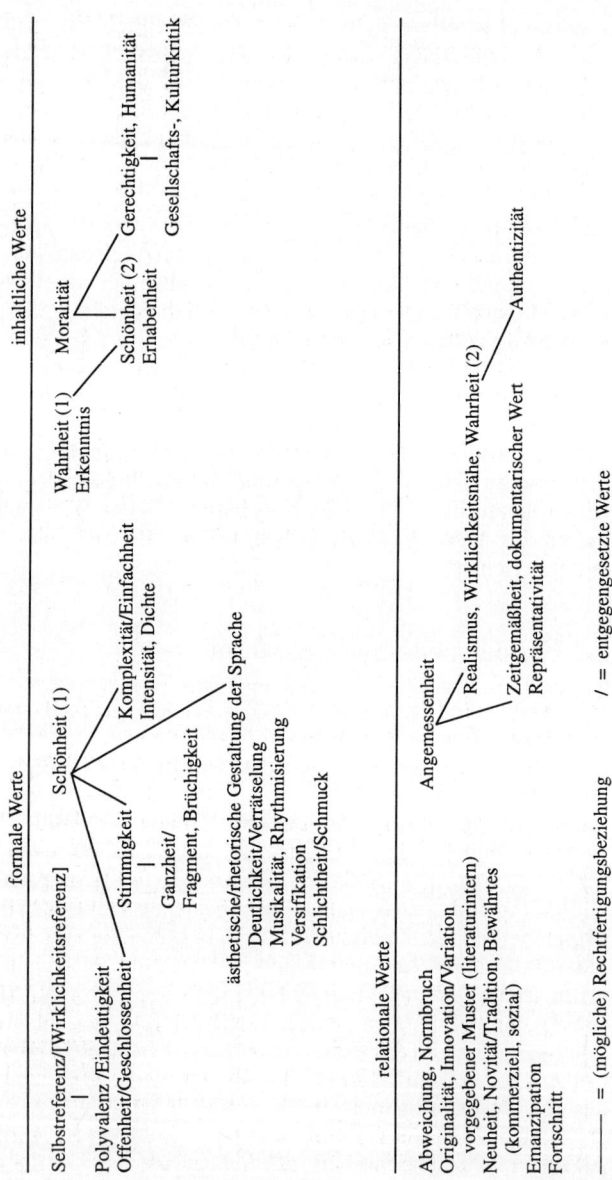

3. Typologie axiologischer Werte

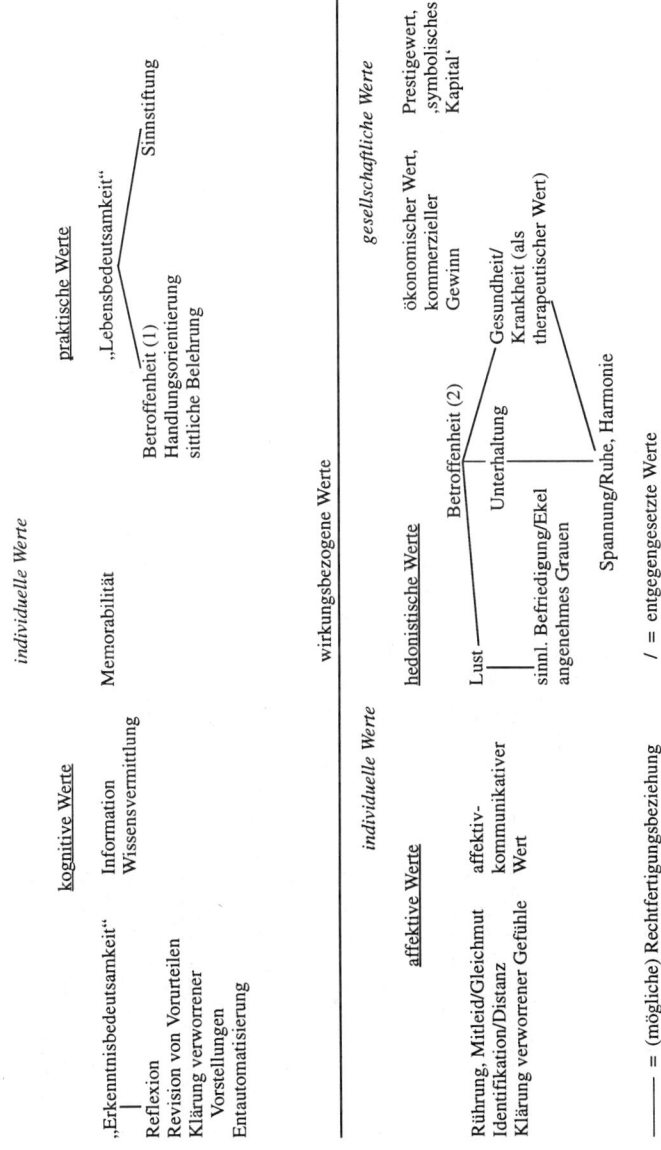

weniger hohen Werte der Sprachgestaltung haben wir in das Typologieschema einbezogen, weil sie in der wertenden Interpretationspraxis und in der Literaturkritik vorkommen; sie werden hier aber nicht erläutert.[6]

Nur einige der abstrakten Wertmaßstäbe sind in der Literaturgeschichte von den Anfängen bis heute zu beobachten; die meisten sind erst mit der Autonomiekonzeption entstanden oder erhalten doch durch sie neue Zuordnungsvoraussetzungen. Wir weisen in unseren Erläuterungen darauf hin.

Selbstreferenz. Mit Hilfe dieses Begriffs wird ein Text zunächst nur der Textsorte ‚Literatur als Kunst' zugeordnet. Er sagt aus, daß das Werk durch seine Machart auf seinen Charakter als Artefakt, als Kunstwerk zurückverweist und für seine Wertschätzung keines Bezugs auf Realität bedarf.[7] Wertvoll wird ein solches Werk erst dann, wenn ‚autonome' Kunst selbst in einer Gesellschaft und unter bestimmten Bedingungen als wertvoll gilt. Für einen Choral, für eine Fabel oder Satire – für Gattungen also, die als ‚autonome' Texte ihre Funktion nicht erfüllen könnten – wäre ‚Selbstreferenz' ein negativ besetzter Wert, während etwa ‚Wirklichkeitsreferenz' ein positiver Maßstab wäre.

Polyvalenz/Eindeutigkeit. Mit dem Begriff ‚Polyvalenz' wird eine Rezeptionsnorm für literarische Texte bezeichnet, die sich aus den Konzeptionen der Autonomie und der Selbstreferenz ergibt: Literarische Texte sind nicht eindeutig rezipierbar; Leser können sie unterschiedlich konkretisieren, d.h. ihnen verschiedene Bedeutungen zuordnen. ‚Eindeutigkeit', der Gegensatz zu ‚Polyvalenz', wäre dagegen von heteronomer Literatur zu fordern, die eine klare Botschaft an die Leser vermitteln soll, z.B. von moralischer Erbauungsliteratur.

Offenheit/Geschlossenheit. Diese Maßstäbe hängen mit den vorigen zusammen: ‚Offene' Texte sind mehrdeutig und vielfach interpretierbar; in dieser Bedeutung ist ‚Offenheit' ein positiver Wert in autonomieästhetischen Kontexten, während ‚Geschlossenheit' auf Eindeutigkeit verweist, eher nicht-literarischen Textsorten zugeordnet wird und eher negativ konnotiert ist. Zum anderen können die Begriffe aber auch konkreter gefaßt und stärker an Textmerkmale gebunden werden. ‚Offenheit' bezieht sich dann z.B. auf das Auseinanderstreben verschiedener Intentionen, auf intertextuelle Bezie-

---

[6] Textnahe formale Werte werden in II.2. ausführlicher thematisiert.
[7] Vgl. dazu Jakobson: Linguistik und Poetik, S. 94ff.

hungen zu anderen Texten und Kontexten oder auf einen atektonischen Aufbau ohne vorgegebene Formmuster. Im Gegensatz dazu kann aber auch eine ‚geschlossene Form', etwa ein tektonischer, gesetzmäßiger, meist symmetrischer Aufbau, als wertvoll angesehen werden, wie z.B. klassische Kunstprogramme fordern. In diesem Sinne kann ‚Geschlossenheit' als Konkretisierung von ‚Schönheit' aufgefaßt werden.

Schönheit (1). Als formaler Wert ist ‚Schönheit' ein traditioneller, aber unentbehrlicher Begriff, der jedoch kaum etwas anderes sagt als der axiologische Letztwert: Der Text gilt als formal-ästhetisch gelungen. In der alten Theorie des Schönen[8] war die formale Vollendung zugleich Ausweis des ‚Wahren' und des ‚Guten'. Heute kann ein Text auch dann noch formal ‚schön' genannt werden, wenn die Wertenden weder mit seinen Angeboten zur inhaltlichen Deutung einverstanden sind noch seine potentiellen Wirkungen für positiv halten. Seit dem 18. Jahrhundert ist außerdem eine Schönheit des Schreckens, des Grauens, unter dem Begriff des ‚Erhabenen' entdeckt worden, ebenso wie eine Schönheit des Bösen. In diesem Sinne kann auch noch einem Text, der in seiner Form gegen konventionelle Schönheitsvorstellungen opponiert – etwa einem naturalistischen Drama – Schönheit im Sinne vollkommener, in sich schlüssiger Gestaltung zugesprochen werden. Und entsprechend kann Böses oder Absurdes als schön erlebt werden, wenn Rezipienten es als wahr anerkennen. Im übrigen gilt, was oben zu der Mehrdeutigkeit der Wertausdrücke ausgeführt worden ist: Auch ‚schön' ist keine unbezweifelbar positive Wertzuschreibung. Denkbar sind z.B. ethische Argumentationen, in denen ein Text als ‚bloß schön' oder ‚zu schön' kritisiert wird.

Die folgenden axiologischen Werte gelten meist als nähere Bestimmungen oder Konkretisierungen des Wertes ‚Schönheit'.

‚Stimmigkeit' ist ein Wert hermeneutischer und strukturalistischer Literaturtheorien. Sie folgt, ebenso wie die nachfolgend zu behandelnde ‚Ganzheit', aus dem klassischen Verständnis des Autonomiekonzepts. Wo auch ‚vorautonome' Texte auf Stimmigkeit und Ganzheit hin geprüft werden, wird ein ihnen fremder Maßstab an sie herangetragen.

Strukturalistisch bezeichnet ‚Stimmigkeit' rein formal das Aufeinanderbezogensein der verschiedenen Ebenen literarischer Texte, während der Begriff in hermeneutischen Ansätzen meist als ‚Ko-

---

[8] Vgl. dazu II.6.

härenz' verstanden und auf die harmonische Übereinstimmung der Elemente eines literarischen Textes bezogen wird. Eines der wichtigsten Postulate, das ‚Stimmigkeit' in dieser zweiten Lesart konkretisiert, ist die Forderung nach Übereinstimmung von Gehalt und Gestalt. In dieser Interpretation korrespondiert ‚Stimmigkeit' mit ‚Geschlossenheit' in der konkreteren Begriffsvariante. ‚Stimmigkeit' wird meist als positiver axiologischer Wert verwendet, kann jedoch auch negativ besetzt sein, wenn man z.B. die poststrukturalistische Kritik an Ganzheit und Sinn als Herrschaftsinstrumente zugrundelegt: Eine in der Textwahrnehmung und -interpretation hergestellte Stimmigkeit wäre das Resultat von Gewalt gegen den Text, und zwar gegen jeden Text, weil in poststrukturalistischer Sicht jeder Text in seiner Verwobenheit mit Kontexten ‚offen' ist.

Ganzheit/Fragment, Brüchigkeit. ‚Ganzheit' als klassischer Wertmaßstab ist eng verbunden mit ‚Stimmigkeit'. Er fordert, daß alle scheinbar noch so auseinanderstrebenden Teile eines literarischen Textes sich bei gründlicher Lektüre auf ein Ganzes hin verstehen lassen müssen.[9] Dabei wird unterstellt, daß es eine Intention des literarischen Textes bzw. seines Verfassers gibt, die der Text in allen seinen Gestaltzügen konsequent verwirklicht. Dieser Wert entspricht in etwa dem Postulat der logischen Widerspruchsfreiheit in behauptender Rede, verdankt sich aber mehr noch einem Denken in Gestalten, das sich in unterschiedlichen Formulierungen manifestiert: Die Teile müssen in Harmonie miteinander stehen, das Ganze muß mehr sein als die Summe der Teile, das Werk soll einem Organismus gleichen u.a. Um auch modernen, antiklassischen Texten seit der Romantik Rechnung zu tragen, hat man diesen Maßstab so modifiziert, daß er auch das „Gefugtsein aus Spannungen"[10] oder eine Intention auf das Fragment, wenn sie nur konsequent durchgehalten ist, bezeichnen kann. In einer anderen, gegen klassische Werte gerichteten Interpretation kann ‚Fragment' aber gerade als positiver Gegenbegriff zu ‚Ganzheit' verwendet werden. Er kann hier z.B. mit ‚Brüchigkeit' synonym gesetzt und als formale Qualität literarischer Texte verstanden werden, die der Moderne adäquat ist.[11]

---

[9] Zur Einheit in bezug auf das Drama vgl. Kienecker: Prinzipien, S. 110; zum Maßstab ‚des Ganzen' vgl. Müller-Seidel: Probleme, S. 85-118.
[10] Vgl. dazu II.5.1.1.
[11] Vgl. dazu II.5.1.2.1.

Die noch zu erläuternden formalen Maßstäbe können auf Texte vor und nach Etablierung der Autonomiekonvention angewendet werden.

Komplexität/Einfachheit. Diese entgegengesetzten Wertmaßstäbe werten die Quantität formaler Gestaltungsmittel. Beide können als Konkretisierung von ‚Schönheit' interpretiert werden. Als ‚schön' können je nach Kontext sowohl klar strukturierte Texte gelten, die formale Mittel nur sparsam einsetzen, als auch kompliziert gebaute, hoch artifizielle Texte. ‚Komplexität' korrespondiert in gewissem Sinne mit dem Maßstab der Stimmigkeit: Je komplexer ein Werk, desto größer die Leistung, es dennoch stimmig zu gestalten; Komplexität scheint also ein ‚stimmiges' Werk im Vergleich zu anderen – in quantitativer Wertung – wertvoller zu machen.

‚Intensität' und ‚Dichte' werten die Qualität, in der formale Gestaltungsmittel angewendet werden. Intensität kann z.B. durch Wiederholung eines einzelnen Elements zustande kommen, die eine Steigerung des Dargestellten bewirkt. Dichte kann aus dem strukturbildenden Zusammenwirken verschiedener Kunstmittel resultieren, das wiederum eine Intensivierung des Dargestellten hervorbringt. Solche Mittel können z.B. leitmotivische Techniken, Isotopien oder rhetorische Wiederholungsfiguren sein.

3.2 Inhaltliche axiologische Werte

Inhaltliche Werte, die mit Literatur verbunden werden, lassen sich nicht einmal annähernd vollständig angeben. Je konkreter die Wertungen sich auf den Inhalt einzelner Texte beziehen, desto größer die Zahl möglicher inhaltlicher Werte; sie können aus allen Bereichen menschlichen Lebens übertragen werden, für die überhaupt Werte ausgebildet werden. Hier seien nur einige Beispiele für inhaltliche axiologische Werte angeführt, die in Literaturtheorien traditionellerweise eine besondere Rolle gespielt haben.

Wahrheit, Erkenntnis. Alle Theorien der Wertung von Literatur, die den Wert der Texte nicht ausschließlich von der Form oder ebenso ausschließlich vom materiellen Nutzen, vom ökonomischen Wert, ableiten, fordern in irgendeiner Weise Wahrheit oder Erkenntnis von Literatur. ‚Wahrheit' bezeichnet dabei das Resultat, ‚Erkenntnis' den Prozeß, der zur Wahrheit führt. Was unter diesen Begriffen jeweils zu verstehen ist, ergibt sich nur aus dem Kontext und dem Vorstellungsfundus der Wertenden, aus ihren Zuordnungsvoraussetzungen.

Es gibt Wertsprachen, in denen ‚Wahrheit' theologisch ausgelegt wird, in anderen wird sie philosophisch gedeutet. In Adornos Wertungstheorie z.B. wird Wahrheit an die subjektive hermeneutische Erkenntnis gebunden.[12]

Dasselbe gilt für ‚*Moralität*', den höchsten, d.h. abstraktesten inhaltlichen Wert im ethischen Bereich. Er kann mit unterschiedlichen weltanschaulichen Annahmen oder philosophischen Theorien verbunden sein und damit auch Unterschiedliches besagen. In der klassischen Ästhetik bildete der Wert als ‚das Gute' einen Bestandteil der Trias des ‚Guten, Wahren und Schönen'. Die im folgenden angeführten abgeleiteten Werte legen ‚Moralität' aus, indem sie den Maßstab konkretisieren.

Schönheit (2). Dieser axiologische Wert wird meist auf Figuren und ihre Handlungen angewendet. Eine ‚schöne' Figur weist z.B. einen moralisch vorbildlichen Charakter auf. ‚Schönheit' in diesem Sinne enthält zugleich kognitive Komponenten, da sie ebenfalls an den Wert ‚Wahrheit' gebunden wird. Ein Beispiel: Kritiker haben die in sich gekehrte „schöne Seele" in Goethes „Wilhelm Meisters Lehrjahre", die durch ihre „Bekenntnisse" im Roman präsent ist, dadurch ein wenig abgewertet, daß sie dem lebenszugewandten Charakter der Natalie noch größere ‚Schönheit' zugesprochen haben.[13] ‚Schönheit' ist in beiden Fällen ein komplexer, positiver Wert. Er setzt sich aus dem äußeren Erscheinungsbild der Figuren, also etwas Formalem, und ihrem inneren Bezug zum Wahren und Guten zusammen, vorgestellt in einer göttlichen Dimension. Die quantitative Abstufung zwischen der Schönheit der beiden Figuren wird dadurch erreicht, daß für Natalie der zusätzliche inhaltliche axiologische Wert ‚Lebenszugewandtheit, tätige Sozialität' ins Spiel gebracht wird. Diese Verbindung von schönem Äußeren und schöner Handlung muß allerdings nicht bestehen; auch häßliche Figuren können ‚schön' handeln, wodurch die moralische Qualität ihres Verhaltens eventuell noch verstärkt wird.

‚*Gerechtigkeit*' *und* ‚*Humanität*' sind ethische axiologische Werte, die ebenfalls in den meisten Theorien ‚literarischer Wertung' vorkommen. Auch sie sind in dieser Form sehr allgemein und können in verschiedenster Weise konkretisiert werden. Feministische Forscherinnen z.B. können unter dem Leitwert ‚Gerechtigkeit' nach der Art und Weise fragen, in der Texte Frauen darstellen: als selbstver-

---

[12] Vgl. dazu II.5.1.2.1.
[13] Bahr: Wilhelm Meister, S. 272.

ständlich untergeordnete, abhängige oder als potentiell oder real gleichwertige, selbständige Personen.

Die Frage, ob ein literarischer Text eine affirmative oder eine kritisch-subversive Stellung zur Gesellschaft oder Kultur seiner Zeit dokumentiere, spielt besonders in ideologiekritischen und feministischen Konzeptionen eine Rolle.[14] *‚Gesellschafts-' oder ‚Kulturkritik'* sind inhaltliche Werte aus dem ethisch-politischen Bereich, die von ‚Gerechtigkeit' oder ‚Humanität' abgeleitet werden können. Selbstverständlich ist eine solche Ableitung weder ohne einen philosophisch-theoretischen Rahmen denkbar, noch gilt sie unabhängig von historischen Kontexten.

3.3 Relationale axiologische Werte

Die relationalen Maßstäbe geben den Wert literarischer Texte im Verhältnis zu einer Bezugsgröße an. Diese Bezugsgröße kann ein bestehendes Niveau im literarischen oder sozialen Bereich oder die literaturexterne Einheit ‚Realität' unter verschiedenen Aspekten sein. Beispiele werden das am besten deutlich machen. Dieser Typus axiologischer Werte wurde in bisherigen Systematisierungen von Maßstäben zur Wertung von Literatur nicht als eigenständiger aufgefaßt.

‚Abweichung' oder ‚Normbruch' zählen zu den abstraktesten relationalen Werten. ‚Abweichung' von Alltagskommunikation gilt in mehreren Literaturtheorien[15] als konstitutives Merkmal von Literatur überhaupt, und ihr Aufweis in einem Text schreibt diesem Wert zu. ‚Normbruch' kann den intendierten Verstoß gegen sprachliche, literarische, aber auch soziale Normen bezeichnen, deren Überschreitung durch literarische Texte seit der Autonomieästhetik meistens hochgewertet wird. Beide Werte können den wirkungsbezogenen kognitiven Wert ‚Entautomatisierung' begründen.

Originalität, Innovation/Variation vorgegebener Muster. Diese Maßstäbe beziehen sich implizit immer auf eine Reihe literarischer Texte, d.h. sie setzen den bewerteten Text in Relation zu vorangehenden literarischen Leistungen. ‚Originalität' und ‚Innovation' besagen, daß etwas Neues und Andersartiges gefunden worden sein muß. Dabei kann es sich um Neues gegenüber bisherigen Realisa-

---

[14] Vgl. dazu II.5.1.2 und 5.4.1.
[15] Vgl. dazu II.5.

tionen von Schönheit, Ganzheit, Musikalität etc. handeln, um Neues in Form inhaltlicher Einsichten oder um Neues in bezug auf Art und Intensität von Wirkungen. ‚Variation vorgegebener Muster' dagegen wertet die Kontinuität der literarischen Tradition höher, wie z.B. in vorautonomen, rhetorischen Kunstauffassungen.[16]

Neuheit, Novität/Tradition, Bewährtes im kommerziellen Bereich und in bezug auf gesellschaftliche Anerkennung. Der Maßstab ‚Neuheit' bewertet vor dem Hintergrund bereits bekannter, in ihrem Reiz abgenutzter Inhalte und Formen das Neue als das Modische. Es ist das, was einem Trend folgt, der wirtschaftlichen Erfolg oder gesteigertes Ansehen verspricht. In bestimmten gesellschaftlichen Gruppen gilt am meisten, wer immer ganz ‚vorn dran' ist. Es ist nicht zu übersehen, daß die Wertmaßstäbe ‚Originalität' und ‚Innovation' als literaturinterne Varianten von ‚Neuheit' – auch historisch – wohl im Zusammenhang mit der Ausbildung von Konkurrenzverhältnissen in einer auf kommerziellen Gewinn orientierten Gesellschaft stehen und an Bedeutung gewinnen.[17] ‚Tradition', das Festhalten am Bewährten, bildet hierzu den ebenfalls ökonomisch nutzbaren ‚Gegenwert'.

‚Fortschritt' und ‚Emanzipation' werten in bezug auf einen bestehenden gesellschaftlichen Standard, der überschritten werden soll. Diese Maßstäbe setzen eine Geschichtsphilosophie voraus, die mit unterschiedlich bestimmten Zielen verbunden sein kann. In ideologiekritischen Konzeptionen z.B. wird als ein Ziel der Geschichte die Aufhebung der Herrschaft des Menschen über den Menschen gedacht, in feministischen Ansätzen die Aufhebung patriarchalischer Machtverhältnisse.[18] Literatur wird daraufhin beurteilt, in welcher Beziehung sie zu diesen Zielen steht. Wegen ihrer geschichtsphilosophischen Verankerung verhalten sich diese Maßstäbe zumeist kritisch gegenüber einer unbefragten Hochwertung von ‚Innovation' und erst recht von ‚Neuheit' im Gefolge des jeweils herrschenden Trends.

‚Angemessenheit' ist der unspezifischste und damit inhaltlich variabelste relationale Wert. Er bezieht sich auf den jeweiligen Kontext, in bezug auf den Literatur gewertet wird. Als ‚angemessen' kann z.B. das Verhältnis des Werks zu den historischen und sozialen Umständen bezeichnet werden, unter denen der Autor geschrieben

---

[16] Vgl. dazu die Beispiele des Barock in II.1.
[17] Vgl. dazu z.B. Luhmann: Ist Kunst codierbar?, bes. S. 250-254.
[18] Vgl. dazu II.5.1.2 und 5.4.1.

3. Typologie axiologischer Werte

hat, ‚angemessen' kann das Verhältnis der Sprache zu dem anvisierten Zweck des Textes oder die Wahl des Themas in bezug auf die öffentliche Diskussion zur Zeit der Entstehungssituation sein. Als ‚aptum' war dieser Maßstab in rhetorischen Literaturkonzeptionen von Bedeutung.[19] Ein besonders wirkungsmächtiger Komplex relationaler Werte kann als Konkretisation von ‚Angemessenheit' verstanden werden: die Relation von Literatur zu verschiedenen Formen von Wirklichkeit.

Realismus, Wirklichkeitsnähe, Wahrheit (2). Diese relationalen Werte beziehen sich auf die Wirklichkeit bzw. die Vorstellungen des Wertenden über sie und werten von diesem Aspekt aus die Adäquatheit der literarischen Darstellung. Die axiologischen Werte können sich in Nuancen unterscheiden, die aus dem jeweiligen historischen Gebrauchskontext folgen: Mit ‚Wirklichkeitsnähe' kann eine detailgetreue Wiedergabe von Realität bewertet werden, während mit den Begriffen ‚Realismus' und ‚Wahrheit' eine tiefere, ‚unter die Oberfläche gehende' Wirklichkeitsdarstellung gemeint sein kann. ‚Wahrheit' ist hier korrespondenztheoretisch zu verstehen und bezeichnet die Übereinstimmung des Dargestellten mit tatsächlich bestehenden Sachverhalten, Ereignissen oder Tiefenstrukturen.

‚Authentizität' beurteilt die Glaubwürdigkeit eines literarischen Textes bzw. seines Autors. Es ist ein relationaler Wert, der von ‚Wahrheit (2)' abgeleitet werden kann.

Zeitgemäßheit, dokumentarischer Wert; Repräsentativität. Diese Maßstäbe werten Literatur nicht in Relation zur Wirklichkeit im allgemeinen, sondern im Verhältnis zu einer besonderen historischen Situation. Dabei bezieht sich die Wertung zumeist auf die Entstehungssituation des Textes, kann aber auch die aktuelle Situation des Wertenden meinen und z.B. einen Roman des frühen 20. Jahrhunderts als ‚heute nicht mehr zeitgemäß' einstufen. ‚Repräsentativität' kann sich darüber hinaus auf eine soziale oder kulturelle Trägergruppe beziehen, für die der Text steht. ‚Repräsentativität' kann demnach zum einen aus historischen Gründen als positiver Wert aufgefaßt werden, insofern ein repräsentativer Text Informationen über seine Trägergruppe vermittelt; zum anderen wird ein literarischer Text aber auch aus der Sicht der Gruppe oder Schicht wertvoll, die sich in ihm repräsentiert sieht.[20]

---

[19] Vgl. dazu II.1.
[20] Beispiele dazu in II.1.

3.4 Wirkungsbezogene axiologische Werte

Wir hatten in den vorangegangenen Kapiteln festgestellt, daß sich Wertungen auch auf die Wirkungen von Texten und damit nur mittelbar auf die Texte selbst beziehen. In diesen Wertungen kann, muß aber nicht angegeben werden, welche Texteigenschaften die jeweiligen Wirkungen auslösen oder vermutlich auslösen. Die Unterscheidung zwischen ‚auslösen' oder ‚vermutlich auslösen' ist mit Bedacht zu treffen: Wirkungsbezogene Maßstäbe können sich nämlich auf die tatsächlichen Wirkungen beziehen, die Wertende an sich selbst bemerken oder die sie in empirischen Forschungen an anderen beobachten; sie können sich aber auch auf Wirkungen beziehen, die die Wertenden für andere erwarten, voraussehen oder an anderen nur zu beobachten meinen. Ein großer Teil der adressatenbezogenen Wertungen in literaturverarbeitenden wie -vermittelnden Bereichen benennt wirkungsbezogene Werte, die nur vermutet werden. Die empirische Wirkungsforschung hat hier noch viel zu erkunden.

Wirkungsbezogene axiologische Werte hatten in Rhetoriken und Poetiken traditionell eine große Bedeutung. Die neueren Wertungstheorien, die stark kognitiv ausgerichtet sind, reflektieren wirkungsbezogene Maßstäbe dagegen nur selten als eigene Gruppe. Allein dort, wo es um Trivialliteratur oder um Literaturdidaktik geht, kommen sie gesondert in den Blick.

Die wirkungsbezogenen Letztwerte verteilen sich auf zwei Bereiche, die ihrerseits wieder zu unterteilen sind: Der erste Bereich ist der individueller Werte; hier geht es um das qualitative Angebot literarischer Texte für persönliche Bedürfnisse. Nach dem psychischen Vermögen, das angesprochen wird, können kognitive, praktisch-handlungsbezogene, affektive und hedonistische Werte unterschieden werden. Der zweite Bereich ist der des gesellschaftlichen Werts; hier geht es um den Nutzen literarischer Texte in zweierlei Hinsicht: Unter wirtschaftlichem Aspekt erfaßt dieser Wert die literarischen Produkte als Gegenstände der Ökonomie und wird im quantitativen Vergleich über das Medium Geld ermittelt[21]; unter sozialem Aspekt bezieht sich dieser Wert auf das ‚symbolische Kapital', auf den Gewinn an Prestige und gesellschaftlicher Geltung durch die Beschäftigung mit Literatur allgemein oder bestimmten Texten im besonderen.[22]

---

[21] Dimpfl: Literarische Kommunikation, S. 201.
[22] In traditioneller Terminologie wurde dem Bereich individueller Werte der Terminus ‚Gebrauchswert', dem kommerziellen Wert der Terminus

3.4.1 Individuelle axiologische Werte

3.4.1.1 Kognitive wirkungsbezogene Wertmaßstäbe

Diese axiologischen Werte beziehen sich auf den Erkenntnisgewinn bei der Lektüre literarischer Texte. Es werden in diesem Falle nicht die Erkenntnisse als solche gewertet, sondern ihr Effekt bei den Lesenden. Im folgenden gehen wir nur auf einige der im Schema angeführten Werte ein; Maßstäbe wie ‚Information', ‚Wissensvermittlung' und ‚Revision von Vorurteilen' brauchen hier wohl nicht erläutert zu werden.

Erkenntnisbedeutsamkeit. Mit diesem axiologischen Wert, der vor allem in hermeneutischen Theorien vertreten wird, ist allgemein die subjektive und kollektive Relevanz der Einsichten und Erkenntnisse gemeint, die aus der Lektüre eines literarischen Textes folgen. Dieser Wert kann sich also auf die Erkenntnis von Individuen wie auch von Gruppen beziehen und hat sowohl eine historische als auch eine aktualisierende Lesart: Als positiver Wert kann der Erkenntnisgewinn eingestuft werden, den Leser in der Entstehungssituation des Textes oder auch in einer späteren Rezeptionssituation erzielt haben.[23]

Reflexion. Als stets positiv besetzter kognitiver Effekt des Lesens literarischer Texte gilt, den Leser zur Reflexion anzuregen. Mit ‚Reflexion' können Überlegungen gemeint sein, die im Anschluß an etwas literarisch Dargestelltes vollzogen werden, unter dem Begriff kann aber auch das schöpferische Mitgestalten des literarischen Textes selbst verstanden werden.[24]

‚Entautomatisierung' bezeichnet einen Effekt, der literarischen Texten zugeschrieben wird, die sich durch das Merkmal ‚Abweichung' auszeichnen. Wahrnehmung und Denken des Lesers werden durch diese Abweichungen und Normbrüche irritiert und können sich so aus alltäglichen Mustern befreien.[25] Aus der Sicht heteronomer Literaturrezeption stellt ‚Entautomatisierung' keinen positiven Wert dar.

‚Tauschwert' zugeordnet. Beide Begriffe hat Karl Marx als Bestandteil seiner Gesellschaftstheorie geprägt. In neuester Zeit hat Guillory: Cultural Capital, diese Begriffe in seiner Analyse des Kanonproblems verwendet.

[23] Vgl. dazu II.5.1.1.
[24] Vgl. dazu z.B. II.3.1.3.1 oder 5.1.2.1.
[25] Vgl. dazu z.B. II.5.2.1 und 5.2.2.

3.4.1.2 Praktische wirkungsbezogene Wertmaßstäbe

Praktische axiologische Werte beziehen sich auf den Bereich des Handelns, der Ethik, des Lebensvollzugs. Sie lassen sich nicht immer trennscharf von den anderen wirkungsbezogenen Werten abgrenzen, können aber doch als eigene Gruppe profiliert werden.

‚Lebensbedeutsamkeit' bezieht sich wie ‚Erkenntnisbedeutsamkeit' auf die Folgen der Lektüre literarischer Texte, nur daß es in diesem Fall nicht um kognitive, sondern um lebenspraktische, ethische Wirkungen geht. Auch dieser axiologische Wert wird überwiegend in hermeneutischen Konzeptionen eingesetzt.[26]

Betroffenheit (1). Anders als die affektive Variante dieses Werts ist ‚Betroffenheit' als praktischer Maßstab an einen Handlungs- bzw. Wertungsimpuls gebunden. Betroffenheit in dieser moralischen Lesart resultiert meist aus der Darstellung von Ungerechtigkeit und ist mit Einstellungen verbunden, die von Entrüstung bis zum Wunsch nach Veränderung reichen können. Ein solcher positiver Wertmaßstab hat in der Beurteilung der sogenannten ‚operativen' oder ‚Tendenzliteratur' seinen Ort.

Handlungsorientierung. Stärker als der eben behandelte Wert zielt dieser Maßstab auf die Möglichkeit von Literatur ab, die Handlungen von Lesern zu beeinflussen. In autonomieästhetischen Theorien gilt allerdings nur eine vermittelte Orientierung als positiver Wert; ‚direkte Handlungsanleitung' dagegen stellt einen negativ besetzten Wert dar, da hier gerade die Befreiung von Handlungszwängen postuliert wird. Für pragmatische Textsorten, von didaktischer Literatur bis hin zu Tendenz- oder Trivialliteratur, ist dieser Maßstab aber auch in seiner engen Variante als Handlungsanleitung positiv konnotiert.

‚*Sinnstiftung*' ist ein hoher axiologischer Wert, der von ‚Lebensbedeutsamkeit' begründet werden kann. Positiv gewertet werden literarische Texte, die beim Leser den Eindruck sinnhafter Strukturiertheit hervorrufen. In einer hochdifferenzierten modernen – wie auch postmodernen – Gesellschaft, die von Vereinzelung des Individuums, fehlender Einsicht in Zusammenhänge und Sinnverlust geprägt ist, kann Literatur Sinnentwürfe bieten, die Leser adaptieren können. Dieser Effekt ist meist kein rein kognitiver, sondern betrifft im wesentlichen die Lebenspraxis. Der Wert kann jedoch auch negativ besetzt sein: Aus der Sicht dekonstruktiver Literaturwissenschaft wird ‚Sinnstiftung' als Ideologie abgelehnt.

---

[26] Vgl. dazu II.5.1.1.

3.4.1.3 Affektive wirkungsbezogene Wertmaßstäbe

Affektive oder auch emotionale wirkungsbezogene Werte stufen die Art und die Intensität von Gefühlen ein, die durch die Lektüre ausgelöst werden und die gegebenenfalls auch Handlungsfolgen herbeiführen. Unter den Begriff ‚Affekte' werden hier Gefühle gefaßt, die Personen in bezug auf andere haben.

Rührung, Mitleid/Gleichmut. ‚Mitleid' ist einer der ältesten theoretisch untermauerten wirkungsbezogenen Werte von Literatur; er kann von dem allgemeineren Wert ‚Mitgefühl' abgeleitet werden. Bekannt ist er aus der aristotelischen Wirkungsästhetik oder aus ihrer Interpretation durch Lessing: „Der mitleidige Mensch ist der beste Mensch". Dramen werden unter diesen Voraussetzungen daran gemessen, in welchem Grad sie den Affekt auszulösen vermögen. ‚Rührung' kann als empfindsame Variante von ‚Mitleid' aufgefaßt werden, deren Wirksamkeit nicht auf Dramen begrenzt, sondern auf Literatur generell ausgedehnt wird; im heutigen Sprachgebrauch wird dieselbe affektive Wirkung oftmals mit dem Begriff ‚Betroffenheit' (2) bezeichnet. In heteronomen Literaturkonzeptionen sind ‚Mitleid' und ‚Rührung' positive Werte; wird Literatur dagegen als autonome konzipiert, die dem Leser Freiheit zur Selbstbestimmung läßt, kann ‚Gleichmut' – zumindest in der Theorie – als positiver Maßstab gelten.

Identifikation/Distanz. Texte, die eine Identifikation des Lesers z.B. mit einer der Figuren hervorrufen, können unter autonomieästhetischen Prämissen abgewertet werden; in diesem Argumentationszusammenhang stellt ‚Distanz' einen positiven Wert dar. ‚Identifikation' wird dabei meist als affirmative Übernahme der Rolle oder Perspektive eines anderen verstanden. Wenn man diesen Begriff aber allgemeiner als temporäres, spielerisches Sich-Einlassen auf andere Perspektiven faßt, wird ‚Identifikation' zur Grundlage von Interesse an literarischen Texten überhaupt. In diesem Sinne ist ‚Identifikation' dann ein positiver wirkungsbezogener Wert nicht allein heteronomer Literatur.

Der *‚affektiv-kommunikative Wert'*[27] von Literatur kann sich auf zwei verschiedene Wirkungen beziehen. Zum einen bezeichnet der Begriff einen affektbesetzten Wert, den Literatur unabhängig von jeder Form und jedem Inhalt für einen Leser besitzen kann. Hierunter

---

[27] In Ermangelung eines passenden eingeführten Terminus haben wir diesen Begriff selbst gebildet; am ehesten entspricht ihm der Begriff des ‚Phatischen' bei Jakobson: Linguistik und Poetik, S. 94ff.

ist z.B. der Affekt zu fassen, den der Text eines Autors bei dessen Freunden oder auch Feinden auslösen mag und der nur deshalb ausgelöst wird, weil diese Personen in einer nicht-neutralen Beziehung zu dem Autor stehen. Zum anderen kann der Umgang mit Literatur die kommunikative Basis sein, auf der Kontakt zu anderen Menschen gesucht wird. Diese kommunikative Wirkung allein kann schon ein Wert sein, um Literatur positiv einzuschätzen. Ein eindrucksvolles Beispiel liefert der Briefwechsel zwischen Clausewitz und seiner späteren Frau, in dem Zitate aus Schillers Dramen verwendet werden, um die emotionale Beziehung zwischen beiden thematisieren zu können.[28] Zwar könnte man den Wert, den Literatur für die beiden besitzt, auch als eine Variante des relationalen Wertes der Angemessenheit bezeichnen – Schillers Texte werden positiv gewertet, weil sie der Sprechsituation der Liebenden angemessen sind –, tatsächlich scheint es den beiden aber auf die Kommunikation über schwer ausdrückbare Sachverhalte anzukommen, die über die Schiller-Texte möglich wird. Die Texte erhalten so einen positiven affektiv-kommunikativen Wert.

3.4.1.4 Hedonistische wirkungsbezogene Wertmaßstäbe

Diese Maßstäbe bewerten die Gefühle, die von der Lektüre literarischer Texte ausgelöst werden. Das paradigmatische Oppositionspaar dieser Empfindungen ist Lust/Unlust.[29]

Betroffenheit (2). Dieser axiologische Wert ist wohl der allgemeinste und hierarchisch höchste Maßstab dieser Art, weil er qualitativ ‚neutral' ist und nur bezeugt, daß bei einem Leser ein nachhaltiger Eindruck erweckt worden ist. Zum positiven Wert wird ‚Betroffenheit' in Konzeptionen, für die Literatur nicht allein sachliche Reflexion auslösen, sondern alle psychischen Vermögen des Menschen ansprechen soll. Das Gefühl kann etwa durch Unrecht, Grausamkeit, Schönheit oder Wahrheit hervorgerufen werden. Wird es von der Darstellung ungerechter Zustände ausgelöst, erhält es eine soziale Komponente und könnte auch den affektiven Maßstäben zugeordnet werden.

---

[28] Vgl. dazu Gerhard: Schiller, S. 29-46.
[29] Jauß hat in seinem Plädoyer für den ästhetischen Genuß viel Erhellendes zur Wirkung von Literatur gesagt, läßt aber die hedonistische Komponente zu kurz kommen; vgl. Jauß: Ästhetische Erfahrung, S. 46-64. Kienecker beobachtet, daß der ‚Lust'-Aspekt als Wert der Literaturkritik zunehmend verkümmert; vgl. Kienecker: Pinzipien, S. 106, 130.

3. Typologie axiologischer Werte

Lust. Dieser spezifisch hedonistische Wert wird in Literaturtheorien mit kognitiven Elementen ausgestattet und als ‚geistige Lust' verstanden, kann aber auch rein sinnlich gedeutet werden. Vor allem im Poststrukturalismus gilt der genußvolle, von der philologischen Pflicht der Bedeutungsrekonstruktion befreite Umgang mit literarischen Texten als hoher Wert, wenn auch nicht als Selbstzweck.[30] Für das nicht-professionelle Lesen dürfte dieser Wert als sinnliche Lust eine besonders große Rolle spielen.

Unterhaltung. Daß ein Text seine Leser unterhalten solle, ist eine weithin konsensfähige Forderung; jedoch unterscheiden sich die Positionen in der Auffassung, welche Quantität und Funktion die Unterhaltung im Lektüreprozeß haben solle. Reine Unterhaltung wird in autonomen wie auch in heteronomen, didaktischen Literaturkonzeptionen negativ eingestuft; die unterhaltsame Vermittlung einer Botschaft dagegen stellt aus heteronomer Sicht einen hohen positiven Wert dar. Die gegenteilige Wirkung, die literarische Texte hervorrufen können, nämlich Langeweile, wird zwar nicht theoretisch als Wert postuliert, scheint aber, z.B. im Kontext deutschsprachiger Avantgardeliteratur, akzeptabler zu sein als Unterhaltung.

Spannung/Ruhe, Harmonie. ‚Spannung' kann als dynamischer psychophysischer Zustand des Lesers aufgefaßt werden, der sich durch Literatur herstellen läßt. Einige Textsorten, vor allem der Kriminalroman, gelten als besonders geeignet, um diesen Zustand hervorzurufen. Als positiver Wert kann ‚Spannung' von ‚Unterhaltung', aber auch von dem therapeutischen Wert ‚Gesundheit'/‚Krankheit' abgeleitet werden – je nach Interpretation der Begriffe und zugrundeliegender Auffassung von Literatur. In autonomieästhetischen Literaturkonzeptionen, zumindest in ihren klassischen Varianten, gelten ‚Ruhe' und ‚Harmonie' als positive Werte,[31] in heteronomen dagegen eher ‚Spannung'.

Sinnliche Befriedigung/Ekel. Mit diesen Maßstäben werden Gefühle registriert und bewertet, die bis zu körperlichen Reaktionen gehen können. Auslösende Textmerkmale sinnlicher Befriedigung können sowohl erregende Formelemente, vor allem der Rhythmus, als auch Inhalte sein, vor allem Erotisches. In Zeiten, die solche sinnlich-erotischen Erregungen zensierten, wurden diese Werte negativ besetzt. Die Polemik gegen die auf Romane gerichtete ‚Lesesucht' besonders der Frauen und Jünglinge um 1800, aber auch die

---

[30] Vgl. dazu genauer II.5.3.1.
[31] Vgl. dazu die Beispiele in II.3.1.2.

Schmutz- und Schunddebatte um 1900 belegen dies eindrücklich. Der überwiegend negativ aufgefaßte Wert ‚Ekel' kann sich auf Inhalte literarischer Texte, aber auch auf die Art der Präsentation – besonders auf dem Theater – richten. Auch dieser Wert läßt sich jedoch als positiver vertreten: Das Provozieren von Ekel z.b. durch entsprechend gewählte Sujets kann programmatisch mit dem Brechen von Tabus und von Wahrnehmungs- und Gefühlsschemata gerechtfertigt werden.

Angenehmes Grauen. Dieser Wert charakterisiert die sinnliche und zugleich reflektierte Reaktion auf das, was in der ästhetischen Theorie seit dem 18. Jahrhundert mit dem Begriff des ‚Erhabenen' gefaßt wurde: Das unmittelbare Grauen etwa angesichts gewaltiger Naturphänomene wird zum angenehmen Gefühl; es fasziniert dadurch, daß sich der Mensch über die Bedrohung erhebt. Er sieht sich als geistiges Wesen noch dem Schrecklichsten überlegen. Literatur, die dieses Gefühl hervorruft, wird in diesem Kontext positiv gewertet.

Gesundheit/Krankheit. Literatur wird mit diesen Maßstäben auf ihre therapeutischen Wirkungen hin beurteilt. Welche Textbeschaffenheit als geeignet erscheint, um Gesundheit oder Krankheit zu fördern, hängt von Zuordnungsvoraussetzungen ab. In der klassischen Ästhetik etwa galten ‚Ruhe' und ‚Harmonie' als Eigenschaften, die ‚gesunde', d.h. positive Wirkungen auf den Leser ausüben,[32] während z.B. bei Nietzsche ‚gesunde' Kunst auch spannungsreich sein kann. Daß z.B. in der Décadence-Ästhetik um 1900 auch ‚kranke' Effekte positiv konnotiert sein können, nämlich als Steigerung von Sensibilität, wurde zu Beginn des Kapitels I.3 schon erwähnt.

3.4.2 Gesellschaftliche axiologische Werte

3.4.2.1 Ökonomischer Wert

Über diesen axiologischen Wert muß nicht viel gesagt werden. Es ist, wie schon ausgeführt, *per definitionem* der Wert, der in Geld angibt, was ein Text als Ware wert ist. In diesen Maßstab ist daher immer auch die Präsentationsform des Textes mit eingeschlossen. Die kostbare Handschrift, das bibliophile Exemplar eines Buches verdankt seinen Wert mindestens ebensosehr der Ausstattung wie seinem individuellen Wert auf Grund von literarischen Qualitäten. Sehr

---

[32] Vgl. dazu II.3.1.2.1.

wichtig für den ökonomischen Wert ist auch, in welcher Menge der betreffende Text vorhanden ist oder hergestellt wird. Das handschriftliche Original und die numerierte illustrierte Auflage auf der einen, das in Auflagen von mehreren Tausend produzierte Taschenbuch oder gar ‚Groschenheft' auf der andern Seite zeigen das deutlich. Jedoch können sich ökonomischer und individueller Wert vermischen, etwa wenn ein Sammler bibliophiler Texte nur solche sammelt, die ihm auch nach Form und Gehalt etwas bedeuten. Häufiger bestimmt aber der Prestigewert den ökonomischen Wert mit.

3.4.2.2 Prestigewert

Ähnlich wie beim ökonomischen Wert ist es auch beim Prestigewert das Kapital eines Textes, das seinen Wert ausmacht, nur daß es sich hier um ‚symbolisches Kapital' handelt. Der Prestigewert bezeichnet den Zugewinn an Ansehen, den der Umgang mit Literatur den Handelnden bringt. In einer Gesellschaft, sozialen Schicht oder Gruppe, in der Literatur hoch geschätzt wird, kann allein schon der Besitz eines Buches Prestige verleihen und erst recht die Fähigkeit, kompetent über Literatur zu sprechen. Wie beim ökonomischen Wert kommt es nicht unbedingt darauf an, daß das Buch für die betreffenden Besitzer oder Redner auch persönlich, nach Form oder Inhalt, wirklich etwas bedeutet. So kann z.B. die Entscheidung eines Literaturwissenschaftlers, sich intensiver mit dem Werk Goethes zu befassen, von dem Prestigewert dieses Klassikers in dominierenden akademischen Kreisen getragen sein.

Zusammenfassung: Ziel dieses Kapitels war es, sich in einer Typologie axiologischer Werte einen schematischen Überblick über die Maßstäbe zu verschaffen, die zur Beurteilung von Literatur programmatisch angeführt oder praktisch herangezogen werden. Vier Gruppen axiologischer Werte werden in der Wertung von Literatur postuliert und eingesetzt: formal-ästhetische, inhaltliche, relationale und wirkungsbezogene Werte. Die Frage, wie und unter welchen Voraussetzungen diese Maßstäbe im einzelnen auf Texte angewendet und wie sie zueinander in Beziehung gesetzt werden, kann nur in detaillierten Untersuchungen von Wertsprachen verschiedener Literaturtheoretiker oder -kritiker bzw. Gruppen von ihnen beantwortet werden. Exemplarisch wird dies in Kapitel II.5. vorgeführt werden.

II. GESCHICHTE

Exemplarische historische Rekonstruktionen von Wertung – Tradieren, Vergessen, Ausschließen

Im ersten Teil unserer Einführung haben wir das Instrumentarium zur Analyse von Wertungen im Sozialsystem Literatur vorgestellt und mit Beispielen veranschaulicht, die in der Regel selbst erdacht waren. Nun sollen im zweiten Teil vorliegende Wertungen aus der Geschichte der Literatur und der Literaturwissenschaft analysiert werden. Damit werden zwei Ziele verfolgt: Zum einen ist als Überprüfung gewonnener Einsichten zu zeigen, wie die eingeführte Begrifflichkeit angewendet werden kann und wie die herausgearbeiteten Faktoren der Wertung – insbesondere die Textwahrnehmung durch Schemata – auch in historischen Wertungshandlungen wirksam werden; zum andern aber soll unsere Erkenntnis in den Bereich der Wertungsgeschichte erweitert und dabei der Blick auch auf die Prozesse der Kanonbildung gelenkt werden.

Jedes der folgenden Kapitel hat wegen dieser doppelten Zielsetzung zwei Schwerpunkte, die für die Auswahl der Beispiele bestimmend waren. Im ersten Kapitel wird der wohl folgenreichste Bruch in der Geschichte des Wertens analysiert, der aus der Entstehung des Sozialsystems Literatur und der ‚Ästhetik der Autonomie' mit Notwendigkeit folgt[1]; der radikale Wandel in der Bewertung des Hochbarock läßt ihn besonders gut erkennen. Zugleich kann an diesem Beispiel der Einfluß von Poetologien als Schemata der Wahrnehmung auf die Wertung sowohl vor wie nach dem Bruch demonstriert werden. Das zweite Kapitel stellt diesen Bruch auf den Hintergrund des medialen Wandels von Mündlichkeit zu Schriftlichkeit, der das Lesen als eine neue, das Werten verändernde Rezeptionsweise mit sich bringt; mit dem Beispiel des hochideologisierten ‚Volkslieds' wird aber daneben auch die Frage nach Gattungen als Schemata im Wertungsvorgang erörtert. Im dritten Kapitel geht es um eine Normierung des nun allgemein gewordenen Lesens im entstehenden So-

---

[1] Vgl. I.1.2.2.

zialsystem Literatur, in deren Folge professionelle von ‚laienhaften' Wertungshandlungen (in öffentlicher und privater Kommunikation) geschieden werden; gleichzeitig wird die Wertungsgeschichte eines hochkanonisierten Einzelwerks, des „Wilhelm Meister", durch fast zwei Jahrhunderte verfolgt und daran der Zusammenhang von Lesen und Werten veranschaulicht. Im vierten Kapitel stehen die literaturvermittelnden Institutionen als Faktoren der Wertung und Kanonbildung im Vordergrund; für Annette von Droste-Hülshoff ist der Kanonisierungsprozeß – eine Ausnahme – gut erforscht und läßt außerdem Besonderheiten der Wertung einer Autorin erkennen. Das fünfte Kapitel, das den gegenwärtigen Diskussionsstand der Wertungs- und Kanonfragen darstellt, soll mit der Rekonstruktion der ‚Wertsprache' ausgewählter wissenschaftlicher Literatur- und Wertungstheorien nach 1945 demonstrieren, wie genau die Wertung von der jeweiligen Literaturtheorie abhängt; außerdem wird an dieser Stelle einmal der Versuch gemacht, die Wahl der Wertungskonzepte motivational auf dem Hintergrund politisch-sozialer Situationen zu verstehen. In einem sechsten Kapitel werden, wieder gemäß der doppelten Zielsetzung, einerseits die Einsichten zusammengefaßt, die sich bei der Überprüfung der Anwendbarkeit und Tragfähigkeit unserer Begriffe ergeben haben; andererseits wird ein weiterführender Überblick über den historischen Wandel der Wertsprachen und über Mechanismen der Kanonbildung gegeben, der dem dritten Teil unserer Untersuchung zur Grundlage dienen kann. Dort wird die normative Frage gestellt, ob diese Mechanismen oder ggf. welche anderen Formen traditionsbegründender Wertung sich argumentativ rechtfertigen lassen.

1. Wertung im Zeichen poetologischer Konzepte zwischen ‚Heteronomie' und ‚Autonomie' – am Beispiel der Epoche des ‚Barock' und seiner Stilrichtungen

Die Vorstellung, was Dichtung ist und leisten soll, muß alle Wertungen von Literatur als ‚Schema' des Verstehens mitbestimmen.[2] Ein grundlegender Unterschied liegt darin, ob in ‚heterono-

---

[2] Vgl. I.2.1.2.1.

1. Wertung im Zeichen poetologischer Konzepte

mer' Perspektive eine Beförderung kognitiver, emotionaler oder praktischer Zwecke von ihr erwartet wird oder in ‚autonomer' Perspektive eine eigene Leistung, die ausschließlich über die Wahrnehmung der ästhetischen Form erreichbar ist. Diesen Unterschied wollen wir gleich mit unserm ersten Beispiel veranschaulichen. Das Barock ist dafür besonders geeignet, weil in seiner Rezeption durch die Jahrhunderte hin die Perspektive wechselt, was die Wertung radikal verändert. Außerdem ist aber auch die Auseinandersetzung unter den Zeitgenossen, zwischen verschiedenen Stilrichtungen ‚heteronomer' Dichtung, an diesem Beispiel gut zu analysieren. Wir isolieren mit dem Blick auf die Poetologien ganz bewußt diesen einen – sprachlich dokumentierten – Aspekt der Wertung; ausgeblendet bleiben zum Beispiel die wirkungsbezogenen gesellschaftlichen Werte, der ökonomische und der Prestigewert, die in der historisch-sozialen Situation der Wertenden motivational wirksam werden[3]: etwa das Motiv der Konkurrenz unter den Autoren, das zur Innovation und damit zur Kritik an den Konkurrenten zwingt, und dahinter das ökonomische Motiv der Lebenssicherung, wenn sich die literarische Öffentlichkeit von einer vorwiegend höfischen zu einer bürgerlichen wandelt, u.a.m. [4]

Leitfaden und zum Teil auch Materialgrundlage für die folgenden Analysen sind der Überblick über die Bewertung des Barock nach den bis heute nicht überholten Studien von Wilfried Barner zur „Barockrhetorik" (= BR)[5] und von Manfred Windfuhr über „Die barocke Bildlichkeit und ihre Kritiker" (= BB). Analysiert werden die nach Barner und Windfuhr referierten Urteile über diejenige Stilvariante der Epoche, die ihr den Namen gab. Als ‚Epoche' verstehen wir in diesem Zusammenhang rein formal einen Zeitraum, in dem Vertreter verschiedener ‚Stilrichtungen' – man spricht auch von literarischen ‚Strömungen' – im zeitlichen Neben- oder engen Nacheinander aufeinander reagieren und sogar heftige Kontroversen austragen; die Epoche ist also nichts Einheitliches.[6]

---

[3] Zu den beiden Perspektiven vgl. I.1.2.2 und I.1.2.3, zu den gesellschaftlichen Werten I.2.2.2 und I.3.4.2.
[4] Vgl. Martino: Barockpoesie.
[5] Barner: Barockrhetorik, S. 3-85 und S. 448-455.
[6] Damit grenzen wir uns von einem literaturwissenschaftlichen Sprachgebrauch ab, der ‚Epoche' durch ein einheitliches ‚Epochenbewußtsein' definiert; in unserm Sinne wäre das eine ‚Strömung'.

Anzumerken ist, daß der Begriff ‚barock' von den Zeitgenossen noch nicht verwendet wird. Zunächst in der Kunstgeschichte beheimatet, wurde er erst seit Ausgang des 19. Jahrhunderts auch auf Literatur angewandt. Die deutsche Literaturwissenschaft versteht darunter heute einerseits den Zeitraum etwa zwischen 1600 und 1700, andererseits eine Stilrichtung, die in diesem Zeitraum ausgebildet wird und zur Herrschaft kommt. Wir dehnen die Epoche wegen der Nachwirkung der barocken ‚Stilrichtung' und der fortdauernden Auseinandersetzung mit ihr noch bis in den Anfang des 18. Jahrhunderts aus, in dem bereits neue ‚Strömungen' wie Frühaufklärung oder Empfindsamkeit sich durchsetzen, und wir beschränken den Stilbegriff ‚barock', in Übereinstimmung mit der heutigen Literaturwissenschaft, auf die Dichtungen und Poetiken jener Autoren, die für die Zeitgenossen wie für die späteren Kritiker das Eigenartige – und Anstößige – des Barock repräsentierten.

1.1 Zeitgenössische Wertungen

Die literarisch tätigen Zeitgenossen bewegten sich, wie wir heute wissen, in einer gemeinsamen, im wesentlichen schon in der schulischen Sozialisation erworbenen Tradition: Ihre Vorstellungen von Poesie, ihrem Wesen, ihren Funktionen, unterstanden der Rhetorik, wie sie von der Antike her über das Mittelalter und dann vor allem über die Renaissance vermittelt worden war, in lateinischer Sprache oder auch schon in einer der romanischen Nationalsprachen. Dichtung – nicht anders als die nicht-dichterische „Beredsamkeit" – galt als zweckgerichtete Sprachkunst, Rhetorik und Poetik waren kaum voneinander unterschieden.[7] Die mitzuteilende Sache (*res*) mußte unter Berücksichtigung der Angemessenheit (*aptum*) in geeignete Worte (*verba*) gekleidet werden. Das war eine künstlerische Technik (*ars*), die als lernbar galt, weil sie in Nachahmung (*imitatio*) bestand. Einerseits waren in Theorien festgelegte Regeln (*praecepta*) zu befolgen, andererseits historisch vorgängige Muster (*exempla*) zu imitieren (BR 59-64 u.a.).[8] Das ist ein typischer Fall einer ‚heteronomen' Dichtungsauffassung.

Wenn wir diese obersten Prinzipien der Barockrhetorik und -poetik als Wertsprache in unsern Begriffen reformulieren, so wird die

---

[7] Vgl. Explikat 6 zu „literarisch" und seine Erläuterung in I.1.2.3 .
[8] Zur Theorie und ihrer Tradition vgl. neben Barner: Barockrhetorik, auch Dyck: Ticht-Kunst und Fischer: Gebundene Rede.

1. Wertung im Zeichen poetologischer Konzepte

Erreichung eines Zwecks (*persuasio*) zum höchsten (wirkungsbezogenen) axiologischen Wert. Daraus leiten sich gleichrangig inhaltliche wie formale Werte ab: Die inhaltlichen bestehen in den einzelnen Zwecken, die formalen, ästhetischen[9] steuern die Angemessenheit der kompositorischen und sprachlichen ‚Technik' an diesen Zweck, im Blick auf ein bestimmtes Publikum; sie sind also gleichfalls wirkungsbezogen. Befolgung von Regeln und Nachahmung von Mustern gelten als positive Werte, weil sie nach der Erfahrungstradition die gewünschten Wirkungen befördern. Voraussetzung ist freilich die Trennbarkeit von *res* und *verba*, von vorgegebenem Zweck und wählbaren Mitteln, und damit die Lernbarkeit der Kunst. Es wird sich zeigen, daß sowohl diese Zuordnungsvoraussetzung wie diese Werte späteren Zeiten den Anlaß dazu liefern, die Barockdichtung wie alle auf Rhetorik gegründete Poesie zu verwerfen.

Unter den Zeitgenossen war jedoch, wie gesagt, der rhetorische Rahmen so gut wie unbestritten; nur innerhalb der allgemein anerkannten rhetorischen Vorgaben, nur unterhalb der Ebene dieser Prinzipien, wurden Kontroversen ausgetragen, aus denen wir nun Grundzüge der Wertsprachen der Kontrahenten, aber *ex negativo* auch die der kritisierten Barockautoren abstrahieren können. Solche Kontroversen entzünden sich meist an dem wohl auffallendsten Stilmerkmal der heute als ‚barock' klassifizierten Dichtung: an Art und Häufigkeit der Metaphorik. Sie ist in der Tat ein zentraler attributiver Wert barocker Dichtungen, der sich – wie wir sehen werden – auf verschiedene axiologische Werte zurückführen läßt.[10]

Unsere Analysen der zeitgenössischen Urteile über die Bildlichkeit stützen sich auf die genannte Untersuchung von Manfred Windfuhr.[11] Zwischen etwa 1650 und 1690, besonders zwischen 1660 und 1670 steht der übermäßige Gebrauch von Metaphorik offenbar im Mittelpunkt der Kritik (BB 345 f., 378 f). Martin Opitz, mit dem Lehrbücher die Epoche gern beginnen lassen, ist also bereits tot; er und seine Schüler zählen für Windfuhr zur ersten Gruppe, den „äl-

---

[9] ‚ästhetisch' im Sinne des Explikats 6, vgl. I. 1.2.3.
[10] Damit greifen wir aus dem Gesamtbereich der Rhetorik nur einen, für die rhetorische Dichtkunst allerdings besonders wichtigen, Teil heraus: die Stilistik (*elocutio*). Zu Einordnung und Entwicklung vgl. Linn, Rhetorik und Stilistik, S. 9-13.
[11] Vgl. BB 339-467. Hier sind auch veranschaulichende Textbeispiele zu finden.

teren Opponenten" (BB 377), die noch den gemäßigten Stilvorstellungen des Humanismus verpflichtet sind. Die zweite, zeitlich früheste Gruppe älterer Opponenten wird in den „Altdeutschen" (BB 377) gesehen (Johann Michael Moscherosch, Johann Balthasar Schupp, Johann Lauremberg u. a.); sie verwerfen als einzige die Rhetorik überhaupt, weil sie auf dem noch frühneuhochdeutsch geprägten Stil des 15. und frühen 16. Jahrhunderts beharren. Die dritte Gruppe der ‚Älteren' stellen diejenigen (meist norddeutschen) Protestanten dar, die als ‚Stilreiniger' (Johann Heinrich Hadewig) auf die (vorwiegend süddeutsche) katholische Barockliteratur zielen (BB 363-369) oder sich in der dichterischen Praxis (Paul Gerhard u. a.) von ihr abgrenzen.[12] Diese drei Gruppen verstehen wir als Zeitgenossen im engeren Sinn und als Gegenstand dieses Kapitels. Um 1670 sieht Windfuhr jene Richtungen entstehen, die über die Barockdichtung hinausführen werden (BB 340): die „Galanten" (Autoren um Benjamin Neukirchs Sammlung, Erdmann Neumeister, Christian Friedrich Hunold u. a.), die „Klassizisten" (Christian Weise, Johann Christoph Gottsched u.a.), die „Pietisten" (Philipp Jakob Spener, Nikolaus Graf von Zinzendorf und die Herrnhuter u. a.) sowie die ‚Schweizer' Johann Jakob Breitinger, Jakob Bodmer u. a.. Von ihnen wird im nächsten Kapitel (II.1.2) die Rede sein.

Alle diese Gruppen, die älteren wie die jüngeren, haben jene Autoren und jene Ausprägungen eines ‚barocken' Stils im kritischen Visier, an die wir beim Begriff ‚Barock' auch bis heute in erster Linie denken: also z. B. Georg Philipp Harsdörffer und Andreas Gryphius für die ältere, Christian Hofmann von Hofmannswaldau und Daniel Caspar von Lohenstein für die jüngere Generation, die Mystiker von Jakob Böhme bis Quirinus Kuhlmann sowie den Petrarkismus und den Marinismus[13], aber auch den weniger bekannten rhetorischen Grobianismus (Jakob Balde u. a.).

Es ist sinnvoll, die Wertvorstellungen der Kritiker und die von ihnen negativ gesehenen Werte der Barockdichter jeweils zu vergleichen und ggf. in Gegensatzpaaren (wo möglich und nötig auch tabellarisch) einander gegenüberzustellen, um dann die Wertsprachen

---

[12] Im übrigen sind freilich nicht wenige ‚genuine' Barockdichter protestantische Pfarrer oder Pfarrerssöhne (BB 363).

[13] Der Petrarkismus (nach dem Vorbild von Francesco Petrarca, 15. Jh.) tradiert dessen Konzeption unerfüllter Liebe und ein Bildrepertoire zum Preis weiblicher Schönheit, der Marinismus (nach dem Vorbild von Giorgio Marino) ist gekennzeichnet durch äußerste Scharfsinnigkeit und Verrätselung der Metaphorik.

1. Wertung im Zeichen poetologischer Konzepte

der Opponenten ein Stück weit zu rekonstruieren. Aus der Summe der kritisierten Züge ergibt sich dann auch schon ein, wenngleich verzerrtes, Bild der ‚barocken' Stilrichtung; ihre Wertsprache können wir treffender aber erst ganz am Ende des Barock-Kapitels (in II.1.5) darstellen, wenn wir die Ergebnisse der neuesten Barockforschung einbeziehen. – In unsern Rekonstruktionen müssen wir notwendigerweise sehr vereinfachen; auch stehen die jeweiligen Positionen einander nicht so streng und ausschließend gegenüber, wie es nach der jeweiligen Tabelle scheinen mag. Genaueres kann bei Windfuhr nachgelesen werden.

Weil die *Altdeutschen* Rhetorik noch prinzipiell ablehnen, sollen die Werte, die sie von Dichtung erwarten, und die negativen Werte, die sie an Barockpoesie kritisieren (BB 351-363), am Anfang unserer Analysen stehen. Hier wie künftig erläutern wir in der Regel die axiologischen Werte durch Zuordnungsvoraussetzungen, mit deren Hilfe sie auf Textmerkmale beziehbar sind.

ALTDEUTSCHE WERTE (POSITIV)	‚BAROCKE', RHETORISCHE WERTE (NEGATIV)
Höchster Wert: – Ausdruck des Nationalcharakters, Bewahrung deutscher Tradition, nationale Autarkie	**Höchster Wert:** – Konkurrenz mit dem Ausland: Nachahmung antiker Tradition, romanischer (‚welscher') und niederländischer Muster
Zuordnungsvoraussetzung: Bild vom bürgerlichen, ‚gemeinen' Mann als primärem Adressaten, aber auch als Autor	*Zuordnungsvoraussetzung:* Bild von höfischen und gelehrten Personen als alleinigem Adressaten, aber auch als Autoren
Abgeleitete Werte: – redliches, offenes, eindeutiges, auch grobes Sprechen – sittliches Frauenlob – sparsame, anschauliche und kräftige Bildersprache, aus dem Volksmund	**Abgeleitete Werte:** – rhetorisches Sprechen, das als solches Lüge und Verstellung ist, mehrdeutig, verrätselnd, pretiös – nach Hurerei klingender Frauenpreis – gehäufte, schwer verständliche Bildersprache, aus gelehrten „Schatzkammern"*

---

* Der Begriff ist eine der verschiedenen Bezeichnungen für die Sammlungen (Kollektaneen u.a.), die von den Adepten der Rhetorik als Vorrat von

– Sprechen aus der praktischen Erfahrung, unverfälscht durch lernbare Techniken	– Künstliches Sprechen, auf Grund von lernbaren Regeln
– Dichtung ist kunstlos, der Dichter ohne Ehrgeiz	– Dichtung ist Artistik, die Dichter stellen ihre Bildung aus
– Bevorzugte Versgattungen: Volks- und Gesellschaftslied, Satire im Stil des 16. Jahrhunderts	– Bevorzugte Versgattungen: Kunstlied, antike und romanische Gedichtformen, Satire nach antiken Mustern

Die höchsten Werte der Altdeutschen sind offenbar nicht ästhetische, sondern eher politische und ethische Werte: Bewahrung und Sicherung des deutschen Nationalcharakters, wie sie ihn sehen, ist das Ziel, von dem sich der Wert der Dichtung als ethisch-praktische Orientierung auf dieses Ziel hin ableitet. Die speziellen inhaltlichen, formalen und wirkungsbezogenen Werte müssen dem angesprochenen Publikum ‚angemessen' sein, also dem ‚gemeinen Mann' und nicht dem Gelehrten oder dem Hofmann. Hinter den hochgewerteten Textmerkmalen stehen Klischeevorstellungen der Altdeutschen vom deutschen Nationalcharakter als Zuordnungsvoraussetzungen: Einfachheit, Redlichkeit, Offenheit und eine gewisse Grobheit gehören demnach zum deutschen Mann, Sittlichkeit zur deutschen Frau, und ein deutsches Bild ist anschaulich und kräftig, nicht verrätselnd. Dies letzte bedeutet: Auch ästhetische Werte, zu denen die Art der Bildersprache zweifellos gehört, werden im Wertsystem der Altdeutschen von nicht-ästhetischen Werten abgeleitet, sind ihnen nachgeordnet.

Das Gewicht dieser Gruppe ist nach 1650 nicht mehr sehr groß; sie und ihre Werte mußten vorerst vom Schauplatz der Geschichte abtreten, auf dem ihnen bereits seit Ende des 16. Jahrhunderts die Humanisten den Rang abzulaufen begannen. Wir werden aber sehen, daß nach rund 100 Jahren unter veränderten Verhältnissen mindestens ein Teil ihrer Argumente wiederkehrt.[14]

Zu den *Humanisten* rechnet Windfuhr, immer unter dem Gesichtspunkt des Bildgebrauchs, eine Reihe von Autoren, die wir gewöhn-

---

Bildern, Formeln und vorgeprägten Sätzen zu beliebigem Gebrauch selbst exzerpierend angelegt wurden oder ihnen bereits in handschriftlicher Form zur Verfügung standen.

[14] Vgl. II.2.3.

lich schon dem Barock – als Epoche – zuordnen: z. B. Martin Opitz oder Paul Fleming. In der Tat ist auch für sie die Rhetorik bereits feste Grundlage ihres Dichtens. Aber in dieser Gruppe sind die humanistischen Rhetoriken und Poetiken des 16. Jahrhunderts noch lebendig und werden in Abgrenzung gegen die neumodische Praxis der ‚barocken' Dichter fortgeschrieben.[15] Die Vertreter dieser Position polemisieren nicht eigentlich gegen die ‚barocken' Autoren, sondern warnen nur in modester Form vor ‚Auswüchsen'. Gemeinsam ist beiden Richtungen die Orientierung am Ausland, das in der Rezeption der Rhetorik vorausgegangen ist, und selbstverständlich die Auffassung der Dichtung als artifizielle, wirkungsbezogene Rede, deren Technik erlernbar ist und deren Verständnis eine gewisse formale Bildung voraussetzt. Es ist nur noch einmal daran zu erinnern, daß in dieser gemeinsamen rhetorischen Dichtungstheorie unter dem Wertprinzip der *persuasio* zwei weitere Wertprinzipien fast gleichrangig wirksam sind: Das ist zum einen die Erfüllung eines Zwecks, wie etwa (lustvolle) Belehrung, (nützliche) Unterhaltung oder Erregung gesteigerter Gefühlsbewegungen – ein höchster wirkungsbezogener Wert und seine Ausprägungen –, zum andern die geeigneten Mittel, die ‚Kunst' der Rede – ein hoher formal-ästhetischer Wert.

Differenzen zwischen ‚Stilhumanisten' (BB 341) und ‚barocken' Stilisten ergeben sich nun jedoch in Hinblick auf die drei Grundforderungen an einen rhetorisch geschulten Stil, die als abgeleitete axiologische Werte aus den obersten Wertprinzipien hervorgehen: Deutlichkeit (*perspicuitas*), Schmuck (*ornatus*) und Angemessenheit an die Situation (*aptum*). Für den Stilhumanismus besteht zwischen diesen drei Forderungen eine Balance: Dichtung muß „verständlich" sein (freilich nur für Geübte), sie muß „schön und zierlich" sein, also nur mäßig geschmückt, und sie muß ‚angemessen' sein; das heißt, sie hat die drei Stilebenen des *genus grande*, des *genus medium* und des *genus humile* (die hohe, pathetische, die gemäßigte und die niedrige Stillage) zu beachten und an die jeweilige Redesituation anzupassen.[16] Die Verständlichkeit, ein wirkungsbezogener Wert im Dienst nicht-ästhetischer Werte wie Belehrung und angenehme Unterhaltung, steht nicht zufällig an erster Stelle; sie gibt dieser Gruppe das Maß für den Schmuck vor, der

---

[15] Windfuhr nennt als Autoritäten neben Martin Opitz Johann Peter Titz, Andreas Tscherning und Johannes Matthäus Meyfart (BB 344).
[16] So in der Poetik von Johann Peter Titz (vgl. BB 344).

nicht überhäuft auftreten darf, und für die Ausprägung der Stillage, bei der Exzesse an Pathos wie an ‚Niedrigkeit', z. B. Grobheit, Obszönität, Unflätigkeit, zu vermeiden sind. Die ästhetischen Werte sind also deutlich nachgeordnet, ethische wirken auch auf die stilistische Gestaltung ein. Die Zuordnungsvoraussetzungen, die zwischen den Textmerkmalen und den axiologischen Werten vermitteln, würden aussagen, was in dieser Gruppe von Autoren (und in ihrem Publikum) noch als gemäßigt, balanciert oder im Negativen als extrem und maßlos gilt. Vielleicht nicht zufällig haben zwei dieser Poetiker des ‚Maßes', Johann Peter Titz und Andreas Tscherning, Lehrstühle für Poesie und Beredsamkeit an norddeutschen Universitäten inne; das Trägheitsmoment der Institution, in der eher gelehrt als experimentiert wird, kommt zur Geltung.

Die barocken Autoren zerstören diese Balance, der Schmuck gewinnt in der Tat eindeutig Priorität, Unverständlichkeit ist kein Makel mehr und Verstöße gegen das Angemessene können als Reiz gewertet werden. Die Ausstellung artistischen Könnens, ein formalästhetischer Wert[17], scheint zum Selbstwert zu werden. Eine neue Wertsprache, so lernen wir hier, muß also nicht notwendigerweise durch den Austausch von Wertvorstellungen zustandekommen; es genügt auch eine andersartige Gewichtung.

Diese neue Gewichtung kritisieren von den gemeinsamen Grundlagen her nicht nur die Stilhumanisten, sondern auch einige *stilkonservative Protestanten*. Zwar haben sich viele Protestanten, in Schlesien, aber auch in Norddeutschland, den eher von der Gegenreformation getragenen barocken Stil in allen seinen Varianten bis hin zur Mystik angeeignet. Aber es gibt auch die Gruppe der protestantischen Stilreiniger, deren Argumente, im Rückgriff auf die Reformatoren, zum Teil in verwandte Richtung wie die der Altdeutschen zielen und mit ähnlicher Schärfe vorgetragen werden. Hier, wo verwandte religiöse ‚Zwecke' vertreten werden, lohnt sich wieder die Gegenüberstellung der positiven und negativen Werte für die Mittel, wie die Kritiker sie sehen, wenigstens in Auswahl:

---

[17] Es muß hier außer acht bleiben, daß dieser Wert für die Autoren auch einen Prestigewert darstellte, also einen wirkungsbezogenen axiologischen Wert im sozialen Bereich (vgl. I.3.4.2.2).

1. Wertung im Zeichen poetologischer Konzepte 143

WERTE DER STILKONSERVATIVEN PROTESTANTEN (POSITIV)	WERTE DER GEISTLICHEN BAROCKDICHTER (NEGATIV)
Höchster Wert: – geistliche Erkenntnis und Mitteilung *Zuordnungsvoraussetzungen:* – Adressat ist jedermann – Dichtung ist in der evangelischen Gemeinde zu brauchen, insbesondere zu singen	**Höchster Wert:** – ‚weltliche' Inszenierung geistlicher Erkenntnis *Zuordnungsvoraussetzungen:* – Adressaten sind nur in Rhetorik Gebildete – Dichtung ist private Lesedichtung
Abgeleitete Werte: – Sprache ist schlicht, eindeutig, einsinnig, unverblümt – Metaphorik ist maßvoll, nah an der Volkssprache – Bevorzugte Gattung ist das sangbare Lied in volkstümlichen Strophen	**Abgeleitete Werte:** – Sprache ist gleisnerisch, doppeldeutig, allegorisch, verrätselt – Metaphorik ist exzessiv, gelehrt – Diverse literarische Gattungen der europäischen Tradition werden benutzt

Hier ist freilich besonders darauf hinzuweisen, daß in der geistlichen Dichtung weniger die schroffen Oppositionen als alle Arten von Übergängen zu beobachten sind. Immerhin läßt sich erkennen, daß wiederum das Wertprinzip ein nicht-ästhetisches ist: Dichtung muß in erster Linie „geistlich" sein und darf die Aufmerksamkeit nicht von ihrem Zweck ablenken. Dichtung dagegen, die allzu kunstvoll ist, stellt auch als geistliche sich selbst und die Kunstfertigkeit des Poeten über ihren Zweck. Es muß aber allein um die Vermittlung reformatorisch-christlicher Botschaften und die Stärkung des Zusammenhangs der kirchlichen Gemeinde gehen; insbesondere das evangelische Kirchenlied, als Kern reformatorischer geistlicher Dichtung, hatte diese Aufgaben zu erfüllen. War Dichtung bei den Altdeutschen auf den deutschen Nationalcharakter ausgerichtet, so hier auf eine protestantische Kirchlichkeit. In den theologischen Grundlagen dieser Kirchlichkeit finden wir die Zuordnungsvoraussetzungen, mit deren Hilfe die Merkmale der Gedichte (die potentiellen attributiven Werte) auf die axiologischen Werte bezogen werden können. Das waren vor allem die Begründung des Glaubens auf die Bibel (und nicht auf die Kirchenlehre) sowie die Lehre vom „allgemeinen Priestertum". Diese setzte voraus, daß jedes Gemeindeglied, auch noch ein Analphabet, mit den biblischen Grundlagen des christlichen Glaubens und mit den Lehren der Sakramente so vertraut war, daß es priesterliche Funktionen ausüben konnte. Gut ist ein geistliches Lied also dann, wenn es diese Grundlagen und Lehren vermittelt, und zwar in einer Form, die leicht auswendig gelernt und weitergesagt werden kann. Schlichter Ausdruck, maßvoll eingesetzte, anschauliche, volkstümliche Bilder, kurze, übersichtliche Reimstrophen, womöglich auf bekannte Melodien werden unter solchen Voraussetzungen zu attributiven Werten.[18]

Zusammenfassung: ‚Barocke' Dichtung wird durchweg am Maß nicht-ästhetischer Wertprinzipien gemessen. Das entspricht der heteronomen Dichtungsauffassung, die von den altdeutschen Gegnern der Rhetorik wie von denen, die wie die Barockdichter selbst auf rhetorischer Basis dichten, geteilt wird. Die unterschiedliche Stoßrichtung der zeitgenössischen Kritik am Barock ergibt sich aus den je spezifischen Zwecksetzungen der Kritiker für Dichtung und aus ihren Zuordnungsvoraussetzungen. An den barocken Autoren stört sie vor allem das Gewicht, das diese der ästhetischen Gestaltung geben: Die Form scheint fast zum Selbstzweck zu werden.

1.2 Abwertungen durch die Folgegeneration

Die von Windfuhr so genannten „jüngeren Opponenten" (BB, ab 377) werden als Gruppierungen in der dichterischen Praxis seit etwa 1690 erkennbar und treten mit theoretischen Beiträgen vor allem in den ersten Jahrzehnten des 18. Jahrhunderts hervor.[19] Auch sie brechen noch nicht ganz mit der Rhetorik: Die „Galanten" und die „Klassizisten" stehen weiterhin auf deren Boden, bei den „Pietisten" sowie bei den „Schweizern" ergeben sich gewisse Konflikte, die auf die künftige Entwicklung vorausweisen (BB 378).[20] Wie also sieht die Kritik dieser Autoren an der Barockdichtung aus, die inzwischen

---

[18] Paul Gerhardt, der ohne Purismus in etwa der Linie von Opitz folgt, gibt mit Liedern wie „Sollt ich meinem Gott nicht singen" oder „Geh aus, mein Herz, und suche Freud" gute Beispiele.
[19] Die Zusammenordnung ist nicht als realhistorische Gruppenbildung zu verstehen, sondern folgt dem Interesse der Abgrenzung von Poetologien bei Windfuhr.
[20] Gegen Windfuhrs Zuordnung der Pietisten zur antirhetorischen Opposition hat Barner mit gewissem Recht Einspruch erhoben (BR 72 f.); sein Einwand betrifft aber nur Teilaspekte.

1. Wertung im Zeichen poetologischer Konzepte

in ihre Spätphase eingetreten war und mit den Hauptwerken von Hofmannswaldau und Lohenstein[21] die von den Älteren bereits kritisierten Tendenzen bis zum Exzeß getrieben hatte?

Die *Galanten*, die sich im Umkreis von Benjamins Neukirchs Sammlung finden[22], bleiben den Barockdichtern noch am nächsten. Ihre stilistischen Wertvorstellungen gleichen in vielem denen der Stilhumanisten; aber anders als diese und die Barockdichter engen sie die Vielfalt von Dichtungszwecken auf einen einzigen ein: auf die Produktion unterhaltender, ‚scherzhafter' Gedichte. Das zeigt die Gegenüberstellung:

GALANTE WERTE (POSITIV)	BAROCKE WERTE (NEGATIV)
– Galante Unterhaltung über leichte, scherzhafte Themen, Hauptgegenstand Liebe	– schwerfällige, pedantische Darstellung unterschiedlichster, oft ernster und hoher Gegenstände (metaphysische, politische u.a.)
– Balance zwischen Schmuck, Angemessenheit, Deutlichkeit: Mittelweg	– Vernachlässigung von Angemessenheit und Deutlichkeit: Exzeß
– Ton fein, höflich, artig, scherzend, burlesk	– Ton entweder affektiert, übermäßig subtil, heroisch-pathetisch oder grotesk-grobianisch (volkstümlich-bäuerliche Barockvariante)
– Vorbilder französisch (vor allem: graziöse Dichtung, höfisch, erotisch freizügig) und italienisch (Texte zu Musik)	– Vorbilder italienisch (Klang- und Wortspielerei) und spanisch (Pathos)
– Metaphorik und Allegorie maßvoll, anmutig, angenehm	– Metaphorik und Allegorie dunkel, überhöht, zu tiefsinnig
– Satzbau überschaubar	– Satzbau umständlich, weitläufig, verschachtelt
– Rhythmus fließend	– Rhythmus gestaut
– Gattungen: u. a. Opern, Kantaten, Arien, liedhafte Oden; Gedichte selten in Alexandrinern, eher in Madrigal- und Liedzeilen	– Gattungen: u. a. Sonette, Epigramme, Gelegenheitsdichtung viele Gedichte in Alexandrinern
– Verbindung mit Musik	– Lesedichtung

---

[21] Allerdings werden diese beiden Autoren, wohl wegen ihres unbestreitbaren Ranges, aber auch wegen vorausweisender Teile ihres Werkes, von der Kritik zunächst noch geschont.

[22] In dieser Sammlung „Herrn von Hoffmannswaldau und anderer Deutschen auserlesener und bißher ungedruckter Gedichte erster Teil" von

Der höchste Wert, das Stilprinzip der neuen Richtung, ist dezidiert ein formal-ästhetischer: Galantheit. Auch der Zweck dieser Dichtung, dem sie im Rahmen der rhetorischen Dichtungsauffassung dient, ist primär ein ästhetischer, ein wirkungsbezogen-hedonistischer Wert: angenehme, lustvolle Unterhaltung.[23] Wenn die ‚Galanten' also wie die ‚Stilhumanisten' eine Balance zwischen den drei Grundforderungen der Rhetorik – *perspicuitas, ornatus, aptum* – fordern, so steht diese nicht, wie bei jenen, in erster Linie im Dienst des Nützlichen, sondern des Schönen und Angenehmen. Die gleichen abgeleiteten axiologischen Werte – Verständlichkeit, mäßiger Bildgebrauch – müssen also nicht auf ein gleiches Wertprinzip schließen lassen. Den Unterschied zeigen auch die weiter nachgeordneten Werte, die sich bei den Galanten auf einen viel engeren thematischen Ausschnitt lyrischer Dichtung und Genres beziehen. Dafür sind die Zuordnungsvoraussetzungen verantwortlich, die wiederum das Verständnis des höchsten Werts der Galantheit auslegen: „galant" ist primär erotische Dichtung, und zwar verspielte (französische), nicht etwa tragische (spanische) Liebesdichtung.

In ganz andere Richtung zielt, vom Boden der Rhetorik aus, die Barockkritik der *Klassizisten und Aufklärer*, wie Christian Weise, Johann Christoph Gottsched u.a. Sie heben, wie die ‚Barocken', die Balance der Stilqualitäten auf, aber in der entgegengesetzten Richtung (401): Der Schmuck wird stark zurückgedrängt, noch stärker als bei den Humanisten, Deutlichkeit und Angemessenheit werden ins Zentrum gestellt. Im Dichtungsprozeß wird nicht mehr primär die *inventio*, und zwar als gelehrt-künstlicher Einfall, honoriert, sondern das *iudicium*, als klug abwägendes Urteil, das auf Klarheit dringt und dem Produkt den Anschein der Kunstlosigkeit, Natürlichkeit und Vernünftigkeit gibt (BB 402). Im Bereich der Bildlichkeit wird statt Üppigkeit Sparsamkeit propagiert: Der Rückgriff auf die Mythologie und auf die ‚Schatzkammern' rhetorischer Versatzstücke wird verworfen, Bilder sollen aus der Natur und der allen zu-

---

1695 stehen unter dem Namen, der später zur Zielscheibe der schärfsten Kritik wird, die Anfänge des neuen Stils. Seine Entwicklung und Transformation ist durch sechs weitere Bände (mit z. T. wechselnden Herausgebern) bis 1722 zu verfolgen, bis hin zu den bereits klassizistisch-aufklärerischen Versen im siebenten, nachgetragenen Band.

[23] „ästhetisch" als Formwert gemäß Explikat 6, vgl. I.1.2.3, als wirkungsbezogener hedonistischer Wert der (zweckfreien) Unterhaltung vgl. I.3.4.1.4.

1. Wertung im Zeichen poetologischer Konzepte

gänglichen Erfahrung geschöpft werden. Neubildungen werden verpönt, das Wortgeklingel der Nürnberger (das sind Georg Philipp Harsdörffer und die Dichtergesellschaft der ‚Pegnitzschäfer') wird angegriffen und die Umgangssprache zum Maßstab des Stilniveaus gemacht (BB 403, 405 ff.). Dem barocken Scharfsinn mit seinen Wortspielen und gesuchten Antithesen wird der situationsbezogene, oft satirische Witz entgegengesetzt (BB 423 ff). Überhaupt soll ein Text seine Gedanken und Bilder nicht an diversen Orten (den rhetorischen *loci*) aufsammeln und nach Mustern zusammensetzen[24], sondern eine auf die Situation genau zugeschnittene Einheit bilden (BB 404).[25] Für ihre Argumente greifen die Klassizisten zum Teil auf die Altdeutschen zurück, nehmen später aber auch Anregungen des französischen und englischen Klassizismus auf (Boileau, Rapin, Pope u.a.). Mit den protestantischen Sprachreinigern verbindet sie, selbst durchweg norddeutsche Protestanten, auch die Polemik gegen den katholischen Bilderpomp.

Hinter dieser Kritik stehen nicht nur neue Wertvorstellungen, sondern auch stark veränderte Zuordnungsvoraussetzungen. Das Wertprinzip ist ein nicht-ästhetisches: Vermittlung belehrender, aufklärender, vernünftiger Einsichten in einer klaren und damit angemessenen Sprache. Im Vergleich zu den Stilhumanisten ist also das Ziel, die unterschiedlichsten Gehalte auf jeweils angemessene Weise wirksam zu vermitteln, durch die Festlegung auf das ‚Vernunftgemäße' eingeschränkt und präzisiert. Als Zuordnungsvoraussetzung fungiert die Vernunft, wie sie im Weltbild der Aufklärung gedacht wird. Bilder z. B. sind nicht ‚vernünftig', wenn sie – wie die des Barock – auf der kirchlich gelehrten *analogia-entis*-Struktur des mittelalterlich-frühneuzeitlichen Kosmos beruhen[26] und auf dieser geglaubten Basis Entferntestes zusammenbringen können; „vernünftig" sind nur solche, die der rationalen, empirischen Erfahrung entstammen und menschlicher Vernunft einsichtig sind. Im übrigen soll die Bildlichkeit theoretischen Erkenntnissen und praktischen

---

[24] Dieses Verfahren wird jetzt auch schon als Diebstahl angesehen: die Vorstellung des geistigen Eigentums beginnt sich zu auszubilden.

[25] Die Vorstellung des Textes als eines Organismus wird aber mit diesem auf Verständlichkeit gerichteten Postulat noch nicht verbunden.

[26] *Analogia entis* meint die Entsprechung (durch Ähnlichkeit oder Partizipation) zwischen allen hierarchisch gestuften Schichten des Seienden in der von Gott geschaffenen Seinsordnung. Die Vorstellung, der das Wort erst im 20. Jahrhundert zugeordnet wurde, hat die Hochscholastik im 13. Jahrhundert ausgebildet. Vgl. Klein/Pannenberg: Analogia entis.

Zwecken, also kognitiven und ethischen Werten, zur Überzeugung verhelfen (BB 415, 419). Die formalen Werte erscheinen also wieder ausschließlich in dienender Rolle. Auch die neuen Präferenzen im Gattungssystem, als abgeleitete formale Werte, folgen dem Primat rationaler Belehrung: Es sind die ungeschmückte Fabel (BB 418 f.), die durchsichtige Satire (BB 426), die bis zur Banalität vereinfachte Prosa, die sogar in die Verssprache vordringt (BB 432 f.). Der Affekt, noch bei den Stilhumanisten ein unentbehrlicher Wert, weil er das rhetorische Ziel der Wirkungssteigerung befördert, wird nur noch als äußerst gedämpfter zugelassen; denn auch er steht der Vernünftigkeit im Wege.

Über diesen und nicht nur diesen Punkt denken die *Pietisten*, denken aber auch *Breitinger* und die andern Schweizer anders: Sie werten den Affekt wieder ganz hoch – aber nicht als rhetorischen Effekt. Wirksame Rede muß für die Pietisten vom Herzen und von der Seele aus in Bewegung gesetzt werden, nicht durch Wissen und Verstand nach Regeln der Rhetorik.[27] Man sieht, die Pietisten grenzen sich sowohl gegen die Barockdichter wie gegen ihre eigenen Zeitgenossen, die Aufklärer, ab. Anders als bei diesen erhält der bildliche Ausdruck wieder Vorrang gegenüber der planen Verständlichkeit, aber, anders als bei den Barockautoren, nicht als artifizieller *ornatus*: Die Bildersprache soll nicht aus der gelehrten und dogmatisierten Überlieferung ‚zusammengelesen' werden, sondern muß aus dem Herzen fließen (BB 439 f.). Bildersprache gilt als die eigentliche Sprache; im Vergleich zu ihr erscheint die Begriffssprache nur als Erstarrung und Verfall (BB 444). Das *aptum* ist nicht mehr die Angemessenheit einer gewählten Gattung oder Stillage in einer standardisierten sozialen Redesituation, sondern der unmittelbare individualisierte Ausdruck des Autors, der seinen persönlichen Kontakt zum Hörer resp. Leser sucht und findet (BB 442 f.). Angemessen ist solcher Unmittelbarkeit die – oft improvisierende – Sprache des Gefühls (BB 445); Vernunft wäre eine ebenso störende wie auch unnötige Vermittlungsinstanz. Aber auch die Hyperbeln und Antithesen der barocken Gefühlsmystik werden nach und nach durch mäßigere und den individuellen Gefühlsbewegungen nähere Bilder und Ausdrücke ersetzt. Die Verständlichkeit, als *perspicuitas*, ergibt sich nicht aus der Einhaltung der Regeln des *genus medium*, des

---

[27] In der Praxis freilich war die Rhetorik nicht so rasch verabschiedet (vgl. BR 72 f., auch BB 445 f.)

maßvollen Stils, sondern aus dem Gleichklang der kommunizierenden Seelen. In der Praxis bilden die pietistischen Zirkel tatsächlich eine spezifische ‚kollektive Individualität' mit einer gemeinsamen Sprache aus.[28]

Entscheidend für alles Neue an der pietistischen Sprache sind wieder die Zuordnungsvoraussetzungen, die zwischen dem höchsten Wert und den attributiven Werten des Stils vermitteln. Wertprinzip ist der außerästhetische axiologische Wert ‚geistlicher Erkenntnis'; ihn teilen die Pietisten sowohl mit den orthodoxen Protestanten wie den – hier nur am Rande zu erwähnenden – barocken Mystikern. Von diesem höchsten Wert werden aber drei ganz verschiedene Stilideale, d. h. Komplexe axiologischer Werte, abgeleitet, weil nämlich ‚geistliche Erkenntnis' je verschieden gedacht wird. Für die orthodoxen Protestanten ist sie eine Lehre, die der reformatorischen Gemeinde und ihren Dichtern durch Martin Luther, seine Bibelübersetzung und Exegese in schlichter, dem Volk abgelauschter Sprache vorgegeben ist[29]; guter Stil ist Stil nach seinem Vorbild. Für barocke Mystiker ist geistliche Erkenntnis eine die Grenzen des Lehrbaren sprengende Annäherung an das Unsagbare; ihr kann nur ein Stil entsprechen, der die rhetorischen Ausdrucksmittel der Argumentation und des Affekts ins Paradoxe, rational nicht mehr Einholbare steigert. Für die Pietisten aber fließt solche Erkenntnis aus der individuellen Erfahrung: aus einer Offenbarung Gottes, die unmittelbar das einzelne Herz, die einzelne Seele trifft und verwandelt. Das drängt die Pietisten tendenziell aus dem System der Rhetorik heraus: Es fordert den Ausdruck individueller Emotionen, das einfache, unvorbereitete Sprechen von Herz zu Herzen und einen Stil, der durch verständliche Bilder und seine Bewegtheit in Syntax und Wörtern die gefühlte Erkenntnis so unmittelbar wie möglich zu übertragen vermag.

Bleiben noch die *Schweizer*: Das Stilideal, das sie dem äußerst polemisch behandelten Barockstil entgegensetzen, ist von dem der Pietisten nicht allzu weit entfernt, ist deren säkulare Variante. Die Rhetorik wird nicht verabschiedet, aber ähnlich wie bei jenen mit individuellen Vermögen vermittelt. Gegenstand der Dichtung soll das Ungewohnte und Außerordentliche, das noch Wahrscheinliche, aber

---

[28] Vgl. Langen: Wortschatz des Pietismus.
[29] Vgl. II.1.1.

doch Wunderbare sein[30]; die beschränkte Alltäglichkeit aufkläre-risch-rationalistischer Poesien wird verachtet. Exorbitante Gegenstände wie starke Gefühlsbewegungen und numinos Unsichtbares fordern ungewöhnliche Ausdrücke, die in Hörern oder Lesern ein Echo des kaum Sagbaren erwecken. Die barocke, angelesene und übertriebene Bildlichkeit soll durch eine authentische des Herzens und der Herzensrührung ersetzt werden.

Der höchste Wert der Schweizer ist also auch ein nicht-ästhetischer: die Vermittlung neuartiger, in der individuellen Seele entstehender Empfindungen und Erfahrungen. Dem muß ein formal-ästhetischer Wert entsprechen: eine ‚herzrührende Schreibart', die solch ein Erleben mitzuteilen erlaubt (BB 458). Diesen abgeleiteten axiologischen Wert, die Hochwertung des Gefühls und der persuasiven Dimension der Rede, teilen die Schweizer mit den ‚barocken' wie mit den pietistischen Dichtern, aber die Stilmerkmale, die attributiven Werte, unterscheiden sich doch erheblich. Wieder sind es Zuordnungsvoraussetzungen, die das erklären. Bei den Barockdichtern läuft – so die Voraussetzung – die *persuasio* über den Verstand und das gelehrte Wissen; darum werden bei ihnen solche Stilmerkmale hochgewertet, die eine hohe Gefühlslage auf dem Umweg über das kennerhafte Wohlgefallen an der Größe, der rätselhaften Dunkelheit oder mythologischen Dignität bildlich vorgestellter Gegenstände herbeiführen sollen. Bei den Pietisten gilt wirksame geistlich-dichterische Rede als Folge der unmittelbaren Selbstoffenbarung Gottes in der menschlichen Seele; der Stil muß den Nachvollzug solcher Erfahrung möglich machen. Für die Schweizer ist diese Vorstellung der Offenbarung des christlichen Gottes säkularisiert: Es ist ein Unsichtbares, Göttliches, das sich in der Welt, vornehmlich der Natur offenbart und für Phantasie und Einbildungskraft vernehmlich ist; Stilmittel, die das mitteilbar machen – zum Beispiel enthusiastische Schilderungen der Erfahrung erhabener Natur oder pathetischer menschlicher Szenen – werden zum attributiven Wert. Die menschlichen Vermögen der Wahrnehmung und Gestaltung des ‚wunderbar'-Transzendenten werden damit so

---

[30] Mit den Begriffen des „Wahrscheinlichen" und doch „Wunderbaren", die der Phantasie und Einbildungskraft zugewiesen und vom barocken Scharfsinn abgegrenzt werden, wollen die Schweizer zwischen dem Irrationalismus der Pietisten und dem Rationalismus der Aufklärer vermitteln (BB 464); sie bereiten damit dem Religiösen – in Gestalt einer Gefühlsreligion in den Grenzen der Vernunft – einen neuen Platz in der Dichtung, den sehr bald Klopstock ausfüllen wird.

weit aufgewertet, daß der ästhetische Wert der ‚herzrührenden Schreibart' (BB 458) fast zum Selbstwert werden kann. Wir stehen an der Schwelle der Ästhetik, mit der die Kunst ‚autonom' wird, im genialen Individuum ihren Ursprung erhält und zu ihrem Verständnis ein entsprechendes ‚autonomes' Lesen fordert.[31] Damit wird die Dichtung aus ihrer engen Zuordnung zur Rhetorik entlassen, und der Wert der barocken Poesie, der aufs engste an die Rhetorik geknüpft war, kann für mehr als ein Jahrhundert nicht mehr wahrgenommen werden.

Zusammenfassung: Auch die nächste Generation bleibt im Prinzip noch der Rhetorik und damit einer ‚heteronomen' Dichtungsauffassung verhaftet; aber Dichtungszweck (= Wertprinzip) und Darstellungsform treten in eine zunehmend enge Verbindung, die immer stärker auf individuelle Erfahrung und schöpferische Fähigkeiten zurückgeführt wird. Dafür ist im wesentlichen der Wandel der Zuordnungsvoraussetzungen verantwortlich, mit denen das jeweilige Wertprinzip eingeschränkt oder konkretisiert wird: Unterhaltung muß galant, Einsicht vernünftig, geistliche Erkenntnis unmittelbar werden, und das Wunderbare muß in den Bereich individueller Erfahrung eintreten.

1.3 Abwertung durch den Bruch mit der Rhetorik im 18. Jahrhundert (mit einem Exkurs zu Tendenz- und Unterhaltungsliteratur)

Die Einheit von Rhetorik und Dichtkunst zerbricht endgültig mit dem Aufkommen der Ästhetik als Theorie der ‚autonomen' Kunst.[32] Von Baumgarten über Herder, Goethe und Kant bis zu Schelling und Hegel kann man die Grenzziehungen in der Philosophie wie in der Selbstreflexion der Dichtkunst verfolgen.[33] Mit dieser Verwerfung der Rhetorik muß auch die Barockdichtung, die ganz auf diesem Fundament geruht hatte, in Mißkredit geraten[34]; lediglich die Ge-

---

[31] Vgl. die Erläuterung zu Explikat 5, in I.1.2.3.
[32] Vgl. I.1.2.2 und Explikat 5 in I.1.2.3 sowie unten II. 3.1.2.
[33] Vgl. Paetzold: Rhetorik-Kritik; Barner: BR 12-16; Jens: Rhetorik, bes. S. 433 und S. 442 f.
[34] Als Beispiel: die Be- und Verurteilung Christian Hofmann von Hofmannswaldaus, eines paradigmatischen Vertreters des Spätbarock. Vgl.

schichtsschreibung der ‚Nationalliteratur' bringt ihr ein gewisses dokumentarisches Interesse entgegen. Wir rekonstruieren den Umbruch in den höchsten axiologischen Werten am Ausgang des 18. Jahrhunderts[35]; dann wird deutlich, warum ‚barocke' Dichtungen keine Chance mehr haben.

Die Herrschaft der Rhetorik auf allen Gebieten der Rede und auch in der Dichtkunst endet nicht abrupt, nicht in der Theorie und erst recht nicht in der Praxis.[36] Für die Wertung von Literatur aber greifen die neuen Vorstellungen vom Wesen der Kunst schnell. Es muß hier außer acht bleiben, wie sie sich im einzelnen herausbildeten und von den verschiedenen Autoren modifiziert wurden.[37] Viele Aussagen beziehen sich auf alle Künste gemeinsam, andere nur auf die Dichtkunst: Auch dieser Unterschied muß vernachlässigt werden.

Das Wichtigste: Kunst bleibt nicht länger auf die überzeugende Vermittlung vorgegebener Erkenntnis beschränkt; sie stellt einen eigenen Zugang zum Wahren wie zum Guten dar. Dieser Zugang ist vermittelt über die Sinne, über das Empfinden und Fühlen; damit soll die einseitige Erkenntnis des Verstandes, wie sie sich in den empirischen Wissenschaften ausgebildet hat, ergänzt werden. Die ästhetische Erfahrung ist der Verstandeserkenntnis in gewissen Punkten und Bereichen sogar überlegen: Nach dem Zusammenbruch der Metaphysik kann – so die Überzeugung der Begründer der Ästhetik um 1800 – allein sie noch das Ganze der Welt in ihrer Vollkommenheit vorstellen, und allein sie kann nach Kant im Schönen und Erhabenen das Sittlich-Gute zur Anschauung bringen, das Übersinnliche vermitteln. Allerdings kann die „ästhetische Urteilskraft" (Kant) dies nur in in subjektiver ‚Erkenntnis', „ohne Begriff", nur in der „Idee", und sie muß „interesselos" auf jede Verbindung mit praktischen Zwecken in Staat oder Gesellschaft verzichten. Die ästhetische Erfahrung, die sich in der Produktion von Kunstwerken ausdrückt, ist gebunden an das individuelle ‚Genie' des Künstlers; das

---

Rotermund: Hofmannswaldau, S. 71-91. Neben der stilistischen Kritik, die der neuen Wertsprache entspricht, fallen die Kritik am mangelnden Nationalbewußtsein und die fast durchgängige Empörung über die „Schlüpfrigkeit" des Dichters auf (ebd. S. 79 und 84).

[35] Als Basis dienen vor allem Ritter: Ästhetik, Sp. 555-580, bes. Sp. 555-567, und Berghahn: Literaturkritik, S. 10-75.

[36] Vgl. dazu Schanze (Hg.): Rhetorik, bes. die Beiträge von Linn, Schanze und Breuer; auch Paetzold: Rhetorik-Kritik und Ueding: Winckelmann.

[37] Dazu ausführlich: die Analyse der professionellen Rezeption von Goethes „Wilhelm Meister" in II.3.1.

1. Wertung im Zeichen poetologischer Konzepte

Genie schafft gemäß der Natur, d. h. nach ihren „Regeln". Die ästhetische Urteilskraft, die in der Rezeption aus dem schönen Schein der Kunst die eigenartige ästhetische ‚Erkenntnis' schöpft, ist gebunden an den Geschmack.[38] Als eine Art *sensus communis* sorgt der Geschmack dafür, daß ästhetische Urteile nicht willkürlich und privat bleiben, sondern Anspruch auf Allgemeingültigkeit erheben können. Ein besonderes Verhältnis besteht zwischen Kunst und Geschichte: Je an ihrem historischen Ort bringt die Kunst in ihren Zielen und Mitteln den epochalen Zeitgehalt zur Anschauung; in der ästhetischen Wahrnehmung der Folgegenerationen dagegen tritt ein zeitunabhängiger Wahrheitsgehalt an ihr hervor. Auf diese Weise können Werke, die zu ihrer Zeit – z. B. unter der Herrschaft der Rhetorik – ‚heteronomen' Zwecken dienten, zu absoluten, ‚autonomen' Kunstwerken werden.

Wir wollen nun versuchen, die Wertsprache dieser Ästhetik, die in der Literatur mit Klopstock und dem Sturm und Drang wirksam wird, mit unsern Begriffen zu rekonstruieren. Dabei stellen wir sie gleich tabellarisch derjenigen der Rhetorik gegenüber, unterscheiden nun aber Werte für den Produktionsprozeß, für die Werke und für die Rezeption. Allerdings beschränken wir uns auf das, was für die Dichtkunst relevant ist und lassen die andern Künste außer acht.

WERTE DER RHETORIK (NEGATIV)	WERTE DER ÄSTHETIK (POSITIV)
Höchster Wert: Wirksamkeit im Dienst fremder Zwecke, in Praxis eingebunden (Heteronomie) – Dienst u. a. auch an der Metaphysik, Repräsentation von als ‚objektiv' geglaubter Totalität	**Höchster Wert:** Eigenständige ‚Erkenntnis', durch Zweckfreiheit, aus Praxis entbunden (Autonomie) – alleiniger Statthalter der Metaphysik, Darbietung von subjektiv imaginierter ‚Totalität'
Abgeleitete Werte der Produktion: – Befolgung von kollektiv verfügbaren, tradierten Regeln	**Abgeleitete Werte der Produktion:** – Ausdruck individueller, authentischer ästhetischer Erfahrung (‚Erlebnisdichtung')

---

[38] Zu den beiden Erscheinungsweisen der Autonomie-Ästhetik als Produktions- und Rezeptionsmodus vgl. die Erläuterungen zur Ästhetikkonvention in I.1.2.2 und zu Explikat 5 in I.1.2.3.

– planmäßige Erzeugung, Dämpfung, Steigerung von Gefühlen gemäß den drei Stilarten (*genera dicendi*) – Nachahmung von Mustern der Kunst und ihrer Regeln: *imitatio,* ‚Normerfüllung' – Inspiration durch Exempla – Bilder als äußerlicher Schmuck, aus ‚Schatzkammern' – ‚ästhetische' Innovation = bloß neuartige Anwendung und Kombinatorik bekannter Elemente *Zuordnungsvoraussetzung:* Dichter als ‚Techniker' intellektuell erlernbarer, spezieller Kunstgriffe	– spontaner Ausdruck von Gefühl, aus der individuellen Situation, für die individuelle Situation in Leben und Werk – ‚Nachahmung' der Natur und ihrer ‚Regeln': Originalität, ‚Normdurchbrechung' – Inspiration durch Kongenialität – Bilder als Sprache der Natur, aus dem Genie – ästhetische Innovation = völlig neue, originelle Erfindung *Zuordnungsvoraussetzung:* Dichter als ‚Genie', als Organ ganzheitlicher Weltschau im Fühlen und Empfinden
Abgeleitete Werte der Werke: – Werk durch äußeres *aptum* bestimmt, mit Kunst auf einen Zweck orientiert – Werk durch jeweiligen Zweck mit seinem historischen Ort verbunden *Zuordnungsvoraussetzungen:* Vorstellungen von Zwecken: – durch Autorität gesetzt, in Kosmos (Gott) und Gesellschaft (Herrscher) – hierarchisch abgestuft, vom Einfachen bis zum Kunstvollsten – in erkennbaren Plan eingeordnet	**Abgeleitete Werte der Werke:** – Werk durch inneres *aptum* bestimmt: organische Einheit, analog zum Naturprodukt – Werk notwendiger Ausdruck der individuellen geschichtlichen Epoche *Zuordnungsvoraussetzungen:* Vorstellungen von Natur (als Ideal): – ‚Zweck' für sich, aus innerem Telos wachsend, im Individuum oder im Volk – in sich ganzheitlich, schlicht, einfach, ursprünglich, aber auch groß, erhaben – in der Geschichte sich entfaltend
Abgeleitete Werte der Rezeption: – Wirkung beabsichtigt, ‚berechnet': Wahrheit als ‚Effekt' – Kommunikation von außen gesichert durch Herrschaft des Angemessenen (*aptum*) – *aptum* bezogen auf eine Hierarchie von Gegenständen, Personen und Situationen	**Abgeleitete Werte der Rezeption:** – Wirkung absichtslos, ‚unschuldig': innere Wahrheit – ästhetische Kommunikation gesichert durch gemeinsamen Geschmack – Geschmack im Prinzip jedermann zugänglich

1. Wertung im Zeichen poetologischer Konzepte 155

– Lust der Rezipienten durch Bewunderung der rhetorischen Technik: bloß „angenehm"	– Lust der Rezipienten durch Nachvollzug der eigenartigen ästhetischen ‚Erkenntnis': „schön"
– überzeitliche Wirkung: durch Anerkennung des ‚Musterhaften' nur für den jeweiligen Bereich oder Zweck	– überzeitliche Wirkung: durch subjektive Aktualisierbarkeit der ästhetischen ‚Erkenntnis' aus dem je gegenwärtigen Horizont
Zuordnungsvoraussetzung: Rezipient an heteronomen Werten interessiert, versteht formal-ästhetische Werte vor allem als deren wirksame Inszenierung.	*Zuordnungsvoraussetzung:* Rezipient an der autonomen Form der Dichtung selbst interessiert, nimmt Werte nur durch sie vermittelt auf.

Die Tabelle zeigt: Hier löst eine völlig neue Wertsprache eine andere ab. Wie die Zuordnungsvoraussetzungen erkennen lassen, beruht diese Ablösung auf grundlegenden Veränderungen des Weltbilds. Und in der Tat kennen wir in der abendländischen Geschichte kaum eine Epochenzäsur, die so einschneidend ist wie diese. Es verwundert nicht, daß sie sich über Jahrhunderte vorbereitet hat und daß sie in den einzelnen Ländern Europas mit zum Teil erheblichen Zeitverschiebungen eintritt, in Deutschland am spätesten.

Die Rekonstruktion der Wertsprache der Ästhetik im Gegensatz zu derjenigen der Rhetorik liefert allerdings noch keinen sicheren Leitfaden dafür, am einzelnen Text zu erkennen, welche der beiden Wertsprachen von der Textbasis her eigentlich aktiviert wird, die der Rhetorik oder die der Autonomieästhetik. Eine ganze Generation von Literarhistorikern hat, wie wir noch sehen werden[39], hier nicht unterscheiden können. Es fehlte ihnen, als Zuordnungsvoraussetzung, die Kenntnis des Systems der Rhetorik, um z. B. den pathetischen ‚hohen Stil' bei Andreas Gryphius auf den ‚heteronomen' Wert ‚Artistik' beziehen zu können, während sie das Sturm-und-Drang-Pathos des jungen Goethe korrekt aus dem ‚autonomen' Wert genialer ‚Natur' verstanden. Aber auch mit entsprechendem Wissen ist es schwierig, allein vom Text her die bewußt kunstlose, quasi ‚natürliche' Stillage der Rhetorik, das *genus humile,* gegen ein natürliches, ‚volkstümliches' Sprechen aus dem Empfinden eines ‚Genies' abzugrenzen. Und am schwierigsten, wenn nicht unmöglich ist es, etwa die klassische Sprache Goethes in seiner „Iphigenie" *nicht* als eine höchst kunstvolle Form von Rhetorik zu lesen. Beides ist nur mit einer Zuordnungsvoraussetzung möglich, die gemäß der Geniästhetik

---

[39] Vgl. unten II.1.5.

gilt: Alles, was der Dichter sagt und wie er es sagt, ist auf ihn als reales Individuum zurückzuführen, und sein gesamtes Werk muß seine individuelle Handschrift tragen. Daher die überragende Bedeutung der Dichterbiographie im ganzen 19. Jahrhundert, fast bis heute, und daher auch die Interpretation des Einzelwerks aus dem Werkkontext. Und soviel trifft zu: Das früher selbstverständliche Imitieren von Mustern wird nun tabuisiert und als Plagiat gebrandmarkt, die Dichter lernen ihre Rhetorik nicht mehr aus Büchern, sondern folgen dem eigenen Kompositions- und Sprachempfinden.[40] Allerdings dürfen wir die Wirkung der fortdauernden Schulübung in Rhetorik nicht unterschätzen.[41]

Die Vorstellung von absoluter Einzigkeit und Originalität des Individuums, auch des Künstlers, wurde freilich sehr rasch durch die Scharen von Epigonen der ‚Großen' einerseits, durch die Verwandtschaft innerhalb von Stilrichtungen andererseits, problematisch: Nachahmung stellte sich auch ohne rhetorische Vorgaben ein, und gleichgerichtetes Wollen ergab sich – genau wie zu Zeiten der Rhetorik – aus ähnlichen Grundanschauungen. Doch hat sich die befremdliche Unvergleichbarkeit des ‚Genies' als Maßstab für literarische Größe durchgesetzt.[42] Er ließ sich rückwirkend auch auf die Autoren anwenden, die bis dahin nur als ‚Meister ihres Faches', Muster in einer Gattung oder einem einzigen Werk angesehen worden waren. Biographisch mochten sie – wie Homer oder Shakespeare – oft gar nicht oder kaum mehr bekannt sein, aber ihr Werk war singulär. Unter den deutschen Barockdichtern fand sich niemand, der mit solcher Originalität den Rahmen der Rhetorik gesprengt hätte; so ließ sich das Verdikt über die ganze Richtung, mit kleinen Differenzierungen, ungefähr ein Jahrhundert lang aufrecht erhalten.

Mit der Abwertung der Rhetorik wurden aber, wie wir wenigstens in einem Exkurs erwähnen müssen, neben der Barockliteratur noch andere, große Bereiche der Literatur aus der ‚Kunst' ausgeschlossen, nämlich die ‚Tendenzliteratur' und die ‚Unterhaltungsliteratur'. Wir erkennen sie bereits an ihren Namen als Erben der Rhetorik, denn beide verweisen auf einen ‚heteronomen' Zweck. Und zwar stellen

---

[40] Im Rückblick auf II.1.2 wird klar, wie weit die Pietisten und die Schweizer in diesem Punkt bereits einen Übergang bilden.

[41] Vgl. dazu Linn: Rhetorik und Stilistik, bes. S. 102, Breuer: Schulrhetorik, und Jäger: Deutschunterricht.

[42] Vgl. Bloom: Western Canon, S. 3. Zur Kontroverse über diesen Maßstab vgl. II.6 und III.1.2 und III.1.3.

sie jeweils einen der beiden Aspekte rhetorischer Dichtung in den Vordergrund, den zweckhaften Nutzen und das Vergnügen an seiner ‚angemessenen' ästhetischen Vermittlung: ‚*Tendenz*literatur', wie didaktische Dichtung im Zeichen der Autonomieästhetik abschätzig genannt wird, verfolgt religiöse, moralische oder politische Ziele in einer angenehmen Einkleidung, ‚*Unterhaltungs*literatur' will vergnügen und in dieser Verpackung mehr oder weniger offensichtlich auch – oft sehr massive – Wertvorstellungen vermitteln; ‚Kunst' dagegen darf keinen vorgegebenen Zweck verfolgen, und wenn sie unterhält, so ist das ein Nebeneffekt. Die mit ihrem Ausschluß aus dem Bereich der ‚Kunst' verbundene Abwertung von Tendenz- und Unterhaltungsliteratur ist aber, wie wir noch sehen werden, nicht unwidersprochen geblieben.[43]

Die beiden Literaturtypen sind auch nur hierzulande so diskreditiert und in so schroffe Opposition zur ‚Literatur als Kunst' gestellt worden; weder in England noch in Frankreich wurden strenge Grenzen gezogen. Der Grund dafür dürfte darin liegen, daß nur in Deutschland die verspätete ‚Klassik', der Gipfel der Nationalliteratur, mit dem Umbruch zur Ästhetik zusammenfällt; in Theorie und Praxis wurde er durch die Klassiker und Romantiker selbst befördert. In allen andern Ländern liegt das ‚Goldene Zeitalter' ihrer Literatur noch vor diesem Umbruch, wenn auch Autoren wie Dante und Petrarca, Molière und Racine, Shakespeare oder Cervantes unter Prämissen der Rhetorik nicht ausreichend zu verstehen sind; gerade Shakespeare wurde bekanntlich für Lessing zum ‚Muster' für das Genie, das seine Regeln aus der Natur zieht.

Zusammenfassung: Die im 18. Jahrhundert sich ausbildende Autonomieästhetik stellt eine völlig neue Wertsprache dar. Sie kann der rhetorisch verfaßten Barockdichtung von ihren Prinzipien her nicht mehr gerecht werden und schließt auch die Dichtungsarten aus, die an den alten Funktionen der Dichtung, Belehrung und Vergnügen, festhalten, die Tendenz- und die Unterhaltungsliteratur. Autoren der ‚vorautonomen' abendländischen Tradition können zwar unter den neuen Kriterien der Ästhetik rezipiert und ‚zweckfrei' in das Museum des überzeitlich Gültigen aufgenommen werden; aber deutsche Barockdichter erfüllten diese Ansprüche nicht.

---

[43] Vgl. die ‚synkretistische Ideologiekritik' (II.5.1.2.2) und den ideologiekritischen Feminismus (II.5.4.1), sowie II.6. Als Vorschlag eigener Wertsprachen für diese Genres vgl. III.2.2.

1.4 Aufwertung aufgrund von Affinität: Nietzsche und der Expressionismus

Nietzsche hat wohl als einer der ersten in seinem Aphorismus „Vom Barockstile" (1879)[44] den Barockbegriff von den bildenden Künsten auf die Literatur übertragen und zugleich eine entschiedene Aufwertung des Barockstils vorgenommen (BR 3-12, 15 f., 18-22). Möglich wurde das durch eine neue, morphologisch-formalästhetische Betrachtungsweise, die zu jener Zeit in den beiden Kunstwissenschaften aufkam: Epochenstile wurden als periodisch wiederkehrende Abfolge von „klassischen", maßvollen, und gegenklassischen, extremen Stiltendenzen begriffen. Im damals beliebten organologischen Schema von „Blüte" und „Verfall" wurden die überbordenden, ‚barocken' Stile freilich der Dekadenz zugeordnet, aber sie waren durch die überzeitliche Periodik auch gerechtfertigt. Einzelne Naturen wie Nietzsche, ganze Epochen wie der Expressionismus konnten sie aus innerer Affinität zum Antiklassischen auch bewundern.

Die Literaturgeschichtsschreibung des 19. und beginnenden 20. Jahrhunderts hatte im wesentlichen die negativen Urteile der Aufklärer über den Barock"schwulst" tradiert[45] und unter dem Vorzeichen des Nationalismus der ‚verspäteten Nation' den alten Vorwurf des ‚Undeutschen' erneuert. Aber mehr noch lag es an der unbefragten Alleinherrschaft der Autonomieästhetik, daß in den Kanonbildungsprozessen des 19. Jahrhunderts Barockautoren gar nicht erst diskutiert wurden.[46] (Die bloße Dokumentation der deutschen ‚Nationalliteratur' in repräsentativen Beispielen, die natürlich auch Barockes enthielt, kann in unserm Sinne[47] nicht als ‚Kanon' gelten). Auch als seit Beginn des 20. Jahrhunderts individuelle Aufwertungen begannen, konnte das nur geschehen, weil der rhetorische Charakter dieser Dichtungen nicht erkannt oder heruntergespielt wurde. Fritz Strich bringt als einer der ersten die Sympathien des Expres-

---

[44] Menschliches, Allzumenschliches, Bd. 2, Nr. 144.
[45] Vgl. zum Folgenden neben Barner auch Rotermund: Hofmannswaldau, S. 81-91.
[46] Vgl. Rosenberg: Kanonbildung.
[47] Vgl. unten II.4, Explikat 15. Mehrere unserer Kanonkriterien wie dauerhafte Präsenz am Markt und ständige Pflege in literaturvermittelnden Institutionen sind für die Texte in monumentalen dokumentierenden Reihen wie „Kürschners deutsche Nationalliteratur" u. ä. nicht gegeben.

sionismus für das Barock 1916 in die Literaturwissenschaft ein; er wertet die bisher als „Schwulst" verdammten Merkmale auf und hebt das Bewegte und ‚Ringende' am Barockstil hervor. Arthur Hübscher spricht vom „antithetischen Lebensgefühl" (BR 24 f.).[48] Andere Literaturgeschichtler helfen sich durch eine Aufspaltung der Epoche: Rhetorik wird nur den Anfängen, den mit Windfuhr von uns so genannten „Stilhumanisten", zugewiesen oder als Hemmnis für den Ausdruck echter Erlebnisse und starker Gefühle angesehen. Einzelne Autoren, einzelne Werke, einzelne Stellen werden also dadurch aufgewertet, daß man sie auf die maßgebende Erlebnisästhetik bezieht.

Wie läßt sich diese Aufwertung mit unseren Begriffen analysieren? Offenbar gilt noch immer die Wertsprache der ‚Erlebnisdichtung'. Aber man kann die Merkmale der barocken Dichtung, die bisher als absichtlich, künstlich, artistisch und ‚unwahr' rezipiert und denunziert worden waren, auf einmal auf die axiologischen Werte von Erlebnis und Gefühl zurückführen. Geändert hat sich offenbar die Zuordnungsvoraussetzung, unter der die ‚Natur' des Dichters aufgefaßt wurde. Natur ist jetzt weder volkstümlich schlicht und einfach, sie ist nicht klassisch ‚schön' oder ‚erhaben', sondern sie entspricht dem vitalistischen Empfinden der Epoche des Expressionismus: sie ist drängend, ringend, dynamisch, überschwänglich. Schon Nietzsche und dann Autoren und Literaturwissenschaftler dreißig, vierzig Jahre später erkannten offenbar in der Sprache der Barockdichtung ihr eigenes Lebensgefühl und brauchten diese deshalb nicht als zweckgebundene Technik zu verurteilen. Eine historisch korrekte Wahrnehmung liegt dieser Aufwertung freilich nicht zugrunde.

Zusammenfassung: In der ersten Phase der Aufwertung der Barockdichtung wird deren rhetorischer Charakter noch verkannt oder auf rhetorische Elemente reduziert, die isoliert werden. Aufwertung ist möglich, weil das eigene Lebensgefühl die barocke Dichtersprache als ‚natürlich', aus der Natur des Dichters entspringend empfinden kann. Die Aufwertung wird also in einer zum Schema gewordenen Wertsprache vollzogen, die bis dahin zur Abwertung des Barock geführt hatte, indem man sie ahistorisch den Dichtern des Barock unterstellte. Daß die Wertsprache damit in einem Fundament, dem Verständnis von ‚Natur', geändert wurde, blieb unbemerkt.

---

[48] Vgl. auch Rotermund: Hofmannswaldau, S. 85.

1.5 Aufwertung durch Neubewertung der Rhetorik in der Literaturwissenschaft

Mit Günther Müller beginnt die Aufwertung der Barockdichtung auch durch die Anerkennung ihrer rhetorischen Prämissen. Allerdings wird zunächst noch – Erbe der expressionistischen Vereinnahmung – vorausgesetzt, daß die Wertsprachen des Barock und der Erlebnisdichtung sich mischen lassen. Müller hatte 1925 die Rhetorik als den Grundzug der Epoche entdeckt und den öffentlichen, repräsentativen, zweckgebundenen Charakter dieser Dichtung ohne Scheu herausgestellt. Gleichzeitig nahm er aber an, daß sich in den rhetorischen Formen auch persönlichstes Erlebnis ausspreche oder doch aussprechen könne (BR 27 f.).[49] Bis Anfang der 60er Jahre war die Rhetorik, jedenfalls die deutsche Tradition, noch nicht genügend erforscht, ein einheitliches Verständnis der rhetorischen Technik und ihrer Bedeutung für die Barockdichtung war im Fach noch nicht gewonnen, und ihre Wertung blieb kontrovers.

Inzwischen ist diese Forschungslücke weitgehend geschlossen. Damit ist der Grund gelegt, die Wertsprache der Dichtung des Hochbarock (seit Gryphius) abschließend in historischer Rekonstruktion nach ihren eigenen Maßstäben darzustellen. Wir zeichnen die erzielten Einsichten mit positiven Akzentuierungen nach und ordnen sie unserer Typologie zu:

– Barocke Sprachkunst verfolgt Zwecke und strebt nach Wirkung: sie ist auf das praktische Leben ausgerichtet (= wirkungsbezogene nicht-ästhetische und ästhetische Werte, mit dem Ziel heteronomer Verarbeitung);
– die Zwecke betreffen das ganze (hierarchisierte) Spektrum menschlicher Bedürfnisse: Belehrung im theoretischen (metaphysischen wie wissenschaftlichen) und praktischen (moralischen, politischen) Bereich, Befriedigung emotionaler Bedürfnisse, gesellige Unterhaltung, Repräsentation bei öffentlichen und privaten Anlässen (= kognitive und ethisch-politische Werte, emotionale und hedonistische Werte als wirkungsbezogene axiologische Werte, dazu Prestigewerte);
– den Zwecken entsprechen die Mittel der Stilhöhe, der Stilarten, der ihnen zugeordneten Gattungen usf. (= formale ästhetische Werte, heteronom);

---

[49] Vgl. auch Rotermund: Hofmannswaldau, S. 86.

1. Wertung im Zeichen poetologischer Konzepte 161

- die Kategorie des Angemessenen sichert das Gelingen der Kommunikation, die Dichtung ist dialogisch (= wirkungsbezogener relationaler und kommunikativer Wert);
- die Dichtung folgt Regeln (*praecaepta*), aber sie orientiert sich auch an Beispielen (*exempla*); die historische Spannweite der Beispiele eröffnet einen Spielraum der Ausarbeitung und Variation (*imitatio, elaboratio*), der Uniformität verhindert[50] (= relationaler, formal-ästhetischer Wert);
- auch die rhetorische Dichtungsauffassung hat Platz für Originalität und Innovation: eben in der Kunst der Ausarbeitung und Variation (= relationale Werte).

Nun müssen wir freilich noch fragen, was für eine Wertsprache es ist, die diese historisch gerechte Würdigung der Barockliteratur durch die neuere Literaturwissenschaft ermöglicht hat. Die Wertenden beziehen bei dieser Wertungshandlung die Texte nicht mehr auf sich selbst, sondern auf die Zeit, in der sie entstanden sind; sie werten sie mit dem distanzierten Interesse von Literaturgeschichtlern als historische Dokumente und nach den Funktionen, die sie in ihrem zeitgenössischen Zusammenhang erfüllt haben. Dabei mögen die Forscher durchaus in quantitativer Wertung auch herausheben, was sie für besonders gelungen halten, und dabei – wie Nietzsche und ihre Vorgänger – eigene ästhetische Werte ins Spiel bringen. Aber im Vordergrund stehen doch relationale Werte: Höchster Wert ist die ‚Repräsentativität' der Dichtung für die historische Situation, in der sie entstanden ist, ihr Charakter als Zeugnis für die Dichtungsauffassung der Epoche, für die ideellen und materiellen Voraussetzungen, die sich in ihr niederschlagen und für die Lebensäußerungen, die wir an den Dichtungen ablesen können. Was von ihren Merkmalen diesem relationalen Wert zugeordnet wird, hängt davon ab, was die Wissenschaftler in unserm Falle als typisch für barocke Dichtung in ihren Varianten verstehen.[51]

Zusammenfassung des Kapitels II.1 insgesamt: Die Bewertung der barocken Stilrichtung ist eng an die Bewertung der Rhetorik gebunden: Die Kritik der Zeitgenossen bewegt sich von einer vor-rhetorischen Position über mehrere konkurrierende Poetologien im Rah-

---

[50] Vgl. Barner (BR 62-70).
[51] Wertung von Dichtung als historisches Dokument ist nur eine der Möglichkeiten von Wertung in der Literaturwissenschaft; vgl. II. 5.

men der Rhetorik bis an die Grenze der Autonomieästhetik, mit der die Rhetorik als Dichtungstheorie verabschiedet wird. Erste Aufwertungen werden seit Nietzsche durch Identifizierung auf der Basis verwandten Stilgefühls möglich, aber noch im Schema der Genieästhetik bzw. Erlebnisdichtung. Gerechtigkeit widerfährt dem Barockstil erst durch die literarhistorische Aufwertung seiner rhetorischen Grundlagen.

2. Wertung zwischen Mündlichkeit und Schriftlichkeit – am Beispiel des historischen ‚Volkslieds‘

Wir wollen nun fragen, ob und wie sich die Wertung von Dichtung in mündlicher und schriftlicher Präsentation unterscheidet. Denn jeder Wechsel des Mediums, in dem Literatur vermittelt wird – in unserm Jahrhundert etwa in Film, Funk oder Fernsehen –, müßte sich mit der veränderten Wahrnehmungsform auch auf die Wertung auswirken. Wertung in der Mündlichkeit ist allerdings noch kaum erforscht. Wir kennen keine theoretischen Äußerungen dazu, und überlieferte Rezeptionszeugnisse geben keine ausreichende Auskunft über die axiologischen Werte. Allerdings wäre daran zu denken, die Rhetorik, deren Wertsprache und Geschicke unter der Autonomieästhetik wir im vorigen Kapitel kennengelernt haben, als Theorie mündlicher Dichtung anzusehen: Denn die Rhetorik ist in der Antike aus der Praxis mündlicher Rede in konkreten, öffentlichen Situationen – zunächst der Gerichtsrede – hervorgegangen, als eine Lehre ausgearbeitet und in der Spätantike auch auf die epideiktische Poesie, also auf wertende, lobende und tadelnde Dichtungen, bezogen worden. Der Bezug auf Zwecke in Situationen, in denen es auf wirkungsvolle Wertvermittlung in mündlicher Rede ankam, blieb der Rhetorik auch erhalten, als sie im Schulbetrieb tradiert und auf schriftliche Äußerungen übertragen wurde – von der Antike an bis ins 19. Jahrhundert[1]; die Barockrhetorik, die von den lateinisch gebildeten Humanisten auf volkssprachliche Dichtung zugeschnitten wurde, ist dafür ein gutes Beispiel.[2] Aber diese Bindung an Schule und Gelehrsamkeit ist es, die sie ungeeignet macht, die Werte einer ‚spontanen‘ mündlichen Dichtung zu reflektieren: Deren Praxis wurde gleichsam handwerklich vermittelt, durch die Praxis selbst. Ihre Werte können wir also nicht als ‚sprachliche‘, sondern nur als ‚motivationale‘ fassen: Wir müssen sie induktiv aus erfolgreichen Dichtungen, aus den Erfordernissen der mündlichen Kommunikationssituation und – mit Vorsicht – aus den Selektionen bei der Verschriftlichung erschließen.

---

[1] Vgl. Jens: Rhetorik, Sp. 439-444, sowie hier II.1.1.
[2] Vgl. Barner: Barockrhetorik; das Schulwesen wird von Barner sehr genau behandelt.

Als Beispiel für einen Versuch auf diesem Gebiet haben wir aus zwei Gründen das historische ‚Volkslied' gewählt[3]: Zum einen sind die teilweise aus dem Mittelalter stammenden ursprünglichen Typen dieser literarischen ‚Gattung' erst relativ spät, im 15./16. Jahrhundert aufgeschrieben und bald auch gedruckt wurden; mit ihnen ragt Mündlichkeit in den Zeitraum hinein, auf dessen schriftliche Literatur sich die Neuere deutsche Literaturwissenschaft, unsere Fachrichtung, in der Regel konzentriert.[4] Zum andern können wir an diesem ‚Volkslied', das erst im 18. Jahrhundert durch Herder überhaupt als Gattung, als Textgattung konstituiert worden ist, am Rande auch beobachten, wie eine Gattungskonzeption als ‚Schema' die Wertung von Texten mit bestimmt. Allerdings ist die Reichweite unserer Einsichten sowohl zur Wertung in der Mündlichkeit wie zum Schema ‚Gattung' von vornherein eingeschränkt: Aus der Beobachtung eines einzigen zunächst mündlichen Literaturtyps, wie dem des historischen Volkslieds, dürfen wir nur in begrenztem Umfang auf Wertung mündlicher Dichtungen überhaupt schließen; und für die Besetzung einer Gattungsvorstellung mit positivem – oder auch negativem – Wert hätten sich vielleicht eindrucksvollere Belege finden lassen[5]; wir mußten aus Raumgründen auf ein eigenes Kapitel dafür verzichten.

Der Begriff ‚Volkslied' ist äußerst umstritten und ungeklärt, auch in der Musikwissenschaft und in der Volkskunde, die sich mehr noch als die Literaturwissenschaft damit befassen.[6] In der Tat ist der Terminus ‚Volkslied' erst 1773 durch Johann Gottfried Herder geprägt

---

[3] Die Mischung, die wir darunter verstehen wollen und die auch Kirchenlieder sowie über den Zunftkreis hinausgedrungene Lieder des Meistersangs enthält, dokumentiert Düwel: Gedichte 1500-1600; dort allerdings auch gelehrte Dichtungen der Renaissance, die wir ausschließen.

[4] Wir sehen in unserm Zusammenhang davon ab, daß diese ‚Volkslieder' auch nach ihrer Aufzeichnung weiter mündlich tradiert werden konnten und wurden und daß auch neue Lieder für den mündlichen Gebrauch entstanden und entstehen.

[5] So muß sich etwa der Roman im 18. Jahrhundert zunächst gegen das hochgewertete Epos durchsetzen, bis er im Laufe des 19. Jahrhunderts den Konkurrenten, trotz einiger Aktualisierungsversuche, ins Abseits drängt.

[6] Den folgenden Ausführungen und Analysen liegen zugrunde: Siuts: Volkslied und Modelied; Klusen: Gruppenlied; ders.: Volkslied; Wiora: Fundierung; Suppan: Liedleben, bes. S. 7-80; Anders: Balladensänger, bes. S. 7-61 und 221-230; Brednich (Hg.): Darfelder Liederhandschrift, bes. S. 18-34; Röhrich: Volkslied.

2. Wertung zwischen Mündlichkeit und Schriftlichkeit 165

und zugleich auch folgenreich als positiver Wertbegriff eingesetzt worden. Die historisch nicht haltbaren Vorstellungen Herders von dieser ‚Gattung' und ihre Idealisierung haben dazu geführt, daß einige Forscher den Terminus verworfen und durch andere Wörter ersetzt haben. Der Begriff erwies sich jedoch als unvermeidbar und wurde nun historisch korrekter und wertneutral präzisiert: Ein ‚Volkslied' gilt nach dem Konsens heutiger Musikwissenschaftler und Volkskundler in der Tat als eine *gesungene* Dichtung, die primär mündlich weitergegeben wird, und ihr ‚Ton', ihre Melodie, gehören konstitutiv zum Gegenstand; im Gefolge von Herder und der Herder-Tradition blickt die Literaturwissenschaft dagegen auf die Texte und die ‚Musik' der *Texte selbst*, auf ihre Klanggestalt. Insbesondere das historische ‚Volkslied' ist demnach nicht primär eine *Text*gattung[7], sondern zunächst eine Form des gesungenen Liedes; erst sekundär wird es auch als reiner Text bewertet. Aber gerade diese Zwischenstellung zwischen Gesang, als einer bevorzugten Vortragsform mündlicher Dichtung, und nur noch gelesenem Text hat unsere Wahl des Beispiels motiviert und erlaubt uns, die verschiedenen Arten der Wertung in bezug auf drei ‚Stadien' des Liedes im Übergang von der Mündlichkeit zur Schrift und zur Textgattung zu beobachten:

– von den situativen Bedingungen der Praxis des gesungenen Liedes her sollen Kriterien der Wertung in der Mündlichkeit erschlossen werden;
– bei der Auswahl für die Aufzeichnung und Publikation ist nach den Kriterien in den neuen Kontexten und Rezeptionssituationen zu fragen;
– für die Herderzeit interessieren die Kriterien, nach denen ‚Volkslieder' als eigene Textgattung wahrgenommen, interpretiert und gewertet werden.

Diese drei Stadien können wir an zwei Höhepunkten der Geschichte unseres Gegenstandes beobachten: Zwar reicht die Sachgeschichte des ‚Volkslieds' wohl bis in die Anfänge menschlicher Kul-

---

[7] Um das ‚Volkslied' als ‚Gattung' bezeichnen zu können, müssen wir den Begriff der ‚Gattung' präzisieren: Oft wird er auf die Trias von Lyrik, Epik und Dramatik beschränkt; daneben aber kann er eine Fülle von ‚Textsorten' bezeichnen, die unter wechselnden Gesichtspunkten der ‚Familienähnlichkeit' aus der Literatur- und Kulturgeschichte als ‚Verwandte' herausgehoben werden; nur diese Variante kommt hier infrage. Zu ‚Gattung' als Begriff mit „Bedeutungsfamilie" vgl. Strube: Begriff „Novelle", S. 383.

tur zurück, aber als eine Blütezeit gilt das 15. und 16. Jahrhundert: Da ist das ‚Volkslied' im mündlichen Gebrauch ein zentrales Medium religiöser, politischer und geselliger Kultur (Stadium 1), und in dieser Zeit wird es nach und nach auch aufgezeichnet und gedruckt (Stadium 2). Der zweite Höhepunkt seiner Geschichte und die Konstitution als ‚Gattung' sind durch Herder und die Romantiker bezeichnet: Sie wenden sich mit ihrer Hochschätzung des ‚Volkslieds' sammelnd und reflektierend auf die Frühzeit, die mündlichen ‚Ursprünge' des Phänomens, zurück. Mit einigen, freilich gewichtigen Ergänzungen ist es also noch der gleiche Bestand, der bewertet wird (Stadium 3). Die weitere Entwicklung, in der Begriff und Sache – und ihre Wertung – bis auf die populäre Liedkultur der Gegenwart ausgedehnt werden, können wir nicht mehr verfolgen.[8]

Für das 15. und 16. Jahrhundert sucht man Reflexionen über das Werten solcher Lieder vergebens, und wir konnten auch keine schriftlichen Rezeptionsdokumente auswerten. Deshalb können wir nur vorsichtige Hypothesen über die motivationalen Werte wagen, die der Textproduktion und -distribution zugrundelagen und die vermutlich die Auswahl für die Verschriftlichung geleitet haben. Die Wertmaßstäbe dagegen, von denen sich Herder und dann die Romantiker bei ihrer Vorstellung von einer Gattung ‚Volkslied' und bei seiner Idealisierung leiten ließen, sind explizit genug. Bei Anwendung dieser Kriterien werden auch Abwertungen und Ausschlüsse solcher Lieder oder Liedelemente sichtbar, die dem idealen Typus nicht entsprachen.

2.1 Hypothesen zur Wertung bei mündlicher Tradierung

Wir nehmen also an, daß für eine Dichtung, die primär gehört und nicht gelesen wird, mindestens zum Teil andere Wertkriterien gelten als für die zum Lesen bestimmte. Aber die Forschung zur Mündlichkeit hat diese Frage so grundsätzlich noch nicht gestellt. Sie hat jedoch Merkmale herausgearbeitet, durch die sich in der Tat mündlich verfaßte und für die mündliche Weitergabe vorgesehene Litera-

---

[8] Bei der Ausdehnung von Begriff und Sache bis in die Gegenwart trennen sich die Wege von Volkskunde und Musikwissenschaft einerseits, für die das populäre Gesungenwerden zum zentralen Merkmal wird, und der Literaturwissenschaft andererseits, die den Begriff im Gefolge Herders und der Romantik auf Textmerkmale bezieht.

2. Wertung zwischen Mündlichkeit und Schriftlichkeit

tur von schriftlich verfaßter und tradierter unterscheidet.[9] Der für die Wertung wichtigste Unterschied setzt unserm Unternehmen gleich eine enge Grenze: Mündliche Dichtung lebt nur in der ‚Aufführung'; wieviel der Text, unser alleiniger Gegenstand, zum Wert dieser ‚performance' (Zumthor) beiträgt, ist nicht zu bestimmen. Gewiß wurde ein Gesang oder ein Versvortrag, der Hörererwartungen in höherem Grade als ein anderer erfüllte, höher gewertet und häufiger weitergegeben; aber in der Vortragssituation mag an erster Stelle die Kunst des Sängers, seine Mimik, Gestik und stimmliche Gestaltung, über den Erfolg entschieden haben, und die im Ohr bleibenden ‚Töne'[10] und Melodien mögen für die Tradierung wichtiger gewesen sein als das Gedichtete. Trotzdem können wir wenigstens Hypothesen über die Texteigenschaften bilden, die einen Volksliedtext im 15. und 16. Jahrhundert, im Stadium der primär mündlichen Komposition und Verbreitung, erfolgreich machten und im Vergleich mit anderen vielleicht heraushoben.

Grundlage für solche Hypothesen sind zunächst vier weitere allgemeine Merkmale mündlicher literarischer Kommunikation, in mehr oder weniger großem Kontrast zur schriftlichen:

– In der – meist öffentlichen – Vortragssituation muß das Vorzutragende einen Zweck erfüllen, es muß wirksam werden. Das verbindet, wie wir gesehen haben, mündliche mit schriftlichen, unter Vorgaben der Rhetorik verfaßten Dichtungen. Die entsprechenden Ansprüche an mündliche Dichtung sind nur noch strenger, denn sie muß *unmittelbar* wirken.

– Mündliche Dichtung kann ihre Wirksamkeit durch Wiederholung und Abwandlung von Bekanntem sichern und steigern. Sie nimmt Bezug auf Genres, auf metrische und stilistische Muster, die mehr oder weniger verbindlich der überschaubaren Zahl ihrer gesellschaftlichen Funktionen zugeordnet und auf Gruppenöffentlichkeiten zugeschnitten sind: Moralische, politische oder religiöse Zwecke und erst recht die Unterhaltung verwirklichen sich in unterschiedlichen Formtypen, und eine erlesene Hofgesellschaft, eine studentische Gruppe in der Kneipe oder eine Volksmenge auf dem Markt will in verschiedener Weise angesprochen werden.

---

[9] Differenzierter Überblick bei Zumthor: Mündliche Dichtung, bes. S. 29-36, S. 50 f., S. 72 f., S. 113-129. Spezieller zum Volkslied, zur Volksballade: Anders: Balladensänger, bes. S. 7-61 und S. 221-230.

[10] ‚Ton' bezeichnet bei der Aufzeichnung historischer Volkslieder das metrische und musikalische Muster, dem das Lied folgt.

Der Unterschied zu schriftlicher rhetorischer Dichtung und ihren imaginierten Situationsbezügen ist in diesem Punkte aber auch nur graduell.
- Mündliche Dichtungen müssen sich zum Wiederholtwerden eignen, denn sie müssen gut im Gedächtnis – als ihrem Archiv – haften.[11] Alle Hilfsmittel der Mnemotechnik, der Lehre zur Verankerung von Gesang oder Rede im Gedächtnis, müssen unter diesem axiologischen Wert zu attributiven Werten werden (z. B. Formeln, Reime, Refrain); bei schriftlicher Literatur, die in fixierter Form vorliegt und nach Bedarf wiedergelesen werden kann, ist das nicht wichtig.
- Mündliche Literatur darf aber auch nicht zu viele Elemente enthalten, die in annähernd wörtlicher Form wiederholt werden müssen.[12] Der Sänger oder Erzähler muß, wenn nötig, das Vorzutragende an die jeweilige Situation, auch an veränderte historische Verhältnisse, anpassen können, ohne daß Wesentliches verlorengeht; in schriftlich festgelegter Literatur hat solche Aktualisierung der jeweilige Leser zu leisten.

Wie könnte nun konkret die Wertung bei mündlicher Tradierung von ‚Volksliedern' aussehen? Dazu müssen wir zunächst den Gegenstand etwas genauer fassen; denn den Begriff ‚Volkslied' gab es, wie gesagt, zur Zeit der Renaissance und Reformation, als die Menge der Lieder mündlich umlief, noch nicht. Gesungen wurde in dieser Zeit sehr viel, da sich die Schriftkultur durch Buchdruck und ein elementares städtisches Schulwesen erst langsam verbreitete. Aus der Fülle des Liedguts läßt sich das ‚Volkslied' jener Zeit für unsern Zweck durch fünf Charakteristika herausheben:
- Das ‚Volkslied' folgt einem ‚Ton' (Melodie und Reimstrophen) und wird in der Regel einstimmig gesungen (Abgrenzung gegen die Lieder der kunstvollen Mehrstimmigkeit);
- seine Inhalte sind äußerst vielfältig, müssen aber öffentlichkeitsfähig sein: aktuelle Nachrichten, Erzählung historischer Ereignisse oder privater Geschicke, religiöse Unterweisung, unterhalt-

---

[11] Nach Anders: Balladensänger, halten Reproduktion und Neukomposition bei mündlicher Tradierung einander die Waage.
[12] Wo das der Fall ist – etwa in religiösen oder andern Ritualen –, gibt es gewöhnlich Vorschriften für diese Tradierung im Wortlaut und Institutionen, die durch Lehrer, Priester, Zeremonienmeister für ihre Einhaltung sorgen. Vgl. Assmann: Kanon und Zensur, S. 12.

2. Wertung zwischen Mündlichkeit und Schriftlichkeit 169

same Lügengeschichten, Beschreibung und onomatopoetische Nachahmung handwerklicher Tätigkeiten zur Begleitung von Arbeitsvorgängen, ernste und heitere, ja derbe Thematisierung von Liebe und Triebleben (Abgrenzung gegen gelehrte und rein private Dichtungen) usf.;
- das ‚Volkslied' soll nicht die Spuren an Schrift geschulter Verfasserschaft an sich tragen (Abgrenzung z. B. gegen die Humanistendichtung);
- der Verfassername ist meist unbekannt oder doch in der Tradierung unwesentlich geworden (Abgrenzung gegen eine auf den Autor bezogene Rezeption);
- zusammenfassend und verallgemeinernd: das ‚Volkslied' ist ein – vorwiegend – unter ‚Laien' (= ‚Volk') verbreitetes und von ihnen gesungenes Lied.[13]

Zwei weitere mögliche Bestimmungsgründe sind so kontrovers, daß wir sie nicht aufnehmen wollen: Das ‚Volkslied' weist zwar häufig auf Entstehung und Verbreitung eher in einer bäuerlich-dörflichen oder handwerkerlich-städtischen Umgebung hin; doch seine Beliebtheit unter den vagierenden Studenten, aber auch in der städtisch-bürgerlichen und geistlichen wie weltlichen höfischen Geselligkeitskultur läßt eine ständische Fixierung nicht zu.[14] Auch der Versuch, seinen Gebrauch auf Gruppen der Bevölkerung aufzuteilen und danach Funktionstypen zu bilden[15], hat nicht voll überzeugt[16], ist aber auch nicht ganz von der Hand zu weisen.

Die Wertprinzipien und davon abgeleiteten Werte, nach denen ein so gefaßtes Korpus bewertet wurde, müssen wir (wie bei rhetorisch verfaßter Dichtung) auf zwei Ebenen suchen: auf der Ebene der Zwecke, und auf der Ebene der Mittel, die ihnen zur Wirksamkeit verhelfen. Wie alle mündliche Literatur sind auch die Zwecke der Lieder des 15.und 16. Jahrhunderts eng an kollektiven und öffentlichen Gebrauch gebunden: an die Praktiken konfessioneller Gemeinschaften, an brauchtümliche Rituale, an Arbeit oder Gesellig-

---

[13] Vgl. Rahmelow: Volkslied, S.11 f. und 14 (trotz der deutlich verengten publizistischen Perspektive, die z.B. den Liebesliedern kaum Rechnung trägt, eine sehr nützliche Arbeit); außerdem Klusen: Volkslied, S. 105 f.; Suppan: Liedleben, S. 8 und S. 12. Informative Anthologie mit Originaltexten: Epochen der deutschen Lyrik 1500-1600.
[14] Suppan: Liedleben, S. 37-41, S. 55-61.
[15] Klusen: Gruppenlied, S. 25 f.; Rahmelow: Volkslied, S. 24.
[16] Wiora: Fundierung, S. 10.

keit in Gruppen, an Zeremonien im ständischen Verband (Meistersang), an den Marktplatz als Ort der die Zeitung ersetzenden Information, der Unterhaltung oder der Agitation unstrukturierter Volksmengen u. a. Die Werte auf dieser Ebene sind also gruppen- und situationsabhängige Werte in großer Vielfalt. Es sind nicht-ästhetische, vor allem religiöse und politische Werte, aber auch ‚ästhetische' im vor-autonomen Sinne: artistische Formwerte etwa zur Steigerung des Prestiges der Sänger (z. B. im Meistersang) und hedonistische Werte, wie sie durch unterhaltsame Texte, ansprechenden Vortrag und die Einstellung der Rezipienten auf bloßes Vergnügen aktualisiert werden.

In bezug auf die Mittel, die ‚Volkslieder' für ihre Zwecke einsetzen, läßt sich wenigstens ein situationsunabhängiges Wertprinzip erwarten: Es ist der ‚publizistische' Wert der mündlichen ‚Vermittelbarkeit' des Liedes, seiner Themen und seiner Form, unter Laien und durch Laien; das ist ein wirkungsbezogener, formaler axiologischer Wert.[17] Dieser Bezug auf Laien nicht nur als Rezipienten, sondern vor allem auch als Weitervermittler macht dabei eine Besonderheit des ‚Volkslieds' gegenüber anderer zwar mündlich, aber ‚professionell' tradierter Literatur aus. Von diesem publizistischen Wertprinzip ‚Vermittelbarkeit' lassen sich hypothetisch eine Reihe axiologischer Werte ableiten, denen entsprechende Liedmerkmale als attributive Werte zugeordnet werden können[18]:

AXIOLOGISCHE WERTE:	ATTRIBUTIVE WERTE:
– „Anreiz": Interesse und Aufmerksamkeit der Hörer, Bereitschaft zum Tradieren müssen entstehen	– Eingangsformel mit Nennung des Vorhabens, Betonung der Neuheit, aber auch Rekurrieren auf Bekanntes; renommierter, beliebter ‚Ton' usf.
– „objektive Prägnanz": Das Lied muß klar und anschaulich sein (Voraussetzung auch für die Merkbarkeit, s.u.)	– übersichtliche Vers- und Strophenformen in einem begrenzten Repertoire: als Versarten Reimpaare und Langzeilenpaare (gegebenenfalls zum Kreuzreim gebrochen), als Strophen Zweizeiler (seltener), Vierzeiler, Achtzeiler und

---

[17] Allein diese Ebene hat Rahmelow in seinem kommunikationstheoretischen Ansatz im Auge; an ihn lehnt sich das Folgende an.
[18] Die Zuordnungsvoraussetzungen müssen diesmal aus Platzgründen außer acht bleiben.

2. Wertung zwischen Mündlichkeit und Schriftlichkeit

– „subjektive Prägnanz": Das Lied muß subjektiven Erwartungen, Bedürfnissen und Dispositionen der Rezipienten gerecht werden, unter anderm ihren Projektionen Raum lassen.

– „Reproduzierbarkeit": Das Lied muß möglichst ohne Unterstützung durch Schrift im Gedächtnis haften und jederzeit leicht wiederholt werden können.

(weniger häufig) Strophen mit ungerader Zeilenzahl, kaum über neun Zeilen. Freie Versfüllung (erlaubt normale Wortstellung), gerade Hebungszahl* (entspricht einfachem Melodientypus). Weitgehende Übereinstimmung von Metrum und Syntax (erleichtert Verstehen). Einfachheit, Verallgemeinerung (Typisierung), Antithetik und Wiederholung; Vermeidung von Abstrakta, verbaler Stil, Dialog, geringe Anzahl von Personen und Gegenständen, Zuspitzung usf.
– alles, was Identifikation und Aktualisierbarkeit oder auch ästhetische Distanznahme begünstigt: geringe Individualisierung, typisierte Situationen, Verquickung von scheinbarer Authentizität und Fiktionalität, usf.
– vor allem der ‚Ton', die Melodie und die schon genannten formalen Charakteristika des Metrums, des Reims und der übersichtlichen Strophenformen. Dazu im Wortlaut identische Knotenpunkte der Handlung, Wiederholungen überhaupt, Refrains usf. zur Sicherung der Identität bei Umarbeitung und Improvisation.

Man möchte meinen, daß diese ‚formal-ästhetischen' Werte, die ‚Vermittelbarkeit' sichern sollen, für die Tradierung in der Mündlichkeit bedeutsam, wenn nicht sogar entscheidend waren. Aber was und wie Sänger und Zuhörer im 15./16. Jahrhundert aus einem nur mündlich bekannten Liedbestand für den *mündlichen* Vortrag tatsächlich ausgewählt, gewertet und weitergegeben haben, wissen wir nicht; Brauchbarkeit in der Situation kann sehr wohl über for-

---

* Wenn man nach Vierertakten zählt und ggf. im letzten Takt eine pausierte Hebung annimmt.

male Kriterien gesiegt, diese könnten aber die Langzeittradierung unterstützt haben.

Und Vorsicht ist in der Tat geboten: Denn die oben aufgelisteten attributiven Werte sind genau die, die auch in der literaturwissenschaftlichen Praxis zur Identifikation und Beschreibung der Gattung ‚Volkslied' benutzt werden. Die Literaturwissenschaft aber leitet den Gattungstypus und damit die (wertbesetzten) Merkmale nicht direkt aus den Quellen des 15./16. Jahrhunderts ab, die der mündlichen Tradition noch nahestehen; ihre Basis sind schriftliche Sammlungen des 19. Jahrhunderts, die in Auswahl und Wiedergabe bereits durch die Vorstellungen von Herder und der Romantik wie die ihrer eigenen Zeit geprägt sind.[19] Wir werden diese Prägung noch kennenlernen. Immerhin haben wenigstens die Sammler des 18. und 19. Jahrhunderts sich doch immer wieder auf „Laien" – möglichst Analphabeten – und ihre gesungenen Lieder gestützt; die gefundenen Wertkriterien und axiologischen Werte geben uns also immerhin darüber Auskunft, was sich nach über 300 Jahren einer mündlich und schriftlich gemischten Weitergabe von ‚Volksliedern' als Inbegriff einer ‚mündlichen' Gattung herauskristallisiert hat.

Zusammenfassung: Die Wertsprache, aus der sich die mündliche Tradierung von ‚Volksliedern' verstehen ließe, kann nur annäherungsweise und hypothetisch mit rhetorischen oder publizistischen Wirkungskategorien rekonstruiert werden. Die allgemeinen Bedingungen mündlicher Vermittelbarkeit wirken danach als axiologische Werte und machen viele Merkmale von ‚Volksliedern' – wie von ursprünglich mündlich tradierten Gattungen überhaupt – als attributive Werte verständlich. Vor allem sind aber situations- und gruppenspezifische Werte vermutlich wirksam. Das tatsächliche Gewicht der situationsunabhängigen formal-ästhetischen Werte gegenüber den situationsbezogenen Werten ist nicht mehr erforschbar.

---

[19] Die oben nach Rahmelow: Volkslied (S. 16) genannten Strophentypen sind abgeleitet aus der späten Kompilation von R. v. Liliencron (Historische Volkslieder, 4 Bde, Leipzig 1865-69) und gehen bereits auf die glättenden Fassungen der Überliefernden zurück; Suppan: Liedleben, S. 14 f. kommt auf der Basis von 2000 Flugblattdrucken z. T. zu anderen Ergebnissen: Der Vierzeiler ist nicht die Norm, der Schwerpunkt liegt zwischen den Fünf- und Neunzeilern, vor allem bei den Acht- und Fünfzeilern.

2.2 Wertung beim Übergang aus der Mündlichkeit zur Schriftlichkeit

Es scheint eine plausible Annahme, daß die Zeitgenossen aus dem umlaufenden und ‚umgesungenen' Liedgut dasjenige ausgewählt, aufgeschrieben, gedruckt und damit für die Überlieferung fixiert haben, was sie für besonders wertvoll hielten. Eine Analyse dieser Auswahl müßte uns, da theoretische Aussagen fehlen, ‚induktiv' zu den Werten führen, die für mündliche und mündlich tradierte Literatur – und gerade für sie – galten. Um diese Annahme zu überprüfen, müssen wir uns aber zunächst die verschiedenen Orte und Kontexte der Aufzeichnung und Veröffentlichung von ‚Volksliedern' vor Augen führen und jeweils nach den zu vermutenden Kriterien der Auswahl fragen.

Im wesentlichen sind drei Medien der Verschriftlichung und damit eine Reihe neuer Gebrauchskontexte zu unterscheiden:
– handschriftliche Sammlungen, zum Teil auch „Liederstammbücher"[20], von gebildeten aristokratischen oder bürgerlichen Privatleuten, auch Studenten;
– Liedflugblätter (meist als Einblattdrucke) für das ‚Volk' aller Schichten[21], und
– gedruckte Liederbücher.

Für die *handschriftliche Aufzeichnung* wird wohl das ausgewählt, was im mündlichen Gebrauch die Aufschreiber oder Sammler – es waren auch nicht wenige Frauen darunter – am meisten angesprochen hat; nachweislich hat später aber auch bereits Gedrucktes zur Vorlage gedient. In diesen Handschriften dominiert der Geschmack der Sammelnden und ihrer Freunde; wir können gewisse individuelle, gruppen- oder standesspezifische Vorlieben erkennen und auf Werte zurückführen. In aristokratischen Handschriften und Stammbüchern zum Beispiel fällt die konservative Grundtendenz auf: Die axiologischen Werte, von denen die Auswahl geleitet wird, reproduzieren im Bereich von Inhalt und Form des weltlichen Liedes die Werte des ritterlich-höfischen Minnesangs, wenn auch nicht die alten Liedtypen[22] selbst; das geistliche Lied kann dagegen ‚fortschritt-

---

[20] Vgl. Brednich: Darfelder Liederhandschrift, S.18-22, S. 28-33.
[21] Vgl. zu diesem besonders wichtigen Publikationstyp Ecker: Einblattdrucke, und Schwitalla: Flugschriften, bes. 3.3.5.
[22] Der Begriff des „Liedtypus" bezeichnet in der Volksliedforschung die Identität eines Liedes trotz seiner im Umsingen erzeugten Varianten.

lich', durch die Reformation geprägt sein. Lieder aus dem Bereich der Unterschicht fehlen nicht, kommen aber seltener vor. Wenn man will, kann man diesem Handschriftentypus also neben einem allgemeinen Interesse am Lied noch lebenspraktische axiologische Werte unterstellen: Die Leitwörter einer freien, unkonventionellen Liebe aus dem Minnesang mochten einer jungen Generation zur Kompensation der strengen Standesvorschriften für den Umgang der Geschlechter miteinander dienen, die reformatorischen Lieder Orientierung im neuen Glauben geben u. a.[23] – Handschriftliche Sammlungen, die sich auf Bedürfnisse ideologisch homogener Gruppen beziehen, zum Beispiel Codices religiöser Gemeinschaften, bleiben den nicht-ästhetischen Werten der jeweiligen Kommunität streng verpflichtet; auf formal-ästhetische Qualität kommt es hier nicht an.– Studentische Sammlungen dagegen konnten die ganze Skala des zeitgenössischen Liedgutes umfassen, nicht zuletzt weil diese vagierende Zunft mit allen Kreisen in Berührung kam. In diesen Handschriften finden sich der Form nach neben kunstvoll ausgearbeiteten Texten der Minnesang-Tradition und der spätmittelalterlichen Spruchdichtung auch ganz vulgäre und durch ‚Zersingen' fast unverständlich gewordene Stücke; ‚formal-ästhetische', rhetorisch-publizistische Werte leiten das Sammeln offenbar auch hier nicht. Die Inhalte aber stammen aus allen Zusammenhängen des Liedgebrauchs und stehen nun, im neuen Kontext, für zweckfreien, ‚autonom-ästhetischen' Gebrauch zur Verfügung. Wertprinzip für eine solche Sammlung ist ‚Unterhaltung ohne Belehrung'. Nur darin freilich besteht die ästhetische Autonomie: Literarisch-ästhetische Qualität im Sinne der späteren Genie- und Autonomieästhetik, die für die Texte oder ihre Rezeption einen Wahrheitsanspruch begründet, ist ihnen nicht zu bescheinigen.[24]

Was ist also aus diesem Aufzeichnungstypus für das Werten in der Mündlichkeit zu lernen? Sehr wenig. Nur einige der handschriftlichen Sammlungen repräsentieren überhaupt noch jene erste Stufe der Aufzeichnung, auf der die Auswahl unmittelbar dem Gefallen an mündlich vorgetragenen Dichtungen gefolgt sein könnte, während die späteren auch bereits aus gedruckten Quellen schöpfen. Immerhin wirkt als motivationaler Wert wohl häufig der Wunsch, selbst ein Repertoire wieder zu singender Lieder in der Hand zu haben; wir

---

[23] Vgl. Brednich: Darfelder Liederhandschrift, S. 23-27.
[24] Vgl. die Explikate 4 bis 6 zu ‚literarisch' aus Teil I.1.2.3 und die Veranschaulichung an der Barock-Kritik.

dürften also ungeachtet der gemischten Quellen die publizistischen Werte unter dem Wertprinzip der Vermittelbarkeit erwarten, die den mündlichen Vortrag unterstützen sollten. Dem widerspricht jedoch die so unterschiedliche Selektion von Liedern in den drei skizzierten lebensweltlichen Kontexten: Art und Grad der Aufmerksamkeit auf die formal-ästhetische Gestaltung wird offensichtlich stärker durch nicht-ästhetische Werte (milieuspezifisches Decorum, gruppen- und situationsspezifische Bedürfnisse) bestimmt als durch formal-ästhetische Kriterien der Tradierbarkeit.

Liedflugblätter[25], überwiegend Einblattdrucke, wurden zum Teil im Auftrag, meist aber auf eigene Rechnung von Druckern hergestellt und auf Märkten verbreitet; für die Drucker stellen die Lieder also zunächst einmal einen ökonomischen Wert dar. Nur ein Teil von ihnen stammt aus dem Repertoire der wandernden Sänger und aus dem sonst umlaufenden Liedgut, andere werden auch neu und zu bestimmtem Gebrauch verfaßt (z. B. in den Reformationskontroversen). Das Korpus der Liedflugblätter als ganzes repräsentiert die volle Breite des zeitgenössischen Liederschatzes; alle Zwecke, geistliche wie weltliche, nicht-ästhetische und ästhetische, sind vertreten, alle Stillagen von der ‚hohen' bis hin zur derb-obszönen, alle Formvarianten von der sorgfältigen, rhetorisch-poetisch durchgestalteten Komposition bis zum korrupten Text.[26] Es ist also nicht ein einzelner Wert als höchster axiologischer Wert auszumachen, auch nicht derjenige der ‚Vermittelbarkeit', selbst wenn man ihn hier am ehesten erwarten würde; der temperamentvolle Gesangsvortrag mochte für Unverständlichkeiten entschädigen. Der relationale axiologische Wert der Aktualität des Inhalts und der kognitive Wert der Information wird häufig den Druck motiviert haben; aber es wurden auch besonders beliebte ältere Lieder, vor allem Liebeslieder, auf Flugblättern verbreitet. Nur eine gründliche Korpusuntersuchung im Hinblick auf formale Qualitäten, die es noch nicht gibt, könnte zeigen, ob wenigstens in diesem engen Motivbereich der Liebesdichtung formal-ästhetische Werte eine größere Rolle spielten. Sehr wahrscheinlich ist es nicht: Die Flugblätter stellen ein frühes Massenme-

---

[25] Zur Abgrenzung gegen andere, keine ‚Volkslieder' enthaltenden Flugschriften vgl. Schwitalla: Flugschriften, S. 24 f. Im übrigen vgl. Ecker: Einblattdrucke, Teil B, aber auch Teil A zu Produktion, Distribution und Rezeption.
[26] Vgl. Ecker: Einblattdrucke, bes. Teil B.

dium dar und zielten nicht auf den verfeinerten ästhetischen Geschmack gebildeter Zirkel, die sich bereits vom deutschen ‚Volkslied' ab- und der ‚modernen', an romanischen Vorbildern ausgerichteten Lesedichtung der Humanisten sowie dem mehrstimmigen Kunstgesang zuwandten.

Bei den *weltlichen Liederbüchern* steht für die Produzenten sicherlich der ökonomische Wert obenan. Die Rezipienten hatten zwei Möglichkeiten: Sie konnten die Bücher als Hilfe für die Erinnerung und nun auch als Vorschrift für korrekte Wiedergabe der Lieder benutzen und diese wieder im Hinblick auf neuen mündlichen Gebrauch werten. Die Auswahlkriterien der Hersteller hätten sich dann wieder an den verschiedenen Situationen des Gebrauchs zu orientieren. Mehr als bei den Handschriften und Flugblättern kann man aber bei diesen gedruckten Liederbüchern unterstellen, daß der Übergang in Schrift und Druck jene neue Form der Rezeption hervorrief, die mit dem neuen Medium erst möglich wird: Der Text bleibt von nun an identisch, ‚einsame' Leser und Leserinnen können sich ihm in voller Konzentration und wiederholtem Lesen zuwenden und müssen ihn nicht länger auf einen konkreten Zweck beziehen. Nicht mehr die Werte, die den Text in der Vortragssituation wertvoll gemacht haben, sondern ‚ästhetische' Werte in jedem Sinne können jetzt seinen Wert bestimmen: als formal-ästhetische Qualitäten des Textes und als ‚ästhetisches', vom Zweck absehendes Wohlgefallen beim Rezipieren. Freilich konnte auch das gesungene Lied immer schon mit formalem Ehrgeiz gedichtet und in ästhetischer Einstellung, losgelöst von seinem jeweiligen Zweck, wahrgenommen und gewertet werden.[27] Und nun wäre es denkbar, daß die Hersteller der Sammlungen ihre Auswahl gerade auf solche Lieder richteten und sich in solcher Einstellung an den neuen ‚kulinarischen' Lese-Interessen ihrer Käufer orientierten.

Der Überblick über die Orte und Kontexte der Verschriftlichung von ‚Volksliedern' hat dreierlei ergeben:

---

[27] Zur Möglichkeit ‚ästhetischer', das heißt hier: nicht zweckbezogener, ‚autonomer' Rezeption von Texten der Gebrauchsliteratur vgl. I.1.2.3. – Klusen: Gruppenlied unterscheidet das Resultat der beiden Einstellungen auf das Lied mit einer von Hans Freyer entlehnten, nicht besonders glücklichen Terminologie: das Lied als „dienenden" (heteronomen) und als „triumphierenden" (autonomen) Gegenstand (S. 25-28 und S. 28-31).

2. Wertung zwischen Mündlichkeit und Schriftlichkeit 177

– Wir dürfen die Werte, die wir aus den Handschriften und Drucken erschließen können, nicht durchweg für die Werte originär mündlicher, zweckorientierter Kommunikation halten: Dort, wo die Verschriftlichung nur einen Durchgang zu neuem mündlichem Gebrauch bildet, wäre es zulässig, im andern Falle kann die neue Wahrnehmungsweise des einsamen Lesens andersartige, zweckfrei-ästhetische Kriterien ins Spiel bringen.
– Der Akt der Verschriftlichung steht im Kreuzungspunkt der beiden Produktions- und Rezeptionsweisen, des Singens und Hörens einerseits, des Schreibens und Lesens andererseits. Die Tatsache, daß zweckfrei-ästhetische Momente auch in der mündlichen Kommunikation ihren Ort hatten, ermöglicht einen Übergang, in dem nur die Rezeptionssituation darüber entscheidet, welche Werte jeweils wahrgenommen werden.
– Auch in den Selektionen der frühen Handschriften und Liedflugblätter, die noch enger an mündliche Quellen oder mündlichen Wiedergebrauch anschließen, sind die publizistischen Kriterien für mündliche Dichtung nicht durchweg nachzuweisen; allerdings fehlt es dafür auch an Voruntersuchungen.

Wir haben also nur sehr unterschiedliche Wertvorstellungen für die Aufzeichnung und Publikation von Volksliedern im 15. und 16. Jahrhundert beobachten können. Trotzdem zeichnet sich in diesen Schrift- und Druckmedien so etwas wie eine Kanonbildung unter den tradierten Liedern ab – eine letzte Möglichkeit für uns, von den offenbar beliebtesten Stücken her die Werterwartungen der Zeitgenossen, nun aber schon mehr für das gelesene Lied, zu erschließen. Die Grundlage dafür hat Suppan geliefert: Er hat die Lieder des 1582 erschienenen „Ambraser Liederbuchs", einer besonders reichhaltigen Sammlung, verglichen mit früheren und späteren handschriftlichen Korpora, mit andern gedruckten Sammlungen des 16. Jahrhunderts sowie mit Liedflugblättern, bei denen sowohl die Textwiedergabe wie der ‚Ton' verzeichnet wurde. Aus diesem Vergleich geht eine Liste der Favoriten klar hervor, aber sie wurde weder von Suppan noch von anderen ausgewertet. Von den Titeln her zeigt sich eines: Wenn nicht überhaupt die Melodien für die Beliebtheit der ‚Spitzenreiter'[28] den Ausschlag gaben, ist es das Thema der Liebe, und zwar der edlen und sehnenden, nicht der sinnlich-derben Liebe. Die-

---

[28] Als ‚Spitzenreiter' wurde gewertet, was in mindestens 8 der 11 untersuchten Sammlungen enthalten ist.

se nimmt dann aber die zweite Stelle ein, während historische, politische und geistliche Lieder sehr selten sind. Ob die erfolgreichsten Lieder in ihrer Form den im letzten Abschnitt herausgearbeiteten rhetorisch-publizistischen Werterwartungen genügen, müßte untersucht werden. Immerhin etwa die Hälfte von ihnen findet sich noch, im Gefolge der ‚Volkslied'-Renaissancen seit Herder, in den großen Sammlungen des 19. Jahrhunderts.

Zusammenfassung: Am Übergang des ‚Volkslieds' von der Mündlichkeit in die Schrift und den Druck sind die hypothetischen rhetorisch-publizistischen Kriterien für mündliche Überlieferung nach dem gegenwärtigen Forschungsstand nicht zu überprüfen. Deutlich ist, daß mit der Entfernung von der mündlichen Kommunikation heteronome axiologische Werte zurücktreten zugunsten eines distanzierten, autonom-'ästhetischen' Wohlgefallens, das sich vor allem auf den Unterhaltungswert richtet. Der Übergang von der Mündlichkeit in die Schrift bereitet also durch Ablösung von der konkreten Gebrauchssituation die Autonomisierung der Literatur und damit potentiell die Dominanz ästhetischer Maßstäbe vor. Ob im konkreten Fall auch formal-ästhetische Werte der Texte stärker beachtet wurden, ist bisher nicht nachgewiesen; es scheint eher unwahrscheinlich.

2.3 Wertung des ‚Volkslieds' bei Herder und in seiner Nachfolge

Wir haben in den beiden vorangehenden Abschnitten zweierlei gelernt: Merkmale von ‚Volksliedern' können einerseits als attributive Werte auf formale axiologische Werte zurückgeführt werden, die aus den Erfordernissen mündlicher Kommunikation und Tradierung folgen. Andererseits hat aber eine Selektion unter den Liedern des 15. und 16. Jahrhunderts offenbar nicht nach diesen formalen Kriterien stattgefunden. Jedenfalls setzen sich bei der Verschriftlichung andere axiologische Werte durch, unter denen neben fortwirkenden Werten für bestimmte Zwecke der Unterhaltungswert und der ökonomische Wert an der Spitze stehen. Der ästhetische Wert der ‚Schönheit' scheint in beiden Fällen keine Rolle zu spielen.

Erst Herder bildet nun eine Vorstellung des ‚Volkslieds' aus, die ein Textkorpus nach originär ästhetischen Kriterien bestimmt.[29] Die

---

[29] „ästhetisch" hier im Sinne des Explikats 5, vgl. I.1.2.3.

2. Wertung zwischen Mündlichkeit und Schriftlichkeit 179

Lieder der „alten", der „wilden" Völker sind für ihn „schön" (die Merkmale für diese „Schönheit" werden wir gleich kennenlernen). Herder begründet damit unter anderem eine über mehr als ein Jahrhundert hin wirkende Gattungsnorm. Grundlage des Folgenden sind zwei Texte des Autors selbst: der „Auszug aus einem Briefwechsel über Ossian und die Lieder alter Völker" (= BO) und die Bemerkungen, die er den beiden Teilen seiner Volksliedsammlung von 1778/79 (= V 1 und V 2) beifügt.

Herder hat freilich weder die Absicht, eine Gattung ‚Volkslied' trennscharf zu definieren noch einen historischen Bestand umfassend zu charakterisieren. Der Komplex ästhetischer Merkmale und Werte, den er den „Liedern des Volks" zuschreibt, dient ihm als Beispiel für eine neue Ästhetik, und der Begriff des ‚Volkslieds', der daraus hervorgeht, bezeichnet ein Ideal, nicht eine geschichtliche Realität. Herder nimmt dabei scheinbar einen Teil der Polemik der „Altdeutschen" gegen die Barockdichter wieder auf; tatsächlich aber fundiert er die Kritik, die von der neuen Ästhetik gegen Dichtung im Zeichen der Rhetorik vorgebracht wird. Im Gefolge der Durchsetzung jener gelehrten humanistischen und rhetorisch verfaßten Dichtung im 16. und 17. Jahrhundert war das ‚Volkslied' abgewertet und zum Gespött der gerade entstehenden Literaturkritik geworden[30]; mündlich tradierte, gesungene Dichtung gehörte seit dem 17. Jahrhundert nicht mehr zum gebildeten literarischen Diskurs und konnte von dessen Wertvorstellungen aus auch nicht mehr verstanden werden. Diese Bewertung kehrt Herder um: Für ihn wird gerade die mündliche als „ursprüngliche" und ungelehrte Dichtung zum Vorbild einer künftigen (nun schriftlichen) Poesie.[31] Daher kann die Wertsprache, mit der Herder das ‚Volkslied' charakterisiert, im folgenden als Gegensatz der „Naturpoesie" der „alten Völker" zur (noch) herrschenden „Kunstpoesie" seiner Zeit dargestellt werden, die immer noch als lehrbar gilt. Wir können an diesem Beispiel auch gut erkennen, wie Beschreibung durch wertende Komponenten in der Wortwahl zur Wertung wird.[32]

---

[30] Vgl. II.1.1: Die ‚altdeutsche' Kritik wehrt sich durch ihre Polemik gegen diese Abwertung.
[31] Auch in Herders Sicht gibt es von der mündlichen, ‚handwerklich' tradierten Dichtung keine Kontinuität zur rhetorisch angeleiteten Poesie (vgl. II.2).
[32] Vgl. I.1.5.2.1.

„NATURPOESIE", „LIEDER DES VOLKS" (ALS WERTPRINZIP)	„KUNSTPOESIE" (ALS ‚PRINZIP' NEGATIVER WERTE)
– Dichtung als Ausdruck des „Lebens" des Volkes, gemeinsamer Erinnerung, gemeinsamer Wertvorstellungen (BO 518)	– Dichtung als wissenschaftlich gebildete oder kunstvoll unterhaltende Kommunikation einer literarischen Elite (BO 482) oder als Lehre kirchlicher und weltlicher Autoritäten für das ‚Volk' (BO 519)
– mündliche Tradierung – allgemein verbreitet („Spruch- und Nationalliede(r)", „ewige(r) Erb- und Lustgesang des Volkes" [BO 482, 518])	– Gebundenheit an Schrift – nur Gebildeten zugänglich (BO 518)
– fließt aus der Natur der Einbildung (BO 516), aus der Empfindung, aus dem Genie nach „Naturregeln" (BO 502)	– folgt erlernten Kunstregeln (BO 502, 523)
– notwendiger Ausdruck kollektiver Bedürfnisse, „Tochter der Menschlichkeit" (BO 502)	– willkürliche Nachahmung von Mustern, „oft korrigierte Knaben- und Schulexerzitien" (BO 502)
– Sinn an die sinnliche Form gebunden („Klang, Ton, Melodie" als Ausdruck des „Dunklen, Unnennbaren") (BO 480, 478)	– Sinn von der Form ablösbar, diese als zweckhafte Zutat (BO 479)
– Improvisation, freie Silbenmaße „nach Ohr und Natur" (BO 502), aus produktiver „Zusammenstimmung vieler" (V 2, 313), auch BO 483); nicht skandiert, „schlecht gereimt" (BO 505, 509)	– kunstvolle Komposition, nach römisch-griechischen „Quantitäten von Sylben" (BO 492, 502, 523), für rezeptive „Leser auf dem Polster" (V 2, 313)
– ist ‚sinnlich', ‚lyrisch handelnd', ‚tanzmäßig' (BO 482), die Sache „sinnlich, klar, lebendig anschauend", den Zweck „unmittelbar und genau fühlend" (BO 501) – Lieder ‚ursprünglich', ‚frei', ‚männlich' (BO 518)	– ist abstrakt, „fürs Papier", „tote Lettern" (BO 482), bringt „Schattenbegriffe, Halbideen", zusammengestoppelt, auswendig gelernt, methodisch gestammelt (BO 501) – Lieder durch Übersetzung und ‚Verbesserung' „castigiert", den Regeln angepaßt (BO 518)
– „Würfe und Sprünge" im Dialog (BO 505) – Elisionen, fehlende Partikel (BO 514)	– komponierter, logischer Zusammenhang (BO 523) – korrekte Sätze

2. Wertung zwischen Mündlichkeit und Schriftlichkeit

Vermittler und Rezipienten:
– „Volk" „wild, lebendig, frei würkend" (BO 482), nicht ge- bzw. verbildet (BO 518), Kinder, Frauen, Leute mit „Naturverstand" (BO 501)

Vermittler und Rezipienten:
– „gelehrte Leute", „Schulmeister, Küster, Halbgelehrte" (BO 501)

Rezeptionsmodus:
– nur in der Empfindung, durch „inneres Zeugnis" zu bewerten (BO 478 f.)
– fast unübersetzbar (BO 477 ff u.ö.)
– konzentrierte, nach innen gewandte Lektüre, jenseits bürgerlicher Geschäfte (BO 486)
– Lesen bevorzugt im Anblick der originalen Schauplätze (BO 486)
– originäre ‚Volkslieder' füllen die Seele lebenslang (BO 519)

Rezeptionsmodus
– durch „grübelndes Zerlegen", vergleichende Argumentation zu bewerten (BO 478)
– in die jeweils hochgeschätzten Formen übertragbar (BO 479)
– zerstreute und zerstreuende Lektüre, als Unterbrechung in bürgerlichen Geschäften (BO 486)
– Lesen „unterm Katheder des Professors" (BO 486 f.)
– nachgeahmte Romanzen werden nur einmal gelesen (BO 520)

Wir wollen nun versuchen, Herders Bewertungen des „Volkslieds" als Wertsprache zu rekonstruieren. Das ist nicht ganz einfach. Wie bei den „Altdeutschen" die ‚deutsche Art', so scheint auch hier ein nicht-ästhetischer Wert, das „wilde" Volk und seine Lebensart, der höchste Wert zu sein, von dem alle axiologischen und attributiven Werte abgeleitet werden. Aber in diesem Falle ist das nicht so: Das poetologische Konzept „Dichtung als Ausdruck von Natur" ist Wertprinzip, und die ‚Art' der ‚Naturvölker' ist nur eine Zuordnungsvoraussetzung: Wertvoll werden alle jene Merkmale, die nach Herders Vorstellung die kollektive Genialität des ‚Volkes' zum Ausdruck bringen.[33] Darin stecken zwei weitere Grundüberzeugungen Herders:
– Die Lieder dieser Völker gelten ihm als Ausdruck ihres Lebens, Poesie ist „die Muttersprache des menschlichen Geschlechts"[34]; nur weil diese Poesie fasziniert, faszinieren auch diese Völker;

---

[33] Zur Analogie zwischen dem individuellen Genie und den Naturvölkern als Repräsentanten idealer Menschennatur vgl. I.1.2.2.

[34] Herder übernimmt (in seiner Schrift über den Ursprung der Sprache) diesen Begriff von Johann Georg Hamann („Aesthetica in nuce", 1762), den Begriff der Naturpoesie von einem Denker des 16. Jahrhunderts, Michel de Montaigne. Vgl. zum Folgenden auch Klusen: Volkslied, S. 132-137.

– „Natur" als ideale, ursprüngliche Menschennatur in engen Gemeinschaftsbindungen ist nur bei den alten, wilden Völkern zu finden, die Geschichte hat den Menschen verbildet und vereinzelt; aber er muß und kann auf neuer Stufe zur „Natur" und zur Gemeinschaft zurückkehren.[35] Es sind diese geschichtsphilosophischen, zivilisationskritischen Voraussetzungen, die der Ästhetik der „Naturpoesie" für Herder ihren hohen Wert geben.

Herder will also Verfahrensweisen und Funktionen der neuen Ästhetik vorführen und diese an der Poesie des ‚Volkes' nur exemplifizieren. Daher ist es fast ohne Belang, daß sein wichtigstes Textbeispiel, das Werk des Ossian, schon von seinen Zeitgenossen als Fälschung von James Macpherson kontrovers diskutiert wurde und inzwischen längst als solche erwiesen ist; es ist sogar nur konsequent, wenn Herder schließlich in den Oden Klopstocks von 1771 die zeitgemäße Analogie zu „Liedern des Volks" zu erkennen glaubt (BO 518 f. und 522 ff.). Alle Dichtungen werden ihm zu „Volksliedern" und als solche wertvoll, sofern sie die neue Ästhetik des Ausdrucks von „Natur" und elementarer, gefühlter Gemeinsamkeit belegen.

Die Wertsprache, die Herder für das ‚Volkslied' entwirft, ist durch ihre idealisierenden Zuordnungsvoraussetzungen ein Zwitter: Einerseits beschreibt sie, mit den attributiven Werten der Texte und ihrer Wirkungen, durchaus einige reale Merkmale mündlicher Tradierung, wie wir sie schon kennengelernt haben; andererseits schreibt sie der idealisierten Mündlichkeit Werte zu, die den Kontrast zur schlechten Gegenwart markieren sollen.

Zunächst die tatsächlich beobachtbaren Werte mündlicher Überlieferung, als attributive Textwerte:
– Die Vorherrschaft des Ohrs in der Mündlichkeit – als Zuordnungsvoraussetzung – macht den musikalischen Rhythmus als sinnliche Qualität zum Wert, korrektes Metrum („Sylbenmaße"), korrekter Reim, korrekte Artikulation werden entwertet;
– Die mangelnde Bildung der Hörer – als Zuordnungsvoraussetzung – verlangt Anschaulichkeit, Knappheit, Handlungsspannung; sie werden zum Wert;
– Die Improvisation des Sängers, aber auch die Gemeinsamkeit mit den Hörern in der Aufführungssituation, die gemeinsame Kenntnis von Stoffen und Handlungsschemata – als Zuordnungsvor-

---

[35] Herder lehnt sich mit diesen Gedanken an seinen Zeitgenossen Jean Jacques Rousseau an.

2. Wertung zwischen Mündlichkeit und Schriftlichkeit 183

aussetzungen – bedingen und erlauben Auslassungen („Würfe und Sprünge") ohne Verlust an Verständlichkeit. So wird dieses Merkmal zum Wert, weil es Lebendigkeit schafft und zugleich von gemeinsamen Bedürfnissen und dauerhafter Erinnerung zeugt.
Nun weitgehend beobachtbare Merkmale der Rezeption:
– Mündliche Kommunikation muß unmittelbar wirken und spricht daher Gefühl und Sinne stärker an als den zergliedernden Verstand: Genau dies ist unter der zivilisations- und rationalitätskritischen Prämisse für Herder ein Wert;
– Einfühlung in das Gehörte, Identifikation mit den Mitteilungen, Speicherung im Langzeitgedächtnis sind Eigenarten der Rezeption von mündlich Tradiertem; auch diese Rezeptionsstrukturen werden für Herder zu Werten.[36]

Die Idealvorstellungen, mit denen Herder die Mündlichkeit überformt, entsprachen freilich dem realen Liedleben im Volksmund wohl zu keiner Zeit und an keinem Ort völlig, und jedenfalls weder zur Blütezeit des deutschen ‚Volkslieds' im 15./16. Jahrhundert noch zu Herders Zeit.[37] In diesen Idealvorstellungen stecken aber verschiedene nicht-ästhetische Werte (und Zuordnungsvoraussetzungen):
– Eignung der „Spruch- und Nationallieder" zu allgemeiner Verbreitung im ganzen Volk;
– Ausdruck gemeinsamer Bedürfnisse, Erinnerungen und Wertvorstellungen des Volks, die notwendig aus seiner „Natur" und seinen Erfahrungen hervorgehen;
– Ausdruck des ‚Dunklen, Unnennbaren' der Seele des Volks;
– Ursprünglichkeit, Freiheit, ‚Männlichkeit' des Volks und seiner Lieder (was immer das genau heißen soll, wenn doch Kindern und Frauen das beste Organ dafür zugesprochen wird).

Alle diese Ideale stellen nicht-ästhetische Werte dar, mit denen der entstehenden, rational kontrollierten bürgerlichen Gesellschaft die irrationale, ‚natürliche' Gemeinschaft eines Volkes entgegengesetzt wird.[38] Auf dieser Grundlage wird auch der irrationale Rezeptions-

---

[36] Die auffälligen Übereinstimmungen mit den von Rahmelow postulierten Werten (vgl. Tabelle in II.2.2) kann als Bestätigung für Herder, aber auch als Abhängigkeit Rahmelows von ihm gewertet werden.

[37] Vgl. die Darstellung oben und Klusen: Volkslied, S. 137 f.

[38] Das zivilisationskritische Gegensatzpaar „Gemeinschaft" vs. „Gesellschaft" wurde durch den Soziologen Ferdinand Tönnies 1887 geprägt und war bis an die Gegenwart heran wirksam.

modus, der sich nun auch schon auf die nicht mehr gehörten, sondern gelesenen ‚Volkslieder' bezieht, zum Wert:
– das intuitive, gefühlsmäßige und ganzheitliche Erfassen im Gegensatz zum gedanklichen Zergliedern;
– das einsame, in kontemplativer Haltung wiederholte Lesen im Gegensatz zum höfischen *divertissement* ebenso wie zur bloß einmaligen bürgerlichen Entspannungslektüre;
– das ‚wilde' Lesen im Anblick der dargestellten Natur – hier denkt Herder sicher mehr an Klopstock als an originäre ‚Volkslieder' – im Gegensatz zum zivilisierten Analysieren unter professoraler Anleitung.

Unter solchen entschiedenen Wertungen muß aus dem realen historischen Bestand von ‚Volksliedern' vieles ausgeschlossen werden. Herder zieht denn auch in der Einleitung des zweiten Teils der „Volkslieder" deutliche Grenzen: Der „Volkssänger" schafft nicht „aus dem Pöbel" oder „für den Pöbel"; der nämlich „singt und dichtet niemals, sondern schreyt und verstümmelt" (V 2, 323); aus den „Romantischen[39] und Liebesliedern" der Nürnberger Drucke des 16. Jahrhunderts müßte man „das Gold aus dem abgetragenen Zeuge ausbrennen und weniges könnte man ganz geben" (V 2, 325). Im Vergleich mit den ausländischen bleiben die „Deutsche(n) Originallieder" zurück, weil sie – dem deutschen Charakter entsprechend – zu bieder und lehrhaft sind, „die Volksstimme niedrig und wenig lebendig"; die Lieder sind „Koth und Unkraut" und deshalb auch meist vergessen (V 2, 328). Herder scheidet also aus den ihm überlieferten Korpora deutscher „Lieder des Volks" all das aus, was den axiologischen Werten seiner neuen Ästhetik widerspricht. Dafür einige Beispiele:
– ‚Schönheit', die auch das Gute und Edle einschließt[40], läßt ästhetischen Mißklang ('Schreyen') und ethische Anstößigkeit (‚Niedriges', ‚Koth') nicht zu;
– ‚Genieästhetik' fordert, daß Dichtung Ausdruck von Leben (‚lebendig') sei; regulierte deutsche Meistergesänge und ähnliche, die heteronom Vorgeschriebenes ‚lehren', gehören nicht dazu;
– ‚Ganzheit' bedeutet zwar nicht Korrektheit im Sinne rhetorischer Regeln, aber einen quasi ‚natürlichen' Organismus: ‚Verstümmel-

---
[39] Gemeint sind wohl die erzählenden, historischen Balladen, zu Herders Zeit auch „Romanzen" genannt.
[40] Zur Einheit des Guten, Wahren und Schönen in der Genieästhetik vgl. auch II.6.

te', zersungene Lieder erfüllen das Postulat nicht. Durch Auslassungen von nicht Passendem muß notfalls Schlüssigkeit hergestellt werden.

Mit solchen Vorstellungen hat Herder den Grund für die Praxis der Bearbeitung von Volksliedern und Volksdichtungen überhaupt[41] im 19. Jahrhundert gelegt und auch das Gattungsmuster für die Neuschöpfung sogenannter Volkslieder und ihrer Bewertung entworfen. Noch diejenigen, die das ‚Volkslied' für einen aggressiven Nationalismus instrumentalisierten, haben sich auf Herder, wenn auch zu Unrecht, berufen.[42]

Zusammenfassung des Kapitels II.2 insgesamt: In bezug auf ‚Volkslieder' ließen sich nur Wertungen des Typus oder der Gattung, nicht auch individueller Texte beobachten oder rekonstruieren. Für die mündliche Tradierung der gesungenen Lieder im 15. und 16. Jahrhundert können wir die allgemeinen, hypothetischen Maßstäbe für Erfolg in mündlicher Kommunikation unterstellen, wenn auch nicht nachweisen; nachweisen lassen sich dagegen speziellere gruppen- und situationsspezifische axiologische Werte. Beim Übergang in die Schrift scheinen diese Werte jedenfalls in einigen Medien und Rezeptionssituationen zurückzutreten bzw. nivelliert zu werden; der ökonomische Wert für die Drucker, der Unterhaltungswert für die Rezipienten setzt sich nach und nach durch. In allen Fällen handelt es sich um heteronome Werte. Durch Herder wird eine eigene Gattungsvorstellung entworfen, deren axiologische Werte erstmals ästhetische im Sinne der Genie-Ästhetik sind: Dichtung wird als authentischer Ausdruck statt als gesteuerte Mitteilung wertgeschätzt, als Ausdruck des Individuums dort, des ‚Volkes' hier. Dem folgend wird auch ein neuer, einfühlender Rezeptionsmodus hoch gewertet. Was dem Gattungsideal nicht entspricht, wird ausgeschieden.

---

[41] Auch die Märchen der Brüder Grimm sind Resultate idealisierender Bearbeitung, die ein Gattungsmuster des ‚Volksmärches' erst eigentlich begründet hat.
[42] Vgl. Klusen: Volkslied, S. 138-142 sowie ders.: Erscheinungsformen, S. 89-94.

3. Professionelle Wertung, Laienwertung, Autorenwertung – am Beispiel von Goethes Roman „Wilhelm Meisters Lehrjahre"

Im letzten Kapitel haben wir gesehen, daß die Rezeption ursprünglich mündlicher Dichtung durch Lesen ohne Bezug auf bestimmte Zwecke die Wertung der Dichtungen, hier der ‚Volkslieder', verändert und schließlich bei Herder eine autonomieästhetische Wahrnehmung ermöglicht. Wir gehen nun in diesem Kapitel der Beobachtung nach, daß mit der Begründung des Sozialsystems Literatur das Lesen, wenn auch ohne durchschlagenden Erfolg, normiert wird, so daß in Zukunft ‚Professionelle' und ‚Laien' auf erkennbar verschiedene Weise lesen und werten; ob Autoren noch ein eigenes, womöglich besonders kompetentes Wertungsverhalten entwickeln, ist zu fragen.

Eine Wertung würden wir heute unter drei Gesichtspunkten ‚professionell' nennen:
(1) rein formal die Wertung im Rahmen der öffentlichen Institution Literaturkritik;
(2) qualitativ, auch außerhalb dieser Institutionen, eine Wertung durch Autoren und andere aktive Teilnehmer am literarischen Leben, die hohe Vergleichskompetenz besitzen und
(3) idealtypisch eine Wertung, die mit ihrem Urteil den vom Werk als strukturierter Ganzheit intendierten Werten gerecht zu werden sucht. Diese dritte Art von Wertung ruht also, mit einem literaturwissenschaftlichen Begriff gesprochen, auf einer ‚adäquaten' Interpretation, die von einer ‚normalisierenden' der ‚Laien' abzusetzen ist: Jene tragen meist ohne Rücksicht auf die Textintention eigene Bedürfnisse und Wertvorstellungen an das Werk heran oder in es hinein.[1] Professionell in diesem dritten Sinne hieße demnach in bezug auf ein literarisches Werk: Lesen und Werten am Werk orientiert (nicht unbedingt an der Autorintention), gemäß der Autonomieästhetik. Adäquates Lesen in solchem Sinne ist also eine historische Lesenorm, deren Entstehung im Umkreis von Klassik und Romantik wir am Beispiel

---

[1] Zu ‚adäquater' und ‚normalisierender' Interpretation vgl. Link: Rezeptionsforschung, Kap. 4.

3. Professionelle Wertung, Laienwertung, Autorenwertung

beobachten werden; die Theorie der ‚Hermeneutik', aus der diese Norm folgt, ist zu jener Zeit theoretisch ausgearbeitet worden.[2]

Die Erfüllung dieser Lesenorm wird, gängigem Gebrauch folgend, für unsere Klassifikation von ‚Professionellen' und ‚Laien' den Ausschlag geben, obgleich das nicht unproblematisch ist: Unter Goethes Zeitgenossen – und bis heute – finden wir nämlich ‚Professionelle' (gemäß den beiden ersten Qualifikationen), die doch wie ‚Laien' (gemäß dem dritten Kriterium) lesen und werten – auch in der Literaturwissenschaft. Es gibt dafür durchaus gute Gründe, von denen wir u. a. im Kapitel über literaturwissenschaftliche Wertung nach 1945 handeln werden.[3] Jetzt fragen wir also konkret: Bestimmen Ort und Art der Äußerung über Professionalität oder Laienhaftigkeit, wird etwa im privaten Medium Brief nur ‚laienhaft', an öffentlicher Stelle dagegen, in Rezensionen oder Essays, ‚professionell' geurteilt? Oder was führt zur Einnahme der ‚autonomen' Rezeptionshaltung? Gibt es Leseweisen und axiologische Werte, die nur bei Laien oder nur bei Autoren auftreten? Und läßt sich vielleicht eine Geschlechterdifferenz beobachten, derart, daß Frauen jedenfalls zur Goethezeit eher als Laien werten? Damit können wir an diesem Beispiel auch illustrieren und überprüfen, welchen Einfluß Rollen (einschließlich der Geschlechterrollen) und Situationen des Wertens in diesem System auf die Wertungshandlungen ausüben.[4] Das Material erlaubt freilich nur vorsichtige, weiter zu überprüfende Antworten.

Als Beispiel für die Klärung aller dieser Fragen haben wir aus mehreren Gründen Goethes Roman „Wilhelm Meisters Lehrjahre" gewählt:
– bisher haben wir nur die Wertung von Textkorpora analysiert, diesmal soll es die eines Einzelwerks sein;
– die Kenntnis dieses ‚kanonischen' Werks können wir bei unsern Lesern voraussetzen, die zu analysierenden Charakteristiken und Wertungen sollten also nachvollziehbar sein;
– die Rezeption des Romans von seiner Entstehung an bis in die Gegenwart hinein ist in den „Erläuterungen und Dokumenten" (= ED) des Reclam-Verlages[5] gut dokumentiert;

---

[2] Vgl. Frank: Textauslegung, S. 123 und S. 132.
[3] Vgl. dazu II.5.1.2.2, II.5.3 und II.5.4.
[4] Vgl. zu Normen, Rollen und Situationen I.2.2.2, zu ihren historischen Wirkungen auch II.4.
[5] Basis unserer Analyse ist Bahr: Wilhelm Meister, S. 297-375. Wir ergänzen die dortigen Auszüge für unsere Argumentation ggf. auf Grund

- einige der Rezeptionszeugnisse stammen von literarisch bedeutenden Personen und haben in der Geschichte der Literatur Schule gemacht, sie sind selbst ‚kanonisch' geworden;
- die Rezeptionsdokumente sind zugleich so gestreut, daß wir auch die sonst schwer faßbare Wertung von ‚Laien' beiderlei Geschlechts, wenigstens unter den Zeitgenossen Goethes, an ihnen studieren können;
- das Material ist geeignet, den Zusammenhang zwischen Lesen und Werten sowie die Einführung der Autonomieästhetik über einen ‚autonomen' Rezeptionsmodus[6] zu veranschaulichen.

3.1 ‚Professionelle' Wertung

Wir beschränken die Analyse ‚professioneller' Urteile auf die Lebenszeit Goethes. Das gibt uns Gelegenheit, die Opposition zwischen den Werten der ‚heteronomen' Aufklärungspoetik und der ‚autonomen' Genie-Ästhetik (in ihrer klassischen Ausprägung) im Detail aufzuzeigen. In früheren Teilkapiteln[7] konnten wir diese Opposition nur tabellarisch und in ihrer Bedeutung für Textgruppenwertung vorführen; nun wollen wir sie detailliert an Wertungen eines Einzelwerks aufweisen. Es geht sogar um drei Positionen: Schon bei ihrem Erscheinen werden „Wilhelm Meisters Lehrjahre" sowohl an vorklassischen, heteronomen, wie an klassischen, auf die Autonomie des Werks zielenden Maßstäben gemessen. Am Ende kommt noch eine dritte Poetologie, die sich gerade eben ausbildet, ins Spiel: die romantische. Abschließend können wir alle drei, wieder tabellarisch, miteinander vergleichen.

3.1.1 ‚Professionelle' Wertung mit vorklassischen Maßstäben

Friedrich Heinrich Jacobi, Friedrich Leopold Graf zu Stolberg, Johann Gottfried Herder und Sophie Mereau zählen als Autoren eigener Werke zu den potentiell professionellen Bewertern des goethe-

---

der Quellen und ziehen andere Briefzeugnisse und Rezensionen, vor allem aus der Feder von in der Sammlung unterrepräsentierten Frauen, mit heran. Vgl. auch Gille: „Wilhelm Meister".
[6] Vgl. dazu I.1.2.2 und I.1.2.3.
[7] Vgl. II.1.3 (Bruch mit der Barock-Rhetorik) und II.2.3 (Herders Volkslied-Konzeption).

schen Werks.[8] Für die drei Autoren steht aber die Frage der „Sittlichkeit" – nach ihren Maßstäben: die Unsittlichkeit – des Romans ganz im Vordergrund; sie bewerten ihn moralisch und nach ‚Stellen', nicht als ganzes, als Kunstwerk, und so auch die Autorin Mereau, nur weniger kritisch und gar nicht moralisierend. Stolberg soll den Roman sogar feierlich verbrannt haben, nachdem er das für ihn einzig akzeptable sechste Buch (über die religiöse „schöne Seele") herausgelöst und für sich hatte binden lassen. Nach dem dritten Kriterium für ‚professionelle' Wertung lesen also alle vier als Laien – weil sie der klassischen Norm autonomen Lesens noch nicht folgen.

Herders Brief an die Gräfin Caroline von Baudissin von 1796 belegt diesen Wertungstyp sehr genau (ED 299 f.). Der Verfasser, der zur Zeit des Briefes nur die beiden ersten Bücher des „Meister" kennt, bemängelt die „schlechte Gesellschaft" – d.h. die der Schauspieler –, in der sich Wilhelm allzu lange herumtreibt. Bemerkenswerterweise entschuldigt er dies nachträglich für die ihm aus Vorlesungen bekannte „Theatralische Sendung": Sie habe Wilhelms Lebensgeschichte chronologisch erzählt, so daß der Aufenthalt in der Schauspielerwelt als eine kurzfristige „Verirrung" verständlich wurde.[9] Die „Lehrjahre" dagegen setzten sofort an dem Ort ein, „wo wir ihn nicht sehen mögen", Sympathie kann also gar nicht erst wachsen. Das aber erwartet Herder: Er möchte sich mit einem Helden identifizieren, der – bei geringen Verirrungen – doch moralisches Vorbild sein könnte. Er liest den „Meister" so, wie ein heteronomer Roman der Aufklärung zu lesen wäre. So hofft er, daß Goethe diese ganze ihm verhaßte „Wirtschaft" der „Mariannen und Philinen" noch „verächtlich machen" werde (ED 299 f.). Wie wir wissen, hat Goethe das

---

[8] Belege für die drei Autoren nach Bahr: Wilhelm Meister (= ED), S. 298 ff., für Mereau: Fragment (= Kalathiskos).
[9] Die Abwandlung des moralischen Kriteriums bei Gattungswechsel ist interessant: Die „Theatralische Sendung" als quasi-biographischer Abenteuerroman macht die Teilnahme auch an den bedenklichen Geschicken des irrenden Helden möglich. Denn zur Gattung gehört das „Fatum" als Zuordnungsvoraussetzung für die Wertung dieser Geschicke: Wo Schicksal herrscht, gibt es kein frei handelndes Individuum, dem die „schlechte Gesellschaft" moralisch zuzurechnen wäre. – Der Formwechsel zu den „Lehrjahren", in denen anders als in der „Sendung" (vgl. ED 194 f.) die „schlechte Gesellschaft" gleich am Anfang steht und die Kindheitsgeschichte erst nachgeholt wird, verbietet die Einordnung in dieses Strukturschema und damit die Entlastung des Helden.

nicht getan, im Gegenteil: Er hat Mariane exkulpiert. Herder liest und wertet in doppelter Weise konventionell: Er wertet nach älteren literarischen Normen, und er wertet moralisierend. Aber er reflektiert immerhin den grundsätzlichen Konflikt zwischen seinen und Goethes Anschauungen: Für Goethe sei „Wahrheit der Szenen" – d. h. poetischer Ausdruck einer wertneutralen „Natur" – das Wichtigste; das „Gute, Edle", die „moralische Grazie" sei ihm relativ gleichgültig. Herder dagegen „kann es weder in der Kunst noch im Leben ertragen, daß dem, was man Talent nennt, wirkliche, insonderheit moralische Existenz aufgeopfert werde und jenes alles sein soll", und er sieht speziell in Weimar das Zentrum dieses Übels.

Herder gehört immerhin zu den Vätern der Genieästhetik: Wie kommt es zu einer so auffällig ‚heteronomen' Wertung? Zwei Erklärungen sind möglich: Zum einen hat Herder, wie wir an seiner Idealisierung der schöpferischen „Natur" des Volkes gesehen haben, unterstellt, daß das – kollektive oder individuelle – Genie ‚von Natur aus' als Medium des Wahren und Sittlichen wirke. Für Goethe dagegen sind ‚Wahrheit' und ‚Sittlichkeit' nicht an die natürliche Moralität des „Talents" gebunden, sondern folgen aus der autonomen ästhetischen Form. Sie müssen in einer produktiven Leistung des Lesers, wie wir sie an Schillers Lektüre kennenlernen werden, als freie Antwort auf das Werk erst hergestellt werden. Zum andern hat sich Herder als Superintendent in Weimar von seinen frühen Straßburger Überzeugungen, mit denen er den ‚Sturm und Drang' und den jungen Goethe inspiriert hatte, inzwischen deutlich distanziert und in bleibenden Gegensatz zu Goethe gestellt.

Die gleiche ‚vorautonome' Werthaltung wie die der drei Autoren vertritt eine späte Rezension der „Lehrjahre" in der für Frauen bestimmten Zeitschrift „Kalathiskos"[10] von Sophie Mereau, die dem Romantikerkreis nahesteht. Ihre traditionelle, nur auf Einzelstellen reagierende Lese- und Wertungsweise läßt sich in dieser ‚progressiven' literarischen Umwelt am ehesten wohl aus dem Geschlecht erklären: Frauen wurden zu jener Zeit in der Regel noch auf eine ‚vor-

---

[10] Der griechische Zeitschriftentitel heißt übersetzt „Körbchen"; er impliziert, daß die Zeitschrift nur sehr gebildete Leserinnen, und vielleicht auch Leser, ansprechen kann und will; er signalisiert aber mit dem Utensil, das der weiblichen Sphäre zugeordnet ist und in der Verkleinerungsform verwendet wird, sofort wieder einen bescheidenen Anspruch.

3. Professionelle Wertung, Laienwertung, Autorenwertung

autonome' Produktion und Rezeption festgelegt.[11] Die Rezension von 1799 rechnet mit einem Publikum, das den vor zwei Jahren erschienenen Roman noch nicht kennt. Sie ist in Briefform abgefaßt, beginnt mit höchstem Lob – „die deutsche Litteratur" habe „durchaus nichts ähnliches aufzuzeigen" – will aber „kein Urtheil", sondern „nur die Beschreibung eines Eindrucks seyn" (Kalathiskos 225). Vermutlich weiß die Verfasserin, daß ihre Lektüreweise den intendierten Kunstwerkcharakter des Romans nicht trifft; dazu müßte dessen Geformtheit herausgearbeitet werden, eine bewundernde Wiedergabe von Stellen reichte nicht aus.

Die Rezension besteht nämlich aus einem Rahmen von anfangs zwei (Kalathiskos 225-227) und am Ende vier Seiten (Kalathiskos 235-238), auf denen allgemein positive Eindrücke gereiht werden, und wörtlichen Zitaten über siebeneinhalb Seiten hinweg (Kalathiskos 227-234). Allerdings sind das fast ausschließlich solche, die – aus dem Munde Wilhelms!- eine Poetologie legitimieren, die offenbar Sophie Mereau ihrer Leserschaft nahebringen will. Es ist nicht eine Poetologie des autonomen Kunstwerks, sondern eine – wie bei Herder – um eben die Dimension der Autonomie verkürzte Genieästhetik. Der Dichter ist danach „Lehrer, Wahrsager, Freund der Götter und der Menschen" (Kalathiskos 230); er kann die Menschheit mit ihrem „Schicksal" bekannt machen, weil ihm die „Natur" die Gabe verliehen hat, im „harmonischen Zusammensein mit vielen oft unvereinbaren Dingen" (Kalathiskos 228 f.) die tiefsten Einsichten über alles zu gewinnen. Die höchsten Werte aus dem Bereich von Erkenntnis und Ethik werden nicht in der Gestaltung des Werks und in deren Nachvollzug durch den Leser erst erzeugt, sondern sie fallen dem Dichter-Genie von außen zu. Er muß sie nur ordnend und formend „harmonisch" *vermitteln*, die ästhetische Form hat dienende Funktion.

Für die ästhetische Darstellung gilt ‚Realismus' als axiologischer Wert: „wie im Leben, die Kette der Begebenheiten" (Kalathiskos 226): Das „Leben" hat zu beglaubigen, was der Dichter vermitteln will. Dem aber geht es aus Mereaus Sicht primär um einen ethischen Wert. Die „Wahrheit, die durch das ganze Buch in allen Hauptcharakteren ausgesprochen wird", heißt für die Verfasserin (sehr sim-

---

[11] Vgl. v. Heydebrand/Winko: Arbeit am Kanon, S.139-145, bes. die Thesen 1-3 und 5. – Als ‚romantisch' mag allenfalls die fragmentarische Form gelten, die das Subjektive, Unfertige der Gedanken bewußt heraussstellt.

pel): „Jeder Mensch soll sich selbst verstehen lernen, und darnach handeln" (Kalathiskos 235 f.).

Die hier vorgeführten Fälle belegen – wie auch spätere – bereits eines: Ob im Brief, ob in einer Rezension gewertet wird, ist nicht entscheidend; es kommt primär auf die Poetologie an, nach der die Schreibenden lesen und werten.

Zusammenfassung: Jacobi und Stolberg teilen die Genieästhetik noch nicht, und von Herder wie von Mereau wird das ‚Genie' als Medium an ‚heteronome' Erkenntnis und Ethik zurückgebunden, wenn Herder nicht das ‚Genialische' inzwischen ganz ablehnt. In der Hierarchie der axiologischen Werte steht der ästhetische an einem nachgeordneten Platz. Auch der relationale ästhetische Wert der lebensnahen Darstellung dient nur zur Beglaubigung der zu vermittelnden Werte; er wird nicht als authentischer und notwendiger Ausdruck des Genies verstanden, der ggf. auch ethische Werte infragestellt. Am Maßstab der Autonomieästhetik werten alle diese ‚Professionellen' laienhaft.

3.1.2 Professionelle Wertung nach klassischer Poetologie

Die vier Dokumente, die wir hier analysieren wollen, sollen Verschiedenes demonstrieren:
– Auszüge aus dem Briefwechsel zwischen Friedrich Schiller und Goethe liefern uns Anschauungsmaterial dafür, daß Wertung nicht erst fertige Werke treffen muß, sondern bereits in der Arbeit an ihnen wirksam sein kann.[12] Wir können in diesem freundschaftlichen Zwiegespräch die axiologischen Werte der ‚klassischen' Ästhetik für Produktion wie Rezeption in ihrem Entstehen beobachten.
– Christian Gottfried Körners Brief an Schiller, nach Abschluß des ganzen Romans 1796, ist ein ausgezeichnetes Beispiel für die Umsetzung der Schillerschen Werte in eine genaue Würdigung der „Lehrjahre"; Schiller nimmt diese, nur leicht gekürzt, als Rezension in seine Zeitschrift „Die Horen" auf – ein weiterer Beleg für die mögliche Professionalität einer Wertung bereits in Briefform.
– Charlotte von Schillers Brief an Knebel erweist sie gleichfalls als Kennerin des neuen Wertungsstandards.

---

[12] Vgl. I.2.2.2.5.

– Wilhelm von Humboldts Stellungnahme zur Wertung Körners in einem Brief an Goethe, gleichfalls 1796, widerspricht Körner in einem wesentlichen Punkt und bereitet eine Modifikation der ‚klassischen' Ästhetik vor.

3.1.2.1 Klassische Poetologie im Produktionsprozeß: Schiller und Goethe

Schiller hat in jenem Briefwechsel Goethes Umarbeitung der „Theatralischen Sendung" zu den „Lehrjahren" zwischen 1794 und 1796 von Buch zu Buch kommentierend verfolgt und dem Autor für die Fortsetzung seiner Arbeit die eigenen Wertvorstellungen nahegelegt. Goethe wiederum, der den Vorschlägen nur zum kleineren Teil folgen mag, grenzt seine poetologischen Vorstellungen und seine dichterische Praxis von denen Schillers ab und deutet dabei die ihn leitenden Werte an. Wir arbeiten zunächst die axiologischen Werte Schillers heraus, auf die sowohl sein begeistertes Lob wie seine vorsichtige Kritik an Goethes Werk zurückgehen, und fragen nach den Zuordnungsvoraussetzungen, die zwischen den Textmerkmalen und diesen Werten vermitteln. Danach ist die zentrale Differenz in den Werten der künftigen ‚Klassiker' herauszustellen.

Höchster axiologischer Wert in Schillers Kommentaren ist das Wertprinzip ‚autonomer' Ästhetik: das ‚Schöne' als das ‚Wahre' und ‚Gute'[13] oder, genauer, das ‚Wahre' und ‚Sittliche', hervorgebracht durch das ‚Schöne' (ED 267 f.). Der höchste attributive Wert ist ‚Ganzheit', die „Harmonie" aller einzelnen Teile „mit dem lieblichen Ganzen" (ED 257 u. ö.); denn ‚Ganzheit' bezeugt die autonome Geschlossenheit des Kunstwerks und die Dominanz des formalen ästhetischen Werts über alle anderen Werte (ED 267). Schiller liest den „Meister" kaum je mit einem Interesse an etwas Inhaltlichem, Besonderem, er liest ständig mit der Frage nach der Form, nach der ‚Stimmigkeit'[14] des einzelnen zum Ganzen; das wird die Norm für das Lesen eines ‚autonomen' Kunstwerks. Attributive Werte eines solchen Werks, in dem „die Form über die Materie" siegt (ED 258), sind z. B. das Gleichgewicht zwischen dem Eigenwert des Details und seinem Beitrag zum Ganzen (z. B.ED 258, 262) sowie die Proportion und Balance der Teile untereinander; das meint auch der Ausdruck „Harmonie". Andere dem Ganzen nachgeordnete Werte

---

[13] Vgl. II.1.3 und II.6.
[14] Der Begriff stammt aus der neueren Literaturwissenschaft, als Leitbegriff der ‚immanenten Interpretation' (vgl. II.5.1.1).

sind die „Mannigfaltigkeit" (ED 266 f.) – d. h. das Ganze, die „Einheit", muß durch „Verkettung", „Verknüpfung" aus „Fülle" entstehen (ED 257, 260, 266 u. ö.) –, zugleich aber auch die Einfachheit und Ökonomie der Mittel (ED 257, 261).

Der relationale Wert der „Wahrheit" als Abbildung der realen äußeren und inneren „Natur" im Werk (ED 257, 260, 269, 274) führt nur scheinbar aus der Autonomie des Werks hinaus (ED 292). Denn gemäß der klassischen Ästhetik folgt solche Wahrheit aus der „Natur" des Genies, das sich selbst im „schöne(n) Leben" des Werks reproduziert (ED 267, 273, 286), und dieser Anspruch auf ‚Wahrheit' kann nur von den Lesern, durch ihre Zustimmung, eingelöst werden.[15] Nur durch die Leser, die für sich den „philosophischen Gehalt" suchen, öffnet sich das „schöne Ganze" des ‚autonom' ästhetischen Werks auf das „Unendliche, die Kunst und das Leben" (ED 292).

Zwei auffällig häufige wirkungsbezogene Werte gehören noch zum Kern ‚klassischer' Wertsprache: ‚Genuß' und ‚Gesundheit'. Beide Wirkungen folgen zwar für Schiller schon unmittelbar aus der noch unreflektierten Lektüre (ED 257-259, 265 f.), steigern sich aber mit der bewußten Reflexion der ‚Einheit' des Werks als ganzem, seiner „Klarheit" und „Durchsichtigkeit", seiner Ausgeglichenheit zwischen „Bewegung" und „Ruhe" u.a.m. (ED 267 f., 258 f., 269). Beide gründen sich also auf den attributiven ästhetischen Wert der ‚Ganzheit' in seinen diversen Erscheinungsformen und belohnen ein adäquates Lesen. ‚Genuß' ist ein hedonistischer Wert, ist ästhetische ‚Lust'; sie wird empfunden, weil der Leser das ‚schöne Ganze' nach „Gesetzen", die der Autor vorgibt, doch selbst und frei produziert (ED 273).[16] Voraussetzung für diese Zuordnung von ‚Lust' zu ‚Ganzheit' ist die von Schiller in Anlehnung an Kant entwickelte Ästhetik, die das freie Spiel der Einbildungskraft in der Rezeption zur Grundlage ästhetischen Vergnügens macht; wir können sie hier nicht entfalten.[17]

Der axiologische Wert leiblicher und geistiger ‚Gesundheit', konkretisiert in ‚süßer und inniger' „Behaglichkeit" (wohl auch des Körpers) und in ‚Ruhe' und ‚Heiterkeit' des Gemüts (ED 258 f.), enthüllt nun tatsächlich eine verdeckte ‚Heteronomie' auch des Autonomiekonzepts. ‚Gesundheit' ist ein therapeutischer und damit ein nicht-

---

[15] Vgl. dazu: Gabriel: Fiktion und Wahrheit, S. 77 f.
[16] Schiller exemplifiziert solche Rezeption des Ästhetischen hier an der Figur des Lothario (ED 273); an anderer Stelle dient ihm Wilhelm Meister selbst als Vorbild für den idealen Leser (ED 276).
[17] Vgl. Ritter: Ästhetik, Sp. 565-568.

ästhetischer Wert; in der historischen Wertsprache der klassischen Ästhetik hat er aber einen festen Platz und wird erst von der späteren Romantik – Novalis, Hoffmann – infragegestellt. Die attributiven Werte des ‚natürlichen' Maßes und Gleichgewichts sind es, die nach Schiller ‚Ganzheit' und ‚Ruhe', und damit ‚Gesundheit', hervorbringen. Wieder fungiert – wie bei Herder – eine Idealvorstellung von ‚Natur' als Zuordnungsvoraussetzung: „Natur" ist konkrete „Synthesis", alles ist in ihr „harmonisch" ausbalanciert und in begriffsloser wie unbegreiflicher Weise verbunden (ED 259, 267). In dieser natürlichen Balance, die das Kunstwerk analog zur Natur erzeugt, stehen auch ethische Werte: das „menschlich Wahre", die „schöne Sittlichkeit", das „rein Menschliche" (ED 259, 264, 276). Als Hintergrund für diese Vorstellungen müssen wir uns erneut Kants und Schillers Theorien der Ästhetik denken, aber auch die zeitgenössische Gesundheitslehre der Diätetik.[18]

Schillers Kommentare zum „Wilhelm Meister" verraten aber noch in einem andern Punkt eine Tendenz zur Heteronomie, und diese setzt ihn in Gegensatz zu Goethe. Dieser Gegensatz folgt – so sieht es Schiller selbst – aus dem Unterschied ihrer Wesensart: Schiller ist der ‚idealistische' Philosoph, Goethe der ‚realistische' Dichter (ED 259). Schiller will lehren, will den Leser viel stärker führen (ED 280 ff.), auch wenn die Idee, auf die er hinführen will, seine Idee der ästhetischen Erziehung und der ästhetischen Autonomie des Werks ist (ED 282 ff.). Goethe setzt dagegen seinen „realistischen Tic": Er sieht sein Schaffen als Ausfluß seiner „Natur", und er überläßt dem Leser, im Kunstwerk nicht anders als in unkommentierter „Natur" zu lesen. Dabei bemerkt er bereits, daß aus einem Werk mehr herausgefunden werden kann, als sein Autor weiß oder aussprechen kann (ED 284 ff.). Trotz kleiner Zugeständnisse an Schiller gestaltet Goethe ein im Sinne der Genieästhetik wirklich ‚autonomes' und damit auch ‚unbegreifliches' Werk. Die Differenz liegt, auf den Punkt gebracht, im Unterschied der Gewichtung von ‚Natur' im Produktions- und Rezeptionsprozeß: Für Schiller ist sie der „Idee des Ganzen", der „Hauptidee" (ED 263) untergeordnet, für Goethe das allein Maßgebliche (ED 284 ff.).

Zusammenfassung: Schiller liest und wertet die „Lehrjahre" nach seinen philosophischen Vorstellungen des autonom-Ästhetischen: Das Kunstwerk hat in allen Teilen zu einer einsichtigen (letztlich

---

[18] Vgl. Hoffmann: Diätetik.

doch ethisch-therapeutischen) „Hauptidee" zusammenzuwirken; auf sie soll der Leser gelenkt werden. Goethe faßt dagegen das autonom-Ästhetische als Resultat des genialen Schaffens nach der „Natur" auf, beläßt dem Werk seine Undurchdringlichkeit und auch dem Leser seine Autonomie. – Das Beispiel belegt den Zusammenhang von produktionsleitenden Werten, Organisation des Werks und Vorgaben für die Leser im Gefolge der neuen Ästhetik.

3.1.2.2 Klassische Poetologie in der Literaturkritik: Körner, Charlotte von Schiller und Humboldt

Christian Gottfried Körners Lektüre und sein Urteil im Brief an Schiller vom 5. [-13.?] 11.1796 (= SNA)[19] führen uns vor, wie eine Kritik des „Meister" aussieht, die aus der Vertrautheit mit Schillers und auch Goethes Kunstanschauungen hervorgeht. In einem Kernsatz des Briefes (ED 297) formuliert Körner die Grundlagen seiner Wertungen: „Die Einheit des Ganzen denke ich mir als die Darstellung einer schönen menschlichen Natur, die sich durch die Zusammenwirkung ihrer innern Anlagen und äussern Verhältniße allmählich ausbildet. Das Ziel dieser Ausbildung ist ein vollendetes Gleichgewicht – Harmonie mit Freyheit" (SNA 370).

Der erste Satz gibt uns zunächst einen hohen Wert der Beurteilung, „Einheit des Ganzen". Die Zuordnungsvoraussetzung, die solche Einheit in attributiven Werten des Werkes nachzuweisen erlaubt, besteht in einer eigenen ‚Intentionalität des Textes'[20], Schiller würde sagen: in der „Hauptidee". Körner sieht sie, ähnlich wie Schiller, in der Ausbildung einer „schönen menschlichen Natur" im Titelhelden: Wenn Figuren und Episoden auf diese Ausbildung Wilhelms hingeordnet sind, werden sie als positive attributive Werte des ‚Ganzen' verstanden. Auch Wilhelm als Person tendiert selbst auf ein ‚Ganzes', und wenn seine Bildung zum Ziel kommt, wird er gleichsam ein Symbol der schönen Kunst im Sinne Schillers darstellen: „ein vollendetes Gleichgewicht – Harmonie mit Freyheit". Damit ist, leicht schematisiert, Schillers Wunschvorstellung von Goethes Roman in diesen hineingelesen: Die Form des Werks und die Hauptfigur sollen in analoger Weise die Idee des Ästhetischen repräsentieren.

---

[19] Der Brief wird mit Ausnahme der in ED wiedergegebenen Stellen referiert und zitiert nach der Schiller-Nationalausgabe (SNA) 36/1, Nr. 317, S. 369-375.

[20] Der Begriff stammt aus der neueren, phänomenologischen Literaturwissenschaft, vgl. II.5.1.1.

Körners Besprechung des Werks oszilliert immer wieder zwischen zwei Formen der Textwahrnehmung: Einmal beschreibt er Wilhelm und die andern Figuren so, als seien sie Charaktere in der Wirklichkeit, denen es – mehr oder weniger – an der anzustrebenden quasi-ästhetischen Einheit fehlt; daneben aber beschreibt er die andern Figuren in ihrer Funktion für die Ausbildung Wilhelms, also in ihrem Beitrag zum ‚Ganzen' dieser Figur und damit des Kunstwerks. Diese Doppelperspektive entspricht dem Postulat klassischer Ästhetik: Die ästhetische Form soll sich vermittelt doch auf Lebenswirklichkeit beziehen; das Kunstwerk muß sich – durch die Leistung des Lesers – auf das Leben hin öffnen. Höchster axiologischer Wert dieser Besprechung überhaupt ist also – wie bei Schiller – der Kunstwerkcharakter des Romans im Sinne dieser Ästhetik: ein freies, nicht ‚heteronom' belehrendes Angebot lebensorientierender, inhaltlicher Werte in einer ‚autonomen', in sich stimmigen Form.

Dieser höchste ästhetische Wert wird in Körners Brief legitimiert durch einen nicht rationalisierbaren Überschuß, den das Werk gegenüber allen analysierenden Beschreibungen seiner formalen und inhaltlichen Qualitäten besitzt und behält: „Bey Betrachtung eines Kunstwerks, wie dieses, giebt es einen gewissen Punkt, bis wie weit man dem Künstler nachspüren und sich von seinem Verfahren Rechenschaft geben kann – aber weiter hinaus entzieht er sich unsern Blicken, so gern wir ihm auch ins innre Heiligthum folgen möchten"; „vergebens suchen wir den Genius zu belauschen, wenn er dem Bilde der Phantasie Leben einhaucht. Nur durch seine Wirkungen will er sich verkündigen" (SNA 374).

Wir erkennen in diesen Sätzen den axiologischen Wert der ‚begriffslosen Erkenntnis', die dem autonom-ästhetischen Wertprinzip implizit ist.[21] Die Voraussetzung, unter der solche Erkenntnis ermöglicht und zugleich legitimiert erscheint, ist die religiöse Überhöhung des Künstler-'Genies'. Aus dessen Schaffensweise folgt auch der Schein von Absichtslosigkeit: Das Werk ist „sinnreich und überraschend, aber nicht gekünstelt und paradox" (SNA 373). Hinter diesem axiologischen Wert steht die Zuordnungsvoraussetzung, daß ein Genie analog zur Natur schaffe; auch von daher besitzt Goethes Werk die von Schiller wie Körner beobachtete Unbegreiflichkeit der Natur und – ein weiterer axiologischer Wert – seine eigene, originelle Wahrheit. Die tiefere, nicht mimetische und nicht begriffliche Wahrheit des künstlerischen „Auges", der „Anschauung", die

---

[21] Vgl. II.1.3.

das Werk des Genius auszeichnet, muß Körner freilich gegen „gemeine Leser" verteidigen, die hinter dem Roman „eine wahre Geschichte" vermuten (374 f.). Wie Schiller bindet also auch Körner die adäquate Wahrnehmung und Wertung an autonom-ästhetische Kompetenz. Und wie für Schiller folgt auch für Körner aus der adäquaten Wahrnehmung der ästhetischen Gestaltung „poetischer Genuß". Am Ende ist Harmonie erreicht, nach „Spannung der Erwartung" geschieht „Auflösung von Dissonanzen" und „endliche Befriedigung" (SNA 373)[22]; die Wirkung ist therapeutisch.

Auf einen Brief von Schillers Frau Charlotte, den sie nach der Lektüre des 8. Buchs der „Lehrjahre" (noch in der Manuskriptfassung) am 1.7.1796 an Goethe schreibt, werfen wir nur einen kurzen Blick. Er soll uns darauf aufmerksam machen, daß vom biologischen Geschlecht einer Kritikerin doch nur bedingt auf ihr Lesen und Werten geschlossen werden kann; in diesem Fall ist, anders als bei Mereaus Kalathiskos-Rezension[23], das literarische Milieu für die Rezeptionsweise ausschlaggebend geworden. Charlotte von Schillers Wertungen orientieren sich an den ästhetischen Diskursen der Männer im klassischen Weimar: Sie hat eine Zweitlektüre des Ganzen vorgenommen, ist also schon vertraut mit der Frage nach der ‚Einheit des Ganzen', sie spricht von der „befriedigenden Auflösung" am Schluß und wendet das Kriterium der ‚Notwendigkeit' von Teilen für das Ganze an.[24] Im übrigen verselbständigt sich bei ihr allerdings mehr als bei Körner das unmittelbare Interesse an den Personen, als ob sie zu ihrer Bekanntschaft gehörten. Obwohl Frau und Briefschreiberin, wertet Charlotte also mindestens halbprofessionell.

Wilhelm von Humboldt, ein weiterer ‚Professioneller', geht in seinem Brief an Goethe vom 24.11.1796 bereits ganz selbstverständlich davon aus, daß die „Ökonomie des Ganzen"[25] ein unverzichtbarer axiologischer Wert sei. Aber er wendet sich gegen Körners Auffassung, daß Wilhelms Bildung wirklich vollendet werde: Nach seiner Textwahrnehmung ist es gerade die Unfertigkeit, die offene Bestimmbarkeit Wilhelms bis zum Schluß, die ihn zum Zentrum der

---

[22] Für die einzelnen Texteigenschaften, die Körner als attributive Werte auf den Wert der ‚Ganzheit' des Werkes bezieht, vgl. SNA 369-374.
[23] Vgl. II.3.1.1.
[24] Charlotte von Schiller: Brief an Goethe vom 1.7.1796, S. 230.
[25] Humboldt: Brief an Goethe vom 24.11.1796, S. 259.

3. Professionelle Wertung, Laienwertung, Autorenwertung 199

Einheit des Werks macht, die aber auch den Lesern Freiheit läßt: „der Dichter [...] nötigt den Leser, diese Weisheit [die Wilhelm eben nicht verkörpert] sich selbst zu schaffen, und das Produkt in dieser letztern hat nun keine andern Grenzen, als die seiner eigenen Fähigkeit."[26] Die Figur Wilhelms taugt ihm also nicht zur Analogie zwischen einem geschlossenen, harmonischen Kunstwerk, sondern zur Demonstration einer Ästhetik der Offenheit. Wir sehen: Auch unter den ästhetischen Prämissen, die Humboldt mit den Weimarer Freunden Goethe und Schiller teilt, ist eine wesentlich andere Wahrnehmung der „Lehrjahre" möglich als die Schillers und Körners; sie ist aber ebenfalls mit einer positiven Wertung verbunden.

Humboldt steht mit diesem Ergebnis seiner Lektüre Goethe vermutlich näher als die beiden andern und kommt der wichtigen, zukunftsträchtigen Deutung des Romans durch Friedrich Schlegel schon recht nahe. Trotzdem hat das 19. Jahrhundert bei der Typisierung des ‚Bildungsromans' am Beispiel des „Meister" sich eher an Schiller gehalten. Humboldt nimmt mit seinen Bemerkungen im Grunde die moderne Poetik des „offenen Kunstwerks"[27] bereits für die „Lehrjahre" in Anspruch. Seine besondere Hochwertung dieser Innovation Goethes ist in einem axiologischen Wert begründet, den wir heute als ‚unendliche Aktualisierbarkeit' bezeichnen.[28]

Außerdem lobt Humboldt – wie die andern – das Werk nach dem Maßstab des relationalen Werts der ‚Lebenswahrheit': Wilhelm habe am Ende „begriffen, daß man, um etwas zu haben, eins ergreifen und das andere dem aufopfern muß", und der Briefschreiber fährt fort: „Und was heißt Kunst zu leben anderes, als der Verstand, das eine zu wählen, und der Charakter, ihm das übrige aufzuopfern".[29] Er kann also, mit seiner Lebenserfahrung als Zuordnungsvoraussetzung, der von ihm so verstandenen Aussage des Romanschlusses den attributiven Wert der ‚Lebenswahrheit' zuerkennen[30] und übernimmt damit den Part des produktiven Lesers, der den ‚Wahrheitsanspruch' des Werks für sich einlöst.

Die Differenz zwischen Körner und Humboldt, die zunächst nur eine der Textwahrnehmung ist, weist darauf voraus, daß die Auffas-

---
[26] ebd.
[27] Vgl. II.5.2.
[28] Vgl. II.5.2.2.
[29] Humboldt: Brief an Goethe vom 24.11.1796, S. 259. (Erster Teil des Zitats auch in ED 298).
[30] Vgl. dagegen die ganz andersartige Wahrheit, die Mereau – gemäß ihrer Textwahrnehmung und Lebenserfahrung – dem Text zuspricht, II.3.1.1.

sungen Schillers und Goethes in der Zukunft zwei Varianten der Wertsprache ,klassischer' Ästhetik begründen werden: An Schiller schließt sich die bürgerlich-klassizistische Tradition, an Goethe (trotz erheblicher Distanzierungen) die Romantik an. Diese Varianten bestimmen, neben den romantischen Wertungen, die Wertungstradition bis in die unmittelbare Gegenwart hinein.

Zusammenfassung: Die drei Kritiken zeigen, wie die im Goethe-Schiller-Briefwechsel noch während des Produktionsprozesses ausgearbeiteten Normen des Lesens und Wertens nun in der Rezeption des Weimarer Kreises wirksam werden – bei Männern wie Frauen. An den Kritiken Körners und Humboldts zeichnen sich aber bereits zwei Rezeptions- und Wertungslinien ab, die auf den Gegensatz zwischen dem ,Idealisten' Schiller und dem ,Realisten' Goethe zurückgehen.

3.1.3 Professionelle Wertung im Rahmen frühromantischer Ästhetik

Die Auseinandersetzungen Friedrich Schlegels und Novalis' mit Goethes „Meister"-Roman sollen uns, bei aller Verschiedenheit, den Zugang zur Wertsprache der Frühromantik eröffnen. Schlegels Rezension „Über Goethes Meister" erschien 1798 im 2. Stück des ersten Bandes des „Athenäum", der Programmzeitschrift der Frühromantiker[31], und gehört zu den Fundamentaltexten der deutschen Literaturgeschichte: Sie begründet in ihrer Methode einen neuen, zukunftweisenden Typus von Literaturkritik, auf den sich die Literaturwissenschaft bis heute bezieht[32], sie macht diese Neubegründung durch Reflexion auf die neue Methode ganz explizit, sie arbeitet dabei eine neue, von Humboldt nur angedeutete Sicht des Romans heraus und entwickelt im Zuge dieser Deutung die Grundzüge einer neuen Dichtungsauffassung. Das Revolutionäre des „Wilhelm Mei-

---

[31] Zitate folgen wieder dem vollständigen Abdruck in Bahr: Wilhelm Meister, S. 302-325 (= ED). – Die Rezension blieb, obwohl von beträchtlichem Umfang, Fragment; eine geplante Fortsetzung kam nicht zustande, aber einiges ist wohl in Schlegels „Versuch über den verschiedenen Stil in Goethes früheren und späteren Werken" verarbeitet und 1800 im Rahmen des „Gesprächs über Poesie" im 3. Band des „Athenäum" publiziert worden.

[32] Wir weisen die Korrespondenzen mit den von uns analysierten Wertungstheorien nach 1945 in den Anmerkungen nach.

ster" bezeugt Friedrich Schlegel auch im sog. „Tendenz"-Fragment, das die Rezension 1798 im „Athenäum" begleitete: Es stellt den Wert einer literarischen Innovation, der Goethes, in einer bis dahin ungekannten Radikalität heraus und behauptet, wohl erstmals in der Literaturkritik, eine Parallele zwischen literarischer und historischer Entwicklung: „Die Französische Revolution, Fichtes Wissenschaftslehre, und Goethes Meister sind die größten Tendenzen des Zeitalters. Wer an dieser Zusammenstellung Anstoß nimmt, wem keine Revolution wichtig scheinen kann, die nicht laut und materiell ist, der hat sich noch nicht auf den hohen weiten Standpunkt der Geschichte der Menschheit erhoben [...]" (ED 301).[33] Unsere Analyse der Rezension wird zeigen, daß Schlegels Wertsprache, trotz der neuen romantischen Akzente, durch seine exorbitante Hochwertung der Leistung Goethes noch eng an die der Klassik rückgebunden ist. Wir werden also die Werte, die für die spätere Romantik uneingeschränkt wirksam werden, eigens herausheben müssen.

Von Novalis sind nur knappe, zum Teil kaum interpretierbare Notate über Eindrücke bei der Lektüre der „Lehrjahre" überliefert; sie wurden zwischen 1798 und 1800 aufgezeichnet, aber erst 1802 von Ludwig Tieck und Friedrich Schlegel aus dem Nachlaß veröffentlicht. Die Wertungen wandeln sich von Bewunderung über eingeschränkte Würdigung bis zu schroffer Polemik.[34] Diese Polemik konnte, immerhin schon seit 1802, bereits unter den Zeitgenossen wirken[35], und nur sie wollen wir genauer betrachten. Denn von Novalis werden die „Lehrjahre" von einer explizit ‚romantischen' Position aus kritisiert, und diese Kritik hat, wie wir noch sehen werden[36], nachhaltig gewirkt. Allerdings fehlen auch hier einige Elemente ‚romantischer' Ästhetik, so daß wir für das Konstrukt der Wertsprache einer solchen Ästhetik beide Autoren am Ende zusammensehen müssen.

---

[33] Allerdings erweist der Entwurf zu diesem Fragment, daß das Wort „Tendenz" auch eine einschränkende Komponente enthält: „[...] alle drei sind doch nur Tendenzen ohne gründliche Ausführung" (ED 301). „Tendenz" in der Bedeutung von ‚zielgerichtetem Streben' wird reduziert auf die Bedeutungsvariante ‚Hang', bloße ‚Meinung'.

[34] Mähl: Novalis' Wilhelm-Meister-Studien.

[35] In der Veröffentlichung durch Tieck wurden die positiven Urteile unterdrückt oder durch Textmanipulationen zu negativen umfrisiert, die Polemiken von 1800 noch verschärft.

[36] Vgl. II.3.3.

3.1.3.1 Friedrich Schlegels Rezension im „Athenäum"

Wir können im folgenden die Wertsprache Schlegels nur rekonstruieren, wenn wir auch seine Aussagen zur Methode der Kritik – also zum ‚adäquaten' Lesen – und die Praxis seines Lesens mit berücksichtigen; denn weit mehr als für Schiller erhält für Schlegel das Werk seinen Wert überhaupt erst dadurch, daß es den Leser selbst aktiv in den künstlerischen Prozeß einbezieht. Darum beginnen wir mit der Auflistung und Analyse der Normen für eine Kritik – wir würden sagen: für eine Interpretation –, die Schlegel verschiedentlich in seine Rezension einstreut:

(1) Zur Kritik gehören mit gleicher Notwendigkeit das Leseerlebnis durch das Gefühl, das am Oberflächenreiz und am Detail haften kann, und die Strukturanalyse durch den Verstand, die den innersten Zusammenhang sucht und herstellt (ED 308).[37]
– Damit bringt Schlegel nur die bereits von Schiller am „Meister" ansatzweise geübten Leseweisen (ED 267 f.) auf den Begriff.
(2) Die Maßstäbe für die Bewertung eines Romans wie „Wilhelm Meister" sind aus ihm selbst zu entnehmen; eine „schulgerechte Kunstbeurteilung" muß ihn verfehlen. Das gilt freilich nicht allgemein, sondern erst für Bücher vom Typus des „Meister" (ED 311).[38]
– Auch darin teilt Schlegel eine schon von Schiller aufgestellte Norm für die Beurteilung eines ‚autonomen' Kunstwerks. Selbst im folgenden geht er nur wenig weiter:
(3) Letztlich ist wertende Beurteilung eines solchen Werks überflüssig: Jede Wiedergabe des Eindrucks bliebe nicht nur (wie schon Körner sagte) hinter dem Entwurf des Dichters, sondern (dies das Neue) sogar hinter den Gedanken von Lesern zurück, „denn das Rechte trifft wie ein Blitz" (ED 311 f.).
– Damit hat Schlegel das Evidenzkriterium für literarischen Wert aufgestellt, das bis heute vertreten wird.[39] Evidenz kann nicht

---

[37] Die Wirksamkeit dieser Postulate in der phänomenologischen Hermeneutik belegt u. a. Wolfgang Kayser: Die funktionale Interpretation der Teile im Blick auf das Ganze setzt auch für ihn das intuitive Erfassen dieser intentionalen Ganzheit voraus (vgl. II.5.1.1).

[38] Vgl. wiederum Kayser: Die Bewertungsmaßstäbe müssen aus der Intentionalität des Gegenstands gewonnen werden; Kritik darf sich nicht an normativen Gattungsvorgaben orientieren.

[39] Vgl. erneut Kayser: Unmittelbare Betroffenheit durch das Kunstwerk ist dessen Gütesiegel.

durch Argumente herbeigeführt werden. Der Kritiker versteht sich darum nicht mehr als Beurteiler des Werks, sondern allenfalls als suggestiver Vermittler seines Werterlebens und als inspirierter Deuter verborgener, wertbegründender Zusammenhänge (ED 312). Das wird jedoch wieder eingeschränkt:

(4) Die Erläuterungen sollen „keineswegs alles allen hell und klar machen" (ED 313): Eine literarische Elite versteht ohnehin, Unverständigen ist alles verschlossen, und nur dem Halbverstehenden kann zu einiger Einsicht und zur anspornenden Erkenntnis seiner „Halbheit" verholfen werden (ED 313 f.).

— Schlegel formuliert hier das notwendig elitäre Selbstverständnis einer Literaturkritik, die in einer nicht lehrbaren Ästhetik ihre Basis hat[40]; er radikalisiert damit Einsichten der ‚Klassiker', vor allem Goethes. Aus dieser Position folgt plausibel:

(5) Die eigentlich berufenen Kritiker sind selbst Künstler und Dichter. Zwar muß jedes Textverstehen „über die Grenzen des sichtbaren Werks mit Vermutungen und Behauptungen" hinausgehen, „weil jedes vortreffliche Werk ... mehr weiß als es sagt, und mehr will als es weiß" (ED 318). Aber zu unterscheiden ist doch eine „gewöhnliche", ‚prosaische' von einer „poetischen" Kritik, und diese ist die eigentliche. Die ‚prosaische' zergliedert das Werk nach ihm fremden Voraussetzungen, nimmt es nur von einem Standpunkt aus wahr und legt seine Bedeutung einseitig fest (ED 318 f.). Die „poetische" dagegen „wird die Darstellung von neuem darstellen, das schon Gebildete noch einmal bilden wollen; [sie] wird das Werk ergänzen, verjüngern [sic!], neu gestalten" (ED 318 f.) und als „lebendige Einheit" in ein „Weltall" eingliedern (ED 319).

— Dies ist das eigentliche Prinzip romantischer Kritik, wie sie Schlegel entworfen hat: Sie besteht im Weiterdichten des Werks in die je neuen Horizonte der Verstehenden hinein.[41]

(6) Die Kritik soll sich an Charakteren nur „episodisch" orientieren und diese einzig in Gesprächsform – einer Form, die verschiedene Perspektiven garantiert – abhandeln (ED 321 f.).

— Erneut scheint Schlegel gegen die ‚prosaische' Kritik zu argumentieren: Die einseitige Beurteilung eines Werks von den Cha-

---

[40] Vgl. wieder Kayser: Kritik setzt schon Kunstverständige voraus und stellt eher eine esoterische Tätigkeit dar.

[41] Vgl. Wilhelm Emrichs „unendliches Reflexionskontinuum" (II.5.1.1), die „unendliche Aktualisierbarkeit" des Werks im je neuen „Erwartungshorizont" nach Jauß (II.5.2.2).

rakteren her rückt nicht-ästhetische Bewertungsmaßstäbe in den Vordergrund; ein „moralisches Gutachten" sagt mehr über den Redner aus als über den Text.[42]

Der höchste axiologische Wert ist nach diesen Aussagen auch für Schlegels Poetologie und Kritik die autonome ästhetische Form. Sie besteht in der ‚dynamischen Ganzheit' des Werks und in der von ihr stimulierten ‚autonomen Produktivität' des Lesers. Diese ermöglicht den Wert ‚unendlicher Erkenntnis', jenseits jeder einzelnen Einsicht; so kann sie auch das ‚Sittliche' einschließen, aber weder im Sinne vorgegebener moralischer Normen noch im Sinne einer fixierbaren „Haupt-Idee" (Schiller). Die Dynamisierung des Autonomiekonzepts ist das Neue an Schlegels ‚romantischer' Wertsprache. Abgeleitete wirkungsbezogene Werte sind die emotionale ‚Lust' am Detail, aber auch die intellektuelle ‚Lust' am Ganzen und vor allem die unmittelbare ‚Betroffenheit' des Lesers, die seine autonome Produktion in Gang setzt; weniger explizit gehörten diese aber auch schon zum Konzept der ‚Klassiker'.

Nun zu Schlegels Vorgehen in der Rezension, das weitgehend seinen Postulaten entspricht. Schlegel vergegenwärtigt auf der einen Seite durch ein subjektiv beschreibendes und interpretierendes Nacherzählen und Nachgestalten – auch in rhetorisch-poetischer Sprache, mit Bildern und Vergleichen – sein Leseerlebnis und vermittelt dabei suggestiv einzelne Werte. Auf der andern Seite liefert er die wohl erste Strukturanalyse des Romans, die diesen Namen verdient. Sie bildet das tragende Gerüst der Rezension und geht über Körners Feststellung einer harmonischen Komposition, die in der Beziehung aller Charaktere und sonstigen Werkelemente auf den zentralen Charakter Wilhelm liegen soll, weit hinaus.

Bei Schlegels Wiedergabe seines Leseerlebnisses und seiner neuen Deutung fällt häufig, im Vergleich zu Schiller, eine ‚romantisierende' Wahrnehmung und Wertung auf. Hervorgehoben werden als attributive Werte z. B. ‚Übergangszustände' im Gang der Handlung, in den Gefühlen der Figuren und auch der Rezipienten: das Schweben „zwischen Schwermut und Erwartung", das Schwanken zwischen „schmerzlichsüßen Erinnerungen" und „ahndungsvolleren Wünschen" oder die Ambivalenz von „süße[re]m Schauer" und

---

[42] Vgl. noch einmal Kayser: Er schließt kategorisch jede inhaltliche Wertung „aus dem Standpunkt" der „Eigentümlichkeit" des Wertenden, alle aktualisierende ‚nicht-ästhetische' Wertung aus (II.5.1.1).

„schöne[m] Grausen" (ED 307 u. ö.). Weitere attributive Werte lassen sich dem axiologischen Wert des ‚fremdartig-Geheimnisvollen' zuordnen: Lockungen des Unbekannten, seltsame Bedeutung, Wunder und „geheime[r] Zauber" (ED 307 u. ö.). Ins Auge springt die starke Aufwertung des Mignon-Komplexes: Mignon ist das „heilige Kind", die „Springfeder des sonderbaren Werks" (ED 307). Ihre wie des Harfners „Annäherung zum Wahnsinn" werden positiv gesehen (319), sie und ihre inzestuösen Eltern – äußerster Anstoß für die Leser unter dem höchsten Wert von ‚Sittlichkeit' – verkörpern „die heilige Familie der Naturpoesie" und geben, um den Preis ihres Untergangs, „dem Ganzen romantischen Zauber und Musik" (ED 325). Den wichtigsten Unterschied zu Schillers Deutung macht die Sicht auf Wilhelm aus: Er ist nach Schlegel stets mit Ironie zu sehen, seine Bildung – und Bildung überhaupt – besteht in unendlichem Streben, das nur durch Resignation scheinbar zur Ruhe kommt (ED 322). – Alle diese Werte deuten auf eine Zuordnungsvoraussetzung ‚unendlicher Erkenntnis' hin: Diese wäre in einem geheimnisvollen, religiös-numinosen, aber moralisch neutralen Bereich einer Transzendenz zu suchen, der man sich nur annähern kann.

Auch im Hinblick auf die Komposition verschiebt Schlegel im Vergleich zu Schiller die Gewichte: Die Einheit des ‚Ganzen' bleibt zwar der höchste formal-ästhetische Wert (ED 308 f. u. ö.), aber sein eigentliches Interesse gilt der Eigenständigkeit der Teile, ihrer Verweisung aufeinander und ihrer abgestuften „Fortschreitung" bis zum Schluß (ED 303 f, 305 f., 313). Auf die Dynamik unter den Elementen „des ganzen Systems" kommt es dem Autor mehr an als auf einen fixierbaren Sinn (ED 307). – Ein Sonderfall der Beziehung von Teil und Ganzem ist die Spiegelung des Ganzen in einem Teil; so spiegelt sich nach Schlegel viel von der Poetik des Romans in seinen „Hamlet"-Passagen (318), aber auch in dem Charakter des Oheims (ED 321), und beides eröffnet, wie ein Spiegelkabinett, unendliche Selbstanschauung (ED 321). Diese ‚Selbstreflexivität des Kunstwerks', die heute sog. ‚mise en abime', ist für Schlegel „gemeinsame Eigentümlichkeit aller sehr geistigen Poesie" (ED 318), ein hoher formal-ästhetischer Wert.[43] – Im übrigen arbeitet Schlegel als Formgesetz der Dichtung ähnlich wie Schiller Parallelen und Kontraste heraus.[44] Aber Schiller will die Gegensätze immer zum Ausgleich in

---

[43] Auch ihn finden wir in heutigen Wertungstheorien, z. B. bei Mukařovský (vgl. II.5.2 1).

[44] Vgl. Kayser (II.5.1.1) und den Strukturalismus (II.5.2.1).

„Ruhe", in „ruhiger Schönheit" geführt sehen (z. B. ED 266, 272), für ihn ist am Ende ein „Ziel" erreicht (ED 282 f.); Schlegel dagegen wertet tendenziell das andauernde „Schweben", das „magische Schweben" (ED 307) zwischen den Gegensätzen höher. Es vollzieht sich zwischen den Zeiten, zwischen Gefühlsstimmungen, zwischen den Charakteren, zwischen Komik und Ernst u. a. m. – wir können hinzufügen: zwischen ‚klassischen' und ‚romantischen' Werten. Ein anderer Name für dieses „Schweben" ist „Ironie" (ED 315, implizit: ED 322 f.); sie gibt keinem der Gegensätze Recht, aber auch keinem Unrecht und bringt dadurch eine ‚unendliche Reflexion' in Gang. ‚Harmonie' bei Schlegel ist eine „Harmonie von Dissonanzen" (ED 308).[45] Der Wert, dem die von ihm herausgehobenen Textmerkmale zuarbeiten, ist nicht das ‚klassische' Werk als vollendetes Ganzes, sondern als Anreiz zu ständiger ‚Überschreitung' in Richtung auf das „Universum", die „ganze Welt" (312 f.).[46]

Jetzt sehen wir auch, warum Schlegel in seinen Vorstellungen einer Kritik die Produktivität des Lesers nicht mehr an das bindet, was „das Werk weiß" (ED 318). Sein höchster wirkungsbezogener Maßstab ist die Anregung ‚unendlicher Reflexion'. Diesem Ziel dienen wiederum die unaufgelösten Dissonanzen auch der vom Werk provozierten affektiven und hedonistischen Wirkungen: gefühlsmäßige Faszination und Identifikation auf der einen, kühle, verstandesmäßige Distanz auf der andern Seite (ED 308); einmal ruhiger Genuß (ED 303, 305) und „Heiterkeit" (ED 304) wie bei Schiller, ein andermal und gleichzeitig aber auch „gereizte Spannung", „wilde Wehmut", „schönes Grausen" (ED 305, 307).

Dennoch hat – dem Roman folgend – auch in Schlegels Rezension noch das ‚Klassische' das Übergewicht: Die Hauptvertreter der romantischen, das schöne Gleichmaß überschreitenden ‚Werte' von absoluter Liebe, äußerster Gefühlsintensität, sittlicher Indifferenz

---

[45] Vgl. Kaysers Begriff des „Gefugtseins aus Spannungen", der ihm wie anderen Theoretikern einer spannungsarmen Harmonie überlegen schien (II.5.1.1).

[46] Freilich nimmt Schlegel, gegen sein Prinzip, doch ziemlich deutliche Hierarchisierungen unter den Figuren vor: Die Turmgesellschaft z. B. wird der Ironie allenfalls in Nuancen ausgesetzt. Immerhin hält Schlegel doch daran fest, daß auch von diesen Personen keine ein vollkommenes Muster darstellt (ED 324). Anders zwei Frauen: Nach Schlegels „Theorie der Weiblichkeit" verkörpern Nathalie und Therese deren Pole – „sittliche Geselligkeit" und „häusliche Tätigkeit – in ‚romantisch schöner Gestalt", ohne Ironie (ED 322 f.).

und heiligem Wahnsinn – sie alle müssen sterben. Hier wird die Kritik von Novalis und einiger ihm folgender Romantiker ansetzen.

Zusammenfassung: Schlegel analysiert den Roman auf allen Ebenen als dynamische Bewegung zwischen Kontrasten, aus der eine Energie zu unendlicher Steigerung und Überschreitung hervorgeht. Fixierbare Wahrheits- oder Sittlichkeitswerte kann es deshalb nicht geben. Die Funktion der Lebensorientierung ist zurückgenommen zugunsten des Prozesses der Reflexion möglicher Sinnsetzungen; ihn muß die autonom-ästhetische Gestaltung stimulieren. Das macht den Unterschied zwischen dieser frühromantischen Position und der ‚klassischen' aus, für die Sinn noch im Ganzen des Werks anschaubar wurde.

3.1.3.2 Die kritischen Äußerungen des Novalis

Die Polemik des Novalis gegen den „Wilhelm Meister" wird nur auf dem Hintergrund seiner vorausgehenden Einschätzungen des Romans und der Leistungen Goethes überhaupt verständlich[47]; dieser Hintergrund muß deshalb kurz skizziert werden. Novalis' erste Lektüre im Jahr 1797 fällt in die Zeit der Existenzkrise nach dem frühen Tod seiner Braut Sophie von Kühn: Die „Lehrjahre" müssen Hilfe leisten. Sie werden nur vom Inhalt her wahrgenommen, Wilhelm Meister wird Novalis zum Vorbild, der Roman korrigiert seine weltflüchtigen Stimmungen (ED 326). Die Lektüre steht also im Zeichen eines therapeutischen Wertes. Affektiv wirkungsbezogene Werte werden erlebt[48], gefühlsmäßige Betroffenheit durch die Geschicke des Helden führt zu identifikatorischem Lesen, der Roman wirkt didaktisch, als Lebensorientierung. Novalis rezipiert als ‚Laie'. – In der folgenden Phase, um 1798, liest Novalis ‚professionell', als angehender Dichter: Nun wählt er sich den Autor Goethe als Vorbild, und zwar für die künstlerische Darstellung. Diese soll aus der Verbindung ‚innerer' Imagination (= schöpferisches „Genie") mit ‚äußerer' Beobachtung und handwerklich zweckmäßiger Ausführung (= „Talent") hervorgehen.[49] Der höchste axiologische Wert ist nun ein formal-ästhetischer: Die Inspiration aus der ‚inneren Natur' des Genies („Tiefsinn") muß sich in adäquater Form („Bildungskunst") darstel-

---

[47] Vgl. Gille: Urteil, S. 151-173, auch Bahr: Wilhelm Meister, S. 325-327 (= ED).
[48] Vgl. I.3.4.1.3.
[49] Gille: Urteil, S. 153-155.

len.⁵⁰ Textmerkmale, die diesem Wert zugeordnet werden können, sind solche, die sowohl schöpferischer Phantasie wie genauer Beobachtung entspringen. – In einem weiteren Schritt versucht Novalis, die Form des Romans als ‚romantisch' zu sehen und zu werten: Ähnlich Schlegel will er anhand von Strukturanalysen zeigen, wie durch verschiedene Techniken, u. a. durch Variation und Kontrastierung und nicht zuletzt durch Ironie, jedes Beschränkte auf ein Unendliches hin überschritten wird.⁵¹ Das sind neue, eben ‚romantische' Zuordnungsvoraussetzungen für adäquate Form, die an die Stelle der eher ‚klassisch-realistischen' – Phantasie mit Beobachtung – treten. Im übrigen mag hier motivational auch ein ‚Prestigewert' wirken: Die neu entstehende romantische Richtung will und kann zu diesem Zeitpunkt auf eine Selbstlegitimierung durch Anlehnung an das weitgehend anerkannte Genie Goethe nicht verzichten.⁵²

Die Kehrtwendung Novalis' im Jahre 1800 vollzieht sich im Zuge der Arbeiten am eigenen Roman, am „Heinrich von Ofterdingen", der nun als „Anti-Wilhelm-Meister" konzipiert wird (ED 328). Goethes darstellerische Leistung wird zwar noch anerkannt, wird aber zur „poetische[n] Maschinerie" degradiert (ED 327). Der Begriff des „Poetischen", der „Poesie", erhält in den Fragmenten dieses Jahres eine doppelte Bedeutung: Er bezeichnet einerseits eine bloß formal-ästhetische Technik, deren Beherrschung Goethe nach wie vor zugestanden wird, andererseits aber ein höchstes, inhaltlich bestimmtes ästhetisches Wertprinzip, vor dem der „Meister"-Roman nicht bestehen kann. „Poesie" in diesem Sinne ist „das Romantische", „die Naturpoesie", „das Wunderbare", der „Mystizism", auch „Religion" (ED 327). Dem Inhalt des Romans, dem alle Polemik gilt, werden lauter Negativ-Werte zugeschrieben: „Künstlerischer Atheismus", „Satyre auf Poesie, Religion etc.", „Die Oeconomische Natur [...] die Wahre – *Übrig bleibende*" (ED 327). Die Poesie, die sich auch für Novalis vor allem in der Gruppe um Mignon verkörpert, werde zugrundegerichtet, das „Prosaische", trivial-Alltägliche – personifiziert im Schauspieler- und Krämer-Milieu einerseits, im fälschlich poetisierten Adel andererseits – komme zur Herrschaft (ED 328).

---

⁵⁰ Gille: Urteil, S. 154 f.
⁵¹ Gille: Urteil, S. 156-158.
⁵² Die Komplexität der Motivationen in den zeitgenössischen Auseinandersetzungen um den „Wilhelm Meister" dokumentiert ausgezeichnet Gille: Urteil.

Der axiologische ästhetische Wert, der diese Kritik motiviert, ist genau genommen noch immer das ‚autonome' Zusammenstimmen von Inhalt und Form, die Ergänzung von „Genie" durch „Talent". Goethe wird inzwischen aber dieses ‚Genie' der wahrhaft poetischen Erfindung abgesprochen. Dafür ist zum einen Novalis' reduzierte Wahrnehmung verantwortlich, die ihn die durchgängige Ironie im Roman verkennen läßt[53], zum andern eine veränderte Zuordnungsvoraussetzung: Nur dem, der inhaltliche ‚romantische' Werte darstellt, kann Genie zugestanden werden. Es ist der Begriff der im Genie wirkenden „Natur", den Novalis anders faßt als Goethe (ED 327): Für jenen enthält die „Natur", die aus dem Genie spricht, die Menschennatur in *allen* ihren Aspekten, auch den alltäglichen; für Novalis ist ‚Natur' das Wunderbare, das auf das unauslotbare Geheimnis der Transzendenz verweist, und diese Sphäre wird den beschränkten, „bürgerlichen" Realitäten schroff entgegengesetzt. Von einem solchen inhaltlich gefüllten Naturbegriff kann Novalis entschieden gesellschaftskritische Werte ableiten, die sich sowohl gegen die Adelsprivilegien wie gegen das Wirtschaftsbürgertum, seine ökonomischen Interessen und seinen instrumentellen Verstand, richten.

Novalis' Polemik konnte unter den Zeitgenossen vermutlich deshalb wirksamer werden als die zustimmende Kritik Schlegels aus einer vorausgehenden frühromantischen Position, weil sie das Romantische nicht mehr an formal-ästhetischen Werten, sondern vor allem am Inhalt festmacht. Sie kommt den im ‚autonomen' Lesen ungeübten Zeitgenossen entgegen und nimmt auch der Sache nach einige negative Argumente der ‚vorklassischen' Kritik – etwa gegen die Trivialität und Unsittlichkeit des Schauspielermilieus – wieder auf. Entschiedener als Schlegel arbeitet er aber einer späteren, ‚negativen' Ästhetik vor, die der Kunst als säkularer Statthalterin der Transzendenz den konsequenten Bruch mit den Werten beschränkter, ‚gesunder' Normalität zuschreibt.[54]

Zusammenfassung: Novalis' Wertung des „Meister"-Romans wandelt sich von ‚laienhafter' Hochschätzung seines therapeutischen Wertes über professionelle Würdigung aus der Sicht des kompeten-

---

[53] Er liest z. B. Wilhelms Weg als „Wallfahrt nach dem Adelsdiplom", überschätzt die Turmgesellschaft und mißachtet alle Einschränkungen gegenüber dem ökonomischen Verstand (ED 328).
[54] Vgl. zur ‚negativen Ästhetik' Theodor W. Adorno (II.5.1.2.1).

ten Autors zu polemischer Ablehnung, in der nicht mehr formale, sondern inhaltliche, auch gesellschaftskritische Werte der Frühromantik den Ausschlag geben. Seine Kritik trifft vielleicht nicht den Roman, wohl aber eine in der Klassik vorbereitete harmonisierende, ‚bürgerliche' Deutung.

3.1.4 Vergleich der Wertsprachen vorklassischer, klassischer und romantischer Poetologie

Bei der tabellarischen Gegenüberstellung ‚rhetorischer' und ‚ästhetischer' Wertsprachen im Barockkapitel mußten Einzelheiten der literarischen Situation zum Ende des 18. Jahrhunderts ausgeblendet werden: ‚Die' Rhetorik der Barockzeit wurde unmittelbar mit ‚der' autonomen Ästhetik konfrontiert. Tatsächlich prallten in jenen Jahrzehnten sehr verschiedene Richtungen aufeinander: Aufklärerische und empfindsame Poetiken, die nur noch bedingt der Rhetorik folgen, aber doch noch ‚vor-autonom' sind, wurden im Zeichen der Autonomie-Vorstellung durch die Genie-Ästhetik des Sturm und Drang und bald darauf durch die Ästhetiken der Klassik (in Anlehnung an Kant) und der Romantik (in Anlehnung an Fichte und Schelling) infragegestellt und abgelöst. Unsere Analysen der Reaktionen auf Goethes „Meister"-Roman erlauben uns jetzt – wiederum in einer Tabelle – einen genaueren Vergleich (siehe folgende Seite).

In allen drei Wertsprachen ist das ‚Schöne' als Wert noch unangetastet, sowohl was das Detail der Darstellung wie auch was die Wirkung des Ganzen betrifft. Um die Mitte des 19. Jahrhunderts wird auch dieser Wert aufgegeben, wenn der Wert der ‚Wahrheit' das fordert.[55]

3.2 Laienwertung: Goethes Mutter, Schulthess, Schimmelmann, Levin, Veit

Wir haben mit Herders Brief an die Gräfin Baudissin, mit der Rezension von Sophie Mereau und mit Novalis' Aufzeichnungen über die Wirkung der „Lehrjahre" während seiner Existenzkrise drei Beispiele einer Wertung kennengelernt, die wir trotz der literarisch-professionellen Kompetenz der Verfasser und teilweise öffentlicher Äußerung vorwegnehmend als ‚laienhaft' eingestuft haben, weil die

---

[55] Vgl. den Überblick über den Wandel des Werts ‚Schönheit' in II.6.

3. Professionelle Wertung, Laienwertung, Autorenwertung

	vorklassische Positionen: Stolberg, Jacobi, Herder, auch Mereau	‚klassische' Positionen (klassische Ästhetik): Schiller, Goethe	‚romantische' Positionen (romantische Ästhetik): Schlegel, Novalis
Höchster Wert	– *nicht-ästhetisch*: das ‚Wahre' und ‚Gute' in schöner, unterhaltsamer Darbietung (= religiöse, sittliche Belehrung, Unterhaltung)	– *ästhetisch*: Kunst als autonome Produktion des ‚Genies'	– *ästhetisch*: Kunst als autonome Ko-Produktion von ‚Genie' und ‚genialen' Lesern
Autor	– Sprachrohr ‚heteronomer' Werte, auch noch als ‚Genie' *Zuordnungsvoraussetzung*: ‚Natur' ist zugleich wahr und sittlich, ‚Genie' partizipiert daran (Herder, Mereau)	– ‚Genie' als ‚Natur', moralisch indifferent (Goethe), in ‚Freiheit' zu sittlicher Entscheidung (Schiller) *Zuordnungsvoraussetzung*: ‚Natur' = natürliche Ordnung, ‚Synthesis', ‚Harmonie' von Gegensätzen	– ‚Genie' als Medium unendlicher (Schlegel), mystisch-transzendenter (Novalis) Erkenntnis *Zuordnungsvoraussetzung*: ‚Natur' = geheimnisvolle Vermittlung zum Unendlichen
Werk	– repräsentiert mimetisch Erkenntnisse des Wahren und Guten (nicht autonom, keine ‚Ganzheit')	– Repräsentation von ‚Natur' als moralisch indifferente Ordnung (Goethe), als sittliche ‚Idee' (Schiller), als ‚gesund' – autonom, als geschlossene Ganzheit – angewiesen auf ‚autonome', die geschlossene Form reflektierende Leser	– autonom, als offene Ganzheit, mit Ironie (Schlegel) – Hinweis auf ‚Natur' als moralisch indifferenten Durchgang zum Unendlichen (Novalis), Aufwertung von ‚Krankheit', ‚Wahnsinn' (beide) – angewiesen auf ‚autonome', die offene Form weiter reflektierende Leser (Schlegel)
Rezeptionsmodus	– Identifikation (auch negativ) mit Figuren und Reflexionen, Reaktion auf ‚Stellen' und Teile – stilistische Bewertungen	– Beziehung des Einzelnen auf das Ganze, Auflösung der Gegensätze in ‚Harmonie'	– Beziehung des Einzelnen auf Einzelnes und auf das Ganze, Weitertreiben der Dissonanz der Gegensätze auf das Unendliche hin (Schlegel), Identifikation mit ‚romantischen' Werten (Novalis)
Wirkung	– Lebensorientierung, Unterhaltung	– durch Reflexion der Form ‚autonome' Erkenntnis (kognitive und ethische Werte) in ‚heiterer Ruhe', als ‚Genuß' (hedonistische Werte) sowie ‚Gesundheit' (therapeutischer Wert)	– durch Reflexion der Form (Schlegel), durch ‚romantische' Inhalte (Novalis) Stimulation von ‚unendlicher' Erkenntnis (kognitive, kritisch-ethische, religiös-transzendentale' Werte) in Spannung von Harmonie und Dissonanz' als ‚Genuß' (hedonistische Werte)

Wertenden die Autonomiekonvention für das Lesen nicht berücksichtigen.[56] Jetzt wenden wir uns einigen Briefschreibern, genauer: Briefschreiberinnen zu, die – mit einer Ausnahme – nur am Rande des literarischen Lebens stehen und von daher originär als ‚Laien' gelten müssen: Goethes Mutter und zwei entferneren Verehrerinnen des Autors. Die Ausnahme bildet Rahel Levin (später: Varnhagen van Ense); diese war bei Erscheinen des Romans Mittelpunkt eines Berliner literarischen Salons der Spätaufklärung, in dem schon ein lebhaftes Interesse an Goethe bestand. Doch ist auch sie, von ihren bedeutenden Briefen abgesehen, keine professionelle Autorin oder Kritikerin. Wenngleich diese Zeugnisse des Lesens und Wertens, die weitere Perspektiven auf Werte in ‚Laienwertung' eröffnen, zufällig nur von Frauen stammen, warnen wir doch davor, das durchweg nicht-autonome Lesen und entsprechende Wertsprachen vorschnell nur dem weiblichen Geschlecht zuzuweisen.[57] Dieses Lesen und Werten ist aber auch nicht notwendig Folge davon, daß fast alle Laienwertungen dieses Kapitels Reaktionen nur auf Teile des Romans im Zuge seines Erscheinens 1795 bis 1796 darstellen: Schiller las und wertete unter gleichen Bedingungen ‚autonom', das heißt mit dem Blick auf ein entstehendes, kunstvoll komponiertes ‚Ganzes'.

Goethes Mutter schreibt am 19.1.1795 als Echo auf den Erhalt des ersten Bands der „Lehrjahre": „Den besten und schönsten Danck vor deinen Wilhelm! Das war einmahl wieder vor mich ein Gaudium! Ich fühlte mich 30 Jahre jünger – sahe dich und die andern Knaben 3 Treppen hoch die preparation zum Puppenspiel machen ..." usf.[58] Der Wert des Buches besteht für die Mutter in der Erinnerung an die Spiele des Sohnes, die sie wirklichkeitstreu im Roman abgebildet findet. Der Kunstcharakter des Werks ist ignoriert, ein impliziter, relationaler axiologischer Wert wäre ‚Wirklichkeitsnähe'; aber der maßgebliche axiologische Wert hieße ‚nahe Verbindung zu einem geliebten Menschen'. Wir sprechen hier von einem ‚affektiv-kommunikativen' Wert.[59] Dieser Brief der Mutter, unter der damals vielleicht einzigartigen Voraussetzung, die Kinderspiele des Autors zu kennen, scheint ein Sonderfall, ist es aber nicht.

---

[56] Vgl. die Bestimmung des ‚Laien' als Leser in II.3.
[57] Vgl. als Gegenbeispiel Charlotte Schiller (II.3.1.2.2).
[58] Catharina Elisabeth Goethe: Brief an Goethe, S. 182.
[59] Vgl. I.3.4.1.3.

3. Professionelle Wertung, Laienwertung, Autorenwertung 213

Barbara Schulthess, die langjährige schweizer Freundin Goethes, schreibt ihm am 10.7.1795 als Reaktion auf die Ankündigung eines Widmungsexemplars der „Lehrjahre" Folgendes: „Dein wilhelm soll mir aus deiner Hand lieb und willkomm seyn – daß ich bin wie die Kinder deines werthers verzeihst du mir!" Da Werther ja keine leiblichen Kinder hat, spielt Goethes Korrespondentin wohl auf folgende Stelle im „Werther" an: „Die geringen Leuten des Ortes kennen mich schon und lieben mich, besonders die Kinder".[60] – Das Zitat, das den Autor Goethe zum geliebten, von andern Leserinnen auch vergöttlichten Vater macht, repräsentiert eine breite Rezeptionshaltung, die insbesondere von Frauen eingenommen wurde, vermutlich aber der Empfindsamkeit überhaupt zuzuordnen ist.[61] Auch in diesem Verhältnis wird der Wert der Literatur primär als ‚affektiv-kommunikativer' realisiert. Man könnte von ihm weitere, präzisere motivationale Werte ableiten, die aus dem Bereich psychologischer Bedürfnisse stammen würden: ‚erotischer Kontakt', ‚Stabilisierung durch väterliche Autorität' u.a.[62] Freilich scheint sich die Briefschreiberin (wie schon Mereau) darüber klar zu sein, daß ihre Rezeptionshaltung der Autorintention – jedenfalls der bewußten! – nicht adäquat ist; denn sie sieht noch diese Annäherung ‚von unten' als Grenzüberschreitung, die der Autor ‚verzeihen' muß.

Das Bewußtsein eines inadäquaten, da heteronomen Lesens spiegelt auch der Brief von Charlotte Schimmelmann an Schiller vom 18.6.1796[63]; wir können ihn hier nur noch kurz erwähnen. Die in Weimar lebende Gräfin, die mit beiden Dichtern, näher aber mit Schiller bekannt war, setzt sich implizit mit dem Postulat autonomen Lesens und Wertens schon abwehrend auseinander: Der Blick aufs ‚Ganze' des Kunstwerks ist, wie sie zu bedenken gibt, überhaupt neu, das Auge dafür muß erst geübt werden. Aber sie will auch gar nicht das Werk, sondern die Menschenkenntnis des Autors Goethe bewundern. Und wo sie vorsichtige Kritik übt, beansprucht sie für ihre Meinung ausdrücklich keine Verbindlichkeit, spricht also kein

---

[60] „Die Leiden des jungen Werthers", Erstes Buch, „Am 15. Mai".
[61] Für die Frauen vgl. Kittler: Aufschreibesysteme, S. 135 ff. Eine ähnliche Haltung finden wir jedoch auch unter den empfindsamen männlichen Lesern Jean Pauls.
[62] Zu motivationalen Werten vgl. I.1.4; durch die genannten Beispiele wird der dort erwähnte tiefenpsychologische Bereich berührt.
[63] Schimmelmann: Brief an Schiller, S. 233 f.

‚Werturteil' aus[64]: Schimmelmann zieht idealisierende Darstellungen in der Art Raphaels der realistischen, ‚niederländischen' Schreibart Goethes vor, bezeichnet das aber als private Vorliebe. Die Häufigkeit solcher einschränkenden Wendungen in zeitgenössischen Briefen von Frauen läßt vermuten, daß deren bescheidene Zurückhaltung für jene Zeit geschlechtsspezifisch ist. Denn das Medium ‚Brief' läßt begründete Werturteile, wie wir gesehen haben, durchaus zu.

Die Wertungen von Rahel Levin und David Veit in ihrem Briefwechsel[65] (= BW) sind fast durchweg implizit. Veit hat anfangs einmal explizit formale Qualitäten gelobt: die sichere Lenkung der richtigen „Deklamation" ohne die Hilfe von Unterstreichungen – das Gelesene wird also gehört! –, die „Einheit des Tons" bei Verschiedenheit der Empfindungen (BW 73). Einig sind beide darüber, daß die Figur der Mignon die „interessanteste" ist und kaum übertroffen werden kann (BW 233, 75). ‚Stilistisches Können' und ‚Originalität der Erfindung' sind bei diesen Wertungen die ästhetischen axiologischen Werte. Nach mehrfacher Lektüre des ganzen Werks im Jahre 1796[66] preist Levin die Charakterisierung der Figuren durch ihr individuelles Sprechen, ohne daß Goethe seine eigene „feine und gebildete Sprache" verleugne (BW 234). Sie führt seine Kunst der Personendarstellung auf genauestes Sehen, Zuhören und Einfühlen zurück und stellt nun den relationalen axiologischen Wert der ‚Wirklichkeitsnähe' oder ‚Wahrheit' der Mimesis deutlich über den der Erfindung (BW 138, 234). Auch das sind Wertungen, die auf formalästhetische Qualitäten des Objekts zielen und als ästhetische Werturteile verstanden werden könnten. Aber sie leiten bereits auf den zentralen axiologischen Wert der beiden Korrespondenten hin: Goethes Werk ermöglicht ihnen durch seine Realistik, mit seiner Hilfe ein mehr oder weniger erotisch motiviertes Gespräch über ihr Verhältnis zueinander zu führen; das ist vermutlich auch der Grund, warum beide über den Roman schriftlich eher schweigen und ihn am liebsten gemeinsam lesen wollen (BW 119, 77, 133, 233). Veit, ihr junger Freund, vergleicht Rahel zunächst mit Philine (BW 74), dann zusätzlich mit Aurelie (BW 119), Rahel definiert sich selbst in Zu-

---

[64] Zum Unterschied von Meinungsäußerung und Werturteil vgl. I.2.1.3.
[65] Briefwechsel Rahel Levin/David Veit, S. 73-75, S. 119 (Veit), S. 77, S. 133f., S. 138 (Levin), S. 146, S. 149 (Veit), S. 233 f. (Levin).
[66] Von solcher Lektüre des Ganzen berichtet freilich nur Levin (BW 233 ff.), die auch einmal das sukzessive Erscheinen des Romans moniert (BW 138).

stimmung und Abgrenzung von diesen Zuschreibungen (BW 133 f. 138) wie auch in ihren – total subjektiven – Urteilen über die Hauptfiguren (BW 233 f.). Der wichtigste Wert des Romans für Veit und Levin ist ein nicht-ästhetischer Gebrauchswert, wiederum der ‚affektiv-kommunikative' Wert: Die positiv gewertete ‚realistische Figurengestaltung in Sprache', die diesem wirkungsbezogenen Wert zuarbeitet, hilft den Lesenden, ihre Gefühle über sich selbst und über den Anderen zu klären und auszusprechen. Diese spezifische heteronome Funktion von Dichtung scheint für Laienleser kein Ausnahmefall.[67] Jedenfalls ist er mindestens zweimal schon Gegenstand von Weltliteratur geworden: in der berühmten Szene bei Dante[68], in der Paolo und Francesca durch den dargestellten Kuß im gemeinsam gelesenen Buch zum ersten realen Kuß finden, und in der ebenso berühmten Szene in Goethes „Werther"[69], in welcher der von der Geliebten geflüsterte Name „Klopstock" ein verhülltes Liebesgeständnis des Helden (durch Handkuß) auslöst.

Zusammenfassung: Als Charakteristikum laienhafter Wertung hatten wir schon bisher das Urteilen über einzelne Schönheiten wie Mängel des Romans – ohne Berücksichtigung der Komposition des Ganzen – beobachtet. Weitere Merkmale waren die identifikatorische Lektüre, in Zu- und Abneigung gegen die Figuren, und das Werten nach heteronomen Maßstäben. Das ist auch in den hier untersuchten Zeugnissen zu beobachten. Dabei erheben Frauen meist nicht den Anspruch auf ein verbindliches Werturteil. Neu und auffällig in seiner Häufung ist der ‚affektiv-kommunikative' Wert, der über das Werk hinweg die Leserinnen, aber wohl auch Leser mit dem Autor oder mit dem Partner der Lektüre verbindet.

3.3 Autorenwertung: Theodor Fontane, Thomas Mann, Martin Walser

Wir haben Anlaß für die Annahme, daß die Gruppe der Autoren Werke anderer Autoren in einer Weise liest und wertet, die sich von

---

[67] Nach Gerhard: Schiller, spielen im Briefwechsel zwischen Clausewitz und seiner Braut „Wallenstein"-Zitate und Figurenzuweisungen eine ähnliche Rolle; vgl. dazu I.3.4.1.3.
[68] „Die göttliche Komödie", Fünfter Gesang.
[69] „Die Leiden des jungen Werthers", Erstes Buch, Brief „am 16. Junius".

‚professionellem' wie von ‚laienhaftem' Lesen gleichermaßen unterscheidet. Natürlich kann jeder Autor je nach Situation und Einstellung sich auch streng professionell verhalten und das Werk eines andern Autors ‚objektiv', z.B. nach dessen Intentionen zu erfassen suchen und dann erst werten; und er kann wie ein Laienleser ‚subjektiv' in Wahrnehmung und Wertung allein seine persönlichen und situativen Bedürfnisse sprechen lassen. Für beides haben wir mit Schillers Würdigung und mit Novalis' Erstlektüre des „Wilhelm Meister" bereits Beispiele gesehen. Bei Schiller konnten wir aber auch schon bemerken, wie er den Produktionsprozeß des befreundeten Dichters im Sinne seiner eigenen Poetologie zu beeinflussen sucht: Die eigene Dichtungsauffassung wird zum Maß, an dem das Werk gemessen wird. Das Gleiche zeigte die Kritik anderer, zeitgenössischer Autoren an den Barockdichtern: Der motivationale Wert, die eigene, alte oder neue Wertsprache gegenüber derjenigen der bewerteten Autorengruppe durchzusetzen, trat hier noch deutlicher hervor. Fast alle diese Autoren standen aber noch in direkter Auseinandersetzung mit den Generationsgenossen oder unmittelbaren Vorgängern. Wir wollen jetzt an Urteilen Theodor Fontanes, Thomas Manns und Martin Walsers über Goethes „Meister" prüfen, ob sich auch in größerem zeitlichem Abstand noch Besonderheiten der Wertung durch Autoren erkennen lassen. Insbesondere ist zu fragen, ob aus solchem Abstand literarische Größe womöglich am sichersten literarische Größe erkennt: Kanonbildung hätte sich dann vor allem an den Urteilen bedeutender Schriftsteller zu orientieren.[70]

Theodor Fontane urteilt über die „Lehrjahre" im wesentlichen unter zwei Perspektiven[71]: Die erste resultiert aus seiner eigenen ‚professionellen' Erfahrenheit im Metier des Erzählens, mit der zweiten versteht er sich als Stellvertreter seiner lesenden Zeitgenossen. Fontane lobt das – seinem Eindruck nach – spontane Erfinden Goethes aus „seiner Natur": Zunächst planlos „wie ein Märchenerzähler", wisse er bei Beginn nichts als das gute Ende (ED 347), könne im Fortgang aber nach und nach alles souverän „zu einem gemeinschaftlichen Zwecke verbinden" (ED 348). Kritisch sieht Fontane nur die „männlichen Gestalten": Anders als die Frauen hätten sie „etwas schemenhaftes [sic]", es fehlten „die realistischen Details" (ED 348). – Wir

---

[70] Zur Diskussion der These vgl. Schulz-Buschhaus: Kanonbildung.
[71] Der Analyse liegt zugrunde Fontane: Goethe-Eindrücke. Zitate folgen den Auszügen in Bahr: Wilhelm Meister, S. 347-349 (= ED).

erkennen in diesen Urteilen die axiologischen ästhetischen Werte, die Goethes Roman auch nach Schillers (freilich nicht ganz vorbehaltloser) Wertung erfüllt: Die Gestaltungsweise gilt als Ausdruck seiner genialen ‚Natur', und trotz einer spürbar leitenden Idee gelinge die Herstellung eines beziehungsvollen ‚Ganzen'. Wie für Schiller ist auch für Fontane der ‚Realismus', die Suggestion von ‚Wirklichkeitsnähe', ein hoher Wert; er findet ihn aber – anders wahrnehmend als Schiller – in den männlichen Figuren nicht eingelöst.

Aus dem Blickpunkt des nicht-professionellen Publikums kritisiert Fontane dagegen den Roman als fast durchweg „langweilig", das „Freimaurerwesen" der Turmgesellschaft dazu als „ridikül". Nur der Historiker könne nach „Stoff" und nach „Tendenz" das Werk noch als ein „vorzüglich charakterisierendes" schätzen. Das sei „gewiß ein Glück; aber es ist gewiß noch mehr ein Glück, daß wir solche Zeit los sind, und daß wir, wenn auch mit schwächern Kräften, jetzt andere Stoffe bearbeiten" (ED 349). – In diesen Wertungen und Aussagen sind mindestens drei axiologische Werte greifbar. Das ist
(1) der wirkungsbezogene hedonistische Wert der ‚Spannung', der für Laienlesen typisch ist;
(2) der kognitive Wert ‚Erkenntnis' durch den Stoff, der ‚Realität' abbildet: Dieser Wert wird für Fontane aber zum bloß ‚dokumentarischen', der nur noch vom Historiker gefunden werden kann;
(3) im letzten Satz implizit ein relationaler ‚Prestigewert': Der Autor sagt zwar kokett, daß er und seine Zeitgenossen nur „mit schwächern Kräften" mit dem ‚Olympier' Goethe wetteifern können, aber im Hinblick auf Aktualität kann er den Konkurrenten übertreffen. Die „Lehrjahre" sind für Fontane wertvoll, weil er sich im Bezug auf sie einerseits als Nachfolger, andererseits als erfolgreicher Herausforderer Goethes darstellen kann. Motivational steht der Gewinn an ‚Prestige' – so die weiter zu prüfende Hypothese – hinter den meisten Autorenurteilen über den „Meister".

Thomas Mann hat mindestens dreimal, teils implizit, teils explizit eigene Vorstellungen von der Leistung der Literatur sowie seine eigene Praxis durch den Bezug auf Goethes „Wilhelm Meister" legitimiert.[72] Anders als Fontane bezieht er sich ausschließlich positiv auf

---

[72] In „Geist und Wesen der Deutschen Republik", 1923, „Die Kunst des Romans" 1939, und „Einführung in den ‚Zauberberg', 1939. Zitat nach den Auszügen in Bahr: Wilhelm Meister, S. 353 f. und S. 354-358 (= ED).

den Roman, und ebenso ausschließlich auf dessen ‚Lehre', wie er sie versteht. Dazu verwendet er auch immer wieder die gleiche Charakteristik: Zum einen findet er in den „Lehrjahren" „eine wunderbare Vorwegnahme deutschen Fortschreitens von der Innerlichkeit zum Objektiven, zum Politischen, zum Republikanertum" (ED 353, ähnlich 356 f.) – einen Weg, den er selbst gerade eben hinter sich gebracht hat. Zum andern erscheint ihm das Buch als „Verinnerlichung und Sublimierung des Abenteurer-Romans" (ED 355, ähnlich 353) – ganz wie sein „Zauberberg", zu dessen „hohe[r] Aszendenz" er den „Meister" rechnet (ED 358). Die Erziehung des selbstbezogenen Abenteurers zum „Sozialen" aber setzt er mit der Bildung zur „höchsten Stufe des Menschlichen", zur „Humanität" gleich (ED 353 f.), und er widerspricht vehement nicht der Beobachtung, aber der negativen Bewertung des Novalis, daß „Wilhelm Meister" auf eine „Verbürgerlichung der Poesie" hinauslaufe (ED 355 f.).

Thomas Mann verhält sich in seinem identifikatorischen und rein inhaltsbezogenen Verständnis des Romans wie ein Laie; er beurteilt die „Lehrjahre" unter einem ethisch-politischen axiologischen Wert als didaktisches Werk. So scheint es wenigstens. Alle Beschreibungen und Wertungen zielen aber auf die Erhöhung des „*Romanciers* als der eigentlichst modernen Erscheinungsform des Künstlers überhaupt" (ED 356); er ist durch sein kritisch-schöpferisches Bewußtsein ein innovativ Erkennender (ED 356 f.). So schon Goethe, in prophetischer „Vorwegnahme deutschen Fortschreitens" (ED 353) – so noch mehr Thomas Mann ... Als oberster Wert der Mann'schen Kommentare zu den „Lehrjahren" erscheint in der Tat erneut die ‚Selbstlegitimierung', der Prestigewert.

In Martin Walsers Wertung der „Lehrjahre" treffen wir auf eine neue Wertsprache, selbst wenn der Autor sie punktuell auf Novalis zurückbezieht.[73] Trotzdem dürfte es mindestens motivational auch *eine* Funktion der Ausführungen des Autors sein, den eigenen Wert durch den Bezug auf Goethe zu stärken. Diesmal besteht dieser Bezug über die historische Relativierung des „Meister" hinaus in einer totalen Abwertung von Werk, Autor und Poetologie – respektlos und provokativ, aber in der Sache nicht ganz ohne Recht.

---

[73] Martin Walser: Goethe hat ein Programm, Jean Paul eine Existenz (Über „Wilhelm Meister" und „Hesperus"). In: Literaturmagazin 2: Von Goethe lernen? Fragen der Klassikrezeption. Hrsg. von Hans Christoph Buch. Reinbek (Rowohlt) 1974, S. 101-112. Zitate nach den Auszügen bei Bahr: Wilhelm Meister, S. 370-375 (= ED).

Als positives Gegenbild fungiert Jean Pauls etwa gleichzeitig mit dem Roman Goethes erschienener „Hesperus". Wahrnehmung und Wertung werden bei diesem Vergleich von der sozial-politischen Opposition „kleinbürgerlich"-revolutionär vs. (groß),,bürgerlich"-fürstendienerisch geleitet (ED 370 f.). Während Walser die Ironie im „Meister" genausowenig wie Novalis wahrnimmt, ist seine Charakteristik des Romans durchweg ironisch-polemisch. Dessen Leitvorstellung, die selbstverständliche Ausbildung „angeborner Neigungen und Fähigkeiten" zum „Menschen", zur „Humanität", wird als Ideologie und bürgerlich-aristokratisches Privileg gesehen, dem Großbürger Goethe als „Angehörige[m] der herrschenden Klasse" (ED 372) wird im Unterschied zu Jean Paul die Möglichkeit der realitätsadäquaten Wahrnehmung von „Entfremdung" abgesprochen (ED 372). Jean Pauls „Hesperus" sei seinerzeit „bei Lesern" (das heißt: bei Laien) viel erfolgreicher gewesen als der „Meister", erst die „feineren Geister" wie Friedrich Schlegel (ED 373) hätten sich von Jean Pauls „unästhetische[r], formlose[r] Mischung [...] angewidert" abgewandt (ED 373) und Goethe gehuldigt; vor allem dann die „besinnungslose" bürgerliche Literaturwissenschaft (ED 374) habe die historische und soziologische Beschränktheit des Werkes übersehen und ihm „in sektenhaftem Kult eine lächerlich überzeitliche Position gebastelt" (ED 375).

Die axiologischen Werte dieser Kritik sind dominant ethisch-politische; ästhetische Werte, die auch nach Walser dem Roman durchaus zukommen, sieht er durch die falsche Parteinahme des Dichters entwertet. Walser leugnet z. B. nicht, daß Goethe unter den Voraussetzungen jener Zeit, durchaus modern, auch durch die Konstruktion des Werks den Typ des „bürgerlichen Roman[s]" schlechthin geschaffen habe (ED 373) und daß das Buch „schön" sei – wenn man die politischen Implikationen vergesse (ED 374). Am Beispiel der ‚adeligen Investitionsgesellschaft' des „Turms", die einen Inbegriff bürgerlichen Wirtschaftens im 19. Jahrhundert vorweggenommen habe, bestätigt Walser dem Werk auch den mindestens ‚dokumentarischen' Wert der ‚Wirklichkeitsnähe' – aber leider habe Goethe den „Besitz der Produktionsmittel", die reale „technologische und ökonomische" Macht dieser Großbürger durch Erhebung in den Adelsstand nur noch überhöht (ED 374).

Eine Analyse dieser neuen Wertsprache der sog. „Ideologiekritik" wird in einem späteren Kapitel vorgenommen werden.[74] Das Bei-

---

[74] Vgl. II.5.1.2.2.

spiel zeigt durch seine Orientierung am Modell des „Klassenkampfs" und bis in den Wortschatz hinein („Entfremdung", „Besitz der Produktionsmittel", „Angehöriger der herrschenden Klasse" u.a.) die Voraussetzung der Zuschreibung der negativen Werte zum „Meister"-Roman und zu seinem Autor: die Gesellschaftstheorie des Marxismus. Denn die axiologischen Werte wären als Werte des mehr oder weniger utopischen marxistischen Gesellschaftsmodells zu rekonstruieren: ‚Gleichheit aller Menschen', ‚Überwindung (bürgerlicher) Herrschaft', ‚Aufhebung von Entfremdung', ‚Abschaffung der bürgerlichen Produktionsweise' u. a.

Wir können jetzt nur behaupten, ohne es nachzuweisen, daß Martin Walser wenigstens zur Entstehungszeit dieses Aufsatzes sein eigenes Schreiben von eben diesen ethisch-politischen Werten leiten ließ. Damit ginge es ihm nicht nur um Goethe. Es spricht viel dafür, daß auch er – wenngleich weniger offensichtlich als Fontane und vor allem Thomas Mann – seine eigene Position in implizitem Vergleich und kritischer Auseinandersetzung mit Goethe legitimieren wollte.

Wir kommen auf die Eingangsfragen zurück: Lesen und Werten Autoren in besonderer Weise? Und gewinnen sie durch ihre eigene Schreibkompetenz und durch den Scharfblick des ‚Konkurrenten' die beste Einsicht in den Wert von Literatur, soll man sich also für die Auswahl des ‚Besten', für die Kanonbildung, primär auf sie stützen? Die Fragen können auf dieser schmalen Materialbasis kaum zureichend beantwortet werden. Die Beziehung des Bewerteten auf die eigenen poetologischen Leitvorstellungen[75] und das vorherrschende Interesse an der eigenen Größe, die Dominanz des subjektbezogenen ‚Prestigewerts' scheinen aber Charakteristika von Autorenwertung zu sein. Die Erkenntnis der Verdienste von Vorgängern wird dadurch wohl ebensooft befördert wie behindert. Möglich ist aber, daß sich Autoren nur an solchen Vorgängern abarbeiten, bei denen es sich lohnt: Sie bilden nicht den Kanon, aber sie bestätigen ihn gegebenenfalls auch noch in der Kritik.[76]

Zusammenfassung von II.3 insgesamt: Der autonome Verarbeitungsmodus, den wir nach gängigem Gebrauch als ‚professionell' bezeichnet haben, wird in der Kommunikation über den „Wilhelm

---

[75] Vgl. dazu auch die Bewertungen der Barockdichtung durch die zeitgenössische Autoren (II.1.1 und II.1.2).
[76] Mehr zu diesem Problem in II.5.3, II.6 und III.1.

Meister" durch die führenden literarischen Köpfe in Weimar und Jena eingeübt, gleich ob im privaten Brief oder in der öffentlichen Rezension. Im gleichen Umkreis wird aber, in den gleichen Kommunikationsformen, auch weiterhin ‚laienhaft', nicht-autonom gelesen und mit nicht-ästhetischen, ethischen und therapeutischen Werten gelobt und getadelt. Von literarisch interessierten Laien wird ein affektiv-kommunikativer Wert realisiert, während Autoren auch aus größerer zeitlicher Distanz das Werk und den Autor auf die eigenen poetologischen Leitvorstellungen beziehen und ihr Prestige damit (mindestens motivational) zu steigern suchen. Daß Autoren mit untrüglichem Sinn für literarische Qualität den ‚Großen' einen unbestrittenen Platz im Kanon sichern, wird damit zweifelhaft; allenfalls wirken sie mittelbar, durch positive oder negative Bezugnahme auf für sie bedeutsame Dichter, auf Kanonbildung und -umbildung ein. Aufs Ganze gesehen scheint Kennerschaft im ‚Sozialsystem Literatur' seit 1800 für ‚professionelles', autonomes Werten zu qualifizieren; aber aus verschiedenen Gründen werten nicht nur Laien, sondern auch Kenner nach wie vor nicht selten heteronom.

4. Wertung und Kanonbildung durch Medien und Institutionen – am Beispiel der Autorin Annette von Droste-Hülshoff

Mit diesem Kapitel wollen wir die Bedeutung der literaturvermittelnden Institutionen für die Wertung zu Bewußtsein bringen. Sie läßt sich besonders gut an den diversen, auch widersprüchlichen Wertungshandlungen verfolgen, durch die eine jahrzehntelang wenig beachtete Autorin, Annette von Droste-Hülshoff, schließlich doch in den literarischen Kanon aufsteigt. Außerdem lassen sich an diesem Beispiel Besonderheiten bei der Wertung einer Autorin, jedenfalls im 19. Jahrhundert, beobachten.

Allerdings ist die Vorstellung eines solchen Kanons heute sehr umstritten, weil er notwendigerweise nur einige Autoren, und darunter sehr wenige Autorinnen, aus der großen Masse der gedruckten Literatur heraushebt und privilegiert. Auch ist gar nicht mehr recht deutlich, welche Autoren und welche Werke eigentlich noch zu solch einem Kanon gehören und an welchen Stellen des literarischen Lebens darüber entschieden wird. Wir können aber beobachten, daß es das Phänomen als solches, wie unbestimmt im einzelnen auch immer, noch gibt und daß es auch einem Bedürfnis nach Orientierung entgegenkommt.

Zunächst müssen wir den sehr vagen Begriff ‚literarischer Kanon' für unsern Zweck explizieren[1]:

Explikat 15: Ein ‚literarischer Kanon' ist die Summe literarischer Texte (und zugehöriger Autorennamen), die in einer Gesellschaft durch folgende (Wertungs-)Handlungen tradiert werden:
– dauerhafte Präsenz im Druck, am Markt; Aufnahme in Klassikerreihen
– Gesamtausgabe(n), insbesondere Kritische Ausgaben
– anhaltende Pflege in den literaturvermittelnden Institutionen (Schule, Universität, Literaturkritik, literarische Gesellschaften u. a.)

---

[1] Ausführlicheres zu Kanon, Kanonbildung und -bewertung in II.6 und III.1.

4. Wertung und Kanonbildung durch Medien und Institutionen

- regelmäßige und ausführliche Behandlung in Literaturgeschichten, Lexika u. a.
- wiederholte Verarbeitung durch nachfolgende Autoren.[2]

Nur in seltenen Fällen wird bloß ein einzelnes Werk kanonisiert; in der Regel sind es Autoren, in deren Œuvre dann freilich wieder ‚kanonische' und geringer gewertete Werke unterschieden werden. Umfang und Intensität der tradierenden und pflegenden Handlungen bewirken weitere Hierarchisierung innerhalb des ‚Kanons' bzw. verschiedene Grade von Kanonisierung: Kafka z. B. gilt in der heutigen Literaturwissenschaft mehr als Brecht oder Lasker-Schüler. Solche Hierarchisierungen sind freilich nicht stabil, und sie gelten auch immer nur in bestimmten Kontexten.

Kanonisierung ist, wie bereits aus der Explikation zu sehen war, ein Ergebnis vieler, einander stützender Wertungshandlungen, häufig nicht-sprachlicher Art. Wertungen einzelner Personen spielen dabei wohl eher eine vorbereitende Rolle. Es sind vor allem Medien und Institutionen der Literaturvermittlung, deren Wertungen schließlich Kanonisierung bewirken. Ihre Bedeutung für die Wertung von Literatur soll dieses Kapitel veranschaulichen.[3]

Wir können die Vorgänge am Beispiel einer Autorin und ihrer Werke rekonstruieren: Für Annette von Droste-Hülshoff (1797-1848) liegt uns – ein Nebenprodukt der seit 1978 erscheinenden Historisch-kritischen Droste-Ausgabe – eine als „Modellfall der Rezeptionsforschung" konzipierte Dokumentation und Darstellung der Wirkungsgeschichte der Dichterin bis zum Ende des 19. Jahrhunderts vor.[4] Der Verlauf der Wertungsprozesse in den verschiedenen Vermittlungsinstanzen wird dort in der Regel bis zum Ende des Jahrhunderts verfolgt, an dem die Kanonisierung als abgeschlossen gilt; die Auswertung von Anthologien geht sogar bis in die Gegenwart. Wir brauchen nun nur die den Wertungshandlungen zugrundeliegenden, meist motivationalen Werte[5] zu rekonstruieren, um die Wirkungs- in eine Wertungsgeschichte zu verwandeln. Was dabei ins

---

[2] Zur Begriffsbestimmung von ‚Kanon' wie zur Diskussion von Pro und Contra vgl. v. Heydebrand: Probleme des Kanons, S. 4 f und S. 9-19.
[3] Vgl. I.2.2.
[4] Woesler: Modellfall. Die nachfolgenden Ausführungen stützen und illustrieren den wegweisenden Beitrag des Herausgebers, Woesler: Kanon als Identifikationsangebot.
[5] Zu motivationalen Werten, die in Selektionshandlungen wirksam werden, vgl. I.1.4.

Auge springt und den von uns reflektierten Zusammenhang von Wahrnehmung und Wertung bestätigt: Mit den einzelnen Schritten der Kanonisierung entstehen an den jeweiligen Stellen des literarischen Lebens, an denen gewertet wird, ganz verschiedene, oft geradezu widersprüchliche Bilder der Autorin; denn zum einen wird anders selegiert, werden immer wieder andere Werke in den Vordergrund gestellt, zum andern werden die gleichen Werke verschieden gelesen, also verschiedene attributive Werte wahrgenommen.[6] Es scheint – jedenfalls in diesem Beispiel – die Summe auch ganz divergenter Hochschätzungen zu sein, aus der schließlich die Kanonwürdigkeit hervorgeht. Das ist nun konkret zu zeigen.

4.1 Publikation, Edition und biographische Darstellung

Im Familien- und Freundeskreis eines Autors wird auch Unveröffentlichtes bereits gewertet. Gerade im Fall der Droste, die aus verschiedenen Gründen nicht selbst aktiv in die literarische Öffentlichkeit strebte, wirken sich diese ersten Wertungen – fördernd wie hindernd – erheblich auf den Weg zur Anerkennung aus.[7] Freunde und Freundinnen waren nachweislich daran beteiligt, daß und in welchen Verlagen Werkausgaben der Droste erschienen und in welchen literarischen Zeitschriften und Anthologien einzelne Dichtungen veröffentlicht wurden. Die erste Ausgabe im Jahre 1838, die nur drei umfangreiche Versepen und einige lyrische, meist geistliche Gedichte enthielt, wurde durch einen nahen Freund der Familie und Mentor der Autorin, Christoph Bernhard Schlüter, an einen wenig bekannten Verlag in Münster vermittelt: Sie wurde kaum verkauft und hemmte die Rezeption, statt sie zu befördern. Erst Gedichtveröffentlichungen in angesehenen literarischen Zeitschriften und Anthologien, lanciert von andern, im literarischen Leben kundigeren Vertrauten der Droste, brachten die Autorin ins Bewußtsein des regionalen und überregionalen Publikums und bereiteten den Weg zum immer noch angesehensten Literaturverlag der Zeit; das war der Verleger Goethes und fast aller maßgeblichen Zeitgenossen, J. G. Cotta in Stuttgart. Dort erschien 1844 eine zweite, das Schaffen der Autorin sehr breit und in besseren Proportionen darbietende Ausgabe (Prosa – also auch „Die

---

[6] Zu diesen Selektionshandlungen vgl. I.2.1.1. und I.2.1.2.
[7] Für die „Rezeptionshindernisse" vgl. Woesler: Übersicht, S. 996 f.

4. Wertung und Kanonbildung durch Medien und Institutionen 225

Judenbuche" – war darin jedoch noch nicht enthalten[8]). Diese Ausgabe und ihre Anlage beförderten ihre Anerkennung wenigstens unter Kennern, wenn auch bedeutender Erfolg noch immer auf sich warten ließ. 1852 folgten posthum „Das geistliche Jahr", das gerade in der Zeit nach der gescheiterten Revolution von 1848 einem neuen Konservatismus sehr entgegenkam und bald wieder aufgelegt werden mußte, und 1859 die von Levin Schücking gesammelten Zeitschriftenbeiträge unter dem Titel „Letzte Gaben". Aber erst die beiden Gesamtausgaben – von Levin Schücking 1878/79 bei Cotta, von Wilhelm Kreiten 1884-1887 bei Schöningh in Münster und Paderborn – fanden ein breiteres Publikum, nicht zuletzt weil inzwischen auch die Biographie der Autorin bekannt geworden war. Nach einem kurzen, aber wirksamen Abriß in der Balladen-Anthologie von Ignaz Hub hatte Levin Schücking 1864 ein „Lebensbild" gegeben, und 1887 waren von Kreiten und von Hüffer gleich zwei Biographien erschienen. Die Ausgabe des Briefwechsels zwischen Schücking und der Droste von 1896 verstärkte noch einmal mit dem biographischen Interesse auch das am Werk.

Welche axiologischen Werte sind in diesen Vorgängen wirksam? *Ein* Wert ist allen Freunden und Freundinnen gemeinsam und bezieht sich auf die Person der Autorin: Es gilt, die Droste durch richtige Placierung als beachtenswerte Dichterin herauszustellen. Das ist ein nicht-ästhetischer, auf das soziale Prestige der Autorin gerichteter Wert der Freunde; ihre literarische Begabung wird dabei vorausgesetzt. Sobald es aber um die Wertung, die Auswahl und vergleichende Einschätzung ihrer Dichtungen geht, trennen sich die Wege. ‚Richtige' Placierung bedeutet im Verständnis der Förderer, die von ihnen jeweils für die besten gehaltenen Werke oder Werkgruppen so zu präsentieren, daß sie von einem Publikum, das die Werte der Vermittler teilt, gewürdigt werden können. Sie suchen also – wie Schiller in Goethes „Meister" – ihre eigenen Werte bei der Droste wiederzufinden und durch ihr Werk zu veranschaulichen und zu bestätigen. Schlüter findet in Drostes Epen und Gedichten katholische und westfälische Werte verwirklicht und setzt nur ein christliches, literarisch konservatives Interesse bei einem regionalen Publikum voraus; ähnliche Akzente setzt noch Kreiten für die inzwischen überregional anerkannte Autorin.[9] Schücking dagegen möchte in der

---

[8] Zu ihrer Publikationsgeschichte vgl. II.4.2.
[9] Zu Schlüter und Kreiten vgl. Jordan: Katholizismus, bes. S. 1186 und S. 1203 f.

Ausgabe von 1844 die Droste einerseits als bedachtsame Teilnehmerin an den politischen Kontroversen der 40er Jahre aktualisieren, andererseits als realistische, westfälische Dichterin profilieren: Darum stellt er – gegen ursprüngliche Absichten der Autorin – die Gruppe der „Zeitgedichte" der Sammlung voran und regt die Droste an, für die Ausgabe noch landschaftsbezogene Dichtungen zu schaffen.[10] Er präsentiert und deutet auch später Werk und Leben der Autorin aus einer agnostischen Perspektive mit je zeitgemäßen politischen Optionen; dazu nutzt er das erwachende Interesse des Publikums an regionaler Prägung von Literatur und lenkt außerdem den Blick auf literarisch innovative Qualitäten.[11]

Selbstverständlich ist dabei allen Wertenden eine Zuordnungsvoraussetzung, die mit der Genie-Ästhetik zur Geltung gekommen war: Das Werk eines Autors ist als Ausdruck seines Lebens und Wesens zu verstehen, die Kenntnis der Biographie eine wesentliche Grundlage für die Wertung. Und das scheint für eine schreibende Frau, die bis in unsere Gegenwart stets als Sonderfall literarischer Produktivität gesehen wurde, noch mehr als für einen männlichen Autor zu gelten.

Nicht auszuschließen sind freilich auch motivationale Werte, die das eigene Prestige der Förderer betrafen: So mochte etwa Schücking mit der Förderung der hochbegabten Freundin auch den eigenen Ruhm als Kritiker und Vermittler im Auge haben.

Wir sehen also, daß bereits durch Editionen und Lebensbeschreibung zwei verschiedene Droste-Bilder gezeichnet werden, in denen unterschiedliche axiologische Werte wirken. Unter ihnen spielen, wie angedeutet, religiös-politische keine geringe Rolle. Schlüter und Kreiten wenden heteronome, religiös-ethische Wertkriterien auf Werk und Leben an, Schücking stellt strategisch-wirkungsbezogene, daneben aber auch autonom-ästhetische Werte in den Vordergrund. Erst im 20. Jahrhundert werden die ästhetischen Werte für die Kanonisierung entscheidend; das dürfte ein verallgemeinerbarer Vorgang sein.

Zusammmenfassung: Publikation an sichtbarer und qualifizierter Stelle, möglichst in gut gegliederten Gesamtausgaben, ist eine Wer-

---

[10] Die Autorin selbst hatte poetologische Gedichte an den Anfang gestellt, gab Schücking aber – wie meistens – rasch nach. Auf Schückings Anregung entstanden u. a. die „Haidebilder".
[11] Zu Schücking vgl. Schier: Schücking, bes. S. 1153 und S. 1155 f.

tungshandlung, die den Weg zum Erfolg eröffnet und ein Stück weit präjudiziert. Weil Kenntnis der Biographie eines Autors seit der Genie-Ästhetik als Zuordnungsvoraussetzung für den fundamentalen Wert der subjektiven Wahrheit fungiert, lenken und stützen autobiographische oder biographische Metatexte die Wertungen. Einzelpublikation und Sammeledition von Werken der Droste sowie Beschreibungen ihres Lebens werden primär durch nicht-ästhetische Werte der Freunde und Verleger motiviert; eine gewisse formalästhetische Qualität des Werks der Autorin bildet die Basis der Förderung, wird aber nur selten eigens thematisiert.

4.2 Selektion für Anthologien

Als Anthologie werden im 19. Jahrhundert drei Arten von Sammlungen literarischer Texte, meist von Lyrik, verstanden: Die Herausgeber sichten die Tradition, um das ‚Klassische' vorzustellen (Typ 1), sie wählen aus der eben entstehenden Produktion das aus, was ihnen als das Beste erscheint oder eine ihnen interessante Richtung vorführt (Typ 2), oder sie sammeln unter einem bestimmten Aspekt wie Thema, Genre, Region besonders gelungene oder repräsentative Beispiele (Typ 3). Zum Teil werden also Texte wegen ihres – wie immer begründeten – Werts an sich, zum Teil wegen ihres ‚dokumentarischen' Werts, als Repräsentanten eines (hoch gewerteten) Typus, ausgewählt.

Die Funktion aller dieser Anthologien für die Kanonisierung von Texten, zumal von Gedichten und ihren Autoren, ist bisher noch zu wenig gesehen worden. Solche Textsammlungen haben in der Regel weit höhere Auflagen als die Publikationen von Einzelwerken oder gar von Gesamteditionen, der Literaturliebhaber kann sich nach ihnen leichter einen Überblick über den Textbestand eines literarischen Gebiets verschaffen. Sie haben also insgesamt eine größere und breitere Wirkung. In Anthologien veröffentlicht zu werden, ist daher für Autoren ein bedeutender Vorteil. Allerdings steht ihm ein Nachteil gegenüber: Da auf diesem Wege nur wenige Texte ausgewählt werden und die Anthologisten dazu noch häufig voneinander abschreiben, können sich einseitige und verzerrte Bilder von Autoren verfestigen. Wir werden das auch bei Droste-Hülshoff beobachten.

Materialgrundlage für die Herausgeber von Anthologien sind in der Regel vorliegende Ausgaben, seltener verstreute Veröffentlichungen. Im Falle der Droste gehen die Selektionen mit wenigen Ausnahmen auf die Cotta-Ausgabe von 1844 zurück; nur weniges wird noch den „Letzten Gaben", kaum etwas den Gesamtausgaben am Jahrhundertende entnommen.

Wir beschränken unsere Analyse auf Gedichtanthologien: Die Epen der Droste wurden außer in ihren Werkausgaben nicht mehr gedruckt und von der (meist auch Fragment gebliebenen) Prosa der Droste ist nur eine einzige Erzählung in einer Anthologie des 19. Jahrhunderts erschienen: „Die Judenbuche". Ihre Wirkung verdient allerdings einen Seitenblick: Der Text erschien 1842 in Fortsetzungen im Cottaschen „Morgenblatt für gebildete Leser", gewann trotz geringen Echos in der literarischen Kritik überregionale Anerkennung, wurde aber – als bloßer Zeitschriftendruck – bald wieder vergessen. Den Durchbruch brachte 1876 die von Theodor Storm befürwortete Aufnahme in den „Deutschen Novellenschatz", den Paul Heyse und Hermann Kurz in Serien und vielen Bänden herausgaben; die Aufnahme in eine preiswerte katholische Reihe durch Franz Hülskamp 1882 tat ein übriges. Erst nun begann die bis heute anhaltende Flut von Einzelausgaben.[12] Kaum je ist die Wirkung anthologischer Präsentation auf Wertung und Kanonisierung so greifbar wie hier.

Es gibt eine Reihe von motivationalen Werten, die für Herausgeber von Anthologien und speziell von Gedichtanthologien wichtig sind und sich deshalb auch auf die Auswahl von Droste-Gedichten auswirken. Sie decken sich oft mit denen der Verleger, die Art und Umfang von Anthologien im Blick auf die Verkäuflichkeit bei einem Zielpublikum planen bzw. bewerten. Solche Werte sind z. B.:
– ‚Ökonomischer Erfolg', wenn – wie häufig – die Herausgeber vom literarischen Markt leben müssen. Die attributiven Werte leiten sich aus dem antizipierten Publikumsgeschmack (als Zuordnungsvoraussetzung) ab: Vielfalt auf begrenztem Raum, daher Kürze, Eingängigkeit, in der Zeit hochgeschätzte Genres (politische Dichtung, Landschaftsdichtung, Balladen), Neuartiges, das der Anthologie eigenes Profil gibt, daneben Bekanntes und Beliebtes, um nicht abseitig zu wirken (deshalb wird gern auf andere Anthologien zurückgegriffen);
– ‚Eignung für die schulische Vermittlung': attributive Werte sind erneut Kürze (im Blick auf das Auswendiglernen), dann Reprä-

---

[12] Vgl. Droste: Hist.krit. Ausgabe V, 2, S. 207-213 und Jordan: Katholizismus, S. 1191.

sentativität für die pädagogische Erläuterung von Gattungen, von regionaler Spezifik, von Epochen, von ‚weiblicher' Dichtung'[13];
– ‚Förderung junger Autoren, ggf. einer literarischen Richtung', unter Vernachlässigung des ökonomischen Interesses.

Was ergibt sich daraus für die Aufnahme von Droste-Gedichten in Anthologien? Zwei Vorgängen widmen wir unsere Aufmerksamkeit:
(1) der Auswirkung der leitenden Wertvorstellungen von Anthologisten bzw. Verlegern auf die Selektion aus dem Gedichtwerk von Droste-Hülshoff generell und
(2) der auf den Anthologien aufbauenden Kanonisierung wie den Verschiebungen im entstehenden ‚Kanon' der Gedichte Drostes vom 19. zum 20. Jahrhundert, als Folge und Abbild eines Wertewandels.

Zum ersten Punkt: Nach den genannten axiologischen Werten kommen viele Gedichte von vornherein nicht infrage; daß nicht wenige – auch bedeutende – Texte der Autorin bis heute kaum bekannt sind, ist unter anderm eine Folge dieser Selektionen. Herausgefallen sind vor allem Gedichte von größerem Umfang, schwer verständliche Stücke und solche, die keinem der beliebten Genres zuzuordnen sind; zur Liebesdichtung hatte die Dichterin ohnehin kaum etwas beizusteuern. Hilfreich war aber, daß die Cotta-Ausgabe mit ihrer Anordnung in klar betitelten Gruppen eine schnelle Orientierung über Droste-Gedichte ermöglichte; besonders Balladen und Naturgedichte wurden herausgehoben. Einige Anthologisten, die neu Entstehendes versammelten, teilten Werte derer, die der Droste persönlich nahestanden: die Neigung der katholischen Freunde und Verwandten zur geistlichen Dichtung, die Schätzung von Frauendichtung durch den Kreis um Elise von Hohenhausen, das Interesse Schückings an der Fortentwicklung ‚autonomer' Kunst. In der Tat wurden nach einer vorliegenden Statistik von Haverbusch[14] bis 1900 etwa ein Drittel, von 1900 bis 1970 noch ein Viertel der 1860 bzw. 1930 gedruckt vorliegenden Gedichte in Anthologien präsentiert: ein Bestand von rund 100 Stücken. Trotzdem ist die Droste in fast zwei Dritteln aller infragekommenden Gedichtanthologien nicht zu fin-

---

[13] Vgl. zur schulischen Kanonbildung II.4.5. Die genannten Kriterien beginnen, wie noch zu zeigen, erst im 20. Jahrhundert zu greifen.
[14] Haverbusch: Droste in Anthologien, S. 1047. Die Statistik beruht auf der Auswertung von insgesamt 757 Auflagen von 346 Anthologien; bis 1900 ist Droste in 38 %, seit 1900 in 34 %, insgesamt in 36 % von ihnen vertreten.

den. Auch werden weit weniger als 100 Gedichte ‚kanonisch', als Folge des unterschiedlichen Beliebtheitsgrads der Anthologien, der sich an der Häufigkeit der Auflagen und an ihrer Laufzeit ablesen läßt[15], aber auch gleichgerichteter Wertmaßstäbe und des Abschreibens der Anthologisten voneinander.

Das führt zum zweiten Punkt: Wir fragen nach den axiologischen Werten, die der Herausbildung des engeren Kanons[16] unter den Gedichten vor und nach 1900 zugrundeliegen. Dabei ist allerdings zweierlei zu berücksichtigen: Wir müssen diese Werte als motivationale von den ausgewählten Texten her erschließen; aber eigentlich müßten wir statt der materialen Texte deren Verständnis durch die Auswählenden kennen[17]: Wir müßten also Rezeptionsdokumente hinzuziehen.[18] Eine gewisse Sicherheit ist jedoch auch ohne solche Dokumente dadurch zu gewinnen, daß sich die Veränderungen der Selektionen über die Zeit hinweg aus allgemeinen und im Umriß bekannten Prozessen des Wandels literarischer Wahrnehmung und Wertung verstehen lassen.[19]

Die Fakten und ihre wichtigste Ursache: Einige Gedichtgruppen, die anfangs noch in Anthologien vertreten waren, kommen so gut

---

[15] Leider weist Haverbusch nur an einem Beispiel, dem ‚Echtermeyer', darauf hin, daß Droste in solch einer ‚kanonischen' Anthologie mit mehreren, über die Zeit hinweg zum Teil auch wechselnden Gedichten vertreten war (S. 1040 ff).

[16] Bei welchem Bekanntheitsgrad – d.h. hier: bei welcher Häufigkeit des Auftretens in Anthologien – man von ‚Kanonizität' eines Gedichtes sprechen darf, ist eine willkürliche Festsetzung; aus pragmatischen Gründen beschränkt sich der folgende Vergleich auf die ersten 20 Gedichte der Listen von Haverbusch für die Zeiten vor und nach 1900.

[17] Für die Tatsache, daß Wertungen (und Kanonisierungen) auf verstandenen Texten beruhen, vgl. I.2.1.2.

[18] Vgl. die Materialienbände I,1 und I,2 von Woesler: Modellfall. Repräsentativ für das damalige Verständnis vieler kanonisierter Gedichte ist z. B. die Rezension der Gesammelten Schriften 1878/79 durch Ludwig Geiger (ebda, I,2, S. 489-501).

[19] Dafür erscheint freilich die von der Statistik Haverbuschs vorgegebene Zäsur um 1900 etwas künstlich; wahrscheinlich wären drei Zäsuren anzusetzen, 1870, 1918 und 1960, was innerhalb des Projekts, für das die Statistik angelegt wurde, aber nicht möglich war (Haverbusch, Droste in Anthologien, S. 1010 f.). Der Verfasser setzt allerdings 1945 als dritte Zäsur an, eine Annahme, die von der rezeptions- und wissenschaftsgeschichtlichen Forschung immer häufiger zugunsten von 1960 – als Ende der ‚bürgerlichen Bildungsgesellschaft' – verworfen wird.

4. Wertung und Kanonbildung durch Medien und Institutionen 231

wie gar nicht in den Kanon, und zwar deshalb, weil sie gegen axiologische Werte der Autonomieästhetik verstoßen:
- politische und andere programmatische Gedichte, deren rhetorische, metaphorische und allegorische Diktion zu deutlich die heteronomen Werte herausstellte;
- geistliche Gedichte, gleich ob aus Glaubenszuversicht oder Zweifel geschrieben, da sie das Gleiche tun[20];
- Verse persönlicher Freundschaft und andere Gelegenheitsgedichte, die sich – anscheinend oder tatsächlich – nicht genügend von ihrem heteronomen Anlaß gelöst haben;
- die nicht seltenen humoristischen und erst recht die satirischen Gedichte, sofern sie sich nicht auch ernsthaft lesen ließen.[21] Zum einen werden sie wegen der Geschlechterideologie der Zeit abgewertet: Nach der *communis opinio* der Literaturkritik war dem weiblichen Geschlecht das Gebiet des Humors verschlossen, und noch weniger geziemte ihm die Satire.[22] Zum andern ist wiederum die Autonomieästhetik im Spiel: Der hohe Wert, den sie subjektiver Wahrheit und Authentizität der Dichtung zuschreibt, verdrängt tendenziell den Wert einer auch spielerisch-unterhaltsamen Inszenierung. Hedonistische Werte treten im 19. und 20. Jahrhundert nachweislich zurück.[23]

Diese Befunde sind historisch-poetologisch zu erklären: In der Zeit des Vormärz und der Restaurationsepoche, also genau zur Schaffenszeit Droste-Hülshoffs in den 30er und 40er Jahren des 19. Jahrhunderts, war die Autonomieästhetik noch einmal außer Kraft gesetzt worden, bis der Realismus mit seinem Rückgriff auf die ‚Klassik' sich erneut auf sie berief. Während die Anthologisten zunächst und nach ihren speziellen Zielsetzungen auch noch Heteronomes aufnahmen, folgt die Kanonbildung bereits der Erneuerung jener Ästhetik.

Den verbleibenden Gedichtgruppen verdankt Droste ihr populäres Profil und ihren Ruhm als Lyrikerin. Die Verschiebungen unter diesen Gruppen und innerhalb ihrer sind es, an denen der Wahrneh-

---
[20] Nur ein einziges, nachgelassenes Gedicht dieses Genres, „Gethsemane", gelangte durch Ferdinand Avenarius' einflußreiches „Hausbuch deutscher Lyrik" von 1902 – wohl wegen der legendenhaften, vermenschlichenden Behandlung des Themas – in den Kanon.
[21] Wie z. B. für „Des alten Pfarrers Woche" und „Die beschränkte Frau", die im 19. Jahrhundert zum Kern des Droste-Kanons gehörten.
[22] Vgl. Haverbusch: Droste in Anthologien, S. 1068 f.
[23] Vgl. Kienecker: Prinzipien, S. 106 und bes. 130.

mungs- und Wertewandel vom 19. zum 20. Jahrhundert analysiert werden kann.

(1) Ein Teil der sogenannten Landschaftsgedichte bildet im gesamten Zeitraum einen festen Bestandteil des Kanons; mit ihnen hatte die Droste ein in der Zeit einmaliges Genre geschaffen und konnte damit als die unübertroffene Dichterin „der Haide", der Sand- und Moorlandschaften des Münsterlandes stilisiert werden. Mit ihnen scheint sie realistischen Wertkriterien zu entsprechen: ihre Detailschilderungen werden als sprachlich-stilistische Innovation gewertet, die relational ‚Wirklichkeitsnähe' und ‚Authentizität' bei der Darstellung insbesondere der westfälischen Heimat gewährleisten.[24] An wirkungsbezogenen attributiven Werten werden vor allem affektive hervorgehoben, z. B. Schauer („Der Knabe im Moor") oder Idyllik („Der Weiher", im Eingangsgedicht des Zyklus). Bei diesen Zuordnungen wird freilich übersehen, daß Droste ihren scheinbaren Realismus fast durchweg – explizit oder implizit – durch Reflexion oder Allegorisierung überschreitet; Bedeutungsschichten des Werks, die sich realistisch-biographistischem Lesen nicht erschließen und idyllischer Harmonisierung widerstehen, werden im Kanonisierungsprozeß (nicht nur der Naturgedichte) fast bis heute ausgeblendet. An dieser Stelle findet freilich später eine Verschiebung statt: Im Kanon des 20. Jahrhunderts gewinnt das Reflektierende und Problematische Raum („Im Grase", „Mondesaufgang"): kognitive Werte auch in den Naturgedichten werden wahrgenommen.

(2) Balladen stellen einen weiteren, konstanten Kern kanonisierter Droste-Lyrik dar. Sie profitieren von der anhaltenden Beliebtheit dieser Gattung beim Publikum, die – allerdings erst später – von der Schule bis fast in die Gegenwart gefördert wird.[25] Die kanonisierte Auswahl entspricht den erwähnten axiologischen Werten der Schule, „Kürze" und „Repräsentativität für...". Die längeren Balladen (z. B. „Der Graf vom Thal") verschwinden wieder aus Anthologien, die kürzeste[26] („Der Knabe im Moor")

---

[24] Vgl. I.3.3.
[25] Zur zögernden Aufnahme der Ballade in der Schule vgl. Oberempt: Droste im Deutschunterricht, S.1122, S. 1124, S. 1127 und S. 1130, auch II.4.5.
[26] Nach Drostes Anordnung steht das Gedicht unter den „Heidebildern" und ist erst in der Rezeption – mit nur begrenztem Recht – zu den numinosen Naturballaden gestellt worden.

rückt im 20. Jahrhundert an die erste Stelle, weil das Gedicht die Gattung Ballade und zugleich Drostes Dicht- und Anschauungsweise repräsentieren soll. Moralisch funktionalisierbare Stücke (z. B. „Die Vergeltung") folgen dicht. Westfälische Thematik kann durch Balladen von Doppelgängern und Vorgesichten sowie aus den historischen Erzählungen belegt werden. Die Verschiebung läuft innerhalb der Balladen tendenziell von grell oder heiter inszenierter Didaktik zu psychologisch differenzierterer, ästhetisch komplexerer Darstellung.[27]

(3) Eine dritte Gruppe wird aus Gedichten gebildet, die dem Leben einer Frau und dem Zusammenhang der Familie gelten und einer gefühlvollen, religiös-ethischen Deutung Vorschub leisteten; wenn das Allgemein-Menschliche, wie es die Zeitgenossen sahen, in solcher Deutung aufschien, war sie im Rahmen autonomer Ästhetik durchaus zulässig. In dieser Gruppe teils mehr darstellender, teils mehr reflektierender Stücke haben sich vom 19. zum 20. Jahrhundert hin die stärksten Verschiebungen ergeben; sie entsprechen sehr genau den sich wandelnden Wertvorstellungen. Wenn einige Gedichte dieser Gruppe nicht ganz aus dem Kanon verschwunden sind, sondern nur in niedrigeren Rang verwiesen wurden[28], so drückt sich darin wohl mehr die Widerständigkeit des anthologischen Kanons gegen Veränderungen als immanente ästhetische Qualität aus.

Am auffälligsten repräsentiert und überrepräsentiert der Kanon des 19. Jahrhunderts das konventionelle Bild der Frau, die sich liebend und sorgend für ihre Angehörigen, lebende wie tote, aufopfert. Das Verhältnis – sechs von zwanzig Gedichten! – entspricht in keiner Weise der Seltenheit dieses Motivs im Werk der Dichterin. Nur eines von zahlreichen Gedichten Drostes, die auf Problematisches an weiblicher Existenz, zumal als Dichterin, verweisen, wurde schon im 19. Jahrhundert kanonisch („Das Fräulein von Rodenschild"); drei weitere, deutlichere hat erst das 20. hinzugefügt („Am Turme", „Das Spiegelbild" und „Durchwachte Nacht"). Der

---

[27] „Der Geierpfiff" und „Vorgeschichte" tauschen in etwa ihre Plätze in der Rangfolge der Listen, „Die Krähen", ein balladeskes Stück der „Heidebilder", wird durch „Der Tod des Erzbischofs Engelbert von Köln" ersetzt.

[28] Z. B. „Die junge Mutter" rückt nur von der ersten (!) Stelle an die 8, „Die beschränkte Frau" erhält statt des 4. den 11. Platz, das fromme Idyll „Das Haus in der Heide" wandert vom 2. auf den 10. Platz.

motivationale axiologische Wert, der die Überrepräsentanz der ‚Frauengedichte' im Droste-Kanon des 19. Jahrhunderts bestimmte, war die Verteidigung der Rolle der Frau, die seit Ende des 18. Jahrhunderts als ihre ‚Natur' definiert worden war. Daß die Droste eine hochbegabte Dichterin war, wurde durch die Kanonisierung einer größeren Zahl ihrer Gedichte bereits anerkannt; das war ein starkes Zugeständnis. Tragbar war es nur, wenn sie im übrigen den Normen für eine Frau strikt entsprach. Dieser axiologische Wert hat sich im 20. Jahrhundert abgeschwächt: Die Fixierung einer Autorin auf die Rolle der Ehefrau und Mutter wurde langsam gelöst.

Zusammenfassung: Die Bedeutung der Anthologien für die Kanonbildung zeigt für Droste-Hülshoff, wie ein literaturverbreitendes Medium auf Wertung und Kanonisierung von Texten und Vorstellungen von der Autorin wirken kann. Einerseits lassen die unterschiedlich gerichteten Interessen der Anthologisten divergierende Bilder entstehen und machen damit die Dichterin auch in unterschiedlichen Adressatenkreisen bekannt. Andererseits führen eigene Gesetze dieses Mediums auch zu einer konvergierenden Kanonbildung und damit am Ende zu einer Nivellierung der Publikumserwartung. Trotzdem läßt sich über längere Zeiträume hinweg beobachten, wie auf diese Kanonbildung der Wertwandel in der Literatur wie in der Gesellschaft einwirkt.

4.3 Urteile der Literaturkritik

Unter den Institutionen der Literaturvermittlung ist die Literaturkritik die einzige, deren Aufgabe es ist, explizite, d. h. sprachliche Wertungen zu vollziehen. Die Auswahl von Werken für ihre Publikation in Ausgaben oder Anthologien beruht auf motivationalen Werten; wir mußten sie für unsere Analyse in sprachliche umformen. Literaturgeschichten und Deutschunterricht – Gegenstand der nächsten Kapitel – präsentieren Autorenbilder, die zwar auf vorausgehenden Wertungen gründen, sich aber im wesentlichen als beschreibende Charakteristik geben; auch hier werden wir Wertungen rekonstruieren müssen. Solche Charakteristiken und Autorenbilder gibt es nun auch in der Literaturkritik; aber deren häufigste Textsorte ist doch die Rezension von Einzelwerken oder Sammelausgaben, und von ihr wird klare Wertung erwartet. Nur von Rezensionen wollen wir in

4. Wertung und Kanonbildung durch Medien und Institutionen 235

diesem Kapitel sprechen[29] und nach ihrem Beitrag zur Kanonisierung der Dichterin fragen.

Die Rezensionen seit Erscheinen der ersten, halb-anonym veröffentlichten Gedichtsammlung der Droste von 1838 bis zum Ausgang des 19. Jahrhunderts füllen in der Edition Woeslers zwei voluminöse Bände. Wir haben für unsere Untersuchung nur die Rezensionen ausgewählt, die sich auf jene erste Gedichtausgabe beziehen. Denn hier werden bereits Wertungsstereotype festgelegt, die – wie die Durchsicht der späteren Besprechungen zeigt – an der Droste haften bleiben. Der Vergleichbarkeit wegen beschränken wir eine gründliche Analyse auf Ausschnitte der Rezensionen, und zwar im wesentlichen auf Aussagen zum Epos „Das Hospiz auf dem großen St. Bernhard". Drostes Epen sind später nicht kanonisiert worden: So können wir fragen, ob das bei der Erstrezeption schon zu erkennen war. – Die Textausschnitte sind im Anhang numeriert abgedruckt und werden im Text mit den Namen der Verfasser und ihrer Ziffer aufgerufen.

Die Sammlung von 1838 hat insgesamt – über drei Jahre hinweg – nur 11 Rezensionen erhalten, dazu eine ausführlichere Bewertung im Rahmen einer umfassenden Droste-Charakteristik von Franz Fraling (Nr. 7); davon stehen immerhin zehn in überregionalen, renommierten Organen. Zunächst ein statistischer Überblick über die Tendenz der Beurteilung, in den wir außer den sieben von uns auszugsweise abgedruckten Texten auch die vier übrigen mit einbeziehen[30]:
– Vier Rezensenten kommen zu einer rückhaltlos positiven Bewertung (neben v. Hohenhausen [Nr. 1], P.M. [Nr. 3] und Kühne [Nr. 5] noch der angesehene Kritiker Theodor Hell[31]);
– zwei spenden hohes Lob, ohne einige Mängel zu übergehen (neben Schücking [Nr. 2] im gleichen Organ Friedrich Engels[32]);

---

[29] Auch bei der Rezension, zumal umfangreicherer Textsammlungen, ist der Übergang zur beschreibenden Charakteristik freilich meist fließend (vgl. I.1.5.1 und I.2.2.2.3).

[30] Zwei kurze Charakteristiken, durch Schücking und nur im westfälischen Kontext, werden dabei nicht mehr berücksichtigt.

[31] Th[eodor] Hell [d.i. Karl Gottlieb Theodor Winkler]: [Rez. „Gedichte 1838"]. – In: Blätter für Literatur und bildende Kunst (Dresden, Leipzig) Nr 45, 5. Juni 1841, Sp. 370-372 (nach Woesler: Modellfall, Bd. I, 1, S. 31 f.).

[32] Friedrich Oswald [d.i. Friedrich Engels]: Landschaften [Rez. „Gedichte 1838"]. – In: Telegraph für Deutschland (Hamburg) Nr 123, Aug. 1840, S. 490 f. (nach Woesler: Modellfall, Bd. I, 1, S. 27 f.).

- bei dreien ergibt sich aus der Abwägung von Positiva und Negativa eher eine mittlere Wertung (bei Dräxler-Manfred [Nr. 4] und Fraling [Nr. 7] wie einem Anonymus[33]);
- ein weiterer Anonymus [Nr. 6] schreibt im Rahmen einer Sammelrezension einen mißmutigen Verriß.

Dieses Ergebnis steht, trotz gewisser Einwände, in deutlichem Widerspruch zu dem miserablen Absatz der Ausgabe, den freilich auch das Ungeschick des provinziellen Verlags mitverursacht haben mag. Offenbar ist aber eine bestimmte Form ggf. auch kontroverser literaturkritischer Würdigung für die Kanonisierungschancen wichtiger als ein bloßer Breitenerfolg.[34] Es lohnt sich zu fragen, wie und weshalb sich am Ende positive Bewertung durchsetzt.

Rezensionen liefern idealiter ein Muster des Werturteils, weil sie ihre Bewertungen argumentativ stützen und die Beistimmung des Publikums erheischen sollten. So stellt sich Fraling [Nr. 7] ausdrücklich als Lehrer für Autorin und Publikum hin, und auch die meisten andern wollen mit Gründen oder mit Beispielen überzeugen; nur wenige begnügen sich mit Behauptungen oder suchen ihre Eindrücke suggestiv zu übertragen. Umso eindrucksvoller ist der Dissens, den wir sowohl in den Beschreibungen wie in den Wertungen beobachten werden, umso spannender die Frage, ob und auf welche Weise Literaturkritik doch eine Bedeutung für die Kanonisierung haben könnte. Wir wollen dieser Frage in fünf Punkten nachgehen, um die Ursachen für Dissens und doch auch Konsens aufzuspüren. Die Punkte, als Fragen formuliert, sind aus unsern früheren Überlegungen über die Schwierigkeiten von Konsens im Werten abgeleitet.[35]

Punkt 1: Stimmen die Rezensenten in den höchsten axiologischen Werte überein? Und ist das eine Voraussetzung für Kanonisierung? Für fast alle Rezensionen sind Werte der Autonomie-Ästhetik selbstverständliche Grundlage. Nur P.M. [Nr. 3] urteilt ausschließlich heteronom, von religiös-ethischen Grundsätzen aus; für formal-ästhetische Qualitäten, aber auch für die Problematik bereits dieser ersten Publikation aus streng-katholischer Sicht hat er überhaupt kein

---

[33] 27.: [Rez. „Gedichte 1838"]. – In: Repertorium der gesammten deutschen Literatur (Leipzig) Bd. 18 (12. Okt. 1838) S. 382 f. (nach Woesler: Modellfall, Bd. I, 1, S. 13).
[34] Vgl. dazu v.Heydebrand/Winko: Geschlechterdifferenz, S. 103.
[35] Zu den Schwierigkeiten, Konsens im Werten zu erzielen, vgl. I.2.3.

4. Wertung und Kanonbildung durch Medien und Institutionen 237

Auge. Er repräsentiert damit eine extreme Möglichkeit verkürzter Droste-Aneignung[36], die während des sog. ‚Kulturkampfs‘, der Auseinandersetzung der Katholiken mit dem laizistischen Staat in den 70er Jahren des 19. Jahrhunderts, aktualisiert wurde. Trotz der abweichenden Werte trug diese christlich-katholische Vereinnahmung der Droste im Effekt zur Kanonisierung der Autorin ebenso bei wie das Verständnis der übrigen Kritiker.[37]

Der selbstverständliche Gebrauch autonomieästhetischer Maßstäbe schließt für die meisten Kritiker ästhetische und ethische Werte ein. Der vielleicht wichtigste dieser Maßstäbe ist ‚innovatorische Kraft‘ und ‚Genialität‘ in bezug auf Sprache und dichterische Imagination wie auf sittliche, religiöse, politische Aspekte. Als relationaler Wert wird ‚Innovation‘ im Vergleich begründet: Für mehrere Rezensenten genügt die Nennung des Namens „Byron", um Originalität und Kühnheit von Drostes Sprache und poetischer Phantasie zu belegen (v. Hohenhausen [Nr. 1], Fraling [Nr. 7], auch Engels und Hell). Der Name muß also als Zuordnungsvoraussetzung für eine präzisere Vorstellung der genannten Zuschreibungen dienen. Er muß aber auch dafür herhalten, eine quantitive Wertung, das Zurückbleiben der Autorin hinter diesem gefeierten Epiker, zu signalisieren (Fraling). Noch beliebter ist der Vergleich mit der üblichen Produktion schriftstellernder Damen, auf die fast niemand verzichtet (die Ausnahmen: P. M. [Nr. 3] und – natürlich – der Anonymus [Nr. 6]). Immer wird betont, daß die Werke Drostes den ‚Standard‘ dieses Schreibens überbieten (v. Hohenhausen [Nr. 1]) oder sich ihm erst gar nicht unterwerfen, sondern den Vergleich mit Männern herausfordern (so die übrigen). Ein höheres Lob scheint für die Rezensenten nicht denkbar; aber der Vergleich markiert für sie auch immer wieder die Grenze Drostes: ihr Versagen in der Formung (Schücking [Nr. 2], Dräxler-Manfred [Nr. 4], Fraling [Nr. 7]).

Die Formkritik und ihre andeutende Konkretisierung an Textmerkmalen macht auf die Folgen einer geschlechterdifferenten Aufspaltung der Werte des Schöpferischen aufmerksam, die von ‚Innovation‘ und ‚Genialität‘ abgeleitet werden: Kreative, ausgreifende ‚Phantasie‘ und technisch versierte, bändigende ‚Gestaltungskraft‘ werden unterschieden; weil aber die erste mehr der Frau, die zweite

---

[36] Vgl. dazu Jordan: Katholizismus, S. 1186 f. und S. 1204.
[37] Vgl. die Präsentation der „Judenbuche" in einer preiswerten Reihenausgabe durch den katholischen Literaturpolitiker Hülskamp 1882, s. o. II.4.2 (Jordan: Katholizismus, S. 1191).

mehr dem Manne zugeschrieben wird, loben einige Rezensenten zwar den Phantasiereichtum der Droste, diagnostizieren dagegen eine Schwäche im Formalen: Ihr Vorurteil läßt sie das formal Innovative der Texte nicht wahrnehmen. Die Aufspaltung deutet auf die spätere Unterscheidung von ‚kranken‘ und ‚gesunden‘ Anteilen im Werk von Droste voraus: Nur die ‚gesunden‘ sind kanonwürdig.[38]

Im Bereich der ethisch-religiös-politischen Werte, die innerhalb der Autonomieästhetik vertreten werden, setzt sich teilweise eine geschlechterdifferente Aufteilung fort. Das „Vaterländische", „Westphälische", die ‚regionale Spezifik‘ scheint zwar als Ausweis für ‚authentisches Erleben‘ (ein hoher Wert der Autonomieästhetik), aber implizit auch als politischer Wert (in der Wertsprache der ‚Realisten‘) an kein Geschlecht gebunden und wird der Dichterin in besonders hohem Maße zugestanden (Hohenhausen [Nr. 1], Schücking [Nr. 2], Dräxler-Manfred [Nr. 4]).[39] ‚Religiosität‘, religiös fundierte ‚Sittlichkeit‘ und politischer ‚Konservatismus‘ jedoch gehören als positive wie vor allem als einschränkende Werte auf die Seite der Frau, eine weltoffene, ‚fortschrittliche‘ politische Haltung zum Manne. Ob nun ‚Religiosität‘ als positiv, ob als einschränkend gewertet wird, hängt von den Zuordnungsvoraussetzungen der Rezensenten ab, die von Geschlecht und Konfession bestimmt sind: v. Hohenhausen [Nr. 1] und P. M.[Nr. 3], eine Frau und ein Katholik, stehen mit der positiven Wertung allein.[40]

Die Rezensenten teilen also viele axiologische Werte und richten die Aufmerksamkeit auch auf vergleichbare Text-, Werk- und Persönlichkeitsmerkmale; das führt jedoch auf Grund von Geschlechterdifferenz, unterschiedlichen religiösen und politischen Zuordnungsvoraussetzungen sowie andern Gewichtungen unter den Werten nicht auf gleiche Bewertungen und damit nicht zu einhelliger Kanonbildung. Geschlechterdifferente Wertung ist dafür verantwortlich, daß Droste jedenfalls im 19. Jahrhundert erster Rang nur unter

---

[38] Vgl. die Selektionen in den Literaturgeschichten und im Deutschunterricht, II.4.4 und II.4.5.

[39] Das Gewicht dieses Aspekts tritt natürlich bei der Wertung ‚westfälischer‘ Dichtungen in den Rezensionen deutlicher hervor als bei der des ‚Hospiz‘.

[40] Engels wertet differenziert: Weil Droste eine Frau ist, darf ihre Religiosität zur Zeit nicht negativ gesehen werden; allerdings hofft er auf eine Zukunft, in der das moderne Gedankengut auch von den Frauen vermittelt wird und „die junge Generation es mit der Muttermilch" aufnehmen kann. In Woesler: Modellfall, Bd. I,1, S. 27 f.

4. Wertung und Kanonbildung durch Medien und Institutionen

Autorinnen zugeteilt wird; im Kanon der Autoren kann sie bloß wegen einiger ‚männlicher' Züge eine gewisse Anerkennung gewinnen.

Punkt 2: Wie und mit welchen Ergebnissen für ‚Kanonwürdigkeit' wird unter den Werten gewichtet? In welches Verhältnis werden sie zueinander gesetzt? Ein Faktor für die kanonrelevante Gewichtung ist, wie eben beobachtet, die Zuordnung von (nicht nur literarischen) Domänen zum biologischen Geschlecht: Die männlicher Produktivität zugeschriebenen Werte zählen mehr. Ein anderer Faktor ist das unterschiedliche Verhältnis zwischen ästhetischen und ethisch-politischen Werten; es erklärt das weit positivere Urteil Schückings [Nr. 2] im Vergleich zu dem Fralings [Nr. 7]. In Schückings Rezension [Nr. 2] besteht die wichtigste Leistung Drostes darin, die in allen andern Genres unbestreitbare „Hegemonie" – das heißt: Vorherrschaft! – deutscher Gegenwartsdichtung über die Engländer auch auf dem Gebiet des Versepos wiederherzustellen; Schücking ordnet die ästhetischen Kulturwerte also wie selbstverständlich seinem politisch-nationalen, fast chauvinistischen Wert deutscher Hegemonie zu. Da er Drostes Schreibart mit autonomieästhetischen und ‚realistischen' Maßstäben positiv von der älteren, heteronomen, rhetorischen Praxis abgegrenzt[41], wird dadurch bestätigt, daß aus der Sicht der Autonomieästhetik nationale Werte nicht als heteronom gelten.[42] Fraling dagegen konfrontiert ästhetische und politische Werte bei der Beurteilung der Droste [Nr. 7]: Ihre beachtlichen darstellerischen, ästhetischen Meriten können nicht hindern, daß ihm ihr Werk als „ein verkehrtes und nicht hinlänglich poetisch berechtigtes" erscheint, weil es sich vor dem „fortschreitenden Gedanken", dem „befruchtenden Geist der Geschichte", und zwar der politischen, verschließe[43]: Für ihn begründen nicht nationale, sondern historisch ‚fortschrittliche' Werte poetische Qualität.

---

[41] In Schückings großer und wirksamer Droste-Charakteristik von 1847 erhalten politische Maßstäbe mehr Gewicht: Er attestiert der Droste ein „großartiges Mißverständnis der Zeit" und spielt höchst ambivalent den überzeitlichen Wert des Werks gegen seinen politischen Unwert aus. Levin Schücking: Annette von Droste. Eine Charakteristik. – In Woesler: Modellfall, Bd. I, S. 57-63.
[42] Vgl. II.6.
[43] Fralings Rezension illustriert im übrigen, wie negative Vor-Urteile die Textwahrnehmung beschränken: Er macht über den Inhalt des Epos mehrere unzutreffende oder reine Leerstellen ausfüllende Aussagen.

Auch innerhalb der ästhetischen Maßstäbe kann unterschiedlich gewichtet werden. Das zeigt der Vergleich zwischen Schücking [Nr. 2] und Dräxler-Manfred [Nr. 4]: Für den einen überwiegen die ‚männlichen' Vorzüge von Droste ihre ‚weiblichen' Mängel, für den andern summieren sich die ‚mädchenhaften' Schwächen zu einem „unreifen Dilettantismus".

So entstehen durch die unterschiedlichen Gewichtungen in der Tat unterschiedliche Wertungen; nicht einmal die Hochwertung des ‚männlichen Geists' der Droste schützt sie davor, z. B. unter politischen Gesichtspunkten abgewertet zu werden.

Punkt 3: Was tragen Textwahrnehmung und Zuordnungsvoraussetzungen zu Konsens oder Dissens der Urteile bei? Gehen wir einige Fälle durch:
– Verschiedene axiologische Werte, sogar Letztwerte, begründen keine gegensätzliche Wertung, wenn die Rezensenten selektiv unterschiedliche Textmerkmale wahrnehmen und bewerten: P. M. [Nr. 3], der nur den religiösen, und Kühne [Nr. 5], der nur den ästhetischen Maßstab anlegt, kommen mit solcher Selektion beide zu einer rückhaltlos positiven Einschätzung. Ihre Wahrnehmung wurde bereits von ihren Werten gesteuert.
– Gleiche axiologische Werte produzieren gegensätzliche Wertungen, wenn sie auf die gleichen Textmerkmale angewendet, diese jedoch unterschiedlich wahrgenommen werden: Kühne [Nr. 5] und der Anonymus [Nr. 6] werten am „Hospiz" beide ausschließlich die Form, also mit formal-ästhetischem Maßstab, und beide sprechen dabei auch von der Wirkung; aber was Kühne als „epische Ruhe und Ausführlichkeit" wahrnimmt und als „mysteriöse Art zu erzählen" fasziniert erlebt, beschreibt der Anonymus distanziert als „etwas breit und langweilig" und kritisiert eine „Phantasie", die „in Sprüngen geht" sowie den Mangel an kunstgerechter Gestaltung. Kühnes ästhetische Wahrnehmung und Erfahrung ist offenbar an Werken bedeutender, autonomer Sprachkunst geschult, auch wenn er geheimnisvoll-Spannendes durchaus zu genießen weiß; aber er reflektiert die Tatsache, daß dessen Wirkung durch Worte weder angemessen wiederzugeben noch zu begründen ist.[44] Der Anonymus dagegen liest, wie uns seine Vergleiche verraten, eher ‚heteronome', nur auf Spannung und geordnete Handlungsabläufe hin ‚kunstgerecht' konstruierte Unter-

---

[44] Vgl. Körner in seinem Brief über „Wilhelm Meister", II.3.1.2.2.

haltungsliteratur und entnimmt ihr seine Werterwartungen. Die Wahrnehmung und Wertung der beiden ist durch unterschiedliche Zuordnungsvoraussetzungen zum Ästhetischen, zu ‚Kunst' geleitet.
Die Komplexität des Wertungsvorgangs sorgt also dafür, daß sich keine durchgehend gültigen Regeln für individuelles Wahrnehmungs- und Wertungsverhalten abzeichnen; das liegt vor allem an den verschiedenen Zuordnungsvoraussetzungen.

Punkt 4: Wie kann es trotz verschiedener Textwahrnehmungen und Zuordnungsvoraussetzungen doch zu Übereinstimmung im (positiven) Urteil und damit tendenziell zu Kanonbildung kommen? *Ein* Textmerkmal, *eine* formale Qualität wird von fast allen Rezensenten positiv beurteilt, die eindrucksvolle Naturschilderung der Droste. Die stereotypen Kennzeichnungen („plastisch", „anschaulich", „frisch", „lebendig") gründen zum einen wohl in einem gemeinsamen relationalen Wert, der adäquaten Wiedergabe von „Natur" (Schücking [Nr. 2], Dräxler-Manfred [Nr. 4], Fraling [Nr. 7]); das ist ein axiologischer Wert, den der Realismus der klassischen Ästhetik entlehnt und der zugleich den zentralen ästhetischen Wert, das „Schöne", realisiert (v. Hohenhausen [Nr. 1], Fraling [Nr. 7]). Wann und warum er zugeordnet wird, bleibt aber unklar: Nur Dräxler-Manfred [Nr. 4] nennt als Muster für das ‚Plastische' die Antike; sie habe den „Beobachtungssinn" der Autorin „für innere und äußere Zustände" geschult (was nicht recht zu der ‚ungekünstelten', ‚Naturdichterin" der gleichen Rezension passen will). Die übrigen müssen auf das eigene, notwendig individuelle Erleben der Natur rekurrieren. Ihr Wahrnehmungsschema scheint freilich durch eine gemeinsame ‚realistische' Erwartung geprägt, da sie durchweg die häufig rhetorisch-allegorische Dimension der Naturschilderung Drostes (gerade im „Hospiz"!) übersehen. Außerdem wird wiederholt ein wirkungsbezogener axiologischer Wert bezeugt: ‚Vergegenwärtigung', ‚Veranschaulichung', auch ‚Erschütterung' durch die Darstellung des Schreckenerregenden (v. Hohenhausen [Nr. 1], Schücking [Nr. 2], Kühne [Nr. 5]). Der identifikatorische Nachvollzug von ‚Anschauung' und ‚Schrecken' setzt ebenfalls das eigene Erleben von Natur wie von Dichtung voraus und bleibt der Intersubjektivität weitgehend unzugänglich.
Die unerwartete Konvergenz der Urteile über Drostes Naturschilderungen, die nur der Anonymus ohne nähere Begründung verwirft, scheint auf eine poetologische Norm zurückzugehen, die noch vor

der Wertung auch das Wahrnehmen und Erleben der literarisch Sozialisierten in ähnliche Richtung drängt: Es ist die Norm der unmittelbar erlebbaren ‚Naturwahrheit' der klassischen Ästhetik, die vom entstehenden Realismus wieder aktualisiert wird. Da sich auch andere axiologischen Werte der Autonomie- und Genieästhetik und ihrer realistischen Reprise positiv oder doch wenigstens eingeschränkt positiv auf die Droste anwenden ließen, dürfte hier ein Ansatzpunkt für die Kanonisierung einer entsprechenden Werkauswahl der Autorin liegen. Die Epen werden später freilich nicht mehr zu ihr gehören: nicht so sehr, weil die Hochwertung des ‚Hospiz' am Maßstab von ‚realistischer' Naturtreue und ‚Authentizität' in der Tat ebenso problematisch ist wie die anderer Naturschilderungen der Droste, sondern weil die frühe Bewunderung ihrer Originalität einem kritischen Messen an den klassizistischen Normen des ausgebildeten Realismus weicht. Nach dessen Maßstäben mußten die Epen als unharmonisch, dunkel und formal problematisch erscheinen.[45]

Punkt 5: Wie kommt es zur stereotypen Wiederkehr von Charakterisierungen und Bewertungen der Droste? Niemand hat vor Woeslers Edition das ganze Korpus der Rezensionen überblicken können. Dieser Überblick aber zeigt: Wichtiger als die zuletzt bedachten Konvergenzen dürfte die Tatsache sein, daß doch nur wenige Rezensionen und Charakteristiken in der literarischen Öffentlichkeit weiterwirken; es gibt einen ‚Kanon' innerhalb der Literaturkritik. Faktoren, die eine Beurteilung für diesen ‚Kanon' qualifizieren, der seinerseits für die Autorin ‚kanonbildend' wirkt, sind
– der Veröffentlichungsort und die Placierung der Rezension innerhalb des betreffenden Organs: Der Rang der Zeitschrift ist wichtiger als ihre Breitenwirkung, eine knappe Würdigung im Cotta'schen „Morgenblatt" für die Konservativen, im „Telegraph für Deutschland" für die ‚Fortschrittlichen' ist folgenreicher als das Porträt in einem Familienblatt, eine Einzelrezension wirksamer als die Abhandlung in einer Sammelbesprechung, womöglich von „Frauenliteratur";
– die Länge der Rezension (ggf. auch des Autorenporträts) im Vergleich zu Rezensionen über andere Autoren;
– nicht zuletzt: die öffentliche Geltung des Kritikers und sein Eifer für den Autor. Es ist schwer vorstellbar, wie die Droste ohne Le-

---

[45] So die Beurteilung in den Literaturgeschichten, vgl. II.4.4.

vin Schücking bekannt, geschweige denn kanonisiert worden wäre; er hat bis lange nach ihrem Tode an allen denkbaren Stellen des literarischen Lebens, in allen Formen und Institutionen der Vermittlung unermüdlich für sie gewirkt.[46]

Aus einigen Besprechungen entstehen Ketten von Rezensionen und Charakteristiken, in denen sich die gleichen Argumente wiederholen und damit verfestigen. Das gilt auch innerhalb der katholischen Rezeption mit ihren besonderen Perspektiven.

Zusammenfassung: Die Rolle der Literaturkritik im Prozeß der Kanonisierung ist wegen der Komplexität der Wertungsvorgänge schwer abzuschätzen. Vier Faktoren scheinen im konkreten Fall der Droste förderlich, aber wohl auch verallgemeinerbar: (1) positive Bewertung unter heteronomen und autonomen Voraussetzungen, hier im katholischen und im national-liberalen literarischen Kontext; (2) ein gewisses Maß an Übereinstimmung unter den Rezensenten über axiologische Werte und über Zuordnungsvoraussetzungen, die sich auch auf die Textwahrnehmung auswirken; (3) direkte Abhängigkeiten der Bewertungen von wenigen Meinungsführern; (4) die allgegenwärtige Aktivität eines Promotors, hier Schückings.

Unsere Beispiele haben im übrigen bestätigt, was wir bereits im systematischen Teil erörtert haben:[47]
– nur selten geben die Rezensenten an, welche axiologischen Werte ihren Urteilen zugrundeliegen;
– manche Wertungen sind implizit (weniger als in heutigen Rezensionen);
– bei der Beziehung von Textmerkmalen auf axiologische Werte werden Zuordnungsvoraussetzungen unterstellt, die oft schwer zu erfassen sind.

4.4 Darstellung in Literaturgeschichten

Die Aufnahme eines Autors in eine Literaturgeschichte stellt immer einen Akt der Kanonisierung dar; je größer der Zeitraum, den die Darstellung im Überblick erfaßt, je enger die Auswahl der aufgenommenen Autoren, desto größer die Bedeutung, dort genannt zu werden. Und je breiter das Publikum, das die Literaturgeschichte er-

---

[46] Vgl. Schier: Schücking, S. 1151-1177.
[47] Vgl. I.1.5.3, I.1.5.2.2 sowie Explikat 11 in Kap. I.1.3.2.

reichen will, je populärer also die Darbietung, desto größer auch die Reichweite der vermittelten Charakterisierung von Autor und Werk. In solchen literaturgeschichtlichen Überblicken für Schulen und bildungsbeflissene Leser gehen, wie in der Literaturkritik, Beschreibung und Wertung ständig ineinander über, und die Wertungen beziehen sich notwendigerweise auf eine auswählende und oft sehr eingeschränkte Wahrnehmung und Deutung der Autoren und ihrer Leistungen. – In der von Woesler initiierten Studie zur Droste-Rezeption sind eine Fülle von Literaturgeschichten der zweiten Hälfte des 19. Jahrhunderts durchgesehen und die populärsten analysiert worden.[48] Wir ziehen noch (unsystematisch) einige Darstellungen aus dem 20. Jahrhundert hinzu.[49]

Die Literaturgeschichten schöpfen fast durchweg – und verkürzend – aus dem gleichen Reservoir an essayistischen und literaturkritischen Darstellungen von Biographie und Werken der Autorin[50], und so stimmen sie bei Abschluß der Kanonisierung um 1900 in einem Bild der Droste im wesentlichen überein, das der literarhistorische Überblick eines kundigen Gymnasialprofessors knapp zusammenfaßt.[51] Es trägt die folgenden Züge:
– „wirkliche Dichterin", „originell, genial, ja oft kühn";
– „Aristokratin von Geburt und Erziehung, verkennt sie doch nicht die Vorzüge des Bürgers";
– „Katholikin", aber „hoch über den Schranken des Konfessionalismus";
– Sprache: „meist kräftig, manchmal hart, doch auch melodisch und weich"; Bilder „treffend, oft kühn, immer bedeutend";
– „Die moderne Zeit tadelt sie öfter scharf";

---

[48] Huge: Droste in Literaturgeschichten.
[49] Scherer/Walzel: Geschichte der deutschen Literatur, S. 573 f.; Martini: Literaturgeschichte, S.409 ff; Kohlschmidt: Geschichte der deutschen Literatur, S. 375-390; Sengle: Biedermeierzeit, S. 592-639; van Rinsum: Frührealismus, S. 202-212.
[50] Huge nennt als Gewährsleute u.a. die Äußerungen der Freundinnen und Freunde Elise v. Hohenhausen, geb. Rüdiger (u. a. von 1854), Christoph Bernhard Schlüter (u. a. von 1848) und Levin Schücking (u. a. von 1847), dazu den Kommentar von Ignaz Hub zur Droste und ihren Gedichten in seiner einflußreichen Balladen-Anthologie von 1846; vgl. Woesler: Modellfall, Bd. II, S. 1103.
[51] Der Katalog folgt Kirchner: Nationallitteratur, S. 306-310, hier: S. 309. Kirchner war Professor am Realgymnasium Berlin.

4. Wertung und Kanonbildung durch Medien und Institutionen 245

– ‚klarer Blick', ‚starkes Erkennen';
– Auffassung Drostes von der Schriftstellerin: Sie soll weder sentimental noch emanzipiert sein, sondern ‚echt weiblich': „Natur und Wahrheit, Frömmigkeit und Häuslichkeit rühmt sie [Droste] als schönstes Ziel".[52]

In diesem Katalog fehlt nur noch die westfälische (oder norddeutsch-germanische) Eigenart, auf die Drostes ‚männliche Sprache', ihre ‚männlichen Züge' nicht selten zurückgeführt werden. Dieser Zug wird in andern Literaturgeschichten umso häufiger genannt.

Eine genauere Analyse der axiologischen Werte, die hinter diesen Droste zugeschriebenen Werten stehen, macht erneut deutlich, daß sich am Ende des Jahrhunderts die Poetologie des Realismus, die auf eine schablonenhafte Poetik der Klassik zurückgreift, in der Literaturvermittlung an ein breiteres Publikum durchgesetzt hat.[53] Formalästhetische axiologische Werte sollen sichern, daß ‚echte', autonome Dichtung bewertet wird: ‚Originalität' und ‚Genie' müssen gegeben sein, wenn auch nur als Voraussetzung für die Hochwertung der eigentlich interessierenden nicht-ästhetischen Werte. Das Epitheton des „Kühnen" für Drostes Darstellungsweise verdeckt bereits einen Vorbehalt: Die Originalität der Dichterin überschreitet, wie andere Literaturgeschichten kritisch vermerken, das klassizistische Maß des Realismus durch ‚inkorrekte Form' und ‚Dunkelheit', und sie verletzt die mit Goethes Romantik-Kritik legitimierte Norm des ‚Gesunden' durch eine Neigung ihrer Phantasie zum ‚Krankhaften'. Wie schon in der Literaturkritik wird die Originalität ihrer Sprache wie ihre klare Erkenntnis aus ihrem „männlichen Geist" begründet, während die empfindsame Beobachtungsgabe, gelegentlich aber auch der Phantasieüberschuß und die Formfehler ihrer ‚Weiblichkeit' zugeschrieben werden.[54]

Welche Zuordnungsvoraussetzungen es erlauben, Textmerkmalen die attributiven Werte des Originellen, aber auch die Negativwerte des Inkorrekten, Dunklen oder Krankhaften zuzuweisen, ist aus den Kurzcharakteristiken der populären Literaturgeschichten selten zu entnehmen. Die detaillierteren Quellen der Literarhistoriker lassen

---

[52] Kirchner, nach Huge: Droste in Literaturgeschichten, S. 1103 f.
[53] Vgl. für deren Grundlagen die „Werte der Ästhetik" in der Tabelle unter II.1.3.
[54] Huge: Droste in Literaturgeschichten, S. 1109 f.

einiges davon erkennen: ‚Originalität' wird z. B. in der Schärfe und Genauigkeit gefunden, mit denen Details der Realität gesehen und benannt werden, die ‚Inkorrektheit' wird auf die in der Tat auffälligen Brüche und Inversionen der Syntax und auf die Metrik bezogen, deren Kalkül den Interpreten verborgen bleibt. Als ‚Krankheit' erscheint der Blick für die schroffen, düsteren und verworrenen Seiten des Lebens, die mangelnde Harmonisierung. Alle diese negativen Werte machen die Droste freilich zu einer hellsichtigen Vorläuferin der Moderne; als solche ist sie jedoch – bis heute – noch zu entdecken. Denn die Kanonisierenden im 19. Jahrhundert schlossen die Werke, die von solchen ‚Unwerten' zu stark geprägt waren, aus ihrem Kanon – mit langfristiger Wirkung – einfach aus oder deuteten sie ins Harmlose um. Den axiologischen Werten des klassizistischen ‚Realismus' fiel auch, wie wir gesehen haben[55], eine ganze Gattung im Werk der Droste zum Opfer: die Versepen. „Die Judenbuche" dagegen empfahl sich als ein Stück spannender und zugleich belehrender Regionalliteratur.

Positive, zur Belehrung der Leser geeignete Inhalte stehen bei den Bewertungen im Vordergrund. Und auch mit Hilfe der nicht-ästhetischen axiologischen Werte wurde das Droste-Bild realistisch-klassizistisch stilisiert. Denn unter den Prämissen der klassischen Ästhetik konnten religiöse, politische und ethische Werte in Dichtungen ja unter der Voraussetzung vertreten werden, daß sie nicht als heteronome Zwecke erscheinen. Genau darauf achten die Urteile der Literaturgeschichten.

Die christliche Grundüberzeugung ist für die meisten untersuchten Darstellungen ein ganz hoher Wert, und Charakteristiken, die aus national-liberaler Sicht andere Akzente setzen, werden von protestantischer wie von katholischer Seite entschieden bekämpft[56]; aber aus dem Streit der Konfessionen im Kulturkampf der 80er Jahre soll das Werk der Autorin eher herausgehalten werden.[57] Drostes Christentum wird für die christlichen Literarhistoriker vermutlich durch den inhaltlich ästhetischen Wert ‚wahrer Erkenntnis' oder wenig-

---

[55] Vgl. II.4.3.
[56] Huge: Droste in Literaturgeschichten, S. 1108 und 1111 f.
[57] Es fällt auf, daß auch und gerade die katholischen Literaturgeschichten den Anspruch einer Allgemeingültigkeit der Dichterin vertreten (ebd., S. 1107); von einigen katholischen Literaturvermittlern allerdings wird sie im beginnenden Kulturkampf – ohne bedeutende Wirkung – zur Partei gemacht (vgl. Jordan: Katholizismus, bes. S. 1187-1198).

4. Wertung und Kanonbildung durch Medien und Institutionen 247

stens ‚Authentizität' legitimiert; konfessionelle Parteinahme dagegen würde die axiologischen Werte der ‚Zweckfreiheit' wie der ihr korrespondierenden ‚Überzeitlichkeit' mißachten.

Aus den gleichen Gründen wird Droste auch im Politischen auf den bürgerlich-aristokratischen ‚Klassenkompromiß' (Sengle) festgelegt; ihre eindeutig konservative Parteinahme vor 1848 wird neutralisiert, ins ästhetisch ‚Zeitlose' umstilisiert. Tadel der „modernen Zeit" sowie ein Rückzug auf die ‚Innerlichkeit', wie ihn die Deutung Droste zuschreibt, gilt nach den Zuordnungsvoraussetzungen des Realismus als Verwirklichung der axiologischen Werte ‚Autonomie' und ‚Überzeitlichkeit'. – Ein hoher Wert der Realisten ist der (autonome) Ausdruck des Nationalen in der Dichtung; wir haben ihn im Keim bei Herder angelegt gesehen.[58] Als attributive Werte erscheinen einerseits die Verbundenheit mit der Heimaterde und dem Charakter des bodenständigen Stammes, die Regionalisierung der Literatur gilt als Wert; andererseits und manchmal gegenläufig dazu werden der Droste auch gemeindeutsch-nationale oder übergreifend norddeutsch-germanische Züge zugeschrieben.[59] Diese nationalen Werte wurden schon zum Ausgang des 19. Jahrhunderts bis dann ins Dritte Reich hinein durchaus ‚heteronom' – und sehr gefährlich – politisch instrumentalisiert.

Ethische Werte werden fast ausschließlich in der ‚weiblichen' Eigenart von Droste gesehen: im Eintreten für Familie, für „echte Weiblichkeit", für Tradition. Zuordnungsvoraussetzung ist hier die pseudo-wissenschaftliche Auffassung von der ‚Natur' der Frau, die sie bewahren, aber auch frevelnd überschreiten kann. In den meisten Literaturgeschichten wird die Autorin in der Sparte „Frauenliteratur" abgehandelt. In dieser Sparte unterscheiden die Literaturgeschichten der Zeit häufig zwischen ‚echten', weil konservativen ‚Dichterinnen' und emanzipierten ‚Schriftstellerinnen' (z. B. die junge Gräfin Hahn-Hahn, Fanny Lewald u.a.), die angeblich die natürliche Ordnung zersetzen.[60] Droste wird natürlich (bei entsprechender Auswahl aus ihrem Werk) zu den bewahrenden ‚Dichterinnen' gezählt, wenn sie auch ihren Rang eher den ‚männlichen' Anteilen ihres Naturells verdanken soll. Trotzdem wird sie nur selten in die Reihe bedeutender männlicher Autoren gestellt: Nur im Ghet-

---

[58] Vgl. II.2.3.
[59] Huge: Droste in Literaturgeschichten, S. 1111.
[60] Die Literaturgeschichten klassifizierten Autorinnen häufig nach diesen Sparten (ebd., S. 1108)

to der Frauenliteratur gilt sie, wie schon einigen Literaturkritikern, als die ‚erste Dichterin', und zwar über Deutschlands Grenzen hinaus.[61]

Wir erkennen im Rückblick auf Literaturkritik und Literaturgeschichtsschreibung einen wichtigen Mechanismus der Kanonisierung: Soll ein Autor – aufgrund welcher Präferenzen der Rezeption auch immer – hochgewertet werden, so geschieht das, indem man ihn durch Selektion und Deutung so formt, daß er den axiologischen Werten der Kanonisierenden entspricht. Droste wurde schon bald nach der Jahrhundertmitte als „Frührealistin" und als Ideal eines weiblichen Autors wahrgenommen und gegen Ende des Jahrhunderts kanonisiert. Die damaligen Fixierungen bestimmen breitenwirksame Literaturgeschichten auch des 20. Jahrhunderts bis in unsere Tage. Denn die ‚Biedermeier-Forschung' der 30er Jahre brachte nur ein neues Etikett, keine durchgreifende Revision des kanonischen Droste-Bildes. Im Gegenteil: Die neue Einordnung verstärkte die vom klassizistischen Realismus übernommene quietistische Deutung und lieferte die Autorin in der Folge der Geringschätzung unter ideologiekritischen Maßstäben aus. Ansätze der Einzelforschung, die durch das tradierte Bild verdrängten Züge der Autorin vorurteilslos oder von axiologischen Werten der Moderne her neu zu entdecken und zu bewerten, wurden nur zögernd aufgenommen.[62] Friedrich Sengles grundlegende Revision der historisch unangemessenen Deutung und Wertung der Droste als „Frührealistin" und beschränkte „Biedermeier"-Autorin durch seine neue Sicht auf die ‚Biedermeierzeit' blieb weitgehend wirkungslos.[63]

Zusammenfassung: Charakteristisch für das Medium der Literaturgeschichten, insbesondere der populären, ist die starke Vereinfachung. Die Vielfalt der Bilder, die anfangs in den Anthologien und in der Literaturkritik gezeichnet wurden und eine Hochwertung unter verschiedenen Perspektiven befördern konnten, wird hier sehr bald unter klassizistisch-realistischen Maßstäben nivelliert. Das am

---

[61] So schreibt neidlos diejenige Autorin, die von den Zeitgenossen Droste mindestens gleichgeordnet, in puncto „Weiblichkeit" sogar übergeordnet wurde: die heute fast vergessene Österreicherin Betty Paoli (vgl. Woesler: Modellfall, Bd. I, S. 432).
[62] So bei Kohlschmidt: Geschichte der deutschen Literatur, 1975.
[63] Ärgerliches Beispiel van Rinsum: Frührealismus, 1992.

Ausgang des 19. Jahrhunderts fixierte Droste-Bild verstellt noch fast bis heute den Zugang zu einer historisch korrekten Würdigung und einer möglichen Aktualisierung.

4.5 Vermittlung im Deutschunterricht

Der Deutschunterricht ist – oder war wenigstens bis in die 60er Jahre unseres Jahrhunderts – ohne Zweifel eine der wichtigsten Agenturen der Wertung von Literatur und der Ausbildung und Stützung eines Literaturkanons. Das galt für die Auswahl des Kanonischen ebenso wie für seine Deutung. Wenn das Beispiel Droste repräsentativ für Kanonisierungsprozesse in der Schule wäre, was freilich vergleichend überprüft werden müßte, würde sich eine Reihe wichtiger Einsichten ergeben.

Nach der vorliegenden Untersuchung von Gert Oberempt[64], die leider nur bis zur Jahrhundertwende reicht, wurde die Droste erst spät ein Gegenstand des Deutschunterrichts, nicht eigentlich vor 1900. Das hängt mit der überragenden Stellung der ‚Klassiker' Schiller und Goethe für den Unterricht zusammen; sie stand – so Oberempts noch weiter zu prüfende These[65] – der Aufnahme der „nachgoethischen Dichtung" in die Lehre der Schule wohl bis ins letzte Jahrzehnt des vorigen Jahrhunderts entgegen. Immerhin erhielt die Droste in einer Umfrage unter 21 leitenden Schulmännern, in der es um neu einzuführende Lyrik ging, 1896 den ersten Platz. Literarhistorische Leitfäden, in denen die Autorin freilich noch mit recht mediokren Dichtern zusammengestellt wurde, vor allem aber die Anthologien hatten einer breiteren Rezeption, ersten Empfehlungen für Privatlektüre und zunehmender Aufnahme in Lesebücher seit den 80er Jahren vorgearbeitet. Es verwundert wenig, daß Droste-Lektüre in geeigneter Auswahl vor allem den Mädchen nahegelegt wird.

Die axiologischen Werte der Kanonisierung Drostes in der Schule unterscheiden sich, folgt man Oberempt, ein Stück weit von denen der literarischen Öffentlichkeit. Wo möglich, werden bis nach der Jahrhundertwende die Normen eines harmonisierenden Realis-

---

[64] Oberempt: Droste im Deutschunterricht.
[65] Regelmäßiger als Schiller und vor allem Goethe ist in den Schulbüchern (Gymnasium und Volksschule) z. B. Uhland vertreten. Die nachromantischen Autoren wurden wohl durchweg erst um 1900 in der Schule ‚kanonisch'.

mus unter pädagogischen Gesichtspunkten noch rigider als in Literaturkritik und Literaturgeschichtsschreibung auf Auswahl und Deutung der kanonisch werdenden Werke angewendet. Die Balladen scheinen den Pädagogen – abgesehen vom „Geierpfiff" – (noch) nicht für die schulische Vermittlung geeignet: Sie gelten als zu düster, als grell, bizarr und absonderlich. „Die Judenbuche" wird zwar, wie bereits erwähnt, schon 1882 zur schulischen Behandlung kommentierend aufbereitet, kann sich aber nach Oberempt vor 1900 noch nicht durchsetzen; heute allerdings ist sie wohl das meistgelesene Werk der Dichterin. Die Dichotomie von ‚gesund' und ‚krank' beschränkt bis weit ins 20. Jahrhundert hinein das Korpus auf die Gruppe von Dichtungen, die – entsprechend gedeutet – den Alltag verklären, Haus, Herd und Heimat und vor allem den liebevoll-opferbereiten Frauencharakter besingen. Texte, in denen Probleme, Widersprüche, Konflikte auftreten, werden nicht zum Gegenstand gemacht, oder das Problematische wird nicht gesehen. Erst die Kunsterziehungsbewegung um die Jahrhundertwende bewirkt, daß nach 1900 die Dominanz der ethischen Werte innerhalb des Realismus-Konzepts abgebaut wird: Die ästhetischen axiologischen Werte der ‚inneren Wahrheit', des Erlebnisses von Mensch und Natur auch in ihren Abgründen, gewinnen Vorrang[66] – jedenfalls in der Programmatik. Die schulische Realität dürfte das in den Literaturgeschichten gezeichnete, oben analysierte Bild selten überschritten haben[67]; doch müßte dies für das 20. Jahrhundert noch genauer erforscht werden.

Zusammenfassung: Die Aufnahme eines Autors, eines Werkes in den Gebrauch der Schulen stellt einen besonders wirksamen Akt der Kanonisierung dar. Er folgt jedoch erst den Wertungs- und Kanonisierungshandlungen in den bereits behandelten Bereichen. Deren axiologische Werte werden noch einmal unter dem Gesichtspunkt der jeweils leitenden pädagogischen und literaturpädagogischen Konzeptionen gemustert und in entsprechende Deutungen umgesetzt. In der zweiten Hälfte des 19. Jahrhunderts bis hin zur Kunsterziehungsbewegung um 1900 geht es primär um nicht-ästhetische Werte: An der Droste werden vorbildliches Frauenleben und Heimatverbundenheit veranschaulicht.

---

[66] Vgl. Roeder: Geschichte des Lesebuches, S. 139-154, bes. S. 142-145.
[67] Dies kritisch gegen Roeder, vgl. Oberempt: Droste im Deutschunterricht, S. 1140.

5. Wertung im Rahmen literaturwissenschaftlicher Theorien nach 1945 – und ihre historischen Motivationen

In den bisherigen Kapiteln des historischen Teils sind wir immer wieder auf die zentrale Bedeutung der Poetologie gestoßen, die zum Voraussetzungssystem[1] der jeweils Wertenden gehört. In diesem Kapitel wollen wir nun den Zusammenhang, der zwischen Poetologie und Wertung besteht, unmittelbar vor Augen führen, und zwar durch eine Analyse theoretischer Texte von Literaturwissenschaftlern und Ästhetikern, die bei der Bestimmung des ‚Wesens' oder der ‚Funktion' von Kunst und Literatur explizit oder implizit Wertung zum Thema machen. Wir beschränken uns aus Raumgründen auf die Vorstellung einiger Grundpositionen, die heute noch in der Literaturwissenschaft, aber auch in Literaturkritik und Schule die motivationalen wie die sprachlichen Wertungshandlungen beherrschen: phänomenologisch-werkimmanente und geschichtsphilosophisch-ideologiekritische Wertung sowie Wertungstheorien, die sich aus der „semiotischen Wende" in Strukturalismus und Rezeptionsästhetik ergeben.[2] Abschließend werden zwei provokative Positionen diskutiert: Poststrukturalismus oder Dekonstruktion und der Feminismus.[3] Wenn wir in einem systematischen Vergleich der verschiedenen

---

[1] Vgl. I.2.1.2.1.
[2] Als breitere und anders strukturierte Überblicke vgl. Schulte-Sasse: Literarische Wertung; Mecklenburg: Wertung (Einleitung), mit ausgewählten Texten; Gebhardt (Hg.): Literaturkritik; v.Heydebrand: Wertung, § 10; Schrader: Theorie und Praxis, in Teilen des mehr literaturdidaktisch ausgerichteten Buchs. – Als Überblick über die Wertung trivialer Literatur vgl. Fetzer: Trivialliteraturforschung, und Fluck: Populäre Kultur. – Zur literaturwissenschaftlichen Wertung im Dritten Reich, als Beispiel für geistesgeschichtlich begründete, nationalsozialistisch pervertierte Wertsprachen vor 1945, vgl. v. Heydebrand: Wertsprachen in *Euphorion*.
[3] Aus dem Spektrum literaturwissenschaftlicher Theoriebildung nach 1945 berücksichtigen wir – mit einer Ausnahme (Jan Mukařovský) – jene Theorien nicht, die sich dem Problem des Wertens von Literatur lediglich analytisch nähern. Sie entwickeln keine eigene Wertsprache, sondern untersuchen nur Art und Funktionsweise bestehender Formen des Wertens. Dabei verfahren sie entweder empirisch (z. B. Schmidt: Reformulierung,

Theoretiker deren Wertungshandlungen und Wertsprachen rekonstruieren, werden wir auch mehr als bisher nach den Motivationen fragen, die auf den Wandel der leitenden Poetologien eingewirkt haben mögen.

Aus Literaturtheorien folgen Methoden des Umgangs mit literarischen Texten. Durch sie werden die drei Vorgänge, die einem expliziten Werten vorausgehen – Selegieren, Lesen und Verstehen[4] – bei entsprechend ausgebildeten Lesern beeinflußt. Seit 1945 haben solche Methoden einander in immer rascherer Folge abgelöst oder bestehen nebeneinander fort: in friedlicher Koexistenz, in fruchtbarer Ergänzung oder feindlicher Abweisung.[5] Aus jeder dieser Methoden, von denen einige schon eine ehrwürdige Tradition haben, geht implizit oder explizit eine Wertsprache oder ein besonderer Zugang zur Wertung hervor, in Abhängigkeit von der leitenden Poetologie.[6] So ist es kein Zufall, daß die Methoden in aller Regel mit Blick auf bestimmte Literaturtypen und historische Epochen entwickelt worden sind und auch nur für deren Analyse, Interpretation und Wertung voll taugen.

Eine einsichtige Ordnung, die auch ungefähr die historische Folge der Positionen abbildet, ergibt sich, wenn wir diese zwischen zwei idealtypischen Polen aufreihen. Am einen Pol steht die Annahme, der Wert von Literatur liege im Werk selbst, in seinem ‚Wesen‘, seiner Eigenart – oder entsprechend im Wesen eines Autors, einer Gattung, oder sogar im ‚Geist‘ einer als individuelle Einheit gedachten Epoche. Am entgegengesetzten Pol, der den wissenschaftstheoretischen Auffassungen der Gegenwart wie etwa dem ‚Radikalen Konstruktivismus‘ entspricht, steht die Überzeugung, der Wert von Literatur entstehe allein in der Rezeption, er resultiere aus den

---

und Groeben: Empirical study) oder sprach- und argumentationsanalytisch (z. B. Kienecker: Prinzipien). Die empirischen haben den Vorzug, mit ihren Untersuchungen bei Laienlesern anzusetzen und nicht auf der Selbstbeobachtung von ‚professionellen‘ Lesern zu fußen; ihre Versuchsanordnungen sind aber noch nicht komplex genug. Die analytischen beschränken sich bisher – anders als unser Versuch – auf die Analyse der Wertung von Kunstwerken. Mukařovský beziehen wir ein, weil er unseren weiteren Literaturbegriff teilt.

[4] Vgl. I. 2.1.
[5] Zur einführenden Information besonders klar: Gutzen/Oellers/Petersen: Literaturwissenschaft, und – die neuesten Ansätze einschließend, aber anderes auslassend – Eagleton: Literaturtheorie.
[6] Vgl. Lenz/Schulte-Middelich: Wertungsproblem.

5. Wertung im Rahmen literaturwissenschaftlicher Theorien

Funktionen, die das literarische Objekt – Werk, Autor, Gattung, Epoche etc. – für eine Person, eine Gruppe, eine Epoche, ein ‚System' erfüllt.

Um die verschiedenen Theoretiker systematisch vergleichen zu können, führen wir ihre Positionen im Folgenden immer nach dem gleichen Schema vor; allerdings legt dieses nur künstlich auseinander, was in der Sache durch wechselseitige Abhängigkeiten zusammenhängt:

(1) *Gegenstand der Wertung*: Unter ‚Gegenstand' verstehen wir das Objekt oder das theoretische Konzept des Objekts der Wertung (z. B. Literatur gemäß einem engen oder weiten Literaturbegriff) wie die daraus folgende bewußte Wertungshandlung der Wahl[7] unter Typen der Literatur.

(2) *Methode der Wertung:* Als ‚Methode' bezeichnen wir hier das Verfahren des Lese- und Wertungsaktes, das unsere Autoren theoretisch postulieren, aber gegebenenfalls auch das motivationale, unbewußte Werten, das nicht damit übereinstimmen muß.[8] An der Methode ist der Ort des Wertens auf der Skala zwischen den beiden genannten Polen abzulesen. Wir fragen auch nach den unterstellten Subjekten und Adressaten der Wertung; die Antwort wird für die Legitimationsdiskussion eine Rolle spielen.

(3) *Wertsprache*: Rekonstruiert werden der höchste axiologische Wert samt Zuordnungsvoraussetzungen sowie weitere axiologische (evtl. auch negative) Werte. Sie beziehen sich nicht nur auf Qualitäten der Werke, sondern ebenso auf deren Wirkungen sowie auf die Leseweisen, die solche Wirkungen befördern.

(4) *Einbettung der Wertsprache in theoretische und historische Kontexte*: Mit dem Hinweis auf Einflüsse von historischen oder zeitgenössischen Theorien und Denkformen aus Philosophie und Ästhetik, auf objektivierbare Bestandteile des Voraussetzungssystems der Autoren, wollen wir die Herkunft der Zuordnungsvoraussetzungen innerhalb der Wertsprache faßbar machen. Aus dem Kontext der historisch-politischen Situation, in der die Wertsprache entwickelt wird und gelten soll, lassen sich außerdem überindividuelle, bewußte oder unbewußt-motivationale Werte des Autors – z. B. ethisch-politische oder Prestige-

---

[7] Zum bewußten Selegieren (1) als Werten vgl. I.2.1.1.
[8] Zum unbewußten Selegieren (2) als Werten vgl. I.2.1.2.

werte – erschließen, die seiner Ausarbeitung gerade dieser Wertsprache zu diesem Zeitpunkt zugrundeliegen könnten. Die individuellen und situationsunabhängigen Motive, die im Wertungshandeln der einzelnen Forscherpersönlichkeit wirken mögen – z. B. originäres Sachinteresse, Freude am Mitgehen mit neuartigen Interessen der Studierenden, am Gespräch mit Kollegen jenseits von Konkurrenz und Prestige – müssen bei der gebotenen Kürze außer acht bleiben.

Eine Zusammenfassung der einzelnen Abschnitte oder des ganzen Kapitels kann entfallen: Das Schema sollte den Lesern ausreichende Übersicht schaffen und auch den Vergleich der Positionen ohne Schwierigkeiten ermöglichen.

5.1 Wertung unter hermeneutischen Prämissen

Wir beginnen mit Wertungen im Rahmen der Hermeneutik, weil diese die älteste und ehrwürdigste Methode ist und dem ‚normalen‘ Lesen noch relativ am nächsten steht. Die Hermeneutik als wissenschaftliche Methode liefert für die Wertung im wesentlichen folgende Prämissen:
– das Objekt, der Text, kann nur auf der Basis einer Interpretation gewertet werden;
– die Interpretation muß sich an der Intentionalität des Textes ausrichten, gleich, ob diese dem Autor bewußt ist oder sein Bewußtsein überschreitet;
– die Textintention wird im ‚hermeneutischen Zirkel‘ gewonnen, d. h. in wechselseitiger Bestimmung des Subjekts durch den Eindruck des Objekts, des Objekts durch die Voraussetzungen des Subjekts[9];
– für die Wertung ist die Unterscheidung zwischen einer ‚traditionellen‘ Hermeneutik und einer ‚kritischen‘ Hermeneutik nötig: ‚Traditionelle‘ Hermeneutik gibt im Dialog mit dem Objekt diesem den Vorrang; das Subjekt überprüft durch genaues Lesen unter Berücksichtigung aller Textelemente und mit Hilfe einschlägigen Wissens seinen ersten Eindruck und seine ‚Vor-urteile‘ und versucht, dem Text gerecht zu werden. Vorausgesetzt wird, daß in der historischen Überlieferung eine Kontinuität von Sinn, von

---

[9] Vgl. Gutzen/Oellers/Petersen: Literaturwissenschaft, S. 127.

Wahrheit tradiert wird, in die der Leser einrücken soll.[10] Die Wertung richtet sich daher positiv auf das, was das Werk sowohl für den Autor und seine Zeit wie für den Wertenden heute bedeuten kann. ‚Kritische' Hermeneutik dagegen gibt im Dialog mit dem Objekt dem Subjekt den Vorrang; sie macht die gegenwärtige Erfahrung, das gegenwärtige Wissen (z. B. aus Gesellschaftstheorie, Psychoanalyse u. a.), d. h. die eigenen Vor-urteile explizit und bringt sie in eine Interpretation ein, mit der die Autorintention im Horizont ihrer Zeit nicht selten überschritten wird. Das Ergebnis dieser Interpretation, also das eigentliche Wertungsobjekt[11], kann positiv, aber auch negativ gewertet werden.

Wolfgang Kayser und auch noch die zeitlich anschließenden ‚geistesgeschichtlich' Wertenden, die wir kurz streifen werden, stehen auf dem Boden ‚traditioneller' Hermeneutik, während Theodor W. Adorno und die Ideologiekritiker eine ‚kritische' Hermeneutik und Wertung praktizieren.

5.1.1 Wertung nach traditioneller Hermeneutik: Phänomenologisch-immanente Werkwertung (Kayser) und geistesgeschichtliche Ergänzungen (Sengle bis Müller-Seidel)

Phänomenologisch-immanente Werkwertung:
Wolfgang Kayser, dessen Buch über „Das sprachliche Kunstwerk" von 1948 den Unterricht an Universität und Schule auf Jahre hinaus maßgeblich bestimmte, hat sich 1952 in zwei Aufsätzen, „Literarische Wertung und Interpretation" (= WI) und „Vom Werten der Dichtung" (= WD), auch eigens dem Problem der Wertung zugewandt.

(1) *Gegenstand der Wertung* ist für Kayser unmißverständlich nur das individuelle literarische Kunstwerk als Kunstwerk; er fragt nicht

---

[10] Diese Darstellung referiert die für die neuere Literaturwissenschaft maßgebliche philosophische Hermeneutik Hans-Georg Gadamers (Wahrheit und Methode, 1960). Gadamer repräsentiert zwar nur eine Variante traditioneller Hermeneutik; aber es ist diejenige, gegen die sich die kritische Hermeneutik am entschiedensten gewandt hat. Zu Gadamer vgl. Eagleton: Literaturtheorie, S. 37-40.

[11] Zur Tatsache, daß der Gegenstand der Wertung nicht der materiale Text ist, sondern seine Repräsentation in Wahrnehmung und Verstehen, vgl. I.1.3.2 und I.2.1.2.

„nach den Wertungen, die gegenüber der Literatur überhaupt möglich sind, sondern [...] nach der Wertung der (schönen) Literatur als (schöner) Literatur" (WI 40). Die Wertungsgegenstände, die ihn allein interessieren, sind folglich die bereits hochgewerteten Werke der Welt- und Nationalliteratur, und es sind Werke und Epochen, die sich durch besondere Gestaltqualitäten hervortun: einerseits das Barock, als Höhepunkt rhetorischer Technik, andererseits die ‚Kunstperiode' um 1800, der sich die meisten Grundsätze der Ästhetik Kaysers verdanken.

(2) Die *Methode des Wertens* ergibt sich bei Kayser aus der Vorstellung, daß das Werk selbst den Wert in sich trägt: Es werde als Wert erkannt durch ein „Ergriffensein von der Erscheinung" und fordere zur Interpretation, zur wertenden Entfaltung der ergreifenden Eigenschaften heraus (WI 56); ein „Gefühl für das, was das Werk sein will", in seiner „eigenen Intentionalität" (WD 58), leite Wahrnehmung und Wertung. Beschreibung und Wertung fallen zusammen (WI 51).[12] Die Interpretation überprüft zwar die erste Intuition (WD 58); sie geht dabei aber den „Forderungen" nach, „die sich aus dem Werk heraus stellen" (WI 50). Der hermeneutische Zirkel in diesem Verfahren ist gewollt: „Die Interpretation [...] bewegt sich in dem steten Schwingen vom Teil zum Ganzen und Ganzen zum Teil" (WI 46). Von außen treten allein Kompetenz im Repertoire rhetorisch-poetischer Sprachverwendung und weiteres literarisches Wissen, z. B. über Gattungskonventionen und Poetologien, hinzu.

Die Frage nach der Priorität von Objekt oder Subjekt in dieser Auffassung vom Werten ist leicht zu beantworten: Basis des Wertes soll allein das Werk sein. Der Ansatz stellt die wohl konsequenteste Formulierung einer ‚objektivistischen' Position dar, obwohl auch sie, wie die Untersuchung der Wertsprache zeigen wird, nicht ohne wirkungs- und damit auch subjektbezogene Maßstäbe auskommt.

Die Adressaten einer solchen Anleitung zur Wertungspraxis gehören zur gleichen Gruppe wie die in solcher Weise wertenden Subjekte; es sind, nach Kayser, ‚von Natur' literarisch Sensible, literarisch Gebildete und in der Lehre von Literatur Tätige. Sie sollen die Tradition dieses Kunst- und Werkbegriffs und die zugehörigen Kompetenzen weitertragen: „der entsprechend vorbereitete und

---

[12] In solchen Formulierungen ist Kayser fast ganz Phänomenologe, kaum mehr Hermeneutiker: der produktive Anteil des Subjekts an der Konstitution des Objekts tendiert gegen Null.

empfängliche Interpret liest, deutet und wertet richtiger als der nur empfängliche Laie" (WI 55) – und die ‚nicht Empfänglichen' sind ohnehin ausgeschlossen.[13]

(3) *Wertsprache:* Der höchste objektbezogene Wert ist für Kayser die ‚ästhetische Form' von Literatur, als formal-ästhetischer Wert. Gegenüber diesem Wert des „Schön-Sein(s)" (WI 56) stellt Kayser die Werte des ‚Wahren' und ‚Guten', die in der Tradition mit ihm eng verbunden waren, ganz in den Hintergrund. Als Begründung für diese isolierte Höchstwertung des formal-Ästhetischen und zugleich als Zuordnungsvoraussetzung für Schönheit fungiert die Wirkung der ästhetischen Gestalt: Das Kunstwerk bewirke, wie bereits erwähnt, „Ergriffensein von der Erscheinung" (WI 56), dazu aber auch „Freiheit [...], im Abstand sich über die Realität zu erheben und ihr Eigentliches richtig mit der Sprache zu bannen und zu fassen" (WD 60). Es schaffe Distanz zu lebensweltlichen Problemen und eröffne dadurch erst den Zugang zur wahren, weil nicht mehr interessegeleiteten Erkenntnis der Wirklichkeit .

Wir treffen in diesen beiden Begründungen auf zwei uns aus der ‚Autonomieästhetik' bekannte wirkungsbezogene Werte: Das eine ist der affektive, auch hedonistische Wert der ‚Betroffenheit', die hier sowohl zur Rechtfertigung des Wertes von Kunst wie generell zur Identifikation eines Werkes *als* Kunst herangezogen wird, das andere ist der kognitive Wert ‚Erkenntnisgewinn' durch ‚Distanz'. Beide Wirkungen leitet Kayser von der formal-ästhetischen Machart des Objekts her, sofern es ‚autonom-ästhetisch', also ohne Blick auf spezifische ‚Zwecke', verarbeitet wird; nur deshalb können diese für das Subjekt funktionalen Werte Platz in einer streng objektbezogenen Theorie finden. Und deshalb kann Kayser umstandslos z. B. der Barockdichtung, die ja einer ‚heteronomen' Poetik folgt, solche Wirkungen zuschreiben. In der Tat zeigen die abgeleiteten axiologischen Werte, daß Kayser die Autonomiekonvention enthistorisiert und universalisiert.

Eine weitere Zuordnungsvoraussetzung zum höchsten formalästhetischen Wert Kaysers stammt ebenfalls aus der klassisch-romantischen Ästhetik mit ihrem Anspruch auf Autonomie: ‚Einheit', ‚Ganzheit', ‚Stimmigkeit' aller Formelemente (zu denen auch die semantischen zählen) zum ‚Ganzen' einer „eigenen Welt" (WD 58).[14]

---

[13] Vgl. die Position Schlegels in II.3.1.3.1.
[14] Für die Parallelen zur Autonomieästhetik vgl. II.3.1.2.1.

Die Stimmigkeit der Textelemente zum Ganzen bemißt sich an der ‚eigenen Intentionalität' des Werkes; nur wer diese einheitliche Textintention zutreffend ermittelt hat, kann einem Textmerkmal das positive Attribut „stimmig" zuordnen.[15] Wir dürfen daher keine „festen Maßstäbe" erwarten, die an alle Werke anzulegen wären (WI 45). Weitere, abgeleitete axiologische Werte können nicht global benannt, sie müssen jeweils aus dem Reservoir potentieller Werte von Kunstwerken aufgerufen werden.

Allenfalls *ein* Merkmal – als Wert – scheint nach Kaysers Ästhetik für Kunst verbindlich: das implizite statt des expliziten Sprechens (WD 61 f.). Anders gesagt: Der Gehalt des Kunstwerks ergibt sich *nur* vermittelt durch seine Gestalt. Auch dieser axiologische Wert tritt, wie wir wissen, erst als autonom-ästhetische Rezeptionsnorm auf.[16] Im übrigen wird – wie in den beiden Varianten der Autonomieästhetik, der klassischen und der romantischen – der Wert der ‚Ganzheit' differenziert und hierarchisiert: Er kann als einfache, harmonische Einstimmigkeit auftreten – dann entsteht aber die Gefahr der Glätte, der „spannungslosen Harmonie"[17]; er kann sich aber auch als „Gefugtsein aus Spannungen" realisieren und wird dann von Kayser höher bewertet (WI 47).[18] Schiller hat diese Varianten – noch ohne Hierarchisierung – als den Gegensatz des „Schönen" und des „Erhabenen" ausgearbeitet. Als Negativwert diagnostiziert Kayser ‚Brüchigkeit', wenn Teile nicht zum Ganzen stimmen und das Werk seine Intention nicht erfüllt (WD 58).

Kayser erwähnt noch *zwei* weitere hohe Werte, die von Dichtung oft erwartet werden, aber bloß, um sie zu relativieren und aus der Arbeit des Literatur*wissenschaftlers* auszuschließen: den ‚historischen Wert', also den Wert des Werks in seiner Beziehung auf Geschichte, und den ‚funktionalen Wert', die aktuelle Bedeutung des Werks für die Wertenden (WD 60, WI 51-55). Der historische Wert tritt bei Kayser in zwei Varianten auf: als ‚dokumentarischer Wert', also als relationaler Erkenntniswert, wenn ein Werk einen historischen Standard, sei es des Denkens, sei es der Poetik, in vollendeter

---

[15] Auch diese Vorstellung stammt aus der Klassik, vgl. II.3.1.2 und II.3.1.3.
[16] Vgl. die Tabelle Rhetorik vs. Ästhetik in II.1.3, sowie II.3.1.2.1 und II.3.1.3.1.
[17] Als Beispiel nennt Kayser hier neben dem Schauerroman auch Kafka – eine Kuriosität, die sich aus der seinerzeit noch ganz rudimentären Kafka-Rezeption ergibt.
[18] Vgl. II.3.1.2.1 und II.3.1.3.1.

Weise veranschaulicht (WD 60)[19], und als ‚Innovation', als relationaler ästhetischer Wert, wenn ein Werk oder Gestaltzüge eines Werkes neu und originell sind, eine Entwicklung in der Kunst befördern oder zum Abschluß bringen (WD 67); diese Werte sollen mehr „den Philosophen, den Literaraturhistoriker und Pädagogen" beschäftigen (WD 61). Den funktionalen Wert, als Wert vor allem der ‚Handlungsorientierung', schiebt Kayser beiseite als eine unvermeidliche, aber eher unliebsame Störung des ‚interesselosen Wohlgefallens' des Kenners am Kunstwerk als solchem.

(4) Einbettung der Wertsprache: Alle axiologischen Werte in der sehr expliziten Wertsprache Kaysers basieren, wie er selbst weiß, auf einer Theorie des Ästhetischen (WI 46). Er beruft sich aber nicht – gegen alle Befunde – auf die klassisch-romantische ‚Autonomieästhetik'; denn das würde seine Dichtungsauffassung historisch relativieren. Stattdessen hatte er in seinem bereits genannten Werk von 1948 eine dem Anspruch nach ahistorische Phänomenologie des „sprachlichen Kunstwerks" vorgetragen und bis in Details entwickelt. Für die philosophische Grundlage solcher ‚Wesenserkenntnis' des Kunstwerks, die dem Werten vorausliegt, bezog sich Kayser auf Roman Ingarden, einen Schüler des Phänomenologen Edmund Husserl.[20] Aus Husserls Lehre von der Wesenserkenntnis, die methodisch anhand der ‚inneren Intentionalität' des Gegenstandes zu gewinnen ist, läßt sich die Zuordnungsvoraussetzung der eigenen ‚Werkintention' ableiten; der Sache nach ist sie aber bereits bei Schiller und Schlegel gedacht.[21] Über Ingarden stellt sich auch die Beziehung zu den phänomenologischen Wertlehren von Max Scheler oder Nicolai Hartmann her[22]; so wird verständlich, daß Kayser ein „Wertgefühl" an den Anfang der systematischen Darlegung der Werte des Werks stellt und daß er diese „Wertgewißheit" Menschen vorbehält, die dafür besonders disponiert sind. Man mag davon ablesen, wie sehr auch die Phänomenologen – vermutlich unbewußt – der klassisch-romantischen Kunstauffassung folgten.

Die historische Motivation für die ‚werkimmanente' Wertung ist, nach eigenen Aussagen Kaysers, eine doppelte: Zum einen sind die

---

[19] Die Forscher, die nur wenig später die ‚heteronomen', rhetorischen Werte des Barock ausarbeiten, realisieren gerade diesen dokumentarischen Wert, vgl. II.1.5.
[20] Kayser: Kunstwerk, S. 17.
[21] Vgl. II.3.1.2.1 und II.3.1.3.1.
[22] Mecklenburg: Wertung, S. XII-XVII.

formal-ästhetischen Werte durch Positivismus und Geistesgeschichte vernachlässigt worden (WI 40 f.); hier möchte Kayser scheinbar nur unter den höchsten Werten der Ästhetik umgewichten und den historisch-dokumentarischen der Positivisten wie den ethisch-politischen der Geistesgeschichtler zurückdrängen.[23] Zum andern hatten aber, und dies dürfte der tiefere Grund sein, Nationalsozialisten die lebensorientierenden Werte von Dichtungen in ihrem Sinne gedeutet und instrumentalisiert[24], so daß bereits im Dritten Reich die Hinwendung zu den Formeigenschaften des Kunstwerks ein Refugium für Germanisten geworden war, die sich von der verordneten Ideologie distanzieren wollten.

Eine weitere, Kayser vermutlich unbewußte Motivation ist nur durch den Vergleich mit dem französischen und englischsprachigen Ausland zu erschließen, wo sich die formbezogenen methodischen Richtungen der „explication de texte" und des New Criticism, ohne politische Bedrängnis, schon in den 20er und 30er Jahren dem vorausgehenden autorbezogenen Historismus und Positivismus entgegengesetzt hatten. Als Ursache für diese Vorgänge im Ausland ist das Streben der Literaturwissenschaft nach Erhaltung ihres Prestiges in der Universität vermutet worden: Insbesondere in England und den USA sah sie sich durch die schleichende Entwertung der literarischen Kultur dazu gedrängt, ihr Ansehen durch verstärkte Professionalisierung aufzubessern. Sie wandte sich daher gern besonders schwierigen Texten und damit auch den modernen, mit der Form experimentierenden literarischen Außenseitern zu.[25] Wir haben einleitend von einer analogen Krise der deutschen Literaturwissenschaft seit den 20er Jahren gesprochen; um Prestigeerhaltung ging es auch hier. Aber das kulturkonservative Klima in den deutschsprachigen Ländern und speziell der kulturelle Antimodernismus im Dritten Reich erlaubten es, Prestige gerade im erneuten Herausstellen der klassisch-romantischen Werte zu wahren. Und sofern die inhaltlich-ästhetischen Werte der im Dritten Reich sogenannten „deutschen Bewegung" durch mißbräuchliche Interpretation korrumpiert wor-

---

[23] „Die Persönlichkeit eines Dichters oder seine Weltanschauung, eine literarische Bewegung oder eine Generation, eine soziale Gruppe oder eine Landschaft, ein Epochengeist oder ein Volkscharakter, schließlich Probleme und Ideen – das waren die Lebensmächte, denen man sich durch Dichtung zu nähern suchte." Kayser: Kunstwerk, S. 5.
[24] Kayser deutet das nur an, ebd.
[25] Guillory: Cultural Capital, Chapt. III.

den waren[26], mußten die formal-ästhetischen, wie bei Kayser, umso entschiedener vertreten werden. Der literarischen Moderne, die ohnehin ins Exil getrieben war, konnte man sich noch bis weit in die 50er Jahre hinein verschließen.

Geistesgeschichtliche Ergänzungen:
Im übrigen wurden bereits in den 30er Jahren, etwa bei Emil Staiger, auch die inhaltlichen Werte der klassischen Kunstperiode durch Neuinterpretation der Werke und durch die fortdauernde Wirkung geistesgeschichtlicher Denkformen vertreten. Der Verengung der Wertbegründung für literarische Kunstwerke allein auf ihre Form traten dann ab Mitte der 50er Jahre mehrere Autoren, mit verschiedenen Argumenten, entgegen: Friedrich Sengle (1955), Hans-Egon Hass (1959), Wilhelm Emrich (1963), Max Wehrli (1965) und Walter Müller-Seidel (1965). Sie konnten dabei auf die „Theorie der Literatur" von René Wellek und Austin Warren (amerik. Ausgabe 1942, dt. Übers. 1959) zurückgreifen, die in Korrektur des *New Criticism* die Zweipoligkeit des Ästhetischen in Form- und Inhaltswerten wieder zur Geltung gebracht hatten; ebenfalls geleitet vom Blick auf Klassik und Romantik erfaßten sie das Kunstwerk als spannungsvolle Einheit syntaktisch-strukturaler und semantisch-funktionaler Gestaltzüge. Die „Lebensbedeutsamkeit" des Kunstwerks für den Einzelnen wie seine Bedeutung für die jeweilige „Kulturgegenwart"[27] wurden nun (wieder) anerkannt, und zwar für seine Entstehungszeit wie für die Zeit seiner je aktuellen Rezeption. Damit wurden notwendigerweise sowohl die historischen wie die funktionalen Werte, die Kayser aus der Tätigkeit des Literaturwissenschaftlers ausgeschlossen hatte, rehabilitiert.

Zu einer grundlegenden Revision der Wertsprache, die phänomenologisch den Wert des Kunstwerks in ihm selbst gründete, kam es jedoch noch nicht. Der historische Wert des Kunstwerks wie seine immer neue Aktualität wurden wie bei Schlegel aus dem Werkganzen und dem Erkenntnisgewinn bei seiner ‚unendlichen Reflektierbarkeit' durch Leser abgeleitet.[28] Zwar trat schon bei Emrich wie bei Müller-Seidel eine Zuordnungsvoraussetzung für den relationalen Wert des ‚Wahren' auf, die eine teleologische Konzeption der Geschichte als ‚Fortschritt des Bewußtseins', auch in ethisch-politischem Sinne, im-

---

[26] Niemals hätten die Werte der Klassik und Romantik den Ausschluß, ja die Vernichtung der ‚Entarteten' legitimiert.
[27] Hass: [Kulturgemeinschaft], S. 42 f.
[28] Emrich: Problem, S. 54 und S. 58.

plizierte: Ein Werk muß die wesentlichen Tendenzen seiner Zeit ausdrücken und ggf. kritisch überschreiten, soll es als ‚wahr' gewertet werden.[29] Aber dieser Wert wurde gemäß traditioneller Hermeneutik im Gegenstand selbst gesehen und nicht, wie in der kritischen, auch vom Bewußtseinsstand des Lesers abhängig gemacht.

Die Beziehung des hermeneutischen Verstehens- und Wertungsprozesses nicht auf das isolierte Kunstwerk, sondern auf sein Verhältnis zum ‚Geist' seiner Zeit entsprach noch der von Kayser kritisierten Methode der sog. ‚Geistesgeschichte'. In ihr galt das Werk des genialen Künstlers als Ausdruck tieferer Einsicht in seine Epoche, zumal in ihre zukunftweisenden Perspektiven. Darin berührt sich Geistesgeschichte mit Ideologiekritik. Die aber ist ‚kritische' Hermeneutik.

5.1.2 Ideologiekritische Wertung

„Ideologiekritik" ist ein Wertungsprinzip von allgemeiner Anwendbarkeit. Der Begriff der Ideologie meint hier Denkformen, die gesellschaftliche Herrschaftsverhältnisse im Interesse der Herrschenden, oft mehr unbewußt als bewußt, rechtfertigen oder verdunkeln und damit ‚systemstabilisierend' unterstützen.[30] Ideologie heißt im Sinne dieser Kritik auch einfach ein notwendig ‚falsches Bewußtsein'; ‚falsch' ist es nicht in bezug auf eine empirisch nachprüfbare ‚Wahrheit' gesellschaftlicher Oberflächenphänomene, sondern in bezug auf die tiefere ‚Wahrheit' historischer Prozesse, wie sie sich etwa in der Theorie des historisch-dialektischen Materialismus von Karl Marx u. a. darstellt. Die verschiedenen Richtungen literaturbezogener Ideologiekritik, zu deren ‚Vätern' Walter Benjamin und Theodor W. Adorno, Georg Lukács, Herbert Marcuse u.a. zählen, lassen sich unterscheiden
– nach den Varianten marxistischer Litertaturtheorien, auf die sie sich beziehen,
– nach den je besonderen Auswirkungen von ‚bürgerlicher' Herrschaft, gegen die sie opponieren, und
– nach den positiven Werten, die sie – wenn überhaupt – einfordern: von Literatur, von der Rezeption von Literatur oder von einer Ästhetisierung des Alltags im avantgardistischen Aufbrechen des alten Literatursystems.[31]

---

[29] Emrich: ebd., Müller-Seidel: Probleme, S. 129, 135.
[30] Vgl. hierzu wie zum Folgenden Anz: Ideologiekritik, S. 217.
[31] Vgl. v. Heydebrand: Wertung, S. 859.

Wir können hier nur zwei Varianten ideologiekritischer Wertung von Literatur analysieren, und zwar diejenigen, die am nachhaltigsten gewirkt haben: die Position Adornos und die eines unspezifischen ‚Synkretismus', d. h. einer Mischung von literarkritischen Theoremen aus verschiedenen Richtungen des Marxismus. Beide Richtungen haben die Wertungen der literarischen ‚Linken' in der Schule und in Teilen der Leserschaft bis heute geprägt.

5.1.2.1 Das Beispiel Theodor W. Adorno

Eine ausgeführte Wertungstheorie Adornos oder eines seiner Schüler liegt nicht vor. Wir stützen unsere Analyse zum einen auf eine durchweg wertende Rede des Autors aus dem Jahr 1957, „Zum Gedächtnis Eichendorffs" (= GE), die seinerzeit große Wirkung gehabt hat; jede ihrer positiven Aussagen zu Eichendorff läßt Schlüsse zu auf die axiologischen Werte, die aus Adornos Philosophie für die Wertung von Literatur folgen. Zum andern berücksichtigen wir die wichtigen Reflexionen über den „Essay als Form" (= EF) und ziehen als Hintergrund noch die „Ästhetische Theorie" des Autors von 1970 heran, weil sie – wie „Das sprachliche Kunstwerk" für Kayser – die Grundlagen explizit macht, von denen her die Wertungen der Aufsätze verständlich werden.

(1) Gegenstand der Wertung: Objekt der Wertung Adornos, wenn sie positiv ausfallen soll, ist das ‚autonome' literarische Kunstwerk. Bevorzugt werden die hochgewerteten, ‚kanonischen' Kunstwerke der Weltliteratur, insbesondere der Moderne, von der Romantik bis ins 20. Jahrhundert. Alle übrigen Literaturformen kommen nur als Gegenstände einer negativen Kritik, die keine Zwischenstufen zuläßt, ins Visier: die minderen Leistungen im Bereich der Kunst, Tendenzliteratur, Unterhaltungsliteratur und Massenliteratur der „Kulturindustrie".

(2) Methode der Wertung: Adorno versteht das intuitive, phänomenologische „Werterleben" des Kunstwerks als Resultat einer bürgerlichen, literarisch-ästhetischen Sozialisation. Da diese Sozialisation ihre Autorität verloren habe, müsse ‚Schönheit', müsse der Wert von Kunst neu begründet werden (GE 108 f.). Wie Schlegel bindet Adorno den Kunstwert an die Methode des Lesens, der Kritik. Er bekennt sich emphatisch zur Hermeneutik, die dem lesenden Subjekt einen Anteil an der Konstitution des Objekts einräumt. ‚Objektivität' ist in

den Kulturwissenschaften nur möglich, wenn die „Spontaneität subjektiver Phantasie" jene Bedeutungsfülle eines Gegenstandes enthüllt, die als Überschuß über die bewußten Intentionen seines Urhebers in der Form der Darstellung „verkapselt" ist (EF 12-14).

Adorno setzt die hermeneutische Methode, die Subjekt und Objekt im Erkenntnisprozeß einander wechselseitig bestimmen läßt, polemisch gegen die ‚verdinglichende', instrumentelle Ratio der (Natur-)Wissenschaft (EF 18 f.), die das Objekt vom Subjekt glaubt abspalten und beherrschen zu können. Damit aktualisiert er unter veränderten Bedingungen das Konzept der Autonomieästhetik: Auch ihr ging es um die ‚subjektive' Bewahrung des ‚Wahren' der Metaphysik im Kunstwerk und seiner Rezeption, einer Wahrheit, die unter dem ‚objektivierenden' Blick der Wissenschaft als verloren gelten mußte.[32]

Der Leser bei Adorno soll jedoch – dies ist eine Lese*norm* – je von der Erfahrung seiner Zeit aus kritisch lesen und werten. Je näher der Gegenwart, desto deutlicher wird er Geschichte, mit der „Kritischen Theorie" Max Horkheimers und Adornos[33], als fortschreitenden Prozeß der Sinnzerstörung im Gefolge der ökonomisch-technischen Entwicklung verstehen, die Entfremdung und Entmenschlichung mit sich bringt.[34] Er wird erkennen, daß Kunst dies zugleich sichtbar macht und sich dem Verfall im Eingedenken der Verluste entgegenstellt.

Zwischen den Polen von Objekt und Subjekt wäre die Methode Adornos gegen die Mitte hin einzuordnen: Anders als die traditionellen Hermeneutiker läßt er die dialektische Vermittlung beider vom Subjekt ausgehen und sichtet kritisch, vom Standpunkt der Gegenwart aus, auch die literarische Überlieferung und vor allem ihre bisherigen Deutungen.

Subjekt wie Adressat seiner Theorie ist mehr noch als bei den Vorgängern nur eine hochreflektiert-intellektuelle literarische Elite. Jedoch wird diese Eingrenzung durch den philosophischen Wahr-

---

[32] Vgl. II.1.3 und Ritter: Ästhetik, Sp. 555-580.
[33] Zu deren Entwicklung und Geschichte vgl. Wiggershaus: Frankfurter Schule.
[34] Daß Adorno eine ‚Verfallstheorie' der Geschichte vertreten hat, ist herrschende Forschungsmeinung, der wir hier folgen. Sie ist jedoch nicht unumstritten: Dagegen spricht Adornos durch Walter Benjamin vermittelte Orientierung am Geschichtsverständnis des Judentums, wonach Geschichte immer ‚unerlöst' und fern von einem Zustand des ‚Heils' wäre.

heitsanspruch und die mit ihm verbundene ethisch-politische Argumentation legitimiert.

(3) *Wertsprache:* Der höchste axiologische Wert Adornos ist – im Rahmen der Autonomieästhetik – der philosophisch-kognitive (mit ethisch-politischen Implikationen), aber dialektisch vermittelt durch den formal-ästhetischen. Dieser kognitive Wert hat zwei Dimensionen: Wert liegt bereits im Prozeß der ‚hermeneutischen Erkenntnis', durch die „einzelmenschliche Erfahrung" vor der „Verdinglichung" verobjektivierender Wissenschaft gerettet wird (EF 18 f.), und Wert ergibt sich aus diesem Prozeß als die ‚Wahrheit', die nur subjektive hermeneutische Erkenntnis am jeweiligen historischen Ort hervorbringen kann. In solcher Wahrheit sieht Adorno die ‚Schönheit' der Gedichte Eichendorffs begründet.

Die Zuordnungsvoraussetzungen für ‚Schönheit' als ‚Wahrheit' sind aber nicht in poetisch-stilistischen Qualitäten oder im Zusammenstimmen aller Elemente zur ‚Ganzheit' zu suchen.[35] Anders als Kayser interpretiert Adorno daher auch nicht ganze Gedichte; vielmehr beobachtet er, nur scheinbar vom Inhaltlichen ausgehend, das Nicht-"Affirmative", das Unstimmige, hintergründig-Widersprüchliche an den Versen, was Eichendorff mit dem „europäischen Weltschmerz", etwa mit Baudelaire, verbinde (GE 109 f.). Zuordnungsvoraussetzung für ‚Wahrheit' in den Gedichten des Autors ist, daß in ihnen nach Adornos Verständnis alle bisherigen positiven Werte – gefestigte Religion, unbeschwerte Lebensfreude und Liebesglück – in der Art der Darstellung nur noch als gebrochene oder im bloßen Gleichnis erscheinen (GE 112, 117 f.). Alle diese Textmerkmale verweisen auf ‚Wahrheit' – als abwesende. Sie konstituieren eine „negative Ästhetik". Deren abgeleitete Werte sind durchweg Werte einer Form, die der klassischen Ästhetik widerspricht.

Das beginnt mit der Neufassung des Geniebegriffs: ‚Genie' als herrschaftliches und seiner selbst mächtiges Subjekt wird verabschiedet, das Schaffen des „Genius" (GE 132) wird neu gedacht: Eichendorffs „Preisgabe an die Impulse der Sprache" (GE 121, auch 119 f.), der Mangel an „sinnlich-dichter Erfahrung von Welt" und das Arbeiten mit vorgefertigten, verbrauchten Elementen (GE 123)

---

[35] Adornos Deutungen sind daher durch Leser, die von solcher Intentionalität des Ganzen ausgehen und seine nur auf Stellenzitaten beruhenden Aussagen am vollständigen Gedicht überprüfen, oft unschwer anzufechten.

werden zu positiven Werten, ebenso wie der Verzicht des Essayisten, dem darin der Dichter gleicht, auf die Gestaltung eines ‚Ganzen' (EF 22).[36] Attributive Werte in dieser ‚modernen' Ästhetik, die Adorno bereits Eichendorff zuschreibt, resultieren also, anders als in der Klassik, nicht aus der schöpferischen Erfindung von schlechthin Neuem, sondern aus der Art des Umgangs mit tradierten, verfügbaren „Requisiten": Sie werden der Trivialität enthoben, in die sie abgesunken waren, und fungieren in einer neuartigen „Konstellation" als „Allegorie" des alten, zerbrochenen Ganzen (GE 130 und 124 f.). Die Zuordnungsvoraussetzung für den Wert solcher Darstellungstechnik ist erneut der Metaphysikverlust: Die allegorische ‚Konstellation', so hat es der zehn Jahre ältere Walter Benjamin vorgedacht, läßt das Zentrum leer, das vom Gott der Theologie und Metaphysik oder dem selbstbewußten Subjekt der Aufklärung besetzt war; sie erlaubt ein unbegriffliches Sprechen über eine Transzendenz, die sich entzogen hat. In solcher ‚Konstellation' kann das Verlorene noch einmal ‚aufblitzen' (GE 125) und wird so wenigstens als Utopie bewahrt. Im Gegensatz dazu würde ein Sprachgebrauch wie der ‚symbolische' Goethes in der sinnlich gefüllten Anschauung das noch anwesende, wenngleich begrifflich nicht faßbare Transzendente doch noch repräsentieren.[37]

Adorno entwickelt also eine antiklassische, antirealistische Wertsprache, die er – mit Walter Benjamin – der ‚Moderne' und ihrer Ahnenreihe vom Barock bis zur Romantik zuweist, den ‚Allegorikern' der Literaturgeschichte (GE 123 ff.). Auf der Seite der Klassik stehen für ihn als formal-ästhetische axiologische Werte ‚Kontinuität', ‚Ganzheit' und ‚Symbol', die als nicht mehr zeitgemäß relativiert und von der kritischen Erfahrung der Gegenwart aus abgewertet werden, weil sie den ‚realen' Verfallszustand der Gesellschaft verschleiern und damit dem je Herrschenden zuarbeiten. Auf der Seite der Moderne stehen – als positive – die Werte der ‚Diskontinuität', das ‚Fragmentarische' und die ‚Allegorie' aus Versatzstücken, die mit Erinnerung an einen besseren Zustand aufgeladen sind; sie versinnlichen die Opposition gegen das je Herrschende, das noch die

---

[36] Es gibt Parallelen zwischen Adornos Ästhetik und der der ‚Poststrukturalisten' (vgl. II.5.3): In beiden wird das geschichtsmächtige Subjekt entthront, für Adorno verkörpert im klassischen Goethe; beide bestreiten die Vorstellung, Sprache sei intentional zu beherrschen, beide sehen den Wert von Texten in ihren Brüchen und Verschränkungen mit ‚Intertexten'.

[37] So Walter Benjamin in seiner Dissertation über „Die Kunstkritik in der deutschen Romantik" (1919).

Fiktionen von ‚Ganzheit', ‚Harmonie' und ‚authentischem Ausdruck' aufrecht erhält.

Die Historisierung von ‚Wahrheit' und ihr Bezug auf eine Verfallsgeschichte als Zuordnungsvoraussetzungen begründen bei Adorno also auch eine Wertung ganzer Epochen: Die ‚klassischen' Epochen selbstherrlicher Subjektivität, die sich des ‚Ganzen' mächtig glauben, werden abgewertet, die ‚antiklassischen' eines gebrochenen Lebensgefühls dagegen aufgewertet. Aus solcher Sicht wird auch ein „Kanon" von statuarischen Werken, der aus der „Scheidung von Zeitlichem und Zeitlosem" erwüchse, suspekt. Erst Deutungen, die den je geschichtlichen „Wahrheitsgehalt" herausheben, hätten über Kanonwürdigkeit zu entscheiden (EF 24 f.).[38]

(4) Einbettung der Wertsprache: Grundlage der Wertungen Adornos ist seine ästhetische Theorie. Für sie lassen sich einige Quellen und gedankliche Zusammenhänge namhaft machen:
- die kunsttheoretischen Arbeiten Walter Benjamins u.a. für die Konzeption der Kunst als Organon der ‚Wahrheit' nach dem Ende der Metaphysik;
- die philosophisch-ästhetischen, wissenschaftskritischen Argumente der Autonomieästhetik[39] für die Ausarbeitung der Wissenschaftskritik durch Kunst; bereits Wilhelm Dilthey hatte um 1900 die ‚subjektiv-hermeneutische' Methode der Geisteswissenschaften der ‚objektiv-empirischen' Methode der Naturwissenschaften selbstbewußt entgegengesetzt;
- die Werke von Karl Marx, vor allem die Frühschriften, für den konkreten Bezug der Ästhetik auf die gesellschaftliche, technische und ökonomische Entwicklung;
- Elemente jüdischer Theologie, vor allem durch Benjamin ausgearbeitet und vermittelt, für das eigentümliche Geschichtsdenken, das eine kontinuierliche Geschichte des Unheils[40] mit diskontinuierlichen Augenblicken der Verheißung eines utopischen Zustands der „Versöhnung" durchsetzt sieht (GE 129).

---

[38] Zur Unterscheidung zwischen einem ‚materialen' Kanon von Autoren und Werken und einem Kriterien- und Deutungskanon vgl. v. Heydebrand: Probleme des Kanons, S. 5. Adorno revidiert im wesentlichen den Kriterien- und Deutungskanon, nicht den ‚materialen'.

[39] Vgl. II.1.3.

[40] Zur Kontroverse über Adornos Geschichtsdenken s. o. Anm. 34.

Aus Adornos komplexem Geschichtsdenken resultiert die Überlegenheit des kritischen Hermeneuten, der von der Gegenwart aus historische ‚Objektivität' diagnostizieren kann: als Erkenntnis der jeweiligen dialektischen Verschränktheit des ‚Unwahren' im schlechten Bestehenden und des ‚Wahren' im Vorschein des Utopischen.

Die historische Situation, in der Adorno seine dezidert antiklassische Wertsprache entwickeln konnte, ist, nach seiner Rückkehr aus dem Exil 1949, im wesentlichen die Zeit der 50er Jahre. Seine motivationalen Werte sind zum einen politischer Art: Sie repräsentieren den Marxismus der jüdisch-bürgerlichen Intellektuellen um das in die USA vertriebene Institut für Sozialforschung, das mit Walter Benjamin – zuletzt im französischen Exil – bis zu dessen Tode Kontakt hatte. Weder im Exil noch nach der Rückkehr konnten und wollten diese Intellektuellen klassenkämpferisch aktiv werden; ihre Gesellschaftskritik ist melancholisch-utopisch.[41] Zum andern folgen die motivationalen Werte für den neuen Theorieentwurf aus der im Exil möglichen Rezeption der künstlerischen Avantgarden, von denen Deutschland seit dem Ende der Weimarer Republik abgesperrt war; für diese Kunstformen reichte die vorherrschende klassisch-romantische Wertsprache nicht aus. Die lebhafte Rezeption Adornos in der Bundesrepublik Deutschland seit dem Ende der 50er Jahre entsprang – dementsprechend verspätet – den gleichen politischen wie ästhetischen motivationalen Werten. Die ‚Studentenrevolte' von 1968, die mit marxistischen Argumenten auf die gesellschaftlichen Antagonismen der nur ökonomisch-technisch modernisierten Bundesrepublik hinwies, verstärkte noch einmal das Interesse auch an Adornos Ästhetik, führte aber bald auch zur Kritik.[42] Diese schlägt sich in den axiologischen Werten der ‚synkretistischen' Ideologiekritik nieder, die Gegenstand des nächsten Abschnitts sind.

5.1.2.2 ‚Synkretistische' Ideologiekritik

Für Adornos Ideologiekritik konnten wir einen durchdachten und in sich konsequenten Zusammenhang zwischen Literaturtheorie und Wertung analysieren. Besonders wirksam wurde aber eine Wertsprache, die bei den verschiedensten Ansätzen marxistischer Litera-

---

[41] Für eine detaillierte, differenzierende Darstellung vgl. Wiggershaus: Frankfurter Schule.
[42] Vgl. Wiggershaus: Frankfurter Schule, S. 676-704.

5. Wertung im Rahmen literaturwissenschaftlicher Theorien

turtheorie Anleihen machte und sie synkretistisch verband. Adorno wurde wegen seiner unorthodoxen Aneignung des Marxismus kritisiert, Benjamin nur mit seinen wenigen strikt materialistischen Arbeiten angeeignet[43], Georg Lukács dagegen zum eigentlichen ‚Vater' gewählt; nur die Theoretiker einer streng historisch-materialistischen Wertungstheorie in der damaligen Deutschen Demokratischen Republik (DDR), für die Lukács bereits als bürgerlicher ‚Abweichler' galt, wurden meist als ‚Vulgärmarxisten' abgelehnt.[44] Ideologiekritik dieser Art war in den 70er Jahren, im Gefolge der Studentenrevolte, eine alle Bereiche, besonders auch Literaturkritik und Literaturdidaktik, durchdringende Form der Wertung. Sie ist in den 90er Jahren in den Hintergrund getreten, wurde aber in modifizierter Form fortgeführt durch die ideologiekritische Variante des Feminismus und wird zur Zeit mit einigen Aspekten in der ökologischen Kritik wiederaufgenommen.

Unsere Darstellung kann sich auf eine Analyse stützen, die Thomas Anz unter dem Titel „Wertungskriterien und Probleme literaturwissenschaftlicher Ideologiekritik" (= WP) bereits 1982 geliefert hat; wir brauchen sie nur unsern Begriffen anzupassen.

(1) Gegenstände der Wertung können hier autonome wie heteronome Literatur und Verarbeitungsweisen sein.[45] Ideologiekritik befaßt sich außer mit Kunstwerken auch mit Tendenz- wie mit Trivial- und Massenliteratur, daneben mit nicht-fiktionaler Gebrauchsliteratur, die durch ästhetische Gestaltung Ideologie besonders wirksam zu transportieren sucht, z.B. mit Werbung. Sie bewertet außerdem das Leseverhalten.

Im Bereich der Kunst kommt es unter den neuen Prämissen zu Veränderungen im Kanon: Was unter autonom-ästhetischen Kriterien abgewertet wurde, nämlich engagierte und Tendenzliteratur, kann neu in den Kanon aufgenommen oder höher gewertet werden, da jene Kriterien keine entscheidende Rolle spielen (z. B. Pfeffel,

---

[43] Zwei Aufsätze, „Der Autor als Produzent" (1934) und „Das Kunstwerk im Zeitalter seiner Reproduzierbarkeit" (1936/1939) wurden in diesem Zusammenhang kanonisiert: ein Beispiel für Kanonbildung in der Literaturwissenschaft.
[44] Für den historisch-materialistischen Standpunkt und für weitere Varianten der Ideologiekritik vgl. v. Heydebrand: Wertung, § 10, 2. und 3., S. 857-860.
[45] Vgl. I.1.2.3.

Weerth, Feuchtwanger u.a.)⁴⁶; was unter ‚autonomen' Maßstäben, vor allem in der Moderne, besonders viel galt, kann als ‚formalistisch' niedriger gestuft oder überhaupt ausgeschlossen werden (z. B. experimentelle Literatur).

(2) Methode der Wertung: Die Methode auch dieser Ideologiekritik ist eine kritische Hermeneutik. Die positiven wie die negativen Werte werden aber primär an Inhalten abgelesen; ästhetische Form wird – anders als bei Adorno – nicht als ‚autonome' rezipiert und nicht als unersetzliches Medium der Verwirklichung von ‚Herrschaftskritik' der Wertung zugrundegelegt. Form wird vielmehr wie in der Rhetorik als ‚heteronom' aufgefaßt und als bloße Äußerlichkeit zunächst sogar vernachlässigt (WP 231, 233). Erst nach der verspäteten Rezeption des Strukturalismus, von der im nächsten Kapitel die Rede sein wird, erkennen auch Ideologiekritiker die konstitutive Funktion der Form, die Notwendigkeit ‚autonomer' Wahrnehmung auch ethisch-politischer Gehalte; die Lenkung der Normvermittlung durch ästhetische Gestaltung, etwa durch Erzählperspektiven oder Gattungsstrukturen, wird nun mit beschrieben und bewertet (WP 232 f.).

Auch ‚synkretistische' Ideologiekritik setzt ihre kritische Methode als Rezeptionsnorm und bewertet damit das Verhalten von Lesern (WP 237 f.). Darin liegt eine Kontrastparallele zur ‚autonomen' Lesenorm bei Schiller und Schlegel. Hier wie dort wird, wenn auch aus je verschiedenen Gründen, identifikatorisches Lesen problematisiert: dort, weil die Leser den distanzierenden Wert des Kunstwerks, der aus seiner Autonomie folgt, verfehlen, hier, weil sie die distanzierende Wirkung der gesellschaftskritischen Theorie nicht ins Spiel bringen.

Auf unserer Skala, auf der wir den Wertungsvorgang zwischen Objekt und Subjekt lokalisieren, nehmen ‚synkretistische' Ideologiekritiker wiederum eine widersprüchliche Zwischenposition ein: Sie erkennen zwar den Einfluß historischer Kontexte auf die Rezeption und wenden selbst Wertungskriterien an, die den Werken oft äußerlich sind; insofern geben sie dem Subjekt im hermeneutischen Prozeß ein Übergewicht. Dann aber sehen sie die ‚wahren' positiven oder negativen Werte doch im Werk inkorporiert (WP 236 ff.).

Als Subjekte der Wertung werden scheinbar alle Teilnehmer an literarischer Kommunikation berücksichtigt; faktisch aber sind es

---

[46] Westdeutsche Ideologiekritik konnte hier auf den in der DDR etablierten Kanon zurückgreifen.

doch die Ideologiekritiker selbst, die als Didaktiker – nicht anders als die ‚traditionellen' Theoretiker – ihre axiologischen Werte als allgemein verbindliche setzen: Ein kommunikatives Einverständnis mit denen, in deren Interesse sie sprechen wollen – z.B. mit Rezipienten von Trivialliteratur –, wird nicht gesucht.[47]

(3) Wertsprache: Die höchsten Werte der Ideologiekritik sind nichtästhetische, ethisch-politische Werte der Handlungsorientierung: ‚Emanzipation' steht an der Spitze, ‚Herrschaftskritik', ‚Gesellschaftskritik' sind daraus abgeleitet. Die entsprechenden Negativwerte heißen ‚Unterdrückung', dazu ‚Stabilisierung von Herrschaft' und ‚Affirmation'. Nach einer brauchbaren Begriffsbestimmung[48] meint ‚Emanzipation' die Aufhebung menschlicher Fremdbestimmung, den Abbau von einseitigen sozialen Abhängigkeitsverhältnissen, von Benachteiligungen und Ungerechtigkeiten, also eine grundlegende Veränderung gesellschaftlicher Beziehungen. Allerdings bleibt vielfach offen, was an die Stelle der alten Ordnungen treten soll. Emanzipation ist eher ein kritisch negierender Begriff als ein konstruktives Prinzip (WP 218).

Diese Negativität ist im übrigen der Punkt, in dem sich ‚synkretistische' Ideologiekritik von der hier nicht mehr zu behandelnden dogmatischen historisch-materialistischen Wertungstheorie in der DDR, die sich gleichfalls auf Marx beruft, unterscheidet: Für diese hat Literatur nur „Widerspiegelung" der vorgezeichneten Stationen auf dem Weg zur klassenlosen Gesellschaft zu sein; damit sind sehr genaue, auch positive Wertmaßstäbe und Zuordnungsvoraussetzungen vorgegeben.[49]

Wegen des formalen Charakters von ‚Emanzipation' treten die abgeleiteten axiologischen Werte in ideologiekritischen Wertungen stark in den Vordergrund. Es sind vor allem Negativwerte; erst ihre Umkehrung, die im folgenden in Klammern nachgestellt wird, zeigt an, welches positive Wertpotential im Text vermißt wird.

– ‚Kompensation' (vs. Utopie, Antizipation von Herrschaftsfreiheit).

Als Zuordnungsvoraussetzung, die den Negativwert erst identifizierbar macht, ist an die Marxsche Religionskritik und an Freuds

---

[47] Die hedonistischen Werte sind z. B. notorisch vernachlässigt; vgl. Jauß: Ästhetische Erfahrung I, S. 46-56.
[48] Vgl. Anz: Ideologiekritik, S. 218 (nach Wolfgang Lempert, 1973).
[49] Ein Beispiel wäre die Theorie von Rita Schober (1973), vgl. v. Heydebrand: Wertung, S. 857 f.

Analyse der Funktion von Kunst, Religion, Traum zu denken: Fiktionale Literatur kann als Ersatz- und Scheinbefriedigung menschlicher Bedürfnisse fungieren und auch planvoll eingesetzt werden. ‚Kompensation' ist ein wirkungsbezogener Negativwert; denn durch sie werden, so heißt es, Energien gebunden, die sonst auf die Veränderung des Mangelzustands drängen würden (WP 218 f.). Der Negativwert wird vor allem der sog. Trivialliteratur als Literatursorte zugeschrieben, da sie dem ‚Eskapismus' Vorschub leiste. Doch auch die Kunst als Möglichkeit der Distanz zum Leben und als „Utopie der Versöhnung im Bilde" (Adorno) verfällt der Kritik, da sie die gesellschaftlichen Disharmonien bestehen lasse (WP 222, 235 f.). Mindestens einige Ideologiekritiker stellen damit den ästhetischen Wert, den heteronomen wie den autonomen, kritisch infrage (WP 233 f.).
Da ‚Kompensation' (vs. Utopie, Antizipation) aber nur an der Textwirkung abzulesen ist, eignet sich dieser Negativwert genaugenommen nicht zur Wertung von Texten. Gerade für die Trivialliteratur ist lange und unentschieden kontrovers diskutiert worden, ob sie nun als „'Vor-Schein' zukünftigen Glücks" oder als „angenehmes, scheinbar harmloses Narkotikum" zu bewerten sei (WP 220): die Frage entscheidet sich nur im konkreten Lesen.
– ‚Regression' (vs. Fortschrittsorientiertheit).
Mit diesem Negativwert, der ein relationaler politischer Wert ist, will sich Ideologiekritik von einer konservativen, „restaurativen" Gesellschaftskritik oder gar Utopie absetzen: Die Verklärung vorindustrieller Zustände z. B. wird als „romantischer Antikapitalismus" verurteilt. Als Zuordnungsvoraussetzung fungiert für die Ideologiekritik, die damals noch nicht ökologisch, sondern „weithin technik-, wissenschafts- und industriegläubig" dachte[50], die Verknüpfung utopischer Gesellschaftsentwürfe mit dem Fortschritt in der Entwicklung der Produktionsmittel (WP 225). Dahinter steht das optimistische Geschichtsbild des kämpferischen Marxismus. An diesem Punkt scheidet sich daher die Ideologiekritik Adornos, der mit Benjamin diesen Fortschrittsglauben verurteilte, von der ‚synkretistischen': Weil diese auf die Veränderbarkeit der gesellschaftlichen Verhältnisse durch Kritik (auch in der Literatur) setzt, kann Lukács zum Beispiel Eichendorffs „Taugenichts" oder den Expressionismus als „Fluchtideologien" verurteilen (WP 224).

---

[50] Zur ‚Emanzipation' gehörte auch die Befreiung aus Abhängigkeiten von der Natur.

5. Wertung im Rahmen literaturwissenschaftlicher Theorien 273

– Verschleierung/Harmonisierung (vs. Realismus):
Dieser Negativwert versteht sich als relationaler Erkenntniswert: Die Darstellung wird, wie bei Adorno, gemessen an der Einsicht in den „wahren" Gang der Geschichte. Die Vermittlung eines „falschen Bewußtseins", die immer im Interesse der Herrschenden liegt, muß vom Ideologiekritiker entlarvt werden (WP 225). Als negative, ‚verschleiernde' attributive Werte gelten Vorstellungen von Gleichheit der Menschen im Leid, von Chancengleichheit in der Gesellschaft, von Herrschertum als „Amt und Bürde" sowie die Reduktion politischer auf moralische Probleme usf.; ‚harmonisierend' wirke die Suggestion, gesellschaftliche Probleme seien auf privater oder individueller Basis lösbar, sozialer Aufstieg sei durch individuelle Tüchtigkeit garantiert, die soziale Gliederung einer Gesellschaft folge aus ‚natürlichen' Fähigkeiten oder Unzulänglichkeiten usf. (WP 225).[51]

(4) Einbettung der Wertsprache: Die theoretischen Prämissen dieser ideologiekritischen Wertung sind bereits mehrfach erwähnt worden: Varianten marxistischer Geschichts- und Literaturtheorien, die Religionskritik von Marx, einige Theoreme Freuds. Von den Voraussetzungen der Ideologiekritik Walter Benjamins und Theodor W. Adornos unterscheiden sich die der ‚synkretischen' durch die optimistische Zukunftsperspektive, aus der aggressiv-kämpferische Negativwertungen sogar gegenüber Literatur als Kunst folgen können, wie durch die vorwiegend heteronome Literaturauffassung.

Die motivationalen Werte für die Ausbildung dieser Wertsprache in der historischen Situation lassen sich einerseits aus der Herausforderung durch die Literaturwissenschaft der DDR ableiten, dann aber insbesondere aus der Studentenrevolte von 1968, die – wie schon gesagt – auf die gesellschaftliche Stagnation in der inzwischen wirtschaftlich saturierten Bundesrepublik Deutschland reagierte. Ihre gesellschaftskritischen Wertvorstellungen wurden von vielen linken Autoren, Autorengruppen und Literaturkritikern[52] geteilt und weiter ausgearbeitet.

---

[51] Anz folgt mit dieser Aufzählung Christa Bürger. – Für die Veranschaulichung weiterer Negativwerte (‚Verdinglichung' vs. ‚historisch-soziologische Verortung', fehlende Perspektive' vs. ‚konstruktiver Zukunftsentwurf') und für ihre Zuordnungsvoraussetzungen vgl. WP 226-231.

[52] Als Beispiele: Hans Magnus Enzensberger mit seiner Zeitschrift „Kursbuch", Günther Wallraff mit seinen Industriereportagen, der Kreis um die

5.2 Wertung unter semiotischen Prämissen

Infolge der nationalen Blickverengung und der nationalsozialistischen Abwege der deutschen Literaturwissenschaft bis 1945 sowie ihrer phänomenologischen und geisteswissenschaftlichen Ausrichtung bis in die 60er Jahre hinein ist die sprachwissenschaftlich fundierte Zeichentheorie hierzulande im Fach erst sehr spät wirksam geworden. In Rußland, Frankreich, in der Tschechoslowakei und in Amerika hatte die Orientierung auf Sprachwissenschaft und Semiotik für Theorien der Kunst und ihres Wertes bereits im zweiten Jahrzehnt des 20. Jahrhunderts eingesetzt. Diese ausländischen Entwicklungen wurden in beachtlichem Umfang erst nach der kritischen Selbstreflexion der Literaturwissenschaft um 1965[53] und verstärkt im Gefolge der Studentenrevolte seit Anfang der 70er Jahre rezipiert.[54]

Die Semiotik eröffnet einen neuen Zugang zur Literatur und ihrer Wertung: Das ‚Objekt', das sprachliche Kunstwerk und jede ästhetische Erscheinung, werden in dieser Sicht als Zeichenkomplexe gesehen, denen erst als Teil einer Sprache und eines Kontextes Bedeutung zugewiesen werden kann. Das Gleiche gilt für den Wert: Er hängt davon ab, welche ‚Funktionen' den Zeichen und Zeichenelementen zugeschrieben, welche Leistungen von ihnen erwartet werden. Es sind Leistungen für das ‚System', in dem die Zeichen wirken (z. B. das Kunstwerk), und es sind ‚Funktionen' dieses ‚Systems' und seiner Elemente für seine ‚Umwelt' (z. B. für Autor, Leser, Verleger u.a.), in Geschichte und Gegenwart. Die ästhetischen und nicht-ästhetischen Funktionen der Sprache, der Zeichen, können nun als potentielle Werte analysiert werden, „Funktion" und „Wert" werden tendenziell zu Synonymen.

Zeitschrift „Das Argument", der Dortmunder „Werkkreis für Literatur der Arbeitswelt" u. a.

[53] Ein markantes Datum ist der Münchner Germanistentag 1966.
[54] Belege für die Verspätung sind außer den Veröffentlichungsdaten der Übersetzungen entsprechender Werke (meist erst nach 1970) die umfangreiche und polyglotte Bibliographie von Kayser: Kunstwerk, die 1948 die Richtungen des Russischen Formalismus und des aus der Sprachwissenschaft kommenden Strukturalismus noch nicht dokumentiert, und Müller-Seidels umfassendes Wertungsbuch von 1965, dessen Bibliographie auch noch keinen ausländischen Autor dieser Richtungen enthält.

5. Wertung im Rahmen literaturwissenschaftlicher Theorien

Mit der semiotischen Auffassung von Literatur und Wertung verändert sich die Rolle des Literaturwissenschaftlers: Der Hermeneutiker ist ein beteiligter ‚Mitspieler' in Rezeption und Wertung von Literatur; er sucht seine eigene, ggf. kritische Deutung und Wertung samt Konzeption der Wertung an ein (gebildetes) Laienpublikum zu vermitteln. Der Semiotiker dagegen versteht sich auch – oder sogar ausschließlich – als distanzierter ‚Beobachter', als Analytiker einer eigenständigen Sprachwelt aus Texten, Deutungen und Wertungen, primär im Dienste der Wissenschaft. Einige Semiotiker (wie auch die Vertreter der empirischen Literaturwissenschaft) stufen daher die Hermeneutik als ‚vorwissenschaftliche' Methode ein, weil sie Subjekt und Objekt nicht trennt und auf Selbstbeobachtung beruht; andere begnügen sich damit, die Abhängigkeit der Konstitution des Objekts von der Methode, von den sie – als forschende Subjekte – leitenden Konzeptionen, bewußt zu halten und ihr methodisches Vorgehen zu reflektieren. Da aus der Sicht der Semiotik den Zeichen ihre Bedeutung nur aus sprachlichen oder sprachanalogen Zusammenhängen zufließt – z. B. aus der ‚Sprache' des Unbewußten oder aus den normierten Diskursen und tradierten Zeichenordnungen der Gesellschaft – richtet sie ihr Interesse auch weniger auf den individuellen Gegenstand und den individuellen Wertungsvorgang als auf das Regelhafte, das darin erkennbar wird. Korpora von Texten und Rezeptionsdokumenten werden untersucht, Psychologie, auch als Psychoanalyse, und Soziologie werden zu unentbehrlichen Hilfswissenschaften. Die Semiotik ist, wie leicht zu erkennen, Grundlage auch unseres Wertungsmodells.

Wir können nur an zwei Beispielen zeigen, wie sich die Aufnahme der Semiotik durch die Literaturwissenschaft – sehr unterschiedlich – auf die Konzeption der Wertung von Literatur ausgewirkt hat. Die Wahl fiel zum einen auf den Prager ‚Strukturalisten' Jan Mukařovský: Er hat die Struktur des Wertens von Literatur in verschiedenen gesellschaftlichen Zusammenhängen zu seinem vielleicht wichtigsten Thema gemacht und bahnbrechende Ansätze entwickelt. Sie fiel zum andern auf den Romanisten Hans Robert Jauß: Er gehört zu den Begründern der einflußreichen ‚Rezeptionsästhetik' und hat neben dem Anglisten Wolfgang Iser auch der deutschen Literaturwissenschaft der 70er Jahre diesen methodischen Ansatz, mit Konsequenzen für die Wertung, zugetragen. Allerdings hat die Rezeptionsästhetik mit der Tradition der Phänomenologie und Hermeneutik nicht gebrochen und nur Elemente der Semiotik verarbeitet.

5.2.1 Wertung im Strukturalismus (Mukařovský)

Der Strukturalismus ist eine Variante der allgemeinen Zeichenlehre, der Semiotik.[55] Er richtet sein Hauptinteresse auf die internen Relationen von Zeichen in „Strukturen" und „Systemen"; namentlich im literaturwissenschaftlichen Strukturalismus wird die pragmatische Dimension der Zeichen, die sie mit der sozial-historischen Realität von Rezipienten, den Strukturen ihrer Wahrnehmung und Wertung und mit der konkreten Umwelt der Systeme verbindet, oft vernachlässigt. In solchem Fall werden die innovativen Möglichkeiten der Semiotik gerade auch für die Wertungstheorie nicht voll ausgeschöpft.

Dafür wenigstens ein Beispiel: Wenn der sowjetische Strukturalist Jurij M. Lotman, ein später Repräsentant dieser Richtung, am Ende seines Buches über „Die Analyse des poetischen Textes" (1972) auch die Wertungsfrage zur Sprache bringt[56], klammert er, wie im ganzen Buch, „das soziale Funktionieren eines künstlerischen Textes" bewußt aus.[57] Er wertet wie Kayser allein das isolierte Kunstwerk in seiner immanenten Organisation, und das Ergebnis ist in der Sache wenig mehr als eine von den irrationalen Voraussetzungen des „Werterlebens" befreite strukturalistische Neufassung von Kaysers formal-ästhetischer Wertungstheorie. Als Semiotiker berücksichtigt Lotman zwar den Leser, seinen ‚Rezeptionscode' und seine historischen Textkenntnisse als Voraussetzungen für die Wahrnehmung der Textqualität[58], aber dieser Leser bleibt wie bei Kayser ein Konstrukt, das nach dem Bild des kompetenten Literaturwissenschaftlers geformt ist.

Für Jan Mukařovský, einen Strukturalisten der älteren Generation[59], steht dagegen die Ausarbeitung des pragmatischen Kontexts, der soziologischen und historischen – weniger der individualpsy-

---

[55] Zum Überblick über das Gesamtphänomen des Strukturalismus und sein Verhältnis zur Semiotik vgl. Titzmann: Struktur, sowie Eagleton: Literaturtheorie, S. 71-82, S. 86.
[56] Lotman: Analyse, S. 186-191, „Über schlechte und gute Poesie".
[57] Lotman: Analyse, S. 12.
[58] Zu Lotmans wertender Literaturtheorie im einzelnen vgl. Eagleton: Literaturtheorie, S. 80 ff.
[59] Mukařovský vertritt neben Vodicka, Cervenka u. a. den Tschechischen Strukturalismus, der um 1930 in Prag in Anknüpfung an den in der Sowjetunion unterdrückten Russischen Formalismus aus dem Zusammenwirken von Sprach- und Literaturwissenschaftlern beider Nationen entstand; vgl. Titzmann: Struktur, § 2, S. 256 f.

5. Wertung im Rahmen literaturwissenschaftlicher Theorien

chologischen – Voraussetzungen von Wahrnehmung und Wertung ästhetischer Zeichen durch reale Leser im Mittelpunkt seines Interesses. Er hat bereits in den dreißiger Jahren mehrere Aufsätze zur ästhetischen Wertung veröffentlicht; unserer Analyse liegt im wesentlichen die große Untersuchung über „Ästhetische Funktion, Norm und ästhetischer Wert als soziale Fakten" von 1935/6 (= ÄF) zugrunde. Anders als die Autoren der bisher behandelten Wertungstheorien plädiert Mukařovský nicht für eine bestimmte literarischästhetische Wertsprache, sondern bemüht sich, wenn auch nicht durchgängig erfolgreich, um eine strikt analytische Haltung: Er untersucht ohne eigene Parteinahme die verschiedenen Funktionen ästhetischer Werte in der Gesellschaft. Sein Versuch ist als kühner Vorstoß allerdings nicht frei von Widersprüchen, die auch hier nicht getilgt wurden.

(1) Der *Gegenstand der Wertung* ist in diesem Falle also der Gegenstand einer *Analyse* von Wertung, und zwar ausschließlich der Wertung des ‚Ästhetischen'. Mukařovský unterscheidet die „ästhetische Funktion" und den „ästhetischen Wert". Die ästhetische Funktion[60] wirkt im Gesamtbereich ästhetischer Kultur; dieser gesamte Bereich wird also zum Gegenstand des Forschers. Der Bereich des Ästhetischen ist aber – mit fließenden Grenzen – aufgeteilt: In ihm gibt es zum einen „ästhetische Erscheinungen", bei denen die ästhetische Funktion andere, nicht-ästhetische Funktionen nur begleitet; in der Literatur geschieht das in Gattungen wie dem Essay, der romanhaften Biographie, in didaktischer und Tendenzliteratur, dann aber auch in der Folklore und überhaupt in Literatur vor (und nach) der Epoche der Autonomieästhetik (ÄF 19 ff.). Zum andern gibt es den Bereich der ‚Kunst', in dem die ästhetische Funktion die dominierende ist (ÄF 18); nur hier begründet nach Mukařovský die ästhetische Funktion einen *eigenständigen* ästhetischen Wert, in den nicht-ästhetische Funktionen wie die kognitive, ethisch-politische oder hedonistische auf besondere Weise integriert sind. Mit unsern Begriffen würden wir von den Funktionen der ästhetischen Form in ‚heteronomer' und ‚autonomer' Ästhetik sprechen.[61] Anders als die bisher

---

[60] Zum Funktionsbegriff: Mukařovský unterscheidet in der Gesellschaft Bereiche – z. B. den der Kunst, der Folklore, der Religion, der Wissenschaft, der Ökonomie usf. – als strukturierte Systeme, in denen bestimmte Funktionen, die Bedürfnissen von Subjekten entsprechen, zur Geltung kommen.

[61] Vgl. I.1.2.3, die Explikate 6 und 5.

untersuchten Autoren will Mukařovský mit dieser Unterscheidung aber nicht schon werten; sie soll nur die besondere „Stellung, die die Kunst im Gesamtbereich der ästhetischen Erscheinungen einnimmt", theoretisch kenntlich machen (ÄF 102, auch 17).

Denn für Mukařovský ist auch der „ästhetische Wert" der Kunst selbst Gegenstand sich wandelnder gesellschaftlicher Einschätzung; seine Stellung unter den übrigen Werten variiert unter historischen und soziologischen Voraussetzungen. Der ästhetische Wert ‚autonomer' Kunst muß weder zu allen Zeiten noch für alle Schichten an der Spitze stehen, und auch in seinem Bereich werden noch „Rangstufen" – etwa „Avantgarde" oder „offizielle Kunst", städtische „Boulevardkunst" oder ländliche ‚Heimatdichtung' u. a. – unterschieden. Sie entsprechen in der Regel der sozialen Gliederung, lassen aber auch Mischungen, Auf- und Abstiege zu (ÄF 80). „Der ästhetische Wert ist also ein Prozeß, dessen Verlauf einerseits durch die immanente Entwicklung der Struktur [des literarischen Bereichs] selbst bestimmt wird (vgl. die aktuelle Tradition, vor deren Hintergrund jedes Werk gewertet wird), andererseits durch die Bewegung und die Verschiebungen der Struktur des gesellschaftlichen Zusammenlebens" (ÄF 81).

Für Mukařovský müssen demnach außer der Struktur von Einzelwerken die dynamische Struktur der ‚literarischen Reihe' in allen ihren Erscheinungsformen und die Entwicklung des ästhetischen Werts in dieser Reihe zum Gegenstand werden[62], und nicht zuletzt die Struktur der Gesellschaft, aus deren Wandlungen solche Dynamik des Wertens folgt.

(2) *Methode der Wertung:* Streng genommen, dürfte Mukařovský selbst gar nicht werten, und meist verhält er sich auch als reiner Beobachter. Als solcher erkennt er die Methode der *Wertenden:* Bewertet wird, sofern es um Werkwertung geht, nicht das Werk in seiner Materialität, sondern „das ästhetische Objekt, das im Bewußtsein der Mitglieder des jeweiligen Kollektivs dem materiellen Artefakt, der Schöpfung des Künstlers, entspricht" (ÄF 74). Das ist strikt semiotisch gedacht: Erst muß das Zeichen durch die wahrnehmenden Subjekte konstituiert sein, damit ihm Wert zugewiesen werden kann.[63] Um einer völligen Subjektivierung der Wertung auszuwei-

---

[62] Die immanente Dynamik des Literatursystems war Gegenstand vor allem des Russischen Formalismus – schon vor 1920 – gewesen.
[63] Vgl. hierzu wie zum Folgenden I.2.1.2 in unserm Modell.

5. Wertung im Rahmen literaturwissenschaftlicher Theorien

chen, unterstellt Mukařovský, daß ein jeweiliges – also historisch-soziologisch je verschiedenes – Kollektivsubjekt nach gemeinsamen ästhetischen (und nicht-ästhetischen) Normen ein wenigstens für dieses Kollektiv identisches „ästhetisches Objekt" erzeugt.[64] Unterschiedliche ‚Kollektivsubjekte' wie auch Individuen (ÄF 14) nehmen nicht nur verschieden wahr, sie werten auch verschieden; ja sie ziehen selbst die Grenze zwischen ästhetischem und nicht-ästhetischem Bereich und erst recht die zwischen „ästhetischen Erscheinungen" und der (autonomen) Kunst nicht in gleicher Weise (ÄF 13 f., 19 f., 28 f. u. ö.).[65] Diese Grenzziehungen sind ein historisches, „soziales Faktum" (ÄF 31); sie müssen nur eine gewisse Grundlage in den Objekten selbst haben (ÄF 29). Der Bereich des Ästhetischen wird „im kollektiven Bewußtsein vor allem als ein System von Normen" repräsentiert, die nach konkreten Gruppen divergieren (ÄF 31 f). Eine übergeordnete Norm, eine allgemeine Methode der Wertung kann es demnach nicht geben.

Nur an einigen Stellen wird Mukařovský inkonsequent und schreibt dem „materiellen Werk" der Kunst, in dem die ästhetische Funktion die herrschende sei, einen objektiven, historisch nicht zu relativierenden ästhetischen Wert zu (ÄF 81 f., 86). Er sieht ihn – ganz traditionell – fundiert in der ‚Autonomie' des Zeichens, das durch seine Form nicht auf eine spezielle Wirklichkeit, sondern auf ein Ensemble möglicher Wirklichkeiten und Werte verweise (ÄF 89 f., 92, differenziert: 142 f.).[66] Mukařovský hätte seinem Ansatz getreu erkennen müssen, daß er hier dem „materiellen Werk" einen Wert zuschreibt, der nur einem „ästhetischen Objekt" gebührt: Dieser Wert entsteht allein für dasjenige ‚Kollektivsubjekt', das die ‚klassische' Norm ‚autonomer', ‚professioneller' Textwahrnehmung teilt und jedes subjektbezogene Interesse nur durch die ästhetische Struktur des Objekts hindurch realisiert. In unsern Begriffen: Nicht das Zeichen

---

[64] Als pragmatische Annahme, um über das „ästhetische Objekt" und seine Werte wissenschaftlich und verallgemeinernd etwas aussagen zu können, mag diese Vorstellung akzeptabel sein; sie wird aber fragwürdig, wenn sich die kulturellen Gruppierungen in der modernen Gesellschaft zunehmend auflösen, vgl. III.1.2.

[65] Das belegt u.a. die unterschiedliche „Meister"-Rezeption selbst in der soziologisch homogenen Gruppe der zeitgenössischen Briefschreiber, vgl. II.3.

[66] Im Banne der Autonomieästhetik referiert die Einführung von Gutzen/Oellers/Petersen nur diesen konventionellen, atypischen Aspekt von Mukařovskýs Ansatz (Literaturwissenschaft, S. 286 f.).

selbst, sondern seine ‚autonome' Rezeption als Verarbeitungsmodus trägt – wie im „Meister"-Kapitel gezeigt – den hier beschriebenen „ästhetischen Wert". Es ist eine methodisch-normative Dominant*setzung* des Ästhetischen, die den Schein eines „objektiven Werts" im Artefakt erzeugt. So gibt Mukařovský auch doppeldeutig zu: „Der dem materiellen künstlerischen Gebilde inhärente unabhängige ästhetische Wert hat [...] im Vergleich mit dem aktuellen Wert des ästhetischen Objekts nur potentiellen Charakter" (ÄF 106).

Auf der Skala zwischen objekt- und subjektbezogenen Theorien bleibt die Einordnung Mukařovský wegen seiner Inkonsequenz noch unentschieden: Die semiotische Grundauffassung vom ästhetischen Zeichen hätte die klare Vorordnung des „ästhetischen Objekts" (als Produkt des Subjekts) vor das materielle Artefakt (als Träger nur potentieller ästhetischer Werte) gefordert[67]; aber der Autor stilisiert diese potentiellen Werte im Werk doch – gut phänomenologisch – zur ‚Objektivität', die dem Betrachter sogar die „Aufgabe" adäquater Realisierung stellt (ÄF 107).

Als Subjekte der Wertung hat Mukařovský durch die Berücksichtigung der Soziologie und der verschiedensten Literaturtypen nun alle Schichten der Bevölkerung erfaßt, und zwar ohne sie – wie die Ideologiekritiker – zu bevormunden. Die Widersprüche in seinem Text resultieren freilich daraus, daß doch immer wieder die Kunstwerkästhetik und ihr gebildetes Publikum im Vordergrund stehen.

(3) *Wertsprache:* Mukařovský muß seinem semiotischen Ansatz entsprechend mehrere Wertsprachen entwickeln, um den zahlreichen Varianten und „Umwelten" des ästhetischen Werts Rechnung zu tragen. Bereits der Unterschied zwischen begleitender und dominanter ästhetischer Funktion fundiert zwei deutlich verschiedene Wertsprachen. Ästhetischer Wert resultiert aus beiden Varianten der ästhetischen Funktion: Sofern sie nur ‚begleitet', wird der Wert des Objekts primär aus den nicht-ästhetischen Funktionen abgeleitet und nur sekundär von ihr beeinflußt, dominiert die ästhetische Funktion, so entscheidet sie über den Wert des Werks überhaupt und über dessen Maß (ÄF 73 f., auch 17).

Der begleitenden ästhetischen Funktion können verschiedene Wirkungen zugeordnet werden, die als attributive Werte aus ihr fol-

---

[67] Das entspricht auch seiner Bestimmung des Begriffs von Wert „als Fähigkeit einer Sache, der Erreichung eines bestimmten Zieles zu dienen" (ÄF 36).

5. Wertung im Rahmen literaturwissenschaftlicher Theorien

gen. Sie werden oft durch rhetorisch-poetische Mittel erzeugt. Wir nennen in Anlehnung an Mukařovský nur einige Möglichkeiten und fügen zur Veranschaulichung einige Literaturtypen hinzu:

– Isolierung, Heraushebung eines Geschehens in Magie, im Ritual, in der Repräsentation von Macht, im Fest, in der Erotik (ÄF 32 f.): vgl. Zaubersprüche, liturgische Formeln, politische Panegyrik, Gedichte zu Familienfeiern, Inszenierungen von Liebeswerbung u. a.
– Wohlgefallen, Lust, ggf. auch zur Unterstützung gewünschter anderer Handlungsziele wie etwa Lernen, Erziehung (ÄF 33 f.): vgl. Rhythmisierung von Wissen in Merkversen, Umsetzung von Lehre in erzählte oder dramatisierte Handlung u.a.
– gesellschaftliche Differenzierung (ÄF 32) durch milieuspezifische Vorstellungen des ‚Schönen‘, des Ästhetischen als begleitender ästhetischer Funktion: vgl. Stile des geselligen Liedes, der unterhaltenden Literatur u.a.
– Ersatz von praktischen Funktionen, die der Gegenstand im Laufe der Zeit oder in neuem Kontext eingebüßt hat (ÄF 34): vgl. magische Formeln, liturgische Texte in Sammlungen von Dichtung. Bei geeigneter ästhetischer Gestaltung können ohnehin ‚heteronom‘ intendierte Werke als ‚autonome‘ rezipiert, die ästhetische Funktion dominant gesetzt werden: vgl. Volkslieder beim Übergang in die Schriftlichkeit[68], marxistische Lehrdichtung Brechts in der Universitätslehre u.a.

Abschließend noch ein wichtiges Charakteristikum der begleitenden ästhetischen Funktion: In ihrem Geltungsbereich steigert einfallsreiche ‚Normerfüllung‘ den ästhetischen Wert[69], Verstoß gegen die Norm ist ein Fehler; im Kunstwerk dagegen kann, unter der Dominanz der ästhetischen Funktion, der Normbruch gerade Wert begründen (ÄF 73)[70].

Mukařovský hat mit diesen Ausführungen erstmals in der Theorie der Wertung von Literatur axiologische Werte herausgestellt, die es ermöglichen, auch in Wertsprachen für ‚Nicht-Kunst‘ eigentüm-

---

[68] Vgl. II.2.2.; ähnlich: Kaysers Behandlung der Barocklyrik, vgl. II.5.1.1.
[69] Ein besonders deutliches Beispiel aus der Bildenden Kunst: Die ‚Normen‘ für die Ikonen der griechisch-orthodoxen Kirche bleiben seit Jahrtausenden gleich; dennoch heben sich einige durch ihren ästhetischen Wert heraus.
[70] Für die Hochwertung des Normbruchs im literarischen Kunstwerk vgl. II.5.2.2.

liche ästhetische Werte – gesondert vom allgemeinen Wert der Gegenstände – zu bestimmen. Die Werte der begleitenden ästhetischen Funktion gehen im Kunstwerk jedoch nicht unter; sie können als nachgeordnete Werte zu dessen Gesamtwert beitragen.[71]

Die dominierende – genauer: dominant gesetzte – ästhetische Funktion repräsentiert im Unterschied zur begleitenden nur den einen axiologischen Wert, ein Zeichen als Kunstwerk zu konstituieren. Die Voraussetzungen, unter denen Mukařovský einem Werk diesen autonom-ästhetischen Wert – er sagt „Selbstzweck" (ÄF 103) – zuordnet, lesen sich mit zwei Ausnahmen als wissenschaftliche Reformulierung der klassisch-romantischen Ästhetik:
– der unmittelbare Bezug auf Wirklichkeit und bestimmte nicht-ästhetische Werte wird abgeschnitten, und durch diese ‚Selbstreferenz' wird ein vermittelter Bezug auf die Gesamtheit von Werten – auch jenseits des Entstehungskontextes des Werks – eröffnet (ÄF 89 f.);
– nicht nur die thematischen, sondern sämtliche formale Elemente sind potentiell bedeutungstragend, sind „semantische Faktoren" (ÄF 94, 96);
– der aktualisierende Sachbezug, die Semantisierung, wird an den Betrachter delegiert (ÄF 97), und zwar (dies die erste Besonderheit) an ihn als Teil eines Kollektivs.(ÄF 98). Auf diese Weise gewinnen die je historischen oder soziologischen nicht-ästhetischen Werte des Kollektivs Eingang in die Bewertung des Werks; der ‚Selbstzweck' ist „nicht mit der Kantischen ‚Interesselosigkeit' der Kunst zu verwechseln", weil er gerade die Anschließbarkeit verschiedenster ‚Interessen' ermöglicht (ÄF 103);
– auch die Herstellung der Einheit des Werks, durch alle Widersprüche der potentiellen außerästhetischen Werte hindurch, ist Aufgabe der Betrachter, der Rezipienten (ÄF 100);
– der ästhetische Wert (dies die zweite Besonderheit) löst sich auf in die einzelnen „außerästhetischen Werte" (wie Mukařovský immer verräumlichend sagt) und ist „eigentlich nichts anderes als eine summarische Bezeichnung für die dynamische Ganzheit ihrer gegenseitigen Beziehungen" (ÄF 103).[72]

---

[71] Beispiel: Goethes Rhetorik in der „Iphigenie", vgl. II.1.3.
[72] Darin weicht Mukařovský von Autoren wie Kayser oder Lotman ab, die den ästhetischen Wert in formal-ästhetischen Zügen des Werks fundieren.

Der ästhetische Wert im Kunstwerk ist auf diese Weise sogar quantifizierbar: Der Wert des Kunstgebildes wächst mit der Zahl der in ihm gebündelten außerästhetischen Werte und ihren Spannungen (ÄF 106 f.); spannungsvolle Dynamik wiegt mehr als statische Harmonie (ÄF 107). Mukařovský gewichtet so, weil die unterschiedlichen und widersprüchlichen nicht-ästhetischen Werte, die ein Artefakt zusammenbindet, im Wandel der Zeiten die Anknüpfung der sich wandelnden Werte des jeweiligen Kollektivs erleichtern. Mukařovský bietet damit ein formales Kriterium, das den Vorgang der Reaktualisierbarkeit und damit auch der Kanonisierung erklärt.[73]

Da der dominierende ästhetische Wert nur für die ‚Autonomisierung' des Artefakts sorgt, können unterschiedliche Rezipienten(kollektive) dem gleichen Artefakt unter verschiedenen Voraussetzungen ganz verschiedene ‚höchste Werte' zuschreiben; sein „Wert" unterliegt einer historischen und sozialen Dynamik (ÄF 75). Auch gesellschaftliche „Regulierungen der Bewertung von Kunstwerken" durch „die Kritik, die Kennerschaft, die Kunsterziehung", durch „Kunstmarkt, [...] Museen, öffentliche Bibliotheken, Wettbewerbe, Preise, Akademien und oftmals sogar die Zensur" (ÄF 78) können nur gewisse, aber längst nicht vollständige Vereinheitlichungen der ästhetischen Bewertung zustandebringen (ÄF 79). In unseren Begriffen: Das gleiche Werk kann gleichzeitig und nacheinander mit verschiedenen Wertsprachen gewertet werden; an die Stelle der methodisch von Mukařovský meist unterstellten Norm eines gemeinsamen „kollektiven Bewußtseins" treten die Werte zeit-, gruppen- und rollenspezifischer Wertsprachen.

(4) Einbettung der Wertsprache(n): Den theoretischen Hintergrund für Mukařovský bilden
– die Ästhetik Kants, der als erster die Konstitutionsleistung des Subjekts für ästhetische Wahrnehmung und ästhetisches Urteil herausgearbeitet hatte;
– die „Philosophie der Kunst" (1909) von Broder Christiansen, der den Terminus ‚ästhetisches Objekt' geprägt und dieses – anstelle des materiellen Artefakts – als Gegenstand des Werturteils erkannt hatte[74];

---

[73] Die Vorstellung stimmt mit unsern Beobachtungen am Kanonisierungsprozeß von Droste überein, vgl. II.4.
[74] Zur Kenntnis dieser Positionen vgl. Nachwort zu Mukařovský: Studien, S. 297 f.

- die historisch und gesellschaftlich konkrete, tschechische empirische Ästhetik, wie sie O. Hostinsky, in Anlehnung an Herbart, vertreten hatte (ÄF 293);
- der linguistisch funktionale Strukturalismus des Prager Kreises mit Roman Jakobson (ästhetische Sprachfunktion als Selbstreferenz) sowie der Russische Formalismus (Normbruch als Qualitätsmerkmal).

Die Motivationen, die den semiologisch-strukturalistischen Entwürfen Lotmans und Mukařovský zugrunde liegen, decken sich zum einen mit denen Kaysers, z.T. auch der Ideologiekritik, indem sie gegen die Geistesgeschichte und deren Bindung des Textes an die individuelle Psychologie und Biographie des Autors opponieren. Zum andern antworten sie auch, unbewußt oder auch bewußt, auf eine externe Krise, sogar eine doppelte: Es ist einerseits nach wie vor die Krise, die aus der abnehmenden Geltung des literarischen Kunstwerks in der pluralen Massengesellschaft folgt; man tritt ihr nun nicht mehr in der Öffentlichkeit durch suggestive Interpretationen oder politische Aktualisierung und Kritik entgegen, sondern man behauptet den Wert des Kulturguts durch seine immer exaktere wissenschaftliche Beschreibung (Lotman) und durch den Ansatz, die Reflexion des ästhetischen Werts vom Kunstwerk auf andere Literaturformen, ja auf die ästhetische Gesamtkultur auszudehnen. Andererseits ist es auch eine Krise der Literaturwissenschaft selbst, die sich in Konkurrenz mit den exakten Wissenschaften behaupten muß.[75] Und drittens gibt es, jedenfalls für Lotman, politische Motive: Er konnte sich durch den Rückzug auf formale Strukturbeschreibung der geforderten Anpassung an die sowjetische Literaturpolitik entziehen. Mukařovský hatte unter den tschechischen Verhältnissen (zunächst) freie Hand, die Gesellschaftsbezüge der Kunst zu denken, ohne sie politischen Normen unterstellen zu müssen.

5.2.2 Wertung in der Rezeptionsästhetik (Jauß)

Die Rezeptionsästhetik oder Rezeptionstheorie signalisiert schon mit ihrem Namen, daß ihr Interesse nicht dem literarischen Werk als Produkt seines Autors oder als in sich geschlossener sinntragender Struktur gilt, sondern dem Vorgang und Ergebnis seiner Aufnahme durch Leser; das Werk wird also als ‚Zeichen' gesehen, dem in der Rezeption je verschiedene Bedeutungen zugewiesen werden kön-

---

[75] Vgl. Lotman: Analyse, S. 24 und Schrader: Theorie und Praxis, S. 168.

nen. Aber nicht nur das berechtigt uns, dieser Theorie ‚semiotische Prämissen' zu unterstellen: Sie versteht sich selbst, jedenfalls in der sog. Konstanzer Schule mit Iser und Jauß, als Weiterentwicklung des Prager Strukturalismus in Richtung auf eine literaturwissenschaftliche Pragmatik, muß also die Werke zusammen mit ihren wechselnden Kontexten wahrnehmen. Eines allerdings ist verwunderlich: Wir haben immer wieder gesehen, daß die Textwahrnehmung beim Lesen von der Handlung des Wertens kaum zu trennen ist; dennoch ist dieser Aspekt in der Rezeptionsästhetik nicht sehr oft thematisiert worden, und keiner der beteiligten Forscher hat bisher eine Wertungstheorie vorgelegt. Erst wo im Gefolge der Rezeptionsästhetik auch Rezeptionsgeschichten geschrieben wurden und ideologiekritisches Interesse hinzutrat, wurde der Wertungsaspekt häufiger mitreflektiert.[76] Wir wollen dennoch im folgenden am Beispiel von Hans Robert Jauß herauszuarbeiten suchen, ob, ggf. an welchen Stellen und mit welchem Erfolg der wertungstheoretische Ansatz von Mukařovský in der Rezeptionsästhetik produktiv weitergeführt wird.

Ansätze zu einer Wertungstheorie stecken in Jauß' kanonisch gewordenem Aufsatz „Literaturgeschichte als Provokation der Literaturwissenschaft" von 1970 (= LP)[77]; der Autor entwarf darin eine neue Form der Literaturgeschichtsschreibung, von der Rezeption her. Dabei mußten notwendigerweise Probleme der Kanonbildung unter Kunstwerken und ihren Deutungen, und damit Wertungshandlungen, erörtert werden. Wir fragen den Aufsatz auf seinen Beitrag zum Wertungsproblem nach unserm Schema ab, um schon Bekanntes und Neues unterscheiden zu können.

(1) Gegenstand der Wertung. Den Gegenstandsbereich seiner Beobachtung und damit auch möglicher Wertungsreflexion engt Jauß erneut auf ‚Werke' ein, in der bekannten Rangskala von Kunst über Tendenz- zu Trivialliteratur. Nicht-fiktionale Literatur wird gar nicht beachtet; aber noch unter den fiktionalen Werken ist das ‚autonome' Kunstwerk immer das eigentliche Paradigma. Die von Mukařovský bereits erarbeitete Möglichkeit, eine Wertsprache auch für eine heteronome Ästhetik aufzubauen und damit ein Fundament für die Wertung des Ästhetischen in nur ‚begleitender' Funktion zu legen, wird von Jauß nicht aufgenommen.

---

[76] Vgl. den Sammelband von Grimm: Literatur und Leser, auch Jauß: Horizontwandel, und Schemme: Iphigenie.
[77] Mit berücksichtigt wurden: Jauß: *La douceur*, und ders.: Aufriß.

(2) Zur Methode der Wertung: Die Wertungshandlung bezieht Jauß aber konsequenter als Mukařovský allein auf das ‚ästhetische Objekt', das wahrgenommene Werk. Der Text sichert nur noch die materielle Identität des Gegenstandes durch alle seine Rezeptionen hindurch.[78] Allerdings entsteht dadurch ein fundamentales Problem: Wird dann überhaupt noch ein identisches ‚Werk' gewertet? Fast zwangsläufig folgt aus dieser Aporie die Forderung, adäquate – und sei es auch nur zum jeweiligen Zeitpunkt adäquate – ‚ästhetische Objekte', die das ‚Werk' zu Recht repräsentieren, von beliebigen, unvollkommenen, bloß subjektiven zu unterscheiden. Dafür ist nun freilich nicht mehr der Text allein die Kontrollinstanz und damit – wie bei Mukařovský – der Träger der potentiellen Werte, sondern auch die Kompetenz geschulter, „adäquater Leser"[79]: Sie müssen das Werk in einem „objektivierbaren Bezugssystem der Erwartungen [...] im historischen Augenblick seines Erscheinens" auf dem Hintergrund der Struktur der literarischen und der gesellschaftlichen „Reihen"[80], in denen der Text fungiert, realisieren (LP 173 f.). Mit dieser Beschreibung der adäquaten Konstruktion von ästhetischen Objekten in immer neuen Horizonten hat Jauß Mukařovskýs kaum ausgearbeitetes Konstrukt des ‚Kollektivsubjekts' aufgenommen, erneut individualisiert und präzisiert, freilich auch normierend eingeschränkt: auf Literaturwissenschaftler, Kritiker und andere subtile Kenner.

Der jeweilige ‚Erwartungshorizont' des rezipierenden Subjekts ist für die Methode der Wertung zentral: Denn die Überschreitung dieses Horizonts begründet nach Jauß den Wert des Werks. Er versucht deshalb, diesen Erwartungshorizont systematisch zu rekonstruieren, d. h. in seiner Sprache: zu ‚objektivieren', und greift damit das Problem auf, woran die ‚entautomatisierende'[81] Überschreitung eines

---

[78] Jauß: Aufriß, S. 168.
[79] Vgl. Link: Rezeptionsforschung, S. 23, S. 43-52, S. 142-146 und S. 153-157.
[80] Die Konzepte der „literarischen" und „gesellschaftlichen" Reihe, die miteinander in Beziehung stehen, stammen aus dem Russischen Formalismus und sind von Jurij Tynjanow (Die literarische Evolution, 1927) entwickelt worden; vgl. Striedter: Russische Formalisten, S. 461. Jauß kritisiert zwar die formalistische Bindung des Lesens an den Text (LP 168), setzt aber selbst eine literaturwissenschaftliche Lesenorm (s.u.).
[81] Auch der Begriff der ‚Entautomatisierung' von Wahrnehmung und Sprache stammt aus dem Russischen Formalismus; als ‚automatisiert' gelten sprachliche und poetische Verfahren, die ihren zunächst innovativen und provokativen Charakter verloren haben, ‚normal' geworden sind.

5. Wertung im Rahmen literaturwissenschaftlicher Theorien

Standards – nun nicht werk-, sondern leserbezogen – zu erkennen sei. Allerdings ermittelt er den Erwartungshorizont weder durch empirische Forschungen über den Wertungshintergrund bei heutigen realen Lesern noch, für historische Wertungen, durch Analyse größerer Mengen von Rezeptionszeugnissen. Er erschließt ihn vielmehr mit dem Wissen des kompetenten Literarhistorikers aus den Werken selbst, indem er sie auf den jeweiligen Standard in ihrer Gattung, Textart und literarischen Verfahrensweise, manchmal auch lebensweltlicher Normen bezieht (LP 175-177 und 201-203). Diese problematische Entscheidung gegen empirische Leserforschung kennzeichnet die ganze Richtung der sog. Rezeptionsästhetik[82]: Der literarische Erwartungshorizont wird von den Werken her, allenfalls noch mit Hilfe begleitender poetologischer Texte, erschlossen (LP 176), und auch das Wissen über den lebensweltlichen Horizont wird aus Literatur gewonnen[83]. Die semiotisch-strukturalistische Methode wird nicht mit einer (historisch)-empirischen, sondern mit einer hermeneutischen kombiniert.

Zur Veranschaulichung kann uns die Rezeption des „Wilhelm Meister" dienen: Goethes Roman überschreitet – so würde Jauß hermeneutisch rekonstruieren – den alten Erwartungshorizont, der sich mit den empfindsamen und didaktischen Romanen der Aufklärung gebildet hatte, und zwar sowohl durch sein literarisches Verfahren wie durch seine Indifferenz gegen geltende moralische Normen; ein ‚kompetenter' Leser wie Schiller leistet die adäquate Interpretation, konstituiert den neuen Erwartungshorizont und kann den Roman von daher positiv werten. Wir erkennen freilich durch die Analyse der Rezeptionszeugnisse, daß andere, selbst professionelle Leser wie Herder im alten Erwartungshorizont befangen bleiben. Das heißt: Jauß ‚objektiviert' gar nicht den faktischen, uneinheitlichen Horizont der Leser; die sog. ‚Objektivierung' des Erwartungshorizonts ist vielmehr eine normative Konstruktion des Literarhistorikers, der Literaturgeschichte als Entwicklungsreihe aus ‚adäquat' rezipierten Werken denkt.

Allerdings ist die Hermeneutik von Jauß eine kritische. Denn in Auseinandersetzung mit Gadamer (LP 186-189) und im Anschluß an Benjamin (LP 170, Anm. 63) gibt Jauß dem gegenwärtigen Sub-

---

[82] Zur Kritik vgl. Woesler: Kanon, S.1213 und passim; Müller: Wissenschaftsgeschichte, S. 462 und 466; Groeben: Rezeptionsforschung, S. 44 u.ö.
[83] Vgl. Jauß: Aufriß, S. 350, 357 u. ö.

jekt mit seinen Fragen den Vorrang im hermeneutischen ‚Dialog' mit dem Werk. Dem statischen Modell Gadamers, das das Wiedererkennen des traditionell immer schon ‚Schönen' verlangt, setzt Jauß – mit den Russischen Formalisten und mit Mukařovský – das produktive, die automatisierte Wahrnehmung brechende neue Sehen entgegen, ein „fortschreitendes Verstehen, das notwendig auch Kritik der Tradition und Vergessen einschließt" (LP 188 f.).[84] Auf Grund eines fortgeschrittenen Stands seiner Erfahrung kann der Leser an literarischen Werken aber auch formale und inhaltliche Strukturen entdecken, die früherer Rezeption verborgen blieben (LP 192 f.). Daher kann sich in der Geschichte adäquater Rezeptionen sukzessiv das Bedeutungspotential der Texte entfalten, und mit ihm ihr Wert (LP 186).

Auf der Skala zwischen objekt- und subjektbezogener Wertung könnten Jauß und die Rezeptionsästhetik wegen der konsequenten Bindung des Werts an das *rezipierte* ‚ästhetische Objekt' und wegen der möglichen Traditionskritik von der Gegenwart aus nahe an den Subjektpol gestellt werden; durch die Verpflichtung des Subjekts auf ‚adäquate Rezeption' des Objekts und die weitgehende Beschränkung des Erwartungshorizontes auf literarisch-ästhetische Standards, die mit dem Schein von Objektivität auftreten, bleibt aber auch diese Position noch – mehr als Jauß bewußt ist – ans Objekt rückgebunden.

Außerdem setzt die Rezeptionsästhetik wieder auf die kleine Gruppe literarisch-ästhetisch kompetenter Menschen, die gewillt sind, die sonst allenthalben in der Wertung dominierenden nichtästhetischen Werte zurückzustellen.

(3) Wertsprache: Höchster Wert für Jauß als Rezeptionsästhetiker ist eine Werkstruktur, die dazu anreizt, in immer neuen Rezeptionen endlos immer neue Bedeutungen hervorzubringen. Erneut beharrt Jauß auf *kompetenter* Vermittlung von Struktur und Rezeption: Nicht schon das über Jahrhunderte hinweg „angesammelte Urteil anderer Leser, Kritiker, Zuschauer und sogar Professoren", wie René Wellek meint, begründet den Wert eines Werks, sondern „die sukzessive Entfaltung eines im Werk angelegten, in seinen historischen Rezeptionsstufen aktualisierten Sinnpotentials" in einer „kontrolliert" vollzogenen Begegnung zwischen Gegenwart und Überlieferung (LP 186). Das ist nichts anderes als die streng rezeptionstheo-

---

[84] Vgl. Walsers „Meister"-Rezeption, II.3.3.

5. Wertung im Rahmen literaturwissenschaftlicher Theorien

retische Reformulierung der von Mukařovský noch dem Werk zugeschriebenen Dominanz der ästhetischen Funktion, die über die Zeiten hinweg den Anschluß immer neuer, auch nicht-ästhetischer Werte an die ‚materielle' Werkstruktur erlaubt.

Jauß glaubt nun im Vertrauen auf die Objektivierbarkeit des jeweiligen Erwartungshorizonts sogar ein quantitatives Maß für den ästhetischen Wert des Werks (als ‚ästhetisches Objekt') im jeweiligen Augenblick gefunden zu haben: die „Distanz zwischen Erwartungshorizont und Werk" (LP 178).[85] Je größer die Distanz, die Überschreitung bisheriger „ästhetischer Erfahrung", desto wertvoller das Werk, je geringer, desto näher an Trivialität (LP 178). Das bekannte Kriterium der formalen „Innovation" (Kayser) oder der „Normdurchbrechung" (Russische Formalisten) wird nicht nur auf das Werk, sondern auch auf die Rezeption angewendet: Lesen im Schema, Gewöhnung auch an das einmal Neue, die Automatisierung der Wahrnehmung, gefährden und trivialisieren selbst die klassischen Werke; erst Interpretationen „'gegen den Strich' der eingewöhnten Erfahrung" geben dem Werk auch neuen Wert (LP 179, auch LP 202).

Das gilt bei Jauß für ästhetische wie für nicht-ästhetische axiologische Werte: Zwar meint er, mit den Formalisten, immer wieder vor allem die Durchbrechung des Horizonts der Erwartung und Erfahrung formaler literarischer Qualitäten, aber mit Mukařovský, mit Benjamin und Adorno doch auch die gesellschaftliche Kritik und Innovation: Kunst wird als permanentes gesellschaftliches Kritikpotential verstanden. Die „Emanzipation des Menschen aus seinen naturhaften, religiösen und sozialen Bindungen" wird als „gesellschaftsbildende Funktion" der Literatur bestimmt und hochgewertet (LP 207). Das ist der uns bekannte relationale Wert, der an eine Geschichtsteleologie gebunden ist.

(4) Einbettung der Wertsprache: Die theoretischen Voraussetzungen von Jauß sind schon zur Sprache gekommen: Es ist, sehr verkürzt, zum einen die Hermeneutik Gadamers, die aber unter dem Einfluß des Evolutionsdenkens der späteren Russischen Formalisten und auch der Kritischen Theorie mit einem potentiell traditionskritischen Akzent versehen wird. Zum andern ist es die Theorie Jan Mukařovský, die Jauß rezeptionsästhetisch radikalisieren möchte, ohne dar-

---

[85] Wenn Jauß ständig wieder von ‚Werk' redet, ist – wie hier – oft nicht deutlich, ob er nicht eigentlich das ‚ästhetische Objekt' meint.

in ganz konsequent zu sein, und zum dritten die phänomenologisch fundierte Rezeptionstheorie Wolfgang Isers, die in Konstanz etwa gleichzeitig entwickelt wird. Allen diesen Ansätzen gemeinsam ist die Bedeutung, die den Rezipienten und ihren je historischen Voraussetzungen für Textwahrnehmung und in wachsendem Maße auch für Traditionskritik beigemessen wird; aber alle – teilweise selbst Mukařovský – können oder wollen sich von der Autorität der ‚klassischen' Kunstwerkästhetik und des weltliterarischen Kanons noch nicht lösen und gestehen ihnen normative Ansprüche an die Rezeption zu.

Die motivationalen Werte von Jauß, bezogen auf das Jahr 1970, sind ohne die Denkanstöße der Studentenrevolte kaum zu verstehen: Die Studenten waren es, die damals in allen Philologien die Rezeption der strukturalistischen wie der marxistischen Theorieentwicklungen mit Nachdruck einforderten, mochte sich auch die Romanistik dem formalistisch-strukturalistischen Gedankengut schon einige Jahre früher geöffnet haben. Die spezielle Synthese aber, die Jauß (im Anschluß an Mukařovský) zwischen Formalismus und kritischer Hermeneutik in seiner rezeptionsästhetischen Wertsprache versucht, ist Niederschlag seiner produktiven Auseinandersetzung mit den marxistischen Ideologiekritikern. Jauß hat die tradierte Hermeneutik mit ihrer Orientierung an der klassisch-romantischen Produktionsästhetik durch die Integration von Formalismus/Strukturalisms und Ideologiekritik in seine Rezeptionsästhetik modernisiert; in dieser Form hat sie Raum auch für die Ästhetik des ‚offenen Kunstwerks' der Moderne.

5.3 Infragestellung von Wertung: Poststrukturalismus / Dekonstruktion

‚Poststrukturalismus' und ‚Dekonstruktion' sind Namen für eine Theorie und für die Praxis, die aus dieser Theorie folgt.[86] Beide stehen durch *eine* Grundvoraussetzung noch auf semiotischer Basis:

---

[86] Die Begriffe werden in der Regel nicht streng geschieden, vgl. Eagleton: Literaturtheorie, Kap. Poststrukturalismus (S. 110–138). Zur Einführung und als Basis der Charakterisierung daneben auch Culler: Dekonstruktion. Tendenziell wird der Begriff ‚Dekonstruktion' mehr für die Anwendung der Theorie verwendet.

5. Wertung im Rahmen literaturwissenschaftlicher Theorien

Das, was uns als ‚Wirklichkeit' gilt und was wir mit Bedeutung versehen, konstituieren wir durch eine Welt von Zeichen, von Sprachen, und dementsprechend auch die literarisch-ästhetischen Phänomene, nach deren Wertung wir fragen. Im übrigen aber kehren Poststrukturalismus und Dekonstruktion zentrale Annahmen des Strukturalismus, aber auch der Rezeptionsästhetik polemisch um. Wir heben nur einige dieser neuen Annahmen heraus[87], um zu zeigen, daß sie auf die Möglichkeit einer intersubjektiven Wertung von Literatur im Prinzip zerstörend wirken müssen:

– Die Bedeutung von Zeichen läßt sich nicht fixieren, auch nicht im Bezug auf ‚Kollektivsubjekte' und definierte soziale oder institutionelle Kontexte; Texte sind ‚unlesbar' (de Man). Wo bestimmte Bedeutung zugewiesen wird, sind Ideologie und Macht im Spiel.
– Die Vorstellung von ‚Werken' als Objekten der Analyse und Wertung ist Schein: Alle Zeichen stehen in einem unendlichen ‚Text', in einer netzartigen ‚Intertextualität'.
– ‚Identität' ist eine Fiktion, die letztlich in der Metaphysik wurzelt; das gilt nicht nur für die ‚Objekte', sondern auch für die ‚Subjekte'. Individuelle oder kollektive Erfahrung und Intention kann ihnen nicht zugeschrieben werden.
– Eine analoge Fiktion ist ‚Totalität', die Ganzheit und Einheit von Objekten oder Subjekten, von Erfahrung, Sinn, Geschichte u.a.m.
– ‚Struktur' und ‚System' als Organisationsformen von Zeichen sind demzufolge Ergebnis einer ideologischen Sichtweise; sie werden (speziell in literarischen Texten) innerhalb des Textes selbst unterminiert.
– Die Vorstellung von binären Oppositionen ist irreführend: Beide Seiten einer Opposition tragen jeweils ihr Gegenteil, ihren Widerspruch in sich; Hierarchien (wie etwa die von ‚Zentrum' und ‚Rand') sind prinzipiell umkehrbar.
– Einen Gegensatz von ‚Objektsprache' und ‚Metasprache', von literarisch-ästhetischem und philosophisch-theoretischem Diskurs kann es wegen der kunstanalogen Nichtfixierbarkeit *aller* Zeichen nicht geben.

Mit diesen neuen Annahmen ist, wenn man sie akzeptiert, sowohl der hermeneutischen wie der semiotisch fundierten Wertung der Bo-

---

[87] Im Rahmen dieser Einführung in Wertung ist es leider aus Raumgründen nicht möglich, die voraussetzungsreiche Theorie in ihrem inneren Zusammenhang für Anfänger einsichtig zu entfalten; sie seien auf die angegebene Literatur verwiesen.

den entzogen. Der ‚Gegenstand' der Wertung kann danach nicht einmal als ‚ästhetisches Objekt' eines mehr oder weniger kompetenten (Kollektiv-)Subjekts identifiziert, geschweige denn wissenschaftlich intersubjektiv analysiert werden; er löst sich in den Prozeß seiner ständigen Neukonstituierung durch beliebige, in sich selbst nicht identische Subjekte auf. Zu erwarten wäre also von den Vertretern dieser Richtung, daß sie alle tradierten Wertungen von Literatur, insbesondere den Kanon, infragestellen; möglich wären nur noch beliebige Wertungshandlungen, die von den instabilen Zuständen und Bedürfnissen der wertenden ‚Subjekte' und ihrer jeweiligen Wahrnehmung ebenso beliebiger literarischer ‚Objekte' abhingen.

Diese Erwartungen werden jedoch nicht konsequent erfüllt. Der kritisch-polemische Gestus, mit dem sich der Poststrukturalismus gegen die aus seiner Sicht willkürliche ‚Herrschaft' der oben genannten tradierten ‚Strukturen' und Vorstellungen wendet, impliziert selbst Wertung. Poststrukturalisten / Dekonstruktivisten sehen die Festlegung von Bedeutungen, von Identitäten, von Strukturen und Systemen, Oppositionen und Hierarchien bereits auf der Ebene der Zeichen als Akte von Gewalt und verstehen sich im Aufdecken und ‚Dekonstruieren' als subversiv, bis ins Politische hinein. Sie beziehen damit wertend Stellung. Wir werden diese Ambivalenz von programmatischer ‚Dekonstruktion' des Wertens und eigenem neuen Werten an unseren Beispielen verfolgen.

5.3.1 Das Beispiel Roland Barthes

Roland Barthes hat als strenger Strukturalist begonnen, aber um 1970 eine Wende zum Poststrukturalismus vollzogen. 1973 hat er einen Essay mit dem Titel „Le plaisir du texte" veröffentlicht, den wir unserer Analyse zugrundlegen (deutsch: „Die Lust am Text" = LT). Die strikt kanonbezogene Wertungsfreudigkeit dieser Studie, die nicht zu den poststrukturalistischen Prämissen zu passen scheint, könnte also noch ein Übergangsstadium dokumentieren; doch wiederholt sich dieser Widerspruch bei vielen andern Poststrukturalisten und wird, wie wir sehen werden, von de Man auch reflektiert.

(1) Gegenstand der Wertung: Barthes macht zunächst nicht Texte, sondern Arten des Lesens (und zwar des professionellen Lesens) zum Gegenstand seines Wertens. Das traditionell interpretierende Lesen, als Suche nach Sinn und Zusammenhang im Text, wird erwartungsgemäß abgewertet. ‚Dekonstruktives' Lesen wird in zwei

5. Wertung im Rahmen literaturwissenschaftlicher Theorien 293

Spielarten vorgeführt: als intellektuelle Beobachtung von Sinnverweigerung und Diskontinuität im Text sowie als sinnliche Wahrnehmung und erotischer Genuß dieser Sinnverweigerung und Widersprüchlichkeit; beide Spielarten werden emphatisch gerühmt. Diesen Leseweisen ordnet Barthes dann freilich auch zwei Typen von Texten zu: traditionell, aber auch intellektuell-dekonstruktiv werden vor allem die ‚klassischen' gelesen, sinnlich-erotisch nur die ‚modernen'. Diese Texttypen werden damit implizit ebenfalls Gegenstand seiner – qualitativen und quantitativen – Wertung, und diese bestätigt, wie auch Barthes' Beispiele zeigen, den ‚Kanon': „Lust am Text" kann offenbar nur aus der Lektüre von ‚Kunst' gewonnen werden.

(2) Methode der Wertung: Von einer Methode der Textwertung können wir nur auf einer nachgeordneten Ebene sprechen, da sich Barthes' Wertungshandlung vorrangig auf die Leseweise richtet. Er klassifiziert die beiden Leseweisen nach der Art von „Lust", die sie in den Lesenden auslösen: Rezeptive „Lust" (plaisir) – besser wohl: geistiges Gefallen – soll aus hermeneutischer (LT 20), aber auch dekonstruierender Klassiker-Lektüre folgen (LT 8 f., 20, 30), produktive „Wollust" (jouissance) – besser wohl: sinnlich-erotische Lust – aus einer körperlich affizierten, das Schock-Erlebnis genießenden Lektüre der Modernen (LT 8, 20 f., 25, 31 f., 77 u.a.). Die geistige Lust kann in Textanalysen transformiert und damit ausgesagt und kommuniziert werden, die sinnlich-erotische Lust ist unsagbar, ein einsames Leseerlebnis, das ein kreatives Weiterschreiben provoziert; Voraussetzung besonders der zweiten Art von „Lust am Text" ist ein detailbesessenes, äußerst textnahes Lesen. Diese beschreibende Klassifikation ist aber zugleich wertbesetzt: Das sinnlich-erotische Lesen wird deutlich höher gewertet. Barthes' ‚Wertungsmethode' besteht zum einen in der suggestiven Emphase, mit der er das „Wollust"-Lesen charakterisiert, zum andern in Anspielungen auf gleichfalls wertbesetzte psychoanalytische Konstrukte (LT 16 f. u. ö.).[88] Das Spiel des Schriftstellers mit der „Muttersprache" gleiche dem Spiel „mit dem Körper seiner Mutter", der ambivalenten Lust, „ihn zu glorifizieren, zu verschönern oder [...] zu zerstückeln" (LT 56 u.a.), und der faszinierte Leser vollziehe diese ‚Wollust' nach;

---

[88] ‚Emphase' und ‚Anspielung' sind Beispiele für ‚implizite Wertungen': für die wertende Verwendung beschreibender Ausdrücke und für die Wertung durch Parallelisierung, vgl. I.1.5.3.2, (5) und (3).

den Theoremen Freuds zufolge, die hinter dieser und ähnlichen Vorstellungen des Essays stehen, denkt Barthes damit primär an männliche Leser.

Die Höchstwertung des ‚Wollust-Lesens' zieht auch eine Höchstwertung moderner Texte und ihrer Merkmale nach sich: Denn mindestens diese Texte versteht Barthes nicht nur als passiven Stimulus der Leserwollust; er schreibt ihnen vielmehr ein aktives Begehren zu, ‚erotisch' gelesen zu werden (LT 12, 43).

Auf der Skala, auf der wir den Wertungsvorgang zwischen ‚Objekt' und ‚Subjekt' zu orten versuchen, steht Barthes im Prinzip ganz auf der Seite des ‚Subjektpols', da er gar kein Objekt mehr wertet – auch nicht mehr ein ästhetisches Objekt als Konstrukt des Subjekts –, sondern nur noch Zustände des Lesenden und die Leseverfahren, die sie erzeugen. Dem widersprechen aber seine Kanonorientiertheit und die geradezu ontologisierenden Stellen seines Essays, an denen er den Text, insbesondere den modernen, mit einem selbständigen Begehren ausstattet und seine Wirkungen von attributiven Werten ableitet (LT 13 ff.).

Als Adressaten und Sympathisanten der Wertungen Barthes' kommen ausschließlich professionelle Leser infrage und, folgt man (was nicht zwingend ist) der psychoanalytischen ‚Erklärung', möglicherweise bevorzugt solche männlichen Geschlechts.

(3) Wertsprache: Der höchste axiologische Wert in der Wertsprache Barthes' scheint eindeutig ein wirkungsbezogener ästhetischer, hedonistischer Wert zu sein: ‚Lust', und zwar in der Variante der ‚Wollust' des erotisch-narzißtischen Selbstgenusses, der aus der Begegnung mit bestimmten Erscheinungsweisen des Literarischen gezogen wird. Die attributiven Werte am Text, die das lustvolle Lesen stimulieren, sind Brüche und Widersprüchlichkeiten, Freiheit von Sinn durch Ausstellen des reinen Materials der Sprache, durch Demontage, Parodie u. a. – also vor allem die Merkmale der experimentellen Avantgarde-Literatur (LT 13 ff., 90). Die Voraussetzung, solchen Merkmalen exzessive Lustempfindung zuzuordnen, liegt in einer Antipathie gegen Ordnung und Sinn, weil diese poststrukturalistisch als Ergebnis von Gewalt interpretiert werden. Damit stoßen wir auf einen noch höheren, nicht-ästhetischen Wert in Barthes' Wertsprache; es ist der komplexe Wert der ‚Herrschaftsfreiheit', der ‚Emanzipation von Herrschaft', der ‚Subversion' von Ordnung schlechthin (LT 21 f, 34 f., 48). Eine zweite Zuordnungsvoraussetzung verbirgt sich in den psychoanalytischen Anspielungen und verweist auf ei-

nen weiteren nicht-ästhetischen, psychophysischen höheren Wert: ‚Wiedergewinnung des Glücks primär-narzißtischer, vorsprachlicher Erfahrung' (LT 30, 32 f. u. ö.). Er wird dem politischen Wert aber nachgeordnet, wenn Barthes das Asoziale einsamer ‚Wollust' an eine (elitäre) Gemeinschaft zurückbindet, die sich gegen die Normen sowohl der politischen Herrschaft, aber auch der Massenkultur auflehnt (LT 23, 34 f., 58 f. u. ö.)

Von diesen Zuordnungsvoraussetzungen her wird die quantitative Abstufung in der Bewertung der Leselust verständlich: Lust am hermeneutischen Erspüren und Erarbeiten der vereinheitlichenden ‚Textintention' klassischer Werke, aber auch an der Spannung im vordergründigen, ‚angepaßten' Lesen wird geradezu zum Negativwert (LT 13, 20 u. ö.); Lust am dekonstruktiven Lesen klassischer Werke ist dagegen wertvoll, weil durch sie auch an diesen Texten ihre Widersprüche und die interne Selbstdekonstruktion von ‚Einheit' aufgedeckt werden (LT 15 u. ö.). Am wertvollsten ist jedoch die Wollust beim Lesen moderner Werke, weil diese von sich aus eine Sinnfixierung verweigern und zum vorsprachlichen ‚Genießen' verführen.

(4) Einbettung der Wertsprache: Barthes befindet sich in partiellem Einverständnis mit allen im Vorausgehenden diskutierten Theorien, die eine kritische Komponente enthalten: Mit den Formalisten und Strukturalisten teilt er die Hochwertung der Normbrüche, mit der Kritischen Theorie und der Ideologiekritik die politischen Werte der ‚Emanzipation' und die Abwertung der Massenkultur, mit der Rezeptionsästhetik die Konzentration auf das Lesen und die Leselust.[89] Von allen unterscheidet er sich freilich durch die poststrukturalistische Wendung gegen einen Anspruch des Textes auf ‚Ganzheit' oder ‚Wahrheit' und durch die (nicht konsequent durchgehaltene) Weigerung, das Leseverhalten durch den Text oder den literarischen Kontext steuern zu lassen.

Die motivationalen Werte, aus denen Barthes' Wertsprache hervorgeht, wurden in den oben genannten Zuordnungsvoraussetzungen erkennbar: Sie folgen – wie der gesamte Poststrukturalismus – aus der internationalen intellektuellen Revolte von 1968 und sind eine Reaktion auf deren Enttäuschungen. Beibehalten wurde der Gestus der Auflehnung gegen die kapitalistische Massengesellschaft,

---

[89] Lust in der ästhetischen Erfahrung wurde durch Jauß gleichzeitig mit, aber unabhängig von Barthes aufgewertet; sie bleibt bei ihm aber hermeneutisch an den Dialog mit dem Text gebunden (Jauß: Aufriß, S. 55 f.).

aber die Kritik wurde von der Ebene konkreter politischer Aggression auf die zugleich fundamentalere, aber auch abstraktere Ebene der Sprachkritik als Herrschaftskritik verschoben. Damit wurden auch die sozialpolitischen Zielsetzungen zurückgenommen; die intellektuelle Befriedigung, mit der die prinzipielle Ungegründetheit von Macht durchschaut, ihre potentielle Subvertierbarkeit erkannt wird, muß genügen.

Jedenfalls machen die Wertsprache Barthes' und ihre Hintergründe deutlich, daß die Wertungsabstinenz, die wir von einer poststrukturalistischen Position erwarten mußten, nicht durchgehalten wird. Die Dekonstruktion setzt und erlebt sich selbst als Wert und legitimiert diesen aus dem politischen Wert der (theoretischen) Subversion von Herrschaft.

5.3.2 Das Beispiel Paul de Man: eine Ergänzung

Direkte Äußerungen Paul de Mans zur Wertung einzelner Texte liegen nicht vor, wohl aber Stellungnahmen zu ‚Literarizität', die wie üblich implizit als Wert verstanden wird, und verstreute Bemerkungen zum literarischen Kanon; unsere Belege stammen aus de Mans in Deutschland wohl bekanntestem Werk, „Allegories of Reading" von 1979 (= AR), und aus dem Aufsatz „Literary History and Literary Modernity" von 1969 (= LH).[90] Es ist weder möglich noch nötig, de Mans Wertsprache aus diesen Äußerungen zu rekonstruieren; sie interessieren uns aber, weil sie erklären helfen, warum sowohl Barthes wie Paul de Man nicht auf Wertung verzichten und warum sie den tradierten abendländischen Kanon nicht, wie zu erwarten, negieren, sondern ganz auf ihn fixiert bleiben. Zuletzt ist zu fragen, ob eine konsequenter dekonstruktive Haltung zur Wertungs- und Kanonfrage denkbar wäre.

Bei de Man finden wir, wenngleich implizit, die entschiedensten poststrukturalistischen Argumente gegen Wertung und Kanon: Texte sind nach seiner Auffassung „unlesbar", weil sie sich selbst de-

---

[90] Mit unsern Ausführungen folgen wir im wesentlichen Martyn: Autorität des Unlesbaren. Das Hauptwerk de Mans: Allegories of Reading (in deutscher Übersetzung „Allegorien des Lesens", 1988) wird von Martyn nach der englischen Fassung (in eigenen Übersetzungen) zitiert, weil die betreffenden Stellen in der deutschen Auswahl nicht enthalten sind. Textbelege deshalb nach der amerikanischen Ausgabe, wenngleich in Martyns Übersetzung.

5. Wertung im Rahmen literaturwissenschaftlicher Theorien

konstruieren, weil sich nicht entscheiden läßt, ob und wo sie ‚figürlich' oder ‚buchstäblich' zu lesen sind (AR 202). Eine Sinnzuweisung, der nicht widersprochen werden könnte, ist prinzipiell nicht möglich. Das gilt unter den in „Allegories of Reading" entwickelten Prämissen für literarische wie für nicht-literarische Texte; allein darum verböte sich die Heraushebung eines Kanons.

Aber dennoch, so das Argument de Mans, wird in jedem Lesen unausweichlich Sinn und Wert zugewiesen. Lesen ist daher notwendigerweise „im Irrtum" (AR 202), und darüber hinaus „ideologisch": Denn alle Sinnzuweisung beruht auf Vereinbarungen, auf Sprach- und Deutungskonventionen, durch die Machtstrukturen aufrecht erhalten werden (AR 204). Auf solche Vereinbarungen, d. h. auf Konventionen der Textauswahl wie der Textdeutung und -wertung, gründet sich, ebenso unausweichlich, auch der Kanon. Die einzige Waffe gegen diese Autorität des Kanons scheint dekonstruktive Kritik zu sein, die den Kanon als Resultat ideologischer Auswahl und Deutung bloßstellt. Doch selbst die dekonstruktive Textdeutung kann der Logik, nach der jedes Lesen ideologisch ist, nicht entgehen: Auch Dekonstruktion macht den kanonischen Text „lesbar", ist eine Fixierung des Textes, wenn auch auf Sinnverweigerung (AR 125). Konsequenter als Barthes erkennt hier de Man (im Gefolge Derridas), daß die dekonstruktive Bewegung das, was sie unterminiert, nicht aufheben kann, sondern in der Entgegensetzung wiederholt und bestätigt. Allerdings produziert der dekonstruktive Nachweis, daß sich ein Text unter den Prämissen dieser Theorie prinzipiell der Bedeutungsfestlegung entzieht, nicht einfach eine weitere Deutung, die auf gleicher Ebene mit hermeneutischen Deutungen konkurrierte; dafür ist die Argumentation zu grundsätzlich. Lediglich der autoritativ behauptende Gestus, mit dem de Man und andere Dekonstruktivisten ihre jeweilige neue ‚Lektüre' vortragen, erweckt diesen Anschein und steht zu der Theorie im Widerspruch.

Auf das gleiche Paradox der Bestätigung in der Negation läuft de Mans Argumentation zur „Literarizität" hinaus, und auf diesem Umweg auch seine Argumentation zum Kanon: Denn durch das Merkmal „Literarizität" werden Texte im Sozialsystem Literatur positiv gewertet, es begründet tendenziell den Kanon.[91] Aber „Literarizität" besteht nach de Man genau darin, aus dem Bestreben nach „Modernität" heraus den Kanon infrage zu stellen, gegen die Tradition und die in ihr vergegenständlichten Werte zu rebellieren (LH 153). Das

---

[91] Vgl. I.1.2.3 und I.2.2.2.1.

heißt aber, daß die Rebellion selbst zur Tradition gehört (LH 162). „Literarizität" ist danach kein Merkmal, das man von den Werken des Kanons ablesen könnte, sondern ein Produkt des vergeblichen Kampfes gegen ihn: Wer am radikalsten rebelliert, ist am meisten ‚literarisch' – und wird in den Kanon aufgenommen. Dem Kanon, so scheint es, ist nicht zu entkommen. Anders gewendet: Der Kanon ist ein Ergebnis der Differenz zum Kanon.

Gegen diese Argumentation läßt sich einwenden, daß sie selbst im Banne eines traditionellen Blicks auf Literatur bleibt: Sie aktualisiert nur das alte Wertungskriterium der ‚Innovation' und ‚Normdurchbrechung' und gilt offenbar bloß für ein Schreiben, das sich selbst auf den Traditionskanon fixiert und letztlich auch in ihn ‚einschreiben' will. Sie ignoriert alle jene Literatur, die sich um diesen Kanon gar nicht kümmert und nicht aus der Auseinandersetzung mit ihm hervorgeht: didaktische Literatur, reine Unterhaltungsliteratur, kurz alle ‚heteronome' Literatur, und wohl auch die meisten Texte von Frauen.[92] Ein beachtlicher Teil der Literatur ist an de Mans „Literarizität" nicht interessiert. Es ist zu vermuten, daß für den Hochschullehrer und Komparatisten de Man, wie für Barthes, die ‚Lust am Text' den eigentlichen motivationalen Wert dafür bildet, an den hochgewerteten Texten der abendländischen Tradition festzuhalten und bewußt in der Paradoxie von Kritik und Affirmation dieser Kanonautorität zu verharren.

Stärkere Konsequenz liegt in Versuchen der Literaturwissenschaft, vor allem in den USA, den Kanon der abendländischen Tradition radikal zu dekonstruieren und marginalisierte Literaturen in ihre Lehrpläne aufzunehmen; aber auch sie müssen letztlich das Prinzip ‚Kanon' bestätigen. Da werden zwar bisher unterdrückte und vergessene Werke von Frauen oder ethnischen Minderheiten gelesen, da werden andere Kriterien als das der „Literarizität" in die Diskussion gebracht und es wird nach Wegen gesucht, überhaupt keinen Kanon mehr zuzulassen. Aber das Suchen nach einem ‚Anderen' des Kanons gerät dabei in die Aporie, dem bisher Ungelesenen unweigerlich selbst Autorität verleihen zu müssen, neue Kanones zu begründen.[93] Es liegt in der Logik einer literaturvermittelnden Institution, kanonbildend zu wirken; die Pragmatik der prüfbaren Wissensvermittlung über Literatur fordert, daß verbindlich gedeutete

---

[92] Vgl. v.Heydebrand/Winko: Arbeit am Kanon, S. 237 f. und S. 242 ff.
[93] Vgl. dazu zusammenfassend v.Heydebrand/Winko: Geschlechterdifferenz, S. 148 f. und 155 f.

und gewertete Literatur gelehrt wird. Dieser institutionelle Zwang zieht eine enge Grenze für den Wertungsverzicht, den der Poststrukturalismus wünscht und theoretisch zu begründen sucht.

5.4 Wertung in der feministischen Literaturwissenschaft

Das Werten in der feministischen Literaturwissenschaft muß in einem eigenen Abschnitt behandelt werden, obgleich es mit zwei andern, bereits behandelten Ansätzen weitgehend übereinstimmt und im übrigen so wenig einheitlich ist wie der Feminismus selbst. Gewisse Wiederholungen werden also nicht zu vermeiden sind, aber die Aktualität der Diskussion erfordert doch, mindestens die wichtigsten Standpunkte zusammenhängend und genügend differenziert darzustellen.

Die Gemeinsamkeit aller feministischen Wertsprachen in der Literaturwissenschaft besteht allein im höchsten, einem außerästhetischen axiologischen Wert, der in abstraktester Formulierung lauten könnte: ‚Aufwertung der Frau', des ‚Weiblichen'. Infragegestellt wird die selbstverständliche Gleichsetzung von Mann und Mensch, die Hierarchie in den kulturellen Festlegungen der Geschlechteropposition. Andere, bekanntere Begriffe wie ‚Emanzipation' oder ‚Gleichstellung der Frau' verweisen schon auf bestimmte, auch politische Positionen, die nicht von allen Feministinnen geteilt werden.

Wir beschränken unsere Analyse auf die beiden Hauptrichtungen des Feminismus, auf den ideologiekritischen und den dekonstruktiven: In Abhängigkeit vom höchsten Wert der Aufwertung der Frau bzw. des ‚Weiblichen' werden Gegenstandswahl, Methoden und Wertsprachen der ‚synkretistischen' Ideologiekritik und der Dekonstruktion nur wenig variiert, die meisten Annahmen und Wertsetzungen bleiben die gleichen. Es genügt daher, im Folgenden das je Spezifische des feministischen Wertens in diesen Richtungen darzustellen.

Der Feminismus versteht sich als parteiliche Wisssenschaft und verhält sich deshalb durchweg wertend. Für die Ideologiekritik ist das selbstverständlich, aber auch für die Dekonstruktion haben wir – im Widerspruch zu ihren Prämissen – den polemischen Wertungsgestus, die aggressiv-lustvolle Subversion der Macht zumindest von Zeichenordnungen aufgespürt. Die Frage der Wertung von Literatur als Wertung von Einzeltexten ist jedoch in beiden feministischen Richtungen nicht systematisch reflektiert worden; sie ist aber ständig im Interpretieren präsent. Und implizit geben Auffassungen vom ‚weiblichen' Schreiben und Lesen (und seinen Handikaps) über feministische Werte und Normen im Umgang mit Literatur Auskunft. Explizit und in einer Vorreiterrolle hat der Feminismus in der kritischen Kanon-Diskussion in den USA Mechanismen des traditionellen Wertens analysiert und eigene Positionen aufgebaut. Ein Überblick über diese „Arbeit am Kanon" bildet im wesentlichen die Basis der folgenden Ausführungen.[94]

5.4.1 Wertung im ideologiekritischen Feminismus

Als ‚ideologiekritischer Feminismus' werden für diese Untersuchung alle diejenigen Richtungen zusammengefaßt, die Geschlechterdifferenz als biologische Gegebenheit und historisches, sozio-kulturelles Konstrukt voraussetzen und gegen die ideologische Minderwertung der Frau kämpfen. Unterschiedliche Zuordnungsvoraussetzungen zum Leitwert ‚Aufwertung der Frau' begründen dabei einen für Gegenstandswahl, Methodik und Wertsprache wesentlichen Unterschied zwischen zwei Richtungen: Die eine, die wir hier einmal ‚Egalismus' nennen wollen, zielt auf Gleichstellung der Frau mit dem Mann, favorisiert Androgynität und kritisiert die Hierarchie unter den Geschlechtern; die andere, als ‚Gynozentrismus' oder ‚Gynokritik' (Elaine Showalter) bezeichnet, besteht auf der Opposition zwischen den Geschlechtern und kehrt die Hierarchie einfach um: Die Frau wird jetzt als höherwertig angesehen, und es wird ein Zustand angestrebt, in dem ‚weibliche' Werte universal werden.[95]

(1) Gegenstand der Wertung: Wie die Ideologiekritik überschreitet auch der ideologiekritische Feminismus ganz bewußt und polemisch die Grenzen der tradierten Literaturwissenschaft und wendet sich vergessenen, verdrängten, mindergewerteten Textkorpora zu, sofern diese von Frauen produziert wurden. Die Aufwertung betrifft verschiedene ‚heteronome' Gattungen wie Autobiographie, Tagebuch und Brief, aber auch Tendenz- und Unterhaltungsliteratur. Der Grund: Zu allen diesen Textsorten hatten Frauen als Schreibende und Lesende früher und leichter Zugang als zum Bereich der kano-

---

[94] v. Heydebrand / Winko: Arbeit am Kanon.
[95] Vgl. ebd. S. 209 f., S. 215.

nischen, ‚autonomen' oder als autonom wahrgenommenen Literatur. Gelesen wird aber auch bereits kanonisierte Literatur von Autoren beiderlei Geschlechts, jedoch unter neuen Gesichtspunkten und Wertmaßstäben. Bevorzugt wird Literatur, die sich ‚realistisch', also mit Referenz auf (historische oder gegenwärtige) ‚Wirklichkeit' und Erfahrung lesen läßt.

(2) Methode des Wertens: Wie die ‚synkretistische' Ideologiekritik hat feministisches Werten die Wertungshandlung als ganze und ihre historisch-sozialen Kontexte im Blick, und hier speziell den jeweiligen Lebenszusammenhang von Frauen.[96] Die ‚gynozentrische' Annahme einer Kontinuität ‚weiblicher' Erfahrung führt zu der These, daß Autorinnen sich eher in eine eigene ‚weibliche' literarische Tradition einschreiben als auf den ‚männlichen' Kanon beziehen.[97] In dieser Tradition hätten dann nicht nur andere Wertkriterien zu gelten als für den Kanon (oder doch andere Gewichtungen unter ihnen); auch die historischen Zäsuren, an denen sich inhaltliche oder formale Innovation und Normdurchbrechung ‚relational' orientieren, können für Literatur von Autorinnen andere sein als für die von Autoren.

Die ‚Egalistinnen' üben vor allem Kritik an der Darstellung des Geschlechterverhältnisses durch männliche Autoren, an ihren Wunsch- und Angstprojektionen auf das weibliche ‚Andere'. Das Vorgehen dieser Feministinnen unterscheidet sich nur in der gesellschaftlichen Stoßrichtung vom kritisch-hermeneutischen der ‚synkretistischen' Ideologiekritik.

Beide Richtungen suchen im übrigen, wie die Ideologiekritik[98], auch Lesenormen aufzustellen: ‚Gynokritik' ruft zu sympathetischem Lesen und zur Aufwertung der vernachlässigten und vergessenen Frauenliteratur auf, ‚Egalistinnen' fordern kritisches Lesen und Werten der kanonisierten ‚männlichen' Literatur. In beiden Fällen wird unterstellt, daß Autorinnen und Autoren in ihren Texten

---

[96] Zur Methode des feministischen, besonders des ‚gynozentrischen' Wertens gehört die systematische Beachtung alles dessen, was eine sachgerechte Wahrnehmung und Wertung der von Frauen geschriebenen Literatur bisher behindert hat; vgl. dazu die amüsante Studie von Russ: Women's Writing.

[97] Ob diese These auch schon für die Zeiten vor Entstehung eines feministischen Bewußtseins gilt, wird für die deutsche Frauenliteratur eben erst untersucht; im anglo-amerikanischen Bereich scheint sie bestätigt.

[98] Hierzu wie zum Folgenden: vgl. II.5.1.2.2.

Identifikationsfiguren für ihr eigenes Geschlecht entwerfen und daß Leserinnen und Leser ‚vorautonom', d. h. rein inhaltsbezogen und ‚identifikatorisch' lesen. Die Bewertung des Textes hängt in dieser Sicht wesentlich davon ab, ob sich die Lesenden in den positiv dargestellten Figuren ihres Geschlechts wiederfinden oder mit ihnen sympathisieren können. Mit diesen vereinfachten Vorstellungen vom Produzieren, Lesen und Werten hängt die Konzentration auf ‚realistisch' zu verstehende Literatur zusammen; an rhetorisch verfaßter müßte sie ebenso scheitern wie an experimenteller Literatur. Autobiographische wie Tendenz- und Unterhaltungsliteratur dagegen kommen – tatsächlich oder scheinbar – dem identifikatorischen Lesen und Werten entgegen.

Die Einordnung der Methode auf unserer Skala zwischen ‚Objekt'- und ‚Subjekt'-Pol der Wertungshandlung wie auch ihr Bezug zu den Adressaten sind keine anderen als die der ‚synkretistischen' Ideologiekritik. Als ‚kritische Hermeneutik' ortet auch deren feministische Variante die Werte zwar im ‚Objekt'; sie gibt aber dem (theoretisch aufgeklärten) Subjekt und seinen axiologischen Werten ein Übergewicht. Das überlegene Wissen der professionellen Feministinnen erlaubt (wiederum) die Belehrung der Adressaten, zumal diese auch unter den nicht-professionellen Leserinnen gesucht werden.

(3) Wertsprache: Der höchste axiologische Wert, ‚Aufwertung der Frau', ist – wie in der Ideologiekritik – ein ethisch-politischer. Er wird im Rahmen des ‚Gynozentrismus' als ‚Aufdeckung der besonderen Werte von Weiblichkeit und weiblicher Erfahrung' präzisiert; unter dieser Voraussetzung kann zunächst der Gesamtheit des von Frauen Geschriebenen potentieller Wert zugeschrieben werden.[99] Für die quantitative Wertung innerhalb der Literatur von Frauen sind bisher nur Ansätze entwickelt. Ein abgeleiteter relationaler Wert, der die Darstellung betrifft, ist z. B. ‚Authentizität'. Mit diesem Kriterium lassen sich die autobiographischen Textsorten insgesamt auf-

---

[99] Freilich entsprechen die Charakterisierungen des Weiblichen – etwa als ‚sozial' oder ‚altruistisch', aber auch als ‚unterdrückt' und ‚aufbegehrend' – einerseits im wesentlichen den um 1800 entwickelten Stereotypen über die ‚natürlichen' Geschlechtscharaktere, andererererseits dem feministischen Bewußtsein, meist der Gegenwart. Zwischen dem Voraussetzungssystem der Kritikerinnen und dem der Autorinnen wird – nicht selten kontrafaktisch – eine Erfahrungskontinuität und -identität unterstellt.

werten, aber auch Abstufungen unter ihnen begründen und weitere relationale axiologische Werte ableiten: ‚Aktualität', ‚Darstellung typisch weiblicher Erfahrung', ‚Zeit- und Gesellschaftskritik im Interesse der Frauenemanzipation' treten gegenüber formal-ästhetischen Werten in den Vordergrund. Damit wird eine Aufwertung von Tendenzliteratur, des sozialen Romans und auch sozialkritischer Unterhaltungsliteratur möglich, und die oftmals positive Wertung solcher Literatur bei den Zeitgenossen wird bestätigt.

Im Rahmen des ‚Egalismus' wird ‚Aufwertung der Frau' ideologiekritisch durch ‚Aufklärung über die Herrschaft des Patriarchats' gesucht: Das ist die Zuordnungsvoraussetzung – oder der abgeleitete axiologische Wert –, der viele Merkmale kanonischer Texte zu Negativwerten macht. In der Zuspitzung auf die Unterdrückung eines Geschlechts und nicht einer Klasse können alle ideologiekritischen (Negativ-)Werte in dieser Wertsprache wiedergefunden werden.

(4) Einbettung der Wertsprache: Seine theoretischen Prämissen teilt der ideologiekritische Feminismus mit der ‚synkretistischen' Ideologiekritik und dem Feminismus in seiner gynozentrischen und egalistischen Ausprägung, wie er in der Frauenbewegung in USA, England und Frankreich entwickelt wurde.[100]

Die motivationalen Werte für die Einführung dieser Wertungsposition, in die deutsche Universität folgen aus der – verspäteten – Rezeption des anglo-amerikanischen Feminismus der 70er Jahre in Deutschland, aber auch aus der alltäglichen wie akademischen Erfahrung von Ungleichheit.

5.4.2 Wertung im dekonstruktiven Feminismus

Eine Gruppe von Feministinnen – wohl ausschließlich an Universitäten – hat in den 80er Jahren begonnen, Theorie und Praxis der Dekonstruktion für feministische Interessen in Dienst zu nehmen. Sie teilen mit dem ideologiekritischen Feminismus die Kritik an der männlichen Usurpation angeblich universaler Werte, aber sie kritisieren das Ziel, entweder geschlechtsneutrale universelle Werte zu gewinnen oder die bisherige Wertordnung zugunsten ‚weiblicher' Werte umzukehren. Auf der Basis dekonstruktiver Theorie wird sprachkritisch und in verstärktem Maße auch psychoanalytisch ar-

---

[100] Überblick bei Hof: Entwicklung der Gender Studies.

gumentiert[101]: So wie jede Identität und Totalität ideologische Fiktion ist und jede Seite einer hierarchischen Opposition ihren Gegensatz schon in sich trägt[102], so ist auch die männliche, ‚phallozentrische' Herrschaft (Lacan) schon immer durch die ihr immanente Differenz, ‚das Weibliche', subvertiert. Es bedarf nur der theoretisch angeleiteten und immer wiederholten Aufdeckung dieses Sachverhalts, um die Haltlosigkeit der Machtposition bloßzustellen.[103] Da traditionell mit ‚Herrschaft' das Prinzip des Männlichen assoziiert wird, kann aus dieser Sicht heraus die dekonstruktive Infragestellung von Herrschaft als ‚weiblich' bezeichnet werden. Die Begriffe ‚männlich' und ‚weiblich' werden damit von jedem biologischen, aber auch soziologisch-kulturellen Substrat abgetrennt. Damit werden auch die Wertungsvorgänge weitgehend vom Geschlecht der Wertenden unabhängig.[104]

(1) Gegenstand der Wertung: Wie die Poststrukturalisten / Dekonstruktivisten beschäftigen sich auch die dekonstruktiven Feministinnen fast ausschließlich mit kanonisierter Literatur, mit Texten international hochgewerteter Autoren, von klassischen bis zu avantgardistischen. Autorinnen werden in der Regel nur berücksichtigt, wenn sie bereits in diesen Kanon gelangt sind oder – sofern bisher vergessen, übergangen oder auch erst eben publizierend – als erfolgreiche Anwärter auf Aufnahme erscheinen können. Tendenz- und Unterhaltungsliteratur interessieren nicht, autobiographische Texte werden behandelt, aber nicht ‚relational', unter der Frage nach ‚Authentizität' gelesen und gewertet, sondern dekonstruktiv.

(2) Methode der Wertung: Die Wertung bleibt meist implizit: Je (selbst-)widersprüchlicher der Text, je weniger sich eine Intention als herrschende, eine Zuschreibung von Geschlechtscharakter als eindeutig durchsetzen kann, desto mehr wird dieser Text geschätzt.

---

[101] Neben Freud u. a. wurde insbesondere Jacques Lacan von den Feministinnen, in teilweise kritischer Uminterpretation, angeeignet.
[102] Vgl. II.5.3.
[103] Als Beispiel einer Interpretation dieser Art – mit impliziter Hochwertung des Textes – vgl. Felman: Weiblichkeit wiederlesen, bes. S. 33-39 und S. 55-59.
[104] Munich: Bekannt, allzubekannt, hat am Beispiel vorgeführt, wie Interpretation und Wertung nach diesen Vorstellungen aussehen könnten; sie hat dabei auch die Konsequenzen des dekonstruktiven Feminismus für die Einstellung zum männlichen Kanon demonstriert.

Dabei wird nicht übersehen, daß es vor allem die dekonstruktive Perspektive ist, die auf diese Widersprüche aufmerksam und den Text ‚unlesbar' macht. Die Leseweisen Barthes' und de Mans werden zur Lesenorm erhoben und nun als ‚weiblich' deklariert[105]; dagegen wird hermeneutisches Lesen abgewertet, weil es – aus dieser Sicht identifikatorisch und narzißtisch – den Sinn fixiere und das konventionelle Geschlechterverhältnis reproduziere.

(3) Wertsprache: Der höchste Wert ist hier nicht die Aufwertung ‚der Frau', sondern des ‚Weiblichen'. Denn da dem ‚Weiblichen' hier reine Differentialität zugesprochen wird, die den Gegensatz männlich/weiblich subvertiert (ohne ihn aufzuheben), kann es unter dieser Zuordnungsvoraussetzung nicht um Herausarbeitung und Hochwertung spezifisch weiblicher Werte und Leistungen gehen und auch nicht um die Anprangerung männlicher Dominanz. Als attributiver Wert in den Texten und in der Leseweise erscheint allein die Dekonstruktion selbst: Textstrukturen und -merkmale, die dieser Leseweise entgegenkommen, begründen Wert, das dekonstruktive Lesen ist wertvoll, weil es die Wahrnehmung auf solche Merkmale lenkt. Wie für Barthes ist damit auch für die Feministinnen eine lustvolle Befriedigung verbunden, ‚Lust am Text' als subversives Spiel mit gesellschaftlichen Konventionen und psychoanalytisch diagnostizierten Sachverhalten. Wie bei Barthes scheint dahinter aber auch ein nicht-ästhetischer, kognitiver Wert mit politischen Konsequenzen zu stehen: Literatur (dekonstruktiv gelesen) erscheint als Organon einer Erkenntnis, die Herrschaft auflöst, weil sie auf das Unfixierbare von ‚Wahrheit' und die Scheinhaftigkeit machtvoller Selbstbehauptung verweist.[106] Feministisch bleibt daran, daß es die Herrschaft des Männlichen ist, gegen die argumentiert wird.

(4) Einbettung der Wertsprache: Dekonstruktiv-feministisches Werten setzt die sprachtheoretischen und psychoanalytischen Grundlagen der Dekonstruktion und ihre feministische Aneignung und Transformation ebenso voraus wie – namentlich in Deutschland – die historisch-materialistischen und ästhetischen Theorien von Ben-

---

[105] Auf dem Hintergrund Freudscher Theoreme schienen sie dagegen ‚männlich', vgl. II.5.3.1.
[106] Die Position Barthes' wie des dekonstruktiven Feminismus steht hier derjenigen Adornos nahe; auch die attributiven Werte im Text gleichen denen seiner Wertsprache (vgl. II. 5.1.2.1).

jamin und Adorno.[107] Damit werden auch die motivationalen Werte erkennbar, die diese Art feministischen Lesens und Wertens für Philologinnen attraktiv machten: Es sind besonders anspruchsvolle Theorien mit bedeutendem, wenn auch nicht unbestrittenem Ansehen in der Universität und zum Teil auch von beträchtlichem Einfluß auf die moderne, avantgardistische Literatur. Ihre Aneignung und Anwendung hat einen hohen Prestigewert, sie verschafft intellektuelles Vergnügen, auch wo reale Macht verweigert bleibt, und sie gehört zu dem Diskurs, der nach wie vor im Bereich kanonischer Literatur höchstgewertet wird, zum Diskurs der ‚Wahrheit'. Nicht selten besteht aber auch ein ‚existentielles' Interesse an der Infragestellung des strikt binären Geschlechterverhältnisses, so daß in solchen Fällen der dekonstruktive nicht anders als der ideologiekritische Feminismus auf einer lebensweltlichen Erfahrungsbasis beruht.

---

[107] So in den Arbeiten von Sigrid Weigel, Inge Stephan, Marianne Schuller, Barbara Hahn u. a.

6. Zusammenfassung und Weiterführung: Historische Wertungen und Kanonkonzepte

Am Ende des historischen Teils wollen wir uns an die beiden Ziele erinnern, denen die historischen Analysen dienen sollten: Überprüfung der Anwendbarkeit unseres Wertungsmodells im Feld der Geschichte und Gewinn von Erkenntnissen über den historischen Wandel von Wertsprachen und über die Mechanismen des Tradierens, Vergessens, Ausschließens, also der Kanonbildung.

Die Anwendbarkeit unseres Modells ganz allgemein sollten die Ausführungen demonstriert haben: Wir haben die im systematischen Teil entwickelten Begriffe und Kategorien durchweg benutzt, um die historischen Wertsprachen wenigstens in großen Zügen herauszuarbeiten.[1] Sehr häufig lagen unsern Analysen *sprachliche Äußerungen* zugrunde. In einigen Fällen jedoch (z. B. bei der Rekonstruktion der zeitgenössischen mündlichen und schriftlichen Wertung von ‚Volksliedern‘, bei den Selektionen von Droste-Gedichten für Anthologien oder für den Schulgebrauch u. ö.) mußten wir für *nichtsprachliche Wertungshandlungen* die bewußte oder unbewußte Wirksamkeit motivationaler Werte erschließen. – Die Verankerung unterschiedlicher literaturbezogener, meist *poetologischer Werthaltungen im Voraussetzungssystem* von ‚Professionellen‘, ‚Laien‘ und ‚Autoren‘ ließ sich im Vergleich der „Wilhelm Meister"-Rezeptionen beobachten: Solche vorbewußten Werthaltungen lenkten die ganz verschiedenen, selektiven Wahrnehmungen des Textes und bestimmten das Textverständnis, die Basis des sprachlichen *Werturteils,* entscheidend mit. Werthaltungen in bezug auf die Frauenrolle, also *soziokulturelle Voraussetzungen,* steuerten in auffälliger Weise Auswahl, Wahrnehmung und Wertung von Droste-Texten. – Im übrigen konnte an der Droste-Wertung die Bedeutung von literarischen *Medien* und andern literaturvermittelnden *Institutionen* für die Wertung und Kanonisierung von Literatur gezeigt werden: Institutionelle Vorgaben und das mit ihnen verbundene *Normen- und Rollenverständnis* wirkten hier weit stärker auf die Wertungen ein als bei den Kritikern und Autoren des „Meister"-Kapitels. Die Konkurrenz zwischen den *Nor-*

---

[1] In der folgenden Rekapitulation sind die rückverweisenden Termini kursiviert, die historischen Beispiele meist in Klammern gesetzt.

men des Teilsystems ‚Literatur als Kunst' im Sozialsystem Literatur und den *lebensorientierenden Gegennormen* (im katholischen und regionalen Umfeld der Autorin, zum Teil in der Schule) war zu beobachten und erwies sich letztlich als kanonisierungsfördernd. – Bei den Wertungskonzeptionen der Literaturhistoriker haben wir den *Zusammenhang von Wertsprache und historisch-politisch-gesellschaftlichem Kontext* besonders beachtet. Dabei sind wir darauf gestoßen, daß die Autonomiekonvention und der professionelle Umgang mit ‚Literatur als Kunst' seit 1800 einen hohen, heute vielleicht gefährdeten *Prestigewert* besaß. Er hängt von den *Normen des gesellschaftlichen Gesamtsystems* für ‚literarische' Literatur[2] überhaupt ab.

Durch die Schwerpunkte in den einzelnen Kapiteln haben wir den Blick dann besonders auf *Schemata der Wahrnehmung und Wertung* gerichtet, die vorab die Beurteilung literarischer Stilrichtungen, Gattungen und Werke beeinflussen; dem Lesen und seinen Normierungen kam dabei – bis hinein in die Literaturwissenschaft – besondere Bedeutung zu.[3] Als wichtigste Schemata schälten sich die beiden Sichtweisen heraus, die wir bei der differenzierenden Explikation des ‚Literarischen' als ‚*heteronome*' und ‚*autonome*' *Verarbeitung von Literatur* unterschieden haben.[4] In der Kapitelfolge der historischen Beispiele wurden einige grundlegende Sachverhalte veranschaulicht:

– ‚Heteronome' Wahrnehmung und Wertung richtet sich, an Zwecken und Bedürfnissen orientiert, primär und direkt auf eine Fülle von inhaltlichen, wirkungsbezogenen und relationalen Werten an Literatur (z. B. bei der Wertung des ‚Volkslieds' und im Barockzeitalter); die formal-ästhetischen werden oft gar nicht bewußt wahrgenommen (z. B. bei der Selektion der ‚Volkslieder' im 15. und 16. Jahrhundert), obwohl sie die Wirkung der nicht-ästhetischen Werte unterstützen.

---

[2] im Sinne von Explikat 2.
[3] Das liegt natürlich auch an unserm Vorgehen: Wir sind den Voraussetzungen der Wertungshandlungen in individuellen Werthaltungen der Wertenden nur in Ausnahmefällen, etwa bei Levin Schücking, bei Fontane und Thomas Mann nachgegangen und haben selbst dann noch nach dem Typischen gefragt. Außerdem haben wir die Wertungen nur selten und keineswegs lückenlos bis auf die Ebene der attributiven Werte in Texten hinabverfolgt. Mehr war und ist in einer Einführung nicht möglich.
[4] Vgl. I.1.2.3, Explikate 4 bis 6.

6. Zusammenfassung und Weiterführung

- Voraussetzung für eine Wahrnehmung literarischer Hervorbringungen als ‚autonome' Gebilde – im Blick auf die ästhetische Form als ‚Selbstzweck' – ist die Schrift bzw. die Verschriftlichung. Rhetorische Poetiken beziehen Dichtung aber zunächst noch auf Zwecke, können dabei jedoch (z. B. im Hochbarock) die Ansprüche an formal-ästhetische Werte zu hoher, nur in der Schrift möglicher Artistik steigern.
- Erst die Rezeptions- und Produktionsnormen der Autonomieästhetik begründen die Praxis ‚autonomer' Wahrnehmung und Wertung (z. B. in Schillers und Schlegels Wertung des „Wilhelm Meister"): Sie konstituieren einen besonderen Literaturtyp, das literarische Kunstwerk, in dem inhaltliche, wirkungsbezogene und relationale Werte nur vermittelt über solche autonome Wahrnehmung wirken (z. B. in Körners „Meister"-Wertung und Herders autonomieästhetischer Umwertung des ‚Volkslieds' als Gattung). Auch qualitativ herausragende formal-ästhetische Werte werden, sofern sie mit heteronomen Zwecken einhergehen, nicht mehr anerkannt (z. B. bei der Abwertung von Barockdichtung um 1800), oder sie werden Grundlage für eine ‚autonome', die Inhalte hintanstellende Rezeption (z. B. bei der Hochwertung der Barockdichtung durch die phänomenologisch-immanente Werkwertung).
- Wertsprachen, wie wir sie aus Poetologien und Kontextwissen abstrahiert haben, können mit ihren Werten und Zuordnungsvoraussetzungen für gesellschaftliche Gruppen, dichterische Strömungen oder literaturbezogene Institutionen als nicht mehr bewußte Schemata der Wahrnehmung und Wertung wirken (z. B. die aus der Genieästhetik ableitbare Wertsprache der „Erlebnisdichtung", wenn sie als Schema auf Barocklyrik angewendet wird).
- Die ‚Autonomiekonvention' ist zwar konstitutiv für das ‚Sozialsystem Literatur' und wirkt sich sowohl auf die Rezeption wie auch auf die Produktion aus. Aber das heteronome Schema bleibt daneben wirksam: Es gibt weiterhin heteronome Ästhetiken (z. B. die politische Ästhetik Bertolt Brechts), Literatur zur politischen, ethischen – nur noch selten zur religiösen – Orientierung und zur Unterhaltung wird produziert und rezipiert, und auch heteronome Verarbeitung von ‚Literatur als Kunst' bleibt in der Praxis bis heute möglich und wirksam[5] (z. B. bei den Laien- und zum Teil sogar den späteren Autorenwertungen zum „Wilhelm Meister" und in

---

[5] Vgl. v. Heydebrand: Ethische contra ästhetische Legitimation, S.7-9 und bes. S.10.

der religiösen und politischen Droste-Rezeption, aber auch in der ‚synkretistischen' Ideologiekritik und ihrer feministischen Variante, wo ‚formal-ästhetische' wie ‚autonom-ästhetische' Werte sogar zu Negativwerten werden können). Interessant ist, daß bis in die Mitte des 20. Jahrhunderts ein nationaler Standpunkt in der Literatur (wohl mit den Begründungen von Herder)[6] mit ‚Autonomie' verträglich scheint, ein politischer oder religiöser Parteienstandpunkt nicht (z. B. in der Droste-Wertung durch Schücking einerseits, Fraling und P.M. andererseits).

- Auch das Schema, durch das – jedenfalls im 19. Jahrhundert – Literatur von Autorinnen wahrgenommen wird, legt das ‚Weibliche' der Dichtungen auf ‚heteronome' Werte fest und bewirkt damit tendenziell eine Abwertung.
- Von der Literaturwissenschaft wird die Autonomiekonvention als Verarbeitungsnorm zwar in der Regel gepflegt, aber doch auch in verschiedenen Richtungen, früher wie heute, mit unterschiedlichen Voraussetzungen und Zielsetzungen infrage gestellt:
Literarhistoriker lesen und werten Stilrichtungen und Werke als geschichtliches Dokument, wobei sie sich auf Wertungsabstinenz verpflichten[7] (z. B. in der philologisch-historischen Wertung der Barockrhetorik durch die Literaturwissenschaft nach 1945); sie versuchen, den Werken durch Rekonstruktion von deren eigener Wertsprache in ihrem situativen Kontext gerecht zu werden. Natürlich ist das auch interessierten Laien möglich.
Ideologiekritiker wenden sich ‚heteronomen' Literaturtypen zu und werten sie als Zeugnis einer ‚fremden' Kultur oder Subkultur (z. B. in der ideologiekritischen Behandlung von Trivial- und Unterhaltungsliteratur). Ihr Ziel ist nicht Rekonstruktion, sondern Aktualisierung: Sie kritisieren die Werte, die sie der Produktion, Distribution und Rezeption dieser Literaturtypen zu Recht oder Unrecht unterstellen, vom eigenen Wertsystem aus (z. B. in der Kritik des ideologiekritischen Feminismus am ‚männlichen' Kanon der Tradition).
Dekonstruktivisten stellen alle Voraussetzungen der Autonomieästhetik infrage; die Verarbeitungsnorm, auf die sich ihre Wertsprache reduziert und die bei den Epigonen zum Schema

---

[6] Vgl. II.2.3.
[7] Vgl. Hennis: Wertfreiheit. Aber auch für die Literaturwissenschaft galt – wie für die Literaturkritik, vgl. II.4.3 – nationale Parteinahme nicht als Parteilichkeit.

6. Zusammenfassung und Weiterführung

wird, erlaubt, ja fordert Wertungen ohne Anspruch auf Verbindlichkeit.

Für die Prüfung, ob unser Modell sich an historischen Wertungen von Literatur bewährt hat, und für die grundlegende Einsicht, daß und wie in der Geschichte Schemata des Wahrnehmens auf diese Wertung gewirkt haben, konnten wir so gut wie ausschließlich auf das zurückgreifen, was wir in den historischen Beispielen erarbeitet haben. Das reicht aber nicht aus, wenn wir nun – wenn auch sehr ausschnitthaft – die Geschichte des Wertens von Literatur skizzieren und dabei, wie im Untertitel versprochen, den Folgen für die Kanonbildung nachgehen wollen: Wir müssen Lücken zwischen unsern Beispielen füllen und wir müssen neue Linien ziehen. Die Frage nach Gründen für Konstanz oder Wandel der Wertsprachen für Literatur und damit für die Entstehung und ggf. Veränderung eines literarischen Kanons[8] gibt Leitlinien dafür vor, wie die Geschichte dieses Wandels konstruiert werden könnte. In unserm historischen Material und seiner Kommentierung waren mindestens drei Erklärungsperspektiven angelegt: eine anthropologische, eine philosophisch-ästhetische und eine soziologische. Wir wollen diesen drei Begründungsperspektiven folgen. Da sie aber miteinander, zum Teil unversöhnlich, konkurrieren, führen sie schon auf die Frage hin, welche Art von Wert- und Kanonbegründung die beste Chance haben wird, in der Legitimationsdiskussion des dritten Teils standzuhalten.

Zunächst also die *anthropologische* Perspektive: Aus dieser Sicht wird nur die Konstanz, nicht der Wandel des Werts von Literatur zum Thema, denn der Wert wird phänomenologisch im Objekt selbst angesiedelt. Dem Menschen als Menschen wird ein originäres ästhetisches Vermögen unterstellt, das Kunstkenner zur Vollkommenheit entwickeln; einigen Werken der Kunst, hier der Literatur, wird ein ihnen immanenter, universell gültiger Wert zugesprochen. Unabhängig von jeder spezifischen Situation in Raum und Zeit sollen Werte der Form wie des Inhalts, den Wertenden bewußt oder unbe-

---

[8] Der Kanon – zum Begriff vgl. II.4, Explikat 15 – ist das intendierte oder auch nur faktische Resultat von individuellen und kollektiven Wertungshandlungen und wirkt seinerseits auf diese zurück: vgl. den Kanonisierungsprozeß von Droste in II.4 und die Rückwirkung der Kanonisierung der Autonomieästhetik auf die Bewertung ‚heteronomer' Epochen und Gattungen in II.1.3.

wußt, die Grundlage dafür bilden, literarische Werke in eine Rangordnung zu bringen, deren Spitzen den Kanon der Weltliteratur, zumindestens der abendländischen, konstitutieren. Eine Originalität und Fremdartigkeit, die alle Erwartungen überschreitet, zeichne diese autonom-ästhetischen Meisterwerke aus und mache sie inkommensurabel, schlechthin unvergleichlich. Sie repräsentieren über die Zeiten hinweg den autonom-ästhetischen Wert.[9] In den kritischen Urteilen der Wertungsgeschichte dokumentieren sich nur subjektive Verirrungen (z.b. im Wechsel der Kriterien von Novalis' Wertungen des „Meister"), über die der wahre, objektive Wert am Ende triumphiert. Wertsprachen, die den Wert heteronom an der Funktion eines Werks im historischen oder gegenwärtigen Lebenszusammenhang der Subjekte bemessen, erscheinen aus dieser Sicht prinzipiell als verfehlt (ähnlich verwarf z. B. Kayser vom phänomenologischen Standpunkt aus geschichtliche und lebensbezogene Wertungen). Werke, die einer ‚autonomen' Wahrnehmung nicht standhalten, kommen für den Kanon nicht infrage. Auffällig bleibt an einer Position mit anthropologischem Geltungsanspruch, daß sie so gut wie ausschließlich die literarisch-ästhetischen Hervorbringungen der elitären Hochliteraturen berücksichtigt, nicht aber die Spitzenleistungen der volkstümlichen Dichtungen, die nach Herders Beispiel durchaus ‚autonom-ästhetisch' gelesen werden können. Für nicht-individualisierte Gattungen wie das ‚Volkslied' scheint dieses Konzept nicht geeignet zu sein.

In dieser elitären Ausrichtung, aber nur darin trifft sich die anthropologische mit der *philosophisch-ästhetischen* Perspektive. Wert und Wertwandel der Literatur als zeitbezogene Reihe, wie aber auch des Einzelwerks, werden hier historisch, aus ihrem Bezug zur Geschichte der Metaphysik verstanden. Literarischer Wert und literarische Tradierung folgen aus den Poetiken und Ästhetiken, die im Horizont der je historischen Weltdeutung durch Theologie und Philosophie entworfen werden und auf Produktion und Rezeption gleichermaßen einwirken; vergessen und ausgeschlossen wird, was – gemessen an diesem ‚Gang der Geschichte' – von vornherein als epigonal und überholt erscheint oder sich im Rückblick so erweist. Es

---

[9] Vgl. Bloom: Western Canon, S. 3. ‚Autonom' müssen diese Werke natürlich nicht in ihrer Entstehungssituation produziert oder rezipiert worden sein; ihre Eignung für immer neue historische Kontexte macht sie autonom.

6. Zusammenfassung und Weiterführung

sind hier also im wesentlichen die weltanschaulichen Zuordnungsvoraussetzungen, die den Wandel in der Wertung von Literatur hervorbringen oder beeinflussen. Mehr als unter der ersten Perspektive wird die Rolle der wertenden Subjekte, der Autoren und Vermittler im Literatursystem, der Rezipienten überhaupt, erkennbar und von den Akteuren selbst reflektiert.

Dieser auch ‚geschichtsphilosophisch‘ zu nennenden Perspektive, die Hegel in die Ästhetik eingeführt hat und die im literaturkritischen Diskurs wohl noch immer die herrschende ist, sind die Kommentare zu unsern Beispielen häufig gefolgt. Aber erst im folgenden Überblick versuchen wir, einen einzigen Wert chronologisch durch die Geschichte zu verfolgen und seinen Wandel zu interpretieren. Die Wahl fiel auf den zentralen ästhetischen Wert der ‚Schönheit‘; denn auf ihn bezieht sich, positiv oder negativ, die philosophisch-theologisch-ästhetische Perspektive von Anfang der Literaturgeschichte an bis heute. Die ‚kanonischen‘ Werke repräsentieren in ihrem Verhältnis zu diesem Wert den Verfall der Metaphysik.

‚Schönheit‘ kann im metaphysischen Denken des 15. und 16. Jahrhunderts, zur Zeit der ‚Volkslieder‘, aber auch des Barock noch nicht höchster axiologischer Wert von Literatur sein. Vollkommene Schönheit, die das Wahre und Gute in sich zur Anschauung bringt, ist allein dem ungeschaffenen Göttlichen vorbehalten; auf dem Geschaffenen, und erst recht dem von Menschen Geschaffenen, liegt sie nur als Abglanz. Diese Schönheit als Schein im Irdischen kann allerdings in geistiger und auch sinnlicher Lust, ‚hedonistisch‘, genossen werden. Schönheit, ästhetische Gestaltung ist in quantitativer Wertung jedoch dann am höchsten zu schätzen, wenn sie sich in den Dienst religiöser oder ethischer Zwecke stellt (z. B. dem anders nicht aussprechbaren Verhältnis der Seele zu Gott, in barocker Mystik oder im Pietismus, zum Ausdruck verhilft). Sobald der schöne Schein der formal-ästhetischen literarischen Werte zum Selbstwert werden will, verfällt er der Kritik (z. B. die hochbarocke Artistik in Liebeslyrik).

In der Aufklärung, wenn das Göttliche in die Immanenz der Natur und der menschlichen Vernunft und Tugend verlegt wird, gewinnt ‚Schönheit‘ in Literatur bereits einen eigenen, hohen Stellenwert: Sie wird zum Beleg, daß der Dichter wie ein *alter deus*, ein Schöpfer neben Gott, Wahres und Gutes aus sich hat hervorbringen können (das kollektive Schöpfertum des ‚Volks‘ vermochte nach Herder, den wahren Nationalcharakter in seiner naiven, unverdorbenen Sittlichkeit ‚schön‘ in seine Lieder zu fassen). Mit diesem Schritt beginnt die Genieästhetik. Aber Immanuel Kants metaphysische Skepsis zerstört die Vorstellung, daß Schönheit je ein Abbild (Mimesis, Repräsentation) des Vollkommenen, Wahren, Guten sein könne und von daher ihren Wert empfinge. Das Vollkommene als Wahrheit und Sittlichkeit ist einer vorgängigen Erkenntnis nicht zugänglich. Stattdessen kann aber das ästhetische Vermögen des Menschen im freien Spiel zwischen Verstand und Einbildungskraft ein Analogon des Wahren und sittlich Guten schaffen, das sich im Schönen, aber auch im Erhabenen manifestieren kann.[10] Damit entsteht der Bereich autonom-ästhetischer, theoretischer wie praktischer Erkenntnis und eine eigene, ästhetische Lust, die aus der Negation aller bestimmten Zwecke in der ‚interesselosen Einstellung' entspringt (vgl. die Zusammenstellung autonom-ästhetischer Werte als Barock-Kritik). Der autonom-ästhetische Wert steht, wenn auch nicht unangefochten, seitdem an der Spitze aller Wertsprachen im neuen Sozialsystems Literatur (vgl. die professionellen „Meister"-Kritiken und die meisten Wertsprachen der Literaturwissenschaftler nach 1945), mögen sich Autoren und Rezipienten ihr auch immer wieder verweigern und ‚heteronom' schreiben, lesen und werten.

Aber auch in den Wertsprachen unter der Dominanz des autonom-ästhetischen Werts findet ein historischer Wandel statt, der als weitere Reaktion auf den Verfall metaphysischer Tradition im Kontext historisch-gesellschaftlicher Veränderungen verstanden werden kann. Schon bei der Entstehung des autonom-ästhetischen Werts konnte, wie erwähnt, neben dem ‚Schönen' das ‚Erhabene' diesen Wert darstellen (vgl. neben der ‚schönen', ‚gesunden' Harmonie des Ganzen in Schillers „Meister"-Deutung die ‚erhabene' Integration auch des Kranken und Abgründigen – wenigstens ansatzweise – bei Schlegel). Nur die bürgerliche Rezeption der Klassik im 19. Jahrhundert, die vom autonom-ästhetischen Wert allein die Einheit des Guten, Wahren und Schönen repräsentiert sehen will und noch den Realismus darauf verpflichtet, verdrängt diese Ambivalenz (vgl. die ‚klassizistische', harmonisierende Stilisierung des Droste-Bildes). Die romantische Präferenz für das Widersprüchliche und für das Fragment weist aber bereits unübersehbar darauf hin, daß das Vollkommene, die Harmonie, nicht mehr erreichbar sind. In der weiteren Entwicklung bleibt von der Trias der Werte im Schönen nur noch die ‚Wahrheit' übrig, zunächst als relationaler, getreue Wiedergabe

---

[10] Vgl. Ritter: Ästhetik, Sp. 565-567.

6. Zusammenfassung und Weiterführung

des ‚Wirklichen' verbürgender Wert[11]: Das Häßliche und das Böse werden – ab der Mitte des 19. Jahrhunderts (in Deutschland verspätet, seit dem Naturalismus) – als positive Werte in der Literatur zugelassen, weil sie innere und äußere Zustände adäquat wiedergeben. Das Kranke, Abartige kann seit der Dekadenz um 1900 als besondere Sensibilität für den problematischen Zustand von Ich und Welt aufgewertet werden, das Zerstückelte, Montierte wird seit dem frühen 20. Jahrhundert als Darstellung von Selbst- und Welterfahrung zum Qualitätssiegel.

Damit bereitet sich eine Wertsprache vor, die in der sog. ‚klassischen Moderne' nur noch denjenigen Werken höchsten Rang zuspricht, in denen ‚Wahrheit' – jetzt die emphatische Wahrheit, der ‚Sinn'[12] – als abwesend dargestellt wird; Kafkas Werk wäre ein Beispiel. Der wirkungsbezogene Wert der ästhetischen (rein geistigen) Lust realisiert sich unter diesen Voraussetzungen nur auf dem Umweg über die Erkenntnis, die sich ‚erhaben' den Verlust des Sinnes eingesteht. Unter den Wertsprachen, die die Wissenschaft nach 1945 entwickelt hat, vertritt diejenige Adornos am entschiedensten und kompromißlosesten diese geschichtsphilosophische Perspektive. Die letzte Konsequenz aus dem Wahrheitsentzug vollziehen poststrukturalistische Wertsprachen. Barthes erlebt in seiner „Lust am Text" den Sinnentzug nicht mehr als Tragik, sondern genießt die Freiheit von der Autorität eines herrschenden, vereinheitlichenden Sinnzentrums. ‚Schönheit' kehrt wieder als rein hedonistische, von allen Inhalten unabhängige Qualität.

Von der Logik unseres Modells her, das auf einen weiten Literaturbegriff bezogen ist und Wertungshandlungen in ihren komplexen Kontexten analysiert, können beide Ansätze für sich genommen nicht befriedigen: Das anthropologisch-phänomenologische Kanonkonzept ist ganz auf das Einzelwerk und seine ästhetische Qualität konzentriert, der philosophische Ansatz zur Erklärung des Wertwandels erfaßt daneben auch historische Literaturauffassungen und mißt sie am Maßstab der eigenständigen Erkenntnis, die im jeweiligen historischen Zeitpunkt durch Kunst zu erreichen – oder auch nicht mehr zu erreichen – ist. Er beschränkt sich aber auf Ideengeschichte oder auf eine abstrakte materialistische Dialektik und läßt die konkreten historisch-gesellschaftlichen Faktoren, die auf Wertung und Kanonbildung einwirken, außer acht. In beiden Konzepten

---

[11] In unserer Typologie: Wahrheit (2), vgl. I.3.3.
[12] In unserer Typologie: Wahrheit (1), vgl. I.3.2.

ist autonomieästhetische Wahrnehmung selbstverständliche Voraussetzung für Kanonisierung von Literatur; Kanonbildung unter ‚heteronomen', etwa politischen Prämissen, wie sie durchaus praktiziert wurde und wird (z.B. in der DDR und heute im gynoznetrischen Feminismus), kann in diesen Horizonten nicht erfaßt werden. Gewichtiger noch: In beiden Konzepten werden Tradieren, Vergessen und Ausschließen nur als meist individuelle und intentionale Akte des Wertens[13] literarischer Phänomene verstanden. Das ist unter der dritten, jetzt noch vorzustellenden Perspektive anders. Wegen der Neuartigkeit des Ansatzes muß er etwas ausführlicher entwickelt werden.

Diese dritte Perspektive ist *soziologisch-gesamtgesellschaftlich*: Sie begründet den Wandel der Wertung von Literatur und insbesondere die Kanonbildung aus den langfristigen politischen und wirtschaftlich-technischen Veränderungen der Gesellschaft. Der Blick ist zunächst und primär auf die Rezeption gerichtet; nicht das ‚Angebot', sondern die ‚Nachfrage' bestimmt den Wert der Literatur. Den individuellen Akteuren wird im Vergleich zu den literaturvermittelnden Institutionen in dieser Perspektive nur wenig Gewicht gegeben: Hier ist es der jeweilige gesellschaftliche Bedarf an Literatur, der den Wandel in den Bewertungen provoziert.[14] Wir sprechen also über die Wertungen von Literatur durch die Gesellschaft als ‚System', über den gesamtgesellschaftlichen Rahmen, in dem die Wertenden handeln. Literatur erscheint in ihren verschiedenen Ausprägungen als „kulturelles" oder „symbolisches Kapital"; der einzelne kann, produzierend oder rezipierend, durch den ‚Prestigewert' daran Anteil haben.[15]

Für die Bereitstellung und Vermittlung dieses Kapitals, also von ‚Literatur' als Wert, sind die Erziehungsinstitutionen die wichtigste Schaltstelle; was an ihnen gelehrt wird, ist (oder war doch bis vor kurzem) ein literarischer ‚Kanon', in dessen Wandel und Vervielfältigung sich die Bedürfnisse der kulturell tonangebenden Schicht artikulieren. Von Bedeutung für Literatur und ihren jeweiligen Wert

---

[13] Ggf. modelliert oder verstärkt durch Institutionen, in denen die Individuen handeln – vgl. die Analyse der Droste-Kanonisierung in II.4.
[14] vgl. I.2.2.2.1.
[15] vgl. I.3.4.2.2; in den folgenden Ausführungen wird versucht, die von Bourdieu inspirierten Einsichten Guillorys (Cultural Capital, 1993) modifiziert auf die deutsche Kanongeschichte zu übertragen.

6. Zusammenfassung und Weiterführung

sind außerdem die Ziele und die Methoden, mit denen gelehrt wird: Neben dem ‚materialen' Kanon entstehen kanonische Deutungen und kanonische Deutungsmethoden als weitere Formen kulturellen Kapitals. Das System der Erziehung und Literaturvermittlung ist aber von den Anfängen bis heute hierarchisch aufgebaut und kennt auf verschiedenen Ebenen auch verschiedene Kanones von Literatur und des Umgangs mit ihr. So ist das kulturelle Kapital selbst noch einmal hierarchisch strukturiert, und die Zugangschancen dazu sind ungleich verteilt. Die gesellschaftliche Funktion des Kanons oder der Kanones stellt sich in dieser Sicht weniger als Repräsentation und Vermittlung bestimmter ‚ewiger' oder auch historisch aktueller Werte dar, sondern als ein Instrument sozialer Differenzierung. Es geht nicht mehr darum, im Tradieren, Vergessen, Ausschließen bestimmte Werte zu bewahren, durchzusetzen und gegen ‚Unwertes' abzugrenzen; die Auswahl bestimmter Arten von Literatur und Literaturvermittlung folgt vielmehr einer formalen Logik des Unterscheidens, mit der sich ein gesellschaftliches System, das auf sozialer Differenzierung beruht, zu erhalten sucht. Wir werden das an unsern Beispielen zu erläutern suchen.

Dabei ist dreierlei vorweg zu beachten:
- die Erstrezeption (als Erfolg oder Mißerfolg) sagt nicht notwendig etwas über den weiteren Verlauf der Tradierung aus: Kontinuierliche Überlieferung, ein Wechsel von Vergessen und Wiederbeleben, eine völlige Neuentdeckung ist im Rahmen der Bedürfnislagen des gesellschaftlichen Gesamtsystems möglich (z. B. „Wilhelm Meister" vs. Barockdichtung)
- die tradierenden Gruppen und insbesondere Institutionen sind von großer Bedeutung, bleiben nicht immer die gleichen und nutzen die ‚kanonischen' Objekte zu verschiedenen Zielen (z. B. ‚Volkslied' im 16. Jahrhundert und bei Herder, oder Droste im katholischen Milieu und in der säkularen Schule);
- nicht alles, was tradiert wird, ist deshalb schon im aktuellen ‚Kanon', der Kanon als Summe des Tradierten ist eine latente Größe (z. B. Barockdichtung zur Zeit ihrer Nichtbeachtung).

Wir können den Weg der Literatur als ‚kulturelles Kapital' von unsern Beispielen aus nur an wenigen Stationen verfolgen; einiges führen wir neu ein.

Die mündliche Erstrezeption von ‚Volksliedern' war offenbar ein voller Erfolg, und zwar mit dem reichen Angebot an Werten in diversen Situationen unter allen Schichten der damaligen Gesellschaft. Als Instrument sozialer Differenzierung taugte jedoch erst die Verschriftlichung durch eine des Schreibens und Lesens kundige bürgerliche und vor allem adlige Oberschicht; erst damit wurde diese Dichtung zu ‚kulturellem Kapital'. Dichtung in der Volkssprache konkurrierte zu jener Zeit aber noch mit der lateinischen Dichtung der Humanisten, und auch in den Schulen wurde Schreiben und Lesen noch in Latein eingeführt. Das verlieh den Bürgern und Klerikern gegenüber den Adligen, die des Lateins meist nicht mächtig waren, Prestige. Der Prestigewert geht deshalb nur langsam auf volkssprachliche Dichtung über.[16]

Zu kulturellem Kapital für breitere Kreise wird volkssprachliche Literatur, wenn die Schreib- und Lesefähigkeit zunehmend an deutschen Texten, im evangelischen Bereich vor allem an der Lutherbibel und religiöser Lehrdichtung, erworben wird. Sogleich folgt neue Differenzierung: Gegen diesen ‚Kanon für die Unterschicht' setzt sich die Barockliteratur ab. Sie wird zwar schon auf Deutsch verfaßt, ist aber durch ihre rhetorischen, poetologischen Grundlagen humanistische Bildungsdichtung (vgl. die Kritik der Altdeutschen). Aus der Differenz zu der ‚unkultivierten' Dichtung etwa der Volksliedtradition und des Meistersangs zieht sie ihren Wert, gewinnen ihre Dichter Prestige.

Gegen Ende der Aufklärung, um 1800, ist die Lesefähigkeit in Adel und Bürgertum weitgehend allgemein (in der Schreibfähigkeit stehen die Frauen mangels geregelter Schulbildung noch zurück); als kulturelles Kapital dieser Erziehung hatte die rhetorisch-didaktische Literatur gedient, mit der zugleich die aufklärerischen und empfindsamen Werte vermittelt werden konnten (vgl. die Normen der Verständlichkeit und des individuellen Ausdrucks, die gegen die Barockdichtung aufgeboten werden). Nun aber läßt die wirtschaftliche und technische Entwicklung ein großes Angebot an belehrend-unterhaltenden oder auch spannend-reißerischen Schriften entstehen. Da setzt die Autonomieästhetik die neue Differenz, konstituiert eine besondere literarische Öffentlichkeit, in der die Autonomiekonvention gilt, und schließt programmatisch Tendenz- und Unterhaltungsliteratur wie deren Leser aus (vgl. die professionelle „Meister"-Rezeption). Das Publikum wird nun allerdings dreifach hierarchisch aufgespalten:

---

[16] Auf die Einordnung der volkssprachlichen höfischen Literatur des Hochmittelalters in dieses Schema muß hier verzichtet werden; vgl. aber Guillory: Cultural Capital, S. 73.

6. Zusammenfassung und Weiterführung

- im Sozialsystem Literatur wird die Autonomieästhetik maßgebend[17], d.h. der alte, didaktisch geprägte Kanon wird abgelöst und zugleich das ‚autonome' Lesen als kanonisches mehr oder weniger konsequent geübt (vgl. die professionellen „Meister"-Leser);
- in den höheren Schulen wird Literatur nicht mehr als Vorlage für musterhaftes, rhetorisch geschultes Schreiben und Deklamieren verwendet, aber doch (wie auch im allgemeinen bürgerlichen Publikum) noch ‚heteronom' und gegebenenfalls in ‚gereinigten' Bearbeitungen als Vorbild ethischer, nationaler und heimatbezogener Werte ausgebeutet (vgl. den schulischen Kanon der Droste-Gedichte). Erst gegen Ende des Jahrhunderts wird sie hier auch in ihrem Kunstcharakter erschlossen, wenngleich die ‚heteronome' Rezeption niemals völlig abbricht;
- die Volksschulen bleiben auf der Stufe stehen, Literatur als Grundlage fürs Lesenlernen zu verwenden und im übrigen ebenfalls positive Werte an ihr zu demonstrieren. Dafür tut ein Kanon von minder renommierten, oft regionalen Dichtern bessere Dienste als der Kanon des höheren Erziehungswesens.

Der nächste Differenzierungsschub erfolgt um 1900, nun innerhalb des Sozialsystems Literatur, wenn und weil ‚autonome' Dichtung und Rezeption gemäß den ‚klassischen', vom Realismus neubelebten Normen der Autonomieästhetik zum Allgemeingut des breiten Bürgertums geworden ist. Die Avantgarden des Ästhetizismus, der Dekadenz, der experimentellen Dichtung und ihre Publika spalten sich ab, indem sie – wie oben referiert – die Trias des Wahren, Guten und Schönen endgültig verwerfen. Sie und ihre literarischen Wertkriterien beanspruchen innerhalb des Sozialsystems Literatur das höchste Prestige. Die vermittelnden Institutionen halten die Differenzierung in Stufen aufrecht. Die Universitäten öffnen sich dieser ‚Moderne' in den 20er Jahren des 20. Jahrhunderts, wenn auch nur zögernd und kurzfristig; die nationalsozialistische Ideologie, die noch einmal die konservative Sehnsucht nach einer homogenen Kultur nährt, erzwingt diese schließlich durch gewaltsamen Ausschluß der kritischen und skeptischen Avantgarden. Die höheren Schulen wie das breite bürgerliche Publikum verweigern sich der ‚Moderne', pflegen nun aber tendenziell ‚Literatur als Kunst', als autonome. In den Volksschulen erübrigt sich Literatur als Vorlage fürs Lesenlernen, bleibt aber Mittel nationaler und moralischer Erziehung.

---

[17] Vgl. I.2.2.2.

Wir haben schon in der Einleitung angedeutet, daß Literatur als kulturelles Kapital seit diesem letzten Differenzierungsschub um 1900 zunehmend in die Krise gerät. Die moderne Gesellschaft läßt sich nicht mehr nach dem Schichtenmodell denken, die „führenden Geschmacksträger"[18], durch die das kulturelle Kapital Literatur hierarchisch geordnet und verteilt wurde, haben keine Führungsmacht mehr; wirtschaftlich-technische Eliten gewinnen für das Funktionieren des modernen Gesellschaftssystems wachsende Bedeutung. Zunächst die Schule, dann Literaturkritik und zuletzt die Literaturwissenschaft haben versucht, die gesellschaftliche Legitimation der Literatur als Kunst und auch ihr eigenes Prestige in der Vermittlerrolle auf verschiedenen Wegen zu retten. Die kompetente historische Rekonstruktion der Barockliteratur in ihrem dokumentarischen Wert, vor allem aber die Wertreflexion, deren Varianten wir im letzten Kapitel verfolgt haben, können wir als Beleg dafür lesen. Die Literaturwissenschaft hat auf das durch Jahrtausende Bewährte ihrer Objekte hingewiesen, auf die nur der Literatur eigenen Qualitäten und Möglichkeiten aufmerksam gemacht (Phänomenologen, Hermeneutiker), sie hat ihr kritisches und hedonistisches Potential aktiviert (Ideologiekritiker, Rezeptionsästhetiker, Feministinnen, Poststrukturalisten), und sie hat durch immer anspruchsvollere Theorien und Techniken der Analyse und Interpretation ihre eigene Konkurrenzfähigkeit im Wettbewerb mit der technischen Intelligenz zu beweisen gesucht (Strukturalisten, Dekonstruktivisten). In diesem letzten Stadium scheint die Theorie und Methodik der Wissenschaft bereits die Literatur selbst, sogar die moderne oder auch postmoderne, als ‚kulturelles Kapital' mit dem höchsten Prestigewert ersetzen zu wollen und die Auflösung jedes Literaturkanons zu betreiben.[19]

Zusammenfassung: Eine Zusammenfassung erübrigt sich für die Abschnitte, die selbst nur den Charakter eines überprüfenden Resümees hatten; sie beschränkt sich auf das Weiterführende. Drei Perspektiven und die mit ihnen verbundenen Kanonkonzepte wurden als Erklärungsmuster für Konstanz und Wandel in der Geschichte der Wertung von Literatur herangezogen: In der ersten, anthropologisch-phänomenologischen Perspektive entscheidet allein der immanente

---

[18] Terminus von Levin Ludwig Schücking, der als erster den Wert von Literatur soziologisch analysiert hat (Soziologie der literarischen Geschmacksbildung, 1923).
[19] Vgl. v. Heydebrand/Winko: Geschlechterdifferenz, S. 155 f.

6. Zusammenfassung und Weiterführung

ästhetische Wert in autonomer Wahrnehmung über Kanonwürdigkeit; Wandel in der Bewertung kanonischer Werke beruht auf mangelnder Kompetenz der Wertenden für die ästhetischen Qualitäten oder auf der Verwendung nicht maßgeblicher, heteronomer axiologischer Werte. In der zweiten, geschichtsphilosophischen Perspektive entsteht Wertwandel und Dissens aus dem Wandel und dem Auseinanderklaffen historischer Zuordnungsvoraussetzungen. Literatur, literarische Gattungen wie einzelne Werke werden im Zusammenhang mit weltanschaulichen Vorannahmen bis ins einzelne hinein unterschiedlich gewertet; Kriterium für Kanonwürdigkeit ist aber der autonom-ästhetische Wert der ‚Wahrheit' der Literatur. Mit der dritten Perspektive entscheidet der gesellschaftliche Bedarf nach hierarchischer oder funktionaler Differenzierung über den jeweiligen Wert von Literatur – solange sie sich dafür eignet. Nicht substantielle Werte (der Objekte oder Subjekte) bringen Werke in den Kanon bzw. in differenzierende Kanones, sondern ihre Differenzierungsleistung für die Gesamtgesellschaft.

III. LEGITIMATION

Zur Begründung der Wertung von Literatur heute

In diesem dritten Teil nehmen wir einen Rollenwechsel vor: Bisher haben wir als Wissenschaftler das Werten von Literatur von außen beobachtet und analysiert. Jetzt werten wir als Privatpersonen und Literaturkritiker selbst, und zwar auf doppelte Weise:
(1) Wir werden zu den von uns analysierten Wertungshandlungen anderer und zu ihren Wertbegründungen, unter anderm auch zu der aktuellen Debatte über den literarischen Kanon, wertend Stellung nehmen. In diesem Falle kann es aber, schon aus Platzgründen, nicht um die Legitimation der Bewertung einzelner Werke gehen, sondern nur um die Beurteilung von Wertsprachen und Wertprinzipien (= Legitimation I).
(2) Wir werden an zwei Texten unterschiedlicher Art eigene Wertungen vollziehen, dabei unser Vorgehen reflektieren und exemplarisch verdeutlichen, was aus unserm Konzept der Wertung von Literatur für die Praxis der Werkkritik folgen kann. In diesem Falle soll das spezielle, konkrete Urteil begründet, legitimiert werden (= Legitimation II).

Bei diesem zweiten Schritt sind auch zwei Defizite des historischen Teils soweit möglich auszugleichen: Zum einen fehlen unter unsern Beispielen für die Zeit nach der Entstehung der Autonomieästhetik Wertungen von Textsorten, die durch diese Ästhetik aus dem engeren Literaturbegriff ausgegrenzt werden, während wir sie nach unseren Explikationen durchaus zur „Literatur" zählen.[1] Es sind Wertungen von Sach- und Gebrauchstexten, und solche von Unterhaltungsliteratur. Das Defizit ist nicht zufällig: Wie wir an den Wertungstheorien der Literaturwissenschaftler sahen, wird über die Wertung dieser Textsorten nur wenig oder nur im Kontrast zur ‚eigentlichen', autonomen Literatur nachgedacht, und selten wird danach gefragt, welche Eigenschaften solche Texte für diejenigen wertvoll machen, die sie schätzen und brauchen können. Außerdem

---

[1] vgl. I.1.2.1 und I.1.2.3.

müßte es möglich sein, bessere und schlechtere Sach- oder Unterhaltungsliteratur zu unterscheiden; an Kriterien auch für diese quantitative Wertung mangelt es. Im Falle der Sachliteratur bleibt uns bedauerlicherweise nur der Hinweis auf Forschungsaufgaben; im Falle von Unterhaltungsliteratur können wir Ansätze der Forschung aufgreifen und eine Beispielwertung vorführen. – Zum andern kommt die Wertung moderner Texte in unserer Arbeit nicht ganz zu ihrem Recht: Im systematischen Teil dienen zwar einige als Beispiel für die Erläuterung der Wertungshandlung, im historischen aber werden sie nur von den Reflexionen einiger Theoretiker berührt. Darum werden wir an diesen vernachlässigten Gegenständen unsere eigenen Wertungen vollziehen.

Wie könnten sich nun Werte und Wertungshandlungen nach unserm Modell legitimieren lassen? Und ist der Versuch einer solchen Wertbegründung überhaupt sinnvoll? Ist er es auch heute noch?

Mehrere Einsichten, die wir über das Werten gewonnen haben, legen es nahe, daß eine Begründung und Normierung der Wertung von Literatur und damit auch eine bewußt gesteuerte Kanonbildung weder möglich noch nötig, vielleicht auch nicht mehr wünschbar ist[2]:
– attributive Werte liegen nicht im Objekt, sondern werden Merkmalen des Objekts von Subjekten zugeschrieben[3];
– axiologische Werte der Subjekte gelten nicht absolut, sondern nur innerhalb von Wertsprachen[4];
– axiologische motivationale Werte sind als Werthaltungen in die individuellen Voraussetzungssysteme der Subjekte eingebunden und dort auch mit den Zuordnungsvoraussetzungen verknüpft, die ihre Anwendung auf Objekte regeln[5];
– als Werthaltungen sind sie u. a. abhängig von Werten und Normen, die schichten- oder gruppenspezifisch in der Gesellschaft, speziell im Sozialsystem Literatur, vermittelt werden[6];
– schichten- oder gruppenspezifische Werte verlieren aber an Verbindlichkeit in dem Maße, in dem sich diese Gesellschaftsstruktur auflöst[7];

---

2 Vgl. dazu v. Heydebrand/Winko: Geschlechterdifferenz, S. 145-149.
3 Vgl. I.1.3.2.
4 Vgl. I.1.6.
5 Vgl. I.1.4.1
6 Ebd.
7 Vgl. Hahn: Kanonisierungsstile, S. 35; zum Geltungsschwund von Literatur vgl. Guillory: Cultural Capital, S.X, S. 79 u. ö. Auch unten: III.1.2.

– in konkreten Wertungssituationen, in Geschichte und Gegenwart, werden vom Subjekt unterschiedliche Wertsprachen, Werthaltungen und Werte aktiviert und gegeneinander verschieden gewichtet.[8]

Vergegenwärtigen wir uns auf diese Weise noch einmal die scheinbar totale Individualisierung und Kontextgebundenheit des Wertens, scheint es in der Tat aussichtslos, aber auch inadäquat, nach den einzig gültigen axiologischen Werten zu suchen, die eine Wertung von Literatur leiten und zu einem unanfechtbaren Kanon führen könnten. Aber das muß wohl auch nicht sein: Einzig gültige Werte für Literatur, einen einzigen Kanon oder auch nur ein hierarchisches System von Kanones muß es nicht geben und gibt es in modernen pluralistischen Gesellschaften auch längst nicht mehr. Doch in den verschiedensten Handlungsbereichen des Umgangs mit Literatur finden Auswahl, Interpretation, Wertung und Kanonbildung unablässig statt. Wir alle stehen ständig vor Entscheidungen: Sollen wir überhaupt noch lesen, was sollen wir zur eigenen Lektüre wählen, was jemand anderm empfehlen, was lehren und tradieren, welche neue Produktion fördern, in welcher Weise lesen, wie gegebenenfalls selber schreiben? Genügt es, wenn wir uns einfach den Normen und Konventionen unseres Milieus, unserer schulischen oder universitären Sozialisation anvertrauen? Sicher nicht, denn selbst in den Institutionen sind die Normen kontrovers geworden und lösen sich auf. Wir müssen also einen eigenen Stand gewinnen (Legitimation I) und eine eigene Praxis entwickeln (Legitimation II). Dafür sollen die folgenden Kapitel Argumente liefern und Hilfen geben.

1. Zur Begründung und Beurteilung von Wertsprachen und Wertprinzipien bei der Wertung von Literatur (Legitimation I)

Bevor wir zu eigenen Wertungen und Wertbegründungen kommen, müssen wir uns zunächst noch einmal daran erinnern, was überhaupt in unserer Arbeit Gegenstand einer solchen Legitimationsdiskussion sein kann und wie wir methodisch zu verfahren haben.

---

[8] Vgl. I.1.6.

1.1 Zum Umfang des Vorhabens

Im ersten Teil dieser Einführung haben wir festgelegt, daß ihr Gegenstand nur die Wertung derjenigen Literatur sein soll, die als literarische, in Grenzfällen auch als nicht-literarische, Forschungsobjekt der Literaturwissenschaft ist.[9] Wir haben jedoch versucht, die Wertungshandlungen und die in ihnen wirksamen Werte an der gesamten Breite des Umgangs mit dieser Literatur in der Gesellschaft zu verfolgen und zu analysieren. In unsere Begründungsdiskussion gehört nun davon nur ein Teil, nämlich das Werten und Urteilen mit dem Anspruch auf allgemeine Geltung[10]: Nur verbindliche Wertungen von Literatur, die von den Wertenden wo nötig auch verteidigt werden, sind auf ihre Legitimierbarkeit hin zu befragen. Das gilt für die Beurteilung der Einzelwertungen wie für die Wertung der ihnen zugrundeliegenden Wertsprachen. Wenn sich z. B. ein ‚Normalleser' irgendeinen Schmöker ins Krankenbett holt, ihn verschlingt und sich dadurch erleichtert und abgelenkt fühlt, realisiert er nur für sich einen ästhetisch vermittelten therapeutischen Wert. Erst wenn dieser Leser etwa das gewählte Buch (die Textsorte, aber vielleicht auch seine individuellen Qualitäten) sowie den Modus seines Lesens allgemein als Therapeutikum empfehlen und mindestens für diese Situation gegen einen schwierigen modernen Text und seine konzentrierte Lektüre positiv abgrenzen würde, träte er in den Begründungsdiskurs ein, und wir müßten seine Argumente eigentlich berücksichtigen. Aber auch das ist im Rahmen dieser Legitimationsdiskussion nicht möglich, denn solche situativen Kontexte mit entsprechenden individuellen Bedürfnissen gibt es allzu viele. Mögen sie auch typisierbar, also begrenzt verallgemeinerbar sein (z. B. Krankheit, Unglück, oder auch heitere Geselligkeit, Feste, öffentliche Repräsentation usf.): Ihre Unzahl verbietet es jedenfalls an dieser Stelle, die ihnen zuzuordnenden Wertsprachen im einzelnen auszuarbeiten und auf ihr Recht hin zu prüfen.

Wir müssen uns beschränken auf Urteile und Wertungshandlungen, die in einer überschaubaren Menge gesellschaftlicher Institutionen mit Anspruch auf Verbindlichkeit geäußert oder wirksam werden, auf solche von Literaturvermittlern in ihren öffentlichen Rollen. Autoren, Lektoren, Verleger und Buchhändler, Literaturvermittler und -kritiker in den verschiedenen Medien, Literaturdidakti-

---

[9] Vgl. die Explikationen zum Literaturbegriff in I.1.2.1.
[10] Vgl. zum Urteilen I.2.1.3.

ker und Literarhistoriker (in Schule und Universität) werten nicht für sich privat, sondern im Blick auf andere, Schule und Universität sogar als Institutionen staatlicher Autorität. Wie wir gesehen haben, urteilen die Vermittler in den je verschiedenen gesellschaftlichen Äußerungskontexten mit ihren Rollen und Normen nach je verschiedenen Wertsprachen.[11] Ökonomische Werte und Prestigewerte der Autoren wie der Vermittler haben dabei, wie gezeigt, auf ihre Wertungsentscheidungen oft bedeutenden Einfluß und können die Tradierung der Texte nachhaltig fördern oder behindern.[12] Wir kommen also nicht umhin, auch die institutionellen Orte der Wertung sowie gesellschaftliche, nicht unmittelbar textbezogene axiologische Werte für die Begründungsdiskussion im Auge zu behalten. Im Zentrum werden aber die Werte stehen, die in literarischen Texten realisiert werden, und als Äußerungskontext zunächst der akademische Unterricht mit seiner impliziten oder expliziten Wertungspraxis. Das ist jedenfalls von einer Einführung, die sich im wesentlichen an Studierende der Philologien richtet, zu erwarten.

Zusammenfassung: Der Versuch, literaturbezogene Wertsprachen und Wertprinzipien zu legitimieren und gegeneinander zu gewichten, muß individuelle Wertungssituationen fast ganz aussparen; er wird sich im wesentlichen auf öffentliche, institutionalisierte Äußerungskontexte, insbesondere den der Universität, beziehen.

1.2 Zum Verfahren der Legitimation und seiner Problematik

Ob Werte überhaupt wissenschaftlich begründet werden können, ist unter Anhängern verschiedener Wissenschafts- und Werttheorien kontrovers.[13] Da aber über Wertung gestritten wird, lohnt es sich, rational zu argumentieren. Nach unserm Modell gelten, wie mehrfach gesagt, Werte nur innerhalb von Wertsprachen in Äußerungskontex-

---

[11] Vgl. hierzu wie zum Folgenden I.2.2.2.
[12] Vgl. das Beispiel der Droste-Rezeption: II.4.
[13] Allgemeiner Überblick: v. Heydebrand: Wertung, § 11. In bezug auf ‚literarische Wertung': Kurzawa: Analytische Aspekte, S. 14-20 und S. 122-144; Kienecker: Prinzipien, S. 9 f.; Stenzel: Knopfloch S. 257-260, Winko: Wertungen, S. 21-27.

ten.[14] Für die Wertung und Gewichtung von Wertsprachen, die auf Literatur angewendet werden, wäre also eine ‚Metawertsprache' nötig, die beides, Wertsprache und Äußerungskontext, als Zusammenhang sähe und im Vergleich mit anderen bewerten müßte. Ehe wir nach solch einer Metasprache fragen, zunächst einige Beispiele für legitimationsbedürftige Wertsetzungen und für entscheidungsbedürftige Konflikte zwischen Wertsprachen und axiologischen Werten in verschiedenen Äußerungskontexten:

(1) Im Kontext der Philologien – mindestens der neueren – werden die Wertsprachen, die mit einem ‚autonomen' Verarbeitungsmodus rechnen und an entsprechenden Texten demonstriert werden, höher gewertet als diejenigen, die sich auf ‚nicht-autonome' Literatur beziehen.[15] Wodurch läßt sich das – nicht nur historisch – legitimieren? Im gleichen Äußerungskontext wird aber, wie uns der Überblick über gegenwärtige Wertungstheorien der Literaturwissenschaft gezeigt hat[16], die autonome Literatur nach sehr unterschiedlichen Wertprinzipien hoch gewertet (oder kritisiert). Läßt sich unter diesen eine Rangfolge begründen? Sind z. B. ein als autonom verfaßter Text und eine entsprechende Werterwartung der Lesenden ‚wertvoller', wenn sie Erkenntnis oder gar eine Verhaltensänderung bewirken und nicht nur intellektuelles Vergnügen?[17]

(2) Ein ähnlicher Konflikt zwischen axiologischen Werten kennzeichnet im übrigen den Kontext der Literaturkritik: Warum z. B. muß ein zeitgenössischer Text schwer verständlich, mühsam zu lesen und nutzlos für die Lebensbewältigung sein, um kanonwürdig zu werden? Ist das überhaupt eine gültige Norm? Der Konflikt wird unter den Literaturkritikern in Kontroversen ausgetragen, aber auch von einzelnen Kritikern als Widerspruch zwischen verschiedenen Wertsprachen in ihnen selbst erlebt und reflektiert.

(3) Im Äußerungskontext ‚Schule' treten ‚heteronome' Wertsprachen in den Vordergrund: Literarische Texte werden für die

---

[14] Vgl. I.1.3.2.
[15] Vgl. zur Genese des Autonomiekonzepts I.1.2.2 und zum autonomen Verarbeitungsmodus I.1.2.3, zu ihrer Privilegierung in der Literaturwissenschaft II.5.
[16] Vgl. II.5.
[17] Kienecker hat in seinen Rezensionsanalysen aus zweieinhalb Jahrhunderten die Abwertung der „ästhetischen Effizienz" (= hedonistische Werte) als Werterwartung der Literaturkritik beobachten können: Kienecker: Prinzipien, S. 106, S. 130.

1. Zur Begründung und Beurteilung von Wertsprachen

Zwecke einer vielseitigen Erziehung eingesetzt, z. B. für den Erwerb verfeinerter Sprachkompetenz und historischen Wissens oder für die Persönlichkeitsbildung; zur Einführung in aktuelle soziale oder psychosoziale Probleme; als Mittel, die Motivation der Schüler aufrechtzuerhalten oder zu verbessern; als gesellschaftliches ‚symbolisches Kapital'[18] u. a. m. Die axiologischen Werte, die alle diese Handlungen leiten, und dementsprechend die attributiven Werte der ausgewählten Literatur können einander widersprechen: z. B. mögen (ältere) Texte, die historisches Wissen vermitteln, die Schüler nicht besonders motivieren, oder (moderne) Texte und Leseweisen, die als symbolisches Kapital zu vermitteln wären, könnten sinnzerstörend wirken und eine gewünschte Persönlichkeitsentwicklung gefährden.[19] Wie sind die Prinzipien dann gegeneinander zu gewichten?

(4) Ein weiterer Äußerungskontext ist die populäre Medienkultur; in ihm bewegen sich die Schüler, aber auch viele Verfasser ‚autonomer' Literatur gleichzeitig, und darüber hinaus natürlich ein breites Publikum. In diesem Kontext wird Literatur ebenfalls unter sehr verschiedenen und nur unter anderen auch ästhetischen Wertkriterien beurteilt. Entstehen hier zwischen Wertsprachen Konflikte, die eine Entscheidung fordern? Gerät z. B. das Wertprinzip der Lust in Konflikt mit ethischen Wertprinzipien, wenn etwa in *science fiction* einerseits formal-ästhetische Brillanz fasziniert und egozentrische Verhaltensweisen höchsten Lustgewinn verheißen, andererseits Utopien alternativer, friedfertiger Gemeinschaften entworfen werden? Und konkurriert Popkultur nicht heute bereits sehr ernsthaft als prestigeverleihendes symbolisches Kapital mit dem nur noch partikularen einer kulturellen ‚Elite'?

(6) Im Äußerungskontext privater ‚Normalleser' herrschen meist ‚heteronome' Wertsprachen auch in bezug auf literarische, ästhetisch geformte Literatur vor. Wertprinzipien sind Unterhaltung, Information, Lebensorientierung u. ä., die ästhetische Machart wird nur als Unterstützung der Vermittlung dieser Werte oder auch gar nicht wahrgenommen, gelesen wird oft identifikatorisch, und vor allem selten ‚Literatur als Kunst'.[20] Ist dieser Äußerungskontext prinzipiell geringer zu werten, wie es aus

---

[18] Vgl. Müller-Michaels: Didaktische Wertung; auch Diskussionsbericht.
[19] Vgl. I.2.2.2.3.
[20] Vgl. I.2.2.2.4.

der Sicht der Literaturwissenschaft oft scheint? Und ließe sich in den Wertsprachen, die freilich für ‚normalisierendes' Lesen und entsprechende Texte weitgehend erst zu entwickeln wären, eine Gewichtung zwischen axiologischen Werten vornehmen? Sind z. B. Kriminalromane, die zugleich relevante Informationen etwa über ein soziales Milieu enthalten oder gesellschaftskritische Implikationen haben, besser als bloß unterhaltsame?

Um diese Fragen beantworten, in diesen Konflikten entscheiden zu können, müßten wir über eine ‚Metawertsprache' verfügen, die zunächst einmal den Gegensatz ‚autonom'/‚heteronom' zu übergreifen hätte. Im übrigen müßte sie einen universellen Äußerungskontext haben, also für alle und überall gelten, sie müßte eine für die Gesamtgesellschaft, heute sogar für die Weltgesellschaft verbindliche Rangordnung von Werten enthalten und diese durch Zuordnungsvoraussetzungen präzisieren. Eine solche Metawertsprache ist heute nicht einmal für die modernen, westlich-demokratischen Gesellschaften, die auf vergleichbarer Entwicklungsstufe stehen, möglich. Zum einen fehlt nach dem Ende der Metaphysik eine höchste, transzendente Legitimation einer für alle verbindlichen Hierarchie von Werten, und zum andern sind moderne Gesellschaften nicht mehr nach einem hierarchischen Schichtenmodell aufgebaut, in dem eine Oberschicht auch die obersten Werte vertritt. Die letzte Legitimationsinstanz besteht in der heutigen, von den modernen Ländern dominierten Weltgesellschaft in einem labilen Konsens über ethische Grundwerte, die Menschenrechte; sie bilden den Rahmen, der im Konfliktfall die Wertsetzungen in allen übrigen Wertbereichen, auch dem ästhetischen, begrenzt.[21]

Wenigstens ein aktuelles Beispiel aus dem Bereich der Wertung von Literatur kann sofort die Problematik dieses weiten Rahmens deutlich machen: Die Menschenrechte verbieten, außer in eigens geregelten Fällen, Gewalt gegen Personen. Literatur, die zur Gewalt aufforderte, Wertsprachen für literarische Gattungen, die das zuließen oder sogar zu einem positiven Wert machten, würden von daher verurteilt. Daß dennoch die Darstellung von Gewalt in gegenwärtiger Literatur einen beträchtlichen Raum einnimmt, wird durch die Zuordnungsvoraussetzungen ermöglicht: Es ist kontrovers, ob und unter welchen Umständen die Darstellung von Gewalt in der Literatur eine Aufforderung zur Gewalt impliziert und die Rezipienten

---

[21] Vgl. v. Heydebrand: Wertung, § 11, und dies.: Ethische contra ästhetische Legitimation.

1. Zur Begründung und Beurteilung von Wertsprachen

tatsächlich gewalttätig macht. In vielen Fällen ist klar, daß dies nicht der Fall ist; der Gewaltdarstellung kann dann ihre intendierte Funktion zugeordnet werden. Wenn etwa ein amerikanischer Comic im Genre der Literatur der ‚bad girls' die lustvolle Vergewaltigung eines Mannes durch mehrere Frauen inszeniert[22], so liegt auf der Hand, daß nicht zur Nachahmung aufgerufen wird, sondern nur Belehrung durch Provokation beabsichtigt ist. Um den Text aber ‚richtig', d. h. nach dieser Intention, zu verstehen, müßten die Betrachter des Comics die gesamten Voraussetzungen des Äußerungskontextes – hier vor allem die feministischen Debatten über Gewalt gegen Frauen – kennen, mit der Frauenbewegung sympathisieren, aber nicht zu einer Fraktion gehören, die tatsächlich zu Gewalt gegen Männer aufforderte u.a.m. Der Grundkonsens über abstrakte Begriffe nicht-ästhetischer Werte reicht keineswegs aus, eine verbindliche Metawertsprache mit gleichen, von Äußerungskontexten unabhängigen Zuordnungsvoraussetzungen zu schaffen.

Da moderne Gesellschaften, wie gesagt, nicht mehr statisch nach Schichten differenziert sind, sondern dynamisch nach Funktionsbereichen, für die jeweils neue Leistungen erbracht werden müssen[23], reduziert sich Wertbegründung notwendigerweise auf die Bewertung von Leistungen für einen bestimmten Bereich, einen Äußerungskontext. Das ist immerhin eine Grundlage für sachbezogene Argumentation. Das Urteil über die beste Leistung in einem Bereich erfordert freilich vergleichende Kennerschaft. So wird es zwar keine Antwort mehr auf die Frage geben, welche Art von Literatur die beste Leistung für die Gesamtgesellschaft erbringt; aber die Frage müßte sich beantworten lassen, welche Literatur in einem bestimmten Äußerungskontext die beste ist. Wir müssen die Wertbegründung für Literatur, für das Verhältnis von autonomer und heteronomer Ästhetik, für ästhetische und nicht-ästhetische Werte auf die Kontexte der pluralistischen, mulitkulturellen Gesellschaft und ihre Gruppen relativieren. Das ist das einzig ‚legitime', d. h. mit der Gesellschaftsstruktur übereinstimmende Verfahren. Für seine Durchführung bleibt aber noch fast alles zu tun.

Ehe wir im nächsten Abschnitt eine Antwort auf die Fragen versuchen, die wir oben für einige Funktionsbereiche von Literatur ge-

---

[22] Gregor: Zimtzicken.
[23] Vgl. Hahn: Kanonisierungsstile, S. 35, sowie hier konkret: I.2.2.2.

stellt haben, ist ein Blick auf das Verfahren nötig, das zur Zeit in der Praxis der Literaturwissenschaft, jedenfalls an vielen Universitäten des In- und Auslandes, unreflektiert herrscht: Eine Einführung hat zu berücksichtigen, was zur Zeit noch weithin gilt; sie darf aber auf die Mängel des noch Geltenden aufmerksam machen. Bisher nämlich werden die – wie immer unterbestimmten – Kriterien, die dem tradierten ‚westlichen' Kanon der Weltliteratur oder auch einer Nationalliteratur implizit sind, als Äquivalent einer ‚Metawertsprache' herangezogen, und diese impliziten Kriterien begründen scheinbar sowohl eine Hierarchie der Äußerungskontexte wie der Wertsprachen. Den ‚obersten' soziologischen Kontext stellt eine Gruppe dar, die sich nach wie vor als Vertreter der ‚legitimierten Kultur' (Bourdieu) versteht; ihre Institutionen sind die akademischen Bildungsanstalten und die intellektuell anspruchsvollen Medien: die sog. ‚führenden' Tageszeitungen, die Zeitschriften, Theater und literarischen Gesellschaften, die sich auch den Avantgarden öffnen, u. a. m. ‚Oberste', allein kanonbegründende Wertsprache ist die der Ästhetik des autonomen Kunstwerks, in der – nach Mukařovský – alle übrigen Werte nur durch den ästhetischen Wert hindurch vermittelt und repräsentiert werden.[24] Als Zuordnungsvoraussetzung für den ästhetischen Wert gilt entweder – immer noch – die Annahme, er sei ahistorisch (anthropologisch-phänomenologisch) in den Texten verankert und für gebildete ‚Kenner' kraft Intuition oder Vergleichskompetenz wahrnehmbar, oder die historische (geschichtsphilosophisch-ästhetische) Einsicht, er werde aus den jeweiligen Diskursen über Literatur und Kunst abgeleitet.[25] Wo beides als überholt gilt, wird mit guten Gründen für das nur noch formale Kriterium der Differenz zum Vorausgegangenen[26], d. h. für Originalität und Innovation, plädiert.

Freilich: Über die Wertungsprozesse in den unteren Rängen der Literatur, die keine Chance auf Kanonisierung hat, ist von dieser ‚Kanonwertsprache' her nicht viel auszumachen. Die nicht kanonisierte Literatur wird in der literaturwissenschaftlichen Praxis ge-

---

[24] Vgl. II.5.2.1.
[25] Vgl. II.6.
[26] Vgl. Stanitzek: „0/1", „einmal/zweimal", S.113. Auch v. Heydebrand/Winko: Geschlechterdifferenz, S. 135 f. Diese Argumentation stützt auf der Ebene der Einzeltextwertung die soziologische Argumentation von Guillory: Der spezifische ästhetische Wert ‚repräsentiert' nichts mehr; vgl. II.6.

1. Zur Begründung und Beurteilung von Wertsprachen

ringgeschätzt oder von der Theorie her völlig verworfen. Aber unter drei nachgeordneten relationalen axiologischen Werten, dem repräsentativen, dem dokumentarischen und dem relational-differentiellen, wird eine Auswahl tradiert, und zwar in drei Gruppen:

– Texte, die mit Kunstanspruch geschrieben, aber als weniger gelungen erscheinen, werden quantitativ abgewertet. Sie können jedoch noch als historisches Dokument bewahrt werden: als Beispiele für eine Innovation, die sich noch nicht durchsetzen konnte (z. B. Dujardins Prosa „Les Lauriers sont coupés" von 1887 für die Erfindung des ‚Inneren Monologs', der erst mit Schnitzlers „Leutnant Gustl" in einem ‚kanonischen' Text auftritt), als Repräsentanten einer mindergewerteten Gattung (z. B. ‚Frauenroman', Dorfgeschichte), einer epigonalen Schreibweise (z. B. Emanuel Geibels klassizistische Lyrik) oder einer einst erfolgreichen, inzwischen abgewerteten Produktion (z. B. die Novellistik Paul Heyses).

– Texte, die der ‚autonomen Ästhetik' nicht folgen, werden allein schon deshalb qualitativ abgewertet und prinzipiell verworfen. Was hier dennoch bewahrt wird, überlebt als Dokument: für die Religions-, Politik-, Sozial- und Mentalitätsgeschichte und ihre historischen Diskurse, als Beleg für nicht-autonome Schreibweisen (z. B. in der klassischen Rhetorik) und für nicht-autonome, potentiell literarische Gattungen (z. B. Essay, Brief) wie als literaturbezogene Quelle (z. B. Gelegenheitsdichtung[27]).

– Texte, die auf allen Ebenen als Negative der Kunstliteratur erscheinen, werden natürlich in ihrer Qualität kritisiert; sie werden in Einzelbeispielen bewahrt, um die Überlegenheit von Literatur als Kunst aus der Differenz dazu zu beweisen (z. B. Trivialliteratur, Massenliteratur). Erst in jüngster Zeit wird die Frage nach der Funktion, die offenbar deren Erfolg und positiven Wert für die Rezipienten begründet, wertneutral gestellt.[28]

Allerdings fehlen Kriterien dafür, welcher Text jeweils einen solchen mindergewerteten Typus ‚besser' repräsentiert, einen solchen Diskurs ‚besser' dokumentiert. Es fehlt der Literaturwissenschaft die oben geforderte Kennerschaft in den Äußerungskontexten, aus denen sie sich selbst ausgeschlossen und deren Wertsysteme sie nicht rekonstruiert hat. Wo es um exemplarische Bewahrung weniger ‚ge-

---

[27] Nicht gemeint ist der Terminus im Sinne der Goetheschen Umdeutung, als Äquivalent zu „Erlebnisdichtung".
[28] Z. B. in Fluck: Populäre Kultur.

lungener', aber als Kunst konzipierter Literatur geht, bildet der Breitenerfolg ein gewisses Selektionskriterium (vgl. die schon genannten Beispiele: Heyse für die Salonnovelle, Geibel für die populäre Lyrik um die Mitte des 19. Jahrhunderts). Wo ganze Korpora vernachlässigter Textsorten (z. B. Briefe, Reiseliteratur, Literaturkritik, die Romanproduktion von Frauen u.a.m.) auf die Regeln ihrer besonderen Genres und immanenten Wertsetzungen hin durchgesehen werden müßten, um die besten Repräsentanten herauszufinden, greift man allzu oft auf den Umkreis des Kanonischen zurück: Die ‚repräsentative' Literaturkritik stammt dann von Friedrich Schlegel oder Theodor Fontane, und ‚weibliche' Briefkultur oder ‚weibliches' Lesen werden – freilich auch der Überlieferungssituation wegen – an solchen Ausnahmegestalten wie Dorothea Schlegel oder Bettina von Arnim demonstriert. Erst gegenwärtig wird z. B. erforscht, daß es für das ‚Bürgerliche Trauerspiel' eine signifikante und regelhaft abweichende Variante aus der Feder von Autorinnen gibt; da offenbar kein Exemplar den Kriterien des Kanons genügt hat, blieb das gesamte Korpus unbekannt.[29]

Der traditionelle Kanon von Meisterwerken der Literatur und die ihn ergänzende Auswahl von Beispielen für nicht-Kanonisches, das gleichwohl einige Beachtung verdient, haben als Gegenstand akademischer Lehre durchaus einen Sinn. Die Auswahl von Texten und Deutungen erfüllt in ihrem Geltungsbereich die Funktionen, die *mutatis mutandis* jeder Kanon zu erfüllen hat: Legitimation der in der Gegenwart geltenden literarisch-ästhetischen Werte durch ihre Verankerung in der Vergangenheit, Orientierung für die nötige Auswahl aus der neu entstehenden Literatur und nicht zuletzt Abgrenzung gegen jene wachsende Zahl von Menschen in der Gesellschaft (und in aller Welt), für die eben diese Auswahl von ‚Literatur als Kunst' ihre Bedeutung verliert oder nie besessen hat.

Wir müssen also erkennen, daß die traditionellen Kanonkriterien für die Gesamtgesellschaft heute nicht mehr als ästhetische Metawertsprache legitimierbar sind. Auch faktisch gibt es keinen irgend verbindlichen Kanon mehr[30], mögen viele Werke auch im kulturellen Gedächtnis noch erhalten und für die Verwertung nicht nur im li-

---

[29] Vgl. Pailer: Ketten. Dieser erste Hinweis wird durch eine größere Studie der Verfasserin ergänzt werden in v. Heydebrand (Hg.): KANON MACHT KULTUR.
[30] Die kontroversen Argumente innerhalb der deutschen Diskussion referiert v. Heydebrand: Probleme des Kanons, S. 10-17.

terarischen Kontext (z. B. in der Werbung) verfügbar sein. Stattdessen bilden sich kontinuierlich in den verschiedenen Gruppen und Äußerungskontexten eigene Kanones, über deren Wertsprachen und vor allem den Stellenwert des Ästhetischen in ihnen – nur in begleitender Funktion? – noch kaum nachgedacht worden ist.[31] Darauf reagiert ein neues Konzept von einem Kanon, der quasi ‚demokratisch' diejenigen Werke zu vereinen hätte, die von den Kennern als die besten Repräsentanten der literarischen Werte im jeweiligen Bereich auszuwählen wären. Doch wird auch dieses Konzept zu Recht kontrovers diskutiert.[32]

Zu fragen bleibt am Ende auch, welche praktische Relevanz und Reichweite solche Überlegungen zur Wertbegründung überhaupt haben können: Wir unterstellen dabei einen „Täter hinter dem Tun" (Dux), eine Freiheit der Subjekte, wie sie von gegenwärtigen Gesellschaftstheorien gar nicht mehr eingeräumt wird. Ihnen zufolge sind es Systeme und Diskurse, deren Eigenlogik das Denken und Tun der ‚Subjekte' unterliegt. Trotzdem erleben wir uns in Situationen doch als handlungsmächtig und nehmen die Verantwortung für unser Handeln auf uns.[33] Darum wird im folgenden doch der Versuch gewagt, unter funktionalem Aspekt eine Antwort wenigstens auf die Fragen zu geben, die anhand der obigen Beispiele aufgeworfen wurden. Es kann freilich nur eine persönliche und pragmatische sein.

Zusammenfassung: Ein Verfahren der Letztbegründung für die Wertung von Literatur müßte eine Hierarchie von Wertsprachen wie auch von Äußerungskontexten legitimieren; das widerspricht der funktionalen Differenzierung in modernen Gesellschaften. Bisher hat den Philologen unreflektiert der traditionelle Kanon zur Hierarchisierung gedient; er setzt seinen Geltungskontext und die im Kanon repräsentierten Werte von Literatur als Kunst an die Spitze und wirkt damit als Instrument überholter schichten- oder gruppenspezifischer Differenzierung. Es bleibt ungeklärt, wie im Verhältnis zu Li-

---

[31] Für Überlegungen z. B. zu einem Kanon der Popmusik vgl. Ullmaier: Pop shoot Pop.
[32] Vgl. Guillory: Cultural Capital, S. VII und Kap. 1.1 vs. v. Heydebrand: Probleme des Kanons, S. 17-19; Überblick über die Optionen aus feministischer Perspektive: v. Heydebrand/Winko: Arbeit am Kanon, S. 241-250.
[33] Für den Kontext von Recht und Moral führt dies aus Dux: Täter hinter dem Tun, bes. S. 58.

teratur als Kunst diejenige Literatur nach eigenen Regeln zu werten ist, die heteronome Werte ästhetisch vermittelt. Deren Bewertung selbst kann sich nur kulturspezifisch an den Grundwerten der demokratisch-pluralistischen Gesellschaften orientieren.

1.3 Legitimation von Wertsprachen für Literatur in ausgewählten Äußerungskontexten – ein Versuch

Der folgende Versuch, literarische Wertsprachen nach ihren Funktionen im jeweiligen Kontext zu bewerten und zu gewichten, leidet darunter, daß Literaturwissenschaftler im allgemeinen zu wenig Kenntnis von den Funktionen, Wirkungen und Wertungen des Literarischen in den von unserer Disziplin vernachlässigten Äußerungskontexten haben. Er möge als Anregung zu weiteren Forschungen dienen. Keines der Argumente für die Bewahrung der Tradition in der Literaturwissenschaft darf daher als Plädoyer für eine hierarchische Überordnung dieser Literatur und dieses Kontextes verstanden werden. Auch in den andern Kontexten für Literatur, in Subsystemen des Sozialsystems Literatur, sind Gegenstände mit eigenen Wertkriterien und Regularitäten ihres Gebrauchs entstanden, gibt es unter den Teilnehmern an diesen literarischen Kommunikationen entsprechende Traditionen und bedeutende Kennerschaft. In der Gegenwart vermischt sich bereits in einigen Gruppen und Individuen hochentwickelte gleichzeitige Kompetenz in früher hierarchisch geschichteten Bereichen der literarischen Kultur.

Wir nehmen die kritischen Fragen, die wir im vorigen Abschnitt beim Durchgang durch fünf Bereiche des wertenden Umgangs mit Literatur gestellt haben, als Leitfaden für unsern Begründungsversuch: Welche Werte sollen in welchen Bereichen gelten oder dominieren? Und wie sollen die auftretenden Konflikte gelöst werden? In jedem Falle wird die differentielle Funktion, die der kulturelle Bereich für die Gesamtgesellschaft wie für die einzelnen Teilnehmer im Sozialsystem Literatur erfüllt, zum Maßstab gemacht werden.

(1) Im Bereich der Philologien sprechen im wesentlichen vier Argumente für eine funktionale Privilegierung von ‚Literatur als Kunst‘, für die Höchstwertung der ihr zugeordneten Leseweisen, Analyse- und Interpretationsmethoden:

1. Zur Begründung und Beurteilung von Wertsprachen

- Nur die Autonomieästhetik gibt den Disziplinen einen ganz eigenen Gegenstand mit nur ihm eigenen Wertkriterien vor. Von deren Begründung und Entfaltung in den philosophischen Ästhetiken wie auch im System sozialer Werte seit der Entstehung des Sozialsystems Literatur ist bereits an verschiedenen Stellen dieser Einführung die Rede gewesen.[34]
- Es muß einen gesellschaftlichen Ort geben, wo Vergangenes bewahrt und, wo immer möglich, von der Gegenwart her reflektiert wird. Ohne Tradition, hier im Kanon verdichtet, kann das Neue in seiner Besonderheit, als Differenz zum Vergangenen, nicht erfahren werden.[35] Außerdem ist die Tradition ein Reservoir für Aktualisierungen; wird ein Wissen von ihr nicht vermittelt, werden kulturelle Zeugnisse, die auf sie positiv oder kritisch Bezug nehmen, unverständlich.[36]
- Autonome Literatur, namentlich in ihren kanonischen Beispielen, ist in jeder Hinsicht die komplexeste; nur an ihr können also der Umgang mit dem Schwierigsten und die Vielfalt methodischer Zugänge gelernt werden.
- Das Fächerspektrum der Universität ermöglicht es in Theorie und Praxis, alle Dimensionen autonomer Literatur zu entfalten und in der Rezeption zu aktualisieren.

Dabei scheint es nicht dringend, die konkurrierenden Theorien der Wertung ‚autonomer' Literatur in der Literaturwissenschaft seit 1945, die wir dargestellt haben, mit der Autorität der Institution zu hierarchisieren. Wir haben ihre Begründung in unterschiedlichen Zuordnungsvoraussetzungen zu ‚Literatur als Kunst', vor allem aber ihre Abhängigkeit von historischen Äußerungskontexten aufgewiesen. Da wir hier nicht in ausgreifende philosophische Argumentationen eintreten können, ist es so sinnlos wie aussichtslos, eine Rangfolge etwa zwischen dem ästhetischen Wert im phänomenologischen Verständnis Kaysers, dem Erkenntniswert in seiner theologisch-geschichtsphilosophischen Ableitung durch Adorno, dem hedonistischen Wert im postmodernen Kontext bei Barthes u.a. herzustellen und als gültig auszugeben. Für jede Position läßt sich etwas sagen. Werte im Äußerungskontext müssen auch künftig über die

---

[34] Vgl. bes. II.6.
[35] Vgl. II.1 und II.2 zu Barock und historischem ‚Volkslied'.
[36] Nicht nur Studierende haben oft Schwierigkeiten, die anspielungsreichen Dichtungen der *poetae docti*, der gelehrten Dichter der Moderne, zu entschlüsseln.

motivationale Wahl der Wertsprache entscheiden: das Voraussetzungssystem der Wertenden, vor allem die sie prägenden Erfahrungen in ihrer literarischen Sozialisation, die aktuelle Wertungssituation, z. B. ein Lehren und Forschen mit klugen Studenten und Studentinnen, die politisch engagiert oder von der Postmoderne fasziniert sind, u.a.m.

Sozial-ethische und demokratische Wertprinzipien begründen aber, daß jene Wertsprachen herauszuheben sind, die Ansatzpunkte für die Erforschung ‚heteronomer' Literatur und ihrer Wertungen bieten: etwa Mukařovský, die ‚synkretistische' Ideologiekritik und der ideologiekritische Feminismus, in Zukunft sicher auch eine Medienästhetik. Im Hinblick auf die Literatur in der Gesamtgesellschaft muß – im Rückgriff auf die Rhetorik – theoretisch und empirisch geklärt werden, welchen Beitrag ästhetische Werte zur wirksamen Vermittlung nicht-ästhetischer Werte leisten, z. B. in der Werbung, in der politischen Überzeugungsarbeit, beim Aufbau wie bei der Zerstörung sozialer, ethischer Werte u.a.m.

(2) Da Literaturkritiker Funktionen sowohl für die Autoren wie für das Publikum wahrnehmen, müssen die Konflikte zwischen Wertsprachen, vor denen sie stehen, im jeweiligen Kontext im Blick auf diese Aufgaben gelöst werden. Zunächst der Bezug zum Autor: Zwar wirken Verleger und Verlagslektoren noch entschiedener auf Autoren ein als Kritiker, aber auch diese können eine hilfreiche Orientierung geben. Allerdings müssen wenigstens die Prinzipien der Wertsprache, an denen der Kritiker seine betreffenden Urteile ausrichtet, mit denen des beurteilten Autors übereinstimmen: Wer einen agitatorischen Roman unter Kunstwerkkriterien verreißt, verstößt gegen Grundregeln der Fairness und liefert keine relevante Kritik, weder für den Autor noch für die Leser. Was das Publikum angeht: Es darf vom Kritiker erwarten, daß er seine axiologischen Werte signalisiert, gleich ob er sich, was die Regel ist, für eine einzige Wertsprache entschieden hat oder einmal so, einmal so optiert. Die meisten Kritiker stellen für sich individuelle Rangordnungen her zwischen einer ‚autonomen', aber einem breiteren Publikum noch vermittelbaren Literatur – in deren apolitischer oder ‚engagierter' Variante –, und einer avantgardistischen Moderne; seltener würdigen sie auch die Werte bequem konsumierbarer Unterhaltungsliteratur. Daran ist insofern nichts auszusetzen, als die Vielzahl der Kritiker und ihre Verteilung auf verschiedene Publikationsmedien mit unterschiedlichen, erwartbaren Standards (bis zu Funk und Fernsehen zu verschiedenen Sendezeiten) garantieren, daß ein breites Spektrum

1. Zur Begründung und Beurteilung von Wertsprachen

von Wertsprachen in der Kritik präsent und auffindbar ist. Die äußeren Bedingungen, unter denen Kritiker arbeiten, begrenzen für den einzelnen ohnehin den Entscheidungsspielraum: Der ökonomische Wert muß für hauptberufliche Literaturkritiker eine wichtige Rolle spielen.

(3) Der Konflikt zwischen den axiologischen Werten, nach denen Literatur in der Schule ausgewählt und mit den Schülern besprochen wird, ist nicht prinzipiell lösbar: Alle oben genannten Zielsetzungen haben von den Funktionen der Schule her ihr Recht. Es ist die Quadratur des Kreises für die Lehrer, sie im Rahmen ihres Zeitbudgets und ihrer persönlichen Voraussetzungen und Interessen zur Geltung zu bringen. Die lebhafte und anhaltende Diskussion in der Literaturdidaktik[37] belegt, daß Begründung der Wertung von Literatur für die Schule, ihr Stellenwert generell, der ‚Kanon', die Methodik u. a. m., unter den Vermittlern mehr als in allen andern Bereichen ein dauerhaftes, ernstgenommenes Thema ist; die Argumente in den Kontroversen können hier weder wiedergegeben noch gar entschieden werden.

(4) Die populäre Medienkultur ist auf die Freizeit der Bevölkerung zugeschnitten. Darum dominiert zu Recht in ihrem kulturellen Bereich die Funktion der Unterhaltung die anderer Wertprinzipien, zu denen wie in der Schule Wissensvermittlung, Lebensorientierung und Traditionspflege gehören. Die möglichen Konflikte zwischen den Wertsprachen und ihren axiologischen Werten scheinen hier in einer breiten Toleranz aufgehoben, denn der ökonomische Wert fungiert, wie meist, als der große Gleichmacher: Für alle muß etwas gebracht werden. Damit werden aber zugleich demokratische Werte befördert, die diesen Zustand rechtfertigen. Eine positive Folge der pragmatischen, demokratischen Konfliktregelung: In der Medienkultur entwickelt sich bereits eine bereichsübergreifende literarische Kompetenz, an deren Ausbildung die Philologien, die sich an manchen Orten bereits in Kultur- und Medienwissenschaften umgewandelt haben, erst langsam mitzuwirken beginnen. Die Abstimmung unter den Programmen verschiedener kultureller Ressorts z. B. erfordert jenes Wissen von den Wertangeboten und Werterwartungen sowie den quantitativen Wertabstufungen in den verschiedenen Teilbereichen der literarischen Kultur, das unter der Vorherrschaft der Autonomieästhetik nicht ausgebildet werden kann. Die Umorientie-

---

[37] Zum Überblick vgl. Müller-Michaels: Anmerkungen zum Kanon-Heft, und Kochan (Hg.): Literaturdidaktik.

rung der Literaturwissenschaften muß freilich einen Verlust an Intensität der Zuwendung zur kanonischen Literatur zur Folge haben; sie wird nur noch eine Teilmenge des nicht mehr hierarchisch verteilten und gewerteten symbolischen Kapitals ‚Literatur' bilden.

(5) Für das ‚normale' Lesen ist das ganze Spektrum funktionaler Differenzierung literarischen Wertes legitim. In der Regel stehen sicher nicht-ästhetische Werte aller Art im Vordergrund, aber zum einen können auch alle ‚heteronomen' Werte nicht nur an ‚heteronomen' Texten, sondern ebenso an vielen autonomen Werken realisiert werden: Sie müssen nur ‚heteronom' verarbeitet werden. Zum andern wirkt die ästhetische Form ohne Zweifel auch im heteronomen Lesen und in heteronomer Literatur unbewußt auf die Leser ein, so daß implizit mindestens die begleitenden ästhetischen Werte die Leseerfahrung mitprägen und bereichern. Eine Abwertung des Äußerungskontextes ‚normalisierenden' oder ‚Laienlesens' würde dem alten hierarchischen Schema folgen, das die soziale Differenzierung durch den ‚Kanon' reproduziert.

Allerdings wäre es wünschenswert, wenn den ‚normalen' Lesern ihre Lektürewahl und die nachfolgende Bewertung nach durchsichtigen Kriterien erleichtert würde, ohne daß eine Bevormundung stattfände: Unter demokratischen Prämissen wären nicht die qualitativen Wertprinzipien des Laienlesens zu normieren, also nicht ‚Kunst' statt ‚Unterhaltung' oder ‚Lebensorientierung' u. a. zu verordnen, sondern es wäre Hilfestellung zu geben für die Erkenntnis quantitativer Wertabstufungen unter der gewählten Art von Literatur: Welcher Krimi gibt zusätzlich zur Spannung mehr interessante und relevante, ggf. auch kritische Information?

Zusammenfassung: Es gibt gute Gründe für den Gebrauch unterschiedlicher Wertsprachen und Wertprinzipien in unterschiedlichen Äußerungskontexten. Treten in einem institutionellen Kontext Konflikte auf, können sie nur pragmatisch, tolerant und situationsbezogen gelöst werden. Vergleichende Kennerschaft in allen Bereichen wird auch jene ästhetischen Werte zur Geltung bringen, die nicht-ästhetische Werte nur begleitend unterstützen.

2. Eigene, begründende Wertungen mit Textbeispielen (Legitimation II)

Zunächst ist zu erinnern: Begründete Wertungen sind nach unserem Modell Werturteile, die wir mit dem Anspruch auf Verbindlichkeit aussprechen.[1] Begründung von Wertungen am Beispiel zu leisten, heißt daher für uns zweierlei: Zum einen sind die Schritte des Wertungsvorgangs durchsichtig zu halten, damit er nachvollziehbar bleibt, und zum andern sind durchweg Argumente beizubringen, sowohl für Sachverhaltsaussagen wie für wertende Entscheidungen. Argumente für Wertungen gelten freilich, wie schon wiederholt gesagt, nur innerhalb von Wertsprachen in Äußerungskontexten. Unter den vielen auch für uns denkbaren Kontexten legt sich für diese Musterwertung der des wissenschaftlichen Umgangs mit Texten nahe, und in bezug auf die Wertsprachen, die wir im historischen Teil vorgestellt haben, lehnen wir uns an den semiotisch-strukturalistischen Entwurf Jan Mukařovskýs an: Denn sein Konzept kommt unserem Modell am nächsten und hat auch einer funktionalen Wertung unterschiedlicher Textsorten – einschließlich solcher, die nicht als ‚Kunstwerk' zu verstehen sind – am weitesten vorgearbeitet.[2]

Bei einer ‚funktionalen' Wertung werden die Texteigenschaften nach Maßgabe der Textsorte und ihrer Funktionen bewertet. Sind diese u. a. mit Hilfe der Kenntnis von Genrekonventionen herausgearbeitet, läßt sich fragen, ob der einzelne zu wertende Text sie erfüllt oder nicht. Die Funktion des Textes bzw. die Intention, die mit ihm verbunden wird, bildet dann den höchsten axiologischen Wert, den Maßstab, anhand dessen wir den Text beurteilen.[3] Die Wertung zielt auf die formalen und inhaltlichen Mittel, die der Autor eingesetzt hat, um seine Absicht einzulösen.[4] Die leitenden Fragen dieser Wertungshandlung lauten: Sind die Eigenschaften des Textes dazu geeignet, die jeweilige Intention zu erfüllen? Erfüllen sie sie in besonderem Maße oder gäbe es vielleicht geeignetere Mittel? Die Ant-

---

[1] Vgl. – auch zum Folgenden – I.2.1.3 und I.2.3.
[2] Vgl. II.5.2.1.
[3] Der hermeneutische Zirkel in diesem Vorgang ist gewollt; vgl. I.2.1.2.1 und I.2.3.
[4] Diese technische Beschreibung soll mindestens für ‚autonome' Literatur nicht den Schaffensprozeß abbilden, der sicher nicht generell so verläuft; er meint vielmehr das Ergebnis der Rekonstruktion des Textes durch Rezipienten.

worten auf diese Fragen hängen einerseits wieder von den Zuordnungsvoraussetzungen ab, die Wertende einbringen. Ob sich z. B. die interpretierend erschlossene Absicht einer Erzählung, mit dem Protagonisten einen Sympathieträger zu entwerfen, eher mit einer jüngeren oder älteren, weiblichen oder männlichen, besonderen oder durchschnittlichen Figur realisieren lasse, ist sicher nicht ganz unabhängig vom Beispielfall und von Vorlieben der Wertenden zu entscheiden. Andererseits kann uns die tatsächliche Wirkung eines Textes auf reale Leser hier nur dann interessieren, wenn sie über die rein subjektive Aussage hinausgeht. Wir haben also nach verallgemeinerbaren Zuordnungsvoraussetzungen zu suchen, die eine Entscheidung über die Angemessenheit der sprachlichen und darstellungstechnischen Mittel in einem Text intersubjektiv vermittelbar machen.

Die funktionale Wertung muß nicht die einzige sein. Im Anschluß an sie kann auf einer Metaebene gefragt werden, wie die Textsorten selbst und ihre Funktionen bewertet werden. Diese zweite Frage werden wir jedoch jeweils nur kurz ansprechen: Zum einen ist Grundsätzliches dazu bei den Überlegungen zur Legitimation von Wertsprachen (Legitimation I) gesagt worden; immer wieder war, auch im historischen Teil, etwa von der Abwertung ‚heteronomer' Textsorten generell, aber auch von besonderen Literaturfunktionen, z. B. der religiösen, die Rede, und kritisches Überdenken dieser Wertung wurde eingefordert. Zum andern sind die Maßstäbe für die Wertung von Intentionen und Funktionen meist keine literarischen, sondern moralische, politische oder religiöse. Da dieser Typ des Wertens also stark ins Weltanschauliche tendiert, wollen wir uns im wesentlichen auf die funktionale Wertung beschränken.

Funktionale und Metawertung können sich freilich in der Praxis überlagern: Die negative Einschätzung einer Textsorte z. B. kann dazu führen, die Intention des zu wertenden Textes nur oberflächlich zu bestimmen, oder sie kann die Wahrnehmung der Textkomplexität verhindern. Nach Strukturen, die einer hochangesehenen Textsorte selbstverständlich zugestanden werden, wird in einer mindergewerteten gar nicht erst gesucht.[5] Aus analytischen Gründen und um den

---

[5] Ein Beispiel bildet die vergleichende Analyse eines Heine-Gedichts mit einem Schlagertext in Hart-Nibbrig: Ja und Nein, S. 39–44: Die ‚Deutlichkeit' in beiden Texten wird bei Heine durch die Zuschreibung komplexitätssteigernder Absicht funktionalisiert, während beim Schlagertext solche Strategien nicht unterstellt werden.

2. Eigene, begründende Wertungen von Textbeispielen

Texten gerecht zu werden, sollten diese beiden Typen von Textwertung aber auseinandergehalten werden.

Die Beispiele haben wir, die Verfasserinnen, untereinander aufgeteilt und auch das Verfahren nicht strikt parallelisiert: Die unterschiedliche Zahl der Beispiele und die verschiedenen Textsorten fordern je verschiedenes Vorgehen, mit der Wertung moderner Texte werden noch zusätzliche Absichten verbunden, und schließlich wollen wir in diesen Deutungs- und Wertungsvorgängen auch als individuell wertende Subjekte auftreten.

2.1 Wie werte ich moderne ‚autonome' literarische Texte? (v. Heydebrand)

Als Beispiele habe ich drei moderne Texte ausgewählt, die zwar alle – was freilich im ersten Fall noch zu prüfen ist – auf ‚autonome' Verarbeitung angelegt sind, aber im übrigen doch noch verschiedene Textsorten oder Genres repräsentieren. Jedem von ihnen ist ein Abschnitt dieses Kapitels gewidmet, in dem ich jeweils noch ein weiteres Ziel verfolge: An einem Beispiel aus einer sonst eher vernachlässigten Gattung, dem Aphorismus, möchte ich die Struktur des Wertungsvorgangs noch einmal in Erinnerung bringen; an einem dunklen, aber auf Sinnfindung hin angelegten Gedicht soll ein letztes Mal veranschaulicht werden, wie eng Textverstehen und Wertung zusammenhängen, und ein ‚konkretes' Gedicht gibt Anlaß, über vergleichende, quantitative Wertung innerhalb einer Textsorte des 20. Jahrhunderts nachzudenken. Der erste der drei Abschnitte fällt stilistisch aus dem Rahmen unserer Beispielwertungen: Nur in diesem Fall kann und muß zum Zwecke der einmaligen, didaktischen Demonstration jeder einzelne Schritt der Wertungshandlung in aller Ausführlichkeit reflektiert werden.

Am Ende des Kapitels will ich unter dem Stichwort ‚Metawertung' auf das Problem aufmerksam machen, auch nur unter diesen drei Genres von modernen Texten mit dem Anspruch auf Verbindlichkeit wertend abzuwägen. Das unterstreicht noch einmal die Schwierigkeit, anders als pragmatisch, in bezug auf typisierte Äußerungskontexte, literarische Textsorten in eine hierarchische Ordnung zu bringen. Für die Wertung autonomer im Vergleich zu heteronomer Literatur gilt das ebenso. Was bleibt, ist die Möglichkeit des persönlichen, subjektiven Votums, die abschließend genutzt wird.

2.1.1 Die Struktur des wertenden Vorgangs am Beispiel der Wertung eines Aphorismus

Die Wertung beginnt mit der Textauswahl unter einer bestimmten Werterwartung, einem Interesse. Ich habe für die Zwecke dieser Demonstration nach einem sowohl kurzen wie guten modernen literarischen Text gesucht, habe zu Elias Canettis Aphorismensammlung „Die Provinz des Menschen" gegriffen und mich für die folgenden Sätze entschieden:

> „Der Beweis zerstört. Selbst das Wahrste zerstört der Beweis."

Mit der Auswahl des Canetti-Satzes habe ich bereits nicht-sprachlich (motivational) gewertet. In diese spontane Wertung ist eingegangen:
– ein Vorwissen über ‚moderne Literatur' und das in ihr ‚Gute': Darum habe ich zu Elias Canetti gegriffen. Der Autorname bildet also ein positives Vorurteil.
– ein Vorwissen davon, in welchen literarischen Gattungen sich besondere Kürze mit Qualität verbinden kann; der Aphorismus gehört dazu.

Eine Entscheidung für den Aphorismus bedeutet aber zugleich auch die Entscheidung für recht bestimmte axiologische Werte, also wiederum eine Auswahl: Hier ist keine spannende Handlung zu erwarten, keine detaillierte Ausformung einer Geschichte, kein fiktionales Weltmodell. Ja, im gewählten Falle handelt es sich sogar überhaupt nicht um eine fiktionale Äußerung. (Das liegt nicht an der Gattung des Aphorismus. Bei Lichtenberg und anderen Aphoristikern gibt es fiktionale Aphorismen, und andere Aphorismen auch Canettis besitzen fiktionale Qualität, z.B. „Napoleon, Wellington und Blücher hoch zu Floh im Zirkus". Ich komme darauf zurück.) Dafür treten andere Erwartungen in den Vordergrund, die wiederum zum kulturellen Wissen gehören: Von einem Aphorismus werden Prägnanz und Pointierung erwartet, origineller Einfall und blitzartige Erhellung. Auch ein ausgeprägter Wahrheitsanspruch gehört zur Gattung: Für einen Aphorismus genügt es nicht, seine Zeichen nur als ‚selbstreferentiell' vorzustellen.

Alle diese Erwartungen sind nun Zuordnungsvoraussetzungen für attributive Werte, die ich im nächsten Schritt den entsprechenden Textmerkmalen zuschreiben kann. Indem ich mein Gattungsvorwissen aktiviert und ‚falsche' Erwartungen an den Text ausgeschieden habe, habe ich mich – gut hermeneutisch, aber

2. Eigene, begründende Wertungen von Textbeispielen

auch struktur-funktionalistisch – für eine ‚objektadäquate' Wertung programmiert; ich werde diesen Satz z. B. nicht als ‚schlechten Witz' lesen. Damit ist ein ‚Erwartungshorizont' hergestellt, der nicht bloß subjektiv ist, ein ‚Erwartungshorizont' im Sinne von Jauß.

Dazu kommt aber noch einiges, was eher subjektiven, wenn auch nicht notwendig ganz individuellen Interessen und axiologischen Werten entspricht, z. B. die Vorstellung, daß es gut ist, am Gespräch über moderne Literatur teilzunehmen, oder die Vorstellung, daß die in unserer Gesellschaft getroffene Auswahl von hochgewerteten Autoren und Texten ihre Berechtigung hat; oder, schon spezifischer auf den Wertungsvorgang bezogen: daß es gilt, einem Text in der Wertung gerecht zu werden; und schließlich, auf diesen Text gemünzt, die Vorstellung, daß es wichtig ist, sich mit Fragen der Wahrheit und ihrer Beweisbarkeit zu beschäftigen u. a. m. Diese Einstellungen und Werterwartungen sind keineswegs mit Selbstverständlichkeit verallgemeinbar; sie gehören zu meinem persönlichen ‚Voraussetzungssystem', das freilich auch durch meinen Beruf geprägt ist; andere Menschen können ganz andere Dinge für wichtig halten und haben vielleicht mit dem ganzen modernen Literaturbetrieb der ‚Bildungsschicht' nicht viel im Sinn.

In die Genese von Einstellungen gehen auch noch individuellere Vorprägungen, oft aus dem Unbewußten, ein. Sie können z. B. dazu führen, Autoren vom Typ Canettis nicht zu mögen oder die Gattung des Aphorismus, jedenfalls in dieser stärker rationalen Variante, nicht zu schätzen u. a.

Ich halte also fest: Ehe es zu einem begründeten, expliziten Werturteil kommt, sind schon viele Voraussetzungen für dieses Werturteil im Spiel; wir haben sie im systematischen Teil mit dem Begriff des ‚Voraussetzungssystems' beschrieben. Zu ihm gehören kulturelle Standards in einer Gesellschaft, zu ihm gehört kulturelles Wissen, und zu ihm gehört die individuelle soziale, psychische, ja selbst physische Prägung der wertenden Person (wie das natürliche Geschlecht oder Gesundheit vs. Krankheit), mit der sie sich zu diesen kulturellen Vorgaben in ein positives oder negatives Verhältnis setzt. Der Text bestimmt dabei mit, was ich aus meinem Wissen und aus dem Ensemble meiner Wertmaßstäbe aktiviere. Die Wertmaßstäbe oder -kriterien, die für den folgenden expliziten Wertungsvorgang, für das Werturteil und seine Begründung herangezogen werden, sind damit bereits zu einem großen Teil festgelegt.

Nun mein Werturteil: „Dieser Aphorismus Canettis ist ein guter literarischer Text." Zum Werturteil wird der Satz, weil ich vorhabe, ihn zu begründen und damit bewirken will, daß ihm auch andere beipflichten. Daß ich meine Begründung auch noch analysiere, kann diesen Geltungsanspruch nur unterstützen. Die Begründung muß über zweierlei Auskunft geben:
(1) warum ich den Text als ‚literarisch' ansehe – bei einem nicht-fiktionalen Text ist das keine Selbstverständlichkeit;
(2) warum ich speziell diesen literarischen Text im Vergleich mit anderen für gut halte; dazu werde ich den zweiten, bereits zitierten Canetti-Aphorismus noch hinzunehmen.

Also der erste Schritt: Warum ist der kleine Text „Der Beweis zerstört. Selbst das Wahrste zerstört der Beweis" ein literarischer Text?

Ich könnte mich mit dem Hinweis begnügen, daß er von Canetti stammt – und dieser ist im Sozialsystem Literatur ein anerkannter Autor. Aber genügt das wirklich? *Per se* ist nicht jede Äußerung eines Autors, der auch Literatur schreibt, schon literarisch. Dann würde es immer noch genügen, daß die Sätze in einer Aphorismensammlung dieses Autors stehen; die Gattung Aphorismus aber gilt als ‚literarisch'. Trotzdem: ohne den Autornamen wäre die Sache nicht sicher. Wenn etwa Hinz oder Kunz im Selbstverlag – also ohne ‚institutionelle' Legitimierung – irgendwelche Sätze als Aphorismen veröffentlichen würden, sind diese deshalb noch nicht ‚Literatur'. Der Text selbst gibt jedoch deutliche Hinweise darauf, zur Literatur zu gehören. Man kann kaum annehmen, daß jemand im Alltagsgespräch – das ist ja die Folie, von der sich Literatur abhebt – derart konzentriert, geformt und zugleich hintersinnig spricht. Solche formal-ästhetischen Ansprüche werden aber gemäß poetischen und ästhetischen Traditionen an einen Aphorismus gestellt: Der Text erfüllt sie in hohem Maße. Das würde ich allerdings nicht bemerken, wenn ich nicht schon eine Einstellung eingenommen hätte, in der ich meine Aufmerksamkeit auf potentiell literarische Merkmale richte.

Ich fasse verallgemeinernd zusammen: Was im ersten Schritt die Wertung eines Textes als ‚literarisch' begründet, ist einmal der institutionelle Rahmen, in dem ich ihn antreffe: versehen mit einem bekannten Namen, gedruckt als Exemplar einer Gattung, die literarisch markiert ist, erschienen in einem Verlag, den man als literarisch kennt usf. Zum andern sind es Merkmale des Textes selbst, die ihn aufgrund bestimmter tradierter Erwartungen gegenüber ‚literarischer' Literatur als solche ausweisen, und schließlich meine Er-

2. Eigene, begründende Wertungen von Textbeispielen 347

wartungshaltung, die mich solche Merkmale auch wahrnehmen läßt. Wer die beiden Canetti-Sätze als eine wissenschaftliche Aussage lesen würde, könnte das zweifellos tun; aber er müßte zu dem Ergebnis kommen, daß das eine sehr merkwürdige und doch wohl falsche Aussage ist. Wissenschaftlich ist der Beweis schließlich dazu da, Wahrheit zu erweisen, nicht zu zerstören!

Es gibt nun immer noch zwei Möglichkeiten: Entweder ist dieser nicht-fiktionale Text ‚literarisch', weil die erkennbare, vom ‚normalen' Sprechen abweichende Formung eine ‚begleitende ästhetische Funktion' (Mukařovský) darstellt, oder er ist ‚literarisch', weil der ‚ästhetische Wert' dominiert, weil die ‚Ästhetikkonvention' S. J. Schmidts auf ihn anzuwenden ist. Aus der empirischen Einstellung Schmidts ist das überhaupt keine Frage des Textes, sondern unserer Lektüre – und die Möglichkeit, ihn als wissenschaftlich zu lesen und dann als Unsinn zu bewerten, belegt das. Nach meiner hermeneutisch-strukturfunktionalen Einstellung aber fordert der Text durch seine Struktur dazu heraus, die ‚ästhetische Funktion' als dominante zu sehen. Im Vorgang meiner Wertung wird sich das herausstellen.

Und nun der zweite Schritt: Warum ist dieser wissenschaftlich fehlerhafte Text nun vielleicht ein literarisch guter Text? Er ist in meinen Augen ein guter Text aus drei Gründen, d. h. gemäß (mindestens) drei Wertkriterien:

Der erste Grund: Indem er mein Vorwissen über das, was ein Beweis leistet, auf den Kopf stellt, gibt er mir zu denken, provoziert persönliche Erkenntnis, einen wirkungsbezogenen Wert; ich muß in meiner Erfahrung oder Phantasie Fälle von Beweisen finden oder erfinden, auf die das Gesagte möglicherweise zutrifft. Er ‚stört' also meine normale, automatisierte Wahrnehmung: ein Wertkriterium der Formalisten. Wie steht es etwa, um nur ein Beispiel zu nennen, mit dem Liebesbeweis? Zeigt er nicht eigentlich einen Mangel an Vertrauen an? Liebe ohne Worte, Liebe als Fluidum – wird sie nicht zerstört, in dem Moment, in dem sie des Beweises bedürftig erscheint? Weitere Anwendungsbereiche ließen sich denken. Der Text regt also vielfältige Fragen an, die alle ein Gemeinsames haben: Ihre Antworten können ihrerseits nicht bewiesen werden oder verdanken doch ihre Wahrheit nicht einem Beweis. Der Leser ist betroffen, denkt nach, gelangt aus eigenem Lebenszusammenhang, mit je eigenen nicht-ästhetischen Werten, zu Zustimmung oder Ablehnung. Individuell beglaubigte Erkenntnis zu schaffen, das ist ein inhaltlicher axiologischer Wert, der vom Kunstwerk erwartet werden darf, von ‚ästhetischen Objekten', in denen die ästhetische Funktion dominant gesetzt wurde.

Ein weiterer Grund: Der Beweis müßte das „Wahrste" auch eines literarischen Textes zerstören, weil schon die Erwartung, seine Wahrheit gehöre zum Beweisbaren, danebengreift. Der Text spricht also, in dem, was er aussagt, auch über sich selbst; er ist reflektiert, ist ‚selbstreflexiv'. Das ist ein formales Wertkriterium für ‚autonome' Literatur deshalb, weil es die Eigenart des Literarischen gegenüber hinweisender und beweisender Rede hervorhebt.

Der dritte Grund, warum ich den Text für einen guten halte, hat mit seiner Aussage, seinem Sinn nur noch indirekt zu tun: Es sind die für den Aphorismus formbildenden Charakteristika der Kürze und Prägnanz und darüber hinaus der Proportion, die in der Anordnung der Gedanken, Wörter, Silben und Laute in der Satzfolge zum Ausdruck kommen: „Der Beweis zerstört" – zunächst diese aufschreckende These, mit der die bequemen Gedanken aufgescheucht werden in alle Richtungen – dann folgt die Steigerung und zugleich die Angabe der Richtung des Zerstörens: „Selbst das Wahrste" – und schließlich die forcierende Wiederholung: „zerstört der Beweis". Wer noch mit den Ohren lesen kann, hört unter dem Rhythmus sogar ein verborgenes metrisches Gerüst: „Der Beweis zerstört. Selbst das Wahrste zerstört der Beweis" – der Text ist zusammengesetzt aus Anapästen (vv-) und Jamben (v-). Der auch vom Sinn her beschwerte zweite Satz besteht ausschließlich aus drei vollständigen Anapästen und bekommt damit einen zwingenden Gleichlauf. Aber auch der erste Satz ist durch seinen anapästischen Anfang angeschlossen und ermöglicht es, rhythmisch eine Zäsur auch nach „das Wahrste" zu denken: „Der Beweis zerstört selbst das Wahrste" // vv-v-vv-v // : Damit wird dann die Schlußklausel „zerstört der Beweis" v-vv- zum genauen Spiegel von „Der Beweis zerstört" vv-v- // v-vv- . Solche Proportionen kommen dem ungeschulten Leser nicht zu Bewußtsein; aber ich bin fast sicher, daß sie zu der intensiven Wirkung der Aussage beitragen. Sie stellen einen hedonistischen Wert dar.

Mit den letzten Ausführungen habe ich auf das Ästhetische in ‚begleitender Funktion' hingewiesen: Mukařovský hatte durchaus vorgesehen, daß auch beim Kunstwerk im Ensemble aller der Werte, die der dominante ästhetische Wert integriert, die ästhetische Funktion als hedonistische, als ‚Wohlgefallen' auslösende, vorkommen kann, wenn auch nicht muß.

2. Eigene, begründende Wertungen von Textbeispielen 349

Wieder will ich verallgemeinern, was ich getan habe:
(1) Der Begründung einer Wertung wird nicht der Text, sondern das Lektüreergebnis und das Leseerlebnis zugrundegelegt. Das ist der bewertete Sachverhalt.
Insgesamt habe ich drei Sachverhalte behauptet:
– Der Text löst ein Lektüreergebnis aus, das vielerlei zu denken gibt und persönlich beglaubigte Erkenntnis herausfordert.
– Der Text löst ein Lektüreergebnis aus, das zeigt, er spreche inhaltlich auch über sich selbst als Literatur.
– Der Text löst ein lustvolles, wohlgefälliges Leseerlebnis aus, das sich auf die Wahrnehmung bestimmter Formen zurückführen läßt und seiner Sinndimension Nachdruck gibt.
Ich hoffe, daß ich diese Sachverhalte plausibel gemacht habe. Aber in jedem Fall kann man sie auch bestreiten; denn immer habe ich auch interpretiert, den Text aus meinem Horizont gelesen. Nur: Wer das Werturteil übernehmen will, muß den Sachverhalt als zutreffend anerkennen.
(2) Die genannten Sachverhalte werden auf Kriterien, auf axiologische Werte, bezogen, die sie bewerten. Nur wenn sie ihnen positiv entsprechen – wenn sie Eigenschaften darbieten, die zu ‚attributiven Werten' werden können –, entsteht ein positives Werturteil. Wenn ich z. B. von diesem Aphorismus erwarte, daß er mich auf vergnügliche, unanstrengende Weise entspannt – wie etwa ein Witz –, werde ich ihn ablehnen müssen. Das heißt aber: Will ich einem Text gerecht werden, will ich einen ‚adäquaten' Erwartungshorizont ins Spiel bringen und nicht nur subjektiv meinen Neigungen und Wünschen folgen, muß ich den Text (wie oben schon unterstellt) die Auswahl der Maßstäbe mit bestimmen lassen. In unserm Beispiel sind das Werterwartungen, die an ‚gute' Literatur, insbesondere an einen guten Aphorismus gestellt werden: Ein solcher gibt viel zu denken – er ‚betrifft' mich und erzeugt persönlich beglaubigte Erkenntnis, er spricht gegebenenfalls auch über sich selbst, seine Form ist nicht bloße Beigabe, sondern trägt zur Sinnbildung bei. Demnach wäre dieser Text ‚gut'. Aber das Werturteil wird nur von denjenigen angenommen werden können, die auch diese Wertkriterien teilen.
(3) Soll mein Werturteil auch für jemand andern gelten, so muß ihm einleuchten, wie ich die Sachverhalte am Text und die Wertmaßstäbe aufeinander bezogen habe. Das heißt: Er muß mit meinen Zuordnungsvoraussetzungen übereinstimmen, also z. B.

meinen Wissenshintergrund über den Aphorismus und meinen Erfahrungshintergrund über Beweisbarkeiten teilen. Jemand könnte von Literatur auch persönlich beglaubigte Erkenntnis erwarten; er könnte zugeben, daß der Sachverhalt – d.h. „dieser Aphorismus zielt auf eine solche Erkenntnis" – gegeben ist; aber er persönlich kann nicht zustimmen, daß er Erkenntnis gewinnt; denn er hält Canettis Umkehrung unserer Vorstellungen über den Beweis für baren Unsinn.

Ich fasse noch einmal kurz zusammen: Ein Werturteil kann nicht in der Art einer wissenschaftlichen Aussage Geltung fordern. Damit wir es akzeptieren, müssen folgende Voraussetzungen akzeptiert sein:
(1) Wir müssen den Aussagen des Wertenden über das vom Text erzeugte Lektüreergebnis und Leseerlebnis zustimmen, also der Sachverhaltsbeschreibung;
(2) Wir müssen die Wertprinzipien oder -maßstäbe teilen, die aus den Sachverhalten positive oder negative Qualitäten des Textes machen, und wir müssen
(3) über die gleichen Zuordnungsvoraussetzungen verfügen, also aus unserem Wissens- und Erfahrungshintergrund bestätigen können, daß der Wertmaßstab durch den betreffenden Sachverhalt auch erfüllt ist.

Was ich bisher geleistet habe, ist die Bewertung von Canettis Satz als literarischem Text, als Aphorismus; es ist ein guter Text. Aber wie gut ist er eigentlich im Vergleich zu andern seiner Art? Wie hoch ist sein ‚quantitativer Wert'? Ich beschränke mich auf einen ganz kurzen Vergleich mit einem schon genannten Aphorismus des gleichen Autors (eigentlich müßte ich darüber hinaus in der gesamten Gattung vergleichen).

„Napoleon, Wellington und Blücher hoch zu Floh im Zirkus."

Ein geistreicher Einfall ist auch dieser Aphorismus: auch er kehrt Erwartungen provozierend um, hier gegenüber historischem Gewicht und Würde dreier Kriegshelden. Auch er macht die Sprache – hier im Wortspiel „hoch zu Floh" statt „hoch zu Roß" – zum Komplicen seiner provokativen Neubewertung historischer Großtaten. Aber in zwei Punkten bleibt er hinter dem ersten nach meiner Einschätzung zurück. Erstens: Der Aphorismus gibt nicht viel zu denken, sondern erschöpft sich in einer Aussage: Große Kriegstaten sollten auch einmal unter das Verkleinerungsglas gelegt und und in ihrem Charakter als unfreie und zwecklose Veranstaltungen – zur

Belustigung von wem? – durchschaut werden. Obgleich das Bild vom Flohzirkus und den Helden als Flohreitern Gelegenheit zu manchen assoziativen Ausgestaltungen gibt, ist – und dies wäre der zweite Punkt – die verkleinernde Sicht auf das Heldentum nicht mehr sehr originell. Der Aphorismus hat also einen gewissen ‚Lust'-Wert wegen des Einfalls, aber sein Erkenntniswert bleibt dahinter zurück. Im Rang, im quantitativen Wert, kann dieser den ersten nicht erreichen.

Allerdings habe ich jetzt schon – und das geschieht beim Vergleichen – Wertmaßstäbe gegeneinander gewichtet. ‚Ästhetische Lust' war mir nicht so viel wert wie ‚Erkenntnis'. Wer diesem Urteil zustimmen will, muß diese Gewichtung ebenfalls mitmachen. Das ist ein weiteres Problem für das Zustandekommen von einstimmigen Urteilen.

2.1.2 Wertung eines ‚dunklen' Textes mit Lektürevarianten

An meinem zweiten Beispiel möchte ich im Rahmen der funktionalen Wertung dreierlei tun:
- das Wertungsverfahren erneut veranschaulichen,
- die Einwirkung von axiologischen Werten und Zuordnungsvoraussetzungen schon auf das Textverständnis demonstrieren und
- Konflikte zwischen Voraussetzungen und Werten aufzeigen, die sowohl zu unterschiedlichen Lektüren wie zu unterschiedlichen Bewertungen führen.

> Gesang der Rudersklaven bei Sturm (Richard Leising)
>
> Es leidet, o Herr, deine Erde
> An Untergehenden
> Keinerlei Mangel! Noch kannst du wenden
> Von uns dein Angesicht!
> Was taugen wir angekettet der Welt auf dem Grunde des Wassers?
> Ziehe du ab von uns
> Deine sausende Hand, peitsche
> Deine christliche See über andere Meere
> Und lass uns leben, leben, leben o Herr
> Auf der Galeere!

Zur Erwartung literarischer Qualität: Der Autorname (Leising stammt aus der ehemaligen DDR) ist noch wenig bekannt, ein positives Vorurteil also noch nicht fest etabliert. Das Verlagsprofil von Langewiesche-Brandt, wo seine wenigen Gedichte erscheinen, läßt aber zweierlei erwarten: anspruchsvolle, sprachlich hochkarätige Literatur, die sich aber nicht als selbstgenügsames Spiel versteht, sondern Lebensbedeutsamkeit hat. Für mich, vielleicht nicht für alle Kritiker moderner Literatur, bildet ein solches Literaturverständnis einen gemeinsamen Werthorizont. So habe ich Leisings Gedicht mit positivem Vorurteil gelesen.

Fänden wir die Verse ohne solches Vorwissen in der Spalte irgendeiner Zeitung oder auf der Straße, gäben sie sich jedoch auch von sich her für Kenner der literarischen Konventionen als ‚literarisch' – und ‚modern' – zu erkennen: Das Gedicht spricht in Bildern, ist in Zeilen abgeteilt, aber – wie häufig in der Moderne – ohne Metrum und Reim; es stellt verwirrende und unsere Erwartungen störende Vorstellungsverbindungen her, es benutzt – dies eher traditionell – gewisse rhetorische Mittel, um seine Wirkung zu verstärken. Also: auf Wertung als ‚literarisch' kann es Anspruch erheben – aber wie gut ist es? (Ich trenne also mit Mukařovský, mit den Ideologiekritikern und mit Schmidt die bloße Klassifikation als ‚Kunst' von der Wertung).

Im Folgenden sind exemplarisch einige Sachverhalte herauszustellen, an denen sich durch Bezug auf entsprechende Wertkriterien positive und negative Wertungen festmachen lassen. Zunächst Formales. Da ist die dunkle Bildstruktur des Textes, die zu denken gibt und Unerwartetes, Provozierendes vermittelt: Wir kennen das bereits als positive Wertkriterien. Einige erläuternde Stichworte dazu: In der Art einer Allegorie stellt der kollektive Gedichtsprecher sich und uns, die Zeitgenossen, als „Ruderklaven" auf der ‚Galeere Welt' vor, vom Untergang bedroht. Das Befremdliche: Zur Frage steht nicht mehr, daß „wir" so „angekettet" sind, sondern nur noch, ob „wir" mit der Galeere untergehen – wie offenbar viele andere vor „uns" – oder auf ihr weiterleben. Zu entscheiden darüber hat der „Herr", in einer paradoxen Weise: Wendet er sich den Galeerensklaven zu, so ist es ihr Untergang, zieht er seine Hand ab, so können sie leben! Dem Leser ist aufgegeben, über dieses Paradox zu grübeln und sich dabei einzubringen. Die Wertkriterien ‚Entautomatisierung der Wahrnehmung', ‚Anregen von persönlicher Erkenntnis' sind insoweit erfüllt. Ob gewisse Unklarheiten wie das Verhältnis von „Erde" und „Welt" oder die Vorstellung, daß eine „See" „über andere Meere" gepeitscht werden könnte, ‚flaue Stellen' sind oder als sinntragend verstanden werden können, entscheidet die Deutung im einzelnen – meist in der Richtung des wertenden Vorurteils: Liest man den Text als ‚gut', wird

2. Eigene, begründende Wertungen von Textbeispielen 353

man schon eine plausible Erklärung für diese Auffälligkeiten finden.[6]

Erfüllt ist auch ein anderes traditionelles Kriterium für Wert, aus Rhetorik und Metrik: Gedankliche Bedeutsamkeit soll durch die Anordnung der Aussagen im Vers gesteigert, profiliert, präzisiert werden. Wieder nur Stichworte: Die „Untergehenden" werden in einer eigenen Zeile herausgestellt, das ‚wenden' wird durch seine Stellung an der Zeilen'wende' betont, das Angekettetsein „auf dem Grunde des Wassers" in einer einmalig langen Kette von Wörtern in der Zeile versinnlicht; den Schwung des „peitsche" intensiviert der Zeilensprung, das emphatische dreifache „leben" mündet in das Pathos der letzten Zeile „Auf der Galeere" im Adoneus des Hexameterschlusses: –vv –v. Die freien Rhythmen verdienten eine eigene Untersuchung.

Soweit ist eine positive Wertung möglich. Wie steht es aber mit den inhaltsbezogenen Erwartungen? Da kann es z. B. irritieren, daß das Gedicht ein sehr direkt christliches zu sein scheint: Der „Herr" scheint der christliche Schöpfergott, von „seiner" Erde, von seiner „christlichen See" ist die Rede, er wird von den Sklaven in seiner Not angerufen. In der Tat: Wäre das Gedicht ungebrochen christlich, so ließe es sich nach den herrschenden literarischen Konventionen im Zeitalter nach dem Ende der Metaphysik kaum positiv bewerten, jedenfalls nicht als ‚modernes' Gedicht. Das wäre eine kognitive und historisch-relationale Wertung: Das Werk würde den zeitgenössischen Erwartungshorizont historischer Metaphysikkritik nicht progressiv brechen, sondern wäre anachronistisch. Nach dem Wertprinzip ‚Erkenntnis' unter der Zuordnungsvoraussetzung einer fortschreitenden Geschichte von ‚Wahrheit' wäre naive Kindergläubigkeit, die mit einem unmittelbaren Eingreifen Gottes rechnet, im Gedicht zu verwerfen.

Aber habe ich genau genug gelesen? Stellt eine solche Lesart ein textadäquates ‚ästhetisches Objekt' dar? Die christlichen Elemente im Text werden doch stark verfremdet: Was ist das für ein Gott, der offenbar den Untergang seiner Erde befördert? Was ist das für einer, den man in der Not nicht um Hilfe, sondern um ein Sich-Abwenden

---

[6] Positiv voreingenommen, sehe ich Bedeutungsnuancen, die für Deutung und Wertung wichtig sind: „Erde" konnotiert als „Schöpfung", „Welt" dagegen als neutraler Globalbegriff, „christliche See" (kritisch) zu assoziieren mit der sog. „christlichen Seefahrt" der kolonialen Jahrhunderte, „Meere" wieder als neutraler Begriff.

bittet? Es könnte allenfalls der strafende, rächende Gott des Alten Testaments sein – aber noch der erbarmt sich ja immer wieder. Dem „Herrn" im Gedicht wird zugeschrieben, daß er seine Welt am Prinzip der ‚Tauglichkeit' der Geschöpfe orientiert habe. Hinter der christlichen Gottesvorstellung erscheint damit als ihre Perversion ein Moloch, den die bedrohten Menschen auf einen Selbstwiderspruch aufmerksam machen müssen: Wenn er taugliche Sklaven will, darf er sie nicht untergehen lassen. Je nachdem, wie ich diese Ungereimtheiten auflöse, ergeben sich Deutungsvarianten, die verschiedene Wertungen aufgrund weltanschaulicher Wertvorstellungen provozieren:

Variante 1: Das Gedicht läßt das Angekettetsein auf der ‚Galeere Welt' als den natürlichen Status des Menschen erscheinen, den Untergang als sein Schicksal: Eine tief pessimistische Weltsicht wird geboten. Der kollektive Gedichtsprecher, der dem Schöpfergott diesen Untergang – vielleicht auch das ‚Anketten' der Sklaven, ihr unabwendbares Fatum – anlastet, gibt eine negative, höhnische Parodie der Theodizee, die mit einer Auflehnungsgeste schließt: ‚Wenn schon nicht anders, so verschwinde Du und laß uns in dieser Fron auf der Galeere wenigstens am Leben!' Wäre das die zu bewertende Aussage, der ‚Sachverhalt', so wäre sie von zwei Positionen aus positiv zu bewerten: von einem Zyniker, und von einem selbstbewußten Atheisten in der Tradition eines Baudelaire, der sich auf die Seite Kains, nicht Abels schlägt. (Es gibt ein solches Gedicht über Kain in Baudelaires berühmtem Gedichtzyklus „Les fleurs du mal").

Dagegen Variante 2: Der kollektive Gedichtsprecher wirkt auf den Leser nicht als verläßliche Instanz; die Rudersklaven und ihre Haltung werden im Gedicht, so liest er, ironisiert und kritisiert. Die Lesart kann daran ansetzen, daß die Sklaven sich und der Welt das Prinzip der Tauglichkeit im Dienste eines christlichen Gottes vorgeschrieben haben und ‚in der Furcht des Herrn' verharren; als Alternative zum ihnen bestimmten Untergang fällt ihnen nichts ein, als auf der Galeere weiterleben zu wollen. Der ironische Gestus fordert den Leser zum Protest: Die Sklaven sollten ihr Geschick lieber in die eigenen Hände nehmen. Ein Marxist könnte so lesen und dann positiv werten.

Variante 3: Auch für diesen Leser wären die Sprecher des Gedichts suspekt: Sie kennen nichts außer dem Prinzip der Tauglichkeit, des Nutzens, der Leistung als Kriterium für Untergang oder Überleben und bejahen ihr Dasein als Galeerensklaven (der Arbeit ?). Sie haben sich den Zwängen der Leistungs- und Wachstumsgesellschaft unterworfen. Der Leser würde aber kritisieren, daß sie die Verantwortung für die Menge der „Untergehenden" auf der Erde, an deren Geschick eher sie selbst schuld sind, dem „Herrn" zuschieben und diesen damit nach ihrem Bilde formen: Denn auch sie würden ja Leute, die ‚nichts taugen', unbedenklich untergehen lassen. Das seltsame, verkehrte Gottesbild entstammt dann der verzerrenden Perspektive der Sklaven. Die direkten, fast wörtlichen Bezugnahmen des Gedichts auf biblische und liturgische Formeln christlicher Praxis rufen aber für den informierten Leser das wahre Bild des christlichen Gottes herauf: Der ist für die ‚untauglichen' Menschen gestorben. – In dieser Variante wären die Verse so etwas wie ein modernes christliches Gedicht, es böte mit der Darstellung einer scheinbaren Aporie eine konkrete Alternative an: ‚Macht euch nicht zu Galeerensklaven! Hütet selbst eure Erde!' So lesen und positiv werten könnte es ein Christ; ich möchte dieser Deutung und Wertung zuneigen.

An diesen Varianten ist gut zu erkennen, wie weltanschauliche Werthaltungen schon die Lektüre von Texten mit beeinflussen und sich dann in der Wertung nur bestätigen. Hier entstehen die Konflikte im Textverstehen, die dann Wertungskonflikte nach sich ziehen. Nach allen Erfahrungen mit Literaturkritik sind die weltanschaulichen Wertvorstellungen letztlich die maßgebenden. Wer sich von dem her, was er verstanden hat, zu einer negativen Wertung entschieden hat, wird diese nur selten auf Grund formaler Qualitäten revidieren. (Darum verzichte ich jetzt auch darauf, an Leisings Gedicht den Umgang mit der Sprache zu analysieren und die formale Meisterschaft nachzuweisen, was gut möglich wäre; sie wird kaum jemanden interessieren, der sich auf Grund einer weltanschaulichen Deutung von dem Gedicht bereits abgewandt hat.)

2.1.3 Wertung eines ‚konkreten' Sprachspiel-Textes

Mit meinem letzten Beispiel, einem Text von dem schon öfters genannten Oskar Pastior, haben wir einen ganz entgegengesetzten Typus moderner Literatur vor uns. Er müßte eigentlich laut gelesen werden, damit auch seine sinnlich-hedonistische Dimension erfahrbar würde:

> „Mit Tuten und mit Sausen ist Tinnitus am Rhein. Er ist kein Karneval, er ist kein Overall, er ist nur ein lindgrüner Ohrwurm – mit Feyerschall! ... man hört so viel vom Rhein. Mein Vater, der ein Fuchs-

schwanz war, meine Mutter die ein Wollfisch war, der Bahnhof der ein Mäusekönig war – und ich versteh bloß Tinnitus ... Ja vom Hörensagen ist Tinnitus ein Spargel-Hyazinth. Sein Hammer der ein Amboß war, sein Amboß der ein Jammer war, sein Bügel der ein Steiger war – Hunnenlatein. Es muß die Klammer im nachhinein um seinen Jambus gewesen sein ... Die Blasen steigen, tandaradei. Tinnitus tutet und saust: Schule geschwänzt! Schule geschwänzt!"

Der Autorname garantiert das ‚Literarische' und gibt auch gleich die Richtung für die Auswahl adäquater Wertmaßstäbe an. Pastior ist der vielleicht renommierteste gegenwärtige Vertreter der Richtung der ‚Konkreten Poesie'. Als Konkrete Poesie werden Dichtungen bezeichnet, die ganz bewußt auf die Vermittlung von inhaltlichen Botschaften, Appellen oder auch nur Sinndeutungen verzichten. Für sie ist die Sprache nicht ein Instrument, um Bedeutungen zu vermitteln, sondern die Sprache in ihrer Materialität und ihrem Gebrauch wird ‚konkret' genommen, ist selbst Gegenstand und Thema der Gedichte. Alles ist in, nichts hinter der Sprache. Für diese moderne Richtung ist der Wertmaßstab, in Literatur solle sich das Literarische selbst darstellen, stets erfüllt. Dem, der sich auf dieses Wertangebot nicht einläßt, bleibt von vornherein nur die Abwertung. Ich denke mir, daß die historische und individuelle Situation eine entscheidende Rolle dabei spielt, ob man von Literatur eher Sinnangebot und Lebensorientierung erwartet oder sich diesem freien Spiel, mit sprachreflexiven und sprachkritischen Valenzen, öffnet.

Mit diesen Erläuterungen habe ich also den ‚Erwartungshorizont' entworfen und die Zuordnungsvoraussetzungen angedeutet, die eine ‚adäquate' Rezeption dieses Gedichtes ermöglichen. Nun ist weiterzufragen: Ist dieser Tinnitus-Text als eine gute Verwirklichung konkreter Poesie zu werten, oder ist er bloß ein beliebiges Kauderwelsch? Bestätigt er nur die ‚Norm' die dem Typus entgegengebrachten Erwartungen, oder weicht er in produktiver Weise auch davon ab?

Ein gutes konkretes Gedicht sollte mindestens zwei Kriterien genügen: Es sollte durch seine sprachliche Form Vergnügen machen, und es sollte gleichzeitig der Verwendung von Sprache als Instrument von Mitteilung, in den gewohnten Konventionen, Widerstand leisten. In einigen Varianten konkreter Poesie schreitet Sprachkritik zur Erkenntnis- und Metaphysikkritik fort: Solche Gedichte wollen ‚poststrukturalistisch' demonstrieren, daß es keine Garantien für ‚richtiges' Verstehen, für fixierbaren Sinn geben kann. Wenn man ih-

2. Eigene, begründende Wertungen von Textbeispielen

nen eine Botschaft entnehmen will, dann diese. Damit wäre der Gegensatz zu dem Gedicht Leisings scharf herausgehoben.

In der Tat genügt Pastiors Gedicht den beiden Ansprüchen, ganz im Sinne Barthes Lese-"Wollust" zu erzeugen und systematisch Sinn zu verweigern, in hohem Maße, wenn man sich ihm mit genügender Geduld zuwendet. Seine Struktur besteht darin, auf mehreren Ebenen die Erwartung von Sinn, Ordnung, Zusammenhang aufzubauen und immer wieder zu durchkreuzen. So jedenfalls lese ich ihn und will das kurz andeuten.

Auch für diesen Text gibt es eine tragende Metapher; sie ist mit dem Namen „Tinnitus" verbunden. „Tinnitus" von lateinisch „tinnitare" = ausposaunen, heißt als Substantiv „Klingeln, Schellen, Klirren", „Wortgeklingel", auch „Ohrensausen". In einem Wortfeld um die Begriffe Posaunen (=Tuten), Hören, „Tinnitus" verstehen und vielleicht auch sprechen, lassen sich große Passagen des Gedichts organisieren: Tuten, Sausen, Tinnitus – wohl auch Karneval (was aber noch in einen anderen Zusammenhang gehört), Feyerschall, Hört, versteh, Hörensagen, Blasen steigen – tandaradei, tutet und saust. Ganz eng angrenzend ist das Feld um das Organ des Hörens, das Ohr, mit „Ohrwurm" und den Knöchelchen im inneren Ohr, dem Hammer, Amboß, und Steigbügel. Das „Sausen" verbindet beide Bereiche.

Aber ich muß mich korrigieren: Ein Wortfeld entsteht, aber doch keine Metapher – denn diese Wörter verweisen nur aufeinander, nicht (paradigmatisch) auf eine andere ‚Sinnebene', nicht auf etwas eigentlich oder neu Gemeintes. Und sie organisieren den Textzusammenhang auch linear nicht vollständig. Allerdings kann man alle weiteren Ebenen, auf denen im Text Zusammenhänge gestiftet werden und die auch untereinander noch korrespondieren, irgendwie, wenn auch immer etwas schief, mit diesem großen Feld um Wortgeräusch und Ohr verbinden: Auf das Kriterium der ‚Ganzheit' oder ‚Stimmigkeit' wird jedenfalls angespielt. Von „Tinnitus", dem lateinischen Wort, führt eine Brücke zu „Hunnenlatein" und von da zur Schule. Tinnitus, als Person genommen, wie es der letzte Satz nahelegt, ist Schulschwänzer und verbringt den geschwänzten Tag am Rhein. Der Rhein als topographischer Ort entfaltet wiederum eine Kette über den Text hinweg. Die Wörter sind zum Teil – über Karneval und Feyerschall – wieder an die erste, die akustische Ebene gebunden. Außerdem führt der Ausflug aus der Schule an den „Rhein" („mit Tuten und Sausen" per Bahn?) auf Rheinsagenmotive, auf die – natürlich wieder nur ganz verspielt und ‚schräg' – angespielt wird: Das läuft über balladeske und märchenhafte Einleitungsformeln

„Mein Vater der ein Fuchsschwanz war, meine Mutter die ein Wollfisch war, der Bahnhof der ein Mäusekönig war ..." Mit dem „Mäusekönig" wird einerseits der Binger Mäuseturm assoziierbar, dann aber auch E.T.A. Hoffmanns Märchenerzählung „ Nußknacker und Mäusekönig". Geht man diesem genauen literarischen Verweis nach, so ergibt sich freilich auch nichts Bestimmtes, was den vorliegenden Text aufschlüsseln hülfe. Nur: Hoffmanns Text gehört seiner Technik nach durchaus zur Ahnenreihe Pastiors. – Das Wort „Bahnhof" leitet zurück zur „Tinnitus"-Ebene, in der geläufigen Wendung „ich verstehe bloß Bahnhof".

Auf einer letzten Ebene wird nicht mit den Bedeutungs-, sondern mit den Klangverwandtschaften von Wörtern gespielt und eine Kette von Reimen, Assonanzen und Rhythmen angedeutet. Aber wieder ist es so, daß kein strenges Muster entsteht: Kein Reimschema, kein Metrum hält sich durch. Doch stückweise wird durch diese Fragmente wie sonst an ganzen Sinn, so an ganze Gestalten, an strenge Korrespondenz erinnert: Karneval, Overall, Feyerschall; Fuchsschwanz war, Wollfisch war, Mäusekönig war, Amboß war, Hammer war, Steiger war; Hammer – Jammer – Klammer. Der Hang zu metrischer Ordnung wird selbst zum Thema: Nachdem wir die strengen Jamben gehört haben – „Sein Hammer ... war" heißt es: „Es muß die Klammer im nachhinein / um seinen Jambus gewesen sein". Und diese Klammer ist wiederum eine metrische: ein Choriambus - vv -, ein „Klammermetrum" (Hunnenlatein – tutet und saust: Schule geschwänzt). Und wieder stimmt die Sache mit der Klammer nur halb: Sie ist „im nachhinein" – aber nicht „um" den Jambus: vor der Jambenfolge steht die einzige Wendung in diesem Gedicht, die weder dem Sinn noch dem Rhythmus nach, soweit ich sehe oder höre, irgendwo anzuschließen ist: „Spargel-Hyazinth".

Ich hoffe gezeigt zu haben, daß dieser Text von vorn bis hinten immer nur das eine tut: Er vergnügt den Sprachspieler und Rätselrater und frustriert zugleich den Sinnsucher. Oder anders gesagt: Er läßt sich auf unsere Lesegewohnheiten ein, mit denen wir von poetischer Sprache Ordnung, Zusammenhang, Sinn und Bedeutung erwarten, enttäuscht die Erwartung und eröffnet dafür unerwartete Möglichkeiten. Er lehrt uns das Gewohnte von außen sehen, als Verschieb- und Veränderbares. Wir könnten so nie miteinander kommunizieren. Aber mir ist es wichtig, daß uns ein Gedicht wie dieses das Konventionelle und prinzipiell Ungesicherte unserer erwarteten Verständigung vor Augen führt. Das ist ein hoher Wert in Konkreter Poesie und über sie hinaus. Ich werte den Text also hoch positiv, weil

2. Eigene, begründende Wertungen von Textbeispielen

er zumindestens die Normen alltäglicher Verständigung permanent bricht.

Aber wie besteht er im Vergleich? Mit Fug vergleichen können wir nur Gedichte, die das gleiche Ziel verfolgen; das sind sehr viele bei Pastior. Unter ihnen eine Reihenfolge herzustellen, kann allenfalls an einem sehr konventionellen Maßstab gelingen: dem der Dichte, der Intensität. Aber andere sind denkbar: Einige Texte sind musikalischer, andere interessanter fürs Auge. Nur: wer wollte dazwischen abwägen? Hier wird Werten zur Geschmacksfrage.

Vergleichen können wir dann mit ähnlichen Gedichten anderer Autoren. Sprachspiel-Gedichte mit dem Ziel der Sinnzerstörung gibt es seit Beginn unseres Jahrhunderts, ‚Konkrete Poesie‘ mit verwandten Zielsetzungen seit den 60er Jahren. Hier müßte das Kriterium der Innovation angewendet werden: Bricht Pastior Normen des Genres? Ragt er durch neue und originelle Einfälle unter den andern hervor? Anders als sinnstiftende oder -suchende Dichtung kann sinnzerstörende dieses ihr Prinzip immer nur mehr oder weniger interessant variieren; darin erschöpft sich die Originalität. Wer vieles aus dieser Gattung kennt, wird Pastior sicherer einstufen können als ich; mir scheint er freilich besonders einfallsreich und vielfältig. Weiter kann ich mein Urteil nicht objektivieren.

Und wie rangiert sein Text im Vergleich auch mit einem Gedicht wie dem Leisings? Oder mit dem Aphorismus Canettis? Wie sind die Autoren als solche vergleichend zu bewerten? Das führt auf die Frage der ‚Metawertung‘.

2.1.4 ‚Metawertung‘

Von Metawertung will ich nur noch kurz sprechen, und zwar einmal, an unsern Beispielen, im Vergleich von Textgenres innerhalb der modernen Dichtung, dann aber auch ‚als Partei‘ in der Frage der Wertung von Sach- und Unterhaltungsliteratur im Vergleich zu ‚autonomer‘ Literatur.

Pastiors Text mit Leisings Gedicht zu vergleichen und vergleichend zu werten, wäre meines Erachtens so sinnlos wie ungerecht. Hier stehen zwei Poetologien gegeneinander, zwei Auffassungen von Literatur. Jede ist begründet in einer weltanschaulichen Grundhaltung. Wer hier werten wollte, müßte in die Diskussion über Weltanschauungen eintreten und über die Funktionen, die jeweils, abhängig davon, Literatur zugeschrieben werden. Da sind immer wieder drei Wertprinzipien im Spiel: Literatur soll kognitive Erkenntnis leisten, sie soll ethische Reflexion auslösen oder Orientierung vermitteln, sie soll ästhetische Lust bewirken, und zwar meist alles zugleich, wenn auch in je verschiedener Gewichtung. Auf lustvolle Erkenntnis zielt der Tinnitus-Text, eine ethische Funktion wäre ihm nur sehr indirekt, als Folge der Erkenntnis von Konventionalität und Veränderbarkeit, zuzuschreiben. Primär auf Erkenntnis und ethische Reflexion zielt der Text Leisings wie auch der Canettis; das schließt nicht aus, daß in beiden Texten die ästhetische Funktion im Sinne Mukařovský ‚dominiert', weil die Werte von Erkenntnis und Ethik nur auf dem Umweg über die Form abrufbar werden. Das Ästhetische als hedonistischer Wert, als Lust-Moment fehlt nicht ganz, tritt jedoch deutlich zurück. Soll ich, kann ich hier gewichten? Mir sind alle drei Beispiele gleich wertvoll, jedes in seiner Art.

Sind nun aber solche modernen Dichtungen in jedem Falle höher zu werten als ein Sachtext oder ein Unterhaltungsroman – hohe ‚literarische' Qualität im eingangs explizierten Sinne auch bei diesen vorausgesetzt? In den voranstehenden Überlegungen zur Legitimation von Literatur heute ist dazu alles Verallgemeinerbare schon gesagt, vor allem auch dazu, daß im universitären Kontext mit gutem Grund die Tradition der Autonomieästhetik – bisher noch – im Vordergrund steht und gepflegt wird.[7] Mein persönliches Votum ginge aber auch in diese Richtung, hoffentlich nicht nur aus ‚professioneller Deformation', mit weitgehend übereinstimmenden Argumenten: Nicht als Religionsersatz und Quelle letzter Einsichten, auch nicht als Instrument sozialer Differenzierung ist Literatur als Kunst für mich wertvoll – beides gehört aus meiner Sicht der Vergangenheit an –, wohl aber als Archiv exemplarischer historischer Erfahrung und als sprachliche Ausdrucksmöglichkeit von unvergleichlicher Komplexität und Variabilität in der vieldeutigen Vereinigung von kognitiven, ethischen und ästhetisch-hedonistischen Werten.

2.2 Wie werte ich ‚heteronome' literarische Texte? (Winko)

Die Gruppe von Texten, um die es in diesem Abschnitt geht, unterscheidet sich von den Gedichten des vorhergehenden Abschnitts dar-

---

[7] Vgl. III.1.3.

in, daß ihre zentralen Funktionen andere als ästhetische (im Sinne Mukařovskýs) sind.[8] Die ästhetische Funktion der Sprache spielt zwar auch für diese Texte eine Rolle, stellt aber nur eine Funktion unter anderen dar bzw. ist anderen nachgeordnet. Mit anderen Worten: Es handelt sich um Texte, die nach heteronomem Muster produziert worden sind und rezipiert werden. Diese Gruppe von Texten läßt sich in verschiedene Textsorten einteilen, und zwar nach bestimmten Zwecken, die mit ihnen erreicht werden sollen, und nach Gebrauchssituationen, in denen sie verwendet werden.

2.2.1 Besonderheiten der Wertung von Unterhaltungs- und Sachliteratur

Zur ‚Unterhaltungsliteratur' werden gewöhnlich fiktionale Texte gezählt, mit denen Leser in erster Linie unterhalten werden sollen[9]; als ‚Sach-' oder ‚Gebrauchsliteratur' werden meist nicht-fiktionale Texte bezeichnet, die an verschiedene Zwecke gebunden sind.[10] Sehr unterschiedliche Textsorten werden unter diesen Begriff gefaßt, von reinen Informationstexten – etwa Gebrauchsanleitungen, informierenden Zeitungstexten – bis hin zu Texten mit mehreren Funktionen – etwa Essays, mit denen informiert, kommentiert und einen Bildungsstandard dokumentiert wird, Werbetexten, die suggerieren, manipulieren und informieren sollen, oder auch Predigten, deren Aufgabe es ist, religiöse Inhalte an eine Hörergemeinde zu vermitteln und Orientierung zu bieten.

Problematisch an dieser Abgrenzung von Literatur mit Kunstanspruch gegen Unterhaltungs-, aber auch gegen Sach- und Gebrauchsliteratur ist die oft implizite Voraussetzung, der Unterschied manifestiere sich grundsätzlich in den Texten selbst.[11] Tatsächlich sind aber die Grenzen fließend, was vor allem dann deutlich wird, wenn man den Rezeptionsaspekt beachtet: Auch ein anerkannt ‚hochliterarischer' Text wie Robert Musils Roman „Der Mann ohne Eigenschaften" kann – zumindest über lange Passagen hin – als Sachtext gelesen werden, der über die historische Situation der un-

---

[8] Vgl. Mukařovský: Ästhetische Funktion, S. 18-22, sowie Kapitel I.1.2.3, Explikat 5 und die Erläuterungen.
[9] Vgl. dazu genauer Hügel: Unterhaltungsliteratur, S. 281ff. und 291ff.; auch Pott: Autonomie.
[10] Vgl. dazu Diederichs: Annäherungen, und den Überblick in Belke: Gebrauchstexte.
[11] Zur Problematik vgl. Hickethier: Sachbuch, S. 60f.

tergehenden K.u.K.-Monarchie oder über die Topographie Wiens zu Beginn des 20. Jahrhunderts informiert, und die sprachexperimentellen Gedichte Oskar Pastiors können Lesern in erster Linie zur Unterhaltung dienen. Umgekehrt können stark funktionsorientierte Texte wie Werbeanzeigen und Werbespots heute zur reinen Unterhaltung oder als ästhetische Gebilde rezipiert werden.[12] Wenn wir hier dennoch an der Unterscheidung festhalten, so deshalb, weil sie im Sozialsystem Literatur tatsächlich vollzogen wird und sich auf die Wertung dieser Texte auswirken muß. Ist ein Text einmal der Rubrik ‚Unterhaltungsliteratur' oder ‚Sachliteratur' zugeordnet, kann man ihm mit Kriterien, die der bereits behandelten Literatur mit Kunstanspruch angemessen sein mögen, nicht gerecht werden.

Wo liegen nun die Unterschiede in der funktionalen Wertung ‚autonomer' und ‚heteronomer' Texte? Sie liegen, um es vorwegzunehmen, nicht im Verfahren des Wertens, sondern in den einzubeziehenden Kontexten. Zunächst haben wir, wie einleitend zum Abschnitt III.2. bereits erläutert, das Genre zu berücksichtigen, dem der zu bewertende Text zuzuordnen ist, um Anhaltspunkte für seine Funktionen und vermutlichen Intentionen zu bekommen. Hierbei handelt es sich offensichtlich um andere Traditionen und Genrekonventionen als bei Literatur mit Kunstanspruch: Spätestens seit Etablierung des Sozialsystems Literatur um 1800 und der Ausdifferenzierung des Literaturbegriffs sowie verschiedener ‚Höhenlagen' von Literatur ist mit eigenen Traditionen der Unterhaltunglitteratur zu rechnen, mit denen sich die Literaturwissenschaft nur zögernd befaßt hat; Sachliteratur steht sogar – natürlich abhängig von der jeweiligen Textsorte – in noch älteren Traditionszusammenhängen. Diese für das Einzelbeispiel jeweils zu rekonstruierenden Genretraditionen wirken sich auch auf den zweiten Schritt aus, der für eine funktionale Wertung zu vollziehen ist: auf die Frage, mit welchen Mitteln die Funktionen bzw. Intentionen am geeignetsten einzulösen sind. Diese Frage nach den Konventionen der Produktion, nach der ‚Machart' der Texte führt bei Sach- und Unterhaltungstexten zu unterschiedlichen Ergebnissen.

(1) *Sachliteratur:* Wenn wir nach den Kontexten fragen, die geeignet sind, um zu einer funktionalen Wertung von Sachtexten zu gelangen, müssen wir die angenommenen Zwecke und den Gebrauchszusammenhang berücksichtigen, in dem die Texte gelesen

---

[12] Ein Beleg dafür ist der Erfolg der nur aus Werbespots und -kurzfilmen bestehenden „Cannes-Rolle" in den Kinos Ende der 80er Jahre.

werden. Hier entsteht das erste Problem: Wie bereits die Aufzählung von Textsorten gezeigt hat, erscheint Sachliteratur in kommunikativen Zusammenhängen, für die andere Disziplinen oder auch Praktiken das Fachwissen bereitstellen. Es sind z.B. Journalismus, Werbepsychologie, angewandte Theologie oder politische Rhetorik, die über die Kompetenz verfügen, Kriterien zur Beurteilung dieser Texte zu begründen. Die Literaturwissenschaft hat sich zwar in den 70er Jahren intensiver mit ‚Sach- und Gebrauchstexten' befaßt, von einer gelungenen Integration in ihren Gegenstandsbereich kann aber nicht die Rede sein.[13] Entsprechend fehlen auch methodologische Vorgaben zur Analyse dieser Texte. Wenn wir sie also als Literaturwissenschaftler untersuchen und werten wollen, müssen wir die Kriterien erst sekundär, unter Bezugnahme auf andere Disziplinen, erarbeiten. Anders ausgedrückt: Wenn ich als Literaturwissenschaftlerin einen Feuilletonartikel beurteile, werte ich als interessierte Laiin, d.h. meine Maßstäbe sind, im Vergleich mit denen der Zeitungsredakteure, unprofessionell. Eine solche Wertung vorzuführen, kann nicht der Sinn dieses Kapitels sein.

Bliebe eine andere, reduziertere Zielbestimmung: Wenn Sachtexte Texte sind, in denen die ästhetische Funktion zwar nicht dominiert, aber ‚anwesend' ist, dann könnte sich die literaturwissenschaftliche Wertung dieser Texte auf eben diese ästhetischen Komponenten beziehen. Unseren Ausführungen im Teil I entsprechend, ist die ästhetische Funktion von Sachtexten in ihrer Machart, also in formalen Merkmalen begründet.[14] Zu werten wären also die rhetorisch-stilistischen Qualitäten der Texte (z.B. Sprache, rhetorische Figuren, Aufbau) und ihre Wirkungen. Hier stehen wir aber vor zwei weiteren Problemen: (a) In der Literaturwissenschaft gibt es keine Analyseinstrumentarien, die ohne einen Bezug auf das ‚Textganze' oder eine andere übergeordnete Größe – Gattung, Intention, Funktion u.a. – auskommen. Für die rhetorisch-stilistische Wertung von Sachtexten wäre also wiederum auf die Gebrauchszusammenhänge zu rekurrieren – die, wie gesagt, erst sekundär erschlossen werden müssen –, um entscheiden zu können, ob die formalen Merkmale eines Textes als gelungen oder we-

---

[13] Das Defizit, das diese Studien fast einhellig beklagen (z.B. Hickethier: Sachbuch), besteht noch immer, da den programmatischen Überlegungen nur wenige praktische Untersuchungen gefolgt sind; vgl. z.B. Diederichs: Annäherungen. Sucht man heute nach Untersuchungen zu Sachtexten, wird man am ehesten in der Didaktik, den Medienwissenschaften und der Linguistik fündig.
[14] Vgl. dazu auch Mukařovský: Ästhetische Funktion, S. 33f.

niger gelungen einzustufen sind. (b) Rhetorische Wirkungsforschung findet in der Literaturwissenschaft kaum statt – eine Folge der autonomieästhetischen Orientierung der Wissenschaft[15]; vielmehr hat sie sich, z.T. unter neuen Bezeichnungen, in andere Disziplinen verlagert und wird vereinzelt in der empirischen Sozialforschung, der psychologischen Motivationsforschung, in Kommunikations- und Medienwissenschaften und in der empirischen Pädagogik praktiziert.[16] Die aktuellen Ansätze einer ‚Neuen Rhetorik' kommen ebenfalls von unterschiedlichen Orientierungsdisziplinen her[17] und versuchen, an die rhetorische Tradition anzuschließen bzw. sie zu modernisieren. Jedoch stellen auch diese Ansätze kein Analyseinstrumentarium bereit, das für unsere eingeschränkte Zielsetzung geeignet wäre. Wir können hier nur auf das Forschungsdefizit hinweisen, es aber nicht beheben.

(2) *Unterhaltungsliteratur:* Anders sieht die Lage für die Unterhaltungsliteratur aus: Zum einen sind deren Genrekonventionen (wenn auch noch längst nicht für alle Genres) besser erschlossen; zum anderen weisen die Texte zumindest über das Merkmal ‚Fiktionalität' Ähnlichkeiten mit dem Standardobjekt der Literaturwissenschaft, der ‚autonomen' Literatur, auf, so daß die Analyseverfahren übertragbar, wenn auch kontextuell zu modifizieren sind. Für die Frage nach der Machart des zu bewertenden Textes können wir zudem auf Ergebnisse wirkungsbezogener Erzählforschung zurückgreifen, die wie die alte Rhetorik danach fragt, welche Stilmittel in welchem Rahmen welche Effekte hervorrufen können. Gemeint sind hier Ergebnisse des ‚creative writing', einer Lehr- und Forschungsrichtung, die sich mit dem adäquaten Handwerkszeug des literarischen Schreibens befaßt und besonders im angloamerikanischen Sprachraum Konjunktur hat. Dort hat ‚creative writing' seinen Platz im akademischen Lehrangebot, während es im deutschsprachigen Raum meist im Bereich der Volkshochschule angesiedelt ist. Tatsächlich wird aber unter der Fragestellung ‚Wie verfasse ich einen literarischen Text, der meine Absichten möglichst adäquat ausdrückt, und welche Mittel setze ich dazu ein?' Wissen um die handwerkliche Seite des Schreibens tradiert,[18] die auch als Bedingung von ‚Literatur als Kunst' zu gelten hat, unter der Leitvorstellung der Autonomieästhetik aber (noch immer) selten thematisiert wird.

---

[15] Vgl. dazu I.2.2.2.3 und II.5.
[16] Ueding/Steinbrink: Grundriß, S. 157.
[17] Vgl. den Überblick in Ueding/Steinbrink: Grundriß, S. 166-189.
[18] Diese Richtung ist für meine Fragestellung geeigneter als rhetorische Ansätze, weil sie sich mit wirkungsvollen Schrifttexten befaßt und zu opera-

Aufgrund dieser Forschungslage werde ich im folgenden nur die funktionale Wertung eines Unterhaltungstextes vorführen können.

Zusammenfassung: Die Wertung von Sach- und Unterhaltungsliteratur unterscheidet sich nicht im Verfahren von der Wertung von ‚Literatur als Kunst', sondern durch die einzubeziehenden Kontexte (Genretraditionen, Funktionsbestimmungen und Konventionen der Machart).

2.2.2 Exemplarische Wertung einer Kriminalerzählung

Ausgewählt habe ich die Erzählung „Wünschen, daß wünschen noch hilft..." von Sabine Deitmer[19]. Um das Textverständnis zu sichern, von dem aus ich im folgenden analysiere und werte, werde ich zunächst den Inhalt der Erzählung – teils strukturierend, teils paraphrasierend – wiedergeben.

Protagonistin und zugleich Ich-Erzählerin der Kriminalerzählung ist Doris Wallmann, Inspektorin bei der Mordkommission, deren Charaktereigenschaften gleich zu Beginn vermittelt werden: Sie ist selbstbewußt und erfolgreich in ihrem harten Job, mit dem sie Haßliebe verbindet; in einer ebenso ambivalenten Beziehung steht sie zu ihrem derzeitigen Partner, nur „Porschefahrer" genannt, der sie zu Beginn der Erzählung verlassen hat und am Schluß wieder zurückkehrt. Beide Pole, Berufs- und Privatleben, werden über parallele Handlungsstränge thematisiert, wobei die auf den Beruf bezogene Handlung im Mittelpunkt steht. In ihr werden ebenfalls zwei Handlungsstränge parallel geführt: Zum einen der in der Vorgeschichte liegende Fall einer besonders brutalen Vergewaltigung und und Ermordung einer Frau im Straßenstrichmilieu; zum anderen das Verhör mit Christina Lauber, einer jungen, verstört und schüchtern wirkenden Frau, das den Hauptteil der Handlung ausmacht und das zur Aufklärung des Mordes an Laubers Freund dienen soll. Während des Verhörs gesteht die Frau, ihren Freund getötet zu haben, weil dieser mit Schlägen Informationen über die geheimzuhaltenden Praktiken weiblicher Selbstverteidigung von ihr bekommen wollte. Aus Angst, ihr Geheimnis zu verraten, habe sie daraufhin eine ihr nur in der Theorie bekannte Praktik angewendet und ihren Freund mit einem gezielten Fausthieb getötet. Wallmann protokolliert das Geständnis

---

tionalisierbaren Aussagen kommt; eher allgemein zum Verhältnis von Wirkungsintention und Folgen für den Stil vgl. Ueding: Rhetorik, S. 16-19.
[19] In: Biermann: Zorn, S. 21-30; der Text ist im Anhang abgedruckt.

nicht, weil sie den Fall aus der Vorgeschichte mit dem jetzigen verbindet: Hätte die Frau sich derart wehren können, wären ihr Vergewaltigung und Tod vielleicht erspart geblieben.

2.2.2.1 Genre, Subgenres und genrespezifische Werte

Schon vom Publikationsort her, einem von Pieke Biermann herausgegebenen Sammelband mit kurzen Texten verschiedener Autorinnen, der den Untertitel „Die Aufklärung ist weiblich!" trägt, ist die Erzählung als ‚Frauenkrimi' einzustufen, und diese Texte bilden eine Untergruppe des Genre ‚Kriminalliteratur'.[20] Mit der Einstufung als Krimi sind bereits axiologische Werte vorgegeben, die zur Beurteilung des Texts heranzuziehen sind. Zu ihnen zählen *Variation* und *Spannung*, die ich ins Zentrum der Untersuchung stellen werde.

Für das Genre ‚Kriminalliteratur' ist ‚Innovation' – anders als für ‚Literatur als Kunst' – kein hoher positiver axiologischer Wert. Die Muster und Schemata des Genre und seiner Subgenres sind konstitutiv, ihre Verwendung und ihr Wiedererkennen durch die Leser sind positiv besetzt. Aus dem ‚set' genretypischer Merkmale müssen immer mehrere präsent sein, damit der Text als Exemplar seines Genres erkannt werden kann, einige können bzw. müssen variiert werden.[21] Variation ist notwendig, damit die Verwendung bekannter Schemata bei den Lesern keine Langeweile erzeugt. ‚Variation' ist demnach ein positiver axiologischer Wert für die Beurteilung von Kriminalliteratur; er hängt eng mit dem der ‚Spannung' zusammen.

Der wirkungsbezogene Wert ‚Spannung' ist ebenfalls konstitutiv für das Genre ‚Kriminalliteratur'.[22] Welche Textmerkmale allerdings geeignet sind, Spannung hervorzurufen, ist nicht allein textimmanent zu ermitteln. Bestimmte rhetorische Mechanismen und Strategien der Informationsvergabe erzeugen tendenziell eher Spannung beim Leser bzw. Hörer als andere, etwa im klassischen ‚whodunit'-Schema die möglichst lange offen gehaltenen Fragen nach dem Tä-

---

[20] Stellvertretend für die mittlerweile umfangreiche Forschungsliteratur zur Kriminalliteratur seien hier drei einführende Werke genannt: Marsh: Kriminalerzählung; Vogt: Kriminalroman; Suerbaum: Krimi.
[21] Dies dürfte sich für die ‚autonome' Literatur ebenso verhalten (auch wenn für sie Innovation als hoher Wert allgemein anerkannt ist); die Schemata sind jedoch meist nicht so deutlich typisiert, und das Mischungsverhältnis zwischen Stereotypen und Varianten dürfte zugunsten der Varianten abweichen.
[22] Vgl. dazu Suerbaum: Krimi, S. 13, 24 u.ö.

2. Eigene, begründende Wertungen von Textbeispielen 367

ter, dem Tathergang, dem Motiv oder den Tatvoraussetzungen sowie die sparsame, aber doch erkennbare Plazierung neuer Informationen im Verlauf des Erzählens. Jedoch dürfte es von Leservariablen, vor allem von Kennerschaft und Gewöhnung, abhängen, ob der vermutete Effekt auch tatsächlich eintritt: Texte, die für mich als nur sporadische Leserin von Kriminalliteratur spannend sind, können vom einem erfahreneren Leser dieses Genres als langweilig beurteilt werden, weil er die Strategien schon kennt.

Zu fragen ist nun, ob und wie diese axiologischen Werte in der vorliegenden Erzählung realisiert werden.

(1) *Variation:* Um die Variation von Mustern in der Erzählung aufzeigen zu können, ist der Bezug auf das Genre zu grob; statt dessen muß ich nach den Subgenres und ihren Mustern suchen. Eines von ihnen, der ‚Frauenkrimi‘, ist bereits kontextuell ermittelt worden.[23] Darüber hinaus gibt es zwei weitere Subgenre-Traditionen, die im Text nachzuweisen sind und die sich mit Mustern des Frauenkrimi überschneiden: der ‚Polizeikrimi‘ und der ‚harte Krimi‘.[24] Über die Tatsache, daß die Protagonistin bei der Mordkommission arbeitet, werden Schemata des ‚Polizeikrimi‘ aktualisiert. Routinearbeit und eine – im Gegensatz zum privaten Ermittler – eingeschränkte Handlungsfreiheit zählen zu den Charakteristika dieses Subgenres. Diese Charakteristika werden in unserer Erzählung aufgenommen, werden aber durch Merkmale des ‚hard-boiled‘ Genres variiert: Die Grenze zwischen moralisch Gutem und Bösem ist nicht mehr klar definiert, die – oft als Einzelkämpfer gekennzeichnete – Ermittlerfigur ist charakterlich ambivalent und verstößt nicht selten nach eigenem Gutdünken gegen Gesetze.[25] Eben so verhält sich die Protagonistin in der Erzählung, wenn sie die juristisch erforderliche Strafe verhindert oder auch nur behindert: Sie stellt ihr eigenes Gerechtigkeitsgefühl vor die berufliche Pflicht- und strafrechtliche Normerfüllung.

Muster dieser beiden Subgenres werden mithilfe von Merkmalen des ‚Frauenkrimi‘ variiert, und zwar in erster Linie durch den Aus-

---

[23] Texte mit weiblichen Ermittlern lassen sich zwar schon Ende des 19. Jahrhunderts nachweisen, das Subgenre selbst ist aber erst in den 70er Jahren als eigenständiges in den Blick der – überwiegend amerikanischen feministischen – Forschung geraten; vgl. dazu Gregory Klein: The Woman Detective, S. 1.

[24] Vgl. dazu Suerbaum: Krimi, S. 127-131 und 161-169.

[25] Die Verbindung beider Genres ist freilich nicht neu; vgl. dazu Marsch: Kriminalerzählung, S. 313ff.

tausch der in beiden Genres – besonders aber in der ‚hard-boiled' Variante – noch überwiegend männlichen Ermittlerfigur durch eine weibliche.[26] ‚Frauenkrimis' haben verschiedene Möglichkeiten, sich zu den vorgegebenen Mustern zu verhalten: Sie können zum einen traditionelle Muster übernehmen und ihren Reiz aus dem Kontrast zwischen ‚männlich' konnotiertem Handlungsmuster und weiblichem Handlungsträger ziehen; zum anderen können sie mit den traditionellen Mustern ironisch spielen, sie als ‚männliche Klischees' entlarven, und drittens können sie eigene, ‚weibliche' Muster verwenden und etablieren. Von diesen Möglichkeiten scheint mir unsere Erzählung die erste zu realisieren, kombiniert mit der dritten.

Ein Beispiel: Für die Charakterisierung der Protagonistin wird auf Schemata zurückgegriffen, die aus den genannten beiden ‚männlich' geprägten Subgenres bekannt sind; dabei werden ‚typisch männliche' Muster mit ‚typisch weiblichen' verbunden. Die sowohl im ‚harten' als auch im ‚Polizeikrimi' vorkommende Haßliebe zum Beruf etwa wird hier übernommen: Die Protagonistin wird als überarbeitete Kriminalbeamtin dargestellt, die zwar über ihren Beruf klagt, ihm aber zugleich den zentralen Platz in ihrem Leben einräumt. In ihrer Gestaltung dieses Musters übernimmt die Autorin bekannte Versatzstücke (Mischung von Härte und Schnoddrigkeit) und variiert sie mit den ‚femininen Attributen' starker Emotionalität und Betroffenheit (Reaktion auf den Mord aus der Vorgeschichte). Den Polen ‚männlich' und ‚weiblich' sind weitere Merkmale der Protagonistin zugeordnet, zum einen ihre nüchtern-sachliche Amts- im Gegensatz zu ihrer weiblich-verführerischen Privatstimme, zum anderen ihre Problemlösungsmittel: Neben der von ihren männlichen Pendants wohlbekannten Strategie, die Erinnerungen an deprimierende Ereignisse des Tages mit Alkohol zu verjagen (wenn auch der typische Whisky hier durch Wein ersetzt wird), setzt sie zur Entspannung das eher ‚weiblich' konnotierte heiße Bad ein.

Während diese Variationen bekannte Versatzstücke neu kombinieren, geht eine weitere Variation über die genretypischen Muster hinaus. Im Mittelpunkt der Erzählung steht nicht die Tat oder die Täterin, sondern die Kommissarin. Schon der Umfang, der den verschiedenen Abschnitten der Erzählung zukommt, unterstützt diese These: Die der Charakterisierung der Protagonistin dienenden

---

[26] Einen Überblick über die weiblichen Protagonisten des amerikanischen ‚hard-boiled' Krimi gibt Gregory Klein: The Woman Detective, S. 122-148 und 149-172 passim.

2. Eigene, begründende Wertungen von Textbeispielen 369

Passagen nehmen fast soviel Raum ein wie das Verhör. Auch die Art der Informationsvergabe in der Verhörszene richtet den Fokus auf die Reaktionen der Protagonistin; Täterin und Opfer bleiben als Figuren blaß. Damit kann ich aber die Erzählung nicht mit den Maßstäben des ‚whodunit'-Schemas werten: Die Art von Spannung, die die Frage nach dem Mörder und den Umständen der Tat erzeugt, ist von ihr nicht zu erwarten; vielmehr geht es um die Psychologie der Ermittlerin, und die Spannung müßte von der Ebene der Ermittlung auf die der psychologischen Interaktion verlagert werden.

(2) *Spannung:* Der erste Teil der Erzählung ist unter diesem Aspekt wenig ergiebig. In der Verhör-Passage lassen sich aber in der Tat zwei potentielle Spannungsbögen konstruieren, von denen sich der erste auf die Ebene der Fakten, der zweite auf das emotionale Verhältnis der Protagonistin zur Täterin bezieht. Beide lassen sich den Fragen entlang nachzeichnen, die im Text aufgeworfen werden.

Die erste Frage lautet: Was weiß Lauber vom Mord an ihrem Freund? Hier wird meine Spannung auf keine harte Probe gestellt; Laubers schnelles Geständnis beantwortet die Frage. Das Interesse der Leserin verschiebt sich dann auf den Tathergang, und hier vor allem auf die Frage, wie die zierliche, schüchterne Frau ihren stärkeren, notorisch prügelnden Freund überwältigen konnte. Als Klimax erfahren wir, daß sie dazu nur ihre ‚weiche Frauenhand' gebraucht hat, unter Anwendung bestimmter geheimer Praktiken weiblicher Selbstverteidigung. Auch auf die dritte Frage, was mit der Frau passieren werde, wird eine – im Kontext eines deutschen Kommissariats – nicht erwartungsgemäße Antwort gegeben: Anstatt sie festzunehmen, läßt Wallmann sie gehen, gibt ihr sogar Verhaltenstips.

Die zweite potentielle Spannungskurve gibt eine ebenfalls dreistufige Entwicklung auf der emotionalen Ebene des Verhörs wieder und überlagert sich mit der ersten. Auf der ersten Stufe wird Lauber aus der Perspektive der Protagonistin als unsympathisch geschildert; sowohl ihre momentane Verfassung als auch das ‚Weibchen'-Klischee, das sie erfüllt, führen zu dem Gesamturteil: ‚not fit for life'. Nachdem sie die Umstände der Tat geschildert hat, wird sie Wallmann sympathischer, und zwar aus Mitleid und Anerkennung für ihre Fähigkeit, sich schließlich doch zu wehren. Auf dieser zweiten Stufe wird – über die Erinnerung an den Fall aus der Vorgeschichte – ein allgemeines, wertbesetztes Schema aktiviert: Frauen sollten sich gegen männliche Gewalt zur Wehr setzen können. Daraus folgt als dritter Schritt und Höhepunkt dieser Kurve Solidarisierung mit Lauber: Die Tat wird für Wallmann (und die Leserin?) nachvollziehbar, und damit entsteht als Effekt der Wunsch, die Strafe nicht zu hart ausfallen zu lassen. Auf dieser emotionalen Ebene fungiert der Entschluß, das Verhör zu ‚vergessen' (und damit auch das Wissen um die Selbstverteidigungsstrategien nicht preiszugeben), als ‚relief'.

Der Text enthält also Strukturen, die Spannung erzeugen können, fraglich ist aber, ob sie es tatsächlich tun. Um die Antwort nicht allein von meinen persönlichen Zuordnungsvoraussetzungen abhängig zu machen, muß ich noch genauer auf die Mechanismen der Informationsvergabe achten.[27] Bei der Faktenermittlung im Verhör entsteht keine Spannung, weil die Fragen zu schnell beantwortet werden; auch die überraschende Tatsache, daß Lauber ihren Freund mit bloßen Händen getötet hat, wird ohne Verzögerung präsentiert. Hier läßt die Autorin Möglichkeiten außer acht, was sich aber mit ihrer Fokussierung des psychologischen Aspekts rechtfertigen ließe. Unter diesem Aspekt ist allerdings ähnliches zu verzeichnen: Die allmähliche Zunahme an Sympathie und die anschließende Solidarisierung mit der Täterin machen die eigentliche ‚Überraschung', die Freilassung, vorhersagbar; anders ausgedrückt: unter emotionalem Aspekt kommt der Entschluß, Lauber gehen zu lassen, keineswegs überraschend (wenn auch, wie ich unten zeigen werde, unmotiviert).

2.2.2.2. Intention und Realisierung 1: Die Protagonistin

Die Untersuchung der genretypischen Muster und der vorgegebenen axiologischen Werte der Variation und der Spannung hat Anhaltspunkte für die Intention der Erzählung gebracht. Sie liegt in der Darstellung der Protagonistin bzw. eines besonderen Typus einer Ermittlerin, die eigentlich ‚pflichtbewußt' ihrem Beruf nachgeht, in einer bestimmten Situation aber die Rolle einer Richterin einnimmt. Der Kriminalfall Christina Lauber dient allein dieser Charakterisierung. Damit setzt der Text einen weiteren Maßstab, der über die genretypischen hinausgehen. Die Charakterisierung, so kann ich wohl unterstellen, soll überzeugen, d.h. die Figur muß interessant und glaubhaft, ihre Handlungsweise nachvollziehbar sein. Es ist also zu fragen, wie der Text diese Intention einlöst und ob er entsprechende attributive Werte besitzt.

---

[27] Zu den verschiedenen Möglichkeiten, Spannung zu erzeugen, vgl. Gesing: Kreativ Schreiben, S. 157ff.

(1) *Charakterisierungstechnik:* Wie bereits beschrieben, werden zur Charakterisierung der Protagonistin genretypische Schemata eingesetzt, die mit kulturspezifischen Mustern von ‚Weiblichkeit' kombiniert werden. Diese duale Anlage der Figur wird von einem erzähltechnischen Stilmittel unterstrichen: den zahlreichen Selbstkommentaren, die eine Distanz der Erzählerin zu sich selbst ausdrücken. Es handelt sich in den meisten Fällen um Selbstkorrekturen; die Protagonistin setzt die männlichen Klischees des ‚harten Burschen' gegen ihre emotionalen Regungen ein, was z.B. in der Reflexion über den Auszug des Porschefahrers deutlich wird. Auch die Verachtung, die sie dem ‚weichen' Frauentypus zunächst entgegenbringt, für den Lauber steht, geht in diese Richtung. Die beiden Pole ihres Charakters werden in der Schlußpassage der Erzählung noch einmal betont, und zwar anhand der ambivalenten Einstellung Wallmanns zu ihrem Partner: Einerseits verhält sie sich mit ihrer drastisch verbalisierten Ablehnung des männlichen Geschlechts dem Porschefahrer gegenüber als ‚Macho' und nimmt damit eine Position ein, wie einige ihrer Kollegen des ‚hard-boiled' Genre es Frauen gegenüber tun[28]; andererseits wird deutlich gemacht, daß sie emotional auf den Partner angewiesen ist. Dadurch erhält die Figur trotz ihrer einfachen ‚Bauweise' eine gewisse Mehrschichtigkeit, weshalb ich sie für gelungen halte. Dabei lege ich den axiologischen Wert ‚Ambivalenz' zugrunde, und dieser wiederum ist dem wirkungsbezogenen Wert ‚Wecken von Interesse' zugeordnet: Eine ambivalent gezeichnete Figur kann gegenüber einer eindimensionalen, widerspruchsfreien stärkeres Interesse im Leser hervorrufen.[29]

Auch die Sprache der Erzählung dient der Charakterisierung der Protagonistin. Der Text besteht aus meist kurzen Sätzen, die teilweise unvollständig sind, und einfach gebauten Satzgefügen. Dadurch entsteht der Eindruck eines schnellen Tempos, was durchaus zur Figur paßt und ebenfalls zu den genretypischen Elementen des Textes gehört. Zu diesen zählen auch die diversen alltags-, z.T. umgangssprachlichen Wendungen und Vulgärausdrücke sowie die zahlreichen abgegriffenen Bilder, die Klischees, die die Erzählerin verwendet.[30] Sie treten allerdings so gehäuft auf, daß es über die Erfor-

---

[28] Als paradigmatisch für diesen Ermittlertyp gilt Spillanes Figur Mike Hammer; vgl. Gregory Klein: The Woman Detective, S. 150.

[29] Vgl. dazu Gesing: Kreativ Schreiben, S. 183f.

[30] Zu diesen Klischees rechne ich Passagen wie „An manchen Tagen fühle ich mich, als ob ich durch Müllberge wate ...", „begann das Telefon zu plärren", „Deutsche Wohnzimmer ...".

dernisse von Rollenprosa hinausgeht. Dies kann zweierlei bedeuten: Entweder ist der parodistische Eindruck, den diese Häufung hervorruft, ungewollt – dann wiese die Erzählung einen sprachlichen Mangel auf; oder er ist gewollt – dann wäre er als Distanzierungssignal der impliziten Autorinstanz[31] zu verstehen. Für beide Auffassungen findet man unterstützende Beobachtungen: Für die erste spricht die Tatsache, daß es im Text keine Ironiesignale gibt und die Schilderung in eher ernstem Modus vorgetragen wird. Für die zweite sprechen weitere Textmerkmale, die eine Diskrepanz zwischen impliziter Autorin und Protagonistin nahelegen und auf die unten noch einzugehen ist. Da ich hier nicht aufgrund von Textbelegen entscheiden kann, bleibt die Wertung an dieser Stelle subjektiv: Mich hat die klischeehafte Sprache einiger Passagen gestört; sie stellt für mich einen negativen attributiven Wert des Textes dar.

(2) *Handlungsmotivation:* Wallmanns Entschluß, die Täterin laufen zu lassen, müßte sich sowohl aus der Charakteristik der Kommissarin als auch aus dem Verlauf des Verhörs motivieren lassen. Die Darstellung des Verhörs ist ja auf die Innensicht der Protagonistin angelegt, da Information und Reaktion der Kommissarin einander abwechseln. In der Tat erfahren wir, wie gesagt, von ihrer zunehmenden Sympathie für Lauber; der Akt der Strafvereitelung ist aber ein Schritt, der mehr als bloße Sympathie erfordert. Im Text soll er darüber motiviert werden, daß Wallmann den Fall aus der Vorgeschichte mit dem Fall Lauber verbindet: Sie deckt die sich wehrende Frau ‚als solche'. Diese Verbindung wird mir jedoch nicht plausibel, da die Fälle genau genommen nicht vergleichbar sind: Einem von mehreren Tätern vorgenommenen Gewaltverbrechen an einer Frau stehen Prügel durch einen gewalttätigen Partner gegenüber. Wir erfahren an dieser Stelle nichts über Wallmanns Reflexionen oder über einen inneren Konflikt, sondern bekommen nur das Ergebnis präsentiert[32]: Sie faßt beide Fälle unter den Oberbegriff ‚Gewalt gegen Frauen' und verwischt damit entscheidende Unterschiede, die sie zunächst noch macht.[33] Ihre Handlungsweise läßt sich damit zwar

---

[31] Zum Begriff des ‚impliziten Autors' vgl. Link: Rezeptionsforschung, S. 25ff. und 34ff.; ob es sich in einem Text um einen impliziten Autor oder eine implizite Autorin handelt, ist vom biologischen Geschlecht des realen Autors bzw. der realen Autorin her noch nicht zu beantworten.

[32] Zu einigen Kriterien für glaubwürdige, nachvollziehbare Figuren vgl. Gesing: Kreativ Schreiben, S. 68-72.

rekonstruieren, nicht aber nachvollziehen. Unter dem Aspekt der Handlungsmotivation weist die Figur also ein Defizit auf.[34]

2.2.2.3 Intention und Realisierung 2: Die implizite Autorinstanz

Wenn es zur Intention der Erzählung gerechnet werden kann, daß die Handlungsmotivation nachvollziehbar sein soll, dann schließt sich die Frage an, ob die Handlung zugleich auch akzeptiert werden soll bzw. ob sie im Text selbst schon positiv gewertet wird. Um diese Frage beantworten zu können, müssen wir untersuchen, ob es entsprechende Signale von seiten der impliziten Autorinstanz gibt, die der Erzählerin übergeordnet ist und den Text insgesamt organisiert.

Berücksichtigt man diese Instanz, dann erweist sich der Text als komplexer, als es zunächst scheint. Das gilt zum einen für die changierenden textinternen Wertungen, die mit dem Schema ‚männlich – weiblich' verbunden werden. Schon die ambivalente Haltung der Protagonistin Männern gegenüber und ihr Schwanken zwischen ‚männlichen' und ‚weiblichen' Typisierungen deutet hier eine differenziertere Haltung an; diese wird aber über die Figurenperspektive hinaus durch das textinterne Spiel mit Zuordnungen wie ‚Macht – Machtlosigkeit', ‚Überlegenheit – Unterlegenheit' noch verstärkt: Weibliche Figuren sind sowohl unterlegen (z.B. weibliche Opfer männlicher Gewalt, Reflexionen Wallmanns über hilflose Frauen) als auch überlegen (z.B. Wallmann dominiert ihren Kollegen, geheime Tötungstechnik), was für männliche ebenso gilt. Am augenfälligsten wird dieses Changieren in der Umkehrung der Täter- und Opferrolle: Die unterlegen scheinende, unterdrückte Frau demonstriert mit ihrer Tat ihre – gerade erst entdeckte – Überlegenheit.

Zum anderen wirkt es komplexitätssteigernd, wenn die Protagonistin durch die abstrakte Autorinstanz implizit kommentiert wird. Der Kollege Müller z.B. wird uns zunächst nur aus der Sicht Wallmanns präsentiert. Das Bild des ‚sprücheklopfenden Macho', das sie entwirft, entspricht aber gar nicht der Figur, als die Müller bei seinen Auftritten erscheint: Er ist mit der Situation überfordert, leicht zu verunsichern und sehnt sich als jung Verheirateter nach dem

---

[33] Die „einzige Frage", die sie „wirklich interessierte", warum die Frau sich die Schläge so lange gefallen ließ, und die den Unterschied zwischen den beiden Fällen markiert, bleibt unbeantwortet.

[34] Aus dem gleichen Grund wird im übrigen auch eine Solidarisierung der Leserin mit dem Opfer verhindert: Lauber ist als Figur kaum faßbar, ihre Motive werden zwar angegeben, aber nicht nachvollziehbar gestaltet.

Feierabend zu Hause. Durch diese Diskrepanz wird Wallmanns Weltsicht angreifbar, und auch ihre Handlungsweise kann zumindest potentiell als problematisch gelten. Dennoch wird das Verhalten der Protagonistin nicht eindeutig bewertet. Auch die Rückkehr des Porschefahrers am Schluß der Erzählung, der man einen ‚Belohnungseffekt' zuschreiben könnte, ist zu ambivalent geschildert, um hier als implizite Bestätigung von Wallmanns Handeln eingestuft werden zu können. Die Einschätzung bleibt vielmehr den Lesern überlassen.

In dem Text geht es also nicht um eine eindeutige textinterne Wertung der Handlung, sondern um ihre offene Präsentation. Durch die kommentierende Funktion der impliziten Autorinstanz wird der ansonsten eher einfach gebauten Erzählung eine zweite Bedeutungsschicht hinzugefügt, was ich unter Voraussetzung des axiologischen Werts ‚Komplexität' positiv werte. Wenn ich diesen Maßstab zur Wertung heranziehe, so wähle ich ein nicht mehr vom Genre her vorgegebenes Kriterium. ‚Komplexität' kann sogar zu einem negativen Wert werden, weil eine zu komplexe Kriminalerzählung schwer lesbar ist und damit gegen den axiologischen Wert der ‚Zugänglichkeit für viele' verstößt. Wenn ich ihn hier anwende, so hängt dies sicherlich mit meinem Beruf als ‚professionelle Leserin' zusammen, die überwiegend mit vielschichtigen Texten zu tun hat und sich von zu einfach konstruierten Texten nicht genügend gefordert fühlt. Dennoch ist ‚Komplexität' kein ‚rein individueller' axiologischer Wert; vielmehr dürfte er in der heterogen zusammengesetzten Gruppe der Krimileser und -schreiber recht verbreitet sein. Die Anwendung dieses Maßstabs kann ich in unserem Beispielfall mit Bezug auf die Zielgruppe[35] legitimieren, an die sich der Sammelband wendet: Der Band enthält kaum ‚eindimensionale' Erzählungen und scheint seine Leser und Leserinnen nicht unterfordern zu wollen.

Meine funktionale Wertung des Textes fällt also gemischt aus: Er erfüllt die vom Genre und von ihrem psychologischen Anliegen her vorauszusetzenden Maßstäbe nur zum Teil. Gelungen sind Variation und Kombination der Muster verschiedener Subgenres und ihre Funktionalisierung für die Charakteristik der Protagonistin, gelungen ist auch die zweischichtige Darstellungsstruktur. Nicht überzeugen dagegen kann die textinterne Informationsvergabe, sowohl unter dem Aspekt ‚Spannung' als auch in bezug auf die Handlungsmotivierung.

---

[35] Vgl. dazu Gesing: Kreativ Schreiben, S. 182f.

2.3 Abschließendes Plädoyer

Wir halten – mit Mukařovský und Jauß – daran fest, daß der Text als Struktur von ‚Werten in potentia' die Wertung mitbestimmen soll; und wir halten – gegen Konstruktivisten und Poststrukturalisten (jedenfalls in ihrer Theorie) – auch daran fest, daß wir uns intersubjektiv über den Wert von Texten sollten verständigen können. Wenn über diese Ziele Übereinstimmung besteht, dann müßte der Weg zu ihrer Umsetzung so aussehen:
- Wir müssen den Text genau erfassen und beschreiben, den ‚Sachverhalt' feststellen, auf den sich unsere Wertung bezieht. Mit anderen Worten: Wir müssen unser Verständnis des Textes, möglicherweise in mehreren Varianten, dokumentieren.
- Wir müssen die axiologischen Werte, die Kriterien finden, nach denen der Typus, das Genre unseres Textes gewertet werden kann. Werten heißt auch: auf Vergleichbares beziehen.
- Wir müssen prüfen, mit welcher Intensität dieser Text seinen Typus erfüllt oder mit welcher Originalität er ihn variiert und weiterbildet.
- Wir müssen besonders bei der Wertung historischer Texte die Situation in Rechnung stellen, aus der der Text stammt – und unsere Situation, aus der unsere Erwartungen stammen. Auf diese Weise kommen wir zu historisch begründeten Gewichtungen und Umgewichtungen auch der axiologischen Werte untereinander.
- Wir sind verpflichtet, unsere Wertung und ihre Voraussetzungen so weit wie möglich argumentativ darzulegen. Dazu gehört eine gewisse Kennerschaft, ein Vertrautsein mit literarischen Traditionen und Konventionen, eine Reflexion auf den historischen Kontext in bezug auf nicht-ästhetische Werte (samt ihrer soziologischen Ortung) und ein Nachdenken über den eigenen Wertungshintergrund.
- Wenn wir alles dies tun, haben wir methodisch die Voraussetzungen für gemeinsame Wertungen geschaffen. Trotzdem wird aber Übereinstimmung oder wenigstens Verständigung nicht allzu oft erzielt werden, denn sie hängt davon ab, daß die anderen unsere Darlegungen nachvollziehen können und wollen. Wir fassen auch dies noch einmal zusammen[36]:
- Die Wertenden müssen den Text auf die gleiche Weise verstanden haben oder das abweichende Verständnis des anderen überneh-

---

[36] Vgl. dazu ausführlicher I.2.3.

men, sich zumindest darauf einlassen (Einigkeit über den Sachverhalt, die Textkonkretisation).
- Die Wertenden müssen die gleiche Wertsprache haben und die gleichen Wertkriterien in der gleichen Gewichtung anwenden – bzw. andersartige respektieren (Einigkeit über die axiologischen Werte und ihre Hierarchisierung bzw. Gewichtung in der Wertsprache).
- Die Wertenden müssen gegenseitig nachvollziehen können, wie Sachverhalte und Wertkriterien aufeinander bezogen werden (Verständigung über die jeweiligen Zuordnungsvoraussetzungen, den Wertungshintergrund).

Indem wir einräumen, daß in allen diesen Punkten Dissens bestehen kann, nehmen wir unseren Anforderungen an ‚richtiges Werten' den imperativen Charakter: Es sind Bedingungen, unter denen eine Form von Kommunikation in der Wertung zustande kommen kann, die vielleicht nicht nur für uns ‚wertvoll' ist.

IV. ANHANG

Textmaterial

Zu II.4.3: Ausschnitte aus Rezensionen über die erste Gedichtsammlung der Droste:

(1) E[lise von Hohenhausen (geb. von Ochs)]: Vaterländische Literatur. Gedichte von Annette Elisabeth von D.....H....... – In: Das Sonntagsblatt (Minden) St. 37, 16. Sept. 1838, S. 289 f.[1]

„In Münster blüht ein wahrer poetischer Frühling auf, [...] Die vorliegenden Gedichte sind von einer Dame, und von so bedeutendem poetischen Werth, wie sie eine weibliche Muse wohl je geliefert hat. – Hier ist kein ewig wiederholtes Klagen um zerstörtes Liebesglück, kein namenloses Sehnen nach unbekanntem Ziel, wie wir so häufig in weiblichen Gedichten finden. Es ist feste klare Weltanschauung in kräftigen poetischen Bildern, und oft so hinreißendem Style geschildert, daß man die Verfasserin eine Geistesverwandte Byrons nennen möchte; aber der Himmel, der dem düsteren Britten verschlossen war, steht ihr offen. [...] Das Gedicht: ,das Hospiz auf dem St. Bernhard', dürfte bei den meisten den Preis der Sammlung erhalten. Die Schilderungen der erhabenen Natur sind ihrer vollkommen würdig: das stille Klosterleben in seiner edlen Wirksamkeit, die kräftige und doch von Demuth durchdrungene Persönlichkeit des alten Bruders Denis, die Hülflosigkeit des zarten Kindes, das Grauen des alten Mannes vor den Todten, denen er doch zugesellt wird, sprechen uns mit ergreifender Lebendigkeit an, so daß man sich selbst auf dem St. Bernhard glauben sollte."

(2) L[evin] S[chücking]: Gedichte von Annette Elisabeth von D.....H... – In: Telegraph für Deutschland (Hamburg) Nr 170, Okt. 1838, S. 1354-1359.[2]

[Die Rezension beginnt mit einem breit ausgeführten, hoch poetischen Vergleich, der das rezensierte Werk als Übersetzung der Dichtungen einer Heiligengestalt aus dem Gespränge eines gotischen Münsterturms imaginiert und damit übergreifend zu charakterisieren und hochzuwerten sucht. Darauf folgt:]

„Den Hauptinhalt der Sammlung bilden drei erzählende Gedichte. Der Sankt Bernhard in zwei Gesängen gibt uns ein Bild von jenem Heroismus der Humanität, wie er nur dem Christentum angehören kann. Die Mühen der Mönche des Hospizes jener hohen Region um die Rettung armer Verirrter,

---

[1] Nach Woesler: Modellfall, Bd. I, 1, S. 11 f. "Vaterländisch" bezieht sich hier auf das „Vaterland" Westfalen.
[2] Ebd., S. 13-16.

der Schauplatz ihrer heldenmütigen Anstrengungen, die Gletscher und Schneekuppen, die ganze gewaltige Alpennatur wird uns vorgeführt, als hätte die Dichterin uns auf den Gipfel eines Alpenfürsten gehoben, um von dort aus das ganze Stück des ungeheuern Knochenbau's der Erde zu überschauen, denn deutlich, schreckenerregend wie je eine frühere Dichtung sie uns vorzuzaubern vermocht hat, sehen wir die Riesendenkmale der Schöpfungskraft vor uns. Die Erzählung selbst ist einfach:" [folgt eine knappe Inhaltsangabe]. „Obwohl nun die Erzählung in hohem Maße spannend ist, liegt doch der Hauptreiz in jener meisterhaften Schilderung der Natur und des Hospizes in seinen Märtyrern der Selbstverläugnung."

[Am historischen Epos „Die Schlacht im Loener Bruch" dagegen wird ein Formfehler, die „Störung in der Harmonie des Ganzen" durch zu „kurz abgebrochen(e)" Schilderung der Schlacht kritisiert – und entschuldigt:] „Der weiblich fühlende Genius der Dichterin scheint sich gescheut zu haben, ein wie männliches Gepräge er auch in seiner Kraft und Originalität trägt, tiefer in die Metzelei eines so blutigen Kampfes einzudringen."

[Auf einen Abschnitt, der das Fehlen epischer Poesie in der deutschen Dichtung der Gegenwart – im Vergleich zur englischen – beklagt, heißt es:] „Desto willkommener muß uns deßhalb der vorliegende Versuch zur Wiedergewinnung unserer sonst unbestrittenen und vielmehr unbestreitbaren Hegemonie seyn, wenn dazu noch eine klare erfaßbare Malerei, einfach und wahr überall, ohne Haschen nach unnatürlichen Bildern, ohne Blumen und Flitterstaat, der blendet und verbleidet, es ist, welche die Aufmerksamkeit und Gunst einer Zeit verlangt, die jeder schönen Erscheinung edler Natur sich zuwenden muß, weil es ihr Beruf ist, der Natur und dem Verstande seine Rechte zu vindiziren." [Folgen längere Abschnitte über die Geschmacksgeschichte älterer Zeiten und die Einordnung der Autorin in einen hoffnungsvollen Entwurf zukünftiger Poetik].

(3) P. M.: [Rez. „Gedichte 1838"]. – In: Allgemeiner Religions- und Kirchenfreund (Würzburg) Nr 75, 17. Sept. 1839, Sp 1188-1192.[3]

„Diese Gedichte sind die erste Arbeit oder vielmehr das erste gedruckte Werk einer sehr talentvollen Schriftstellerin aus einer angesehenen Familie von Münster, der Familie von Droste-Hülshoff. Der ernste sittliche Character dieser Dichtungen bei sehr lebendiger Phantasie zeichnet sie sehr vortheilhaft aus. [...] Das vor dem Referenten liegende Bändchen enthält 1. ‚Das Hospiz auf dem großen St. Bernhard', in zwei Gesängen." [Es folgen lange Ausführungen zur Geschichte des Hospizes, in denen die Verdienste des Ordens und des Stifters der Einrichtung herausgestellt werden. Daran schließt sich eine ausführliche Nacherzählung mit einigen Zitatpassagen und dem abschließenden Urteil:]."Niemand wird diese zwei Gesänge ohne tiefe religiöse Rührung lesen."

---

[3] Ebd., S. 17-19.

(4) [Karl Ferdinand Dräxler-Manfred?]: Vaterländische Litteratur. Gedichte von Annette Elisabeth v. D..... H.... – In: Kölnische Zeitung (Köln) Nr 302, 29. Okt. 1839.[4]

[Einleitend wird rühmend erwähnt, daß nach dem Süden und Norden Deutschlands nun auch der Westen, mit Rheinland und Westfalen, bedeutende Dichtung hervorbringt, wozu auch das rezensierte Werk zählt. Darauf folgt:].

„Wir begegnen hier einer D i c h t e r i n [...], welche sich als eine frische, klare, ungekünstelte und daher wahre Dichternatur erweis't, und wir möchten sie eine Naturdichterin in einem Doppelbegriffe des Wortes nennen. Ein im Geiste der antiken classischen Poesie geübter Beobachtungssinn innerer Zustände und äußerer Erscheinungen, wodurch dem Gedichte das Gepräge des Plastischen, der Anschaubarmachung aufgedrückt wird, charakterisirt vorherrschend diese Dichtungen. Um so mehr ist es zu bedauern, daß die Dichterin sich mitunter, gleichsam wie in mädchenhafter Unbefangenheit, nur zu sehr gehen läßt, dem Vorwurfe eines unreifen Dilettantism sich mitunter nicht entziehen können [sic!]" [Das ‚Hospiz' wird nicht näher besprochen].

(5) T. [d.i. Gustav Kühne]: [Rez. „Gedichte 1838"]. – In: Der Gesellschafter (Berlin) Beil. „Literarische Blätter" Nr 26, 19. Aug. 1840, S. 666.[5]

„Wenn von ‚Gedichten' die Rede ist, so denkt man unwillkürlich an Liebe, Nachtigallen, Mondschein, Frühling, Wehmuth u. s. w., weil die Lyrik sich gar zu sehr auf eine bestimmte Gefühlswelt beschränkt hat. Nicht so hier. Dem Referenten ist bei Lektüre dieser Gedichte selten eine Reminiszenz gekommen. Die Natur in ihrer grandiosesten, schauerlichsten Kraft und Schönheit in Gebirg und Wald tritt vor uns hin, derb und klar, von dem Größten bis zum Kleinsten; dazwischen einzelne Menschen, geheimnißvoll, mit ahnungsreichem Hintergrunde – aber ich wüßte keine / rechten Worte, um diese Gedichte näher zu bezeichnen. Die Verfasserin ist das Freifräulein von Droste zu Hülshoff zu Münster. Erklärlich ist das katholisch-romantische Element, aber darin die wunderbare Ursprünglichkeit und Kraft der Anschauung, diese Malerei, diese spannende, dramatische Scenierung bei aller epischen Ruhe und Ausführlichkeit wüßt' ich nicht zu erklären; man kann sie nur bewundern [...] Das erste, große Gedicht ist ‚das Hospiz auf dem großen St. Bernhard.' Was hilft es, wenn man hier sagt, es sey eine Rettungsgeschichte? Die frommen Brüder retten mit Hülfe eines klugen Hundes ein Kind und tragen die Leiche des Großvaters durch Nacht und Eis und Gletscher und über schwindelnde, eisigglatte Abgründe. Wir haben keine Ahnung von der, ich möchte sagen, mysteriösen Art, wie das erzählt wird. Man sieht Alles, hört Alles, empfindet Alles mit, man sträubt sich vor Ab-

---

[4] Ebd., S. 20 f.
[5] Ebd., S. 25 f. – Kühne war der Herausgeber des „Gesellschafter".

gründen, schauert zusammen vor Kälte, fühlt sich einsam und von Furcht bewältigt in nächtlicher Todtenhalle und kommt nicht eher zu Athem, bis man die Geschichte zu Ende gelesen hat."

(6) Anon.: Bericht über eine Poeten-Centurie aus dem Jahre 1839. 2. Artikel [Rez. „Gedichte 1838"]. – In: Blätter für literarische Unterhaltung (Leipzig) Nr 272, 28. Sept. 1840, S. 1095.[6]

„Es erweckt gewöhnlich kein günstiges Vorurtheil, wenn sich eines Buchs Verfasser nicht nennt; mit solchem ungünstigen Vorurtheile nahmen wir auch gegenwärtiges zur Hand, und leider ward es uns nicht benommen. Annette Elisabeth ist weder eine Ida [Gräfin Hahn-Hahn] noch eine Minna [Fischer]. Im Gebiete der erzählenden Poesie sich ergehend, gibt sie zuerst in zwei Gesängen etwas breit und langweilig die Geschichte eines auf dem St.-Bernhard erfrierenden Mannes [...] Da ihre Phantasie in Sprüngen geht und sie nicht im Stande zu sein scheint, ein Bild festzuhalten oder kunstgerecht zu gestalten, so sind auch die Naturbilder, die sie in einigen nachfolgenden Liedern aufstellt, nicht besser als die gereimten Anekdoten."

(7) F[ranz] Fraling: Annette Elisabeth von Droste-Hülshof. – In: Der Salon (Kassel) Nr 49 u. 50, 18. u. 22. Juni 1942, S. 195 f. und 199 f.[7]

[Die Einleitung stellt eine ausführliche, äußerst kritische und herablassende ‚Würdigung' schriftstellernder Damen dar. Darauf folgt:]

Wenige, sehr wenige Frauen machen in d e r Beziehung eine Ausnahme. Zur letztern rechnen wir Annette Elisabeth von Droste-Hülshof [sic!], eine westphälische Dame, die es verdient, daß man ihr ein Weilchen seine Aufmerksamkeit schenkt. Fräulein Annette gab eine Sammlung von Gedichten heraus, die gelobt und getadelt wurde, aber, so viel ich darüber gelesen habe, weder zum Vortheil der Verfasserin, noch zum Nutzen des Publikums, indem das Gesagte Nichts als ein leeres Gewäsch war. Nun will ich freilich nicht behaupten, daß ich die betreffenden Gedichte so gründlich beurtheile, wie es wohl möglich ist, aber ich werde mich bestreben, daran zu loben, was zu loben ist, und daran zu tadeln, was getadelt werden m u ß , um den Geschmack der Verfasserin, wie des Publikums nach Kräften zu veredlen. Sind diese Produkte auch nicht als vollendete Kunstwerke zu betrachten, so zeugen sie doch von einem so reichbegabten Dichtertalent, daß die sämmtlich jetzt lebenden Poeten in Westphalen [...] zu e i n e r Individualität verschmolzen, noch kaum dagegenzustellen sein dürften." [Nach gedämpfter Würdigung der kleineren Gedichte und der zwei andern Epen als bloße „Keime", „Knospen", „halb aufgebrochene Blüthen" folgt:] „dagegen steht das Epos: ‚Das

---

[6] Ebd., S. 28. – Ida Gräfin Hahn-Hahn, später eine Erfolgsschriftstellerin der Zeit in den verschiedensten Gattungen (nach ihrer Konversion 1850 insbesondere im katholischen Milieu) stand 1840 noch den Jungdeutschen nahe und war wie die heute vergessene Minna Fischer geb. Löher, eine bekannte Lyrikerin.

[7] Ebd., S. 35-37.

Hospiz auf dem St. Bernhard' schon auf einer so hohen Stufe der poetischen Entwickelung, daß wir der Dichterin unwillkürlich die Hand drücken müssen. Es wird in letzterem Gedichte ein von Gewissensbissen geplagter Mörder geschildert, der seinen einzigen Sohn auf den Armen tragend, rast- und ruhelos auf den Alpen umherirrt und nach dem Kloster auf dem St. Bernhard wandelt, um dort sein Verbrechen zu sühnen. Der Charakter dieses Mannes, seines Kindes und der Mönche, so wie das nächtliche Naturleben in den Bergen tritt uns hier so wahr, so plastisch, so schön entgegen, wie Aehnliches zu zeichnen noch selten der Feder eines Mannes vortrefflicher gelang.

Wäre das Ganze ein wenig kürzer gefaßt, mannigfaltiger in Bezug auf Handlung und Situationen, am Ende, wo uns, anstatt daß wir erwarten, der Greis werde tragisch untergehen, der schlichte, prosaische Tod anstarrt, nicht total prosaisch und griffe es nicht blos in das kirchlich-religiöse, sondern frei und kräftig in das weltgeschichtliche Leben, so behauptete ich kühn, dasselbe sei einem der besseren Erzeugnisse Lord Byrons an die Seite zu stellen. Daß es sich nicht inniger der historischen Entwickelung anschließt, ist unendlich zu bedauern. [...] Nun ist das erwähnte Epos gewiß nicht ein [...] Produkt, das auf diese Weise von dem allgemeinen Leben losgerissen dastände, indem es auf dem kirchlich-religiösen Gebiete fußt, aber letzteres ist ein einseitiges, es wird nicht lebendig durchpulst von dem fortschreitenden Gedanken, von dem befruchtenden Geist der Geschichte, und ist darum ein verkehrtes und nicht hinlänglich poetisch berechtigtes."

Zu III. 2.2.2: Kriminalerzählung

Sabine Deitmer: Wünschen, daß wünschen noch hilft . . .[1]

Alle Fenster dunkel, weit und breit kein weißer Porsche. Scheiße. Ein Zehnstundentag mit Leiche und Routineermittlungen auf dem Straßenstrich. Und jetzt die leere Wohnung. Das wars ja dann wohl. Ich parkte den Golf quer auf dem Bürgersteig. Sollten die Kollegen ihn abschleppen, wenn sie Bock darauf hatten. Heute war mir alles egal. Ich brauchte eine heiße Badewanne und zwei Liter Wein, um mir die Birne vollzuknallen.

Maria baute die vier Halbliterflaschen Tsantali vor mir auf und legte die Stirn in Falten. »Du mußt essen, nicht trinken.« Ich haute den Zehnmarkschein auf die Theke und flüchtete über die Straße, ehe sie mich zu ihrer Moussaka weichklopfen konnte. Mir war schon schlecht.

Die Wohnung war leerer als leer. Kein Angeberschlapphut à la Bogart auf der Garderobe, kein Aschenbecher voll stinkender Kippen auf dem Küchentisch, kein grauer Bademantel im Bad. Er hatte es länger ausgehalten als die meisten. Drei Monate. Mit einem weiblichen Bullen von der Mordkommission. Die meisten hauen nach der ersten Nacht ab, wenn sie morgens beim Frühstück rauskriegen, womit ich meine Brötchen verdiene. Er konnte ko-

---

[1] In: Biermann: Zorn, S. 21-30.

chen, und selbst seine Witze waren akzeptabel. Ich schnappte mir eine Flasche, schraubte den Drehverschluß los. Das Gluckern, mit dem der Wein in das Glas plätscherte, hatte etwas Beruhigendes.

Im Bad knipste ich die indirekte Beleuchtung hinter dem Spiegel an und versuchte, nicht auf das Zahnputzglas zu schielen, in dem eine Zahnbürste fehlte. Denk positiv, ermahnte ich mich und stärkte mich mit einem Schluck Retsina. Wenigstens steht die Klobrille ab jetzt nicht mehr hoch. Mit einem Griff ließ ich sie auf den Porzellantopf knallen. Dann drehte ich den Heißwasserhahn auf. Ich stieg aus den Schuhen, strampelte aus der engen Hose, streifte das T-Shirt über den Kopf und warf den ganzen Krempel auf einen Haufen. Anschließend beförderte ich die Klamotten mit einem Tritt unter das Waschbecken. Während der Badeschaum in der Wanne grüne Schlieren zog, warf ich mir den Bademantel über und tauschte meine leere Flasche gegen eine volle. Ich goß mir ein frisches Glas ein, genehmigte mir einen Schluck und prüfte mit der Hand das Wasser. Siedendheiß. Ich drehte den Kaltwasserhahn auf und hängte einen Fuß rein. Diesmal gings. Ich hockte mich ins heiße Wasser und streckte die Beine aus. Was für ein beschissener Tag. Ich lehnte mich zurück und legte noch einen Schluck Wein nach.

An manchen Tagen fühle ich mich, als ob ich durch Müllberge wate. Bei jedem Schritt bis zur Hüfte im Dreck versinke. Heute war so ein Tag. Der verdammte Dreck saß tief in den Poren. Ich stank wie der Müll, mit dem ich Tag für Tag zu tun hatte. Der Badeschaum roch nach Kiefernnadeln oder nach dem, was die Chemiker dafür halten. Wer weiß heute noch, wie Kiefernnadeln riechen? Riechen die überhaupt noch? Ich griff mit dem nassen Arm nach dem Glas auf der Ablage. Seit wann hatte ich mir das Trinken angewöhnt? Sei nicht so selbstquälerisch, stoppte ich mich. Trinken tun sie doch alle, warum du nicht, Frau Saubermann.

Ob die Täter auch getrunken hatten? Das stand ja wohl fest, daß es mehrere waren. Unterschiedliche Samenspuren beim Opfer. Eine schnelle Nummer, und danach hatten sie sie einfach aus dem fahrenden Auto auf die Straße gekippt, und sie hatte sich am Bordstein das Genick gebrochen. Mir wurde schlecht, als ich mir das vorstellte. Der Retsina beruhigte meinen Magen. Selbst Müller war grün geworden im Gesicht und hatte einmal keinen seiner Standardwitze über Weiber rausgekriegt. Alles verdammte Wichser, armselige Arschlöcher.

Die Wanne war voll. Ich drehte das Wasser ab. Langsam ging es mir besser. Mit der Bürste massierte ich meine Waden. Denk positiv, machte ich mir Mut, auf das angenehmste vom warmen Wasser und dem Retsina angeturnt. Du hast den ganzen Tag gut zu tun und keine Zeit, dir Fragen zu stellen. Du hast eine Wohnung, eine Badewanne, und genug Knete, um dir den Sprit literweise einzufüllen, wenn es gar nicht anders geht. Du hängst nicht an der Spritze und schaffst es, jeden Morgen pünktlich aus dem Bett zu kriechen. Deine Liebhaber prügeln dich nicht und machen kein Kleinholz aus der Wohnung, wenn sie sich verabschieden. Willst du etwa mehr, Doris Wallmann? Du hast doch ‚nen Schuß, Kleine. Dagegen ist kein Kraut gewachsen. Sauf dir einen, und denk an was anderes. An hochgestellte Klobrillen, daran, daß Männer grundsätzlich neben das Klo pinkeln, und null Durchhaltevermögen haben. Selbst Porschefahrer nicht. Die können drei Jahre auf einen neuen Porsche warten, aber keine drei Stunden auf eine Frau.

Zwei Zimmer weiter begann das Telefon zu plärren. Der Porschefahrer. Das sagte mir mein Gefühl. Auch Porschefahrer sind nicht die eiskalten Cracks, für die sie sich halten. Gut, daß ich erst zwei halbe Flaschen platt gemacht hatte. Der Abend war noch nicht gelaufen. Ich sprang aus dem Wasser, griff den Bademantel und lief auf nackten Füßen zum Telefon. Es bimmelte noch, als ich den Hörer abnahm.

Ich räusperte mich und hauchte ein verführerisches »Ja« ins Telefon.

»Mensch, Doris, bist du das?« Das war nicht mein Porschefahrer. Das war Müller I. Die giftgrünen Digitalzahlen des Schreibtischweckers zeigten zweiundzwanzig Uhr fünfzehn. Der hatte sie doch nicht alle.

»Hier ist keine Doris«, säuselte ich. »Sie haben sich bestimmt verwählt.«

Ich knallte den Hörer auf die Gabel und warf die Kaffeemaschine an. Gleich würde es wieder bimmeln. Es mußte ganz schön brennen, wenn Müller so spät noch da rumsprang. Der Kaffee gurgelte zum Läuten des Telefons. Ich hob ab. »Doris Wallmann.« Die Amtsstimme.

»Gott sei Dank«, Müller klang erleichtert. »Gut, daß ich dich habe. Du wirst dringend gebraucht.«

»Such dir ein anderes Opfer. Ich war den ganzen Tag auf den Beinen. Der Mord vom Straßenstrich.«

»Weiß ich doch, Mensch. Kannst du dir sparen. Was meinst du, was ich hier mache? Ferien? Wir haben noch 'n Mord. Diesmal ist es ein Typ.«

»Hat das nicht bis morgen Zeit?«

»Hat es nicht, sonst würd ich ja nicht an der Strippe hängen. Wir haben hier seine Freundin sitzen. Die hat uns ins Büro gekotzt und sagt kein Wort. Das mußt DU machen. Von Frau zu Frau.«

»In 'ner halben Stunde bin ich da. Koch schon mal 'nen starken Kaffee. Den kann ich brauchen.«

Ich hängte den Kopf unter das kalte Wasser, putzte die Zähne und massierte mit einem Duftpräsent meines Porschefahrers den Nacken. Aus dem Haufen unter dem Waschbecken fischte ich mir meine Sachen wieder zusammen. Mit fünf Fingern fuhr ich durch die Haarstoppeln. Aprilfrisch ist was anderes. Ich kippte mir eine halbe Packung Pfefferminzdragees in den Mund, zermahlte sie zwischen den Zähnen und spülte mit einer Ladung extra starken Kaffees nach. Wenn ich beim Fahren das Fenster runterkurbelte, war ich bis zum Präsidium wieder nüchtern.

»Wo ist sie«, fragte ich Müller ohne Umschweife, als ich in sein Büro segelte.

»Auf dem Gang«, sagte er kleinlaut. »Wir wollten nicht, daß sie hier auch noch...«

»Was soll ich aus ihr rausholen?«

»Alles, was sie weiß. Vielleicht hat sie gesehen, wer ihn umgenietet hat. Vielleicht hat sie ihm selbst die Bratpfanne über den Kopf gezogen. Was weiß ich.« Er zuckte die Achseln. »Löcher sie halt. Bei uns hat sie den Mund nur zum Kotzen aufgemacht.«
»Vielleicht hat sie was gegen Machos mit Turnschuhen.«
»Wie meinst du das?« fragte Müller verunsichert und blickte nach unten auf seine ehemals weißen Joggingschuhe. Ich ging zur Tür. »Wie heißt sie?«
»Christina Lauber.« »Vergiß nicht den Kaffee und zwei Becher. In mein Büro, ja?«

Auf der Bank vor der Tür saß eine junge Frau, Anfang zwanzig, in Jeans und einer blauen Windjacke, die vorne einen großen nassen Fleck hatte. Sie hatte den Kopf an die Wand gelehnt. Ihr Gesicht war hübsch und rund wie das einer Puppe. Ein säuerlicher Geruch hing in der Luft.
»Frau Lauber? Christina Lauber?« Ich trat näher. Sie sah blaß aus. Die Augen unter den mit Tusche verschmierten Wimpern waren ausdruckslos. »Ich bin Doris Wallmann. Meine Kollegen haben Sie ja schon kennengelernt. Ich muß sie vernehmen. Verstehen Sie mich?«
Sie blickte durch mich hindurch.
»Frau Lauber.« Ich berührte ihre Schulter. Sie zuckte zusammen und zitterte. »Kommen Sie, wir gehen in mein Büro. Da sind wir ungestört.«
Ich faßte sie unter den Arm. Sie ließ sich von mir von der Bank heben. Mechanisch setzte sie einen Fuß vor den anderen. Ich führte sie in mein Büro zu dem Stuhl vor dem Schreibtisch. Stand sie unter Schock, oder gehörte sie zu der Sorte Frauen, die unfähig war, irgend etwas selbständig zu tun? Selber zu sprechen, zu laufen, zu essen, ohne daß ein Mann ihr sagte, wie sie das zu tun hatte.
»Mögen Sie einen Kaffee?« Ich wartete nicht auf die Antwort, drückte ihr den Kaffeebecher in die Hand. Wenn sie Milch oder Zucker wollte, mußte sie reden. Sie sagte nichts, legte beide Hände um den Becher, als wollte sie sich daran wärmen.
»Können Sie mir ein paar Fragen beantworten?« Sie nickte stumm.
»Wie heißen Sie?« Verständislos blickte sie mich an.
»Sagen Sie mir bitte noch einmal Ihren Namen für das Protokoll.«
»Christina Lauber.« Die Worte waren so leise, daß ich sie kaum verstehen konnte. Sprach sie immer so? Wie kamen solche Frauen bloß durchs Leben? Mit so zarten Stimmchen. Oder waren sie so verdammt sicher, daß jeder in ihrer Umgebung an ihren Lippen hing, egal wie leise sie zirpten?
»Wo wohnen Sie?« War ich jetzt zu grob? Aber nein, sie antwortete brav.
»Der Ermordete war Ihr Freund?« Sie nickte.
»Wie lange haben Sie mit Ihrem Freund zusammengelebt?«
»Fünf Jahre.« Ich hätte keine Stunde freiwillig in ihrer Gesellschaft verbracht. Und das lag nicht nur an dem aparten Duft, den sie verbreitete.
»Waren Sie dabei, als Ihr Freund umgebracht wurde?«
»Ich war es. Ich habe ihn umgebracht.«

Ich traute meinen Ohren kaum. Diese Frau sah nicht so aus, als ob sie sich allein aufs Damenklo wagte. Und wollte mir weismachen, daß sie einen Mord begangen hatte. Ich war gespannt auf ihre Geschichte.

»Wollen Sie mir erzählen, wie es passiert ist?«

Sie schluckte. »Es ist, also es war . . .Ich war essen mit einer Freundin und bin spät wiedergekommen. Und da war er sauer.«

»Hat er Sie tätlich bedroht?« Ich wußte plötzlich, daß ich auf der richtigen Fährte war. Sie verhielt sich wie eine Frau, die geschlagen wurde. Das war es. Das machte mich so wütend.

»Nein. Das nicht.« Sie log. »Zuerst hat er mich nicht geschlagen. Er war nur sauer.«

Aha, zuerst nicht. Später dann also doch. »Haben Sie sich gestritten?«

»Nicht direkt.« Diese Frau schaffte mich. Wenn sie nicht endlich die Zähne auseinanderkriegte, saß ich morgen früh noch mit ihr hier im Büro.

»Worüber haben Sie sich mit Ihrem Freund unterhalten?« Schön ruhig bleiben, und das Ganze noch mal von vorne.

»Er wollte wissen, was wir geredet haben, meine Freundin und ich.«

»Und, haben Sie es ihm erzählt?« Wann rückte sie endlich mit der Sprache raus?

»Nicht direkt. Ich konnte ihm doch nicht alles erzählen.«

»Was haben Sie Ihrem Freund denn erzählt?« Irgendwo mußte ich ansetzen.

»Ich habe ihm gesagt, daß Birgit mir von den Kursen erzählt hat, die sie gibt.«

»Ihre Freundin gibt Kurse?«

»Ja, erst ist sie selber zu Kursen gegangen und jetzt gibt sie welche.«

Ich zwang mich, ruhig zu bleiben. Am liebsten hätte ich sie gepackt und durchgerüttelt. Als ob sie ahnte, was in meinem Kopf vor sich ging, sprach sie unaufgefordert weiter.

»Sie gibt Kurse zur Selbstverteidigung.«

»Ihre Freundin gibt Kurse zur Selbstverteidigung, und sie hat Ihnen von diesen Kursen erzählt.«

Sie nickte zustimmend. »Sie hat mir gesagt, was die Frauen in den Kursen machen. Daß sie lernen, ein Brett mit der Hand durchzuschlagen und solche Sachen.«

»Und das haben Sie Ihrem Freund erzählt?«

»Ja, das habe ich ihm erzählt. Aber er wollte immer mehr wissen. Und das konnte ich ihm doch nicht sagen.«

»Was konnten Sie ihm nicht sagen?«

»Sie wissen schon«, die Frau senkte die Stimme. »So Sachen, die immer funktionieren. Womit Frauen sich wehren können gegen Männer. So Tricks eben.«

»Ich weiß nicht, was Sie meinen.«

Die Frau flüsterte. »Na, wie man den kleinen Finger umknickt, zum Beispiel, und so Sachen.« Sie schwieg wieder.

»Und das haben Sie Ihrem Freund erzählt?«
»Ja, aber mehr nicht. Und er wollte immer mehr wissen.«
»Warum haben Sie ihm nicht mehr erzählt?«
»Weil ich das der Biggy versprochen habe. Es funktioniert doch nur, wenn die Männer nichts davon wissen. Sonst geht es nicht.«
»Haben Sie ihm das gesagt?«
»Ja, ich hab ihm gesagt, daß ich der Biggy versprochen habe, nichts zu verraten. Nicht an meinen besten Freund. Und nicht an meinen Bruder. An gar keinen Mann. Da ist er ausgerastet.«
»Was hat er getan?«
Sie hob den Ärmel der Jacke hoch, und ich sah, daß der Arm darunter dick geschwollen und blau verfärbt war.
»Hat er Sie öfter geschlagen?« Sie antwortete nicht, guckte nach unten und zog die Nase hoch. Ich fand in meiner Schreibtischschublade eine Packung Papiertaschentücher und schob sie zu ihr hinüber. Sie putzte sich die Nase.
»Warum haben Sie sich das gefallen lassen?« Die einzige Frage, die mich wirklich interessierte.
Die Frau schwieg, zerdrückte das Taschentuch in der Hand.
»Er hat Sie geschlagen, damit Sie ihm sagen, was er wissen wollte.«
Sie nickte.
»Haben Sie ihm gesagt, was er hören wollte?«
Sie schüttelte den Kopf. »Ein paar Sachen habe ich gesagt, die jeder weiß. Mehr nicht.«
»Was für Sachen?« Ich hatte das Gefühl, daß wir uns im Kreise drehten, nicht weiter kamen.
»Sie wissen schon«, ihre Stimme wurde leiser, »mit dem Knie zwischen die Beine hauen« und solche Sachen, aber das hat ihm nicht gereicht. Er hat immer weiter gebohrt.«
»Und er hat Sie geschlagen.« Deutsche Wohnzimmer, ging es mir durch den Kopf. Das passiert Abend für Abend in deutschen Wohnzimmern. Und die Nachbarn stellen den Fernseher lauter.
»Ja, er hat mich geschlagen. Und wie er mich geschlagen hat, da hab ich Angst gekriegt, daß ich ihm doch noch alles sage. Weil ich immer tue, was er will, wenn er mich haut.« Mir kroch eine Gänsehaut den Rücken hoch. »Aber ich hatte Biggy doch mein Ehrenwort gegeben, daß ich nichts verrate. Da hab ich es dann getan. Da hab ich zugehaun und ihn umgebracht.«
»Was haben Sie getan?« Hatte sie tatsächlich zugeschlagen? Warum traute ich ihr das nicht zu?
»Ich habe ihn umgebracht.« Also doch. Eine Frau schlug zurück. Sprach da so etwas wie Stolz aus ihren Worten?
»Wie haben Sie es getan?«
Sie beugte sich vor über den Schreibtisch und flüsterte. »Ich habe es genau so gemacht, wie die Birgit es gesagt hat. Genau so. Ich habe ihm fest in die Augen geschaut, daß er nicht weiß, was ich mache. Dann hab ich die

Faust versiegelt.«

Sie legte ihre rechte Hand auf den Tisch, schloß die Finger zu einer Faust und verriegelte sie mit dem Daumen. Die Knöchel traten weiß hervor. »Und dann habe ich die Handkante hart gemacht, wie die Birgit mir das gezeigt hat, und ich hab die Faust aufgesetzt und mir vorgestellt, wie ich sie durchziehe. Mit meiner ganzen Kraft.«

»Können Sie bitte noch einmal genau wiederholen, was Sie getan haben? Wo Sie die Faust aufgesetzt haben?« Sie schilderte den Tathergang, ohne zu stocken.

Ungläubig sah ich auf die Hände, die neben der Packung Papiertaschentücher vor mir auf dem Schreibtisch lagen. Auf die Fingernägel, wo der lila Lack langsam abblätterte. »Und es hat geklappt?«

Sie zog die Hände zurück, steckte sie in die Taschen ihrer Jacke. »Ja, es ging genauso, wie Biggy gesagt hat. Es klappt immer. Jede Frau kann das. Aber es klappt nur, wenn die Männer nichts davon wissen.«

»Ich muß aufschreiben, was Sie mir erzählt haben.« Bulle bei der Mordkommission. Was für ein Job.

»Nein«, die Frau fingerte nervös ein Taschentuch aus der Packung. In ihren Augen schimmerte es verdächtig. »Das dürfen Sie nicht. Dann ist alles umsonst.«

Ich dachte an die Frauenleiche mit den Prellungen und Schürfungen, die wir heute morgen von der Straße gekratzt hatten. Die Frau würde vielleicht noch leben, wenn sie gewußt hätte, wie sie sich hätte wehren können. »Erzählen Sie nie wieder jemandem, was Sie mir gerade erzählt haben. Ich habe nichts gehört.« Ich war verrückt. Das konnte mich meinen Job kosten.

Sie nickte, putzte sich die Nase. Ich wartete, bis sie fertig war. »Als erstes brauchen Sie einen Arzt, der Sie genau untersucht und feststellt, welche Verletzungen Ihr Freund Ihnen zugefügt hat. Oder besser noch eine Ärztin. Und dann brauchen Sie eine Rechtsanwältin. Und hier sagen Sie kein Wort mehr. Haben Sie verstanden? Sie stehen unter Schock. Sie wußten nicht, was Sie taten.«

Sie nickte eifrig und steckte das Taschentuch in den Ärmel. »Warten Sie einen Moment. Ich bin gleich wieder zurück.«

Müller sah mir müde, aber neugierig ins Gesicht. »Hast du . . .?«

»Fehlanzeige, ich hab auch nichts aus ihr rausgekriegt. Sie steht unter Schock. Außerdem hat der Typ sie verprügelt. Das Übliche, und dafür habt ihr mich um den Feierabend gebracht.«

»Das hat sie uns nicht gesagt«, sagte Müller beleidigt. »Das hätte sie uns doch sagen können.«

Ich sparte mir eine Entgegnung. »Ich bring sie ins Krankenhaus. Ist kein großer Umweg. Das wär's dann für heute, oder?«

»Seh ich auch so. Morgen ist auch noch ein Tag.« Müller griff zum Telefon. Er war noch nicht lange verheiratet. Ich wurde richtig neidisch.

Die Frau saß schweigend neben mir im Auto. Wir waren beide geschafft. Es war ein langer Tag. Der säuerliche Geruch von Erbrochenem hing jetzt in meinem Auto. Ich öffnete das Fenster einen Spalt. Der Geruch blieb.

Zum Abschied reichte sie mir die Hand. Eine ganz normale Frauenhand. Weich und feucht. Ich wünschte ihr im stillen alles Gute, als ich sie unter den Neonlichtern der Notaufnahme sitzen sah. Mehr konnte ich nicht tun als wünschen, daß wünschen noch hilft.

Vor meiner Haustür stand ein weißer Porsche quer über dem Bordstein. Ich parkte schräg daneben und blieb im Auto sitzen. Er stieg aus und kam zu mir an die Seite. Eine Faust klopfte an mein Fenster. Ich ließ die Scheibe herunter.

»Du hast mir gefehlt«, sagte er.

»Ich saufe, bin nicht mehr die Jüngste, habe einen Job mit grauenhaften Arbeitszeiten und hasse Porschefahrer.«

»Und jetzt das Neue...«

»Ich hasse Männer und könnte ihnen stundenlang in die Eier treten.«

»Genau was mir fehlt.«

»Außerdem werde ich sentimental mit dem Alter.« Ich öffnete die Tür.

Literaturverzeichnis

Zitierweise: Belege im Text werden mit einem innerhalb des Textes eingeführten Titelkürzel und Seitenzahl gegeben; das Kürzel erscheint auch in der Bibliographie. In den Fußnoten wird mit Autorname, Kurztitel und ggf. Seitenzahl zitiert bzw. verwiesen. Arbeiten, die eine besonders umfangreiche Bibliographie zum Thema enthalten, sind durch einen Asterisk gekennzeichnet.

Quellen:

Adorno, Theodor W.: Ästhetische Theorie, Frankfurt a.M. 1970.
Adorno, Theodor W.: Zum Gedächtnis Eichendorffs. In: Th.W.A., Noten zur Literatur, Frankfurt a.M. 1958, S. 105-143 (= GE).
Adorno, Theodor W.: Der Essay als Form.In: Th.W.A., Noten zur Literatur, Frankfurt a.M. 1958, S. 9-49 (= EF) .
*Bahr, Ehrhard (Hg.): Johann Wolfgang Goethe. Wilhelm Meisters Lehrjahre. Erläuterungen und Dokumente, Stuttgart 1982 (RUB 8160) (= ED).
Barthes, Roland: Le plaisir du texte, Paris 1973; dt. Die Lust am Text, Frankfurt a.M. 1974 (= LT).
Biermann, Pieke (Hg): Mit Zorn, Charme & Methode oder: Die Aufklärung ist weiblich! Frankfurt a.M. 1992,
Brecht, Bertolt: Arbeitsjournal. Bd. 1, Frankfurt a.M. 1973.
Briefwechsel zwischen Rahel [Levin-Varnhagen von Ense] und David Veit. Aus dem Nachlaß Varnhagen's von Ense. Zweiter Theil, Leipzig 1861 (= BW).
De Man, Paul: Literary History and Literary Modernity. In: P.d.M., Blindness and Insight. Essays in the Rhetoric of Contemporary Criticism, 2. Aufl. Minneapolis 1983, S. 142-165 (= LH).
De Man, Paul: Allegories of Reading. Figural Language in Rousseau, Nietzsche, Rilke, and Proust, New Haven, London 1979 (= AR).
Deitmer, Sabine: Wünschen, daß wünschen noch hilft. In: Biermann, Zorn, S. 21-30.
Droste-Hülshoff, Annette von: Historisch-kritische Ausgabe, hg. von Winfried Woesler, Tübingen 1978-1995.
Düwel, Klaus (Hg.): Gedichte 1500-1600 (Epochen der deutschen Lyrik, hg.v. Walther Killy, Bd. 3), München 1978.
Emrich, Wilhelm: Das Problem der Wertung und Rangordnung literarischer Werte (1963). Wiederabdruck u. a. in: Mecklenburg, Wertung, S. 48-69.
Feuchtwanger, Lion: Erfolg. Drei Jahre Geschichte einer Provinz, Hamburg 1956.
Goethe, Catharina Elisabeth: Brief an Goethe vom 19.1.1795. In: Briefe an Goethe 1764-1808, hg. von Robert Mandelkow, 3. Aufl. München 1988, Bd. 1, Nr. 130, S. 182 f.

Gregor, Roberta: Zimtzicken (1990). In: Bitchy Bitch 1 (Comic Speedline), München 1994.
Hass, Hans-Egon: [Literarische Wertung und Kulturgemeinschaft]. Auszug aus: Das Problem der literarischen Wertung (1959). In: Mecklenburg, Wertung, S. 41-47.
Herder, Johann Gottfried: Auszug aus einem Briefwechsel über Ossian und die Lieder alter Völker. In: J. G. Herder, Werke, hg. von Wolfgang Proß, Bd. 1, München 1984, S. 475-525 (= BO).
Herder, Johann Gottfried: Volkslieder (1778/79), 2 Teile. In: Herders sämtliche Werke, hg. von Bernhard Suphan, Bd. 25, Berlin 1885, S. 127-546. Herders Bemerkungen zum Thema ‚Volkslied' dort S. 308 f. (in: Volkslieder. Erster Theil = V 1) und S. 313-334, S. 391-398 und S. 545 f. (in: Volkslieder. Nebst untermischten anderen Stücken, Zweiter Theil = V 2).
Humboldt, Wilhelm von: Brief an Goethe vom 24.11.1796. In: Briefe an Goethe 1764-1808, hg. von Karl Robert Mandelkow, 3. Aufl. München 1988, Bd. 1, Nr. 171, S. 258 f.
Jauß, Hans Robert: Ästhetische Erfahrung und literarische Hermeneutik. Band I: Versuche im Feld der ästhetischen Erfahrung, München 1977.
Jauß, Hans Robert: Aufriß einer Theorie und Geschichte der ästhetischen Erfahrung. In: H.R.J., Ästhetische Erfahrung und literarische Hermeneutik 1, München 1977, S. 21-211.
Jauß, Hans Robert: Der poetische Text im Horizontwandel der Lektüre (Baudelaires Gedicht: >Spleen II<). In: H.R.J., Ästhetische Erfahrung und literarische Hermeneutik, Frankfurt a.M. 1982, S.813-865.
Jauß, Hans Robert: *La douceur du foyer*. Lyrik des Jahres 1857 als Vermittlung sozialer Normen. In: H.R.J., Ästhetische Erfahrung und literarische Hermeneutik 1, München 1977, S. 343-376.
Jauß, Hans Robert: Literaturgeschichte als Provokation der Literaturwissenschaft, Frankfurt a.M. 1970 (= LP).
Kayser, Wolfgang: Das sprachliche Kunstwerk. Eine Einführung in die Literaturwissenschaft. (1948), 7. Aufl. Bern, München 1961.
Kayser, Wolfgang: Literarische Wertung und Interpretation (1952). Wiederabdruck in: Die Vortragsreise. Studien zur Literatur, Bern 1958, S. 39-57 (= VR).
Kayser, Wolfgang: Vom Werten der Dichtung. In: Wirkendes Wort 1952. Wiederabdruck in: Die Vortragsreise. Studien zur Literatur, Bern 1958, S. 58-70 (= VR).
Körner, Christian Gottfried: Brief an Schiller vom 5. [-13.?] 11. 1796. In: Briefe an Schiller, Schiller-Nationalausgabe (SNA), Bd. 36, Teil 1, Weimar 1972, Nr. 317, S. 368-375.
Kirchner, Friedrich: Die Nationallitteratur des Neunzehnten Jahrhunderts, Heidelberg 1894.
Lotman, Jurij M.: Die Analyse des poetischen Textes, Kronberg 1975.
Mereau, Sophie: Fragment eines Briefs über Wilhelm Meisters Lehrjahre.

1799. In: Kalathiskos, Bd. 1, Berlin 1801, S. 225-238, Nachdruck Heidelberg 1968 (= Kalathiskos).
Müller-Seidel, Walter: Probleme der literarischen Wertung. Über die Wissenschaftlichkeit eines unwissenschaftlichen Themas, Stuttgart 1965.
Mukařovský, Jan: Ästhetische Funktion, Norm und ästhetischer Wert als soziale Fakten (1935/6). In: J.M., Kapitel aus der Ästhetik. Frankfurt a.M. 1970, S. 7-112 (= ÄF).
Mukařovský, Jan: Studien zur strukturalistischen Ästhetik und Poetik, München 1973.
Munich, Adrienne: Bekannt, allzubekannt: Feministische Kritik und literarische Tradition. In: Barbara Vinken (Hg.), Dekonstruktiver Feminismus, Frankfurt a.M. 1992, S. 360-385.
Nietzsche, Friedrich: Vom Barockstile (1878/79). In: F.N., Kritische Gesamtausgabe, hg. von Giorgio Colli und Mazzino Montinari, Vierte Abteilung, Dritter Band, Berlin 1967, S. 73 ff.
Schiller, Charlotte von: Brief an Goethe vom 1.7.1796. In: Briefe an Goethe 1764-1808, hg. von Karl Robert Mandelkow, 3. Aufl. München 1988, Bd. 1, Nr. 160, S. 230 f.
Schimmelmann, Charlotte: Brief an Schiller vom 18.6.1796. In: Briefe an Schiller 1795-1797, Schiller-Nationalausgabe (SNA), Bd. 36, Teil 1, Weimar 1972, Nr. 194, S. 233 f.
Schulthess, Barbara: Brief an Goethe vom 10.7.1795. In: Goethe-Jahrbuch 24 (1903), S. 3.
Sengle, Friedrich: Ein Aspekt der literarischen Wertung (1955). Wiederabdruck in: Literaturgeschichtsschreibung ohne Schulungsauftrag. Werkstattberichte, Methodenlehre, Kritik, Tübingen 1980, S. 50-55.
Tynjanow, Jurij: Über die literarische Evolution (1927). In: Jurij Striedter, (Hg.), Texte der Russischen Formalisten, Bd. 1, München 1969, S. 432-461.

Für die Literaturkritiken zu Droste vgl. Woesler, Modellfall, Bd. I.1 und Bd. I.2.

Forschungsliteratur:

Anders, Wolfhart: Balladensänger und mündliche Komposition. Untersuchungen zur englischen Traditionsballade, München 1974.
Anz, Thomas (Hg.): Es geht nicht um Christa Wolf. Der Literaturstreit im vereinten Deutschland, München 1991.
Anz, Thomas: Lyrik ohne Normen? Bemerkungen zum Begriff der literarischen Norm und zur Praxis der Feuilletonkritik. In: Lothar Jordan u.a. (Hg.), Lyrik – Erlebnis und Kritik, Frankfurt a.M. 1988, S. 233-246.
Anz, Thomas: Vorschläge zur Grundlegung einer Soziologie literarischer Normen. In: Internationales Archiv für Sozialgeschichte der deutschen Literatur 19 (1984), S. 128-144.
*Anz, Thomas: Wertungskriterien und Probleme literaturwissenschaftlicher

Ideologiekritik. In: Lenz/Schulte-Middelich, Wertungsproblem, S. 214-247.
Assmann, Aleida und Jan (Hg.): Kanon und Zensur, München 1987.
Assmann, Aleida/Jan Assmann: Kanon und Zensur. In: A.A/J.A. (Hg.), Kanon und Zensur. Archäologie der literarischen Kommunikation II, München 1987, S. 7-27.
*Barner, Wilfried: Barockrhetorik. Untersuchungen zu ihren geschichtlichen Grundlagen, Tübingen 1970 (= BR).
Belke, Horst: Gebrauchstexte. In: Dietrich Boueke (Hg.), Deutschunterricht in der Diskussion. Forschungsberichte, 2. Aufl. Paderborn 1979, S. 305-333.
Berghahn, Klaus: Von der klassizistischen zur politischen Literaturkritik. In: Peter Uwe Hohendahl (Hg.), Geschichte der deutschen Literaturkritik (1730-1980), Stuttgart 1985, S. 10-75.
Bloom, Harold: The Western Canon. The Books and School of the Ages, New York, San Diego, London 1995.
Bourdieu, Pierre: Die feinen Unterschiede. Kritik der gesellschaftlichen Urteilskraft, Frankfurt a.M. 1987.
Bourdieu, Pierre: Künstlerische Konzeption und intellektuelles Kräftefeld. In: P.B., Zur Soziologie der symbolischen Formen, Frankfurt a.M. 1974, S. 75-124.
Brednich, Rolf Wilhelm (Hg.): Die Darfelder Liederhandschrift 1546-1565, Münster 1976.
Breuer, Dieter: Schulrhetorik im 19. Jahrhundert. In: Helmut Schanze (Hg.), Rhetorik. Beiträge zu ihrer Geschichte in Deutschland vom 16. – 20. Jahrhundert, Frankfurt a. M. 1974, S. 145-179.
Crawford, Mary/Roger Chaffin: The Reader's Construction of Meaning: Cognitive Research on Gender and Comprehension. In: Elizabeth A. Flynn/Patrocinio P. Schweickart (Hg.), Gender and Reading, Baltimore 1986, S. 3-30.
Culler, Jonathan: Dekonstruktion. Derrida und die poststrukturalistische Literaturtheorie (amerik. 1982), Reinbek 1988.
Diederichs, Ulf: Annäherungen an das Sachbuch. Zur Geschichte und Definition eines umstrittenen Begriffs. In: Kindlers Literaturgeschichte der Gegenwart. Bd. 9: Die deutschsprachige Sachliteratur I, hg. v. Rudolf Radler, Frankfurt a.M. 1980, S. 9-76.
Dimpfl, Monika: Literarische Kommunikation und Gebrauchswert. Theoretische Entwürfe, Bonn 1981.
Dreitzel, Hans Peter: Die gesellschaftlichen Leiden und das Leiden an der Gesellschaft. Vorstudien zu einer Pathologie des Rollenverhaltens, Stuttgart 1972.
Dux, Günter: Der Täter hinter dem Tun. Zur soziologischen Kritik der Schuld, Frankfurt a.M. 1988.
Dyck, Joachim: Ticht-Kunst. Deutsche Barockpoetik und rhetorische Tradition, Bad Homburg v. d. H., Berlin, Zürich 1966.

Literaturverzeichnis

Eagleton, Terry: Einführung in die Literaturtheorie, Stuttgart 1992.
Ecker, Gisela: Einblattdrucke von den Anfängen bis 1555. 2 Bde., Göppingen 1981.
Engelmayer, Otto: Einführung in die Wertpsychologie, Darmstadt 1977.
Felman, Shoshana: Weiblichkeit wiederlesen. In: Barbara Vinken (Hg.), Dekonstruktiver Feminismus, Frankfurt a.M. 1992, S. 33-61.
Fetzer, Günther: Werkimmanenz und Wertung. In: Lenz/Schulte-Middelich, Wertungsproblem, S. 53-65.
*Fetzer, Günther: Wertungsprobleme in der Trivialliteraturforschung, München 1980.
Fischer, Ludwig: Gebundene Rede. Dichtung und Rhetorik in der literarischen Theorie des Barock in Deutschland, Tübingen 1968.
*Fluck, Winfried: Populäre Kultur. Ein Studienbuch zur Funktionsbestimmung und Interpretation populärer Kultur, Stuttgart 1979.
Frank, Manfred: Textauslegung. In: Dietrich Hardt/Peter Gebhardt (Hg.), Erkenntnis der Literatur. Theorien, Konzepte, Methoden, Stuttgart 1982, S. 123-160.
Fricke, Harald: Norm und Abweichung. Eine Philosophie der Literatur, München 1981.
Gabriel, Gottfried: Fiktion und Wahrheit. Eine semantische Theorie der Literatur, Stuttgart 1975.
*Gebhardt, Peter (Hg.): Literaturkritik und literarische Wertung, Darmstadt 1980.
Gerhard, Ute: Schiller als ‚Religion'. Literarische Signaturen des XIX. Jahrhunderts, München 1994.
Gesing, Fritz: Kreativ Schreiben. Handwerk und Techniken des Erzählens, Köln 1994.
Gille, Klaus F.: „Wilhelm Meister" im Urteil der Zeitgenossen. Ein Beitrag zur Wirkungsgeschichte Goethes, Leiden 1971.
Graumann, Carl-Friedrich: Die Dynamik von Interessen, Wertungen und Einstellungen. In: Hans Thomae u.a. (Hg.), Handbuch der Psychologie. Bd. 2: Allgemeine Psychologie. 2. Halbbd.: Motivation, Göttingen 1965, S. 272-305.
Gregory Klein, Kathleen: The Woman Detective. Gender & Genre, Urbana, Chicago 1988.
Groeben, Norbert: Rezeptionsforschung als empirische Literaturwissenschaft. Paradigma- durch Methodendiskussion an Untersuchungsbeispielen, Kronberg/Ts. 1977.
Groeben, Norbert: The empirical study of literature and literary evaluation. In: Poetics 10 (1981), S. 381-394.
Guillory, John: Cultural Capital. The Problem of Literary Canon Formation, Chicago, London 1993.
Gutzen, Dieter/Norbert Oellers/Jürgen H. Petersen: Einführung in die neuere deutsche Literaturwissenschaft (1976), 6. neugefaßte Aufl. Berlin 1989.

Hahn, Alois: Kanonisierungsstile. In: Assmann, Kanon und Zensur, München 1987, S. 28-37.
Hart Nibbrig, Christiaan L.: Ja und Nein. Studien zur Konstitution von Wertgefügen in Texten, Frankfurt a.M. 1974.
Hauptmeier, Helmut/Siegfried J. Schmidt: Einführung in die Empirische Literaturwissenschaft, Braunschweig, Wiesbaden 1985.
Haverbusch, Aloys: Die Droste in Anthologien des 19. Jahrhunderts. In: Woesler, Modellfall, Bd. II, S. 1007-1102.
Hennis, Wilhelm: Der Sinn der Wertfreiheit. Zu Anlaß und Motiven von Max Webers „Postulat". In: Theorie, Geschichte, Probleme. Festschrift für Hans Buchheim zum 70. Geburtstag, hg. v. Oscar W. Gabriel u. a., München 1992, S. 97-114.
*Heydebrand, Renate von: Art. Wertung, literarische. In: Reallexikon der deutschen Literaturgeschichte, 2. Aufl., hg. von Klaus Kanzog und Achim Masser, Berlin, New York 1984, Bd. 4, S. 828-871.
Heydebrand, Renate von: Ethische contra ästhetische Legitimation von Literatur. In: Albrecht Schöne (Hg.), Akten des VII. Internationalen Germanisten-Kongresses Göttingen 1985, Kontroversen, alte und neue, Bd. 8, S. 3-11.
Heydebrand, Renate von: KANON MACHT KULTUR. Kanonisierungsprozesse in der Literatur. DFG-Symposion 1996, Stuttgart 1997 (ggf. 1998).
Heydebrand, Renate von: Probleme des Kanons – Probleme der Kultur- und Bildungspolitik. In: Johannes Janota (Hg.), Methodenkonkurrenz in der germanistischen Praxis. Vorträge des Augsburger Germanistentages 1991, Bd. 4, Tübingen 1993, S. 3-22.
Heydebrand, Renate von: Zur Analyse von Wertsprachen in der Zeitschrift Euphorion/Dichtung und Volkstum vor und nach 1945. Am Beispiel von Hans Pyritz und Wilhelm Emrich. In: Wilfried Barner / Christoph König (Hg.), Zeitenwechsel. Germanistische Literaturwissenschaft vor und nach 1945, Frankfurt a.M. 1996, S. 205-230.
Heydebrand, Renate von / Simone Winko: Arbeit am Kanon. Geschlechterdifferenz in Rezeption und Wertung von Literatur. In: Hadumod Bußmann / Renate Hof (Hg.), Genus. Zur Geschlechterdifferenz in den Kulturwissenschaften, Stuttgart 1995, S. 206-261.
*Heydebrand, Renate von / Simone Winko: Geschlechterdifferenz und literarischer Kanon. Historische Beobachtungen und systematische Überlegungen. In: Internationales Archiv für Sozialgeschichte der deutschen Literatur 19 (1994), H.2, S. 96-171.
Hickethier, Knut: Sachbuch und Gebrauchstext als Kommunikation. Für eine kommunikationsbezogene Betrachtungsweise von „Sach- und Gebrauchsliteratur". In: Ludwig Fischer/K.H./Karl Riha (Hg.), Gebrauchsliteratur. Methodische Überlegungen und Beispielanalysen, Stuttgart 1976, S. 58-85.
Hillmann, Karl-Heinz: Wertwandel. Zur Frage soziokultureller Voraussetzungen alternativer Lebensformen, 2., erg. Aufl. Darmstadt 1989.

Hoffmann, Volker: Das Verhältnis der klassifikatorischen und normativen Verwendung der Sachgruppen „Gesund-krank" zwischen diätetischem Schrifttum und Texten der sogenannten schönen Literatur. In: Herbert Zeman (Hg.), Die Österreichische Literatur. Ihr Profil im 19. Jahrhundert (1830-1880), Graz 1982, S. 173-187.

Huge, Walter: Die Droste in Literaturgeschichten des 19. Jahrhunderts. In: Woesler, Modellfall, Bd. II, S. 1103-1119.

Hügel, Hans Otto: Unterhaltungsliteratur. In: Helmut Brackert/Jörn Stückrath (Hg.), Literaturwissenschaft. Ein Grundkurs, Reinbek 1992, S. 280-296.

Jäger, Georg: Der Deutschunterricht auf Gymnasien 1780 bis 1850. In: Deutsche Vierteljahrsschrift für Literaturwissenschaft und Geistesgeschichte 47 (1973), S. 120-147.

Jakobson, Roman: Linguistik und Poetik. In: R.J., Poetik. Ausgewählte Aufsätze 1921-1971, 2. Aufl. Frankfurt a.M. 1989, S. 83-121.

Jauß, Hans Robert: Ästhetische Erfahrung und literarische Hermeneutik I, München 1977.

*Jens, Walter: Art. Rhetorik. In: Reallexikon der deutschen Literaturgeschichte, 2. Aufl., hg. von Werner Kohlschmidt und Wolfgang Mohr, Berlin, New York 1977, Bd. 3, S.432-456.

Jordan, Lothar: Katholizismus als Faktor der Droste-Rezeption im 19. Jahrhundert. In: Woesler, Modellfall, Bd. II, S. 1185-1211.

*Kienecker, Michael: Prinzipien literarischer Wertung. Sprachanalytische und historische Untersuchungen, Göttingen 1989.

Kienzle, Michael/Dirk Mende (Hg.): Zensur in der Bundesrepublik, 2. Aufl. München 1981.

Kittler, Friedrich: Aufschreibesysteme 1800/1900, München 1985.

Klein, J./Wolfhart Pannenberg: Art. Analogia entis, Analogie. In: Die Religion in Geschichte und Gegenwart, Bd. 1, 3. Aufl. Tübingen 1957, Sp. 348-353.

Klusen, Ernst: Das Gruppenlied als Gegenstand. In: Jahrbuch für Volksliedforschung 12 (1967), S. 21-41.

Klusen, Ernst: Erscheinungsformen und Lebensbereiche des Volksliedes – heute. In: Handbuch des Volksliedes, hg. v. Rüdiger W. Brednich, Lutz Röhrich, Wolfgang Suppan, Bd. 2, München 1975, S. 89-111.

Klusen, Ernst: Volkslied. Fund und Erfindung, Köln 1969.

*Kochan, Detlef (Hg.): Literaturdidaktik – Lektürekanon – Literaturunterricht. Amsterdamer Beiträge zur Neueren Germanistik 30 (1990).

Kohlschmidt, Werner: Geschichte der deutschen Literatur vom jungen Deutschland bis zum Naturalismus (= Geschichte der deutschen Literatur von den Anfängen bis zur Gegenwart, Band IV), Stuttgart 1975.

Korthals-Beyerlein, Gabriele: Soziale Normen. Begriffliche Explikation und Grundlagen empirischer Erfassung, München 1979.

*Kurzawa, Werner: Analytische Aspekte der literarischen Wertung. Zur Werturteilsfrage in der philosophischen, sozialwissenschaftlichen und literaturwissenschaftlichen Diskussion, Frankfurt a.M., Bern 1982.

Landwehr, Jürgen: Fiktion oder Nichtfiktion. In: Helmut Brackert/Jörn Stückrath (Hg.), Literaturwissenschaft. Ein Grundkurs, Reinbek 1992, S. 491-504.

Langen, August: Der Wortschatz des deutschen Pietismus, Tübingen 1954.

*Lenz, Bernd/Bernd Schulte-Middelich (Hgg.): Beschreiben, Interpretieren, Werten. Das Wertungsproblem in der Literatur aus der Sicht unterschiedlicher Methoden, München 1982.

*Link, Hannelore: Rezeptionsforschung. Eine Einführung in Methoden und Probleme, Stuttgart u.a. 1976.

Linn, Marie-Luise: Studien zur deutschen Rhetorik und Stilistik im 19. Jahrhundert, Marburg 1963.

Lüben, August/Carl Nacke: Einführung in die deutsche Literatur. Erläuterungen von Musterstücken, für den Schul- und Selbstunterricht, Leipzig 1872.

Luhmann, Niklas: Frauen, Männer und George Spencer Brown. In: Zeitschrift für Soziologie 17, H. 1 (1988), S. 47-71.

Luhmann, Niklas: Ist Kunst codierbar? In: N.L., Soziologische Aufklärung. Bd. 3: Soziales System, Gesellschaft, Organisation, Opladen 1981, S. 245-266.

Mähl, Hans-Joachim: Novalis' Wilhelm-Meister-Studien des Jahres 1797. In: Neophilologus 47 (1963), S. 286-305.

Marsch, Edgar: Die Kriminalerzählung, 2. Aufl. Zürich, München 1983.

Martini, Fritz: Deutsche Literaturgeschichte von den Anfängen bis zur Gegenwart, 19. neu bearb. Aufl. Stuttgart 1991.

Martino, Alberto: Barockpoesie, Publikum und Verbürgerlichung der literarischen Intelligenz. In: Internationales Archiv für Sozialgeschichte der deutschen Literatur 1 (1976), S. 107-145.

Martyn, David: Die Autorität des Unlesbaren. Zum Stellenwert des Kanons in der Philologie Paul de Mans. In: Karl Heinz Bohrer (Hg.), Ästhetik und Rhetorik. Lektüren zu Paul de Man, Frankfurt a.M. 1993, S. 13-33.

*Mecklenburg, Norbert (Hg.): Literarische Wertung. Texte zur Entwicklung der Wertungsdiskussion in der Literaturwissenschaft, Tübingen 1977; Einleitung: S. VII-XLIII.

Morris, Charles W.: Signification and Significance. A Study of the Relations of Signs and Values, Cambridge 1964.

Mukařovský, Jan: Ästhetische Funktion, Norm und ästhetischer Wert als soziale Fakten. In: J.M., Kapitel aus der Ästhetik, 2. Aufl. Frankfurt a.M. 1974, S. 7-112.

Mukařovský, Jan: Die poetische Benennung und die ästhetische Funktion der Sprache. In: J.M., Kapitel aus der Poetik, Frankfurt a.M. 1967, S. 44-54.

Müller, Hans-Harald: Wissenschaftsgeschichte und Rezeptionsforschung. Ein kritischer Essay über den (vorerst) letzten Versuch, die Literaturwissenschaft von Grund auf neu zu gestalten. In: Jörg Schönert/Harro Segeberg (Hg.), Polyperspektivik in der literarischen Moderne. Studien zur Theorie, Geschichte und Wirkung der Literatur, Frankfurt a. M., Bern u. a. 1988, S. 452-479.

Müller-Michaels, Harro: Didaktische Wertung – ein Beitrag zur Praxis literarischen Urteilens. In: Wilfried Barner (Hg.), Literaturkritik – Anspruch und Wirklichkeit. DFG-Symposion 1989, Stuttgart 1990, S. 431-439; dazu Albrecht Koschorke, Diskussionsbericht, ebd., S. 494-496.

Müller-Michaels, Harro: Wie lächerlich wollen wir denn aussehen? Anmerkungen zum Kanon-Heft. In: Diskussion Deutsch 68 (1982), S. 598-602.

Müller-Seidel, Walter: Probleme der literarischen Wertung. Über die Wissenschaftlichkeit eines unwissenschaftlichen Themas, Stuttgart 1965.

Najder, Zdisław: Values and Evaluations, Oxford 1975.

Oberempt, Gert: Die Droste im Deutschunterricht des 19. Jahrhunderts. Zur Beziehung zwischen schulischer Rezeption und Kanonisierung. In: Woesler, Modellfall, Bd. II, S. 1121-49.

Oerter, Rolf: Struktur und Wandlung von Werthaltungen, München, Wien 1978.

Paetzold, Heinz: Rhetorik-Kritik und Theorie der Künste in der philosophischen Ästhetik von Baumgarten bis Kant. In: Gérard Raulet (Hg.), Von der Rhetorik zur Ästhetik. Studien zur Entstehung der modernen Ästhetik im 18. Jahrhundert, Centre de recherche PHILIA, Université de Rennes 2, 1992, S. 7-37.

Pailer, Gaby: „Laßt uns die Ketten so viel als möglich unter Rosen verbergen ...". In: Frauen in der Literaturwissenschaft, Rundbrief 44 (Mai 1995), S. 39-44.

Pawłowski, Tadeusz: Begriffsbildung und Definition, Berlin, New York 1980.

Perry, Ralph B.: Realms of Value. A Critique of Human Civilization, Cambridge, Mass. 1954.

Pfau, Dieter/Jörg Schönert: Probleme und Perspektiven einer theoretisch-systematischen Grundlegung für eine ‚Sozialgeschichte der Literatur'. In: Renate v. Heydebrand/D.P./J.S. (Hg.), Zur theoretischen Grundlegung einer Sozialgeschichte der Literatur. Ein struktural-funktionaler Entwurf, Tübingen 1988, S. 1-26.

Popitz, Heinrich: Die normative Konstruktion von Gesellschaft, Tübingen 1980.

Pott, Wilhelm Heinrich (1976): Autonomie und Heteronomie. Anmerkungen zur literaturwissenschaftlichen Problematik der Gebrauchstextdiskussion. In: Ludwig Fischer/Knut Hickethier/Karl Riha (Hg.), Gebrauchsliteratur. Methodische Überlegungen und Beispielanalysen, Stuttgart 1976, S. 19-37.

Rahmelow, Jan M.: Das Volkslied als publizistisches Medium und historische Quelle. In: Jahrbuch für Volksliedforschung 14 (1969), S. 11-26.

Rinsum, Annemarie und Wolfgang van: Frührealismus 1815-1848 (= Deutsche Literaturgeschichte Bd. 6), München 1992.

*Ritter, Joachim: Art. Ästhetik, ästhetisch. In: Historisches Wörterbuch der Philosophie, hg. v. Joachim Ritter, Bd. 1, Basel, Stuttgart 1971, Sp. 555-580.

Roeder, Peter Martin: Zur Geschichte und Kritik des Lesebuches der höheren Schule, Weinheim 1961.

*Röhrich, Lutz: Art. Volkslied. In: Reallexikon der deutschen Literaturgeschichte, 2. Aufl., hg. von Klaus Kanzog und Achim Masser, Berlin, New York 1984, Bd. 4, S. 760-772.

Rosenberg, Rainer: Kanonbildung im Diskurs der akademischen Literaturgeschichtsschreibung. Gervinus. Hettner. Scherer. R. M. Meyer. In: R.R., Literaturwissenschaftliche Germanistik, Berlin 1989, S. 99-134.

Rotermund, Erwin: Christian Hofmann von Hofmannswaldau, Stuttgart 1963.

Rötzer, Hans Gerd (Hg.): Texte zur Geschichte der Poetik in Deutschland, Darmstadt 1982.

Russ, Joanna: How to Suppress Women's Writing?, Austin/Texas 1983.

Saxer, Ulrich: Kommunikationsverhalten und Medien. Lesen in der modernen Gesellschaft, Gütersloh 1989.

Schemme, Wolfgang: „... der Himmel behüte uns vor ewigen Werken" – Von der kanonischen Gefangenschaft der Iphigenie. In: Detlef C. Kochan (Hg.), Literturdidaktik – Lektürekanon – Literaturunterricht, Amsterdam 1990, S. 201-250.

Scherer, Wilhelm / Oskar Walzel: Geschichte der deutschen Literatur, 3. Aufl. Berlin 1921.

Schier, Manfred: Levin Schücking. Promotor des Droste-Werkes. In: Woesler, Modellfall, Bd. II, S. 1151-1177.

Schmidt, Siegfried J.: Die Selbstorganisation des Sozialsystems Literatur im 18. Jahrhundert, Frankfurt a.M. 1989.

Schmidt, Siegfried J.: Grundriß der Empirischen Literaturwissenschaft. Bd. 1: Der gesellschaftliche Handlungsbereich Literatur, Braunschweig, Wiesbaden 1980.

Schmidt, Siegfried J.: Literarische Wertung. Zur Reformulierung eines Problems im Rahmen der Empirischen Literaturwissenschaft. In: Lothar Jordan / Axel Marquardt / Winfried Woesler (Hg.), Lyrik – Erlebnis und Kritik. Frankfurt a. M. 1988, S. 186-211.

Scholl-Schaaf, Margret: Werthaltung und Wertsystem. Ein Plädoyer für die Verwendung des Wertkonzepts in der Sozialpsychologie, Bonn 1975.

Schön, Erich: Der Verlust der Sinnlichkeit oder Die Verwandlung des Lesers. Mentalitätswandel um 1800, Stuttgart 1987.

Schrader, Monika: Theorie und Praxis literarischer Wertung. Literaturwissenschaftliche und -didaktische Theorien und Verfahren, Berlin 1987.

Schram, Dick H.: Norm und Normbrechung. Die Rezeption literarischer Texte als Gegenstand empirischer Forschung, Braunschweig, Wiesbaden 1991.

Schulte-Sasse, Jochen: Literarische Wertung, Stuttgart 1971 (2., völlig neu bearbeitete Aufl. 1976).
Schulz-Buschhaus, Ulrich: Kanonbildung in Europa. In: Hans Joachim Simm (Hg.), Literarische Klassik, Frankfurt a. M. 1988, S. 45-68.
Schwitalla, Johannes: Deutsche Flugschriften 1460-1525. Textsortengeschichtliche Studien, Tübingen 1983.
Searle, John: Speech Acts. An Essay in the Philosophy of Language, Cambridge 1969.
Sengle, Friedrich: Biedermeierzeit. Deutsche Literatur im Spannungsfeld zwischen Restauration und Revolution 1815-1848, Bd. III: Die Dichter, Stuttgart 1980.
Siuts, Helmut: Das Verhältnis von Volkslied und Modelied im deutschen Volksgesang. In: Jahrbuch für Volksliedforschung 12 (1967), S. 1-20.
Stanitzek, Georg: „0/1", „einmal/zweimal" – der Kanon in der Kommunikation (1992). In: Bernhard J. Dotzler (Hg.), Technopathologien, München 1992, S. 111-134.
Stenzel, Jürgen: Das erste Knopfloch. Vom Wert literarischer Werturteile. In: Jahrbuch des Freien deutschen Hochstifts (1991), S. 238-261.
Strube, Werner: Analytische Philosophie der Literaturwissenschaft. Definition, Klassifikation, Interpretation, Bewertung, Paderborn u.a. 1993.
Strube, Werner: Die komplexe Logik des Begriffs „Novelle". Zur Problematik der Definition literarischer Gattungsbegriffe. In: Germanisch-romanische Monatsschrift 63 (1982), S. 379-386.
Suerbaum, Ulrich: Krimi. Eine Analyse der Gattung, Stuttgart 1984.
Suppan, Wolfgang: Deutsches Liedleben zwischen Renaissance und Barock. Die Schichtung des deutschen Liedgutes in der zweiten Hälfte des 16. Jahrhunderts, Tutzing 1973.
*Titzmann, Michael: Art. Struktur, Strukturalismus. In: Reallexikon der deutschen Literaturgeschichte, 2. Aufl., hg. von Klaus Kanzog und Achim Masser, Berlin, New York 1980, Bd. 4, S. 256-278.
Tönnies, Ferdinand: Gemeinschaft und Gesellschaft, Leipzig 1887.
Ueding, Gert: Rhetorik des Schreibens. Eine Einführung, Königstein/Ts. 1975.
Ueding, Gert: Von der Rhetorik zur Ästhetik – Winckelmanns Begriff des Schönen. In: Gérard Raulet (Hg.), Von der Rhetorik zur Ästhetik. Studien zur Entstehung der modernen Ästhetik im 18. Jahrhundert, Centre de recherche PHILIA, Université de Rennes 2, 1992, S. 38-63.
Ueding, Gert/Bernd Steinbrink: Grundriß der Rhetorik. Geschichte, Technik, Methode, 2. Aufl. Stuttgart 1986.
Ullmaier, Johannes: Pop shoot Pop. Über Historisierung und Kanonbildung in der Popmusik, Rüsselsheim 1995.
*Viehoff, Reinhold: Literarisches Verstehen. Neuere Ansätze und Ergebnisse empirischer Forschung. In: Internationales Archiv für Sozialgeschichte des deutschen Literatur 13 (1988), S. 1-29.
Vogt, Jochen: Der Kriminalroman, 2 Bde., München 1971.

Walzel, Oskar: Gehalt und Gestalt im Kunstwerk des Dichters, Potsdam 1923.
Warning, Rainer: Der inszenierte Diskurs. Bemerkungen zur pragmatischen Relation der Fiktion. In: Dieter Henrich/Wolfgang Iser (Hg.), Funktionen des Fiktiven, München 1983, S. 183-206.
Wehrli, Max: Wert und Unwert in der Dichtung (1965). Wiederabdruck in: Gebhardt, Literaturkritik, S. 205-222.
Weimar, Klaus: Art. Literatur. In: Reallexikon der deutschen Literaturwissenschaft, Neubearbeitung, hg. v. K.W., Harald Fricke, Klaus Grubmüller, Jan-Dirk Müller, Berlin, New York [im Erscheinen].
Weimer, Hermann: Geschichte der Pädagogik, Berlin, New York 1992.
Wiegmann, Hermann: Geschichte der Poetik, Stuttgart 1977.
Wiggershaus, Rolf: Die Frankfurter Schule. Geschichte/Theoretische Entwicklung/Politische Bedeutung, München 1986.
*Windfuhr, Manfred: Die barocke Bildlichkeit und ihre Kritiker. Stilhaltungen in der deutschen Literatur des 17. und 18. Jahrhunderts, Stuttgart 1966 (= BB).
*Winko, Simone: Wertungen und Werte in Texten. Axiologische Grundlagen und literaturwissenschaftliches Rekonstruktionsverfahren, Braunschweig, Wiesbaden 1991.
Wiora, Walter: Zur Fundierung allgemeiner Thesen über das „Volkslied" durch historische Untersuchungen. In: Jahrbuch für Volksliedforschung 14 (1969), S. 1-10.
Woesler, Winfried: Droste-Rezeption im 19. Jahrhundert. Übersicht. In: Woesler, Modellfall, Bd. II, S. 993-1006.
Woesler, Winfried: Der Kanon als Identifikationsangebot. Neue Überlegungen zur Rezeptionstheorie. In: Woesler, Modellfall, Bd. II, S. 1213-1227.
*Woesler, Winfried: Modellfall der Rezeptionsforschung. Droste-Rezeption im 19. Jahrhundert. Dokumentation, Analysen, Bibliographie. Erstellt in Zusammenarbeit mit Aloys Haverbusch und Lothar Jordan. Band I.1, I.2 und II, Frankfurt a. M., Bern, Cirencester/U.K. 1980.
*Zumthor, Paul: Einführung in die mündliche Dichtung, Berlin 1990.

Personenregister

Kursiv gesetzte Seitenzahlen verweisen auf Namenserwähnungen in den Fußnoten.

Adorno, Theodor W. 8, 120, *209*, 255, 262-270, 272, 273, 289, *305*, 306, 315, 337
Anders, Wolfhart *164, 167, 168*
Anz, Thomas *40, 90, 91, 93, 100, 104, 262, 271, 273*
Arnim, Bettina v. 334
Assmann, Aleida *99, 168*
Assmann, Jan *99*
Austin, John 61
Avenarius, Ferdinand *231*

Bahr, Ehrhard *120, 187, 189, 200, 207, 216-218*
Balde, Jakob 138
Barner, Wilfried 135, 136, *144, 151, 158, 161, 163*
Barthes, Roland 8, 292-298, 305, 315, 337, 357
Baudelaire, Charles 265, 354
Baudissin, Caroline v. 189, 210
Baumgarten, Alexander Gottlieb 151
Belke, Horst *23, 361*
Benjamin, Walter 262, *264,* 266-269, 272, 273, 287, 289, 306
Berghahn, Klaus *152*
Biermann, Pieke *365,* 366, 381
Bloom, Harold *156, 312*
Bodmer, Jakob 138
Böhme, Jakob 138
Boileau 147
Bourdieu, Pierre *59, 95, 98, 316,* 332
Brecht, Bertolt 84, 223, 281, 309
Brednich, Rolf Wilhelm *164, 173, 174*
Breitinger, Jakob 138, 148

Breuer, Dieter *152, 156*
Buch, Hans Christoph *218*
Bürger, Christa, *273*
Butzer, Günter 12
Byron, George 237

Canetti, Elias 344-347, 350, 359, 360
Cervantes, Miguel de 157
Cervenka *276*
Chaffin, Roger *82*
Christiansen, Broder 283
Clausewitz, Carl v. 128, *215*
Crawford, Mary *82*
Culler, Jonathan 290

Dante 157, 215
Deitmer, Sabine 365, 381
De Man, Paul 8, 291, 292, 296-298, 305
Derrida, Jacques 297
Diederichs, Ulf *361, 363*
Dilthey, Wilhelm 267
Dimpfl, Monika *124*
Dräxler-Manfred, Karl-Ferdinand 236-238, 240, 241, 379
Dreitzel, Hans Peter *92*
Droste-Hülshoff, Annette v. 8, 16, 134, 222-235, 237-250, *283,* 307, 310, *311,* 314, *316,* 317, *327,* 377-380
Düwel, Klaus *164*
Dujardin 333
Dux, Günter 335
Dyck, Joachim *136*

Eagleton, Terry *252, 255, 276, 290*
Eco, Umberto 67, 71

Ecker, Gisela *173*
Eichendorff, Joseph v. 263, 265, 266, 272
Emrich, Wilhelm *203,* 261, *262*
Engelmayer, Otto *49*
Engels, Friedrich 235, 237, *238*
Enzensberger, Hans Magnus *273*
Erdheim, Claudia 105
Ernst, Stephanie 12

Felman, Shoshana *304*
Fetzer, Günther *251*
Feuchtwanger, Lion 50, 52, 56, 63, 65, 69, 83, 270
Fichte, Johann Gottlieb 201, 210
Fischer, Ludwig *136*
Fleming, Paul 141
Fluck, Winfried *251, 333*
Fontane, Theodor 8, 215-217, 220, *308,* 334
Fraling, Franz 235-237, 239, 241, 310, 380
Frank, Manfred *187*
Freud, Sigmund 271, 273, 294, *304, 305*
Freyer, Hans *176*
Fricke, Harald *91*

Gabriel, Gottfried *194*
Gadamer, Hans-Georg *255,* 287-289
Gebhardt, Peter *251*
Geibel, Emanuel 333, 334
Geiger, Ludwig 230
Gerhard, Ute *128, 215*
Gerhard, Paul 138, *144*
Gesing, Fritz *370-372, 374*
Gille, Klaus F. *188, 207, 208*
Göpfert, Herbert G. 12
Goethe, Catharina Elisabeth *212*
Goethe, Johann Wolfgang v. 7, 8, 61, 120, 131, 151, *152,* 155, 186-190, 192, 193, 196-201, 203, 207-220, 224, 225, 245, 249, 266, *282,* 287, *333*

Gottsched, Johann Christoph 138, 146
Grass, Günter 72
Graumann, Carl-Friedrich *50*
Gregor, Roberta *331*
Grimm, Jakob u. Wilhelm *185, 285*
Groeben, Norbert *252, 287*
Gründgens, Gustaf 71
Gryphius, Andreas 138, 155
Günter, Manuela 12
Guillory, John *125, 260, 316, 318, 324, 332, 335*
Gutzen, Dieter *252, 254, 279*

Hadewig, Johann Heinrich 138
Hahn, Barbara *306, 324, 331*
Hahn, Ulla 36
Hahn-Hahn, Ida Gräfin 247, *380*
Hamann, Johann Georg *181*
Handke, Peter 32
Harsdörffer, Georg Philipp 138, 147
Hartmann, Nicolai 259
Hart-Nibbrig, Christiaan L. *342*
Hass, Hans-Egon 261
Haverbusch, Alois 229, *230, 231*
Hauptmeier, Helmut *25*
Hegel, Georg Wilhelm Friedrich 151, 313
Heibutzki, Kathrin *101*
Heine, Heinrich *342*
Hell, Theodor 235, 237
Hennis, Wilhelm *14, 310*
Herbart, Johann Friedrich 284
Herder, Johann Gottfried 7, *27,* 151, 164-166, 178, 179, 181-186, 188-190, 195, 210, 211, 247, 287, 309, 312, 317
Heydebrand, Renate v. 9, 11, 12, *82, 102, 191, 223, 236, 251, 262, 267, 269, 271, 298, 309, 320, 324, 327, 330, 332, 334, 335, 343*
Heyse, Paul 228, 333, 334
Hickethier, Knut *361, 363*
Hillmann, Karl-Heinz *90, 92*

Hochhuth, Rolf 104
Hof *303*
Hoffmann, E. T. A. 83, 195, 358
Hoffmann, Volker *195*
Hofmannswaldau, Christian Hofmann v. 138, 145, *151, 152, 158-160*
Hohenhausen, Elise v. 229, 235, 237, 238, 241, *244*, 377
Homer 156
Horkheimer, Max 264
Hostinsky, O. 284
Hub, Ignaz 225, *244*
Hübscher, Arthur 159
Hüffer, Hermann 225
Hügel, Hans Otto *27, 361*
Hülskamp, Franz 228, *237*
Huge, Walter *244-247*
Humboldt, Wilhelm v. 7, 193, 196, 198-200
Hunold, Christian Friedrich 138
Husserl, Edmund 259

Ingarden, Roman 259
Iser, Wolfgang 275, 285, 290

Jacobi, Friedrich Heinrich 188, 192, 211
Jäger, Georg *156*
Jakobson, Roman *32, 116, 127,* 284
Jannidis, Fotis 12
Jauß, Hans Robert 8, *128, 203, 271,* 275, 284-290, *295,* 375
Jean Paul *213, 218,* 219
Jens, Walter *151, 163*
Jordan, Lothar *225, 228, 237, 246*

Kafka, Franz 223, *258,* 315
Kant, Immanuel 151, 152, 195, 210, 282, 283, 314
Kayser, Wolfgang 8, *38, 202-206,* 255-263, *265, 274,* 276, *281, 282,* 284, 289, 312, 337

Kienecker, Michael 12, *86, 105, 112, 118, 128, 231, 252, 327, 328*
Kienzle, Michael *99*
Kirchner, Friedrich *244, 245*
Kittler, Friedrich *213*
Klein, Gregory *147, 367, 368, 371*
Klopstock, Friedrich Gottlieb *150,* 153, 182, 184, 215
Klusen, Ernst *164, 169, 176, 181, 183, 185*
Knebel, Karl Ludwig v. 192
Kochan, Detlef *339*
Körner, Christian Gottfried 7, 192, 193, 196-200, 202, 204, *240*
Kohlschmidt, Werner *244*
Korthals-Beyerlein, Gabriele *90*
Kreiten, Wilhelm 225, 226
Kühn, Sophie v. 207
Kühne, Gustav 235, 240, 241, 379
Kuhlmann, Quirinius 138
Kurz, Hermann 228
Kurzawa, Werner *327*

Lacan, Jacques 304
Landwehr, Jürgen *30*
Langen, August *149*
Langenkamp, Karin *101*
Lasker-Schüler, Else 223
Lauremberg, Johann 138
Leising, Richard 351, 352, 355, 357, 359, 360
Lempert, Wolfgang *271*
Lenz, Bernd *252*
Lessing, Gotthold Ephraim 127, 157
Levin, Rahel 8, 210, 212, 214, 215
Lewald, Fanny 247
Liliencron, R. v. *172*
Link, Hannelore *34, 81, 186, 286, 372*
Linn, Marie-Luise *137, 152, 156*
Lohenstein, Daniel Caspar v. 138, 145
Lotman, Jurij M. 276, *282,* 284
Lüben, August *93, 101*

Luhmann, Niklas 28, 122
Lukács, Georg 262, 269, 272
Luther, Martin 149, 318

Macpherson, James 182
Mähl, Hans-Joachim 201
Mann, Heinrich 87, 102
Mann, Thomas 8, 102, 215-218, 220, 308
Marcuse, Herbert 262
Marino, Giorgio 138
Marsch, Edgar 366, 367
Martini, Fritz 144
Martino, Alberto 135
Martyn, David 296
Marx, Karl 125, 262, 267, 271, 273
Mecklenburg, Norbert 13, 112, 251, 259
Mende, Dirk 99
Mereau, Sophie 188-192, 198, 199, 210, 211, 213
Meyfarth, Johannes Matthäus 141
Miller, Alice 47
Molière 157
Montaigne, Michel de 181
Morris, Charles W. 44
Moscherosch, Johann Michael 138
Müller, Günther 160, 287
Müller-Michaels, Harro 329, 339
Müller-Seidel, Walter 8, 118, 255, 261, 262, 274
Mukarovsky, Jan 8, 32, 205, 251, 252, 275-286, 288-290, 332, 338, 341, 347, 348, 352, 360, 361, 363, 375
Munich, Adrienne 304
Musil, Robert 361

Nacke, Carl 93, 101
Najder, Zdislaw 39, 46, 74
Neukirch, Benjamin 138, 145
Neumeister, Erdmann 138
Nietzsche, Friedrich 7, 13, 130, 158-162

Novak, Helga 36
Novalis 8, 195, 200, 201, 207-211, 216, 218, 219, 312

Oberempt, Gert 232, 249, 250
Oellers, Norbert 252, 254, 279
Oerter, Rolf 50
Opitz, Martin 137, 141, 144

Paetzold, Heinz 151, 152
Pailer, Gaby 334
Pannenberg, Wolfhardt 147
Pastior, Oskar 36, 74-76, 104, 107, 109, 355-359, 362
Pawlowski, Tadeusz 19
Perry, Ralph B. 20
Petersen, Jürgen H. 252, 254, 279
Petrarca, Francesco 138, 157
Pfau, Dieter 25
Pfeffel, Gottlieb Konrad 269
Pope, Alexander 147
Popitz, Heinrich 90
Pott, Sandra 12, 361

Racine, Jean Baptiste 157
Rahmelow, Jan M. 169, 170, 172, 183
Raphael 214
Rapin 147
Reich-Ranicki, Marcel 36, 60
Rilke, Rainer Maria 84
Rinsum, Annemarie und Wolfgang van 244
Ritter, Joachim 152, 194, 264, 314
Roeder, Peter Martin 250
Röhrich, Lutz 164
Rötzer, Hans Gerd 31
Rosenberg, Rainer 158
Rotermund, Erwin 152, 158, 159, 160
Rousseau, Jean Jacques 182
Russ, Joanna 301

Saxer, Ulrich 95
Schanze, Helmut 152

Scheler, Max 259
Schelling, Friedrich Wilhelm v. 151, 210
Schemme, Wolfgang *285*
Scherer, Wilhelm *13*, 244
Schier, Manfred *226, 243*
Schiller, Charlotte v. 7, 192, 196, 198, *212*
Schiller, Friedrich v. 7, 43, 93, 101, 128, 190, 192-200, 202, 204-206, 211-213, 215-217, 249, 258, 259, 270, 287, 309, 314
Schimmelmann, Charlotte 8, 210, 213, 214
Schlegel, Dorothea 334
Schlegel, Friedrich 8, 199-209, 211, 219, *257*, 259, 263, 270, 309, 334
Schlüter, Christoph Bernhard 224, *225*, 226, *244*
Schmidt, Siegfried J. 25, *26, 29, 35, 95, 251*, 347, 352
Schnitzler, Arthur 333
Schober, Rita *271*
Schön, Erich *102*
Schönert, Jörg *25*
Scholl-Schaaf, *50*
Schrader, Monika *13, 251, 284*
Schücking, Levin 225, 226, 229, 235, 237-241, 243, *244*, 308, 310, *320*, 377
Schuller, Marianne *306*
Schulte-Sasse, Jochen *251*
Schulte-Middelich, Bernd *252*
Schulthess, Barbara 8, 210, 213
Schulz-Buschhaus, Ulrich *216*
Schupp, Johann Balthasar 138
Schwitalla, Johannes *173*
Searle, John 61
Sengle, Friedrich 8, *244*, 247, 255, 261
Shakespeare, William 156, 157
Showalter, Elaine 300
Siuts, Helmut *164*
Spener, Philipp Jakob 138

Spillane, Mickey *371*
Staiger, Emil 261
Stanitzek, Georg *332*
Stegemann, Christa 12
Steinbrink, Bernd *364*
Stenzel, Jürgen *64, 86, 106, 108, 327*
Stephan, Inge *306*
Stolberg, Friedrich Leopold Graf zu 188, 189, 192, 211
Storm, Theodor 228
Strauß, Botho 70, 71
Strich, Fritz 158
Striedter, Jurij *286*
Strube, Werner *21, 88, 165*
Suerbaum, Ulrich *366, 367*
Suppan, Wolfgang *164, 169, 172, 177*

Thoma, Ludwig 50
Thyssen, Fritz 11
Tieck, Ludwig 201
Titz, Johann Peter *141*, 142
Titzmann, Michael *74, 276*
Tönnies, Ferdinand *183*
Tscherning, Andreas *141*, 142
Tynjanow, Jurji *286*

Ueding, Gert *152, 364, 365*
Uhland, Ludwig 249
Ullmaier, Johannes *335*

Veit, David 8, 210, 214, 215
Viehoff, Reinhold *80, 81,* 82
Vodicka, Jan *276*

Wallraff, Günther *273*
Walser, Martin 8, 215, 216, 218-220, *288*
Walzel, Oskar 13, *244*
Warning, Rainer *30*
Warren, Austin 261
Weber, Max 14
Weerth, Georg 270

Wehrli, Max 261
Weigel, Sigrid *306*
Weimar, Klaus *21*, 22
Weimer, Herrmann *101*
Weise, Christian 138, 146
Wellek, René 261, 288
Wiegmann, Hermann *31*
Wiggershaus, Rolf *264, 268*
Winckelmann, Johann Joachim *152*
Windfuhr, Manfred 135, 137, 139, 140, *141*, 144, 159

Winko, Simone 9, 11, 12, *14, 38, 42, 60, 82, 102, 191, 236, 298, 300, 320, 324, 327, 332, 335*
Winterfeld, Hildegund v. 12
Wiora, Walter *164, 169*
Woesler, Winfried *223, 224, 230,* 235, *236,* 242, *287, 377*
Wolf, Christa *40,* 65, 66, 103

Zinzendorf, Nikolaus Graf v. 138
Zumthor, Paul *167*

UTB FÜR WISSENSCHAFT

Auswahl Fachbereich
Literaturwissenschaft

1508 Strelka: Einführung
in die literarische Textanalyse
(Francke). 1989.
DM 22.80, öS 169.–, sFr. 22.80

1519 Durzak:
Die Kunst der Kurzgeschichte
(W. Fink). 2. Aufl. 1994.
DM 29.80, öS 221.–, sFr. 29.80

1564 Lubich: Max Frisch:
„Stiller", „Homo faber" und
„Mein Name sei Gantenbein"
(W. Fink). 3. Aufl. 1996.
DM 18.80, öS 139.–, sFr. 18.80

1565/1566 Fischer-Lichte:
Geschichte des Dramas 1/2
(Francke). 1990.
Je DM 36.80, öS 272.–, sFr. 36.80

1582 Meyer-Krentler: Arbeitstechniken Literaturwissenschaft
(W. Fink). 5. Aufl. 1995.
DM 18.80, öS 139.–, sFr. 18.80

1583 Freund:
Deutsche Lyrik
(W. Fink). 2. Aufl. 1994.
DM 24.80, öS 184.–, sFr. 24.80

1590 Zima:
Literarische Ästhetik
(Francke). 2. Aufl. 1995.
DM 36.80, öS 272.–, sFr. 36.80

1599 Göttert:
Einführung in die Rhetorik
(W. Fink). 2. Aufl. 1994.
DM 26.80, öS 198.–, sFr. 26.80

1616 Fricke/Zymner:
Einübung in die Literaturwissenschaft
(Schöningh). 2. Aufl. 1993.
DM 29.80, öS 221.–, sFr. 29.80

1630 Elm:
Die moderne Parabel
(W. Fink). 2. Aufl. 1991.
DM 32.80, öS 243.–, sFr. 32.80

1639 Frank:
Wie interpretiere ich ein Gedicht
(Francke). 3. Aufl. 1995.
DM 16.80, öS 124.–, sFr. 16.80

1640 Griesheimer/Prinz (Hrsg.):
Wozu Literaturwissenschaft?
(Francke). 1991.
DM 39.80, öS 295.–, sFr. 39.80

1662 Lorenz:
Kleines Lexikon literarischer
Grundbegriffe
(W. Fink). 1992.
DM 18.80, öS 139.–, sFr. 18.80

1665 Greiner:
Die Komödie
(Francke). 1992.
DM 39.80, öS 295.–, sFr. 39.80

1666 Seiffert:
Einführung in die Hermeneutik
(Francke). 1992.
DM 32.80, öS 243.–, sFr. 32.80

Preisänderungen vorbehalten.

Das UTB-Gesamtverzeichnis erhalten Sie bei Ihrem Buchhändler oder direkt von UTB, Postfach 80 11 24, 70511 Stuttgart.

UTB FÜR WISSENSCHAFT

Auswahl Fachbereich
Literaturwissenschaft

1690 Bauer (Hrsg.):
Grundkurs Literatur- und Medienwissenschaft Primarstufe
(W. Fink). 2. Aufl. 1995.
DM 19.80, öS 147.–, sFr. 19.80

1705 Zima:
Komparatistik
(Francke). 1992.
DM 36.80, öS 272.–, sFr. 36.80

1753 Freund (Hrsg.):
Deutsche Novellen
(W. Fink). 1993.
DM 39.80, öS 295.–, sFr. 39.80

1756 Hawthorn: Grundbegriffe der modernen Literaturtheorie
(Francke). 1994.
DM 39.80, öS 295.–, sFr. 39.80

1773 Faulstich (Hrsg.):
Grundwissen Medien
(W. Fink). 2. Aufl. 1995.
DM 34.80, öS 258.–, sFr. 34.80

1798 Degering:
Kurze Geschichte der Novelle
(W. Fink). 1994.
DM 16.80, öS 124.–, sFr. 16.80

1805 Zima:
Die Dekonstruktion
(Francke). 1994.
DM 32.80, öS 243.–, sFr. 32.80

1807 Fischer-Lichte (Hrsg.).:
TheaterAvantgarde
(Francke). 1995.
DM 39.80, öS 295.–, sFr. 39.80

1846 Hansen: Kultur und Kulturwissenschaft
(Francke). 1995.
DM 24.80, öS 184.–, sFr. 24.80

1874 Fohrmann/Müller (Hrsg.):
Literaturwissenschaft
(W. Fink). 1995.
DM 39.80, öS 295.–, sFr. 39.80

1892 Dithmar (Hrsg.):
Fabeln, Parabeln und Gleichnisse
(F. Schöningh). 1995.
DM 36.80, öS 272.–, sFr. 36.80

Preisänderungen vorbehalten.

Das UTB-Gesamtverzeichnis erhalten Sie bei Ihrem Buchhändler oder direkt von UTB, Postfach 80 11 24, 70511 Stuttgart.